Entscheidungen

des

Reichsgerichts.

Herausgegeben

von

den Mitgliedern des Gerichtshofes
und der Reichsanwaltschaft.

Entscheidungen in Zivilsachen.

125. Band.

Berlin und Leipzig 1929

Walter de Gruyter & Co.

vormals G. J. Göschen'sche Verlagshandlung - J. Guttentag, Verlags-
buchhandlung - Georg Reimer - Karl J. Trübner - Veit & Comp.

Entscheidungen

des

Reichsgerichts

in

Zivilsachen.

---

125. Band.

Mit Anhang: Entscheidung des Staatsgerichtshofs.

Berlin und Leipzig 1929

Walter de Gruyter & Co.

vormals G. J. Göschen'sche Verlagshandlung - J. Guttentag, Verlagsbuchhandlung - Georg Reimer - Karl J. Trübner - Veit & Comp.

Druck von Metzger & Wittig in Leipzig

Inhalt.

I. Bürgerliches Recht.

a. Reichsrecht.

II. Öffentliches Recht.

III. Gerichtliches Verfahren.

Anhang: Entscheidung des Staatsgerichtshofs.

1. Unterliegt die Pension eines Ruhegehaltempfängers während seiner entgeltlichen Beschäftigung bei einer Körperschaft des öffentlichen Rechts der Kürzung ohne Rücksicht darauf, aus welchen Mitteln die gewährte Vergütung fließt?

Reichsbeamtengesetz § 57. Offizierspensionsgesetz § 24. 9. Ergänzung des Besoldungsgesetzes vom 18. Juni 1923 Art. 2 IV, Art. 11.

III. Zivilsenat. Urt. v. 28. Mai 1929 i. S. S. (Kl.) w. Deutsches Reich (Bekl.). III 400/28.

I. Landgericht I Berlin.
II. Kammergericht daselbst.

Der Kläger, der als Lazarettverwaltungsinspektor auf Grund des Offizierspensionsgesetzes vom 31. Mai 1906 (RGBl. S. 565) mit Ruhegehalt verabschiedet worden ist, war vom 1. Januar bis 31. Dezember 1926 bei der Provinzial-Lebensversicherungsanstalt Brandenburg angestellt. Das Versorgungsamt hat ihm sein Ruhegehalt gekürzt unter Hinweis auf Art. 11 der 9. Ergänzung des Besoldungsgesetzes vom 18. Juni 1923 (RGBl. I S. 385) in Verbindung mit § 57 RBG. Der Kläger erhob gegen das Deutsche Reich Klage auf Zahlung der einbehaltenen Pensionsbeträge und auf Feststellung, daß der Beklagte nicht zur Kürzung seiner Pension berechtigt sei, indem er behauptete, die Versicherungsanstalt sei keine Persönlichkeit des öffentlichen Rechts und erhalte auch keine Zuschüsse aus öffentlichen Mitteln. Das Landgericht gab der Klage statt. Dagegen wies das Kammergericht sie ab. Die Revision des Klägers wurde zurückgewiesen.

Gründe:

Der Kläger bezieht seine Pension vom Beklagten auf Grund des Offizierspensionsgesetzes. Nach Art. 11 der 9. Ergänzung des Besoldungsgesetzes vom 18. Juni 1923 gelten Vorschriften, die in anderen Reichsgesetzen enthalten sind als dem Reichsbeamtengesetz und dem Beamtenhinterbliebenengesetz über das Ruhen von Pensionen usw. aus Anlaß einer Verwendung der Versorgungsberechtigten, als geändert entsprechend den Art. 2 und 3 des Gesetzes vom 18. Juni 1923. Werden Ruhegehaltempfänger, bei denen für das Ruhen ihrer Pension § 24 OPG. maßgebend ist, in einem öffentlichen Dienste beschäftigt, so gelten für sie die Vorschriften des § 57 RBG. in der ihnen durch Art. 2 IV des genannten Gesetzes gegebenen Fassung. Nach Nr. 2 Abs. 1 das. ruht das Recht auf den Bezug der Pension, solange ein Pensionär aus der Verwendung im Reichs- oder in einem sonstigen öffentlichen Dienste ein Diensteinkommen bezieht, insoweit, als der Betrag dieses neuen Diensteinkommens unter Hinzurechnung der Pension den Betrag des von dem Beamten im Zeitpunkt des Ausscheidens aus dem Dienste bezogenen Diensteinkommens übersteigt. Die in der Vorschrift erforderten Voraussetzungen für die Kürzung der Pension lagen beim Kläger während seiner Verwendung bei der Provinzial-Lebensversicherungsanstalt Brandenburg vor. Er ist Pensionär; er ist während des Jahres 1926 bei der Provinzial-Lebensversicherungsanstalt angestellt gewesen. Diese ist nach dem Inhalt ihrer landesherrlich genehmigten Satzung eine gemeinnützige Anstalt des öffentlichen Rechts und, da sie die Rechte einer juristischen Person hat (§ 3 Abs. 2 der Satzung), eine Persönlichkeit des öffentlichen Rechts. Die Verwendung des Klägers ist demnach in einem öffentlichen Dienste erfolgt. Er hat von der öffentlichen Körperschaft für seine Dienste eine Vergütung erhalten. Die Bezüge, die eine öffentliche Körperschaft einem von ihr — bei Erfüllung ihrer im öffentlichen Interesse liegenden Aufgaben — beschäftigten Pensionär zahlt, sind für den Empfänger ein „Diensteinkommen" im Sinne des § 57 Nr. 2 Abs. 1 RBG. Es bedarf daher in einem solchen Falle keiner Prüfung, aus welchen Mitteln die zur Zahlung des Diensteinkommens verwendeten Beträge herrühren. Die Tatsache, daß die öffentliche Körperschaft sie dem Pensionär für seine Tätigkeit als Entlohnung aus ihrer Kasse zahlt, genügt, um die Voraussetzungen des § 57 Nr. 2 Abs. 1 RBG. zu erfüllen.

Mit Recht hat das Berufungsgericht hiernach abgelehnt, darauf einzugehen, ob die Voraussetzungen des § 57 Nr. 2 Abs. 2 RBG.

vorliegen. Nach der Entstehungsgeschichte (vgl. Verhandlungen des Reichstags I. Wahlperiode 1920 Band 378 Nr. 5897 S. 8) und nach der Fassung dieser Vorschrift will das Gesetz durch sie nur den besonderen Fall hervorheben, daß jede entgeltliche Tätigkeit eines Pensionärs, ohne Rücksicht darauf, ob sie bei einer öffentlichrechtlichen oder privatrechtlichen Persönlichkeit ausgeübt wird, schon dann als Verwendung im öffentlichen Dienste anzusehen ist, wenn die gewährte Vergütung ganz oder teilweise, unmittelbar oder mittelbar, aus öffentlichen Mitteln fließt. Die selbständige Bedeutung der Vorschrift in § 57 Nr. 2 Abs. 1 RBG. wird damit nicht aufgehoben.

2. 1. Über die Frage der Aufwertung eines in ausländischer Währung vereinbarten, effektiv zu zahlenden Mietzinses.
2. Über die nachträgliche Bestätigung einer solchen gegen die Verordnungen über Valutaspekulationen verstoßenden Vereinbarung.

BGB. § 242. Reichsmietengesetz § 1.

VIII. Zivilsenat. Urt. v. 30. Mai 1929 i. S. A. & S. (Kl.) w. St. & S. GmbH. (Bekl.). VIII 161/29.

I. Landgericht I Berlin.
II. Kammergericht daselbst.

Am 7. Juni 1923 schlossen die Parteien einen Mietvertrag über Räume in einem der Klägerin gehörigen Hause in Berlin ab. In § 3 ist bestimmt:

> Als Vergütung für die Freimachung und Überlassung der Mietsräume zahlt die Mieterin an die Vermieterin jährlich in Reichsmark den Gegenwert von 1200 nordamerikanischen Dollars ... Maßgebend ist weiter der amtliche Briefkurs des nordamerikanischen Dollars an der Berliner Börse am Zahlungstage. Unabhängig von der Zahlung der 1200 Dollars pro Jahr trägt die Mieterin den auf sie entfallenden Teil der Heizungskosten des Grundstücks ... zahlt die Mieterin an die Vermieterin vierteljährlich zusammen mit der Mietzahlung je 200 Dollars nordamerikanischer Währung nach denselben Grundsätzen berechnet wie die Miete.

Ebenfalls am 7. Juni 1923 vereinbarten die Parteien, daß die Klägerin an dem amerikanischen Geschäft der Beklagten mit 10% des Reingewinns beteiligt sein solle; die Beklagte sollte berechtigt sein, für jedes Geschäftsjahr die Beteiligung durch Zahlung von 6000 nordamerikanischen Dollars, mit Vorauszahlung von 1500 Dollars vierteljährlich, abzulösen.

Die Zahlung der Gesamtsumme von 8000 Dollars erfolgte einschließlich des auf das zweite Vierteljahr 1924 treffenden Betrages effektiv in Dollars (oder in englischen Pfunden). Im Jahre 1924 gab die Klägerin die Erklärung aus § 1 RMG. ab. Das Mieteinigungsamt setzte die Friedensmiete auf 65968 RM. fest; vom Zeitpunkte der Wirksamkeit der Erklärung an wurde die gesetzliche Miete gezahlt.

Die Klägerin verlangt vom 1. April 1927 ab die angemessene Miete und beantragte in erster Instanz: 1. die Beklagte außer der anerkannten Miete von 32000 RM. zur Zahlung weiterer 58000 RM. zu verurteilen und 2. festzustellen, daß die Beklagte für die Zeit vom 1. April 1927 bis 31. März 1928 verpflichtet sei, außer den anteiligen Heizungskosten im gleichen Verhältnis die jeweiligen Erhöhungen der Hauszinssteuer usw. zu tragen.

Für die Zeit vom 1. April 1928 bis 31. März 1929 erhöhte die Klägerin die unter 1 bezeichnete Forderung von 58000 auf 67000 RM.

Das Landgericht verurteilte die Beklagte, außer den 32000 RM. weitere 44000 RM. für die Zeit vom 1. April 1927 bis 31. März 1929 zu zahlen, und gab auch der Feststellungsklage statt.

Mit der Berufung forderte die Klägerin weitere 61759,43 RM. und Verurteilung der Beklagten, am 1. Februar und 1. März 1929 statt der anerkannten 2666⅔ RM. je 6333⅓ RM. zu zahlen. Das Kammergericht wies die Berufung der Klägerin zurück und erkannte auf die Berufung der Beklagten auf Abweisung der Klage. Die Revision der Klägerin blieb ohne Erfolg.

Gründe:

Das Berufungsgericht nimmt an, wenn auch zwei Verträge abgeschlossen seien, sei der Mietzins doch einheitlich auf 8000 Dollars bemessen und in ganzer Höhe effektiv zu zahlen gewesen. Allerdings enthalte der Mietvertrag die Bestimmung, daß der Teilbetrag von 2000 Dollars in Mark zu zahlen sei. Tatsächlich habe aber die Beklagte die Miete in voller Höhe bis zum zweiten Vierteljahr 1924 in Devisen gezahlt. Sie hätte dies sicherlich nicht getan, wenn sie sich nicht für vertraglich verpflichtet gehalten hätte. Entgegen der ausdrücklichen Bestimmung des Mietvertrags sei der Wille der Parteien bei Abschluß der Verträge dahin gegangen, daß die Gesamtmiete in ausländischer Währung zu zahlen sei.

Daß die Miete einheitlich auf 8000 Dollars festgesetzt worden ist, erkennt auch die Revision an. Sie meint aber, es widerspreche dem klaren Wortlaute des Mietvertrags, wenn das Berufungsgericht ihn dahin auslege, daß eine Effektivzahlung auch für den Teilbetrag gewollt gewesen sei. Eher sei davon auszugehen, daß auch der Betrag von 6000 Dollars habe in Mark gezahlt werden sollen. Dann sei aber eine Umwertung des Gesamtbetrags geboten.

Der Revision ist zuzugeben, daß das Berufungsgericht aus dem Mietvertrag eine Vereinbarung der Parteien entnimmt, die dem Wortlaut widerspricht. Sie verkennt aber, daß das Berufungsgericht damit eine tatsächliche Feststellung trifft, die für das Revisionsgericht bindend ist, sofern sie keine gesetzlichen Auslegungsregeln verletzt und mit Rücksicht auf die Vorgänge möglich ist. Die besondere Bestimmung des Mietvertrags steht dem nicht entgegen. Er war der Wohnungsbehörde vorzulegen und ist ihr vorgelegt worden; die Vereinbarung einer Effektivzahlung in ihm hätte in der damaligen Zeit, da die Valutaspekulationsverordnung vom 8. Mai 1923 in Geltung war, Schwierigkeiten bereiten können. Dieser Umstand läßt auch den Abschluß zweier Verträge verständlich erscheinen, in deren einem entgegen dem Mietvertrag Zahlung in fremder Währung für einen Teil des einheitlichen Mietzinses vereinbart worden war. Nimmt man dazu noch die Tatsache, daß die Beklagte bis zur Einführung der gesetzlichen Miete effektiv gezahlt hat, so ist die Auslegung des Berufungsgerichts vollauf gerechtfertigt. Diese Rüge der Revision kann also keinen Erfolg haben.

Ebenso unbedenklich ist die weitere Feststellung des Berufungsgerichts, die Bestimmung der Effektivzahlung habe nicht nur für die Zeit des Währungsverfalls, sondern auch für die spätere Zeit gelten sollen, da das Verhalten der Parteien gegen die erste Annahme spreche. Wenn das Berufungsgericht daraus folgert, daß auch die nach dem 1. April 1927 fällig werdenden Zahlungen unter sie fallen, so ist ihm darin lediglich beizutreten.

Danach ist der Ausgangspunkt des Berufungsgerichts nicht zu beanstanden, daß vertraglich ein einheitlicher, effektiv in ausländischer

Währung zu zahlender Mietpreis für die ganze Dauer des Vertrags vereinbart worden ist.

Eine Aufwertung dieses Mietzinses lehnt das Berufungsgericht ab, weil es sich um eine in ausländischer Währung festgelegte Forderung handle, die dem Währungsverfall nicht ausgesetzt gewesen sei. Die Aufwertung beruhe auf § 242 BGB., der aber nicht dazu dienen dürfe, eine etwa ungünstige vertragliche Vereinbarung für die eine oder andere Partei günstiger zu gestalten. Dieser Auffassung ist nach der ständigen Rechtsprechung des Reichsgerichts beizutreten.

Wenn die Revision ihr gegenüber anführt, der Dollar habe damals in Deutschland eine außergewöhnlich hohe Kaufkraft besessen, während diese jetzt nur noch seinem normalen Werte entspreche, und es sei nach § 242 BGB. nicht angängig, daß die Klägerin sich trotz dieser nicht vorauszusehenden Wandlung mit einer dem wahren Werte der Räume nicht entsprechenden Vergütung begnügen solle, so kann sie damit nicht gehört werden. Die Parteien haben ihre Vereinbarung gerade geschlossen, um einem etwaigen weiteren Verfall der Währung, der zurzeit des Vertragsschlusses bereits weit vorgeschritten war, zu begegnen, ihm den Einfluß auf ihr Vertragsverhältnis zu nehmen, die Leistungen aus dem Vertrag auf eine feste, in ihrem Wert unveränderliche Grundlage zu stellen. Sie haben sich für die ganze Dauer des Vertrags auf sie festgelegt. Damit haben sie beide ein Risiko für die spätere Zeit übernommen, das zugunsten, aber auch zuungunsten einer jeden von ihnen wirken konnte. Mag nun auch die Markwährung sich geändert haben, mag auch die Kaufkraft des Dollars zurückgegangen sein: der Wert der beim Vertragsschluß festgesetzten Forderung ist für beide Teile derselbe geblieben; er beträgt nach wie vor 8000 Dollars, wie die Parteien ihn beim Vertragsabschluß festgelegt haben. Und wenn die Klägerin sich in seiner Bedeutung für die spätere Zeit verrechnet hat, wenn die Entwicklung der Währungsverhältnisse überhaupt den Vertrag für sie ungünstig gestaltet hat, so kann, wie das Berufungsgericht zutreffend sagt, der § 242 BGB. nicht dazu herangezogen werden, ihre Stellung zu verbessern und den Vertrag ihr günstiger zu gestalten. Das seinerzeit übernommene Risiko geht zu ihren Lasten.

Allerdings war zur Zeit des Vertragsabschlusses die Verordnung auf Grund des Notgesetzes (Maßnahmen gegen die Valutaspekulation) vom 8. Mai 1923 in Geltung. Sie verbot in

§ 2 Abs. 1 das Fordern, Anbieten, Ausbedingen, Leisten und Annehmen von Zahlungen in Zahlungsmitteln oder Forderungen in ausländischer Währung bei Inlandsgeschäften. Hiergegen verstoßende Geschäfte waren nach § 8 Abs. 1 a. a. O. nichtig. Die Vereinbarung der Parteien betraf ein Inlandsgeschäft und war sonach nichtig. Aber schon die weitere Verordnung vom 21. Dezember 1923 über die Annahme ausländischer Zahlungsmittel im Inlandsverkehr brachte hierin eine Änderung, indem sie nur das Fordern der Zahlung in ausländischer Währung verbot. Es wurden zudem durch die Verordnung vom 8. November 1924 Geschäfte der vorliegenden Art von den früheren Beschränkungen vollständig befreit und endlich wurden durch die Verordnung vom 22. Februar 1927 alle Devisenvorschriften aufgehoben. Es kann dahingestellt bleiben, inwieweit eine rückwirkende Aufhebung früherer Nichtigkeit durch die späteren Verordnungen eingetreten ist. Gegen die Gültigkeit der Vereinbarungen vom 7. Juni 1923 hat keine der Parteien jemals eine Einwendung aus den Vorschriften über den Verkehr mit Devisen erhoben. Auch im Rechtsstreit gingen beide ständig von der Rechtswirksamkeit des ursprünglichen Vertrags aus. Selbst in der Revisionsinstanz sind trotz Hinweises auf die bestehenden Bedenken keine Einwendungen erhoben worden. Daraus ist zu entnehmen, daß die Parteien das Geschäft auch heute noch gelten lassen wollen. In diesem klar zutage liegenden Willen ist aber eine Bestätigung des ursprünglich nichtigen Geschäfts im Sinne des § 141 BGB. zu erblicken. Damit entfallen die aus den Devisenvorschriften etwa abzuleitenden Bedenken.

---

3. Was ist im Sinne der Unfallversicherung unter einem Verkehrsmittel und unter einem Fahrgast zu verstehen?

VII. Zivilsenat. Urt. v. 31. Mai 1929 i. S. G. u. Gen. (Kl.) w. M. Versicherungsgesellschaft AG. (Bekl.). VII 576/28.

I. Landgericht II Berlin.
II. Kammergericht daselbst.

Der Automobilhändler G., Ehemann der Klägerin zu 1, Vater der Klägerin zu 2, hat mit der Beklagten im April 1927 einen Unfallversicherungsvertrag abgeschlossen. Dieser umfaßte laut vorgedrucktem Antrag die Versicherung für Unfälle, die den Versicherten treffen können:

a) als Fahrgast eines öffentlichen oder privaten Verkehrsmittels (Eisenbahn, Straßenbahn, Hoch-, Untergrund- und Schwebebahnen, Automobil, Droschke, Omnibus, Schiffe, Motorboote und andere dem Personenverkehr dienende Verkehrsmittel — auch Personenaufzüge — aber nicht Luftverkehrsmittel) ohne Rücksicht darauf, ob dem Verkehrsmittel selbst ein Unfall zustößt oder nicht;

b) beim Besteigen und Verlassen des Verkehrsmittels;

c) als Fußgänger durch Körperbeschädigung in ursächlichem Zusammenhang mit einem Verkehrs- oder Transportmittel (überfahren, angefahren werden).

Dabei sind von G. im Antrag die Fragen unter Nr. 7a „Soll sich die Versicherung auch auf Sport (nicht im Beruf ausgeübten, nicht Luftsport, auch nicht Teilnahme an Rennen oder Lenken von Kraftfahrzeugen) erstrecken," und b „oder soll auch Lenken von Kraftfahrzeugen (nicht bei Rennen oder Training dazu) miteingeschlossen werden?" verneint worden.

Die Klägerinnen behaupten, daß G. am 6. August 1927 beim Überqueren der Elbe mit seinem Klepperfaltboot in der Nähe von Roßlau ertrunken sei, und verlangen Zahlung der Versicherungssumme, da es sich nicht um einen Unfall bei einer Sportausübung handle. Die Beklagte wendet ein, daß G. überhaupt nicht ertrunken, sondern ins Ausland verschwunden sei, ferner daß das Boot nicht Verkehrsmittel und G. nicht Fahrgast im Sinne der Versicherungsbedingungen gewesen sei, endlich daß der behauptete Unfall bei einer Sportausführung erfolgt sein würde.

Das Landgericht wies die Klage ab, das Kammergericht wies die Berufung der Klägerinnen zurück. Auch ihre Revision blieb erfolglos.

Gründe:

Das Kammergericht hat sowohl den Eintritt des Unfalls selbst wie auch die Frage nach dem Zusammenhang mit einer Sportausübung dahingestellt gelassen; es sieht den Anspruch der Klägerinnen auf alle Fälle deshalb für unbegründet an, weil ein Klepperfaltboot kein Verkehrsmittel sei und weil der angeblich Verunglückte nicht Fahrgast gewesen sei. Es folgert dies — mangels besonderer Besprechungen über die beiden Begriffe beim Vertragsschluß — aus den Vertragsbestimmungen unter Berücksichtigung des allgemeinen Sprachgebrauchs und der Verkehrsauffassung. Diese Auslegung ist vom Revisionsgericht frei nachzuprüfen, da es sich ersichtlich nicht nur bei den Allgemeinen Versicherungsbedingungen, sondern auch bei den einleiten den Bestimmungen des gedruckten Antrags über Gegenstand und Umfang der Versicherung und bei den zu ihrem Verständnis mit heranzuziehenden nachfolgenden einzelnen Fragen um typische Vertragsbestimmungen handelt.

Die Ausführungen des Berufungsurteils ergeben zwar in verschiedenen Beziehungen Bedenken; seinem Ergebnis, daß der von den Klägerinnen behauptete Unfall nicht unter die von der Versicherung umfaßten Unfälle zu rechnen sei, ist jedoch beizupflichten.

Nicht zutreffend ist zunächst die Auffassung des Kammergerichts, daß Verkehrsmittel überhaupt, öffentliche wie private, nur solche seien, die dem allgemeinen Verkehr dienten, also grundsätzlich einem jeden zur Benutzung zur Verfügung ständen. Dem steht namentlich die Bestimmung unter c entgegen; denn darunter muß nach Sinn und Zweck der Versicherung, sowie nach dem Wortlaut der Bestimmung zweifellos auch das Überfahren- oder Angefahrenwerden etwa durch einen Radfahrer, der sein eigenes gewöhnliches Fahrrad oder sein einsitziges Kraftrad fährt, oder auch durch den Kraftwagen eines Privatmannes mit einbegriffen werden. Es ist aber nicht angängig, den Begriff „Verkehrsmittel“ unter a und c verschieden aufzufassen. Hiernach, wie auch nach dem gewöhnlichen Sprachgebrauch und der Verkehrsauffassung hat man unter öffentlichem Verkehrsmittel das grundsätzlich jedermann zur Verfügung stehende, und unter privatem das dem privaten Gebrauch dienende Verkehrsmittel zu verstehen, während im übrigen als Erfordernis nur aufzustellen ist, daß der betreffende Gegenstand üblicherweise der Verbringung von Personen von einer Örtlichkeit zur anderen (wenn auch nur, wie beim Personenaufzug, von einem Stockwerk zum anderen) dient und nicht rein zu Sportzwecken verwendet wird; denn der Antrag unterscheidet gerade zwischen Verkehrs- und Sport-Unfallversicherung. Abgesehen hiervon ist aber der Zweck der Personenbeförderung — ob wirtschaftliche Notwendigkeit oder Zweckmäßigkeit, oder bloßes Vergnügen wie z. B. eine Spazierfahrt — völlig gleich. Einem Klepperfaltboot würde demnach die

Eigenschaft eines Verkehrsmittels im Sinn des Versicherungsvertrags nur abzusprechen sein, wenn es rein als Sportfahrzeug aufzufassen wäre. Hierzu bedürfte es noch einer näheren tatsächlichen Stellungnahme. Dieser Punkt kann jedoch auf sich beruhen, da G. jedenfalls bei dem behaupteten Unfall nicht als Fahrgast anzusehen war.

Nach der Darstellung der Klägerinnen verunglückte G., als er sein eigenes, von ihm für seine eigenen Zwecke und zu persönlicher Verwendung angeschafftes und regelmäßig von ihm selbst gefahrenes Faltboot unter Mitnahme einer anderen Person selbst ruderte. Dann war er aber nach dem allgemeinen Sprachgebrauch und nach der Verkehrsauffassung nicht Fahrgast. Dieser Begriff deutet jedenfalls auf ein gewisses Fernerstehen zu dem Verkehrsmittel und seiner Benutzung, auf ein gewisses Verhältnis des Fremdseins hin. Worte aus der ganz besonderen Sprache der Seeleute, wie Bootsgast, welche die Revision verwerten will, können dabei nicht herangezogen werden. Der Unterschied kann aber nicht, wie das Kammergericht will, darauf abgestellt werden, daß der Fahrgast sich untätig verhält, während ein anderer, der dann nicht Fahrgast wäre und deshalb nicht den Schutz der Versicherung genösse, das Verkehrsmittel in Gang bringt oder in Gang hält und insofern für seine Fortbewegung als solche verantwortlich ist. Denn nach dieser Auffassung würde der auf einem Segelboot von einem anderen Mitgenommene, der sich beim Segelsetzen oder Steuern beteiligt, nicht Fahrgast sein, wogegen der Eigentümer des Kraftwagens, der sich von seinem Angestellten fahren läßt, Fahrgast wäre, was beides dem allgemeinen Sprachgebrauch und der Verkehrsauffassung widersprechen würde. Auch das vom Kammergericht angeführte Beispiel eines Personenaufzugs, der vom Benutzer durch Drücken auf einen Knopf in Gang gesetzt wird, im übrigen aber selbsttätig arbeitet, läßt erkennen, daß das eigene Tätigwerden sich nicht wohl als Unterscheidungsmerkmal eignet. Das Beispiel ist anscheinend so gemeint, daß der solchergestalt den Fahrstuhl Benutzende wegen des selbsttätigen Weiterarbeitens des Aufzugs Fahrgast ist, also gleichermaßen, wie wenn er einen Paternosteraufzug benutzte. Aber er hat doch eben die Bewegung eingeleitet, und die Sache wäre bei einem völlig von Hand betriebenen Aufzug gerade entgegengesetzt zu beurteilen und bei einem etwa während der Bewegung mehrere Handgriffe erfordernden Aufzug ganz zweifelhaft. Das wesentliche

Unterscheidungsmerkmal zwischen dem Fahrgast und dem Nichtfahrgast bei Benutzung eines Verkehrsmittels ist vielmehr etwas anderes, nämlich der Gegensatz zwischen dem Halter des Verkehrsmittels (entsprechend dem Sinne dieses Begriffs in § 833 BGB. und in § 7 KraftfG.), der das Verkehrsmittel (Fahrzeug) für eigene Rechnung im Gebrauch hat und die Verfügungsgewalt darüber besitzt, die ein solcher Gebrauch voraussetzt, also eine im wesentlichen tatsächliche nahe Verbundenheit mit dem betreffenden Gegenstand, während der Fahrgast die von dem Halter oder auf dessen Veranlassung mit dem Verkehrsmittel beförderte Person ist, welcher die Benutzung oder die Mitbenutzung entgeltlich oder unentgeltlich gestattet wird. Die Abgrenzung mag in einzelnen Fällen tatsächliche Schwierigkeiten bieten. Wer aber wie G. im eigenen Faltboot fährt, dieses selbst rudert und dabei einen anderen mitnimmt, ist selbst keinesfalls Fahrgast, sondern das ist nur der andere. Dieser dem allgemeinen Sprachgebrauch entsprechenden Auffassung stehen auch die Fragen unter 7a und b des Antrags nicht entgegen. Denn aus ihnen ist nicht zu folgern, daß die dort erwähnten Unfälle, besonders bei Lenken von Kraftfahrzeugen (Kraftwagen wie Krafträdern), aber auch Teilnahme an Rennen (offenbar auch auf selbstgefahrenen gewöhnlichen Fahrrädern) an sich mit unter die Unfälle unter a im Eingang des Antrags fallen würden. Vielmehr bedeuten die Bestimmungen unter 7a und b eine Erweiterung des sich aus den vorhergehenden Bestimmungen für die Verkehrsunfälle ergebenden Umfangs der Versicherung, die auch eine wesentlich höhere Prämienzahlung bedingt.

---

4. 1. Wonach bestimmt sich das Gemeinwesen, in dessen Dienst ein Beamter steht und welches deshalb für eine von diesem begangene schuldhafte Amtspflichtverletzung verantwortlich ist?

2. Haftet das Reich oder das Land für Amtsversehen von Beamten, welche bei den mit der einstweiligen Verwaltung der Reichswasserstraßen betrauten mittleren und unteren Landesbehörden angestellt sind?

RVerf. Art. 131. Preuß. Staatshaftungsgesetz vom 1. August 1909 § 4. Staatsvertrag betr. den Übergang der Wasserstraßen von den Ländern auf das Reich §§ 1, 11, 12.

III. Zivilsenat. Urt. v. 31. Mai 1929 i. S. 1. Deutscher Lloyd Versicherungs-AG. (Kl.), 2. Preuß. Staat (Nebenintervenient) w. Deutsches Reich (Bekl.). III 205/28.

I. Landgericht Königsberg.
II. Oberlandesgericht daselbst.

Am 4. März 1925 vormittags sank im Pregel ein Schlepper. Auf sein Wrack lief am Nachmittag desselben Tages ein Dampfer auf und beschädigte es erheblich. Die Klägerin, an welche die Eigentümerin des Schleppers ihre Schadensersatzansprüche abgetreten hat, behauptet, daß das Auflaufen des Dampfers auf den Schlepper durch schuldhafte Amtspflichtverletzungen von Beamten der Hafenpolizeiverwaltung in Königsberg verursacht worden sei. Sie macht das Deutsche Reich für den entstandenen Schaden verantwortlich und hat Klage auf Zahlung von 6021 RM. erhoben.

Der Beklagte macht geltend, daß für die Amtspflichtverletzungen der preußischen Hafenpolizeibeamten das Land Preußen hafte, bestreitet aber auch, daß diese Beamten den Zusammenstoß verschuldet hätten.

Die Vorinstanzen haben die Klage abgewiesen. Der Preußische Staat ist der Klägerin als Nebenintervenient beigetreten und hat Revision eingelegt. Sein Rechtsmittel blieb erfolglos.

Gründe:

Die Abweisung der Klage in den Vorinstanzen ist damit begründet worden, daß der Klaganspruch nicht gegen das Deutsche Reich, sondern gegen den Preußischen Staat geltend zu machen sei, in dessen Dienst die Beamten der Hafenpolizeiverwaltung in Königsberg ständen. Diese Beurteilung der Rechtslage entspricht den Entscheidungen des erkennenden Senats vom 31. Mai 1927 III 394/26 (abgedr. JW. 1927 S. 2203 Nr. 21) und vom 6. Dezember 1927 III 99/27, an denen trotz der sie bekämpfenden Revisionsausführungen festzuhalten ist.

Nach Art. 131 RVerf. trifft, wenn ein Beamter in Ausübung der ihm anvertrauten öffentlichen Gewalt die ihm einem Dritten gegenüber obliegende Amtspflicht verletzt, die Verantwortlichkeit grundsätzlich den Staat oder die Körperschaft, in deren Dienste der Beamte steht. Die Wendung „in deren Dienste der Beamte steht" ist ersichtlich dem § 4 des preußischen Staatshaftungsgesetzes vom 1. August 1909 (GS. S. 691) entnommen, das als Vorbild für das

Reichshaftungsgesetz vom 22. Mai 1910 (RGBl. S. 798) und dann weiter auch für Art. 131 RVerf. gedient hat. § 4 a. a. O. bestimmt, die Vorschriften der §§ 1 bis 3 des Gesetzes (über die Haftung des Staates für Amtspflichtverletzungen unmittelbarer Staatsbeamten) seien auf die für den Dienst eines Kommunalverbandes angestellten Beamten mit der Maßgabe anzuwenden, daß an die Stelle des Staates der Kommunalverband trete. Bei der Auslegung dieser Vorschrift hat der erkennende Senat (RGZ. Bd. 84 S. 34) ausgesprochen, daß der Beamte grundsätzlich dem Gemeinwesen angehöre, von dem er angestellt werde, daß der Anstellungsakt regelmäßig das für die Begründung des Beamtenverhältnisses Wesentliche sei; dieser Grundsatz werde dadurch nicht berührt, daß nach preußischem Recht einzelne Gemeindebeamten von staatlichen Stellen ernannt würden. Nicht von Bedeutung für die Anwendung des § 4 ist es dagegen nach der Rechtsprechung des Senats (RGZ. Bd. 88 S. 257, Bd. 111 S. 13 und öfter), ob der Beamte bei Vornahme der beanstandeten Amtshandlung ein Hoheitsrecht des Kommunalverbands, für dessen Dienst er angestellt war, oder ein diesem und seinen Organen nur übertragenes staatliches Hoheitsrecht ausgeübt hat.

Bei dem schon hervorgehobenen engen Zusammenhang beider Vorschriften ist es geboten, die vorstehend dargelegten, zu § 4 des preußischen Staatshaftungsgesetzes entwickelten Grundsätze zur Auslegung auch von Art. 131 RVerf. heranzuziehen. Der Unterschied in der Fassung beider Bestimmungen ist ohne Belang. Wenn § 4 die Haftung des Kommunalverbands davon abhängen läßt, ob der Beamte für dessen Dienst angestellt ist, so hat damit nur den bereits erwähnten Ausnahmefällen Rechnung getragen werden sollen, in denen Gemeindebeamte unmittelbar durch den Staat ernannt werden (vgl. Begründung zum Entwurf des Gesetzes vom 1. August 1909, Landtagsdrucks. 1908/09 Nr. 32 S. 13). Solche Fälle werden von den in Art. 131 gebrauchten Worten „in deren Dienste der Beamte steht" mitumfaßt. Diese Vorschrift läßt damit ebenso, wie früher schon § 4 des preußischen Staatshaftungsgesetzes, die Haftung grundsätzlich von dem Anstellungsakt abhängen. Regelmäßig entscheidet auch nach Reichsrecht die Ernennung des Beamten darüber, in wessen Dienst er steht und wer deshalb für seine Amtsversehen einzutreten hat. Unberücksichtigt zu bleiben hat bei Anwendung des Art. 131 gleichfalls, wessen Hoheitsrechte der Beamte im einzelnen

Falle ausgeübt hat. Die Reichsverfassung läßt nach ihrem insoweit völlig unzweideutigen Wortlaut die Haftung der öffentlichen Körperschaft hiervon nicht abhängen.

Auf die danach entscheidende Frage, ob die Beamten der Hafenpolizeiverwaltung in Königsberg, aus deren angeblichem Versehen der Klaganspruch hergeleitet wird, vom Deutschen Reich oder vom Preußischen Staat angestellt worden sind, gibt der Staatsvertrag betreffend den Übergang der Wasserstraßen von den Ländern auf das Reich (Reichsgesetz vom 29. Juli 1921 RGBl. S. 961) eine unzweideutige Antwort dahin, daß ihre Ernennung bei Preußen liegt. Der Pregel gehört zu den Wasserstraßen, die nach § 1 Abs. 1a des Vertrags am 1. April 1921 auf das Reich übergegangen sind (Nr. 52 der Anlage A des Vertrags). Für die Verwaltung dieser Wasserstraßen bestimmt § 11 Abs. 1 a. a. O., daß die Zuständigkeiten der Landeszentralbehörden mit dem 1. April 1921 auf das Reich übergehen, daß dagegen im übrigen die einstweilige Verwaltung der Reichswasserstraßen durch die mittleren und unteren Behörden der Länder auf Kosten des Reiches und unter Leitung des Reichsverkehrsministeriums erfolgt. Nach dieser noch heute bestehenden Regelung ist die Hafenpolizeiverwaltung in Königsberg eine mit der Erfüllung von Reichsaufgaben betraute preußische Landesbehörde. Die ihr angehörigen Beamten werden von Preußen ernannt. § 12d Abs. 1 Satz 1 des Vertrags bestimmt in dieser Hinsicht noch ausdrücklich, daß die Verfügung über die bei den Landesbehörden für die Reichswasserstraßen tätigen Beamten den Landesbehörden verbleibt. Zwar verlangt Satz 2 das., daß die Ernennung der für das Reich ausschließlich oder überwiegend tätigen Beamten, soweit diese der Besoldungsgruppe A X oder einer höheren Gruppe angehören, nur mit Zustimmung des Reichsverkehrsministeriums verfügt werden dürfe, eine Befugnis des Reichs, die gemäß dem am 18. Februar 1922 veröffentlichten Zusatzvertrag mit Preußen (RGBl. S. 222, zu § 12) auf die entsprechenden mittleren und unteren Beamten erstreckt worden ist. Die Ernennung der Beamten erfolgt aber allein durch Preußen und nur für seinen Dienst, nicht auch für den Dienst des Reiches. Lediglich kraft des Beamtendienstverhältnisses, in dem die fraglichen Beamten zu Preußen stehen, haben sie das Recht und die Pflicht, Hoheitsrechte des Reiches auszuüben. Das Reich hat deren Wahrnehmung für die Wasserstraßen einstweilen den

Landesbehörden überlassen, ohne sie und die ihnen angehörigen Beamten in seinen Dienst zu nehmen. Der Vertrag spricht denn auch nur von den für das Reich — nicht im Dienste des Reiches — ausschließlich oder überwiegend tätigen Beamten (§ 12d Abs. 1 Satz 2) und von den mit Reichsaufgaben befaßten Landesbehörden (Abs. 3 Satz 1 das.), Wendungen, die deutlich erkennen lassen, daß hier der nach dem oben Gesagten für Art. 131 RVerf. unwesentliche Tatbestand der Ausübung von Hoheitsrechten eines öffentlichen Gemeinwesens durch Beamte eines anderen vorliegt. Daß die mittleren und unteren Behörden der Länder bei der Verwaltung der Reichswasserstraßen der Leitung des Reichsverkehrsministeriums unterworfen sind (§ 11 Abs. 1 Satz 2 des Staatsvertrags), macht die bei ihnen beschäftigten Beamten nicht zu Beamten, die im Dienste des Reiches stehen. Die mit der Verwaltung staatlicher Polizei betrauten Beamten preußischer Gemeinden haben hierbei den Weisungen der ihnen vorgeordneten staatlichen Behörden zu folgen. Trotzdem haftete für Versehen, die sie bei dieser Tätigkeit begingen, schon nach dem preußischen Staatshaftungsgesetz die Gemeinde, nicht der Staat. Diese aus § 4 das. gezogene Folgerung ist für den entsprechenden Art. 131 RVerf. ebenfalls unabweislich und ist vom erkennenden Senat auch schon für ihn ausgesprochen worden (Urteil vom 23. März 1927 III 199/26, abgedr. LZ. 1927 Sp. 1271 Nr. 11). Dahingestellt kann bleiben, ob die Aufwendungen, welche die Länder auf Grund von Art. 131 RVerf. machen müssen, um die durch Verschulden ihrer Beamten bei Verwaltung der Reichswasserstraßen für Dritte entstehenden Schäden auszugleichen, zu den Kosten gehören, die nach der angeführten Bestimmung des Staatsvertrags das Reich zu tragen hat. Wäre das zu bejahen, so folgte daraus doch nur ein Rückgriffsrecht der Länder gegen das Reich; ihre Haftung nach außen würde dadurch nicht berührt.

Die Ausführungen der Revision vermögen dieses Ergebnis nicht zu entkräften. Auf die Entwicklung der preußischen Wasserstraßenverwaltung bis zum Übergang der Wasserstraßen auf das Reich kommt es nicht an, da der Staatsvertrag unzweideutig erkennen läßt, daß die Beamten der in Frage kommenden mittleren und unteren Behörden im Dienste ihres Landes verblieben sind. Daß sie nach außen als Organe des Reiches auftreten und daß sie dabei den sachlichen Weisungen des Reichsverkehrsministeriums folgen müssen, kommt gegenüber ihrer Anstellung durch das Land nach dem oben Gesagten nicht in Betracht. Eine Doppelstellung, wie sie der Senat bei den preußischen Landräten als vorliegend erachtet (RGZ. Bd. 100 S. 190, Bd. 111 S. 13), nehmen die Beamten der an der Verwaltung der Reichswasserstraßen beteiligten Landesbehörden nicht ein. Den Ländern ist nicht das Recht eingeräumt worden, ihre Beamten zugleich auch für den Dienst des Reiches anzustellen. Denn wie nochmals zu betonen ist, hat der Staatsvertrag die Verfügung über diese Beamten ausdrücklich den Landesbehörden vorbehalten und hat sie nur bei der Wahrnehmung der Reichsaufgaben, die nicht etwa wieder Landesaufgaben geworden sind, der sachlichen Leitungsbefugnis des Reichsverkehrsministeriums unterstellt.

Die Revision bezieht sich zur Unterstützung ihrer Auffassung, daß bei Versehen von Beamten das Gemeinwesen hafte, als dessen Organ der Beamte bei Vornahme der schuldhaften Handlung tätig geworden sei, auf die Urteile des Senats RGZ. Bd. 92 S. 242 und Bd. 104 S. 257 (263); aber diese Urteile behandeln Sonderfälle und sind daher für die jetzt zu treffende Entscheidung ohne Bedeutung. Das erste Urteil beruht auf der dem Aufbau des alten Heeres Rechnung tragenden Vorschrift des § 1 Abs. 3 des Reichshaftungsgesetzes vom 22. Mai 1910, die für den Bereich dieses Gesetzes die Personen des Soldatenstandes den Reichsbeamten gleichstellt. Das zweite Erkenntnis befaßt sich mit den Arbeiter- und Soldatenräten. Diese waren von keiner Seite zu Beamten ernannt worden, hatten sich vielmehr die Befugnis zur Ausübung öffentlicher Gewalt selbst beigelegt. Das Gemeinwesen, das für die von ihnen hierbei begangenen Amtspflichtverletzungen einzustehen hatte, konnte deshalb nicht nach dem sonst maßgeblichen Anstellungsakt bestimmt werden. Aus diesem Grunde mußte die Haftung für sie davon abhängig gemacht werden, zu wessen Geschäftsbereich die im Einzelfall von dem Arbeiter- und Soldatenrat verletzte Amtspflicht gehörte.

Zu Unrecht beruft sich die Revision darauf, daß der I. Zivilsenat des Reichsgerichts im Urteil RGZ. Bd. 115 S. 54 (58/59) die Haftung für Versehen der mit der Verwaltung der Reichswasserstraßen betrauten Landesbeamten dem Reich auferlegt habe. Der erkennende Senat hat dazu in dem obenerwähnten Urteil vom 6. Dezember 1927 ausgesprochen, mangels besonderer hierauf bezüglicher Ausführungen müsse angenommen werden, daß der I. Senat von der ständigen

Rechtsprechung des erkennenden Senats nicht habe abweichen, sondern nur auf den nach seiner Ansicht anders gearteten Fall habe abstellen wollen. Diese Auslegung des genannten Urteils ist um so gerechtfertigter, als der I. Zivilsenat in RGZ. Bd. 110 S. 349 (350) für das Reichshaftungsgesetz vom 22. Mai 1910, das insoweit mit Art. 131 RVerf. völlig übereinstimmt, anerkannt hat, daß es für die Frage, ob das Reich oder Preußen hafte, nicht darauf ankomme, ob der schuldige Beamte ein Reichs- oder ein preußisches Hoheitsrecht ausgeübt habe. Er hat dort, durchaus übereinstimmend mit der dargelegten Rechtsprechung des erkennenden Senats, das entscheidende Gewicht auf die Tatsache gelegt, daß der Beamte, ein Kanallotse, von einer Reichsbehörde als Reichsbeamter angestellt worden war.

Das Berufungsgericht hat demnach mit Recht die Passivlegitimation des verklagten Deutschen Reichs verneint. Sofern im vorliegenden Fall der Tatbestand des Art. 131 RVerf. gegeben ist, trifft die Haftung den Preußischen Staat.

---

5. Fließt die Vergütung, welche die Deutsche Rentenbank den von ihr verwendeten Personen gewährt, auch gegenwärtig noch aus öffentlichen Mitteln?

Preußisches Pensionsgesetz vom 27. März 1872 § 27.

III. Zivilsenat. Urt. v. 4. Juni 1929 i. S. L. (Kl.) w. Preuß. Staat (Bekl.). III 441/28.

I. Landgericht I Berlin.
II. Kammergericht daselbst.

Der Kläger ist Vorsitzender des Aufsichtsrats der Deutschen Rentenbank und empfängt von ihr in dieser Eigenschaft eine Vergütung. Im Hinblick hierauf ist das Ruhegehalt gekürzt worden, das er als früherer preußischer Staatsminister vom Beklagten bezieht. Die Berechtigung dieser Maßnahme bestreitend, hat er nach fruchtloser Anrufung des preußischen Finanzministers Klage auf Zahlung von 2098,95 RM. als des ihm für März 1927 zustehenden Ruhegehalts erhoben, ist aber damit abgewiesen worden. Seine Berufung und ebenso seine Revision blieben erfolglos.

Gründe:

Die vom Kläger beanstandete Kürzung seines Ruhegehalts erfolgte auf Grund der gegenwärtigen Fassung des § 27 des preuß. Gesetzes vom 27. März 1872 betr. die Pensionierung der unmittelbaren Staatsbeamten (GS. S. 268). Nach ihm ruht das Recht auf den Bezug von Pension, wenn und solange ein Pensionär aus Verwendung im öffentlichen Dienst ein Diensteinkommen bezieht, und ferner ist dort bestimmt:

> Als Verwendung im Reichs-, Staats- oder in einem sonstigen öffentlichen Dienste im Sinne dieser Vorschrift gilt ohne Rücksicht auf die Art und Dauer der Beschäftigung jede Tätigkeit, für die eine Vergütung gewährt wird, die ganz oder zum Teile unmittelbar oder mittelbar aus öffentlichen Mitteln fließt.

Der Kläger bestreitet, daß diese Gesetzesstelle auf ihn anwendbar sei, da die Mittel der Rentenbank keine öffentlichen seien und die von ihm geübte Funktion nicht als eine Tätigkeit in dem hier in Betracht kommenden Sinne angesehen werden könne. Dieses Vorbringen des Klägers kann nicht als zutreffend anerkannt werden. Seine Obliegenheiten und seine Befugnisse als Vorsitzender des Aufsichtsrats der Deutschen Rentenbank ergeben sich aus ihrer Satzung, und zwar zunächst aus den über den Aufsichtsrat sich verhaltenden §§ 12 bis 16, ferner aber auch aus den den Verwaltungsrat behandelnden §§ 17 bis 22, da nach § 17 Abs. 2 Satz 2 der Vorsitzende des Aufsichtsrats zugleich Vorsitzender des Verwaltungsrats ist. Nach diesen Satzungsbestimmungen ist der Aufsichtsrats-Vorsitzende ein wesentliches Organ der Deutschen Rentenbank, nicht aber ein von ihr gesondertes, über ihr stehendes, wie das die Revision behauptet. Es ist kein Grund ersichtlich, seine Stellung zur Rentenbank rechtlich anders anzusehen, als daß sie eine Verwendung im Sinne der eingangs genannten Gesetzesstelle ist, da auch die ihm hierfür von der Bank gewährte Vergütung wenigstens mittelbar aus öffentlichen Mitteln fließt. Daß und weshalb derartige von der Rentenbank gewährte Vergütungen als aus öffentlichen Mitteln gespeist anzusehen sind, ist bereits in RGZ. Bd. 119 S. 209 dargelegt worden. Die von der Revision besonders betonte Berücksichtigung des Gesetzes über die Liquidation des Umlaufs an Rentenbankscheinen vom 30. August 1924 (RGBl. II S. 252) kann zu keiner anderen Beurteilung der Rechtslage führen, da dieses Gesetz nur den Kreis der Belasteten beschränkt. Das ist aber hier ohne Belang, zumal da fortlaufend die eine öffentliche Last bildenden Grundschuldzinsen (RGZ. Bd. 115 S. 212) bezahlt werden müssen. Daß gerade aus ihnen oder überhaupt aus den durch staatlichen Zwang beschafften Mitteln die Vergütung des Klägers gezahlt wird, ist nicht Erfordernis. Entscheidend ist, wie schon Bd. 119 S. 210 ausgesprochen worden ist, daß durch die mittels staatlichen Zwanges beschafften Mittel der Geschäftsgang der Rentenbank in Lauf gebracht worden ist und weiter geht. Es kommt daher nicht darauf an, wie die Bank nunmehr diese Mittel verwendet (§§ 7 und 9 des vorgen. Ges.) und aus welchen ihrer Einzeleingänge sie die von ihr gezahlten Vergütungsbeträge entnimmt. Hat sie diese anderweit, nämlich durch irgendwelche ihr obliegenden oder gestatteten Geschäfte erworben, so fließen sie eben mittelbar, wenn vielleicht auch nur teilweise, aus öffentlichen Mitteln, und das genügt nach § 27 PensGes. Ob die Grundschuldbelastung zugunsten der Rentenbank im letzten Grunde auf ein freiwilliges Erbieten gewisser Wirtschaftskreise zurückzuführen ist, verschlägt nichts, nachdem diese Belastungen durch die Verordnung vom 15. Oktober 1923 über die Errichtung der Rentenbank (RGBl. I S. 963) zwingend auferlegt worden sind. Es liegt daher kein Grund vor, von der bisherigen Rechtsprechung abzugehen.

---

6. 1. Findet die Vorschrift in § 21 Abs. 2 des Aufwertungsgesetzes auch dann Anwendung, wenn es sich um die Abtretung einer Hypothek an den Eigentümer des belasteten Grundstücks handelt, der sie demnächst hat löschen lassen?

2. Welcher Stichtag ist maßgebend für die Bestimmung der Rangfolge nach §§ 7, 21 Abs. 2 AufwG.?

V. Zivilsenat. Beschl. v. 5. Juni 1929 in einer Grundbuchsache des Amtsgerichts Königsberg i. Pr. V B 12/29.

I. Grundbuchamt Königsberg i. Pr.
II. Landgericht daselbst.

Den Sachverhalt ergeben die nachfolgenden

Gründe:

Auf einem Grundstück in K. hatten für die Beschwerdeführerin zwei im Jahre 1901 eingetragene Darlehenshypotheken von 20000 M.

(Abt. III Nr. 4) und von 24000 M. (Abt. III Nr. 5) bestanden, denen keine anderen Belastungen vorgegangen waren. Am 8. Januar 1923 hatte die Beschwerdeführerin diese Posten an den Rentner K. abgetreten, der das Grundstück gekauft und aufgelassen erhalten hatte und, nachdem er am 13. Februar 1923 als Eigentümer eingetragen worden war, die Hypotheken im Juni 1923 löschen ließ. Nach dem Inkrafttreten des Aufwertungsgesetzes beantragte die Beschwerdeführerin als frühere Gläubigerin die Wiedereintragung der kraft Rückwirkung aufgewerteten Hypotheken. Sie nahm dabei das Vorrecht gemäß § 7 Abs. 1 Satz 3 AufwG. in Anspruch. Das Grundbuchamt gab dem Wiedereintragungsantrag statt, jedoch nur mit der Maßgabe, daß es zwischen die Aufwertungshypothek Abt. III Nr. 13 zu 4990,50 GM. (früher Nr. 4) und die Aufwertungshypothek Abt. III Nr. 15 zu 5988,65 GM. (früher Nr. 5) einen Rangvorbehalt Abt. III Nr. 14 in Höhe von 5000 GM. zugunsten des Eigentümers einschob. Es versagte der Antragstellerin die Anerkennung ihrer beiden Hypotheken als einheitlichen Rechts im Sinne des § 7 Abs. 1 Satz 3 AufwG., weil ihr die erste Rangstelle durch die Vorschrift des § 21 Abs. 2 AufwG. verloren gegangen sei; denn mit dem Inkrafttreten des Aufwertungsgesetzes seien auch andere Hypotheken wieder aufgelebt, die an sich den früheren Posten Nr. 4 und Nr. 5 zwar nachgegangen seien, durch die Vorschrift des § 21 Abs. 2 AufwG. aber den Vorrang vor den Aufwertungsrechten der Antragstellerin als bloßen Zedentenrechten erlangt hätten. Die Beschwerdeführerin widersprach der Zwischeneintragung nach Grund und Betrag. Ihre Beschwerde wurde jedoch zurückgewiesen. Auch ihre weitere Beschwerde möchte das Kammergericht zurückweisen, sieht sich jedoch daran gehindert durch eine Entscheidung des Oberlandesgerichts in Rostock vom 7. Mai 1927 (AufwRspr. 1927 S. 671), wonach die Vorschrift des § 21 Abs. 2 AufwG. keine Anwendung finden soll auf den Fall, daß die Hypothek an den Grundstückseigentümer abgetreten und auf seinen Antrag gelöscht worden sei. Das Kammergericht hat die Sache deshalb dem Reichsgericht vorgelegt.

Die Vorlegung ist zu Recht erfolgt und die Zuständigkeit des Reichsgerichts ist begründet. Allerdings lag der vom Oberlandesgericht Rostock behandelte Fall insofern anders als der vorliegende, als dort der Abtretungsempfänger im Zeitpunkt der Abtretung bereits Eigentümer des belasteten Grundstücks war, während er im vorliegenden Fall zwar schon gekauft und Auflassung erhalten hatte, aber noch nicht im Grundbuch eingetragen worden war. Indessen will das Kammergericht in Übereinstimmung mit den Vorinstanzen auch den Rostocker Fall anders beurteilen als es dort geschehen ist, indem es die bezeichnete Verschiedenheit offenbar für unwesentlich erachtet und mit Recht das entscheidende Gewicht darauf legt, daß der Eigentümer die abgetretene Hypothek demnächst seinerseits zur Löschung brachte. Auch darin ist dem Kammergericht beizustimmen, daß die Streitfrage nicht schon durch den Beschluß des Reichsgerichts vom 25. Februar 1928 (RGZ. Bd. 120 S. 211) ihre Erledigung gefunden hat. Denn in dem dort behandelten Falle hatte der Eigentümer die ihm erteilte Löschungs- oder Umschreibungsbewilligung dazu benutzt, um die für ihn entstandene Eigentümergrundschuld als Darlehenshypothek wieder abzutreten, und es ist der Begründung des Oberlandesgerichts Rostock mindestens nicht mit Sicherheit zu entnehmen, ob es nicht, wie das Kammergericht meint, für diesen Fall mit dem Reichsgericht die Anwendbarkeit des § 21 Abs. 2 AufwG. bejaht hätte. Die engere Frage, wie der Fall zu beurteilen sei, wenn der Eigentümer nach Abtretung an ihn löschen läßt, ist vom Reichsgericht, soweit ersichtlich, noch nicht entschieden worden. Die Voraussetzungen für die Vorlegung nach § 79 GBO. waren hiernach gegeben.

In der Sache selbst ist im Anschluß an die Ausführungen des vorerwähnten Beschlusses vom 25. Februar 1928 dem Kammergericht beizupflichten. Es handelt sich um Aufwertung zugunsten der früheren Gläubigerin abgetretener Hypotheken; dafür, daß solchenfalls die Vorschrift des § 21 Abs. 2 AufwG. deshalb einschränkend auszulegen wäre, weil der neue Gläubiger die Hypotheken als Eigentümer des Grundstücks vor dem Inkrafttreten des Aufwertungsgesetzes zur Löschung gebracht hatte, bieten weder der Wortlaut, noch der Zweck des Gesetzes eine genügende Handhabe. Es würde vielmehr der inneren Rechtfertigung entbehren und müßte willkürlich erscheinen, den Aufwertungsanspruch des früheren Gläubigers inhaltlich davon abhängig zu machen, welches die späteren Schicksale des abgetretenen Rechts nach der Abtretung gewesen sind. Man kann zugeben, daß das Aufwertungsgesetz, indem es im § 21 Abs. 2 dem früheren Gläubiger einen gegenwärtigen gegenüberstellt, in erster Linie den Fall im Auge hat, daß auch das abgetretene Recht (im Augenblick des Inkrafttretens des Aufwertungsgesetzes) noch fortbesteht, sei es im Grundbuch oder, infolge unrichtiger Löschung, außerhalb des Grundbuchs. Aber die Vorschrift des § 21 Abs. 2 greift über die Regelung des Rangverhältnisses zwischen dem früheren und dem gegenwärtigen Gläubiger hinaus; sie regelt auch das Rangverhältnis zwischen dem früheren Gläubiger und den Inhabern der dem gegenwärtigen Gläubiger im Range gleichstehenden oder nachgehenden Rechte. Daß mit dem Rangrücktritt hinter das Recht eines gegenwärtigen Gläubigers überhaupt jeder Rangrücktritt hinwegfalle, da es dann „diesem" im Range gleich- oder nachstehende Rechte nicht gebe, ist eine zu eng am Worte haftende Auslegung, die auch als feststehend vorwegnimmt, was erst des Beweises bedarf. Dem Sinn und Zweck der Vorschrift entspricht es vielmehr, sie, wenn infolge Wegfalls des abgetretenen Rechts ein gegenwärtiger Gläubiger fehlt, im übrigen so durchzuführen, als ob das abgetretene Recht fortbestände, d. h. die Frage, welche Rechte als ihm im Range gleichstehend oder nachgehend anzusehen sind, so zu beantworten, wie es im Falle seines Fortbestandes geschehen müßte, oder, wie das Kammergericht es ausdrückt, unter dem Aufwertungsbetrag des gegenwärtigen Gläubigers solchenfalls die alte Rangstelle der in Betracht kommenden Hypothek zu verstehen. Die Erwägung allein, daß das Gesetz mit der Vorschrift des § 21 Abs. 2 zu Ungunsten des früheren Gläubigers zu weit gegangen sei, vermag, wie das Kammergericht zutreffend darlegt, gegenüber seiner erkennbaren Absicht, dem früheren Gläubiger nur unbeschadet sonstiger Rechte einen Aufwertungsanspruch einzuräumen, die einschränkende Auslegung nicht zu begründen. Aus dem Erlöschen des abgetretenen Rechts vor dem Inkrafttreten des Aufwertungsgesetzes ließe sich nach der anderen Seite auch folgern, daß ein Aufwertungsanspruch des früheren Gläubigers nicht entstehe. Wenn ferner versucht wird, im Falle der Löschung des abgetretenen Rechts die Unanwendbarkeit der Vorschrift des § 21 Abs. 2 schon daraus herzuleiten, daß die Rechtslage im Falle der Löschung nicht durch § 21, sondern durch § 20 AufwG. geregelt sei, so wird dabei einerseits der enge Zusammenhang der beiden Paragraphen nicht beachtet, anderseits aber auch verkannt, daß § 20 die Wiedereintragung gelöschter Hypotheken zugunsten des gegenwärtigen Gläubigers, § 21 dagegen die Wiedereintragung zugunsten des früheren Gläubigers zum Gegenstand hat. Das Ergebnis, daß nach den Vorschriften des Aufwertungsgesetzes der abtretende Hypothekengläubiger schlechter gestellt ist als der, auf dessen Löschungsbewilligung gelöscht ist, hat die Rechtsprechung des erkennenden Senats als nach dem Gesetzeswortlaut unvermeidlich in Kauf nehmen zu müssen geglaubt (außer dem erwähnten Beschluß vgl. Urteil V 30/28 vom 20. Oktober 1928 in Seuff. Arch. Bd. 83 S. 41). Hiervon abzuweichen besteht kein Anlaß; einen solchen bietet namentlich auch nicht der vorliegende Fall nachträglicher Löschung durch den neuen Gläubiger, der das Eigentum des Grundstücks erwarb, angesichts der sich aus § 21 Abs. 2 AufwG. als grundsätzlich beabsichtigt ergebenden Einschränkung der Aufwertungsansprüche früherer Gläubiger.

Ist aber dem Kammergericht in der Anwendbarkeit der Vorschrift des § 21 Abs. 2 AufwG. auf den Streitfall beizutreten, so erweisen sich auch alle seine hieraus gezogenen weiteren Folgerungen in der Beurteilung der Rechtslage als rechtlich bedenkenfrei. Zwar war für den neuen Gläubiger, da er auch Grundstückseigentümer geworden war und in dieser Vereinigung die Hypotheken durch Herbeiführung der Löschung aufgegeben hatte, keine Aufwertungsmöglichkeit erwachsen. Aber die Vorschrift des § 21 Abs. 2 blieb anwendbar für das Rangverhältnis zwischen dem Aufwertungsanspruch der Beschwerdeführerin als früherer Hypothekengläubigerin und den dem Aufwertungsanspruch des neuen Gläubigers, wie er erwachsen sein würde und zu unterstellen war, im Range gleichstehenden oder nachgehenden Rechten. Für die Rangfolge ist im Sinne des § 21 Abs. 2 wie auch des § 7 AufwG. als Stichtag maßgebend der Tag des Inkrafttretens des Aufwertungsgesetzes. An diesem Tage (15. Juli 1925) würden — als dem Zessionaranspruch nach der Eintragungsfolge im Grundbuch nachgehend — die Aufwertungsansprüche der Gläubigerin der Hypotheken Abt. III Nr. 8 und 9 bestanden haben, und zwar jene als Zessionarhypothek, diese als Hypothek in der Hand der ursprünglichen Gläubigerin. Daß es zu einer Wiedereintragung dieser Hypotheken infolge Befriedigung der Aufwertungsansprüche nicht gekommen ist, beeinträchtigt nicht ihre Berücksichtigung für den Tag des Inkrafttretens des Aufwertungsgesetzes als maßgebenden Zeitpunkt. Den Aufwertungsansprüchen aus den ehemaligen Eintragungen Abt. III Nr. 8 und 9 gingen die Aufwertungsbeträge der Beschwerdeführerin als auf bloßen Zedentenansprüchen beruhend gemäß § 21 Abs. 2 AufwG. im Range nach. In ihrem Aufwertungsanspruch aus der Hypothek Abt. III

Nr. 4 besaß hiernach die Beschwerdeführerin kein an erster Stelle eingetragenes aufgewertetes Recht im Sinne des § 7 Abs. 1 Satz 3 AufwG., und es entfiel damit die Anwendbarkeit dieser Vorschrift zugunsten ihres aufgewerteten Rechts aus der Hypothek Abt. III Nr. 5. Ein Anspruch, die Aufwertungsrechte aus Abt. III Nr. 4 und 5 als einheitliches, an erster Stelle eingetragenes Recht im Sinne des § 7 Abs. 1 AufwG. behandelt zu sehen, war daher nicht begründet; vielmehr war ihre getrennte Behandlung geboten und demzufolge auch die Einschaltung eines Rangvorbehalts zugunsten des Grundstückseigentümers hinter der Aufwertungshypothek aus Nr. 4, aber vor der Aufwertungshypothek aus Nr. 5 gerechtfertigt.

Die übrigen Voraussetzungen der Eintragung eines solchen Rangvorbehalts, insbesondere die Einhaltung der im § 7 Abs. 1 Satz 2 AufwG. vorgeschriebenen Sicherheitsgrenze, sind in Übereinstimmung mit den Darlegungen des Vorlegungsbeschlusses unbedenklich als gegeben anzuerkennen. Auch der Höhe nach ist der Rangvorbehalt richtig bemessen. In dieser Beziehung konnte nur das Mutterrecht maßgebend sein, an das er sich anschließt, also die Aufwertung für den früheren Gläubiger, nicht die, welche für den neuen Gläubiger in Betracht gekommen wäre. Da im vorliegenden Fall der Goldmarkbetrag der aufgewerteten Hypothek des früheren Gläubigers nicht durch einen Abzug für Aufwertung zugunsten des neuen Gläubigers gemindert wird, ist der Bemessung des Rangvorbehalts zutreffend der volle Goldmarkbetrag der Hypothek Abt. III Nr. 4 mit 20000 GM. zugrundegelegt worden.

---

7. Welche Stellung nehmen in einem Zwangsversteigerungsverfahren, das mit Bewilligung der sämtlichen betreibenden Gläubiger zunächst einstweilen eingestellt, dann aber auf Antrag eines von ihnen fortgesetzt worden ist, die Gläubiger ein, die diesen Antrag nicht gestellt haben?

ZVG. § 27 Abs. 2, §§ 30, 31.

III. Zivilsenat. Urt. v. 7. Juni 1929 i. S. Eheleute St. (Kl.) w. Preuß. Staat (Bekl.). III 463/28.

I. Landgericht Frankfurt a. M.
II. Oberlandesgericht daselbst.

Die Kläger waren je zur Hälfte Miteigentümer eines Hausgrundstücks. Auf Antrag der Fr.-Bank in N., für die unter Nr. 5 eine Sicherungshypothek zum Höchstbetrag von 5000 RM. eingetragen stand, wurde am 28. Mai 1926 wegen einer Forderung von 1200 RM. nebst Zinsen und Kosten die Zwangsversteigerung des Grundstücks angeordnet. Zum Beitritt wurden zwei weitere Gläubiger der Kläger zugelassen: 1. die Firma E. & Co. in Fr., für welche an erster Stelle zwei Grundschulden zum Gesamtbetrag von 15000 GM. eingetragen waren, wegen 386,18 RM rückständiger Zinsen von diesem Betrag für die Zeit vom 1. Februar 1925 bis zum 30. April 1926, sowie wegen 14% rückständiger Zinsen von 13000 RM. vom 1. Mai 1926 ab; 2. die dinglich nicht gesicherte Firma K. & P. in H. wegen einer Forderung von 1000 RM. nebst Zinsen und Kosten. Die Fr.-Bank trat dann auch noch wegen einer weiteren Forderung von 2400 RM. nebst Zinsen und Kosten dem Verfahren bei. Im ersten, auf den 30. August 1926 angesetzten Versteigerungstermin wurde das Verfahren durch Beschluß des Vollstreckungsgerichts einstweilen eingestellt, da die betreibenden Gläubiger die einstweilige Einstellung bewilligt hatten. Schon am 5. September 1926 beantragte die Fr.-Bank Fortsetzung der Zwangsversteigerung. Neuer Versteigerungstermin wurde nunmehr auf den 15. November 1926 vormittags 10 Uhr anberaumt. Am 2. November verfügte der Vollstreckungsrichter die vorgeschriebene Mitteilung an die Beteiligten, auf wessen Antrag und wegen welcher Ansprüche die Versteigerung erfolge. Er fügte hinzu:

„Das Verfahren ist, soweit es von den unter Ziff. 2 und 3 aufgeführten Gläubigern (d. h. E. & Co. und K. & P.) betrieben wird, zur Zeit einstweilen eingestellt."

Mit diesem Zusatz wurde die Mitteilung am 4. November auch an die Kläger abgesandt. Am 11. November ging beim Vollstreckungsgericht das Ersuchen der Fr.-Bank ein, die Zwangsversteigerung einstweilen einzustellen. Da das die zweite Einstellungsbewilligung der Bank war, beschloß das Gericht am 12. November die Aufhebung des Verfahrens, soweit es von ihr betrieben werde. Dieser Beschluß wurde den Klägern am 15. November, dem Tage des Versteigerungstermins, wenige Stunden vor dessen Beginn, zugestellt. Im Versteigerungstermin erschienen die Kläger nicht. Er wurde gleichwohl abgehalten. Das geringste Gebot betrug 812,57 RM., die bar zu zahlen waren, während keine Rechte bestehen blieben. Das von dem an zweiter Stelle stehenden Hypothekengläubiger abgegebene Meistgebot betrug 15420 RM., und das Grundstück wurde ihm auf dieses Gebot durch Beschluß vom 22. November 1926 zugeschlagen. Die Beschwerde der Kläger gegen diesen Zuschlagsbeschluß blieb erfolglos, ebenso ihre weitere Beschwerde.

Die Kläger führen es auf eine schuldhafte Amtspflichtverletzung des Vollstreckungsrichters zurück, daß ihnen ihr Grundstück, das einen Wert von 57000 RM. gehabt habe, für rund 15000 RM. genommen worden sei. Auf Grund der Mitteilung vom 2. und des Beschlusses vom 12. November 1926 seien sie der Ansicht gewesen, daß die Zwangsversteigerung für alle betreibenden Gläubiger zum Stillstand gekommen sei. Sie hätten deshalb bestimmt angenommen, daß der Versteigerungstermin am 15. November 1926 nicht mehr abgehalten werde, und seien daher nicht erschienen. Ohne die irreführende Nachricht des Gerichts würden sie dem Termin beigewohnt haben und dann würde es ihnen gelungen sein, die noch betreibenden beiden Gläubiger zur Zurücknahme ihres Antrags zu bewegen. Insbesondere der Hauptgläubigerin, der Firma C. & Co., sei es nicht darauf angekommen, das Grundstück versteigern zu lassen, sondern nur, Sicherheit für ihre Forderung zu erlangen. Zu ihrer wie der Firma K. & P. Sicherstellung wären die Kläger aber imstande gewesen, wenn sie nicht mit der Einstellung der von diesen Gläubigern betriebenen Zwangsvollstreckung gerechnet hätten. Sie hätten zwischen beiden Terminen mit verschiedenen Geldgebern verhandelt, um von ihnen die Mittel zur Ablösung der beiden Gläubiger zu erlangen. Diese Verhandlungen hätten sich sehr aussichtsvoll gestaltet. Namentlich habe der mit dem klagenden Ehemann befreundete Inhaber der Firma Gebr. B. in Fr. die Hergabe der zur Vermeidung der Versteigerung nötigen Mittel versprochen, die er auch zur Verfügung gehabt habe. Mit Rücksicht auf die Mitteilung des Gerichts hätten sie, die Kläger, die Angelegenheit dann aber nicht mehr für dringlich erachtet und seien so von der rechtzeitigen Befriedigung oder wenigstens Sicherstellung der noch in Frage kommenden beiden Gläubiger abgehalten worden. Für den ihnen durch das Verschulden des Vollstreckungsrichters erwachsenen Schaden hafte der Preußische Staat. Gegen ihn haben die Kläger von dem auf 57000 RM. berechneten Gesamtschaden einen Teilbetrag von 5000 RM. nebst Zinsen eingeklagt.

Der Beklagte bestreitet, daß den Klägern durch die Versteigerung des Grundstücks ein Schaden erwachsen sei. Jedenfalls sei das Verhalten des Vollstreckungsrichters für den etwa entstandenen Schaden nicht ursächlich gewesen. Denn die Firma E. & Co. würde eine nochmalige Einstellung des Verfahrens nur gegen eine erhebliche Barzahlung oder gegen völlige Sicherstellung der alsbaldigen Berichtigung ihrer Forderung bewilligt haben. Ihr diese zu gewähren seien die Kläger aber nicht in der Lage gewesen. Die Firma Gebr. B. sei zu der hiernach nötigen Hilfeleistung weder gewillt noch imstande gewesen. Auch wenn die Kläger am Versteigerungstermin teilgenommen hätten, würden sie sich also das Grundstück nicht haben erhalten können. Übrigens müsse es als erhebliches Mitverschulden der Kläger angesehen werden, daß sie in dem Termin, dessen Aufhebung ihnen nicht mitgeteilt worden sei, nicht erschienen seien. Außerdem hätten sie ja auch noch bis zum Zuschlag die Gläubiger befriedigen können.

Die Vorinstanzen haben die Klage abgewiesen. Die Revision der Kläger führte zur Aufhebung und Zurückverweisung.

Gründe:

Wenn ein Zwangsversteigerungsverfahren auf Grund einer von sämtlichen Gläubigern erteilten Bewilligung einstweilen eingestellt worden ist (§ 30 ZVG.), so muß es auf Antrag auch nur eines Gläubigers fortgesetzt werden (§ 31 Abs. 1 ZVG.). Streitig ist, welche Stellung in diesem Fall diejenigen Gläubiger einnehmen, die den Fortsetzungsantrag nicht gestellt haben. Nach der einen Ansicht fällt die einstweilige Einstellung für sämtliche Gläubiger weg, das Verfahren wird für sie alle fortgeführt.[1]) Nach der anderen Meinung

[1]) Goldmann im Recht 1913 S. 514 und in JW. 1926 S. 1181; Jäckel-Güthe ZVG. 5. Aufl. § 31 Anm. 3; Wenz in JW. 1921 S. 211; Wenz-Wagner Handbuch für die Zwangsvollstreckung u. die Zwangsverwaltung § 31 Anm. 8; Wolff ZVG. § 30 Anm. 8 und im Recht 1910 S. 654; Urteile des OLG. Posen vom 4. Juli 1914 (Pos. Jur. Monatsschr. 1914 S. 121) und des OLG. Stettin vom 17. Juli 1925 (JW. 1925 S. 2275 Nr. 4). D. E.

geht das Verfahren nur für den betreibenden Gläubiger weiter, der die Fortsetzung beantragt hat.[1]) Das Verfahren, das der Vollstreckungsrichter bei der Versteigerung des Grundbesitzes der Kläger eingeschlagen hat, war von beiden Rechtsstandpunkten aus falsch. Wirkte der Fortsetzungsantrag der Fr.-Bank auch zugunsten der Firmen E. & Co. und K. & P., so traf der Zusatz zu der Mitteilung vom 2. November 1926, daß das Verfahren, soweit es von diesen beiden betrieben werde, zur Zeit eingestellt sei, nicht zu. Von der Gegenmeinung aus durfte, nachdem das nur noch von der Fr.-Bank betriebene Verfahren aufgehoben war, die Grundstücksversteigerung nicht mehr stattfinden. Der Versteigerungstermin vom 15. November 1926 hätte ebenfalls aufgehoben werden müssen. Das Berufungsgericht hat bei dieser Sachlage geglaubt, von einer Stellungnahme zu der gekennzeichneten Streitfrage absehen zu können, und hat sich damit begnügt, eine Amtspflichtverletzung des Versteigerungsrichters deshalb zu bejahen, weil sein Verhalten inkonsequent und nach jeder der beiden dargelegten Meinungen unrichtig gewesen sei. Diese Urteilsbegründung würde ausreichen, wenn die schädigenden Folgen des richterlichen Versehens in beiden Fällen — sowohl, wenn die Amtspflichtverletzung in einer unrichtigen Mitteilung, als auch dann, wenn sie in der Vornahme einer unzulässigen Versteigerung lag — die gleichen sein müßten. Das ist aber nicht der Fall. Und darin, daß diese Verschiedenheit nicht berücksichtigt ist, liegt der wesentliche Fehler des angefochtenen Erkenntnisses.

Hat der Beklagte für die Unrichtigkeit der Mitteilung vom 2. November 1926 einzustehen, so kommt es darauf an, welche nachteiligen Folgen für die Kläger dadurch eingetreten sind, daß sie auf die Richtigkeit der ihnen gemachten Angabe vertraut haben. Sie behaupten, daß sie sich dann, wenn sie mit der Fortsetzung des Verfahrens für die genannten beiden Gläubiger hätten rechnen müssen, die nötigen Mittel hätten verschaffen können, um diese mindestens zu einer Fristgewährung zu veranlassen, so daß es am 15. November 1926 nicht zur Versteigerung ihres Grundstücks ge-

[1]) Kretzschmar in JW. 1916 S. 1380; Marcus im Recht 1911 S. 94; Reinhard-Müller Handausgabe des ZVG. 6. Aufl. § 27 Anm. 6 u. § 30 Anm. 3; Stillschweig in JW. 1916 S. 1013 u. S. 1182, ferner in den Anmerkungen zu den das. 1925 S. 2275 Nr. 4 u. 1926 S. 2111 Nr. 3 abgedruckten Urteilen; Urteil des Kammergerichts vom 19. Juni 1926 (JW. 1926 S. 2111 Nr. 3). D. E.

kommen wäre. Das Berufungsgericht hat den Beweis nicht für erbracht angesehen, daß die Kläger, wenn sie die fragliche amtliche Nachricht nicht erhalten hätten, von ihren Gläubigern eine vorläufige Abstandnahme von der Versteigerung erreicht hätten; es hat vielmehr angenommen, daß das Grundstück unter allen Umständen am 15. November 1926 versteigert worden wäre. Deshalb hat es wegen mangelnden Nachweises eines durch das Versehen des Richters entstandenen Schadens die Klage abgewiesen. Damit ist aber noch nicht dargetan, daß es auch dann an einer vom Beklagten zu vertretenden Schädigung der Kläger fehlt, wenn der Versteigerungsrichter unzulässigerweise die Grundstücksversteigerung vorgenommen hat. Denn in diesem Falle kommt es, sein Verschulden vorausgesetzt, nicht darauf an, ob es den Klägern gelungen wäre, den Ausfall des auf den 15. November 1926 angesetzten Versteigerungstermins durch Verhandlungen mit ihren Gläubigern zu erzielen. Vielmehr liegt die Sache dann so, daß die Versteigerung nur infolge einer Amtspflichtverletzung hat stattfinden können, sodaß die Kläger nicht erst zu beweisen brauchen, sie hätten den damaligen Zwangsverkauf ihres Grundstücks verhüten können. Ihre Schädigung könnte vielmehr nur dann verneint werden, wenn entweder der Versteigerungserlös ihnen einen völligen Ausgleich für den Verlust des Grundstücks gewährt hätte, oder wenn die Versteigerung demnächst doch hätte stattfinden müssen und auch dann keinen höheren Erlös als den am 15. November 1926 erzielten gebracht hätte. Diese, von der ersterörterten völlig verschiedene, Möglichkeit der Schadensgestaltung hat der Vorderrichter überhaupt nicht in den Kreis seiner Erwägungen gezogen. Seine Entscheidung muß deshalb dann aufgehoben werden, wenn der dem Richter zu machende Vorwurf gerade in der Abhaltung des Versteigerungstermins liegt. Darüber kann aber nur geurteilt werden, wenn festgestellt wird, wie bei der gegebenen Sachlage ordnungsmäßig hätte verfahren werden müssen.

Die eingangs dargelegte Streitfrage hat der erkennende Senat in seinem Urteil RGZ. Bd. 89 S. 426 noch nicht entschieden. Er hat dort aber bereits ausgesprochen, daß die Zurücknahme des Versteigerungsantrags in einem von mehreren Gläubigern betriebenen Verfahren nicht etwa nur durch alle betreibenden Gläubiger gemeinsam erfolgen könne, daß vielmehr jeder von ihnen berechtigt sei, seinen Antrag zurückzunehmen, um damit aus dem Kreise der betreibenden Gläubiger auszuscheiden. Das folgt daraus, daß jeder Gläubiger dieselben Rechte hat, einerlei, ob er den ersten Versteigerungsantrag gestellt hat oder ob er erst später beigetreten ist (§ 27 Abs. 2 ZVG.), und daß deshalb jeder neben den anderen betreibenden Gläubigern völlig unabhängig von ihnen steht. Diese selbständige Stellung der mehreren betreibenden Gläubiger zwingt dazu, den Fall der einstweiligen Einstellung nicht anders zu behandeln als den der Zurücknahme des Versteigerungsantrags. Der von der einstweiligen Einstellung betroffene Gläubiger scheidet damit zwar nicht dauernd und in vollem Umfang aus dem Verfahren aus wie ein Gläubiger, der seinen Versteigerungsantrag zurücknimmt. Das Verfahren ruht nur für ihn, während die Beschlagnahme mit ihren Wirkungen zu seinen Gunsten bestehen bleibt. Diese ihm vorläufig gebliebene, geminderte verfahrensrechtliche Stellung kann der Gläubiger, soweit die Einstellung auf seiner Bewilligung beruht, bis zum Ablauf der in § 31 Abs. 2 ZVG. vorgesehenen Frist jederzeit wieder in die eines vollberechtigten betreibenden Gläubigers verwandeln, indem er die Fortsetzung des Verfahrens beantragt. Ob aber diese Rechtsänderung eintreten soll, ist seiner freien Entschließung überlassen. Daß sie ihm durch Anträge der anderen betreibenden Gläubiger aufgezwungen werden könnte, denen er, wie schon gesagt, selbständig gegenübersteht, dafür lassen sich keine durchgreifenden Gründe anführen.

Die im Schrifttum häufige Betonung der Einheitlichkeit des Zwangsversteigerungsverfahrens setzt das voraus, was erst bewiesen werden soll. Es fragt sich gerade, ob die Gläubiger an einem einheitlichen Verfahren beteiligt sind oder ob nur die verschiedenen, von den einzelnen Gläubigern betriebenen Verfahren verbunden sind. Dasselbe gilt von der Erwägung, die Einstellungsbewilligung sei nur wirksam, wenn und solange die in § 30 ZVG. als ihre Folge vorgesehene Einstellung auch tatsächlich eintrete; daran fehle es, wenn ein anderer Gläubiger das Verfahren fortsetze. Auch bei diesem Gedankengang wird die Bejahung der streitigen Frage schon unterstellt. Nicht zugestimmt werden kann der Behauptung, die Einstellungsbewilligung eines Gläubigers setze voraus, daß das Versteigerungsverfahren völlig zum Stillstand komme. Es lassen sich durchaus Fälle denken, in denen der Gläubiger nur für seine Person vom Weiterbetreiben der Versteigerung absehen will, ohne daß es ihm auf das Vorgehen der anderen Gläubiger irgendwie ankommt. Außerdem fehlt es an dieser Voraussetzung in all den Fällen, in denen die Einstellung des Verfahrens nicht auf der Bewilligung des Gläubigers beruht, sondern auf einem gegen ihn ergangenen Gerichtsbeschluß. Von einer Absicht des Gerichts, die Einstellung nur für den Fall anzuordnen, daß kein anderer Gläubiger die Zwangsversteigerung betreibt, kann keine Rede sein. Es ist aber nicht angängig, hinsichtlich der Beteiligung an dem fortgesetzten Verfahren zu unterscheiden zwischen den Fällen der Einstellung auf Grund Bewilligung des Gläubigers und der durch gerichtliche Anordnung. Das Verfahren läßt sich auch ohne Beteiligung der von einer einstweiligen Einstellung betroffenen Gläubiger weiterhin unschwer durchführen. Wenn der Gläubiger, für den das Verfahren ruht, im Grundbuch eingetragen ist, und wenn er außerdem dem das Verfahren fortsetzenden Gläubiger vorgeht, so bleibt sein Recht bestehen (§ 52, 49 ZVG.). Steht er hinter dem betreibenden Gläubiger, so fällt sein Anspruch nicht mehr in das geringste Gebot, ein Ergebnis, das auch vom Standpunkt der Gegenmeinung aus einträte. Die Ansprüche persönlicher Gläubiger, für die das Verfahren eingestellt ist, müssen allerdings dann in das Bargebot aufgenommen werden, wenn sie dem fortsetzenden Gläubiger vorgehen. Das ergibt sich zwar nicht unmittelbar aus dem Wortlaut des § 49 ZVG., muß aber wohl aus seinem Sinn und Zweck hergeleitet werden. Der auf sie entfallende Betrag muß dann gegebenenfalls hinterlegt werden. Es darf eben nicht außer acht gelassen werden, daß den Gläubigern, welche die Einstellung bewilligt haben, immer noch die Beschlagnahmewirkungen zur Seite stehen. Sie gelten deshalb auch weiter als Beteiligte im Sinne von § 9 ZVG., werden als solche von allen, diesen mitzuteilenden, Beschlüssen und Verfügungen des Vollstreckungsgerichts in Kenntnis gesetzt und sind daher jederzeit in der Lage, ihrerseits das Verfahren fortzusetzen, wenn es ihnen dienlich erscheint, und dann die vollen Befugnisse eines betreibenden Gläubigers auszuüben. Nur aufgezwungen werden soll ihnen diese Stellung nicht. Gerade der vorliegende Fall ist ein Beweis für die Richtigkeit der hier vertretenen Ansicht. Denn es läßt sich nicht rechtfertigen, ein Grundstück zu versteigern, obgleich von den betreibenden Gläubigern der eine den Versteigerungsantrag zurückgenommen, die beiden anderen die Einstellung des Verfahrens bewilligt haben.

Aus diesen Darlegungen ergibt sich für den gegenwärtigen Fall, daß der Antrag der Fr.-Bank vom 5. September 1926, das Zwangsversteigerungsverfahren fortzusetzen, nur für sie Rechtswirkungen erzeugt hat, dagegen die auf Bewilligung der Firmen C. & Co. und K. & P. erfolgte einstweilige Einstellung unberührt gelassen hat. Die den Beteiligten am 2. November 1926 vom Vollstreckungsgericht gemachte Mitteilung war also richtig. Sie enthielt keine Amtspflichtverletzung des Richters. Eine solche kann vielmehr nur daraus hergeleitet werden, daß er das Grundstück der Kläger versteigert hat, obwohl das von der Fr.-Bank betriebene Verfahren aufgehoben, das von den beiden anderen Gläubigern betriebene einstweilen eingestellt worden war.

Die Frage, ob dem Vollstreckungsrichter sein Verhalten in dieser Hinsicht als Verschulden anzurechnen ist, kann noch nicht abschließend beurteilt werden. An sich kann allerdings einem Richter, der in einer so umstrittenen, durch höchstrichterliche Entscheidung noch nicht geklärten Frage der einen, von höheren Gerichten und anerkannten Rechtslehrern vertretenen Meinung folgt, daraus auch dann kein Vorwurf gemacht werden, wenn seine Meinung schließlich im Rechtsstreit nicht die Billigung der höchsten Instanz findet. Im vorliegenden Fall genügt jedoch diese Erwägung nicht, um den Richter zu entlasten. Denn er hat, wie schon oben hervorgehoben, in seiner Behandlung der Sache geschwankt. Zunächst hat er — nach dem Gesagten objektiv richtig — angenommen, daß der Fortsetzungsantrag der Fr.-Bank die einstweilige Einstellung des von den beiden anderen Gläubigern betriebenen Verfahrens nicht berühre, und hat dieser Ansicht durch die Mitteilung vom 2. November 1926 den Klägern gegenüber Ausdruck verliehen. Diesen Standpunkt hat er dann aber verlassen und hat die Zwangsversteigerung trotz Aufhebung des von der Fr.-Bank betriebenen Verfahrens für geboten erachtet und sie deshalb vorgenommen. Sollte er seine Ansicht ohne eine genügend sorgfältige Prüfung der Rechtslage gewechselt haben, so läge darin ein Verschulden. Und auf diesem Verschulden würde die, wie ausgeführt, objektiv unzulässige Versteigerung des Grundbesitzes beruhen, so daß sie selbst als schuldhafte Amtspflichtverletzung bezeichnet werden müßte. Möglich bleibt aber auch, daß der Richter zu seiner veränderten Stellungnahme auf Grund erneuter Vertiefung in Rechtsprechung und Schrifttum gelangt ist. Dann gereicht ihm zwar die Vornahme der Versteigerung selbst nicht zum Vorwurf. Er hätte dann aber des Irrtums über die Sachlage gedenken sollen, den er in den Klägern durch seine frühere Mitteilung erweckt haben mußte oder wenigstens erweckt haben konnte. Seine Pflicht wäre es daher solchenfalls gewesen, die Kläger davon zu benachrichtigen, daß die einstweilige Einstellung hinsichtlich der beiden anderen Gläubiger nunmehr doch als unwirksam erachtet werde. Dann liegt seine schuldhafte Amtspflichtverletzung in der Unterlassung dieser Mitteilung, sodaß es nicht, wie im erstgedachten Fall, auf die schädigenden Folgen der Versteigerung ankäme, sondern darauf, welchen Schaden die Unterlassung dieser Mitteilung den Klägern zugefügt hat. Die Sachlage wäre dann also ähnlich der, welche das Berufungsgericht allein bei Erörterung der Schadensfolgen in den Kreis seiner Erwägungen gezogen hat. Welche der dargelegten Möglichkeiten wirklich gegeben ist und ob der Sachverhalt nicht etwa noch eine andere Beurteilung der Verschuldensfrage gebietet, darüber hat der Tatrichter zu befinden, für den sich aus dem Gesagten auch die Notwendigkeit ergibt, die Schadensfrage erneut zu untersuchen.

---

8. Zum Erfordernis der Berufungsbegründung nach § 519 Abs. 3 Nr. 2 ZPO.

VII. Zivilsenat. Urt. v. 11. Juni 1929 i. S. W. u. Gen. (Bekl.) w. H. Bankverein Komm. Ges. auf Aktien (Kl.). VII 618/28.

I. Landgericht Halle a. S.
II. Oberlandesgericht Naumburg.

Durch Urteil des Landgerichts sind die beiden Beklagten entsprechend dem Antrag der Klägerin verurteilt worden. Gegen dieses Urteil haben sie rechtzeitig durch Schriftsatz vom 19. Mai 1928 Berufung eingelegt. Der Schriftsatz enthielt nur die Erklärung, daß gegen das näher bezeichnete Urteil Berufung eingelegt werde mit dem Antrag, das erstinstanzliche Urteil aufzuheben und die Klage abzuweisen. Eine weitere Begründung der Berufung wurde erst nach Ablauf der Monatsfrist des § 519 Abs. 2 ZPO. eingereicht.

Das Oberlandesgericht verwarf die Berufung als unzulässig Die Revision der Beklagten hatte Erfolg.

Gründe:

Das Berufungsgericht geht mit Recht nach § 519 Abs. 2 ZPO. davon aus, daß es zulässig ist, die Berufungsbegründung schon in die Berufungsschrift aufzunehmen. Es ist jedoch der Ansicht, daß der Schriftsatz der Beklagten vom 19. Mai 1928 nicht den im § 519 ZPO. für diese Begründung aufgestellten Erfordernissen genügt, da darin nur der Berufungsantrag, aber keine weiteren Ausführungen tatsächlicher oder rechtlicher Art enthalten sind. Der Berufungsrichter hat sich damit in bewußten Gegensatz zu der Entscheidung des V. Zivilsenats des Reichsgerichts vom 5. November 1924 in RGZ. Bd. 109 S. 89 gesetzt, der sich auch andere Senate des Reichsgerichts (vgl. z. B. IV. Zivilsenat Beschl. vom 13. November 1924 IV B 17/24, II. Zivilsenat Beschl. vom 4. März 1927 II B 6/27) und zuletzt auch das Reichsarbeitsgericht im Urteil vom 23. Juli 1928 RAG. 95/28 angeschlossen haben, und mit der auch die im Schrifttum herrschende Ansicht übereinstimmt (vgl. die in RGZ. Bd. 109 S. 90 angeführten Stellen, ferner Stein-Jonas ZPO. 12./13. Aufl. § 519 III 2 und IV 1b; Sydow-Busch-Krantz ZPO. 19. Aufl. § 519 Anm. 5; Förster-Kann ZPO. 3. Aufl. § 519 Anm. 3b bb Bd. 2 S. 1176; Volkmar in LZ. 1924 Sp. 256/257, im Recht 1924 Sp. 253/254 und in JW. 1925 S. 711; Sonnen in JW. 1925 S. 1354; Pagenstecher, Berufung im neuen Zivilprozeßrecht, S. 15). An dieser Rechtsprechung ist trotz der dagegen gerichteten Ausführungen des Berufungsurteils und des darin angezogenen Aufsatzes von Baumbach in der DJZ. 1925 Sp. 329 flg. (vgl. auch daselbst Sp. 1615 flg.) festzuhalten.

Zwar mag die Novelle zur Zivilprozeßordnung von 1924 nach der Begründung zum Regierungsentwurf mit der Einführung des Begründungszwanges für die Berufung den Zweck verfolgt haben, „eine notwendige Konzentrierung und Beschleunigung des Verfahrens zu sichern", und damit mag zugleich der Zweck verbunden gewesen sein, die Einlegung unbegründeter Berufungen zu erschweren. Maßgebend ist aber doch jedenfalls das, was im Gesetz Ausdruck gefunden hat. Dem Absatz 1 des § 519 ZPO. kann nun, ebenso wie der gleichen Vorschrift im Abs. 1 des § 554 ZPO., nur die Bedeutung einer die weiteren Vorschriften des Paragraphen einleitenden und ankündigenden Bestimmung beigemessen werden. Der Absatz 2 befaßt sich dann mit der äußeren Form und der Frist für die Berufungsbegründung. Deren Inhalt dagegen wird durch die Absätze 3 und 4 bestimmt, von denen ersterer die allein maßgebenden Mußvorschriften, letzterer eine Sollvorschrift enthält. Dem schließt sich der Abs. 5 mit seiner Verweisung auf die allgemeinen Vorschriften über vorbereitende Schriftsätze an, die sowohl die äußere Form wie den Inhalt betreffen, wobei jedoch nicht mehr Mußvorschriften in Betracht kommen, die für die Zulässigkeit der Berufung wesentlich wären. Daß der notwendige sachliche Inhalt der Berufungsbegründung außer durch Abs. 3 noch durch Abs. 1 bestimmt werde, kann bei dieser Anordnung des Paragraphen nicht als richtig anerkannt werden. Von den Vorschriften im Abs. 3 gilt nun diejenige unter Nr. 1 auf jeden Fall, indem unter allen Umständen erklärt werden muß, inwieweit das Urteil angefochten wird und welche Abänderungen des Urteils beantragt werden. Daß dies gerade mittels eines genau gefaßten Antrags geschieht, wird dagegen nicht gefordert, sondern es genügt auch, wenn es aus den übrigen sachlichen Ausführungen der Berufungsbegründung hervorgeht (so die ständige Rechtsprechung des Reichsgerichts). Im Gegensatz hierzu wird durch die Nr. 2 eine Angabe nicht für alle Fälle verlangt. An sich ist das Vorbringen neuer Tatsachen, Beweismittel und Beweiseinreden für das Berufungsverfahren keineswegs wesentlich; das Interesse des Berufungsklägers kann sich sehr wohl darauf beschränken, daß das höhere Gericht den bereits in erster Instanz erschöpfend beigebrachten Streitstoff nochmals in tatsächlicher und rechtlicher Beziehung nachprüfe, in tatsächlicher Hinsicht durch eine erneute tatrichterliche Würdigung des Parteivorbringens und der Beweisergebnisse. Eine Verpflichtung zur Nachprüfung in beiden Richtungen liegt aber dem Berufungsgericht auch dann ob, wenn der Berufungskläger nur in einer dieser Richtungen Ausführungen gemacht hat. Deshalb hätte es aber auch wenig Zweck, eine Erklärung zu verlangen, daß mangelhafte Beweiswürdigung oder daß falsche Rechtsanwendung gerügt werde; die Erklärung, daß die Nachprüfung des ersten Urteils in tatsächlicher und rechtlicher Hinsicht begehrt werde, würde erst recht eine inhaltlose Förmlichkeit bedeuten. Eine schriftsätzliche Erklärung in einer der ersten beiden Richtungen würde auch keinesfalls hindern, in der mündlichen Verhandlung Ausführungen in der anderen Richtung zu machen, wie auch eine schriftsätzliche Beschränkung auf bestimmte Punkte nach der tatsächlichen oder rechtlichen Seite hin einer nachträglichen Ausdehnung dieser Ausführungen auf andere Punkte nicht im Wege stände. Insofern würde namentlich auch eine Ausführung, mit der nur einzelne tatsächliche Feststellungen angegriffen werden — eine Möglichkeit, die das Berufungsurteil besonders betont —, keinerlei beschränkende Wirkung für die Zukunft ausüben. Dementsprechend sowie nach ihrer ganzen Fassung ist aber die Vorschrift der Nr. 2 in § 519 Abs. 3 nur dahin zu verstehen, daß der Berufungskläger, wenn er neuen Streitstoff in Form neuer Tatsachen, Beweismittel oder Beweiseinreden in den Prozeß einführen will, durch die Berufungsschrift oder durch die Berufungsbegründung ankündigen muß, was er in dieser Beziehung geltend machen wird. Falls dagegen nichts derartiges erklärt wird, ergibt sich eben ohne weiteres, daß die Nachprüfung des erstinstanzlichen Streitstoffes nach der tatsächlichen und der rechtlichen Seite begehrt wird. Wenn das Berufungsurteil hervorhebt, daß die Rechtsfolgen für die beiden Fälle des § 519 Abs. 3 verschieden seien, so ist das allerdings zutreffend; denn das Fehlen der Erklärung unter Nr. 1 führt zur Verwerfung der Berufung nach § 519b ZPO., während das Fehlen einer Angabe von neuen Tatsachen usw. höchstens, bei nachträglichem entsprechenden Vorbringen, die dem richterlichen Ermessen unterliegende Folge des § 529 Abs. 3 ZPO. haben kann. Dieser Unterschied ist aber insofern erklärlich, als beim Fehlen einer Angabe gemäß Nr. 2 noch gar nicht feststeht, ob überhaupt später ein solches Vorbringen in den Rechtsstreit eingeführt werden wird, während eine spätere Verwerfung der ganzen Berufung bloß wegen verspäteten Vorbringens neuer Tatsachen usw. innerlich ganz unberechtigt wäre, weil die Berufung ja auch ohne Rücksicht auf diese Tatsachen gerechtfertigt sein kann. Daß aber die Zurückweisung des neuen Vorbringens in § 529 Abs. 3 nicht zwingend vorgeschrieben ist, brauchte entgegen der Ansicht des Berufungsgerichts dem Gesetzgeber noch keine Veranlassung zu geben, die Vorschrift in § 519 Abs. 3 Nr. 2 nicht unter die Mußvorschriften zu stellen, und erst recht nicht, sie aus § 519 überhaupt ganz herauszulassen. Endlich erscheint es auch nicht angängig, für die nach § 519 anzunehmenden Erfordernisse der Berufungsbegründung den für die Revision geltenden § 554 ZPO. heranzuziehen; denn wenn auch die §§ 519b und 554a übereinstimmen, so weichen doch die §§ 519 und 554 erheblich voneinander ab.

---

9. Kann der Veräußerer eines Grundstücks Erstattung der von ihm gezahlten Schuldverschreibungssteuer im Wege des Ausgleichsanspruchs vom Erwerber verlangen?

BGB. § 242; Dritte Steuernotverordnung §§ 18flg.; AufwG. §§ 33flg.

VI. Zivilsenat. Urt. v. 13. Juni 1929 i. S. M. (Kl.) w. S. (Bekl.). VI 696/28.

I. Landgericht II Berlin.
II. Kammergericht daselbst.

Die N. Ph. AG. in B. war Eigentümerin einer größeren Grundstücksfläche in B. In den Jahren 1906 und 1909 hatte die Gesellschaft Schuldverschreibungsanleihen in Höhe von 1500000 M. und 500000 M. aufgenommen und für die Gläubiger auf ihrem Grundbesitz auf den Namen der D. Tr.-AG. in B. Sicherungshypotheken in entsprechender Höhe eintragen lassen. Im Jahre 1921 ging das Vermögen der Grundstückseigentümerin im Wege der Fusion auf die Klägerin über. Durch Vertrag vom 5. April 1922 verkaufte diese einen Teil des so erworbenen Grundbesitzes an die Beklagte, welche eine Tochtergesellschaft der T. AG. ist. Nach § 2 des Vertrags ist der Kaufpreis auf 3000000 M. vereinbart und beglichen worden. Die Auflassung erfolgte in derselben Urkunde. Am 7. Juni 1922 wurde die Beklagte als Eigentümerin in das Grundbuch eingetragen. Zu dieser Zeit waren noch Sicherungshypotheken in Höhe von 1522866 M. im Grundbuch vermerkt. Am 5. Juli 1922 wurde von der Vertreterin der Gläubiger Löschungsbewilligung erteilt. Die Löschung geschah am 21. September 1922. Die Beklagte ist noch jetzt Eigentümerin des Kaufgrundstücks. Insoweit ist der Sachverhalt unstreitig.

Des weiteren hat die Klägerin behauptet: Der vereinbarte Kaufpreis habe einem Werte von 77000 GM. entsprochen, während die Zahlungen nur einen Wert von 50000 GM. gehabt hätten. Zu der aus Anlaß des Kaufvertrags erforderlich gewordenen Tilgung der Anleihen und Löschung der Hypotheken habe sie, berechnet nach dem Tage der Löschungsbewilligung, 14460 GM. aufgewendet und später habe sie noch einen Aufwertungsbetrag von 4669,11 RM. für den ursprünglich nicht mit eingereichten Teil der Schuldverschreibungen gezahlt. Durch Steuerbescheid des Finanzamts in D. vom 8. Mai 1924 sei sie auf Grund des § 21 Abs. 1 der Dritten Steuernotverordnung vom 14. Februar 1924 zu einer Schuldverschreibungssteuer von 27523 GM. und durch Bescheid vom 27. Januar 1926 auf Grund des § 21 Abs. 2 das. zu einer weiteren Schuldverschreibungssteuer von 149846,80 RM. herangezogen worden; beide Beträge habe sie entrichtet. Das Kaufgrundstück habe gegenwärtig einen Wert von 1000000 RM. Da die Beklagte drei Viertel des mit den Sicherungshypotheken belasteten Grundbesitzes erworben habe, stehe der Klägerin ein Ausgleichsanspruch in Höhe von 133027,35 RM. wegen der Steuern zu, die als Aufwertungslasten anzusehen seien, sowie in Höhe eines entsprechenden Anteils wegen des an die Gläubiger gezahlten Aufwertungsbetrags.

Diesen Ausgleichsanspruch macht die Klägerin im gegenwärtigen Rechtsstreit in Höhe eines Teilbetrags von 4001 RM. geltend. Die Beklagte wendet ein, es handle sich um eine nach dem Gesetz der Klägerin auferlegte Steuer und es fehle an jedem Rechtsgrund, der die Klägerin berechtigen könnte, diese Steuer auf die Beklagte abzuwälzen.

Beide Vorinstanzen haben die Klage abgewiesen. Die Revision der Klägerin hatte Erfolg.

Gründe:

Das Kammergericht verkennt nicht, daß nach der festen Rechtsprechung des Reichsgerichts dem Veräußerer eines Grundstücks wegen der ihn treffenden Pflicht zur Aufwertung hypothekarisch gesicherter oder gesichert gewesener Forderungen unter Umständen ein Ausgleichsanspruch gegen den Grundstückserwerber zusteht. Bei der Schuldverschreibungssteuer — sagt das Kammergericht — handle es sich jedoch nicht um eine Aufwertung schon vorhandener privatrechtlicher oder öffentlichrechtlicher Ansprüche, sondern um die

Einführung eines neuen öffentlichrechtlichen Anspruchs, einer Steuer. Daher könnten die in den Urteilen des Reichsgerichts erörterten Gesichtspunkte höchstens mittelbar herangezogen werden. Allerdings möge die Anschauung, daß eine Erschütterung der Geschäftsgrundlage eine Ausgleichspflicht nach sich ziehen könne, nicht notwendig auf Fälle zu beschränken sein, in denen privatrechtliche Aufwertungslasten nach Vertragsschluß neu hervorträten; unter Umständen möchten auch Änderungen von Bestimmungen des öffentlichen Rechts, insbesondere eine Neubegründung oder Änderung von Steuerpflichten, eine privatrechtliche Ausgleichspflicht zur Folge haben können. Aber dies werde nur in ganz seltenen Fällen angenommen werden können. Grundsätzlich sei vielmehr davon auszugehen, daß eine solche Steuerüberwälzung nur da möglich sei, wo sie, wie z. B. in § 46 Abs. 5 S. 1 des Umsatzsteuergesetzes vom 24. Dezember 1919, vom Gesetzgeber ausdrücklich angeordnet worden sei. Bei der Schuldverschreibungssteuer sprächen indessen die Umstände nicht für, sondern gegen eine solche Ausgleichspflicht. Denn zunächst sei der Vertrag der Parteien bei Eintritt der Steuerpflicht schon vollständig abgewickelt gewesen. Ferner habe sich durch die Einführung der Steuer nicht irgendeine Vertragspflicht der Klägerin erhöht, die sie schon erfüllt zu haben geglaubt habe; nicht einmal die den Hypotheken zugrundeliegenden persönlichen Schulden hätten sich vergrößert. Die Steuerpflicht sei sogar in Höhe von 2% ohne jeden Zusammenhang mit der Tilgung der Hypothek oder der Forderung, also ohne jeden Zusammenhang mit einer Vertragsleistung, begründet. Insoweit könne daher die Einführung der Steuer die Geschäftsgrundlage keinesfalls erschüttert haben. Aber auch insoweit, als die Steuer infolge der Tilgung nach § 21 Abs. 2 III. StNVo. erhöht worden sei, habe der Gesetzgeber — ebenso wie auch für die Aufwertung der Schuldverschreibungen in § 33 AufwG. — keinerlei Unterschied gemacht, ob eine Schuldverschreibung hypothekarisch gesichert gewesen sei oder nicht. Alles dies sei nur die rechtliche Folge der Tatsache, daß bei Schuldverschreibungen der persönliche Kredit das wirtschaftlich wesentliche und die hypothekarische Sicherung wirtschaftlich nur Beiwerk sei, während bei der gewöhnlichen durch eine Hypothek gesicherten Forderung der wirtschaftliche Schwerpunkt in der Hypothek zu liegen pflege. Daß etwa im vorliegenden Falle aus besonderen Gründen die Sachlage anders zu beurteilen wäre, sei den Darlegungen der Klägerin nicht zu entnehmen. Diese ergäben vielmehr, daß die Herbeiführung der Tilgung der Hypothekenforderungen auch im Interesse der Klägerin, als der Schuldnerin, erfolgt sei. Hiernach sei der Klägerin zuzumuten, die Steuerlast allein zu tragen. Was endlich den Aufwertungsbetrag von rund 4670 RM. anlange, so komme bei seiner geringen Höhe eine Beitragspflicht der Beklagten nicht in Frage.

Die Revision rügt Verletzung des § 242 BGB. Die Rüge ist begründet.

Der für die Zubilligung des Ausgleichsanspruchs leitende Rechtsgedanke geht dahin, daß es bei erheblichem Mißverhältnis zwischen Leistung und Gegenleistung gegen Treu und Glauben und damit gegen den das Recht der Schuldverhältnisse beherrschenden Grundsatz des § 242 BGB. verstieße, wenn der Erwerber des Grundstücks den Veräußerer an einem Vertrage festhalten wollte, der durch die Aufwertungsgesetzgebung überholt ist. Wenn durch diese Gesetzgebung das Gleichwertigkeitsverhältnis zwischen Leistung und Gegenleistung und damit der Geschäftsgrundlage erschüttert ist, so muß sich der Erwerber zu einer Änderung des Inhalts des Vertrags gemäß § 242 BGB. bereit finden, den die Parteien unter der Herrschaft einer später von Grund aus geänderten Rechtslage im Vertrauen auf deren Fortbestand geschlossen hatten.

Dieser Rechtsgrundsatz findet an sich auf den an die Schuldverschreibungsgläubiger gezahlten Aufwertungsbetrag von rund 4670 RM. unmittelbar Anwendung. Aber insoweit braucht aus Rechtsgründen der Auffassung des Berufungsgerichts nicht entgegengetreten zu werden, daß diese Summe, für sich allein genommen — zumal da nach dem Vortrag der Klägerin nur drei Viertel davon für die Ausgleichung in Frage kämen — verhältnismäßig zu geringfügig sei, um eine Beitragspflicht der Beklagten zu rechtfertigen. Dagegen können nicht für zutreffend erachtet werden die, übrigens zum Teil mit der Rechtsprechung des Reichsgerichts in Widerspruch stehenden, Ausführungen des Kammergerichts, ebenso wie die des Landgerichts, aus welchen der den Kern der Klage bildende, sich auf die Erhebung der Schuldverschreibungssteuer gründende Ausgleichsanspruch abgewiesen worden ist. Mit Erwägungen mehr formaler Natur, wie sie die Vorderrichter angestellt haben, kann man den zahlreichen und schwierigen Aufgaben nicht gerecht werden, vor welche der Währungsverfall und dann die Festigung der Mark die Gerichte gestellt haben. Bei der Lösung dieser Fragen heischen vielmehr neben den rein rechtlichen auch wirtschaftliche Gesichtspunkte Beachtung, wenn ein billiger und gerechter Ausgleich der widerstreitenden Belange der Parteien gefunden werden soll (vgl. RGZ. Bd. 100 S. 132). Hierzu bietet der § 242 BGB. die geeignete gesetzliche Handhabe, der dem billigen Ermessen des Richters einen weiten Spielraum läßt und ihn in der Regel in den Stand setzen wird, unbillige Entscheidungen zu vermeiden. Insoweit freilich, als dem Richter durch bestimmte gesetzliche Vorschriften die Hände gebunden sind, ist der Weg der Abhilfe nach § 242 BGB. verschlossen; denn auch der etwa für fehlerhaft zu erachtende Gesetzesbefehl ist Gesetz und als solches verbindlich (RGZ. Bd. 121 S. 172).

Betrachtet man aus dieser Grundanschauung heraus den Sachverhalt, wie ihn die Klägerin vorgetragen hat und wie er mangels gegenteiliger Feststellungen für die Revisionsinstanz als richtig unterstellt werden muß, so ergibt sich folgendes. Bei Abschluß des Kaufvertrags, zu einer Zeit, als noch allgemein der Satz Mark gleich Mark in Geltung und von einer Aufwertung keine Rede war, gingen beide Vertragsteile davon aus, daß der vereinbarte Kaufpreis von 3000000 M. nicht nur zur Deckung der von der Klägerin zur Löschung zu bringenden Sicherheitshypothekenforderungen von insgesamt rund 1523000 M. auf allen verpfändeten Grundstücken ausreichen, sondern der Klägerin noch ein Überschuß von rund 1477000 M., daneben aber ein hypothekenfreies Restgrundstück verbleiben würde. Diese Geschäftsgrundlage ist durch die Dritte Steuernotverordnung und das Aufwertungsgesetz zerstört worden. Denn abgesehen davon, daß sich in der Zeit zwischen der Vereinbarung und der Zahlung des Kaufpreises dessen Goldmarkwert von 77000 auf 50000 M. vermindert hatte, muß nunmehr die Klägerin infolge einer nicht vorausgesehenen und nicht voraussehbaren Gesetzesänderung Schuldverschreibungssteuern in Höhe von rund 177000 RM. und einen Aufwertungsbetrag von rund 4670 RM. zahlen, wovon auf das Kaufgrundstück insgesamt etwa 136500 RM. entfallen. Danach hat die Klägerin nicht nur nichts für ihr Grundstück, soweit sie es der Beklagten verkauft hat, bekommen, sie muß vielmehr aus eigenem Vermögen noch rund 86500 RM. zulegen. Dabei soll keineswegs verkannt werden, daß auch die Klägerin, und zwar auf Kosten ihrer Anleihegläubiger, aus dem Währungsverfall einen nicht unerheblichen Vorteil gezogen hat, indem sie durch Zahlung von 14460 GM. und 4670 RM. an ihre Gläubiger und von rund 177000 RM. Steuern an das Reich ihrer gesamten Anleiheschuld von etwa 1523000 M. ledig geworden ist, von welch ersteren Beträgen noch 50000 GM. Kaufpreis in Abzug kommen. Inwieweit dieser Gewinn der Klägerin in den Zeiten des Währungsverfalls oder in den späteren Wirtschaftskrisen verloren gegangen ist, steht freilich dahin. Anderseits ist die Beklagte in einer Zeit, in der die große Mehrzahl der Volksgenossen verarmt ist, mit einem Aufwande von nur 50000 GM. in den Besitz eines Grundstücks gelangt, dessen Gegenwartswert 1000000 RM. beträgt, und sie hat damit mühelos einen Zufallsgewinn von 950000 RM eingestrichen. Dieses Ergebnis entspricht dem allgemeinen Rechtsempfinden ebensowenig wie dem geltenden Recht.

Zunächst ist zu prüfen, ob für die Frage des Ausgleichsanspruchs die an das Reich abzuführende Schuldverschreibungssteuer einem an die Gläubiger zu zahlenden Aufwertungsbetrag gleichgestellt werden kann. Das ist unbedenklich zu bejahen. Durch § 2 Abs. 1 III. StNVo. wurden die Ansprüche aus Vermögensanlagen grundsätzlich auf 15% ihres Goldmarkbetrags abgewertet. Von den danach den Gläubigern entzogenen und den Schuldnern erlassenen 85% der Schuld nahm jedoch das Reich, soweit die Vermögensanlagen in Schuldverschreibungen im Sinne des § 18 a. a. O. verbrieft waren, einen Bruchteil als Geldentwertungsausgleich (vgl. die Überschrift des Art. III das.) für sich in Anspruch. Zur Rechtfertigung dieser Maßnahme heißt es in der Begründung zum Entwurf der Dritten SteuernotVo. (S. 2):

„Die in Art. I vorgesehene Regelung beläßt den Schuldnern in erheblichem Umfang eine Spannung zwischen dem ursprünglichen Geldwert der Forderungen und dem Geldwert zur Zeit der Tilgung. Die finanzielle Notlage der öffentlichen Haushalte und die Gerechtigkeit erfordern, auf diese Spannung in den Grenzen des wirtschaftlich Erträglichen mit der Steuer zurückzugreifen. Dabei werden Unbilligkeiten vom Standpunkt der Gesamtheit aus nur dann ausgeglichen, wenn die Geldwertunterschiede insbesondere in den Fällen erfaßt werden, in denen die Markforderungen bereits getilgt sind und daher der Geldentwertungsgewinn dem Schuldner unverkürzt bleibt. . .

Die Regelung erstrebt grundsätzlich die Wegnahme eines Teils des Nutzens, der der Einzelwirtschaft aus der Geldentwertung zugeflossen ist, soweit diese Wegnahme steuertechnisch möglich und wirtschaftlich erträglich erscheint ..."

Hiernach steht die Einführung der Schuldverschreibungssteuer in untrennbarem Zusammenhang mit der gleichzeitig angeordneten Abwertung. Den hierdurch dem Schuldner zufließenden Gewinn unterwarf der Gesetzgeber einer Steuer, die einen geringfügigen Bruchteil dieses Gewinns der Allgemeinheit dienstbar machen sollte; die Steuer trat an die Stelle eines ersparten Teiles der Hauptschuld; einen Teil des dem Gläubiger entzogenen Schuldbetrags mußte der Schuldner nunmehr statt an den Gläubiger an das Reich abführen. In diesem Sinne ist die Rechtslage schon in dem Urteil WarnRspr. 1926 Nr. 135 gewürdigt worden. In dem dort entschiedenen Falle hatte sich der Grundstückskäufer vertraglich verpflichtet, dem Verkäufer die zur Verzinsung und Tilgung der Schuldverschreibungsanleihen erforderlichen Mittel zur Verfügung zu stellen, für welche auf Grund einer Sicherungshypothek das Kaufgrundstück haftete. Nachdem die Anleihe auf Kosten des Käufers zurückgezahlt war, wurde vom Verkäufer die Schuldverschreibungssteuer gefordert und dieser verlangte ihre Erstattung vom Käufer auf Grund jener Vertragsbestimmung. Das Urteil führt aus, es sei zu prüfen, ob nicht auf Grund einer freieren, ergänzenden Vertragsauslegung das Verlangen des Verkäufers berechtigt erscheine und ob nicht auf diesem Wege ein der Billigkeit entsprechendes Ergebnis zu erzielen sei.

Daß nur in unlösbarem Zusammenhang mit der Abwertung Raum für die Schuldverschreibungssteuer geschaffen worden ist (Mügel Aufwertung 5. Aufl. S. 112), ergibt sich weiter auch aus § 21 III. StNVo. Denn danach beträgt die Steuer regelmäßig 2% des um den Aufwertungsbetrag verminderten Goldmarkbetrags der Schuldverschreibungen (Abs. 1) und sie erhöht sich, soweit die Schuldverschreibungen bereits getilgt sind, um den Betrag, um den der Goldwert des zur Tilgung aufgewendeten Betrags hinter dem Aufwertungsbetrag zurückbleibt (Abs. 2). Es fehlt hiernach an jedem Rechtsgrund, die einfache und die erhöhte Steuer hinsichtlich des Ausgleichsanspruchs verschieden zu behandeln; beide werden unter Berücksichtigung des Aufwertungsbetrags berechnet, mag dies auch bei der erhöhten Steuer stärkere Wirkung haben. Das Aufwertungsgesetz (§§ 33 flg.) beließ es für Ansprüche aus Schuldverschreibungen grundsätzlich bei einem Aufwertungsbetrag von 15% selbst dann, wenn sie durch Hypothek gesichert waren und also nach der Regel des § 4 das. eine Aufwertung auf 25% geboten gewesen wäre; nur in gewissen Fällen wurde dem Gläubiger eine Besserstellung gegenüber den Bestimmungen der Dritten Steuernotverordnung gewährt. Für einige dieser Fälle (§ 35 Abs. 2, 3, § 67 Abs. 2 AufwG.) wurde im Erlaß des Reichsfinanzministers betreffend Obligationensteuer vom 22. August 1925 (abgedruckt bei Lehmann-Boesebeck AufwG. S. 432) unter B II anerkannt, daß eine „doppelte Belastung" des Schuldners mit dem Aufwertungsbetrag und der erhöhten Obligationensteuer wirtschaftlich nicht gerechtfertigt sei, und demgemäß der Erlaß letzterer Steuer gestattet. Auch hierin kommt die Auffassung zum Ausdruck, daß die Schuldverschreibungssteuer, wenn sie auch, wie keineswegs verkannt werden soll, eine öffentlichrechtliche Abgabe, eine Steuer, darstellt, doch wirtschaftlich betrachtet ein Aufwertungsbetrag ist, der statt an den Gläubiger an das Reich zu zahlen ist. Die Auffassung von Michaelis (Dritte SteuernotVo. S. 178), daß es sich bei der fraglichen Steuer um eine Art Anspruch aus ungerechtfertigter Bereicherung (§§ 812 flg. BGB.) handle, ist schon um deswillen abzulehnen, weil die Steuer ohne Rücksicht darauf erhoben wird, ob der Schuldner einen endgültigen Nutzen aus dem Währungsverfall und insbesondere aus der Minderung seiner Anleiheschuld gezogen hat und daher noch bereichert ist (vgl. Begründung S. 3). Wie steuerwissenschaftlich die Schuldverschreibungssteuer einzureihen ist, namentlich ob sie eine Vermögenszuwachssteuer oder eine Kapitalverkehrssteuer ist, oder ob sie, wie der Reichsfinanzhof in dem im Reichssteuerblatt 1928 S. 187 abgedruckten Urteil vom 31. Januar 1928 angenommen hat, lediglich die Besteuerung der objektiven Vorgänge bei einer Darlehenstilgung bedeutet (vgl. auch Hensel Steuerrecht S. 109), kann hier ebenso auf sich beruhen wie die Bedenken, die gegen diese Steuer und insbesondere gegen den darin zum Ausdruck kommenden Sozialisierungsgedanken, wie Michaelis a. a. O. meint, erhoben worden sind (Pape Dritte SteuernotVo. Einl. S. 229, Wille-Wolfbauer Aufwertung und Obligationensteuer S. 131).

Es kommt aber darauf, ob man in der Schuldverschreibungssteuer eine Aufwertungsleistung zu sehen hat, nicht einmal entscheidend an. Denn mit Recht hat der V. Zivilsenat des Reichsgerichts in dem Urteil RGZ. Bd. 121 S. 141 die eingangs erwähnte Rechtsprechung über das Gebiet der Aufwertung hinaus auf einen anderen Fall erweitert, in dem durch eine nachträgliche Änderung der Gesetzgebung die Geschäftsgrundlage des Vertrags durch Aufhebung des Gleichgewichts zwischen den beiderseitigen Leistungen wesentlich erschüttert worden war. Daß hier — die Richtigkeit der Darstellung der Klägerin unterstellt — diese Voraussetzungen vorliegen, bedarf nach dem Gesagten keiner Ausführung. Es mag auch noch darauf hingewiesen werden, daß schon die ältere Rechtsprechung des Reichsgerichts gerade für einen Fall, wo durch die nach Vertragsschluß erfolgte Abänderung eines Steuergesetzes die Leistung des Verkäufers sich wesentlich erhöht hatte und dadurch die Geschäftsgrundlage erschüttert worden war, dem Verkäufer im Hinblick auf § 378 I 5 PrALR. einen Ausgleich gegenüber dem Käufer zugebilligt hat (RGZ. Bd. 22 S. 81), während allerdings ein anderer Senat des Reichsgerichts für das Gebiet des Gemeinen Rechts sich außerstande gesehen hat, bei Anwendung desselben Gesetzes, des Branntweinsteuergesetzes vom 24. Juni 1887 (RGBl. S. 253), einen solchen Ausgleich zu gewähren (RGZ. Bd. 21 S. 178). Was damals unter der Herrschaft des Allgemeinen Landrechts schon möglich und geboten erschien, ist heute mit Rücksicht auf § 242 BGB. weit leichter durchführbar und notwendig, sofern nicht zwingende Gesetzesvorschriften den Ausgleich verbieten. Das ist hier nicht der Fall. Denn wenn auch der § 20 III. StRVo. als Schuldner der Schuldverschreibungssteuer der Steuerbehörde gegenüber denjenigen bezeichnet, der zur Tilgung der Schuldverschreibungen verpflichtet gewesen ist oder dem die Verpflichtung zur Tilgung obliegt, und wenn demnach auch hier die Klägerin die Steuerschuldnerin ist, so geben doch weder der Wortlaut noch der Inhalt noch der Zweck des Gesetzes, noch dessen Entstehungsgeschichte irgendeinen Anhalt dafür, daß es dem Steuerschuldner nicht gestattet sein solle, auf Grund der Vorschriften des bürgerlichen Rechts von einem Dritten Erstattung der verauslagten Schuldverschreibungssteuer zu fordern.

Nach alledem erweist sich der wesentliche Teil der Entscheidungsgründe, aus denen das angefochtene Urteil zur Abweisung der Klage gelangt ist, als rechtsirrig. Es bleibt noch übrig, auf einige mehr nebensächliche Bedenken einzugehen, die in den Vorinstanzen gegenüber dem eingeklagten Anspruch geltend gemacht worden sind ...

Zunächst sind alle Ausführungen der Beklagten verfehlt, die damit zusammenhängen, daß die eingetragene Hypothek nicht eine gewöhnliche Hypothek, sondern eine Sicherungshypothek ist, wie eine solche für Inhaberschuldverschreibungen nach der zwingenden Vorschrift des § 1187 BGB. auch nur eingetragen werden konnte. Denn ebenso wie bei der gewöhnlichen Hypothek sind auch durch die Eintragung einer solchen Sicherungshypothek die Forderungen der Gläubiger in Beziehung zu dem verpfändeten und dann veräußerten Grundstück gesetzt worden. Aus diesem Grund ist es unerheblich, ob, wie das Kammergericht annimmt, bei Industrieobligationen, die hypothekarisch sichergestellt sind, der persönliche Kredit das wesentliche und die Hypothek nur Beiwerk ist (ähnlich Mügel Komm. zur Dritten SteuernotVo. 2. Aufl. S. 81). Es kann daher auf sich beruhen, daß gegen die Richtigkeit dieser Auffassung Bedenken bestehen. Denn wenn ein Industrieunternehmen, das größeren Geldbedarf hat und sich daher zu dessen Deckung an die Allgemeinheit wenden muß, sich die Anleihe auf Grund seines Personalkredits zu gleich günstigen Bedingungen beschaffen kann wie unter Verpfändung seines Grundbesitzes, so wird es schon der Kosten wegen und um ein freies Grundbuchblatt zu behalten, von einer hypothekarischen Sicherstellung der Anleiheschuld absehen.

Es wird ferner sicherlich zutreffen, daß die Klägerin die Tilgung der Anleiheschuld nicht nur deshalb betrieben hat, um ihrer Vertragspflicht zu genügen, sondern auch um ihrer persönlichen Schuld ledig zu werden. Aber dieser Umstand schließt den Ausgleichsanspruch nicht aus, sondern kann nur, wie bereits in RGZ. Bd. 112 S. 334 hervorgehoben worden ist, bei der Bemessung der Höhe des Ausgleichsanspruchs berücksichtigt werden. Auch insoweit besteht zwischen dem Schuldner einer gewöhnlichen Hypothek und dem Schuldner einer Anleihehypothek nach § 1187 BGB. keinerlei Unterschied, wie denn auch beide in ebenderselben Weise den Gläubigern mit ihrem gesamten übrigen Vermögen haften.

Weiter ist richtig, daß die Schuldverschreibungssteuer ohne Rücksicht darauf erhoben wird, ob die Anleiheschuld hypothekarisch sichergestellt war oder nicht. Aber daraus folgt nichts für die Frage der Berechtigung des Ausgleichsanspruchs. Bei nicht hypothekarisch sichergestellten Schuldverschreibungen kann der Anleiheschuldner — ebenso wie jeder andere nur persönliche Schuldner bei Aufwertungsansprüchen — keinen Ausgleichsanspruch aus der Erhebung der Schuldverschreibungssteuer gegenüber demjenigen herleiten, an den er ein Grundstück veräußert hat; denn es fehlt an der Beziehung zwischen Anleiheschuld und Steuer einerseits und dem Grundstück anderseits. Wohl aber ist diese Beziehung bei hypothekarisch gesicherten Anleihen gegeben.

Keiner Entscheidung bedarf der Streit der Parteien darüber, ob die Klägerin gerade aus Anlaß der Grundstücksveräußerung oder ohne Rücksicht auf sie die Anleihe abgelöst und die Sicherungshypothek zur Löschung gebracht hat. Denn die Erschütterung, welche die Geschäftsgrundlage des Kaufvertrags vom 5. April 1922 durch die Erhebung der Steuer erfahren hat, ist in beiden Fällen die gleiche. Die Frage wäre deshalb nicht einmal dann anders zu beurteilen, wenn die Anleihetilgung längst vor dem Kaufabschluß erfolgt sein würde. Im übrigen aber fallen die Verhandlungen der Klägerin mit der D. Tr.-Gesellschaft, wie deren Briefe vom 16. und 30. Dezember 1921 ergeben, wegen Ablösung des Restes der Anleihe zeitlich mit dem Abschluß des Kaufvertrags und den Vorverhandlungen der Parteien zusammen.

Hiernach war die Aufhebung des angefochtenen Urteils geboten. Zur Endentscheidung dagegen ist der Rechtsstreit, auch dem Grunde nach, noch nicht reif, da es hierzu noch an den erforderlichen tatsächlichen Feststellungen fehlt.

Eine den Belangen beider Parteien gerecht werdende und damit dem § 242 BGB. entsprechende Entscheidung des Rechtsstreits hat eine umfassende Aufklärung aller Umstände des Falles zur Voraussetzung. Namentlich werden der gegenwärtige Wert des verkauften Grundstücks, das Verhältnis seines Wertes zum Werte des der Klägerin verbliebenen Restgrundstücks, soweit dieses mit den Sicherungshypotheken belastet war, und der Gestehungspreis der Klägerin für das von ihr im Wege der Fusion erworbene Kaufgrundstück zu ermitteln sein. Ferner bedürfen die Angaben der Klägerin über den Wert des Kaufpreises zur Zeit des Vertragsschlusses (77000 GM.) und zur Zeit der Zahlung (50000 GM.), über den Wert der an die Anleihegläubiger erfolgten Papiermarkzahlungen (14460 GM.) und über die Höhe des an die Gläubiger entrichteten Aufwertungsbetrags (4669,11 RM.) der Nachprüfung. Dabei wird — sofern nicht besondere Umstände ein abweichendes Verfahren rechtfertigen —

die Umrechnung der Papiermarkzahlungen nicht über den Dollarkurs oder nach der Tabelle zum Aufwertungsgesetz, sondern nach der Kaufkraft der Mark auf dem Inlandsmarkt zu den Zahlungszeiten zu erfolgen haben. Auch der an und für sich unerhebliche Aufwertungsbetrag von rund 4670 RM. wird zu berücksichtigen sein, sofern nicht die Klägerin insoweit auf Grund des erwähnten Erlasses des Reichsfinanzministers vom 22. August 1925 Erstattung der gezahlten Schuldverschreibungssteuer hätte erreichen können. Daß die Klägerin der persönlichen Haftung für die Anleiheschuld durch geringfügige Zahlungen ledig geworden ist und ihr Restgrundstück hypothekenfrei gestellt hat, wird zu ihren Ungunsten zu werten sein; es wird jedoch hierbei nicht unberücksichtigt bleiben dürfen, wenn sie den ihr dadurch zugeflossenen Zufallsgewinn ganz oder zum Teil wieder eingebüßt hat. Dagegen braucht sich die Klägerin nicht den Verlust entgegenhalten zu lassen, den, wie die Beklagte behauptet, deren Muttergesellschaft, wenn auch im Zusammenhang mit dem Grundstückskauf vom 5. April 1922, dadurch erlitten hat, daß sie ein ihr und nicht der Beklagten gehöriges Grundstück von hohem Werte in B. an die A.AG. durch Vertrag vom 31. Januar 1923 zu einem geringfügigen Preise veräußert hat; denn insoweit steht ein Verlust einer anderen Rechtsperson als der Beklagten in Frage.

---

10. Kann der Veräußerer eines lastenfrei zu übereignenden Teilgrundstücks auch dann einen Ausgleichsanspruch gegen den Erwerber erheben, wenn die Hypothekengläubiger die abverkaufte Fläche aus der Pfandhaftung entlassen haben?

BGB. § 242.

VI. Zivilsenat. Urt. v. 13. Juni 1929 i. S. K. u. Gen. (Kl.) w. D. (Bekl.). VI 687/28.

I. Landgericht München I.
II. Oberlandesgericht daselbst.

Eingetragene Eigentümer eines Hausgrundstücks in M. waren die Kläger. Auf dem Grundstück ruhten eine Darlehenshypothek von 125000 M. und eine Restkaufgeldhypothek von 75000 M. Am 4. Januar 1923 verkauften die Kläger von ihrem Grundstück den Hofraum und die Hintergebäude an die Beklagte zum Preise von 1500000 M., der sofort bar bezahlt wurde. Die Auflassung erfolgte am 4. Juli 1923 und die Eigentumseintragung der Beklagten am 30. Juli 1923. Diese ist noch jetzt Eigentümerin des Kaufgrundstücks. Nach § II des Vertrags waren die Kläger verpflichtet, die verkaufte Fläche sofort nach erfolgter Auflassung hypothekenfrei zu stellen. Dieser Pflicht kamen sie in der Weise nach, daß die beiden Hypothekengläubiger den verkauften Grundstücksteil ohne Gegenleistung aus der Pfandhaft entließen. Insoweit ist der Sachverhalt unstreitig.

Die Kläger behaupten: Die Darlehenshypothek sei auf 28217 GM. aufgewertet worden und zur Abstoßung der Kaufgeldhypothek hätten sie 1115 GM. aufgewendet. Nach dem sich aus den Steuerwerten ergebenden Wertverhältnis der beiden Grundstücksteile entfielen auf das abverkaufte Stück von der hypothekarischen Belastung rund $^5/_{12}$, mithin 11755 RM. und 500 RM. Der Kaufpreis betrage nach der Tabelle zum Aufwertungsgesetz 700 GM. Mithin würde auf das Grundstück der Beklagten eine Aufwertungslast von etwa 12250 GM. entfallen sein, wenn es nicht aus der Pfandhaft entlassen worden wäre. Diese Last treffe nunmehr die Kläger allein. Da diese nur 700 GM. als Kaufpreis erhalten hätten, entspreche es der Billigkeit, daß die Beklagte ihnen zu der Aufwertungslast einen Beitrag von 8000 RM. leiste. Auf Zahlung dieses Betrages ist die Klage gerichtet.

Beide Vorinstanzen wiesen die Klage ab.

Die Revision hatte Erfolg.

Gründe:

Das Oberlandesgericht will der festen Rechtsprechung des Reichsgerichts keineswegs entgegentreten, wonach dem Veräußerer eines Grundstücks wegen der ihn treffenden Pflicht zur Aufwertung hypothekarisch gesicherter oder gesichert gewesener Forderungen unter Umständen ein Ausgleichsanspruch gegen den Grundstückserwerber zusteht (vgl. u. a. RGZ. Bd. 112 S. 329, Bd. 119 S. 133, Bd. 120 S. 288 und S. 292, Bd. 121 S. 56, 133, 330, Bd. 122 S. 149 und S. 383, Bd. 123 S. 166). Der Berufungsrichter meint jedoch, daß nach der besonderen Lage des vorliegenden Falles den Klägern ein Ausgleichsanspruch nicht zugebilligt werden könne. Hierzu führt er im wesentlichen folgendes aus. Die Lastenfreiheit des von der Beklagten erworbenen Grundstücks sei nicht durch Papiermarkzahlung hergestellt worden und sie sei keine scheinbare, sondern kraft des Verzichtes der Gläubiger auf die Mithaftung eine endgültige. Durch das Aufwertungsgesetz hätten deshalb die Hypotheken nicht wiederaufleben können, obwohl dem der § 20 das. wahrscheinlich nicht entgegengestanden hätte. Die Kläger würden als dingliche und persönliche Schuldner in Anspruch genommen unabhängig davon, daß die Hypotheken früher einmal auch auf dem in das Eigentum der Beklagten gelangten Grundstück gehaftet hätten. Die nach dem Aufwertungsgesetz die Kläger treffenden Aufwendungen ständen außer jedem Zusammenhang mit ihrer vertraglichen Verpflichtung zur Übereignung eines lastenfreien Grundstücks. Nicht einmal der Gesichtspunkt treffe zu, daß die Parteien bei Vertragsschluß davon ausgegangen seien, die Verkäufer würden außer der Übereignung des Grundstücks keine weiteren Aufwendungen nach dem Vertrag zu machen haben, sondern in den vollen Genuß des Kaufpreises kommen. In einer solchen Erwartung seien die Kläger hier gar nicht getäuscht worden. Denn die Aufwendungen, die sie jetzt nach dem Aufwertungsgesetz unvorhergesehen träfen, seien von ihnen nicht vorzunehmen in Erfüllung des Kaufvertrags, sondern deshalb, weil sie die Hypotheken ausschließlich auf das ihnen verbliebene Restgrundstück übernommen hätten. Insofern lasse sich aus dem Vertrag nicht einmal das spekulative Moment völlig ausschalten. Der Berufungsrichter könne sich hiernach nicht entschließen, den weiteren Schritt zu tun und dem Verkäufer den Anspruch auf einen Beitrag des Käufers zu der diesem vertraglich fremden Hypothekenlast in einem Falle zu gewähren, in welchem der Zusammenhang zwischen der Aufwertungslast und der Freistellungspflicht des Verkäufers völlig ausgeschaltet erscheine. Durch die nicht vorausgesehene Aufwertungsgesetzgebung sei hier die Erfüllung der Vertragspflicht zur Freistellung des verkauften Grundstücks von Hypotheken gar nicht berührt oder auch nur nachträglich in eine drückendere Last verwandelt worden, sondern es habe lediglich die von Anfang an irrige Preisberechnung der Kläger eine weitere Verschlechterung erfahren. Wollte man deswegen den Ausgleichsanspruch einräumen, so hieße das, ein Abgehen vom

Vertrag wegen Irrtums des Verkäufers über den Wert der Geldleistung zulassen.

Mit Recht rügt die Revision Verletzung des § 242 BGB.

Der vorliegende Fall zeigt nur insofern eine Besonderheit, als die Kläger nicht auf dem sonst üblichen Wege, die Hypothekenforderungen zu bezahlen und sie so zur Löschung zu bringen, ihrer Vertragspflicht zur Gewährung eines hypothekenfreien Grundstücks nachgekommen sind, sondern Pfandentlassungserklärungen der Gläubiger beigebracht haben. Diese Besonderheit bietet aber entgegen den Ausführungen des Oberlandesgerichts — die im Grunde genommen darauf hinauslaufen, daß dem Grundstücksveräußerer ein Ausgleichsanspruch nicht oder doch nur ganz ausnahmsweise zu gewähren sei — keinen Anlaß zu einer abweichenden rechtlichen Beurteilung gegenüber den bisher in der reichsgerichtlichen Rechtsprechung entschiedenen Fällen. Denn der für die Zubilligung des Ausgleichsanspruchs leitende Rechtsgedanke ist, daß es bei erheblichem Mißverhältnis zwischen Leistung und Gegenleistung gegen Treu und Glauben und damit gegen den das Recht der Schuldverhältnisse beherrschenden Grundsatz des § 242 BGB. verstieße, wenn der Erwerber des Grundstücks den Veräußerer an einem Vertrage festhalten wollte, der durch die Aufwertungsgesetzgebung überholt ist. Wenn durch diese Gesetzgebung das Gleichwertigkeitsverhältnis zwischen Leistung und Gegenleistung und damit die Geschäftsgrundlage erheblich erschüttert ist, so muß sich der Erwerber zu einer Änderung des Inhalts des Vertrags gemäß § 242 BGB. bereit finden, den die Parteien unter der Herrschaft einer später von Grund aus geänderten Rechtslage im Vertrauen auf deren Fortbestand geschlossen hatten (vgl. auch RGZ. Bd. 121 S. 141).

Prüft man von dieser rechtlichen Grundlage aus den Sachverhalt, wie ihn die Kläger vorgetragen haben und wie er mangels gegenteiliger Feststellungen des Berufungsgerichts für die Revisionsinstanz als richtig unterstellt werden muß, so ergibt sich folgendes. Bei Abschluß des Kaufvertrags, der zu einer Zeit zustande kam, als noch allgemein der Satz Mark gleich Mark in Geltung und von einer Aufwertung keine Rede war, gingen beide Vertragsteile davon aus, daß nicht nur der vereinbarte Kaufpreis von 1500000 M. zur Deckung der von den Klägern zur Alleinhaftung auf das ihnen verbleibende Restgrundstück übernommenen Hypothekenforderungen von 200000 M. ausreichen, sondern den Klägern noch ein Überschuß von 1300000 M. verbleiben würde. Diese Geschäftsgrundlage ist durch das Aufwertungsgesetz zerstört. Denn die Kläger behalten nunmehr nicht nur nichts von den empfangenen 1500000 M. übrig und haben den Grundstücksteil nicht nur umsonst hingegeben; sie müssen auch noch den ganzen Aufwertungsbetrag von angeblich rund 29300 RM. aus dem Restgrundstück decken, während ihnen ohne den Kaufvertrag noch der Wert des Kaufgrundstücks und damit nach ihrer Angabe $^5/_{12}$ des Gesamtwerts beider Grundstücke als Deckung zur Verfügung stehen würden. Danach müssen sie, die Richtigkeit ihrer Berechnung unterstellt, noch etwa 11500 RM. zuzahlen, um die Hypothekengläubiger insoweit zu befriedigen, als die Hypotheken nach Wertanteilen auf dem verkauften Teilstück gelastet haben. Um diesen Betrag haben sie ihr Restgrundstück wertanteilsmäßig höher belastet, als sie durch Herbeiführung der Pfandentlassungen die verkaufte Fläche hypothekenfrei gestellt haben. Das ist die vom Berufungsrichter zu Unrecht vermißte, im Vertrag nicht vorgesehene und damals nicht voraussehbare Mehrleistung der Kläger, welche die Geschäftsgrundlage erschüttert und ein unbilliges Mißverhältnis zwischen Leistung und Gegenleistung herbeigeführt hat. Schon daraus ergibt sich, daß es für die Frage der Zubilligung des Ausgleichsanspruchs keinen Unterschied machen kann, auf welche Weise die bedungene Hypothekenfreiheit des Kaufgrundstücks herbeigeführt worden ist, z. B. ob dies durch Auszahlung der Forderungen, durch Pfandauswechslung oder wie hier durch Pfandentlassung geschehen ist. Die Richtigkeit dieser Betrachtungsweise ergibt sich aber auch aus folgendem. Hätten die Kläger durch Barzahlung die beiden Hypotheken abgelöst, so ständen sie heute genau so, wie sie jetzt stehen, nachdem sie den Weg der Pfandentlassung gewählt haben. Denn auch im ersteren Falle hätten sie durch ihre Teilleistungen die Forderungen sachlich nicht zum Erlöschen gebracht, sondern wären persönliche Schuldner geblieben und hätten gemäß § 20 Abs. 1 AufwG. die Wiedereintragung der gelöschten Hypotheken auf dem Restgrundstück dulden müssen.

Erweist sich hiernach der wesentlichste Klagabweisungsgrund des Vorderrichters als rechtsirrig, so gilt das gleiche auch von seiner allerdings nur nebenher verwerteten Erwägung, auf seiten der Kläger habe dem Kaufvertrag ein spekulativer Einschlag angehaftet. In dem Sinne, daß die Kläger mit der Aufgabe des Satzes Mark gleich Mark gerechnet hätten (RGZ. Bd. 112 S. 333, 335, Bd. 119 S. 136; JW. 1926 S. 2570 Nr. 4; Komm. v. RGR. 6. Aufl. Bd. 1 S. 378), kann hiervon keine Rede sein, und inwiefern sie den Grundstücksverkauf als Spekulationsverkauf abgeschlossen haben sollten, ist nicht im mindesten ersichtlich.

(Es wird ausgeführt, daß die Sache noch nicht zu einer Endentscheidung reif ist.)

---

11. Inwieweit hat die behördliche Genehmigung der Veräußerung eines Grundstücks nach dem preußischen Grundstücksverkehrsgesetz vom 10. Februar 1923 rückwirkende Kraft?

BGB. § 184. AufwG. §§ 17, 22 Abs. 2. Preuß. Gesetz über den Verkehr mit Grundstücken § 1.

V. Zivilsenat. Urt. v. 15. Juni 1929 i. S. W. (Kl.) w. AG. für L. u. R.-Vers. (Bekl.). V 209/28.

I. Landgericht I Berlin.
II. Kammergericht daselbst.

Auf einem Grundstück, das früher der Ehefrau N. gehörte, war für die Beklagte eine aus der Vorkriegszeit stammende Darlehenshypothek von 185000 M. eingetragen. Diese Hypothek wurde, nachdem die Beklagte sie am 4. Dezember 1922 an den Ehemann der Grundstückseigentümerin abgetreten und dieser am 26. Januar 1923 Löschungsbewilligung erteilt hatte, am 28. April 1923 gelöscht. Inzwischen war das Grundstück von der früheren Eigentümerin durch Vertrag vom 7. Dezember 1922 an ihren Ehemann, von diesem durch Vertrag vom 9. desselben Monats an den Kaufmann F. und schließlich von letzterem durch Vertrag vom 2. Januar 1923 an den Kläger verkauft und aufgelassen worden. Der Kläger beantragte seine Eintragung als Eigentümer am 3. Januar 1923; die Eintragung erfolgte aber erst am 15. Juni 1923, nachdem der Kläger seinen Antrag am 9. Mai 1923 wiederholt hatte.

Die Beklagte meldete nach dem Inkrafttreten des Aufwertungsgesetzes die von ihr abgetretene Hypothek zur Aufwertung kraft Rückwirkung an. Der Kläger erhob Einspruch, weil der Wiedereintragung der Hypothek die Vorschriften über den öffentlichen Glauben des Grundbuchs entgegenstünden. Die Aufwertungsstelle setzte das Verfahren bis zur Entscheidung des Prozeßgerichts über den Grund des Aufwertungsanspruchs aus. Der Kläger stellt im Rechtsstreit den Antrag, das Nichtbestehen des von der Beklagten angemeldeten Anspruchs festzustellen und sie zur Löschung des am 11. Januar 1926 auf ihren Antrag zur Sicherung dieses Anspruchs eingetragenen Widerspruchs zu verurteilen. Zur Begründung hat er u. a. geltend gemacht, daß ihm der öffentliche Glaube des Grundbuchs gegenüber dem Aufwertungsbegehren der Beklagten zur Seite stehe. Denn einmal sei zu der Zeit, als er seinen Umschreibungsantrag am 9. Mai 1923 erneut gestellt habe, die Löschungsbewilligung der Beklagten schon erteilt gewesen und weiter sei zur Zeit der Umschreibung auch die Löschung schon vollzogen gewesen. Die Beklagte hat entgegnet, auf den Zeitpunkt des wiederholten Umschreibungsantrags komme es nicht an, weil der ursprüngliche Antrag noch nicht beschieden gewesen sei und zur Zeit der Stellung dieses Antrags eine Löschungsbewilligung noch nicht vorgelegen habe. Übrigens habe der Kläger auch durch seine Eintragung noch kein Eigentum erworben; denn dazu habe es — abgesehen von der dinglichen Einigung mit der früheren Eigentümerin Frau N., die erst durch Abschluß des Vertrags vom 6. März 1926 zustande gekommen sei — der Genehmigung der nach dem preußischen Grundstücksverkehrsgesetz zuständigen Behörde bedurft. Diese Genehmigung sei nun zwar am 22. November 1926 zu dem Kaufvertrag vom 2. Januar 1923 erteilt worden; sie sei aber unwirksam, weil dieser Vertrag ebenso wie die ihm vorangegangenen beiden Kaufverträge Schwarzkäufe seien. Auch sei diese Genehmigung für das Aufwertungsbegehren der Beklagten ohne Bedeutung, weil sie erst nach dem in § 22 Abs. 2 AufwG. bezeichneten Stichtag erteilt sei. Der Kläger hat bestritten, daß die in Rede stehenden Kaufverträge Schwarzkäufe seien und daß die dingliche Einigung über den Eigentumsübergang erst durch den Vertrag vom 6. März 1926 zustande gekommen sei. Auch hat er behauptet, daß die behördliche Genehmigung auf den Zeitpunkt der Vornahme des genehmigten Geschäfts zurückwirke und daß daher § 22 Abs. 2 AufwG. seinen Ansprüchen nicht entgegenstehe.

Das Landgericht gab der Klage statt, das Berufungsgericht wies sie ab. In der Berufungsinstanz war von der Beklagten noch neu geltend gemacht worden, daß der Berufung des Klägers auf den öffentlichen Glauben des Grundbuchs auch § 14 der Aufwertungsnovelle entgegenstehe.

Die Revision des Klägers führte zur Aufhebung und Zurückverweisung.

Gründe:

Das Berufungsurteil beruht auf der Erwägung, daß sich der Kläger gegenüber dem nach § 17 AufwG. an sich begründeten Aufwertungsanspruch der Beklagten schon deshalb nicht auf den öffentlichen Glauben des Grundbuchs berufen könne, weil er das Grundstück, wenn überhaupt, so jedenfalls erst nach dem in § 22 Abs. 2 AufwG. bestimmten Zeitpunkt erworben habe. Denn zu diesem Erwerbe habe es nach dem preußischen Grundstücksverkehrsgesetz der dort vorgeschriebenen Genehmigung bedurft. Ob diese rechtswirksam erteilt sei, könne dahingestellt bleiben. Denn jedenfalls sei sie erst nach dem im § 22 Abs. 2 bezeichneten Zeitpunkt erfolgt und komme daher hier nicht in Betracht, weil ihr für die Feststellung des Zeitpunktes des Erwerbs keine rückwirkende Kraft beizumessen sei. Diese letztere Annahme wird von der Revision mit Recht bekämpft.

Allerdings ist die Vorschrift des § 184 BGB., nach der die Genehmigung auf den Zeitpunkt der Vornahme des genehmigten Rechtsgeschäfts zurückwirkt, soweit nicht ein anderes bestimmt ist, hier nicht unmittelbar anwendbar. Denn sie bezieht sich nur auf Genehmigungen, die von einem beim Abschluß des Rechtsgeschäfts nicht beteiligten Dritten erteilt werden und sich daher als Rechtsgeschäfte darstellen. Hier aber handelt es sich um die Genehmigung einer Behörde, also um einen Staatshoheitsakt. Indes ist eine entsprechende Anwendung der erwähnten Vorschrift auch im vorliegenden Fall geboten. Im Sinne der rückwirkenden Kraft auch solcher Genehmigungen hat sich das Reichsgericht nicht nur, wie das Berufungsgericht anerkennt, bei vormundschaftsgerichtlichen Genehmigungen, sondern auch in Fällen ausgesprochen, in denen es sich um die Erteilung von Genehmigungen auf Grund der Bekanntmachung des Reichskanzlers über den Verkehr mit landwirtschaftlichen Grundstücken vom 15. März

1918 (RGBl. S. 123) und auf Grund des preußischen Grundstücksverkehrsgesetzes vom 10. Februar 1923 handelte (vgl. RGZ. Bd. 108 S. 94; JW. 1929 S. 770 Nr. 44; RGZ. Bd. 123 S. 327). In dem zuletzt erwähnten Urteil des VI. Zivilsenats vom 21. Februar 1929 ist diese Rechtsauffassung auch eingehend begründet; an ihr ist festzuhalten. Es ist daher auch für Genehmigungen, die auf Grund des preußischen Grundstücksverkehrsgesetzes erteilt worden sind, in Übereinstimmung mit der im Schrifttum herrschenden Meinung davon auszugehen, daß sie grundsätzlich auf den Tag der Vornahme des genehmigten Geschäfts zurückwirken. Eine Ausnahme wäre nur zuzulassen, soweit sich aus besonderen Vorschriften ein anderes ergäbe. Im vorliegenden Fall ist eine solche Ausnahme nicht als gerechtfertigt anzuerkennen. Aus den allgemeinen Vorschriften des Bürgerlichen Gesetzbuchs über den öffentlichen Glauben des Grundbuchs ist sie nicht herzuleiten. Richtig ist zwar, daß dann, wenn die Einigung in Verbindung mit der Eintragung nicht zum Rechtserwerb ausreicht, sondern noch ein weiterer Rechtsakt hinzukommen muß, maßgebend für den guten Glauben des Erwerbers der Zeitpunkt ist, in dem sämtliche Erfordernisse des Erwerbs vorlagen. Dabei muß es sich aber um Rechtsakte handeln, die außer der (wirksamen) Einigung noch notwendig sind, wie z. B. im Falle der Abtretung einer Briefhypothek die nach § 1117 BGB. zu deren Erwerb noch weiterhin erforderliche Übergabe des Hypothekenbriefs. Dazu gehört eine Genehmigung, wie sie hier in Frage steht, nicht. In diesem Sinne hat denn auch der erkennende Senat in Fällen, in denen es sich um die Genehmigung dinglicher Rechtsgeschäfte durch Vormünder handelte, schon wiederholt erkannt, nicht nur in seinem RGZ. Bd. 69 S. 264 abgedruckten Urteil vom 14. Oktober 1908, sondern auch noch neuerdings in seinem Urteil vom 16. Februar 1924 V 508/23 (Seuff. Arch. Bd. 78 Nr. 168). Es ist kein Grund ersichtlich, aus welchem die in diesen Urteilen ausgesprochenen Rechtsgrundsätze nicht entsprechend auf den vorliegenden Fall angewandt werden sollten, in dem es sich um eine Genehmigung auf Grund des Grundstücksverkehrsgesetzes handelt. Denn daß der Inhalt oder Zweck dieses Gesetzes der Rückwirkung nicht entgegensteht, ist schon im erwähnten Urteil des VI. Zivilsenats RGZ. Bd. 123 S. 327 dargelegt.

Ebensowenig sind aus den besonderen Vorschriften des Aufwertungsgesetzes Anhaltspunkte dafür zu entnehmen, daß der Grundsatz der Rückwirkung hier nicht Platz greifen könnte. Namentlich ist aus § 22 Abs. 2 dieses Gesetzes kein derartiger Schluß zu ziehen. Denn unter dem Erwerb eines Rechts im Sinne dieser Vorschrift ist der Erwerb im Rechtssinne zu verstehen, also unter dem Zeitpunkt dieses Erwerbs, auch wenn zum Erwerb eine Genehmigung nötig ist, der Zeitpunkt, in dem der Erwerb unter Anwendung des Grundsatzes der Rückwirkung als eingetreten anzusehen ist.

Auch § 184 Abs. 2 BGB. steht der Rückwirkung nicht entgegen. Denn die dort von dem Grundsatz der Rückwirkung gemachte Ausnahme beruht auf der Erwägung, daß es dem Genehmigenden nicht gestattet werden kann, durch seine Genehmigung die von ihm selbst oder die gegen ihn im Wege der Zwangsvollstreckung oder Arrestvollziehung vorgenommenen Verfügungen unwirksam zu machen. Dieser Gesichtspunkt kommt aber hier nicht in Betracht; er läßt sich auch nicht sinngemäß auf den vorliegenden Fall anwenden.

Schließlich läßt sich auch die von der Beklagten in Anschluß an Asch (JW. 1929 S. 1393 Nr. 28 und Grundstückskauf S. 95, 100) vertretene Auffassung nicht rechtfertigen, daß die Rückwirkung sich höchstens auf das schuldrechtliche Rechtsgeschäft, nicht aber auf das dingliche Rechtsgeschäft beziehen könne. Denn daß für die Genehmigung im Sinne des § 184 BGB. eine solche Unterscheidung nicht zu machen ist, ergibt schon der Inhalt des Abs. 2 dieser Vorschrift; darüber besteht kein Streit. Für den Fall einer behördlichen Genehmigung eine Ausnahme zu machen, liegt aber kein Anlaß vor.

Im Sinne der hier vertretenen Rechtsauffassung hat sich denn auch in überwiegendem Maße das Schrifttum und namentlich die Rechtsprechung ausgesprochen. Insbesondere wird diese Auffassung vertreten vom Kammergericht in den Entscheidungen des 1. Zivilsenats vom 14. April 1927 (Zeitschr. d. deutschen Notarvereins 1928 S. 38), des 9. Zivilsenats vom 9. Februar 1928 (ebenda 1928 S. 202), des 14. Zivilsenats vom 15. Januar 1929 (ebenda 1929 S. 293) und zwar unter ausdrücklicher Aufgabe der früher von diesem Senat vertretenen Meinung; weiter in den Urteilen des 22. Zivilsenats vom 20. Mai 1927 22 U 2895/27 und vom 6. Juli 1928 22 U 3118/27. Sie liegt auch schon dem Urteil des VI. Zivilsenats des Reichsgerichts vom 2. Juli 1928 VI 8/28 (JW. 1929 S. 770 Nr. 44) zugrunde.

Von diesem Standpunkt aus läßt sich aber das angefochtene Urteil mit der bisherigen Begründung nicht aufrechterhalten. Zu einer Endentscheidung ist die Sache noch nicht reif. Denn es bedarf noch der Erörterung, ob hier eine wirksame Genehmigung vorliegt, namentlich im Hinblick auf die Behauptung der Beklagten, daß auch die dem Vertrag vom 2. Januar 1923 vorhergehenden Kaufverträge Schwarzkäufe seien, und ob nicht jedenfalls der Berufung des Klägers auf die Vorschriften über den öffentlichen Glauben des Grundbuchs der § 14 der Aufwertungsnovelle entgegensteht. Über beide Punkte hat sich der Berufungsrichter bisher nicht ausgesprochen; auch ist der Sachverhalt in dieser Richtung nicht derart geklärt, daß eine Endentscheidung im gegenwärtigen Rechtszug angängig wäre.

---

12. 1. Über die Bedeutung der Bekanntmachung erteilter Patente im Patentblatt neben der (früher vorgeschriebenen) Bekanntmachung im Reichsanzeiger.

2. Inwieweit ist Wiedereinsetzung in den vorigen Stand gegen die Versäumung der Ausschlußfrist für die Klage auf Nichtigerklärung eines Patentes zulässig?

PatG. § 19 Abs. 4, § 27 Abs. 1, § 28 Abs. 3. Ges. über die patentamtlichen Gebühren vom 9. Juli 1923 (RGBl. II S. 297) Art. II Nr. 3c u. 4. Bek. v. 10. Sept. 1914 (RGBl. S. 403) § 2, Bek. v. 13. April 1916 (RGBl. S. 278) § 1. Ges. betr. eine verlängerte Schutzdauer bei Patenten usw. v. 27. April 1920 (RGBl. S. 675) Art. II. BGB. §§ 187, 188. ZPO. §§ 233, 236 flg.

I. Zivilsenat. Urt. v. 15. Juni 1929 i. S. B. (Kl.) w. H. (Bekl.). I 65/29.

I. Reichspatentamt.

Dem Beklagten ist mit Wirkung vom 29. März 1922 ab das Patent 383959 erteilt worden. Der Kläger hat Nichtigkeitsklage eingereicht. Das Reichspatentamt hat sie als verspätet abgewiesen; sie war dort am 12. September 1928 eingegangen. Bei der Prüfung, ob die fünfjährige Frist (§ 28 Abs. 3 PatG.) gewahrt sei, hat das Reichspatentamt erwogen: Die Erteilung des DRP. 383959 ist im Reichsanzeiger vom 10. September 1923 (Montag) bekanntgemacht worden. Die damals geltende Fassung des Patentgesetzes bestimmte über die Art der Bekanntmachung:

Ist die Erteilung des Patents endgültig beschlossen, so erläßt das Patentamt darüber durch den Reichsanzeiger eine Bekanntmachung ... (§ 27 Abs. 1).

Ferner war über das amtliche Patentblatt im § 19 Abs. 4 PatG. vorgeschrieben:

Das Patentamt veröffentlicht die Beschreibungen und Zeichnungen, soweit deren Einsicht jedermann freisteht, in ihren wesentlichen Teilen durch ein amtliches Blatt. In dasselbe sind auch die Bekanntmachungen aufzunehmen, welche durch den Reichsanzeiger nach Maßgabe dieses Gesetzes erfolgen müssen.

Dem § 19 Abs. 4 Satz 2 PatG. gemäß wurden im Patentblatt vom 12. September 1923 eine Anzahl Patenterteilungen veröffentlicht, die im Reichsanzeiger bekanntgemacht worden waren. Unter ihnen befand sich die des DRP. 383959. In der Überschrift, welche den Hinweis auf den Reichsanzeiger enthält, war jedoch ein Druckfehler untergelaufen: statt Reichsanzeiger vom 10.... stand zu lesen „Reichsanzeiger vom 12. September 1923".

Die vom Reichspatentamt ausgesprochene Klagabweisung gründet sich darauf, daß die fünfjährige Frist (PatG. § 28 Abs. 3) am 10. September 1923 begonnen habe, also am 10. September 1928 abgelaufen sei.

Die Berufung des Klägers macht geltend, daß durch Gesetz vom 9. Juli 1923 Art. II Nr. 3c und 4 die §§ 27 und 19 Abs. 4 des Patentgesetzes geändert worden sind. Die am 1. Oktober 1923 in Kraft getretenen Bestimmungen haben ihnen folgende Fassung gegeben:

§ 27 Abs. 1: Ist die Erteilung des Patents endgültig beschlossen, so erläßt das Patentamt darüber durch das Patentblatt eine Bekanntmachung ...

§ 19 Abs. 4: Das Patentamt veröffentlicht die Beschreibungen und Zeichnungen, soweit deren Einsicht jedermann freisteht (Patentschriften), und regelmäßig erscheinende Übersichten über die Eintragungen in der Rolle, soweit sie nicht nur den regelmäßigen Ablauf der Patente oder Änderungen in der Person, im Namen oder im Wohnort des Patentinhabers oder seines Vertreters betreffen (Patentblatt).

Der Kläger führt aus: Nach der seit dem 1. Oktober 1923 geltenden Fassung des § 27 PatG. sei nur noch der Inhalt des Patentblattes für die Frage maßgebend, wann eine Patenterteilung bekannt gemacht worden sei. Die ehedem vorgeschriebene Veröffentlichung im Reichsanzeiger komme bei Patenten, deren Erteilung noch unter der Herrschaft der alten Gesetzesfassung bekannt gemacht worden sei, nicht mehr in Betracht. Also müsse beim DRP. 383959, weil seine Erteilung am 12. September 1923 im Patentblatt gestanden habe, die fünfjährige Frist (§ 28 Abs. 3 PatG.) von diesem Tage an gerechnet werden. Somit sei die Nichtigkeitsklage am 12. September 1928 noch rechtzeitig erhoben worden. Es vertrage sich nicht mit dem Zwecke des Gesetzes, dem doch möglichste Vereinfachung entspreche, zwei Gruppen von Patenten anzunehmen, bei deren jeder die fünfjährige Ausschlußfrist verschieden berechnet werden müsse. Selbst wenn man dem nicht beipflichte, sei die Rechtsansicht des Reichspatentamts deshalb abzulehnen, weil sie einer für die Rechtsuchenden bestimmten Vorschrift nicht die zur möglichsten Erleichterung des Verkehrs dienende Auslegung gebe. Auch sei nicht genügend berücksichtigt, daß man sich auf amtliche Bekanntmachungen müsse verlassen können, ohne durch unbemerkte Druckfehler nachträglich Rechtsnachteile zu erleiden.

Die Berufung hatte Erfolg.

Gründe:

I. Dem Reichspatentamt ist darin beizustimmen, daß der Kläger die gesetzliche Ausschlußfrist zur Erhebung der Nichtigkeitsklage (§ 28 Abs. 3 PatG.) versäumt hat.

1. Wird, wie es hier geschieht, der Antrag auf Nichtigerklärung eines Patents gestellt, weil dessen Gegenstand nicht patentfähig gewesen sei (§ 10 Abs. 1 Nr. 1 verbunden mit §§ 1, 2 PatG.), so muß eine fünfjährige Frist, vom Tage der über die Erteilung des Patents erfolgten Bekanntmachung (§ 27 Abs. 1) an gerechnet, gewahrt werden (§ 28 Abs. 3 PatG.). Die Bekanntmachung wird jetzt im Patentblatt erlassen (§ 27 Abs. 1). Doch gilt die Fassung des Gesetzes, welche das vorschreibt, erst seit dem 1. Oktober 1923. Vorher war die Veröffentlichung anders geregelt: sie geschah im Reichsanzeiger (§ 27 Abs. 1 alter Fassung); außerdem war sie in das amtliche Patentblatt aufzunehmen (§ 19 Abs. 4 PatG. alter Fassung). Für die Berechnung der fünfjährigen Ausschlußfrist einer Nichtigkeitsklage maßgebend war danach die Bekanntmachung im Reichsanzeiger. Ihre Aufnahme in das Patentblatt war nur aus Zweckmäßigkeits-

gründen vorgeschrieben, um der Kundmachung zu dienen und möglichste Verbreitung wesentlicher Tatsachen zu fördern. (So auch Lutter Patentgesetz 8. Aufl. S. 225 Nr. 4, auf dessen Bemerkung der Kläger selbst hinweist, auch die Entscheidung des Reichspatentamts sich beruft.)

2. Die Meinung des Klägers, daß sich nunmehr auch bei Patenten, deren Erteilung vor dem 1. Oktober 1923 veröffentlicht wurde, die Fristberechnung nur nach der Bekanntmachung im Patentblatt bestimme, ist abzulehnen. Der § 28 Abs. 3 PatG. nennt als den Tag, von dem an die Frist zu rechnen ist, den der Bekanntmachung über die Erteilung des Patents und verweist auf § 27 Abs. 1. Anerkannter Grundsatz des zwischenzeitlichen Rechtes ist aber, daß die Voraussetzungen rechtlicher Wirkung eines Tatbestandes nach dem Gesetze zu beurteilen sind, welches bei der Verwirklichung des Tatbestandes galt. (Wach Handb. d. ZivProzR. I § 17 II; Rich. Schmidt Lehrb. d. DtschZivPr. (2 A.) S. 145 § 23 unter a; Affolter Intertemporales Recht I 2 (1903) S. 140 bei Anm. 3 und 4; Kohler Lehrb. d. BürgR. I §§ 19, 20; Hellwig System d. ZivProzR. I (1912) § 11 I; Rosenberg ZivProz. (1928) § 5 I.) Anders wäre die Lage zu beurteilen, wenn es sich um eine Abänderung der Verfahrensweise handelte; das ist jedoch hier nicht der Fall. Ein anderer Sinn und Wille des Gesetzes hätte ausdrücklich hervorgehoben werden müssen; sonst bleibt es bei der grundsätzlichen Rechtsregel. Welche Art der Bekanntmachung die fünfjährige Ausschlußfrist in Lauf setzt, bestimmt sich also nach den Vorschriften, die zur Zeit dieser Bekanntmachung, im September 1923, galten. Danach entschied, wie bemerkt, die Veröffentlichung im Reichsanzeiger, nicht die hinzutretende, lediglich unterstützende, im Patentblatt. Die Bekanntmachung im Reichsanzeiger aber geschah am 10. September 1923; erster Tag der Frist war Dienstag der 11. September 1923, letzter Tag Montag der 10. September 1928 (§ 187 Abs. 1 verb. mit § 188 Abs. 2 BGB.). Mit Recht nimmt demnach das Reichspatentamt an, vor dem 12. September 1928 sei die fünfjährige Ausschlußfrist für die Nichtigkeitsklage schon abgelaufen gewesen.

II. Gegen diese Fristversäumung aber war dem Kläger Wiedereinsetzung in den vorigen Stand zu erteilen.

1. Ein darauf gerichteter Antrag ist in der Eingabe vom 6. Oktober 1928 zu finden. Die Nichtigkeitsklage vom 11. September 1928

erwähnte nichts von der gesetzlichen Ausschlußfrist; sie ging stillschweigend davon aus, daß diese erst am 12. September 1923 zu laufen begonnen habe. Die Verfügung vom 18. September hatte dann darauf hingewiesen, daß die Bekanntmachung im Reichsanzeiger schon am 10. September 1923 geschehen sei; der Kläger berief sich demgegenüber in der Eingabe vom 22. September auf die Bekanntmachung im Patentblatt. Nun erst erfuhr er durch die Verfügung vom 29. September von dem Druckfehler im Patentblatt und wurde endgültig des Tages gewiß, an welchem die Bekanntmachung im Reichsanzeiger gestanden hatte. Unterm 6. Oktober 1928 schrieb er daraufhin:

> „Auf das neuerdings ... ergangene Schreiben ersucht der Unterzeichnete hiermit nochmals höflichst, es wolle die am 11. September 1928 eingereichte Nichtigkeitsklage doch als noch rechtzeitig erfolgt anerkannt werden, da nunmehr einwandfrei erwiesen ist, daß die um einen Tag verspätete Eingabe auf einen Druckfehler im Patentblatt zurückzuführen ist, d. h. den Antragsteller keine Schuld trifft ...

Ob in einem Antrag auf „Wiedereinsetzung" dieser gesetzliche Ausdruck buchstäblich verwendet wird, entscheidet nicht über die Beurteilung des Inhalts. Es genügt, wenn es dem Willen des Klägers entsprach, sich dieses Behelfs (gesetzliche Zulässigkeit vorausgesetzt) für den von ihm verfolgten Zweck zu bedienen. Dieser Wille ist aus der Eingabe vom 6. Oktober 1928 zu entnehmen. Allerdings nahm der Kläger im Schriftsatz vom 30. Oktober 1928 und weiterhin sehr bestimmt und mit ausführlicher Begründung den rechtlichen Standpunkt ein: Angesichts der jetzigen Fassung des Gesetzes komme es überhaupt nur auf die am 12. September 1923 erfolgte Bekanntmachung im Patentblatt und nicht auf die im Reichsanzeiger an; die Nichtigkeitsklage sei mithin am 12. September 1928 noch rechtzeitig beim Patentamt eingegangen. Dieser Auffassung entsprechend widerrief der Kläger im Schriftsatz vom 30. Oktober einiges vom Inhalte jener unterm 6. Oktober 1928 übersandten Eingabe. Der Widerruf bezog sich jedoch nur auf den zweiten Absatz, also nicht auf den Teil des Inhalts, der nach Sinn und Zweck einen Antrag auf Wiedereinsetzung ausmacht.

2. Die für das Patentrecht maßgebenden Vorschriften über die Wiedereinsetzung — Bek. vom 10. September 1914 (RGBl. S. 403)

§ 2; Bek. vom 13. April 1916 (RGBl. S. 278) § 1; Ges. vom 27. April 1920 (RGBl. S. 675) Art. II — sind in der jetzigen Gestalt (seit Erhebung der Nichtigkeitsklage nicht verändert) diese:

Wer durch den Kriegszustand oder durch Naturereignisse oder andere unabwendbare Zufälle verhindert worden ist, dem Patentamt gegenüber eine Frist einzuhalten, deren Versäumung nach gesetzlicher Vorschrift einen Rechtsnachteil zur Folge hat, ist auf Antrag wieder in den vorigen Stand einzusetzen.

Die Wiedereinsetzung muß innerhalb einer Frist von zwei Monaten nach dem Wegfall des Hindernisses beantragt werden. (Der Reichskanzler bestimmt, von welchem Zeitpunkt an der Antrag nicht mehr zulässig ist.) Im übrigen sind die Bestimmungen der §§ 236 flg. ZPO. entsprechend anzuwenden.

a) Den hiernach zu stellenden Anforderungen genügt der Antrag vom 6. Oktober 1928. Denn er enthält durch Hinweis auf die Nichtigkeitsklage und auf den nach ihrer Einreichung bekannt gewordenen Druckfehler des Patentblatts die Angabe der Tatsachen, welche die Wiedereinsetzung begründen sollen. Diese Tatsachen ergeben sich aus den Akten des Reichspatentamts teils unmittelbar teils mittelbar; besonderer Glaubhaftmachung bedarf es daher nicht. Die Prozeßhandlung, welche hier in Frage steht, die Nichtigkeitsklage, ist bereits vorgenommen; die Bezugnahme auf sie ergibt sich aus dem Zusammenhang der Schriftsätze (§ 236 Abs. 1 Nr. 1, 2 und 3 ZPO.). Die Zweimonatsfrist ist gewahrt.

b) An der Wahrung der fünfjährigen Frist dem Patentamt gegenüber (§ 28 Abs. 3 PatG.) ist der Kläger, wie seine Darlegungen in den schon angezogenen Schriftsätzen glaubhaft machen, durch den Druckfehler im Patentblatt verhindert worden. Mit Recht durfte er annehmen, daß die Zeitangabe über die maßgebliche Bekanntmachung des Reichsanzeigers richtig sei. Hätte er gewußt, daß die Bekanntmachung schon am 10. September 1923 erfolgt war, so wäre er unbedenklich in der Lage gewesen, sich danach zu richten und die Klage innerhalb der Fünfjahrfrist anzubringen. Der Einfluß des Druckfehlers auf das Verhalten des Klägers kennzeichnet sich als Einwirkung eines äußeren Ereignisses, das er durch die größte ihm verständigerweise zuzumutende Sorgfalt nicht abwenden konnte, und somit als unabwendbarer Zufall (§ 233 ZPO.; Ges. vom 27. April 1920 Art. II). Welche Bedeutung einem Druckfehler in einer amtlichen Kundmachung zukommt, richtet sich nach den Umständen des Falles. Daß das Patentblatt vom 12. September 1923 bereits Bekanntmachungen aus dem Reichsanzeiger von demselben Tage gebracht haben könne, mag man unwahrscheinlich finden. Für völlig ausgeschlossen brauchte es der Kläger aber nicht zu halten. Er durfte mit der Möglichkeit besonderer Verbindung unter den amtlichen Stellen rechnen, die solche gleichzeitige Veröffentlichung gewährleistet habe, und im übrigen auf die Sorgfalt vertrauen, die bei amtlichen Blättern überlieferungsgemäß erwartet wird.

c) Die Versäumung der Frist hatte für den Kläger nach gesetzlicher Vorschrift einen Rechtsnachteil zur Folge. Allerdings wird dieses gesetzliche Erfordernis öfters dahin ausgelegt, daß der Nachteil als unmittelbare Folge der Versäumnis den Versäumer persönlich, nicht bloß als Angehörigen einer unbestimmten Vielheit, betreffen müsse; daß er also nur gegeben sei, wenn der einzelne im bisherigen Bestande seines persönlichen Rechts eine Einbuße erleide. (So im Anschluß an den Beschluß des Reichspatentamts vom 16. Dezember 1915 (PMZBl. 1916 S. 23) Lutter im GewRSch. 1916 S. 162/163; Damme-Lutter PatR. 3. Aufl. S. 397; Kisch Handb. d. PatR. S. 321; Isay PatG. 4. A. S. 430/131 Anm. 6 vor § 20.) Dieser engen Begrenzung ist nicht beizustimmen. Zwar ist, wer Nichtigkeitsklage erhebt, weil ein Patent zu Unrecht erteilt worden sei, und somit den Entschluß, es zu beseitigen, durch entsprechende Maßnahmen in die Tat umsetzt, Sprecher der Allgemeinheit. Aber auch für ihn bedeutet es im Vergleich zum regelmäßigen weiteren Laufe der Dinge, mit dem er rechnet und rechnen darf, eine Verschlechterung der Rechtslage, wenn er alsbald durch Fristversäumung die Möglichkeit verliert, den Angriff durchzuführen und bis zur sachlichen Prüfung vorzutragen. Schon diese verschlechterte Rechtslage genügt für den „Rechtsnachteil".

War also der Kläger gegen die Fristversäumnis in den vorigen Stand wieder einzusetzen, so ergibt sich daraus, daß die Entscheidung des Reichspatentamts aufgehoben, die Sache zu neuer Verhandlung, nunmehr über den Klaginhalt selbst, in den ersten Rechtszug zurückverwiesen werden muß (RGZ. Bd. 74 S. 211).

13. Welchem Zweck dient die Vorschrift über die Lichterführung manövrierunfähiger Schiffe? Inwiefern kann ein Verstoß gegen sie von ursächlicher Bedeutung für den Unfall eines aufkommenden Schiffes sein?

HGB. §§ 735, 736, 738. Internationales Übereinkommen zur einheitlichen Feststellung von Regeln über den Zusammenstoß von Schiffen vom 23. September 1910 Art. 4, 13. Seestraßenordnung Art. 11.

I. Zivilsenat. Urt. v. 22. Juni 1929 i. S. C. & D. Line u. Gen. (Bekl.) w. S. Gebrüder (Kl.). I 343/28.

I. Landgericht Hamburg, Kammer für Handelssachen.
II. Oberlandesgericht daselbst.

In der Nacht zum 28. Dezember 1926 geriet auf der Elbe auf dem Böschrücken der der Erstbeklagten gehörige Dampfer „Port Darwin" auf Grund. Der mehrere Stunden später, kurz nach 5 Uhr morgens, elbaufwärts kommende Dampfer der Klägerin „Emma Sauber" wich mit Steuerbordruder aus und geriet dabei ebenfalls auf dem Böschrücken fest. Während der Annäherung der „Emma Sauber" brannten auf der „Port Darwin", die einen Anker weggeworfen hatte, zwar die in Art. 11 Abs. 2 der Seestraßenordnung vorgeschriebenen Ankerlichter, nicht aber die in Abs. 4 dieses Artikels für Fahrzeuge, die in einem Fahrwasser oder nahe bei einem solchen am Grunde festsitzen, weiter vorgeschriebenen, die Manövrierunfähigkeit anzeigenden und in Art. 4a SeestrO. näher bezeichneten zwei roten Lichter. Die Klägerin behauptet, der Führer ihres Schiffes sei durch die schuldhaft vorschriftswidrige Lichterführung der „Port Darwin" zu irrtümlicher Beurteilung der Lage veranlaßt und so gehindert worden, mit Backbordruder auf einem die Gefahr einer Grundberührung ausschließenden Kurs der „Port Darwin" auszuweichen. Sie fordert von der Erstbeklagten als der Reederei des Dampfers „Port Darwin" und von der Zweitbeklagten als selbstschuldnerischer Bürgin Ersatz des durch die Grundberührung entstandenen Schadens.

Die Beklagten bestreiten ein Verschulden der Besatzung des Dampfers „Port Darwin", messen vielmehr die Schuld am Festgeraten der „Emma Sauber" deren Führung bei.

Die Beklagten unterlagen in allen drei Rechtszügen.

Aus den Gründen:

(Nach Wiedergabe der nautischen Lage wird ausgeführt:)

Das Berufungsgericht kommt zu dem Ergebnis, daß die Vorschriften der Seestraßenordnung über Lichterführung auf der „Port Darwin" schuldhaft verletzt worden seien und daß das danach anzunehmende schuldhafte Verhalten des Führers der „Port Darwin" ohne mitwirkendes Verschulden der Besatzung der „Emma Sauber" ursächlich gewesen sei für das Festgeraten des letztgenannten Dampfers, da dieser bei rechtzeitiger Kenntnis davon, daß er ein manövrierunfähiges Schiff vor sich habe, mit Backbordruder an der „Port Darwin" vorbeigegangen wäre, einem Manöver, das die Gefahr des Festgeratens ausgeschlossen hätte. Der Berufungsrichter hält danach die Klage aus § 738 HGB., § 823 BGB. für begründet.

Die Rechtslage ist allerdings, da ein englisches Schiff beteiligt und ein eigenes Verschulden des Reeders nicht behauptet ist, nicht nach den bezeichneten Vorschriften zu beurteilen, sondern gemäß Art. 12 des Internationalen Übereinkommens zur einheitlichen Feststellung von Regeln über den Zusammenstoß von Schiffen vom 23. September 1910 (RGBl. 1913 S. 49) aus Art. 13 dieses Abkommens. Auch § 254 BGB., den das angefochtene Urteil bei der Würdigung eines mitwirkenden Verschuldens der „Emma Sauber" anführt, kommt gegenüber Art. 4 des erwähnten Abkommens nach dem Sachverhalt nicht in Frage (RGZ. Bd. 78 S. 176, Bd. 94 S. 93). Die Anwendung dieser Bestimmungen führt jedoch hier zu keiner abweichenden Beurteilung der Sachlage. Soweit die Entscheidung in Anwendung von § 254 BGB. auf das weitaus überwiegende Verschulden der Besatzung des Schiffes der Erstbeklagten gestützt ist, handelt es sich nur um eine in zweiter Linie hinzugefügte Begründung der Entscheidung. Diese beruht somit nicht auf der unzulässigen Anwendung dieses Rechtsgrundsatzes.

Die Revision wünscht zunächst eine Nachprüfung der Erwägungen, aus denen das angefochtene Urteil zur Bejahung eines Verschuldens der „Port Darwin" gelangt ist. Sie geben indessen keinen Anlaß zu Beanstandungen. Mit Recht erachtet es das Berufungsgericht als schuldhaften Verstoß gegen die Vorschriften der Seestraßenordnung über Lichterführung, daß die die Manövrierunfähigkeit anzeigenden zwei roten Lampen während der Annäherung der „Emma Sauber" nicht gesetzt waren. Man muß von der Schiffsleitung fordern, daß von vornherein für den Fall einer Störung der Lichtkabelleitung die Anbringung von Reserveöllampen in einer Weise sichergestellt ist, die ihr vorschriftsmäßiges Brennen gewährleistet. Die vom Berufungsgericht festgestellten äußeren Umstände (Windstärke 6) waren keinesfalls derartig, daß das Versagen der Öllampen auf einen nicht zu vertretenden Zufall oder gar auf höhere Gewalt zurückgeführt werden könnte, zumal da sich schon beim ersten Versuch zum Aufbringen der Lampen, einige Stunden vorher, die ungeeignete Art ihrer Anbringung herausgestellt hatte.

Ohne Verstoß gegen Rechtsgrundsätze hat das angefochtene Urteil auch den ursächlichen Zusammenhang zwischen der Verletzung der Vorschriften über Lichterführung bei der „Port Darwin" und dem Auflaufen der „Emma Sauber" als gegeben angesehen. Es sagt hierüber, daß der Entschluß der Schiffsleitung der „Emma Sauber", an der „Port Darwin" mit Steuerbordruder vorbeizugehen, welcher das Auflaufen zur Folge hatte, nur durch die irrige Annahme veranlaßt worden sei, man habe einen Dampfer vor sich, bei dem noch mit einer Bewegung voraus zu rechnen und daher ein Kreuzen des Buges gefährlich war. Diese irrige Auffassung beruhte nach Annahme des Berufungsgerichts lediglich auf der unrichtigen Lichterführung des auf Grund sitzenden Dampfers; ohne sie würde die „Emma Sauber" das gefahrlose Backbordruder-Manöver ausgeführt haben.

Diese Erwägungen liegen im wesentlichen auf tatsächlichem Gebiet und enthalten keinen Verstoß gegen Rechtsgrundsätze ...

(Nach weiteren Ausführungen zur Frage des ursächlichen Zusammenhangs wird fortgefahren:)

Mit seinen Ausführungen zur Frage des Verschuldens und des ursächlichen Zusammenhangs hat das angefochtene Urteil sich auch nicht in Widerspruch gesetzt mit dem Urteil des Reichsgerichts im John Johnasson-Etna-Fall (Hans. GZ. Hauptblatt 1887 Nr. 35). Dort ist lediglich ausgeführt: Aus unrichtiger Lichterführung eines festgeratenen Schiffes könne nicht ohne weiteres auf mitwirkendes Verschulden dieses Schiffes an dem Zusammenstoß mit einem anderen Fahrzeug geschlossen werden, wenn letzteres ein Verschulden treffe, das schon für sich den Zusammenstoß vollständig erkläre. Eine Befreiung des aufrennenden Schiffes von den Folgen seines Verschuldens könne vielmehr nur dann eintreten, wenn es nachweise, daß das festgefahrene Fahrzeug schuldhaft nicht einer Verpflichtung nachgekommen sei, durch seine Lichterführung aufkommende Schiffe vom unrichtigen Kurs abzuhalten, und daß bei richtiger Lichterführung der Zusammenstoß vermieden worden wäre. Weiterhin wird dort ausgeführt: Der Zweck der Vorschriften über die Lichterführung manövrierunfähiger Fahrzeuge sei nur der, anderen Schiffen darzutun, daß das die Lichter zeigende Fahrzeug nicht aus dem Wege gehen könne, nicht aber der, zu Rückschlüssen über die Grenzen des Fahrwassers zu dienen. Ein Verstoß gegen die Vorschriften stelle daher bloß in bezug auf solche Schäden ein erhebliches Verschulden dar, die ein aufkommendes Schiff erlitten habe infolge der durch den Verstoß veranlaßten irrigen Annahme, ein manövrierfähiges Fahrzeug vor sich zu haben, und infolge der dadurch gebotenen Manöver, nicht aber insoweit, als das aufkommende Schiff unter Vernachlässigung der gebotenen eigenen Sorgfalt daraus Schlüsse auf die Grenzen des Fahrwassers gezogen habe.

Gerade der dort erwähnte erste Fall ist hier gegeben: Die falsche Lichterführung des festgeratenen Dampfers hat ein aufkommendes Schiff, das an sich gefahrlosen Kurs steuern wollte, in den Glauben versetzt, ein noch manövrierendes Fahrzeug vor sich zu haben, und dadurch bei diesem die Manöver veranlaßt, die das Festgeraten zur Folge hatten. Die Beurteilung, die diese Sachlage durch das Berufungsgericht erfahren hat, entspricht den oben wiedergegebenen Rechtsgrundsätzen über die Bedeutung der Vorschriften der Art. 4a und 11 Abs. 4 SeestrO. und über die Grenzen des ursächlichen Einflusses eines Verstoßes dagegen auf Unfälle eines aufkommenden Schiffes ...

---

14. 1. Kann die Wiedereinsetzung in den vorigen Stand auch durch Beschluß erteilt werden und ist ein solcher Beschluß des Reichsgerichts unanfechtbar?

2. Was gehört zur Wahrung der gesetzlichen und der vereinbarten Schriftform, namentlich auch derjenigen, von welcher § 39 VVG. spricht?

3. Wann ist ein Schreiben mit zweifelhafter Anschrift dem wirklichen Empfänger zugegangen?

BGB. §§ 126, 127. VVG. § 39. ZPO. §§ 238, 554a.

VII. Zivilsenat. Urt. v. 25. Juni 1929 i. S. A. Z. u. Ehefr. (Kl.) w. H. Vers. AG. (Bekl.). VII 653/28.

I. Landgericht Stendal.
II. Oberlandesgericht Naumburg.

A. Z. jun., ein Sohn der Kläger, war bei der Beklagten seit dem 10. August 1925 gegen Unfall versichert, als er am 6. Oktober 1926 mit seinem Motorrad tödlich verunglückte. Die Kläger verlangen die nach dem Versicherungsvertrag für den Fall des Todes des Versicherungsnehmers an sie zu zahlenden 10000 RM. Die Beklagte verweigert die Zahlung, weil der Versicherungsnehmer zur Zeit des Unfalls trotz ordnungsgemäßer Mahnung mit der Zahlung der im Februar und im August 1926 fällig gewesenen Prämien im Verzug gewesen sei. Die Kläger bestreiten, daß ihrem Sohn derartige Mahnungen zugegangen seien. Beide Vorinstanzen haben dies aber angenommen und deshalb die Klage abgewiesen. Den Klägern ist gegen die Versäumung der Revisionsfrist bereits durch Beschluß des Senats vom 8. Januar 1929 die Wiedereinsetzung in den vorigen Stand erteilt worden. Sie wiederholen den Klagantrag. Die Beklagte beantragt, die Revision zurückzuweisen und über die Frage der Wiedereinsetzung nochmals, und zwar durch Urteil, zu entscheiden, da der Beschluß vom 8. Januar 1929 die Frage nur vorläufig, nicht endgültig habe regeln können. Die Revision führte zur Aufhebung und Zurückverweisung.

Gründe:

I. Die Wiedereinsetzung in den vorigen Stand konnte den Klägern durch Beschluß erteilt werden und die so getroffene Entscheidung ist endgültig. Das folgt aus den §§ 238 und 554a ZPO. Nach § 238 Abs. 1 Satz 1 ist das Verfahren über den Antrag auf Wiedereinsetzung mit dem Verfahren über die nachgeholte Prozeßhandlung zu verbinden. Das war im vorliegenden Falle die Revision. Eine erste Entscheidung über diese ist nach § 554a ZPO. zu treffen. Das Revisionsgericht hat danach von Amts wegen zu prüfen, ob die Revision an sich statthaft und ob die Einlegung und Begründung in der gesetzlichen Form und Frist erfolgt sei. Die Entscheidung hierüber kann ohne vorgängige mündliche Verhandlung durch Beschluß erfolgen, § 554a Abs. 2 ZPO. Hängt die Antwort auf die Frage, ob die Revision in der gesetzlichen Frist eingelegt ist, davon ab, ob die Wiedereinsetzung in den vorigen Stand gegen die Versäumung der Frist zu gewähren ist, so kann über die Zulässigkeit der Revision nur befunden werden, wenn auch die Wiedereinsetzungsfrage entschieden wird. Das kann in bejahendem und in verneinendem Sinne geschehen. Trifft letzteres zu, so mangelt es der Revision an dem Erfordernis der Rechtzeitigkeit und sie ist nach § 554a Abs. 1 Satz 2 als unzulässig zu verwerfen. Trifft ersteres zu, so ist die Revision rechtzeitig eingelegt. Um dieses Ergebnis sicherzustellen, ist dann nur der Ausspruch erforderlich, daß die Wiedereinsetzung gewährt wird. Hierin liegt in solchen Fällen die Entscheidung über die Revision nach § 554a Abs. 2 und zugleich die nach § 238 Abs. 1 damit zu verbindende Entscheidung über den Wiedereinsetzungsantrag. Dem Bedenken, daß es nach § 554a Abs. 1 Satz 2 wohl möglich sei, im Beschlußverfahren die Wiedereinsetzung zu versagen und demgemäß die Revision als unzulässig zu verwerfen, daß es aber nicht angängig sei, im Beschlußverfahren bereits die Wiedereinsetzung zu gewähren, ist der V. Zivilsenat des Reichsgerichts in seinem Beschluß vom 14. Januar 1925 V 561/24 mit der überzeugenden Begründung entgegengetreten, daß § 554a Abs. 2 nicht nur auf den zweiten Satz des ersten Absatzes hinweise, sondern auf den ganzen Absatz 1, und daß die „Entscheidung" nach § 554a Abs. 3 deshalb auch in bejahendem Sinne ausfallen könne. Ebenso wie der V. Zivilsenat im angezogenen Beschluß haben auch andere Zivilsenate des Reichsgerichts die Wiedereinsetzung in den vorigen Stand durch Beschluß erteilt, vgl. die Beschlüsse des II. Zivilsenats vom 18. Januar 1924 II 912/23, des III. Zivilsenats vom 23. September 1919 III 190/19, des VII. Zivilsenats vom 5. Februar 1919 VII 464/19 (Warn. 1920 Nr. 63) und vom 7. November 1924 (VII) VI 394/24. Endlich hat der I. Zivilsenat in seinem Urteil vom 3. März 1928 I 237/27 nicht beanstandet, daß das Oberlandesgericht die Wiedereinsetzung in den vorigen Stand gegen die Versäumung der Berufungsfrist durch Beschluß erteilt hatte.

Die Revisionsbeklagte hat darauf hingewiesen, daß bei solcher Handhabung der Prozeßordnung der Gegner des Antragstellers keine Gelegenheit habe, sich in mündlicher Verhandlung zu dem Antrag zu äußern. Das ist an sich richtig; indessen § 554a Abs. 2 ZPO. gibt dem Reichsgericht nur eine Befugnis. Es kann von ihr Gebrauch machen, braucht es aber nicht zu tun. In wirklich zweifelhaften Fällen wird es die Entscheidung dem nach mündlicher Verhandlung ergehenden Urteil vorbehalten, in aller Regel aber ist es zweckmäßig, das weitere Verfahren vor dem Reichsgericht auf eine feste Unterlage zu stellen und die Wiedereinsetzungsfrage durch Beschluß zu erledigen, damit nicht Arbeit und Kosten vielleicht doch unnütz aufgewendet werden.

Gegen einen Beschluß, durch den das Reichsgericht die Wiedereinsetzung in den vorigen Stand erteilt hat, gibt es keinen Rechtsbehelf. Namentlich ist das Reichsgericht nicht in der Lage, auf Grund der mündlichen Verhandlung über die Revision das frühere Ergebnis nachzuprüfen und nunmehr unter stillschweigender oder ausdrücklicher Aufhebung des die Wiedereinsetzung bewilligenden Beschlusses die Revision als unzulässig zu verwerfen. Bei jenem Beschluß handelt es sich nicht um eine prozeßleitende Anordnung wie z. B. bei einem Beweisbeschluß oder einem Beschluß über die gemeinsame Verhandlung und Entscheidung zweier Rechtsstreitigkeiten. Derartige Beschlüsse binden das Gericht nicht, sie können zurückgenommen werden. Wird aber die Wiedereinsetzung in den vorigen Stand durch Beschluß bewilligt, so wird damit eine wirkliche Entscheidung über ein von der Partei in Anspruch genommenes Recht getroffen; auf derartige Entscheidungen muß sich die Partei verlassen können, sie sind nicht widerruflich. Die Revisionsbeantwortung hat auf den § 318 ZPO. hingewiesen. Nach dieser Vorschrift ist das Gericht an die Entscheidungen gebunden, die in den von ihm erlassenen End- und Zwischenurteilen enthalten sind. Daraus soll hergeleitet werden, daß eine Bindung an Beschlüsse nicht vorgesehen ist. Es ist indessen zu beachten, daß die Entscheidung des Reichsgerichts über den Wiedereinsetzungsantrag an sich nur in einem Urteil ergehen kann. Lediglich zu seiner Entlastung ist ihm im § 554a Abs. 2 ZPO. die Möglichkeit gewährt worden, solche Entscheidungen auch durch Beschluß zu treffen. Der Charakter der Entscheidung wird dadurch aber nicht verändert.

Das Reichsgericht hat es denn auch stets abgelehnt, einen Beschluß, durch den es die Revision nach § 554a Abs. 1 Satz 2 als unzulässig verworfen hatte, auf Gegenvorstellungen hin abzuändern, etwa deshalb, weil die vermißte Revisionssumme doch vorhanden sei (Beschluß vom 19. März 1912 III 230/11), oder weil eine Zustellung an einem späteren als dem ursprünglich angegebenen Tage bewirkt worden sei (Beschluß vom 5. Oktober 1906 III 399/06), oder weil eine nach § 546 Abs. 3 Halbs. 2 ZPO. zurückgewiesene eidesstattliche

Versicherung nicht, wie zunächst behauptet, von der Partei selbst, sondern von einem andern herrühre (Beschluß vom 14. Oktober 1920 VI 343/20). Anerkannt ist in der neueren Rechtsprechung des Reichsgerichts — vgl. z. B. Urteil vom 18. Mai 1928 VII 122/28 — nur, daß die nachträglich bewilligte Wiedereinsetzung in den vorigen Stand vor einem das Rechtsmittel als unzulässig verwerfenden Beschluß nicht Halt zu machen braucht. Das ist aber nur eine scheinbare Ausnahme; denn mit dem Wiedereinsetzungsantrag wird nicht der ergangene Beschluß als zu Unrecht ergangen bekämpft; es wird vielmehr nur gebeten, in einem gesetzlich geordneten Verfahren nachträglich die Tatsache der Versäumung zu beseitigen.

II. In der Sache selbst behauptet die Beklagte, von der Zahlung der 10000 RM. frei zu sein, weil der Versicherungsnehmer A. Z. jun. trotz mehrerer dem § 39 VVG. entsprechender Mahnungen die rückständigen Prämien nicht binnen der ihm gesetzten Frist von zwei Wochen bezahlt habe und der Versicherungsfall nach dem Ablauf der Frist eingetreten sei. Der Berufungsrichter hat die angeblich von dem Bezirksdirektor H. abgesandten Mahnschreiben als unerheblich ausgeschieden, weil nicht dargetan sei, daß sie einen dem § 39 VVG. genügenden Inhalt gehabt hätten. Die Frage nach der rechtlichen Befugnis des H. zu Mahnung und Fristsetzung hat das Oberlandesgericht offen gelassen. Für wirksam hat es aber das Mahnschreiben der Beklagten selbst vom 15. April 1926 erachtet. Gegen die Fassung dieses Schreibens hat der Berufungsrichter mit Recht keine Bedenken erhoben. Die Frage, ob durch das Schreiben die Schriftform des § 39 Abs. 2 VVG. gewahrt ist, hat er nicht erörtert. Die Kläger hatten insoweit auch keine Zweifel angeregt. Das hat erst die Revision getan. Die von ihr erbetene Prüfung ergibt aber, daß hier in der Tat keine Bedenken zu erheben sind.

Das Mahnschreiben vom 15. April 1926 ist nach den Feststellungen des Berufungsrichters angefertigt worden, indem in ein Formblatt Eintragungen gemacht worden sind. Danach enthielt bereits das Formblatt die allem Anschein nach gedruckte und als Faksimile wiedergegebene Unterschrift des Generaldirektors Dr. B. Es muß also davon ausgegangen werden, daß keine eigenhändige Namensunterschrift unter das Schreiben gesetzt worden ist. Dieses Verfahren würde nach § 126 Abs. 1 BGB. nicht den Anforderungen genügen, die bei gesetzlich vorgeschriebener schriftlicher Form zu erfüllen sind. Darum handelt es sich indessen nicht. Das Gesetz über den Versicherungsvertrag gibt, wie schon sein Name andeutet, grundsätzlich nicht von sich aus Vorschriften, die für die Parteien eines abgeschlossenen Versicherungsvertrags maßgebend sein sollen; es sagt nur, was als vereinbarter Inhalt eines abgeschlossenen Versicherungsvertrags gelten soll, falls die Parteien nicht etwas anderes verabredet haben. Dabei schränkt es in einer Anzahl von Fällen die Vertragsfreiheit der Parteien zugunsten des gegenüber dem Versicherer in der Regel wirtschaftlich schwächeren und unerfahreneren Versicherungsnehmers ein. Auch in diesen Fällen ist es aber nicht das Gesetz, welches unmittelbar die Rechte und Pflichten der Parteien des Versicherungsvertrags umschreibt; das Gesetz versagt ihnen insoweit nur, von dem gesetzlich festgelegten Inhalt des Versicherungsvertrags abzuweichen. Deshalb wird auch die Schriftform für die Mahnungen nach § 39 VVG. nur bei einer Vertragsabrede erfordert, obwohl § 39 VVG. nach § 42 das. zu den Vorschriften gehört, von denen zum Nachteil des Versicherungsnehmers nicht abgewichen werden darf.

Für die „durch Rechtsgeschäft bestimmte schriftliche Form" gelten die strengen Vorschriften des § 126 BGB. nur „im Zweifel" (§ 127 das.); es sind also abweichende Vereinbarungen zulässig. Die Beklagte hat schon in erster Instanz ihre „Versicherungs-Bedingungen zur Kraftwagen-Einheits-Polize" vorgelegt. Auf sie verweist der Versicherungsschein, den Kl. zu. jun. erhalten hat, in erster Linie; ihnen hat er sich, wie das Landgericht feststellt, unterworfen, und auch das Oberlandesgericht ist bei seinen Darlegungen von diesen Bedingungen ausgegangen. Im § 3 Nr. 2 Abs. 1 dieser Allgemeinen Versicherungsbedingungen heißt es, daß, wenn eine später (d. h. nach dem Beginn der Versicherung) fällig werdende Prämie nicht bezahlt wird, der Versicherungsnehmer unter Hinweis auf die Folgen fortdauernden Verzugs durch einen Brief zur Zahlung binnen einer Frist von zwei Wochen aufzufordern ist. Hier ist also nicht die Schriftform im Sinne des § 126 BGB. gefordert; ein Brief soll genügen. Wie ein Brief zu unterzeichnen ist, sagen die Anschauungen des bürgerlichen Rechtsverkehrs, denen sich die Vertragsparteien beim Fehlen eines erkennbaren Widerspruchs unterworfen haben. Ein Brief wird regelmäßig vom Absender eigenhändig unterzeichnet, das ist aber nicht unbedingt erforderlich. Wie das Reichsgericht in RGZ.

Bd. 106 S. 332 ausführt, hat sich die Unterzeichnung mittels mechanisch vervielfältigter Namensunterschrift im amtlichen, behördlichen, aber auch im privaten geschäftlichen Verkehr in großem Umfang durchgesetzt und praktisch bewährt; sie ist als eine den Rechtsverkehr im Rahmen des § 127 BGB. erleichternde Form der persönlichen Namensunterschrift geradezu beliebt geworden und wird namentlich in solchen Fällen gehandhabt, wo rechtsgeschäftliche Erklärungen von Privatpersonen an eine große Anzahl einzelner bestimmter Personen abgefertigt werden müssen.

In dem RGZ. Bd. 106 S. 332 entschiedenen Falle war ein Faksimilestempel benutzt worden, um unter eine Anzahl von Kündigungsschreiben die „Unterschrift" zu setzen. Das wurde als durch die Parteiabrede zugelassen angesehen. Im gegenwärtigen Fall ist ein noch formloseres Verfahren geübt worden, indem die Faksimile-Unterschrift schon in das Formblatt hineingedruckt worden ist. Eine solche gedruckte Unterschrift wollen das Oberlandesgericht Köln (HansRZ. 1927 S. 278) und ihm folgend Hager-Bruck Anm. 16 zu § 39 VVG. nicht mehr für genügend erachten. Indessen besteht zwischen dem Stempeln und dem Drucken der Namensunterschrift kein wesentlicher Unterschied. Da der Vorstand der Versicherungsgesellschaft nicht in der Lage ist, jedesmal selbst den Stempelabdruck unter den Brief zu setzen, so bleibt es schließlich in beiden Fällen, beim Stempeln wie beim Drucken, den Angestellten der Gesellschaft überlassen, das Schreiben abgangsfertig zu machen. Mißbräuche sind in beiden Fällen möglich; aber es kann nicht anerkannt werden, daß der Gebrauch eines Stempels eine größere Sicherheit dagegen böte als der Gebrauch von Formblättern mit bereits gedruckter Unterschrift. Für den aus etwaigem Mißbrauch entstehenden Schaden haftet, wie schon in RGZ. Bd. 106 S. 333 hervorgehoben ist, der Versicherer. Er wird durch geeignete Maßnahmen in gleicher Weise bemüht sein, einer mißbräuchlichen Benutzung des Stempels wie einer solchen des Formblatts mit gedruckter Unterschrift entgegenzutreten. Deshalb muß im Sinne des § 3 Nr. 2 Abs. 1 der Allg. Versicherungsbedingungen auch ein handschriftlich ausgefülltes Formblatt mit vorgedruckter Unterschrift als „Brief" angesehen werden. Sinn und Zweck des § 39 VVG. sprechen nicht dagegen. Dieser Vorschrift liegt die Anschauung zugrunde, daß der säumige Zahler nicht durch eine vielleicht nur gelegentliche oder beiläufige mündliche Mahnung in Verzug gesetzt werden soll; er soll etwas Schriftliches erhalten, das ihn dauernd und immer wieder an seine Schuld, vornehmlich aber auch an die Folgen weiterer Nichtzahlung erinnert. Diese Absicht des Gesetzes wird erreicht, mag der Brief eine eigenhändige, eine gestempelte oder ein gedruckte Unterschrift tragen.

Der Berufungsrichter hat weiter angenommen, daß das Schreiben vom 15. April 1926 dem Versicherungsnehmer „zugegangen" ist. Es war eingeschrieben abgesandt und trug die Anschrift „Herrn A. Z. Arendsee Koloniestr." Dort wohnten in demselben Haushalt der jetzt klagende Ehemann A. Z., seine mitklagende Ehefrau, ihre Tochter E. und der Versicherungsnehmer, der sich in seinem Versicherungsantrag A. Z. jun. genannt hatte und im Versicherungsschein als A. Z. jr. bezeichnet ist. Der zustellende Postbeamte hat den Brief der E. Z. ausgehändigt. Auf dem Postablieferungsschein steht als Quittung die Unterschrift „E. Z." und der Beamte hat dort bescheinigt, daß er den Brief „der Tochter" zugestellt habe. Das Oberlandesgericht ist der Ansicht, das Schreiben sei in der Wohnung des Versicherungsnehmers an eine Verwandte von ihm abgegeben worden und dadurch derart in seine Verfügungsgewalt gelangt, daß er vom Inhalt Kenntnis nehmen konnte. Das Bedenken, daß sich in dem Haushalt, in dem der Brief abgegeben wurde, zwei Personen mit dem Namen A. Z. befanden, hat das Berufungsgericht nicht verkannt. Es hält aber dafür, daß die Meinung des zustellenden Beamten, der den Brief dem Vater, nicht dem Bruder der E. Z. habe zustellen wollen, nicht ausschlaggebend sein könne, und es nimmt schließlich an, daß der Brief mit der Aushändigung an die E. Z. zunächst in die Verfügungsgewalt der beiden A. Z. gelangt sei, des Vaters und des Sohnes.

Diesen Erwägungen kann nicht durchweg zugestimmt werden. Unerheblich ist allerdings, wen der Postbeamte sich als den Adressaten des Briefs vorgestellt hat; aber solange nicht feststand, für welchen der beiden A. Z. der Brief bestimmt sei, war er noch keinem von ihnen zugegangen, weder dem Vater noch dem Sohne. Solange noch die Ungewißheit bestand, wer gemeint sei, konnten beide erklären, daß sie nicht der Empfänger seien; sie konnten den Brief zurückgehen lassen, damit die mehrdeutige Anschrift richtig gestellt werde.

Es ist möglich, daß zwar nicht aus der Anschrift, wohl aber aus dem, was der Umschlag sonst angab, entnommen werden konnte, daß der Sohn und nicht der Vater A. Z. gemeint war. Vielleicht war die Firma der Beklagten auf den Umschlag gesetzt, vielleicht stand nur der Sohn mit dieser in Beziehungen, vielleicht war das in der Familie der Kläger allgemein bekannt. Möglich ist auch, daß der Brief von einem Familienmitglied geöffnet und als für den Sohn A. Z. bestimmt erkannt worden ist. In diesen Fällen würde wohl nicht zu bezweifeln sein, daß der Brief dem A. Z. jun. zugegangen war; denn ein Mitglied seiner Familie hatte ihn in Händen und wußte genau, wem er zuzuleiten war. Die an sich mehrdeutige Anschrift war nunmehr eindeutig geworden.

Nach den vorstehend gekennzeichneten Richtungen hat die Beklagte aber noch nichts angeführt. Der Streit der Parteien hat sich wesentlich darum gedreht, ob der Brief der Beklagten wirklich in die Hand des A. Z. jun. gelangt ist. Dann wäre das „Zugehen" des Briefes an A. Z. jun. natürlich einwandfrei dargetan. Bisher hat aber das Oberlandesgericht zu dieser Frage noch keine Stellung genommen und von seiner Rechtsansicht aus auch noch keine Stellung zu nehmen brauchen.

---

15. Zur Untersuchungspflicht des Käufers beim Handelskauf: 1. Ist ein Handelsgebrauch anzuerkennen, wonach die Untersuchung nicht üblich sei? 2. Wann ist die Untersuchung nicht tunlich?

HGB. § 377.

I. Zivilsenat. Urt. v. 26. Juni 1929 i. S. H. (Bekl.) w. K. & L. (Kl.). I 17/29.

I. Landgericht Düsseldorf, Kammer für Handelssachen.
II. Oberlandesgericht daselbst.

Laut Bestätigungsschreiben vom 1. April 1924 kaufte die Klägerin von der Beklagten „1000 Tonnen prima chargierfähigen Abwrackkernschrott bzw. schweren chargierfähigen Stahlschrott, lieferbar Verbrauchswerk Rh. oder Schiff Duisburg-Ruhrort". Am 19. April 1924 lieferte die Beklagte auf diesen Abschluß an das Verbrauchswerk eine Ladung Schrott, bestehend aus Stabstahl-Enden. Diese sind regelmäßig frei von Chrom. Die Klägerin behauptet aber, bei dem gelieferten Schrott einen Chromgehalt von 6,5% festgestellt zu haben. Chrom eignet sich nicht zur Verhüttung und schadet den Martinsöfen; so auch nach Angaben der Klägerin im vorliegenden Fall. Für den hierdurch dem Verbrauchswerk entstandenen Schaden von angeblich 10 319 RM. nimmt die Klägerin die Beklagte — mit dem Antrag auf Zahlung dieser Summe an das Verbrauchswerk — in Anspruch, weil die Beklagte ohne gehörige Prüfung, also schuldhaft, eine Ware geliefert habe, die zu dem nach dem Vertrag vorausgesetzten Gebrauch nicht tauglich gewesen sei. Die Beklagte bestreitet den Chromgehalt des Schrotts, aber auch die Vereinbarung von Chromfreiheit, ebenso die Entstehung eines Schadens. Ferner wendet sie ein, zur Untersuchung der Stabstahl-Enden sei nicht sie, sondern die Klägerin oder das Verbrauchswerk verpflichtet gewesen; mangels rechtzeitiger Rüge könne die Klägerin keine Ansprüche geltend machen.

Das Landgericht wies die Klage ab, das Oberlandesgericht erklärte den Anspruch dem Grunde nach für gerechtfertigt.

Die Revision der Beklagten führte zur Aufhebung und Zurückverweisung.

Gründe:

Daß die Klägerin von der Beklagten, falls diese zur Schadensersatzleistung verpflichtet ist, Ersatz des ihrer Kommittentin, dem Stahlwerk Rh., entstandenen Schadens verlangen kann, entspricht einem anerkannten Satze des Handelsrechts (vgl. Komm. v. RGR. Anm. 3 zu § 249 BGB.; RGZ. Bd. 40 S. 172 und 187, Bd. 58 S. 39, Bd. 62 S. 331, Bd. 90 S. 240, Bd. 97 S. 87, Bd. 113 S. 250).[1] Unbedenklich kann die Klägerin dieses Verlangen auch mit dem Antrag auf unmittelbare Zahlung an ihre Kommittentin geltend machen. Das Berufungsgericht hat dem Grunde nach ohne Rechtsirrtum festgestellt, daß infolge des Chromgehalts des gelieferten Schrotts ein Schaden entstanden ist. Es nimmt ferner an, daß die Parteien die Tauglichkeit des Schrotts zur Verhüttung im Martinsofen des Stahlwerks zum Vertragsinhalt erhoben haben. Diese Folgerung liegt wesentlich auf tatsächlichem Gebiet und ist frei von Rechtsirrtum.

Daß die Beklagte geradezu Chromfreiheit zugesichert hätte, nimmt der Berufungsrichter nicht an. Schadensersatz wegen Lieferung von Schrott, der wegen seines Chromgehalts zur Verhüttung im

[1]) Vgl. auch RGZ. Bd. 115 S. 419 (425). D. R.

Martinsofen ungeeignet war, kann daher die Klägerin (aus §§ 276, 278 BGB.) nur dann verlangen, wenn die Beklagte oder ihre Angestellten bei jener Lieferung ein Verschulden trifft (vgl. u. a. RGZ. Bd. 53 S. 200, Bd. 106 S. 22). Grundsätzlich braucht nun zwar der Verkäufer die Tauglichkeit der Ware zu dem ihm bekannten Verwendungszweck nicht zu prüfen (vgl. JW. 1910 S. 748 Nr. 5). Aber, wie aus der Verkehrssitte, so kann sich aus den besonderen Umständen des Falles eine solche Prüfungspflicht ergeben. Für die Beklagte, so nimmt der Berufungsrichter an, bestand sie deswegen, weil sie den an das Stahlwerk gelieferten Schrott den Beständen entnahm, die sich bei ihr aus umfangreichen Lieferungen der Inflationszeit angesammelt hatten, obgleich sie wissen mußte, daß damals viel chromhaltiger Schrott im Handel war. Die Richtigkeit dieser Annahme ergibt sich schon daraus, daß die Beklagte damals allgemein die Untersuchung auf Chromgehalt in ihrem Betrieb vorgeschrieben hatte. Sie hat auch nicht darzulegen versucht, daß sich etwa in diesem Sonderfall nach dem aus den Frachtbriefen für sie ersichtlichen Herkunftsort des Schrotts jede Untersuchung erübrigt hätte. Unter diesen Umständen konnte der Berufungsrichter ohne Rechtsirrtum annehmen, daß die Beklagte mit Lieferung des nicht auf Chromgehalt untersuchten Schrotts ihre Vertragspflicht verletzte. Zu Unrecht wendet die Revision hiergegen ein, die Beklagte habe nicht damit zu rechnen brauchen, daß der Schrott beim Werk ununtersucht verhüttet würde. Denn wenn dies zuträfe, so könnte es doch die Beklagte nicht von der eigenen Untersuchungspflicht befreien.

Gleichwohl ist es rechtlich nicht ohne Bedeutung, wie weit die nach § 377 HGB. der Klägerin oder an ihrer Stelle dem Stahlwerk obliegende Untersuchungspflicht nach der Ablieferung des Schrotts ging. Auch für den auf vertragliches Verschulden gestützten Schadensersatzanspruch des Käufers ist, wie die Revision mit Recht hervorhebt, Voraussetzung, daß der Mangel unverzüglich gerügt worden ist (RGZ. Bd. 65 S. 49, Bd. 99 S. 247, insbes. S. 250, Bd. 106 S. 309; Staub-Könige Anm. 103 zu § 377 HGB.). Das Berufungsgericht stellt allerdings fest, zur Zeit der Lieferung sei es nicht mehr üblich gewesen, Stahlschrott auf Chromgehalt zu untersuchen, und das Stahlwerk habe solche Untersuchung zu dieser Zeit namentlich deswegen unterlassen dürfen, weil bei Stabstahl-Enden, wie sie die Beklagte geliefert hat, ein Chromgehalt nicht zu vermuten und dem

Werk weder der Herkunftsort des Materials noch ferner bekannt gewesen sei, daß dieses aus der Inflationszeit stammte. Dabei ist aber nicht beachtet, daß ein Handelsgebrauch, der von jeglicher Untersuchungspflicht befreien wollte, aller Regel nach als Mißbrauch anzusehen wäre, der rechtlich nicht beachtet werden könnte (Staub-Könige Anm. 18 zu § 377 HGB.). Handelsbräuche werden sich nur ausnahmsweise, insbesondere wenn sich beide Parteien ihnen bewußt unterworfen haben, über Art und Umfang der Untersuchung hinaus auf die Frage erstrecken können, ob von der Untersuchung überhaupt abgesehen werden dürfe (Staub-Könige Anm. 37 zu § 377 HGB.). Auch daß ein Mangel selten vorzukommen pflegt, kann grundsätzlich nicht von der Untersuchungspflicht befreien (RGZ. Bd. 68 S. 368 flg., insbes. 369). Im vorliegenden Falle fehlt es an jedem Anhalt dafür, daß beim Stahlwerk auch nur eine ganz äußerliche Untersuchung stattgefunden hätte. Daß sie unterblieb, läßt sich, wie dargelegt, nicht mit dem bloßen Hinweis darauf rechtfertigen, daß sie nicht üblich war.

Die Pflicht zur unverzüglichen Untersuchung entfällt nach § 377 HGB. vielmehr nur dann, wenn sie nach ordnungsmäßigem Geschäftsgang nicht tunlich ist. In dieser Beziehung enthält das Berufungsurteil nur die eine Bemerkung, daß die Untersuchung schon aus technischen Gründen nicht habe erfolgen können. Dabei scheint an die Notwendigkeit schnellen Entladens der Bahnwagen und an die alsbaldige Vermischung mit anderem Material auf den Schrotthalden gedacht zu sein. Hieraus folgt aber noch nicht zwingend, daß jegliche Untersuchung untunlich war. In welchem Umfang und in welcher Art sie erfolgen mußte, läßt sich für das Revisionsgericht noch nicht beurteilen. Es sei aber doch darauf hingewiesen, daß nach der Beweisaufnahme unter Umständen das einfache Zerschlagen einiger Stabstahl-Enden genügte, um den Chromgehalt zu erkennen.

Das Berufungsurteil enthält hiernach einen Rechtsirrtum insofern, als danach einmal das Stahlwerk schon deshalb von der Pflicht zur Untersuchung befreit gewesen sein soll, weil diese nicht üblich gewesen sei, und weil ferner das Urteil keine schlüssige Begründung dafür gibt, daß die unverzügliche Untersuchung sich als untunlich erwiesen habe. In dieser Beziehung ist eine Nachprüfung tatsächlicher Art erforderlich. Darum mußte das Berufungsurteil aufgehoben und die Sache an die Vorinstanz zurückverwiesen werden.

Bei erneuter Verhandlung und Entscheidung wird ferner zu beachten sein, daß ein Widerspruch darin liegt, wenn das Berufungsgericht annimmt, die Beklagte habe Anlaß zu besonderer Untersuchung der Stabstahl-Enden gehabt, die Klägerin oder das Stahlwerk dagegen nicht mehr, obgleich doch auch zur Zeit der Lieferung (im April 1924) die Möglichkeit durchaus noch nicht fernlag, daß die Ware aus Inflationszeiten stammte und damit chromverdächtig war. Die Revisionsrüge, hier sei bei der Beurteilung der Parteipflichten mit zweierlei Maß gemessen worden, ist nicht unbegründet.

---

16. 1. Wann gehört ein Bildnis in den Bereich der Zeitgeschichte?
2. Wird ein berechtigtes Interesse des Abgebildeten durch Verwendung seines Bildnisses zur Reklame verletzt?

KunstschutzG. §§ 22, 23.

I. Zivilsenat. Urt. v. 26. Juni 1929 i. S. H. (Kl.) w. L. (Bekl.). I 97/29.

I. Landgericht Hamburg.

Die Beklagte gibt im Rahmen einer Sammlung „Die Welt in Bildern", die wiederum verschiedene durch Gleichheit oder Verwandtschaft des Gegenstands gekennzeichnete Reihen von je drei Stück aufweist, kleine farbige Bilder heraus, jedes in der Größe von ungefähr $5^3/_4 \times 4$ cm; unter jedem Bilde stehen einige erläuternde Zeilen. Ein Heft mit den Reihen 25 bis 72, das vorliegt, enthält unter anderem: 26. Berühmte Dirigenten, 42. Berühmte Rennfahrer, 55. Deutsche Rekordläufer, 58. Beliebte Schriftsteller, 63. Deutsche Meisterschwimmer, 67. Deutsche Boxmeister, 31. Originelle Transportmittel im fernen Osten, 33. Asiatische Tempelbauten, 34. Alte deutsche Rathäuser, 37. Volkstrachten im Spreewald, 43. Aus der Entwicklung der deutschen Rennsegelei, 47. Deutsche Burgen, 48. Amerikanische Wolkenkratzer, 51. Vorläufer des modernen Autos, 56. Weberei und Färberei auf Java, 61. Fruchternte in den Tropen, 40. Gehörnte Riesen, 41. Sonderbare Heilige in der Vogelwelt, 50. Mutter und Kind im Tierreich, 62. Afrikanische Vierhänder, 72. Tierfreundschaften, 44. Szenen aus historischen Filmen, 52. Seltene Briefmarken, 69. Märchenfiguren aus „Tausend und eine Nacht" in Rosenthal-Porzellan.

Die Reihe 29 gibt „Volkstümliche deutsche Fußballer" wieder. Das zweite Bild in dieser Reihe stellt den Kläger dar, der ein bekannter Fußballspieler ist. Der erläuternde Text zu dem Bilde auf dessen Rückseite lautet:

Tull Harder — H. S. V.

Wer kennt ihn nicht, den Harder Tull? Eine der populärsten Erscheinungen im deutschen Fußballsport. Ja, selbst über Deutschlands Grenzen hinaus ist der allzeit humorvolle Tull ein immer wieder gern gesehener Gast. Sein rassiges temperamentvolles Spiel hat Millionen fasziniert. Noch heute mit 35 Jahren ist Tull Harder Olympia-Kandidat.

Die Beklagte verkauft die Bilder an Zigarettenfabriken. Diese legen je ein Bildchen in ihre Zigarettenschachteln. Das Bild des Klägers, das mit der Klageschrift eingereicht worden ist, weist unter dem vorhin mitgeteilten Texte die Ankündigung auf:

Cigarettenfabrik J. Berlin

Juno 4 Pfg. Eljen 5 Pfg.

Album Nr. 1 für Serie 1—24, Album Nr. 2 für Serie 25—72 je M. 1 gegen Voreinsendung in Briefmarken.

Der Kläger sagt zwar selbst, daß er als bekannter Fußballspieler, volkstümlich „Tull" Harder genannt, eine Persönlichkeit aus dem Bereiche der Zeitgeschichte sei. Doch sieht er in der Verbreitung seines Bildes zu Reklamezwecken eine „Verletzung seiner berechtigten Interessen". Er verlangt deshalb, daß die Beklagte die Verbreitung unterlasse. Das Landgericht hat die Klage abgewiesen. Die unmittelbar an das Reichsgericht eingelegte Revision des Klägers hatte keinen Erfolg.

Gründe:

Bildnisse dürfen zwar nach gesetzlicher Regel nur mit Einwilligung des Abgebildeten verbreitet oder öffentlich zur Schau gestellt werden (§ 22 Satz 1 KunstschutzG.). Doch bedarf es bei Bildnissen aus dem Bereich der Zeitgeschichte solcher Einwilligung nicht (§ 23 Abs. 1 Nr. 1 das.).

Wenngleich der Kläger selbst nicht in Abrede stellt, dem Bereiche der Zeitgeschichte anzugehören, muß doch geprüft werden, ob es zutrifft. Denn es handelt sich um einen Rechtsbegriff, der einen gewissen Tatbestand erfordert. Die Merkmale dieses Tatbestandes liegen vor. Erscheinungen im Leben der Gegenwart, die vom Volke beachtet werden, bei ihm Aufmerksamkeit finden und Gegenstand der Teilnahme oder Wißbegier weiter Kreise sind, gehören dahin (Osterrieth-Marwitz KunstschutzG. 2. A. 1929 S. 172flg.). Zu ihnen muß man Sportgrößen, wie bekannte Fußballspieler, vermöge der ihnen geschenkten Beachtung jetzt sicherlich zählen. Geschmack und Empfinden der Zeit bringen es mit sich. Dauer über den Tag hinaus in beträchtliche Zukunft braucht nicht wahrscheinlich zu sein.

Danach dürfen Bildnisse des Klägers ohne seine Einwilligung verbreitet und zur Schau gestellt werden. Das Persönlichkeitsrecht am eigenen Bilde (§ 22 KunstschutzG.), kraft dessen es grundsätzlich seiner Einwilligung zum Verbreiten oder öffentlichen Ausstellen des Bildnisses bedürfte, wird auf solche Weise um der öffentlichen Anteilnahme willen, die sich dem Kläger infolge seiner Sportleistung zugewandt hat, zugunsten der Allgemeinheit durchbrochen (§ 23 Abs. 1 Nr. 1 KunstschutzG.).

Die Befugnis zur Verbreitung und Schaustellung erstreckt sich aber nicht auf Fälle, in denen durch sie ein berechtigtes Interesse des Abgebildeten verletzt wird (§ 23 Abs. 2 KunstschutzG.). Ob das geschieht, muß den Umständen entnommen werden. Wer es zur Begründung seines Untersagungsanspruchs behauptet, hat das Nötige darzulegen und gegebenenfalls zu beweisen.

Der Kläger betont nur, daß er die Verbreitung seines Bildes zu Reklamezwecken mißbillige und als verletzend empfinde.

Das Landgericht erklärt dies für unzulänglich zur Begründung eines Unterlassungsantrags. Denn Reklame — hier im Sinne von Geschäftsreklame — sei an sich keine Einrichtung, die berechtigterweise im allgemeinen Werturteil hinter anderen menschlichen Arbeitsgebieten zurückgesetzt werde. Daher müßten, wie bei jeder anderen Verbreitungsart eines zeitgeschichtlichen Bildnisses, besondere Umstände vorliegen, die der Öffentlichkeit den Abgebildeten in ungünstigem Lichte zeigten, wenn sich die Annahme rechtfertigen solle, seine berechtigten Interessen seien verletzt. Der Kläger habe keine solchen Umstände angegeben. Also könne seinem Verlangen nicht entsprochen werden.

Diese rechtliche Beurteilung weist keinen Verstoß gegen das Gesetz auf, der zur Aufhebung führen müßte. Anpreisung von Waren zum Kauf und zur Kundenwerbung im geschäftlichen Verkehr bedeuten an sich noch keinen Zweck niederer oder gar unsittlicher Art, der ein ihm dienstbar gemachtes Bildnis allgemein entwürdigt. Vielmehr kommt es jeweils darauf an, für welchen besonderen Zweck und auf welche Weise geworben wird. Auch können sich durch eine besondere Fügung der Umstände für den Abgebildeten berechtigte Untersagungsgründe ergeben. Es bleibt ihm jedoch überlassen, diese Gründe darzulegen.

Die Entscheidung des Landgerichts mag in der Wortfassung den Anschein erwecken, als werde den berechtigten Interessen des Abgebildeten ein zu enger Raum angewiesen. Aber die Bemerkung, daß er durch die Art der Verbreitung „in einem ungünstigen Licht erscheinen" müsse, ist nach ihrem Zusammenhang nur beispielmäßig gemeint und soll sonstige das berechtigte Interesse begründende Umstände nicht ausschließen. Tatsächlich geht das angegriffene Urteil von der zutreffenden Ansicht aus: Das Persönlichkeitsrecht am eigenen Bilde wird zwar für Bildnisse aus dem Bereich der Zeitgeschichte eingeschränkt, weil hier die unterm Einfluß zeitlich bedingter Stimmungen vom Anschauungsbedürfnis geleitete Allgemeinheit billigerweise verlangen darf, jene Personen vor Augen gestellt zu sehen. Damit sind aber die Grenzen der Einschränkung bezeichnet. Wenn Beweggrund, Zweck oder begleitende Umstände des Verbreitens oder Zurschaustellens für gerecht und billig Denkende ersichtlich machen, der Abgebildete werde in seiner Persönlichkeit stärker beeinträchtigt, als es der gesetzlich anerkannte Anspruch der Allgemeinheit rechtfertigt, dann liegt „berechtigtes Interesse" vor, dem Eingriffe zu wehren.

Der Kläger glaubt sich für sein Verlangen auf das Urteil RGZ. Bd. 74 S. 308 berufen zu können. Damals handelte es sich um einen Unterlassungsanspruch aus dem Rechtsgrunde des Namens- und Bildnisschutzes. Die Beklagte, welche Tabakfabrikate vertrieb, hatte auf Anmeldung vom Oktober 1906 das Wortzeichen „Graf Zeppelin" und auf Anmeldung vom November 1907 die Worte „Graf Zeppelin" mit dem Brustbilde Zeppelins als Warenzeichen eintragen lassen, ohne zuvor den Genannten und Abgebildeten um Erlaubnis zu fragen. Anderseits hatte Graf Zeppelin einer Zigarrenfabrik auf ihr Ansuchen im Oktober 1907 erlaubt, seinen Namen und sein Bild für eines ihrer Erzeugnisse zu verwenden; daraufhin hatte sie das Wortzeichen „Graf Zeppelin" zur Eintragung angemeldet. Die Unterlassungsklage des Grafen Zeppelin wurde u. a. damit begründet, er habe ein Interesse daran, daß sein Name und Bild nicht ohne seine Einwilligung zur Reklame benutzt werde. Und in den Gründen der Reichsgerichtsentscheidung, welche die Verurteilung bestätigte, finden sich die Sätze: „Ein unbefugter Gebrauch eines Namens im Sinne des § 12 BGB. liegt nicht nur dann vor, wenn sich jemand einen fremden Namen gerade zur Bezeichnung seiner Persönlichkeit anmaßt; sondern auch die Fälle stehen unter dem Rechte des Namensschutzes, in welchen jemand einen fremden Namen zu Reklamezwecken, zur Bezeichnung von Waren, auf Schildern usw. mißbraucht. Wird durch den unbefugten Gebrauch das Interesse des Berechtigten verletzt, so steht diesem ein Recht auf Beseitigung der Beeinträchtigung und auf Unterlassung weiterer Beeinträchtigungen zu. Das Interesse im Sinne des § 12 begreift nicht bloß ein familien- oder vermögensrechtliches Interesse; sondern ein jedes überhaupt des Rechtsschutzes würdige Interesse fällt darunter, also auch ein ideales und selbst ein Affektionsinteresse." Sodann zu §§ 22, 23 KunstschutzG. „... es entspricht gewiß nicht dem Geschmack eines jeden, sein Bildnis auf den Waren eines beliebigen Händlers prangen zu sehen".

Diese Erwägungen lassen sich aber nicht — wie der Kläger will — gleich Rechtsgrundsätzen kurzweg auf den gegenwärtigen Fall anwenden; sie müssen im Zusammenhang mit der damals aus dem Tatbestand ersichtlichen rechtlichen Lage betrachtet werden. Im damaligen Falle waren Namen und Bild als Warenzeichen verwendet und gewissermaßen in Beschlag genommen. Dagegen steht im vorliegenden Falle das Bildnis des Klägers innerhalb einer Dreibilderreihe bestimmter Gattung (Fußballspieler), die wieder mit einer großen Anzahl anderer Bilderreihen zusammengefügt ist. Aus diesem mannigfaltigen, auf Anschaulichkeit und Unterhaltung berechneten Ganzen werden die einzelnen Beilagen der Ware genommen, die allerdings den Sammeltrieb des Warenkäufers reizen und auf solche Weise den weiteren Absatz fördern sollen. Das Bild eines einzelnen wird also nicht mit der Ausschließlichkeit wie im Zeppelin'schen Falle beansprucht und zur Kundenwerbung gebraucht. Geschäftliche Kundenwerbung aber läßt sich auf so mannigfaltige Weise betreiben, daß sie nicht in Bausch und Bogen als Tätigkeit niederen Ranges betrachtet werden kann, zumal nachdem Handwerk, Technik, Wissenschaft und Kunst mit ihr in Verbindung getreten und ihren Zwecken vielfach zugewandt worden sind. Auch die Bilderauswahl im ganzen bedeutet keineswegs (wie die Revision meint) einen Rahmen, dem schon um absonderlicher Buntheit willen der Kläger sich nicht einfügen zu lassen brauche. Dieses bunte Vielerlei kann nach Gegenständen und Plan der Zusammenfügung nicht als unwürdige Umgebung betrachtet werden. Ebensowenig ist aus der technischen Art der Vervielfältigung und Ausstattung nach dem Gesamteindruck ein Bedenken in dem Sinne zu entnehmen, daß dem Persönlichkeitsrecht des Klägers zu nahe getreten sei. Besonderheiten, die eine andere Auffassung rechtfertigten, sind nicht geltend gemacht. Danach muß es bei der Abweisung der Klage bewenden.

---

17. 1. Besteht eine Amtspflicht auch gegenüber solchen Personen, gegen die sich die Amtsausübung nicht unmittelbar richtet, die aber von ihr unbeabsichtigt betroffen werden können?

2. Kann Fahrlässigkeit eines Beamten auch bei einem Verhalten vorliegen, das den vorgesetzten Stellen bekannt war und von ihnen nicht beanstandet wurde?

RVerf. Art. 131. BGB. § 839.

III. Zivilsenat. Urt. vom 25. Juni 1929 i. S. Preuß. Staat (Bekl.) w. M. (Kl.). III 492/28.

I. Landgericht Essen.
II. Oberlandesgericht Hamm.

Schüler eines staatlichen Gymnasiums spielten auf einem zu diesem gehörigen Platz unter Aufsicht eines Studienrats Handball, und zwar auf dem unmittelbar neben einer öffentlichen Straße liegenden Teile des Platzes. Ein während des Spiels getriebener Ball überflog die Umzäunung und traf die Windschutzscheibe des Kraftwagens, in dem gerade der Kläger vorbeifuhr. Der Kläger verlangt Ersatz des ihm hierdurch entstandenen Schadens in Höhe von 24,35 RM. vom verklagten Preußischen Staat. Das Landgericht hat die Klage abgewiesen, das Oberlandesgericht hat ihr stattgegeben. Die Revision des Beklagten hatte keinen Erfolg.

Gründe:

Das Berufungsgericht hat angenommen, daß „wohl" bei jedem am fraglichen Orte vorgenommenen Ballspiel der Ball über die Umzäunung auf die Straße geflogen sei. Das hätte, so führt das Urteil aus, bei gehöriger Aufmerksamkeit weder dem die Aufsicht führenden Studienrat noch auch der Schulleitung entgehen können. Beide hätten sich bei verständiger Überlegung sagen müssen, daß dadurch auf der Straße leicht Unfälle aller möglichen — also auch der vorliegenden — Art entstehen könnten. Sie hätten daher solche Ballspiele an der fraglichen Stelle nicht zulassen sollen. Da sie trotzdem die Spiele dort angeordnet oder wenigstens geduldet hätten, seien sie für den hierdurch entstandenen Schaden verantwortlich und der Beklagte habe dafür aufzukommen.

Der Berufungsrichter nimmt also ein nach § 839 BGB. in Verbindung mit Art. 131 RVerf. zu beurteilendes Verschulden zunächst bei dem das Ballspiel leitenden und beaufsichtigenden Lehrer an. Ein solches kann nur dann in Betracht kommen, wenn dem Lehrer ein Verstoß gegen amtliche Pflichten vorzuwerfen ist, deren Erfüllung ihm nicht nur gegenüber dem Staate oder der Allgemeinheit, sondern auch zum Schutz einzelner Personen, insbesondere auch des Klägers, oblag (RGZ. Bd. 78 S. 243, Bd. 118 S. 327). Das habe, meint die Revision, das Berufungsgericht verkannt, denn es habe eine den Kläger schädigende Amtspflichtverletzung als vorliegend angesehen, während doch dem Kläger gegenüber keinerlei Amtspflicht des Lehrers bestanden habe; eine solche habe ihm den seiner Leitung anvertrauten Schülern gegenüber obgelegen, nicht aber gegenüber der Allgemeinheit, dem Publikum, geschweige denn gegenüber einer zufällig hervortretenden Einzelperson wie dem Kläger. Dabei übersieht indessen die Revision, daß jeder Amtsausübung die Pflicht innewohnt, dafür zu sorgen, daß Dritte, die von der Amtstätigkeit nicht berührt werden sollen, auch nicht durch sie beeinträchtigt werden (RGZ. Bd. 91 S. 348). Dem Lehrer lag amtlich die Spielleitung ob. Es war daher seine Amtspflicht, auch dafür zu sorgen, daß diejenigen dritten Personen, die, wie er nach den Urteilsfeststellungen voraussehen hatte, unfreiwillig — als Straßenpassanten — in den Bereich der Wirkungen des Spiels gerieten, nicht getroffen und beschädigt wurden. Diesen Personen gegenüber lag ihm die vorbezeichnete Amtspflicht ob (WarnRspr. 1916 Nr. 80). Daß er sie fahrlässig verletzt habe, hat das Berufungsgericht ohne Rechtsirrtum angenommen.

Auch eine Überspannung des Begriffs der Fahrlässigkeit, wie die Revision will, ist dem angefochtenen Urteil nicht zu entnehmen. Die Revision verweist darauf, daß der dortige Oberbürgermeister in einem an die Schulleiter gerichteten Schreiben das Fußballspiel auf den Schulhöfen verboten hat. Hieraus will sie herleiten, daß das Handballspiel erlaubt und seine Zulassung nicht fahrlässig gewesen sei. Schon das geht fehl. Auf die Zulassung des Spieles kommt es hier weniger an als darauf, wie es ausgeübt, geleitet und beaufsichtigt worden ist. Eine Fahrlässigkeit liegt vor, sobald die im Verkehr erforderliche Sorgfalt außer acht gelassen worden ist. Diese Sorgfalt aber hat nach der Beweiswürdigung des Berufungsgerichts der das Spiel leitende und beaufsichtigende Studienrat aus den Augen gesetzt. Mochte auch das Spiel mit dem Handball weder polizeilich noch von der Verwaltung verboten oder auch nur widerraten worden sein, so machte das doch nicht ohne weiteres die Berücksichtigung der gerade am fraglichen Orte obwaltenden Verhältnisse entbehrlich. Eine diese Verhältnisse beachtende Prüfung mußte nach der Beweiswürdigung des Berufungsgerichts zu dem Schluß führen, daß auch ein an sich statthaftes Spiel gerade hier die Straßenpassanten beeinträchtige und deshalb zu unterlassen sei.

Diese Annahmen des angefochtenen Urteils tragen seine Entscheidung, sodaß es nicht weiter darauf ankommt, ob auch den Schulleiter ein Verschulden trifft.

---

18. Ist bei einer Vollmacht, die zum Zutritt zu dem Schrankfach eines Bankkunden ermächtigt, der Wert des Gegenstandes als schätzbar oder als nicht schätzbar anzusehen?

Preuß. Stempelsteuergesetz vom 27. Oktober 1924 Tarifstelle 19.

VII. Zivilsenat. Urt. v. 2. Juli 1929 i. S. Preuß. Staat (Bekl.) w. Sch. (Kl.). VII 610/28.

I. Landgericht I Berlin.
II. Kammergericht daselbst.

Der Kläger hat von der Direktion der Disconto-Gesellschaft gegen ein jährliches Entgelt von 9 RM. ein Schrankfach in einem Gebäude dieser Bank gemietet. Er übersandte ihr folgende, vom 15. März 1928 datierte Erklärung:

„Vollmacht.

Der Direktion der Disconto-Gesellschaft zeige ich hiermit an, daß ich meiner Ehefrau Hilde Sch. Vollmacht erteilt habe, mein Recht auf Zutritt zu dem von mir gemieteten Schrankfach Nr. 1432 auszuüben.

Diese Vollmacht soll durch meinen Tod nicht erlöschen, sondern bis auf Widerruf durch meine Erben rechtsverbindlich bleiben.

Mit den für die Vermietung der Schrankfächer geltenden Bedingungen der Direktion der Disconto-Gesellschaft habe ich meinen Bevollmächtigten bekannt gemacht.

Der Bevollmächtigte darf diese Vollmacht nicht weiter übertragen."

Unterzeichnet war das Schriftstück vom Kläger und von seiner Ehefrau sowie von einem Zeugen.

Auf Verlangen des Finanzamts wurde die Urkunde nach Tarifstelle 19 Abs. 1, 3 des preuß. Stempelsteuergesetzes vom 27. Oktober 1924 als Vollmacht, bei welcher der Wert des Gegenstandes nicht schätzbar ist, mit 1,50 RM verstempelt. Der Kläger fordert die Rückzahlung des Betrags. Das Landgericht wies die Klage ab, das Kammergericht gab ihr statt. Die Revision des Beklagten führte zur Aufhebung und Zurückverweisung.

Gründe:

Der Berufungsrichter läßt unentschieden, ob das zu beurteilende Schriftstück als eine Vollmacht im Sinne des 1. Absatzes der Tarifstelle 19 StStG. oder als eine sog. Vollmachtgeständnisurkunde im Sinne des 4. Absatzes der Tarifstelle anzusehen ist (was der Kläger hilfsweise geltend gemacht hatte). Indem er unterstellt, es liege eine Vollmacht vor, verneint er — in Übereinstimmung mit den Ausführungen des Klägers — die Stempelsteuerpflichtigkeit der Vollmacht deshalb, weil der Wert ihres Gegenstandes dem Werte des zwischen dem Kläger und der Bank geschlossenen Schrankfachvertrags, eines Mietvertrags, gleichzuachten und gemäß § 6 Abs. 9 StStG. auf das Zwölfeinhalbfache des jährlichen Mietzinses, also auf 112,50 RM.

zu berechnen sei, woraus sich nach § 4 Abs. 1a StStG. die Stempelsteuerbefreiung ergebe.

Die Revision greift diese Auffassung des Kammergerichts als rechtsirrig an, indem sie sich auf Rechtsausführungen des erkennenden Senats im Urteil vom 25. Oktober 1918 (RGZ. Bd. 94 S. 74) stützt. Die Berechtigung der Rüge ist anzuerkennen. Mit dem Berufungsgericht ist zunächst davon auszugehen, daß eine Vollmacht (Vollmachtverfügungsurkunde) nach Tarifst. 19 Abs. 1 StStG. in Frage steht. Daß dabei das Erfordernis der Bevollmächtigung zur Vornahme von Geschäften rechtlicher Natur für den Vollmachtgeber erfüllt sein würde, hat der Senat in dem angeführten, eine gleichartige Vollmachtserteilung eines Schrankfachkunden einer Bank betreffenden Urteil bereits dargelegt. Daß damals Tarifstelle 73 des Stempelsteuergesetzes vom 30. Juni 1909 anzuwenden war, macht keinen Unterschied, da die einschlagenden Vorschriften des damaligen und des jetzt geltenden Gesetzes sachlich übereinstimmen. In dieser Richtung zieht auch der Kläger das Vorliegen der gesetzlichen Voraussetzungen nicht in Zweifel. Es kann ihm aber nicht beigestimmt werden, wenn er behauptet, der Wert der Ermächtigung seiner Ehefrau sei gleich dem Werte des Mietvertrags über das Schrankfach zu schätzen, weil ihr diese Ermächtigung nur den Zutritt zum Schrankfach, nicht aber die Verfügung über dessen Inhalt eröffne. Zwar ist es sicherlich richtig, daß eine solche Ermächtigung das durch den Vertrag mit der Bank — mag man diesen als Mietvertrag von besonderer Art oder als eigentümlich gestalteten Verwahrungsvertrag auffassen — begründete, im Zweifel höchst persönliche Zugangsrecht des Kunden zu seinem Schrankfach zur Grundlage hat. Wie der Senat in RGZ. Bd. 94 S. 76 dargelegt hat, wird damit, bei Annahme der Ermächtigung durch die Bank, deren Verpflichtung in dem Sinne neu festgestellt, daß sie auch dem anderen den Zutritt zur Stahlkammer zu gestatten und auch ihm gegenüber zur Öffnung des Schrankfaches mitzuwirken hat. Aber hierin erschöpft sich die Berechtigung nicht, die der Ehefrau des Klägers durch die Urkunde vom 15. März 1928 erteilt wurde. Offensichtlich sollte sie nicht nur befugt sein, die Stahlkammer zu betreten und sich das Fach öffnen zu lassen, sondern das Wesentliche ihrer Bevollmächtigung lag darin, daß sie sich auch mit dem Inhalt des Faches beschäftigen durfte, sei es durch Entnahme von früher dort hinterlegten Sachen, sei es durch

Hineinlegen weiterer Sachen. Inwieweit sie in dieser Hinsicht etwa an Weisungen ihres Ehemanns und Vollmachtgebers gebunden sein sollte, ist hier nicht von Belang; vielmehr kommt es für die Wertbemessung bei der Vollmacht darauf an, welche Berechtigungen und welche Möglichkeit des Handelns sie dem Bevollmächtigten verleiht, da sich der nach § 3 Abs. 1 StStG. maßgebende Inhalt der zu verstempelnden Urkunde nur hierauf bezieht (vgl. RGZ. Bd. 122 S. 145; JW. 1929 S. 368 Nr. 11; Urteil des erkennenden Senats vom 5. Februar 1929 VII 459/28). Die somit der Ehefrau des Klägers eröffnete Möglichkeit des Verfügens über den Inhalt seines Schrankfaches steht mit dem Vertrag zwischen ihm und der Bank nur in äußerlicher Beziehung. Jedenfalls läßt es sich nicht rechtfertigen, den dort festgesetzten Mietzins zum Maßstab für die Bemessung des Wertes der gesamten Befugnisse der Bevollmächtigten zu nehmen. Vielmehr ist dieser Wert mit Rücksicht darauf, daß eine Feststellung des jeweiligen Wertes des Schrankfachinhalts nicht in Frage kommen kann, vom Beklagten mit Recht für nicht schätzbar (Tarifst. 19 Abs. 3 StStG.) erachtet worden. Demnach kann der Kläger die sachliche Stempelsteuerbefreiung nach § 4 Abs. 1 a StStG. nicht in Anspruch nehmen. Denn es handelt sich um eine Vollmacht, aus deren Inhalt der Wert des Gegenstandes nicht ersichtlich ist, und eine solche ist nach § 4 Abs. 2 StStG. nur dann der zu a des 1. Absatzes geordneten Befreiung teilhaftig, wenn nachgewiesen wird, daß der Wert den Betrag von 150 Goldmark nicht übersteigt. Einen solchen Nachweis kann aber der Kläger keinesfalls erbringen.

An diesem Ergebnis vermögen die Ausführungen der Revisionsbeantwortung nichts zu ändern. Wenn sie meint, es komme darauf, ob der Kläger das Schrankfach leer lasse oder Werte darin verwahre und wie hoch diese seien, für die Bewertung des Schrankfachvertrags nicht an, so ist ihr entgegenzuhalten, daß, wie dargelegt, die durch die Vollmacht der Frau des Klägers eröffneten Möglichkeiten des Handelns viel weiter reichen, als zum bloßen Gebrauchmachen von den durch jenen Vertrag dem Kläger eingeräumten Rechten. Diese enge Begrenzung des Gegenstandswertes der Vollmacht wäre nur dann am Platze, wenn das Schrankfach stets leer bliebe — eine Annahme, die selbstverständlich gar nicht in Betracht kommt. Irrig ist auch die Ansicht des Revisionsbeklagten, man würde, wollte man für die Frage der Verstempelung der Vollmacht die Möglichkeit der Ausnutzung des Schrankfaches berücksichtigen, auf Begleitumstände abstellen, die außerhalb des beurkundeten Rechtsgeschäfts lägen. Vielmehr ergibt sich jene Möglichkeit des Handelns zwanglos und unmittelbar aus dem Inhalt der Urkunde. Unerheblich ist endlich das Vorbringen des Revisionsbeklagten, daß der Wert des Schrankfachvertrags gemäß Tarifst. 10 II Abs. 2 Satz 2 StStG. auf den Betrag des einjährigen Mietzinses von 9 RM. zu berechnen sei.

Hiernach wäre die Erhebung des Feststempels von 1,50 RM. aus Tarifst. 19 Abs. 3 StStG. für die Urkunde vom 15. März 1928 gerechtfertigt, wenn diese eine Vollmacht im Sinne des 1. Absatzes dieser Tarifstelle darstellte. Letzteres steht jedoch bisher nicht fest, denn das Kammergericht hat ausdrücklich dahingestellt gelassen, ob nicht vielleicht eine Vollmachtgeständnisurkunde nach Tarifst. 19 Abs. 4 (früher Tarifstelle 73 Abs. 5) vorliege. Darüber wird der Tatrichter noch zu entscheiden haben (vgl. über die Unterscheidung RGZ. Bd. 55 S. 376). Sollte der Tatbestand des Absatzes 4 gegeben sein, so wäre das Schriftstück nur beim Vorliegen der dort bezeichneten besonderen Voraussetzungen dem Vollmachtstempel unterworfen. Die Erörterung darüber, ob jene Voraussetzungen erfüllt sind, gehört ebenfalls dem tatsächlichen Gebiet an (vgl. RGZ. Bd. 55 S. 377, Bd. 104 S. 361/362, Bd. 124 S. 385).

---

19. Wie ist der aufwertungsfähige Saldo aus einer laufenden Rechnung aufzuwerten, wenn die Haben-Posten sich aus nicht abgehobenem Gehalt und aus anderen Einlagen des Arbeitnehmers zusammensetzen und auf der Sollseite Abhebungen teils aus der Zeit vor dem 15. Juni 1922, teils aus späterer Zeit vorkommen?

AufwG. §§ 2, 3, 18, 63, 65.

I. Zivilsenat. Urt. v. 3. Juli 1929 i. S. Ks. K. Geschäft (Bekl.) w. Kr. (Kl.). I 84/29.

I. Landgericht München-Gladbach.
II. Oberlandesgericht Düsseldorf.

Der Kläger war (anscheinend seit dem Jahre 1900) im Geschäft der Beklagten als Angestellter tätig und hatte dort lange Jahre (anscheinend bis zur Mitte des Jahres 1923) eine leitende Stellung inne. Er hatte ein Konto bei der Beklagten, auf das er seit vielen Jahren Einzahlungen gemacht hatte; dafür wurde ihm eine Verzinsung von 6% gewährt. Die Einzahlungen des Klägers rührten unter anderem aus einer Erbschaft her, ferner aus Tantiemen, die der am Geschäft der Beklagten beteiligte Kläger bezog, aus Wertpapierzinsen und Wertpapiererlösen und endlich aus Gehalt-Ersparnissen. In vereinzelten Fällen ist auch das Gehalt des Klägers nicht ausgezahlt, sondern gleich auf sein Konto überschrieben worden. Im Laufe der Jahre hat der Kläger teils größere, teils kleinere Abhebungen gemacht. Das Konto ist in regelmäßigen Zeitabschnitten, zuerst jährlich, dann halbjährlich abgeschlossen worden; der Saldo ist jedesmal dem Kläger mitgeteilt und von ihm anerkannt worden.

Die Beklagte berechnete auf Grund ihres Kontoauszugs, daß dem Kläger noch ein auf 2441,10 RM. aufgewertetes Guthaben zukomme. Der Kläger lehnte die Annahme dieses Betrags ab. Er berechnete die Höhe seines Guthabens in verschiedener Weise, schließlich in der Art, daß er von dem Saldo vom 1. Januar 1918 ausging und die späteren Ein- und Auszahlungen nach der Goldmarktabelle des Aufwertungsgesetzes berechnete. Geklagt hat er auf Zahlung von 18854,29 RM. nebst Zinsen, ursprünglich als Gesamtbetrag seines Aufwertungsanspruchs, später als Teilbetrag einer bedeutend höheren Forderung. Die Beklagte hat hiervon 2441,10 RM. anerkannt, ist ihrem Anerkenntnis gemäß zur Zahlung dieser Summe verurteilt worden und hat die Urteilssumme gezahlt. Im übrigen hat sie beantragt, die Klage abzuweisen.

Das Landgericht entsprach dem letzteren Antrag. Auf die Berufung des Klägers verurteilte das Oberlandesgericht die Beklagte auch zur Zahlung der weiteren 16413,19 RM. nebst Zinsen. Die Revision der Beklagten führte zur Aufhebung und Zurückverweisung.

Gründe:

Das Oberlandesgericht geht davon aus, daß die Haben-Posten der laufenden Rechnung sich „in der Hauptsache" aus Vermögensanlagen zusammensetzten. Dies wird in folgender Weise begründet. Der Kläger habe Einzahlungen aus seinem Privatvermögen und seinen Ersparnissen gemacht. Ohne weiteres sei es der Fall bei den 30000 M. Vatererbe, bei dem Erlös aus Wertpapieren, den Zinsen aus solchen und bei der Dividende aus seiner Unterbeteiligung von 48000 M. Nicht minder treffe es aber zu für Einzahlungen aus Gehaltsersparnissen. Denn unstreitig habe sich der Kläger Gehalt und Tantieme stets in bar auszahlen lassen. Nur ausnahmsweise sei es nicht geschehen, nach Angabe des Klägers in drei Fällen im Gesamtbetrag von 13000 M., nach Behauptung der Beklagten nur in Höhe von 6000 M. Für sein Guthaben sei dem Kläger eine Verzinsung von 6% gewährt worden, was für die damalige Zeit als sehr günstig zu bezeichnen sei. Danach handle es sich um eine Vermögensanlage, nämlich um eine auf gewisse Dauer berechnete Verwendung und Nutzung des Kapitals.

Diese Ausführungen sind — wenn man zunächst von den Fällen absieht, in denen dem Kläger das Gehalt nicht ausgezahlt, sondern gutgeschrieben wurde — rechtlich unbedenklich. Insbesondere trifft es zu, daß auch solche Einzahlungen als Vermögensanlagen im Sinne von § 63 Abs. 1 AufwG. zu betrachten sind, die von Ersparnissen aus Gehaltszahlungen herrührten. Mit der Auszahlung des Gehalts fanden die betreffenden Gehaltsansprüche ihre Erledigung. Derjenige Teil des so ausgezahlten Geldes, den der Kläger nicht verbraucht hatte und dann wieder einzahlte, gewann damit nicht wieder die Natur eines Gehaltsanspruchs. Dies ist selbstverständlich und bedarf der Erwähnung nur, weil es der Kläger in eingehenden Ausführungen bestritten hatte.

Der Vorderrichter prüft weiter, „welcher Tag als Stichtag für die Umrechnung der Ein- und Auszahlungen der Papiermarkbeträge in Reichsmark in Frage kommt". Im Anschluß an die reichsgerichtliche Rechtsprechung führt er aus, es sei bis zu einem Saldo zurückzugehen, den der Kläger trotz der schon begonnenen Geldentwertung nach Treu und Glauben gegen sich gelten lassen müsse. Hierzu müsse man, wie an Hand des Dollarstandes ausgeführt wird, bis an den Anfang des Jahres 1919 zurückgehen. Lege man hiernach den 1. Januar 1919 zugrunde, so sei von einem Saldo von 185033,55 PM. zugunsten des Klägers auszugehen. Nach der Tabelle zum Aufwertungsgesetz seien dies 92516,77 GM. gewesen. Rechne man die weiteren Soll- und Haben-Posten entsprechend um, so gelange man zu einem Aktivsaldo für den Kläger, der, zu 25% angesetzt, den eingeklagten Betrag noch wesentlich übersteige.

Gegen diese Ausführungen macht die Revision mit Recht geltend, daß dabei § 63 Abs. 1 Satz 2 AufwG. übersehen worden ist. Hiernach sind die Bestimmungen der §§ 14, 15, 17 bis 19 AufwG. entsprechend anzuwenden. Vor allem kommt § 18 in Betracht. Die entsprechende Anwendung dieses Paragraphen bedeutet hier, daß die Abhebungen, die bis zum 14. Juni 1922 einschließlich gemacht worden sind, zum Nennbetrag auf den Nennbetrag anzurechnen sind. In der Entscheidung in RGZ. Bd. 117 S. 34 ist diese Frage nicht erörtert worden. In verschiedenen später ergangenen Urteilen ist sie jedoch, wenn auch nur kurz, behandelt worden, z. B. im Urteil vom 9. Mai 1928 I 318/27, Zeiler Nr. 1242 und JW. 1928 S. 2906 Nr. 2; vgl. auch das Urteil vom 2. März 1929 in RGZ. Bd. 123 S. 351.

Nun hat jedoch der vorliegende Fall, übrigens ebenso wie der in RGZ. Bd. 123 S. 351 entschiedene Fall, dadurch eine Verwicklung erfahren, daß nicht alle Posten der Habenseite Vermögensanlagen betreffen. Nach der Feststellung des Berufungsgerichts beziehen sich einige wenige Posten auf nicht abgehobenes, stehengebliebenes Gehalt. Wie in RGZ. Bd. 123 a. a. O., insbesondere S. 354 flg., dargelegt ist, handelt es sich bei ihnen, wiewohl auch sie wirtschaftlich genommen Vermögensanlagen sind, rechtlich kraft ausdrücklicher Vorschrift (§ 63 Abs. 3 AufwG.) um Nichtvermögensanlagen, die der freien Aufwertung unterliegen. Dadurch ist eine Rechtslage entstanden, an die das Aufwertungsgesetz nicht gedacht hat. Einmal soll — bei Abhebung von Vermögensanlagen — Nennwert auf Nennwert gerechnet werden. Und, soweit es sich um Ansprüche aus einem gegenseitigen Vertrag handelt, soll freie Aufwertung stattfinden, also der abgehobene Betrag nach seinem Zeitwert auf den Goldmarkwert des Guthabens angerechnet werden.

Dieser Zwiespalt ist im Schrifttum viel behandelt worden (vgl. u. a. Mügel Aufw. 5. Aufl. S. 938 bis 940, Anm. 11 zu § 65; Schlegelberger-Harmening S. 465 Anm. 9c zu § 65; Quassowski S. 512 Anm. III zu § 65; Neukirch S. 481 Anm. 6 zu § 65; Lehmann-Boesebeck S. 307 Anm. 8 u. 9 zu § 65). Von den mannigfachen Lösungsversuchen, die man vorgeschlagen hat, heben sich zwei Hauptarten ab: verhältnismäßige Verteilung der Abhebungen auf die beiden Arten von Haben-Posten einerseits und gesonderte Behandlung der bevorzugten Haben-Posten anderseits; letzteres das System Mügel's, das sich im wesentlichen auf den Rechtsgedanken des § 356 HGB. zu stützen sucht. Das System der verhältnismäßigen Verteilung, im einzelnen verschieden gestaltet, läßt sich in den Hauptzügen dahin bestimmen: Man bringt zunächst (zu Vergleichszwecken) die Beträge sämtlicher aktiven Einzelposten des aufzurollenden Rechnungsabschnittes nach ihren Zeitwerten auf Goldmarkwert und berechnet dann die Summen der bevorzugten und der nicht bevorzugten Haben-Posten. Aus diesen Summen gewinnt man das Beteiligungsverhältnis, in dem die Abhebungen teils zu ihrem Nennbetrag, teils zu ihrem Zeitwert anzurechnen sind (sog. Verhältnisrechnung).

Aus alledem ergibt sich jedenfalls so viel, daß eine mathematisch genaue Ermittlung der Aufwertungsbeträge völlig ausgeschlossen ist. Das Aufwertungsgesetz hat solche Verwicklungen nicht geregelt. Es bleiben daher nur die allgemeinen Bestimmungen des bürgerlichen Rechts und mit ihnen als oberster Grundsatz des gesamten Aufwertungsrechts § 242 BGB. (so im Ergebnis auch Neukirch und Quassowski). Dabei muß sich aber — und hieran fehlt es im Berufungsurteil — der Richter immer bewußt bleiben, daß für Vermögensanlagen der Grundsatz des § 18 Abs. 1 Satz 2 AufwG. (Vorbehalte werden hier kaum je vorkommen) Geltung hat, daß also alle Abhebungen vor dem 15. Juni 1922, soweit sie, gerechnet vom 1. Januar 1919 an, nach der oben angegebenen Verhältnisrechnung als Abhebungen von Vermögensanlagen zu gelten haben, zum Nennbetrag auf den Nennbetrag anzurechnen sind, und es wird diese Bestimmung um so weniger aus den Augen zu verlieren sein, wenn, wie hier, die Hauptmasse der Haben-Posten Vermögensanlage-Posten sind. Man mag schätzungsweise die Mügelsche Methode und die des anderen Systems, beispielsweise die von Schlegelberger-Harmening anwenden, und dann erwägen, welche Aufwertung nach Treu und Glauben angemessen ist. Nicht zu übersehen ist auch, daß die Aufwertung nicht dazu führen darf, die ungünstigste Vermögensanlage, nämlich als ungesicherte Papiermarkforderung, nachträglich — auf Kosten des Schuldners — zu einer besonders günstigen Vermögensanlage zu stempeln, und ihr eine Behandlung zuteil werden zu lassen, wie sie nur den besten Anlagen zukam.

Nach alledem wird zweckmäßig zunächst zu ermitteln sein, welcher Teil des nicht zu beanstandenden Saldos — hier nach der rechtlich unbedenklichen Annahme des Vorderrichters der vom 1. Januar 1919 — auf Vermögensanlagen und welcher Teil auf Nichtvermögensanlagen entfällt. Diese Feststellung kann ebenfalls nach der oben beschriebenen Verhältnisrechnung geschehen; aus den angegebenen Gründen genügt gegebenenfalls eine allgemeine Schätzung. Man erhält so zwei Vermögensmassen, von denen die eine für die weitere Berechnung als Grundlage eines Vermögensanlage-Kontos nach § 63 Abs. 1 AufwG., die andere dagegen als Grundlage eines Nichtvermögensanlage-Kontos zu behandeln ist, und die beide zusammengenommen den Betrag des nicht zu beanstandenden Saldos — hier des Saldos vom 1. Januar 1919 — ausmachen. Beweispflichtig dafür, daß es sich um eine aufwertungsrechtlich bevorzugte Nichtvermögensanlage handelt, ist nach allgemeinen Regeln der Kläger. Nunmehr wären für die Zeit vom 1. Januar 1919 bis zum 14. Juni 1922 einschließlich die weiteren Habenposten gemäß den früheren Darlegungen entweder dem Vermögensanlage-Konto oder dem Nichtvermögensanlage-Konto gutzubringen und nach dem in der angegebenen Weise zu ermittelnden Verhältnis die Abhebungen jenen Konten zur Last zu schreiben.

Es fragt sich jedoch, mit welchen Beträgen diese Gut- und Lastschriften vorzunehmen sind. Dies kann rechnerisch in verschiedener Weise geschehen, nur sind dabei die nachstehend aufgeführten Grundsätze zu beachten:

1. Wegen der verschiedenen Behandlung, der beide Konten unterliegen (das Vermögensanlage-Konto gemäß § 63 Abs. 1, § 2 und § 3 AufwG., das Nichtvermögensanlage-Konto nach den Grundsätzen der freien Aufwertung), sind beide Konten bis zum Schluß getrennt zu halten.

2. Die Soll-Posten des Vermögensanlage-Kontos, also die Abhebungen, soweit sie nach der Verhältnisrechnung auf das Vermögensanlage-Konto entfallen, sind bis zum 14. Juni 1922 zu ihren Nennbeträgen einzustellen. Dagegen sollen nach der Regel des § 63 Abs. 1 in Verbindung mit § 2 und § 3 AufwG. für die schließliche Aufwertung die einzelnen Vermögensanlage-Haben-Posten nur in Höhe von 25% ihres Goldmarkwertes berücksichtigt werden, der gemäß der Goldmarktabelle des Aufwertungsgesetzes je nach der Zeit der Einzahlung verschieden ist. Alles nähere ist vom Aufwertungsgesetz nicht geregelt. Damit ergibt sich eine Reihe neuer Zweifel über die Art der Berechnung. Zwei Berechnungsarten kommen vornehmlich in Frage:

a) Umrechnung der Haben-Posten in Goldmark und sodann Verrechnung der Papiermark-Sollposten auf die Goldmark-Habenposten mit Nennwert auf Nennwert.

b) Verrechnung der Papiermark-Sollposten auf die Papiermark-Habenposten, und zwar immer die letzten Abhebungen auf die vorhergehenden Einzahlungen, wobei dann wieder zweifelhaft bleibt, nach welchem Zeitpunkt der sich ergebende Saldo auf Grund der Goldmarktabelle umgerechnet werden soll.

Die erste Berechnungsart würde die Stellung des ohnehin schon sehr ungünstig behandelten Gläubigers noch weiter ganz erheblich verschlechtern; dem Gesetz ist kein zwingender Grund zu ihrer Anwendung zu entnehmen. Die Gegenüberstellung in § 18 (Anrechnung von Goldmarkbetrag auf Aufwertungsbetrag und Anrechnung von Nennbetrag auf Nennbetrag) spricht für das Gegenteil.

Man hat sich hiernach für die zweite Berechnungsart zu entscheiden, wobei die zuletzt erwähnte Zweifelsfrage in folgender Weise zu lösen ist. Da jede Vermögensanlage gemäß § 63 Abs. 1 AufwG. nach dem Zeitpunkt ihrer Begründung in Gold umzurechnen ist, kann die Aufwertung eines einheitlichen Schluß-Saldos überhaupt nicht in Frage kommen. Das zu bildende Vermögensanlage-Konto ist vielmehr in einzelne Abschnitte aufzulösen. Die Abschnitte werden bestimmt von einer Einzahlung bis zur nächsten Einzahlung, der eine Abhebung vorausgegangen ist. Man rechnet dann die Nennwerte der Abhebungen gegen die Nennwerte der vorausgegangenen Einzahlungen ab, und zwar immer gegen die Nennwerte der jüngsten Einzahlungen, die vorausgegangen sind, zuerst. Sind auf diese Art sämtliche Abhebungen (diese immer in Höhe des Bruchteils der Verhältnisrechnung) verrechnet, so werden die in den Einzelabschnitten verbliebenen Reste der Haben-Posten in Goldmark nach der Goldmarktabelle unter Zugrundelegung des Zeitpunkts ihrer Einzahlung umgerechnet und zusammengezählt.

Es folgt jetzt der Abschnitt vom 15. Juni 1922 an, für den die Beschränkung des § 18 Abs. 1 Satz 2 AufwG. fortfällt. Hier sind auf beiden Seiten des Kontos die zeitlichen Goldmarkwerte der Tabelle einzustellen. Ebenso ist die für den vorigen Rechnungsabschnitt errechnete Goldmark-Summe einzustellen. Von dem sich dann ergebenden Saldo sind 25% der Aufwertungsbetrag des Vermögensanlage-Kontos.

3. Anders und bedeutend einfacher gestaltet sich die Berechnung des Nichtvermögensanlage-Kontos. Dieses ist sogleich in allen seinen Posten in Goldmark (nicht notwendig nach der Goldmarktabelle des Aufwertungsgesetzes) umzurechnen. Alle hinzukommenden Posten, die zu diesem Konto gehören, und zwar die Abhebungen wieder in Höhe ihres nach der beschriebenen Verhältnisrechnung zu ermittelnden Bruchteils, sind nach ihren Zeitwerten in Goldmark einzustellen. Man erhält dann im Endergebnis für das Nichtvermögensanlage-Konto einen Aufwertungsbetrag, bei dem im übrigen die bekannten Grundsätze der freien Aufwertung (Berücksichtigung aller Belange beider Teile und des sog. Verarmungsfaktors) anzuwenden sind.

4. Die Summe der Ergebnisse zu 2 und 3 würde dann die dem Kläger zuzusprechende Aufwertungsforderung (abzüglich des ihm schon zuerkannten Betrags) ausmachen.

5. Soweit bei der hier angedeuteten Berechnungsweise Zweifel oder Unklarheiten entstehen sollten, sind sie nach § 242 BGB. zu lösen.

---

20. 1. Handelt ein Polizeibeamter in Ausübung öffentlicher Gewalt, wenn er einen Kraftwagen führt, der Polizeimannschaft zum Übungsschießen befördert?

2. Haftet an seiner Stelle der Staat, wenn dabei eine Person überfahren wird?

RVerf. Art. 131. Kraftfahrzeuggesetz § 18.

VI. Zivilsenat. Urt. v. 18. April 1929 i. S. H. (Kl.) w. Land Preußen u. B. (Bekl.) VI 382/28.

I. Landgericht Halle.
II. Oberlandesgericht Naumburg.

Am Morgen des 26. Mai 1925 führte der Beklagte B., der damals als Polizeiwachtmeister bei der Schutzpolizei in H. tätig war, einen großen, mit 40 Polizeibeamten besetzten Kraftwagen durch die Straßen der Stadt H., um die Beamten zum Übungsschießen in die Heide zu bringen. Dabei wurde der Kläger von dem Polizeikraftwagen überfahren und schwer verletzt. Wegen der Unfallfolgen nimmt er den Führer des Wagens und das Land Preußen aus dem Kraftfahrzeuggesetz und aus unerlaubter Handlung auf Schadensersatz in Anspruch und begehrt Zahlung von Schmerzensgeld und einer Rente, sowie die Feststellung der weiteren Schadensersatzpflicht. Die Vorinstanzen gaben der Klage zum Teil statt. Die Revision des Beklagten B. führte zur völligen Abweisung der gegen ihn erhobenen Klage, soweit sie nicht schon rechtskräftig erledigt war.

Aus den Gründen:

Einer Erörterung der von dem Beklagten B. gegen das Urteil erhobenen Bedenken bedarf es nicht, da aus einem anderen, von der Revision nicht hervorgehobenen Grunde jeder Anspruch des Klägers gegen ihn entfällt. Wie das Berufungsgericht zutreffend ausführt, ist der Beklagte B. Beamter und handelte, als er den Kraftwagen führte und dabei den Kläger überfuhr, in Ausübung der ihm anvertrauten öffentlichen Gewalt. Zweifellos gehört das Übungsschießen der Polizei zur öffentlichen Amtsausübung, da es die Ausbildung der Polizeimannschaft im Schießen bezweckt, die zur Erfüllung der polizeilichen Aufgaben erforderlich ist. In unmittelbarem Zusammenhang damit steht aber die gemeinsame Beförderung der Mannschaft zu den Schießständen und die Rückbeförderung. Den dazu dienenden Wagen ordnungsmäßig und unter Beachtung aller für den Kraftwagenverkehr getroffenen Bestimmungen zu führen, gehörte zu den Amtspflichten des Beklagten B., die ihm auch gegenüber dem auf der Straße verkehrenden Publikum oblagen (vgl. dazu besonders RGZ. Bd. 108 S. 366 und 387[1])). Gemäß Art. 131 RVerf., der nach der feststehenden Rechtsprechung des Reichsgerichts unmittelbar anzuwendendes Recht enthält (RGZ. Bd. 106 S. 34), trifft also die gesetzliche Haftung an Stelle des Beklagten B. das Land Preußen. Das hat das Berufungsgericht auch ausgesprochen, soweit es sich um das Schmerzensgeld handelt. Dagegen hat es diese Bestimmung nicht angewendet beim Sachschaden und bei der Rente, sowie bei dem weiteren Schaden, dessen Feststellung begehrt ist; diese Ansprüche hat es auf Grund des Kraftfahrzeuggesetzes zugesprochen. Dieser Umstand nötigte aber nicht zu einer anderen Beurteilung der Anwendbarkeit des Art. 131 RVerf. Nach § 18 KFG., den das Berufungsgericht angewendet hat, haftet der Führer ohne weiteres für Unfälle im Sinne des § 7, wenn er

[1]) Ferner S. 85 dieses Bandes. D. R.

nicht nachweist, daß der Schaden nicht durch sein Verschulden verursacht ist. Daraus ergibt sich, daß das Gesetz seine Haftung anordnet, weil es sein Verschulden ohne weiteres annimmt, daß es ihm aber den Gegenbeweis offen läßt. Die Voraussetzung des Art. 131 RVerf., schuldhafte Amtspflichtverletzung und daraus entstehende gesetzliche Schadensersatzpflicht, ist also auch insoweit gegeben. Hinzu kommt hier, daß das Berufungsgericht das Verschulden des Beklagten B. ausdrücklich festgestellt und darauf auch die Haftung des Landes Preußen für das Schmerzensgeld gegründet hat. Somit haftet der Beklagte zu 1, das Land Preußen, auch insoweit an Stelle des Beklagten B., und die Haftung des letzteren gegenüber dem Kläger entfällt (soweit sie nicht schon durch das rechtskräftig gewordene Teilurteil des Landgerichts ausgesprochen ist).

---

21. 1. Haftet der Meistbietende gemäß § 81 Abs. 2 des Zwangsversteigerungsgesetzes auch für die bestehen bleibenden Rechte gesamtschuldnerisch mit dem Ersteher?

2. Genügen für die Mitteilung und die Genehmigung der Schuldübernahme nach § 415 BGB. auch Vorgänge im Rechtsstreit?

3. Inwieweit hat der Ersteher die persönliche Forderung einer bestehen gebliebenen Hypothek aufzuwerten, wenn die Zwangsversteigerung unter der Herrschaft der Dritten Steuernotverordnung geschehen ist?

ZVG. §§ 81, 82, 53. BGB. § 415. AufwG. § 10.

VI. Zivilsenat. Urt. v. 2. Mai 1929 i. S. N. (Kl.) w. G. u. R. (Bekl.). VI 452/28.

I. Landgericht Königsberg i. Pr.
II. Oberlandesgericht daselbst.

Durch Vertrag vom 26. Mai 1922 verkaufte der Kläger seine in K. gelegenen Grundstücke L. Allee Nr. 29 und A. P. Landstraße Nr. 50 an eine Frau K. Vom Kaufpreis sollten 300000 M. gestundet und in 3 Einzelposten von je 100000 M. abgetragen werden.

Bei der Auflassung am 25. Juli 1922 änderten die Vertragsparteien diese Vereinbarung dahin ab, daß Frau K. in Höhe von

100000 M. in Anrechnung auf den Kaufpreis die auf dem Grundstück A. P. Landstraße Nr. 50 für eine Bank eingetragenen Darlehenshypotheken von 60000 M. und 40000 M. übernahm. Entsprechend dem Antrag der Frau K. wurde das letztgenannte Grundstück dem Grundstück L. Allee Nr. 29 als Bestandteil zugeschrieben, und es wurden dann darauf in Abt. III unter Nr. 5 und 6 die beiden Darlehenshypotheken von 60000 M. und 40000 M. übertragen und unter Nr. 7 und Nr. 10 die beiden Kaufgeldhypotheken von je 100000 M. eingetragen, und zwar am 3. März 1923. Die beiden Darlehenshypotheken wurden im Jahre 1923 an den Kläger abgetreten. Durch Beschluß vom 10. Mai 1924 wurde die Zwangsversteigerung des Grundstücks auf Antrag eines Gläubigers angeordnet. Im Versteigerungstermin vom 8. August 1924 blieb der Beklagte G. Meistbietender mit einem Bargebot von 20000 M. Nach den Versteigerungsbedingungen blieben die Hypotheken des Klägers Nr. 5, 6, 7 und 10 als Teil des geringsten Gebots bestehen. Der Kläger war im Termin zugegen. In dem zur Verkündung des Zuschlags anberaumten Termin vom 14. August 1924 wurde das Grundstück dem Beklagten R. zugeschlagen, da der Beklagte G. ihm durch Vertrag vom 13. August die Rechte aus dem Meistgebot abgetreten und R. die Verpflichtungen daraus übernommen hatte. In dem Beschluß war ausgesprochen, daß die erwähnten Hypotheken bestehen blieben und daß der Beklagte G. mithafte. Am 31. Oktober 1925 meldete der Kläger die 4 Hypothekenforderungen zur Aufwertung an, nahm für die persönliche Forderung die Beklagten in Anspruch und verlangte insoweit eine Aufwertung von 20000 RM. Die Beklagten bestritten ihre Verpflichtung. Die Aufwertungsstelle setzte ihr Verfahren bis zur Beibringung einer rechtskräftigen Entscheidung des Prozeßgerichts über den Grund des Anspruchs aus. Der Kläger begehrte sodann mit der vorliegenden Klage die Feststellung, daß die Beklagten für die 4 Hypotheken persönliche Schuldner des Klägers und zwar Gesamtschuldner seien. Das Landgericht erklärte insoweit, als die Hypotheken aufgewertet werden, die Beklagten in Höhe des Aufwertungsbetrags als persönliche Schuldner und wies die weitergehende Klage ab. Das Oberlandesgericht wies die Berufung des Klägers zurück und sprach auf die Anschlußberufung der Beklagten die völlige Abweisung der Klage aus.

Die Revision des Klägers wurde gegenüber dem Beklagten G. zurückgewiesen, dagegen führte sie gegenüber dem Beklagten R. zur Wiederherstellung des landgerichtlichen Urteils.

Gründe:

Der Kläger will mit seiner Revision völlige Durchsetzung der Klagansprüche erreichen. Es ist daher einmal zu prüfen, ob die Beklagten überhaupt für die den Hypotheken zugrundeliegenden persönlichen Forderungen haften, und weiter, ob diese Haftung auf das Maß der Hypothekenaufwertung zu beschränken ist.

Die Grundlage für die persönliche Haftung bilden die Vorgänge im Zwangsversteigerungsverfahren. Der Beklagte G. soll als Meistbietender und gemäß § 81 ZVG. für mithaftend Erklärter haften, R. aber als Ersteher. Mit Recht lehnt das Berufungsgericht die Haftung des Beklagten G. schon mit Rücksicht darauf ab, daß sie aus den Vorschriften der §§ 81, 82 ZVG. überhaupt nicht herzuleiten und ein anderer Haftungsgrund vom Kläger gar nicht geltend gemacht ist. § 81 Abs. 4 enthält allerdings nur die allgemeine Bestimmung, daß der Meistbietende und der Ersteher als Gesamtschuldner haften, ohne daß der Gegenstand der Haftung näher angegeben ist. Nach Abs. 2 das. muß derjenige, dem das Recht aus dem Meistgebot abgetreten wird, die Verpflichtung aus dem Meistgebot übernehmen. Dieses setzt sich zusammen aus den als Teil des geringsten Gebots bestehen bleibenden Rechten und aus dem Bargebot. Man könnte versucht sein, hieraus zu entnehmen, daß der Meistbietende für die gesamten, dem Ersteher alsbald und künftig obliegenden Verpflichtungen mithaftet, wie das auch Lafrenz in DJZ. 1901 S. 552 annimmt. Der Zweck der Vorschrift und ihr Zusammenhang mit anderen Vorschriften weisen aber auf einen beschränkteren Umfang der Haftung hin. Es steht jedem frei, bei der Versteigerung mitzubieten. Eine Prüfung seiner Verhältnisse findet nicht statt. Das Gesetz gewährt nur insoweit einen Schutz gegen ungeeignete Bieter, als auf Verlangen für das Gebot eine Sicherheit zu leisten ist. Diese richtet sich nur nach dem Bargebot und zwar in der Regel nur in Höhe eines Bruchteils dieses Betrags; niemals geht sie darüber hinaus (§§ 67 flg. ZVG.). Insbesondere kann also zur Sicherung der persönlichen Forderung aus den bestehen bleibenden Rechten niemals eine Sicherheit verlangt werden. Es steht ja in der Regel auch noch gar nicht fest, ob der Ersteher persönlich haften wird. Das Gesetz legt hiernach auf die Person des Meistbietenden Wert nur in Ansehung des Bargebots.

Nur auf die vom Ersteher zu leistende Barzahlung ist daher auch die Mithaftung des Meistbietenden nach dem Zweck der Vorschrift in § 81 ZVG. zu erstrecken. Hierfür spricht auch die Vorschrift des § 82 ZVG., worin die Anführung des nach § 61 ZVG. Zahlungspflichtigen und des mithaftenden Meistbietenden nebeneinandergestellt sind, sowie diejenige des § 132 über die Vollstreckbarkeit der Forderung, d. i. der Forderung auf Zahlung des nicht berichtigten Bargebots gegen den Meistbietenden. (So wie hier auch Reinhardt-Müller ZVG. 2. Aufl. § 81 Anm. II 4 Abs. 3; Jäckel-Güthe ZVG. 5. Aufl. § 81 Anm. 5; Oberlandesgericht Kiel in Seuff.Arch. Bd. 65 Nr. 152.) Eine abweichende Ansicht vertritt nur Lafrenz a. a. O., aber ohne jede nähere Begründung. Danach haftet der Beklagte G. für die persönlichen, den Hypotheken zugrundeliegenden Forderungen überhaupt nicht.

Hinsichtlich des Beklagten R. gilt folgendes:

Festgestellt ist, daß Frau K. keine Mitteilung von der Schuldübernahme gemacht hat. Eine Schuldübernahme gemäß § 416 BGB. kommt somit nicht in Frage. Nur diese Vorschrift ist im § 53 ZVG. ausdrücklich angeführt. Daraus ist aber nicht zu folgern, daß lediglich diese Art der Schuldübernahme im Falle des § 53 ZVG. in Betracht kommen kann. Vielmehr ist sie dort nur hervorgehoben, um klarzustellen, daß die befreiende Schuldübernahme auch ohne ausdrückliche Erklärung des Gläubigers wirksam erfolgen kann. Es besteht daher kein Bedenken, auch im Falle des § 53 ZVG. die Vorschriften in §§ 414, 415 anzuwenden. (So das Reichsgericht schon mehrfach; vgl. RGZ. Bd. 63 S. 47, Urt. vom 24. Oktober 1908 V 611/07, vom 8. März 1928 VI 254/27 und vom 29. Oktober 1928 VI 164/28; auch das Schrifttum, bes. Reinhardt-Müller ZVG. 2. Aufl. § 53 Anm. III 2; Krech-Fischer ZVG. § 53 Anm. 3; Jäckel-Güthe ZVG. 5. Aufl. § 53 Anm. 8.) Ob hier nach Lage der Umstände die Voraussetzungen des § 414 BGB. gegeben sind, wie die Revision unter Berufung auf Jäckel-Güthe ZVG. § 53 Anm. 8 geltend macht, und ob im Falle des § 53 ZVG. eine besondere Mitteilung der Schuldübernahme nach § 415 BGB. erforderlich ist, wie das Berufungsgericht im Gegensatz zum Landgericht annimmt, kann dahingestellt bleiben, da tatsächlich eine solche Mitteilung erfolgt ist. Wie der Senat schon in den Urteilen VI 44/28 vom 25. Juni 1928 und VI 164/28 vom 29. Oktober 1928 ausgeführt hat, kann sich die Mitteilung der Schuldübernahme auch aus den Anführungen des Grundstückserwerbers im Aufwertungsverfahren oder im Rechtsstreit mit dem Gläubiger ergeben. So liegt die Sache hier. Der Kläger hat schon im Aufwertungsverfahren und dann auch in diesem Rechtsstreit die Tatsachen, welche die Schuldübernahme ergeben, vorgetragen, und der Beklagte R. hat sie zugegeben und damit dem Kläger die Schuldübernahme mitgeteilt. Der Umstand, daß er die daraus vom Kläger gezogenen rechtlichen Folgerungen geleugnet hat, kann daran nichts ändern, daß die Mitteilung der Schuldübernahme damit erfolgt ist. Die Erklärung, daß die Schuldübernahme genehmigt werde, ist vom Kläger spätestens in diesem Rechtsstreit nach erfolgter Mitteilung der Schuldübernahme abgegeben worden. Der Beklagte R. haftet somit nach § 415 BGB. für die den Hypotheken zugrundeliegenden persönlichen Forderungen und es fragt sich nur, ob diese Haftung weiter geht als die hypothekarische. Das ist ohne weiteres zu verneinen für die beiden Hypotheken von 60000 und 40000 M. Denn sie waren und blieben Darlehenshypotheken; der Umstand, daß Frau K. sie in Anrechnung auf den Kaufpreis übernahm, ändert daran nichts. Daß dabei eine Novation stattgefunden hat, ist nicht behauptet, jedenfalls sind keine schlüssigen Tatsachen dafür angeführt (vgl. auch Mügel 5. Aufl. § 50 AufwG. Anm. 8 S. 606/607). Den beiden anderen Hypotheken liegen allerdings Kaufgeldforderungen zugrunde. Aber trotzdem geht auch hier die Haftung für die persönliche Schuld nicht über diejenige für die Hypothek hinaus. Als der Zuschlag erteilt wurde, galt die Dritte Steuernotverordnung, die eine Aufwertung auf 15% des Goldmarkbetrags der Hypotheken anordnete. Nach § 53 ZVG. übernimmt der Ersteher die persönliche Schuld nur in Höhe der Hypothek, d. h. soweit, als das Grundstück dafür haftet. Das Grundstück haftete damals aber nicht in voller Höhe, sondern nur beschränkt. Diese Beschränkung erstreckt sich daher auch auf die Haftung für die persönliche Schuld. (So auch Ring Rechtspr. in Aufwertungssachen Bd. 2 S. 836, Bd. 3 S. 114, LZ. 1928 Nr. 1106 und Reinhardt-Müller § 53 Anm. V 1 d.) Daß im RGU. VI 164/28 vom 29. Oktober 1928 anders entschieden ist, erklärt sich daraus, daß dort der Zuschlag schon 1921 erfolgt war, also zu einer

Zeit, wo der Umfang der Haftung aus der Hypothek noch nicht gesetzlich geregelt war.

Der Kläger hat ein rechtliches Interesse auch an der Feststellung einer so beschränkten persönlichen Haftung, da diese dem Wesen und der Zeit nach eine andere und in gewisser Weise weitergehende ist als die aus der Hypothek allein.

---

22. Kann dem Revisionskläger, dem das Armenrecht für die Revision bewilligt war, dem es aber nach Begründung der Revision und Terminsanberaumung wieder entzogen worden ist, noch eine Frist zum Nachweis der Zahlung der Prozeßgebühr gesetzt werden?

ZPO. §§ 115, 121, 125, 126, 554 Abs. 7. Gerichtskostengesetz § 74.

VI. Zivilsenat. Urt. v. 30. Mai 1929 i. S. S. W. (Kl.) w. v. L. u. Gen. (Bekl.). VI 710/28.

I. Landgericht Arnsberg.
II. Oberlandesgericht Hamm.

Der Kläger hat, nachdem ihm vom Reichsgericht auf Grund des im zweiten Rechtszug eingereichten Armutszeugnisses das Armenrecht bewilligt war, gegen das seine Berufung zurückweisende Urteil Revision eingelegt und hat auch eine Revisionsbegründungsschrift eingereicht. Nachdem Verhandlungstermin anberaumt war, wurde ihm durch Beschluß vom 21. März 1929 das Armenrecht wieder entzogen, weil inzwischen von den Verwaltungsbehörden festgestellt worden war, daß er vermögend und zur Zahlung der Prozeßkosten in der Lage ist, also das Armutszeugnis, das der Armenrechtsbewilligung zugrunde lag, zu Unrecht erteilt war. Mit Verfügung vom 23. März, zugestellt am 25. März 1929, setzte der Vorsitzende nunmehr dem Kläger zum Nachweis der Zahlung der auf 178 RM. berechneten Prozeßgebühr Frist bis zum 20. April 1929. Ein erneutes, am 4. April 1929 eingegangenes Armenrechtsgesuch wurde zurückgewiesen. Der Nachweis der Zahlung wurde bis zum Verhandlungstermin nicht erbracht. Die Revision wurde als anzulässig erachtet.

Gründe:

Zu prüfen ist, ob nach Einlegung und Begründung der Revision noch eine Nachweisfrist infolge der Entziehung des Armenrechts gesetzt werden konnte, obwohl dem Kläger vorher das Armenrecht bewilligt und er daher nach § 115 ZPO. von der Berichtigung der Gerichtskosten einstweilen befreit war. Die Zweifel darüber können aus zwei Gesichtspunkten hergeleitet werden.

Der eine entspringt aus den Vorschriften der §§ 115, 121, 125 ZPO. Nach § 115 befreit die Bewilligung des Armenrechts einstweilen von der Berichtigung der rückständigen und künftig erwachsenden Gerichtskosten. Nach § 74 GKG. ist die Gebühr mit Stellung des Antrags fällig, durch den das Verfahren bedingt ist, also die Prozeßgebühr im Revisionsverfahren, wie allgemein anerkannt ist, mit der Einlegung der Revision. Da damals das Armenrecht bewilligt war, war der Kläger von der Zahlung der Prozeßgebühr einstweilen befreit. Es fragt sich, wie demgegenüber die spätere Entziehung des Armenrechts wirkte. Fast alle Kommentare zur Zivilprozeßordnung — vgl. besonders Stein-Jonas Anm. zu § 121, Förster-Kann § 121 Anm. 3, Skonietzki-Gelpke § 121 Anm. 3, Struckmann-Koch § 121 Anm. 1 und Seuffert § 121 Anm. 2 — sowie eine große Anzahl von Oberlandesgerichten (vgl. Rspr. der OLG. Bd. 29 S. 176) stehen auf dem Standpunkt, daß die Entziehung des Armenrechts nur für die Zukunft wirke und daß es zur Einziehung der bereits vorher fällig gewesenen Gebühren einer ausdrücklichen Anordnung nach §§ 125, 126 ZPO. bedürfe. Anderer Ansicht ist Hellwig System des Zivilprozesses Bd. 1 § 95 Anm. II 4 S. 237. Ebenso, aber beschränkt auf den Fall, daß das Armenrecht entzogen wird, weil die betreffende Partei überhaupt nicht arm war, Begemann in Z. f. ZPr. Bd. 31 S. 493. Was in OLG. Bd. 29 S. 176 (vom Oberlandesgericht Frankfurt a. M., das die Ansicht am ausführlichsten begründet hat) angeführt ist, kann jedenfalls insoweit nicht überzeugen, als die Entziehung des Armenrechts erfolgt, weil die Partei in Wahrheit gar nicht arm war. Hier stellt sich eben heraus, daß die wesentlichste Voraussetzung für die Armenrechtsbewilligung fehlte und daß der Beschluß daher gewissermaßen mit Rückwirkung aufgehoben wird. Aber auch dann, wenn die Partei nur nachträglich vermögend wird, während der Prozeß schwebt, und aus diesem Grund das Armenrecht entzogen wird, ist der Entziehung, auch ohne besonderen Beschluß aus § 125 ZPO., die Wirkung der Nachzahlungspflicht beizumessen. Ob das auch zu gelten hat, wenn nachträglich nur die Sache nicht mehr als aussichtsreich betrachtet wird, kann dahingestellt bleiben. Anders als hier auch

Schweizer und Friedländer in den Anmerkungen JW. 1927 S. 402. Der Grund, den das Oberlandesgericht Karlsruhe dort für die Zulässigkeit der Fristsetzung anführt, daß nämlich im Falle der Fristsetzung die Gebühr erst mit der Fristsetzung fällig werde, ist allerdings verfehlt. In den Entscheidungen JW. 1896 S. 203 Nr. 10, VI 496/06 vom 16. Januar 1911 und V B 95/10 vom 12. Oktober 1912 ist die Befreiung der Erben der armen Partei von der Nachzahlungspflicht (§ 122 ZPO.) nur aus ihrer eigenen Armut ohne weiteres hergeleitet und ein Beschluß aus §§ 125, 126 nicht erfordert worden.

Ein zweites Bedenken wird daraus entnommen, daß nach § 554 Abs. 7 ZPO. der Vorsitzende eine Frist zum Nachweis der Zahlung der Prozeßgebühr zu setzen hat und daß der rechtzeitige Nachweis zur ordnungsmäßigen Begründung der Revision gehört. Schweizer in JW. 1927 S. 402 meint: wenn die Fristsetzung wegen der Armenrechtsbewilligung entfalle und damit die Revision bei ordnungsmäßiger Begründung zulässig geworden sei, könne diese Zulässigkeit nicht durch spätere, auf denselben Gebieten liegende Ereignisse wieder wegfallen. Er beruft sich für diese Ansicht auf einige Entscheidungen des IV. und des V. Zivilsenats des Reichsgerichts. Derselben Ansicht wie er ist unter Berufung auf ihn ohne jede nähere Begründung Stein-Jonas Anm. V 1a zu § 519 ZPO. Ein solcher allgemeiner Grundsatz kann aber aus diesen Entscheidungen nicht entnommen werden. Die dort erörterten Fälle lagen anders als der hier zu entscheidende. Es handelte sich nämlich in der Sache IV B 23/24 vom 17. Dezember 1924 (RGZ. Bd. 109 S. 349) um Erweiterung des Klagantrags, nachdem die Nachweisfrist gesetzt und der Nachweis erbracht worden war, und in den Sachen V B 33/24 vom 7. Januar 1925 (JW. 1925 S. 767 Nr. 18) und V B 12/25 vom 23. März 1925 (Warn. Rspr. 1925 Nr. 143) um eine anderweitige Festsetzung des Streitwerts nach jenem Zeitpunkt. Dort ist die Unzulässigkeit einer erneuten Fristsetzung aus den besonderen Umständen gefolgert worden, insbesondere in den beiden letzteren Entscheidungen daraus, daß es auf die Zahlung des „erforderten Betrages" ankomme und daß, wenn einmal diese Zahlung erfolgt sei, ihre Wirkung nicht durch eine neue Anforderung beseitigt werden könne. Im vorliegenden Fall ist aber weder eine Frist gesetzt noch etwas gezahlt worden, weil die Gebühr als einstweilen gestundet galt. Hörte diese Stundung auf, ja stellte sich vollends heraus, daß sie zu Unrecht eingetreten war, so steht nichts im Wege, nunmehr die Gebühr anzufordern und die Frist zu setzen. Irgendeinen festbestimmten Zeitraum für die Setzung der Frist schreibt § 554 Abs. 7 ZPO. nicht vor; sie kann gesetzt werden, solange das Revisionsverfahren schwebt, wenn sie auch in der Regel alsbald bestimmt wird. Ein endgültiges Zulässigwerden der Revision bis zu einem bestimmten Zeitpunkt gibt es nicht.[1])

---

23. 1. Inwieweit können Straßenhändler, die in einer Großstadt einen festen Stand auf dem Bürgersteig einnehmen wollen, sich der Stadt gegenüber auf den Gemeinbrauch an der Straße berufen?

2. Ist die Ersitzung eines solchen Rechtes durch den Straßenhändler möglich?

3. Über Mißbrauch des Untersagungsrechts durch die Stadt.

BGB. §§ 226, 1004.

VI. Zivilsenat. Urt. v. 10. Juni 1929 i. S. E. u. Gen. (Bekl.) w. Stadtgemeinde W. (Kl.). VI 510/28.

I. Landgericht Wiesbaden.
II. Oberlandesgericht Frankfurt a. M.

Die Beklagten betreiben mit polizeilicher Erlaubnis seit längerer Zeit den Straßenhandel mit Zeitungen und Zeitschriften in W.; dabei nehmen sie, der Beklagte E. schon seit 1914, feste Standorte auf dem Bürgersteig an Straßenecken ein. Dort stellen sie tagsüber tragbare Holzgestelle auf, welche die zum Verkauf bestimmten Druckerzeugnisse enthalten. Der Beklagte E. hat das Gestell jetzt auf Räder gesetzt und bewegt es ab und zu hin und her, ohne sich aber erheblich von seinem Standort zu entfernen. Die Klägerin erblickt darin einen unzulässigen Eingriff in das ihr an der Straße zustehende Eigentum und hat beantragt, die Beklagten zur Entfernung ihrer Verkaufsstände zu verurteilen und ihre Schadensersatzpflicht festzustellen. Die Beklagten machen geltend, sie seien zu ihrer Handlungsweise befugt, das Verlangen der Klägerin widerspreche den guten

---

[1]) Die Fristsetzung nach Entziehung des Armenrechts ist auch im Beschluß des Reichsgerichts vom 14. Mai 1929 II B 8/29 für zulässig erklärt worden. D. E.

Sitten und bezwecke nur ihre Schädigung. Das Landgericht wies die Klage mit der Begründung ab, daß die Beklagten die Straße nur im Rahmen des Gemeingebrauchs benutzten. Das Oberlandesgericht verurteilte die Beklagten zur Entfernung der Verkaufsstände.

Die Revision der Beklagten führte zur Aufhebung und zur Zurückverweisung.

Gründe:

Mit Recht haben die Vorderrichter den Rechtsweg zugelassen. Der Klaganspruch stützt sich auf die Vorschrift des § 1004 BGB. Der Umstand, daß sich ihm gegenüber die Beklagten in erster Reihe auf ihr aus dem Gemeingebrauch entspringendes Recht zur Benutzung der Straße berufen und daß diese Frage den eigentlichen Kernpunkt des Streites bildet, ändert daran nichts. Denn wenn auch die Frage des Gemeingebrauchs dem öffentlichen Recht angehört, und wenn man auch bei der Störungsklage die Grundlagen der Störungshandlung für die Beurteilung der Zulässigkeit des Rechtswegs heranzieht, so handelt es sich doch nicht nur um Fragen des öffentlichen Rechts, sondern um die dem Gemeingebrauch entspringenden Rechtsbefugnisse einzelner Personen. Deshalb liegt ein bürgerlicher Rechtsstreit vor. Diesen Standpunkt hat das Reichsgericht stets vertreten (vgl. z. B. RGZ. Bd. 30 S. 246, Bd. 88 S. 16, Bd. 123 S. 183 und 188; JW. 1908 S. 334 Nr. 17; Gruch. Bd. 33 S. 420).

In der Sache selbst sind zunächst diejenigen Rügen der Revision unbegründet, die nicht den Gemeingebrauch der Straße betreffen. Zur Prüfung, ob etwa ein vertraglicher Anspruch der Beklagten auf Einnahme eines festen Verkaufsstands vorliege, hatte das Berufungsgericht keinen Anlaß, da keine Behauptungen darüber aufgestellt waren und etwas derartiges auch nicht aus dem Sachvortrag der Beklagten zu entnehmen war. In dieser Beziehung könnte nur die Tatsache in Betracht kommen, daß der Beklagte E. seinen Stand schon seit 1914 eingenommen hat und daß von der Klägerin dagegen erst kurze Zeit vor der Klagestellung Einspruch erhoben worden ist. Daraus kann aber höchstens entnommen werden, daß die Klägerin das Verhalten des Beklagten E. stillschweigend geduldet hat. Dagegen ergibt sich daraus nichts für die Annahme, daß auch nur eine der Parteien irgendeine vertragliche Bindung hätte eingehen wollen. Die Beklagten behaupten ja auch selbst nicht, daß sie irgendein Sonderrecht zu haben glaubten oder erwerben wollten, machen vielmehr gerade geltend, daß sie nur das täten, was kraft des Gemeingebrauchs jeder andere — das Einverständnis der Polizei vorausgesetzt — tun könne.

An dieser Tatsache scheitert auch ohne weiteres die Berufung der Beklagten auf Ersitzung. Sie könnte überhaupt nur in Frage kommen, wenn für die Straße kein Grundbuchblatt angelegt wäre, würde aber, abgesehen von allen anderen Voraussetzungen, in jedem Falle erfordern, daß die Beklagten geglaubt haben, ein besonderes Recht zu ihrem Verhalten zu besitzen. Handelten sie nur, weil sie annahmen, auf Grund des Gemeingebrauchs dazu berechtigt zu sein, so können sie daraus nicht ein Sonderrecht auf Grund von Ersitzung herleiten. Denn höchstens ein solches besonderes Recht könnte ersessen werden (Germershausen-Seydel, Wegerecht und Wegeverwaltung in Preußen 4. Aufl. S. 100 und die dort angeführte Entscheidung).

Den Einwand der Beklagten, das Verlangen der Klägerin sei unzulässig, weil es nur den Zweck haben könne, ihnen Schaden zuzufügen, hat das Berufungsurteil nicht besonders erörtert. Aus dem Zusammenhang ist aber zu entnehmen, daß der Berufungsrichter insoweit die Ausführungen des Landgerichts billigt, die den Einwand zurückweisen. Dieser Standpunkt ist ohne rechtliche Bedenken. Steht der Klägerin auf Grund ihres Eigentums überhaupt das Recht zu, den Beklagten die Einnahme eines festen Verkaufsstandes zu verbieten, so spricht nichts dafür, daß sie bei diesem Verbot lediglich von der Absicht geleitet worden wäre, die Beklagten zu schädigen. Mangels jeglicher Darlegung ist schon gar nicht einzusehen, wie die Klägerin, eine große Gemeinde, dazu kommen sollte, sich in ihrer Handlungsweise von der Absicht leiten zu lassen, zwei Straßenhändler zu schädigen. Die Beklagten führen ja auch selbst schon einen weiteren Grund für das Verhalten der Klägerin an, nämlich deren Absicht, damit die Schädigungen und die daraus gegen sie herzuleitenden Ersatzansprüche der Mieter ihrer Zeitungshäuschen zu vermeiden. Überdies ergibt sich das Interesse des Eigentümers, Störungen seines Eigentums zu verhüten, ohne weiteres aus der Rechtslage. Schließlich glaubt die Klägerin auch, wie sie vorträgt, daß der Verkehr durch die Stände der Beklagten leide, und auch diese Ansicht würde schon genügen, um die Voraussetzungen des

§ 226 BGB. auszuschließen. Der außerordentliche Behelf dieser Vorschrift ist nur gegeben, wenn die Rechtsausübung ganz allein den Zweck haben kann, einem anderen Schaden zuzufügen. Nur dazu will das Recht auch dem an sich Berechtigten nicht seine Hand leihen.

Mit Recht rügt aber die Revision, daß der Vorderrichter mit unzureichender Begründung die Berufung der Beklagten auf den Gemeingebrauch an der Straße zurückgewiesen habe. Der Ausgangspunkt des angefochtenen Urteils in dieser Frage ist allerdings nicht zu beanstanden. Daß die Klägerin die Eigentümerin der K.-gasse ist, in der die Beklagten ihre Stände haben, ist nicht bestritten. Da diese Straße dem Gemeingebrauch gewidmet ist, tritt das Eigentum ohne weiteres insoweit zurück, wie dieser Gemeingebrauch reicht. Eine Ausübung des Eigentumsrechts kommt nur hinter diesem Gemeingebrauch in Frage. Das gilt insbesondere auch von der Störungsklage aus § 1004 BGB. Soweit die Störungshandlung sich innerhalb des Rahmens des Gemeingebrauchs hält, muß der Eigentümer sie dulden, und insoweit entfällt also eine Klage gemäß § 1004 Abs. 2 BGB. Im übrigen aber bleibt das Privateigentum an der Straße erhalten und kann auch während des Bestehens der Öffentlichkeit der Straße insoweit ausgeübt werden, als ihm nicht die Widmung der Straße für den öffentlichen Gebrauch entgegensteht. Hieran ist auch gegenüber neueren Versuchen, die Eigentumsbefugnisse weiter einzuschränken (vgl. insbesondere Schmidt in Fischers Zeitschrift für Verwaltung Bd. 47 S. 1 flg., bes. 45 flg., und Schelcher daselbst S. 371), mit der bisherigen Rechtsprechung des Reichsgerichts festzuhalten (so insbes. RGZ. Bd. 88 S. 16, Bd. 94 S. 33, Bd. 123 S. 181 und 187; JW. 1898 S. 149 Nr. 30, 1900 S. 569, 1908 S. 334 Nr. 17; Gruch. Bd. 33 S. 420; vgl. auch Entsch. des Preuß. Oberverwaltungsgerichts Bd. 74 S. 361). Dagegen bemißt das Berufungsgericht den Umfang des Gemeingebrauchs der Straße zu eng, wenn es darunter im Anschluß an das Preußische Allgemeine Landrecht (§ 7 II 15) nur die Benutzung zum Gehen und Fahren, zur Beförderung von Menschen, Tieren und Sachen begreift. Germershausen, auf den sich der Vorderrichter beruft, vertritt a. a. O. in der neuen (4.) Auflage S. 74 flg. auch einen weiteren Standpunkt, indem er als Gemeingebrauch den einem jeden kraft öffentlichen Rechts offen stehenden freien Gebrauch der Wege für den Verkehr innerhalb der besonderen Bestimmung der einzelnen Wege und innerhalb der verkehrsüblichen Grenzen bezeichnet. Er weist auch besonders darauf hin, daß nicht ein für allemal und gleichmäßig feststeht, welcher Verkehr zum Gemeingebrauch gehört, daß vielmehr bestimmend das jeweilig nach der allgemeinen und regelmäßigen Gestaltung des Verkehrs Übliche und noch Zulässige sei. Nur eine solche Auffassung vermeidet ein starres Festhalten an bestimmten Begriffen und trägt der Wandlung der Verhältnisse und der Anschauungen über Zweck und Bestimmung der öffentlichen Straßen Rechnung. Wird eine Straße einmal unter Zustimmung aller Beteiligten der Öffentlichkeit gewidmet, dann hat sie auch allen Zwecken zu dienen, zu denen sie nach der jeweiligen besonderen Gestaltung der allgemeinen Verhältnisse bestimmt ist. Dieser Grundgedanke ist auch schon in den beiden RGZ. Bd. 123 S. 181 und 187 veröffentlichten Entscheidungen des V. Zivilsenats vertreten. Mit Recht ist dort auch darauf hingewiesen, daß der Gemeingebrauch sich nicht auf den Verkehr im engsten Sinne beschränkt, daß vielmehr die Straße auch sonstigem allgemein ausgeübtem Gebrauch dient. Die Frage, was im einzelnen zum Gemeingebrauch gehört, ist nicht ausschließlich von der Polizei und sonstigen Verwaltungsbehörden derart zu entscheiden, daß diese Stellungnahme auch für den Richter in Rechtsstreitigkeiten maßgebend wäre. Vielmehr hat der Richter diese Frage selbständig zu prüfen, wenn auch die Stellungnahme der Polizei oder der sonstigen Verwaltungsbehörden von wesentlicher Bedeutung für die tatsächliche Beurteilung der Sachlage sein wird. Es bedarf daher keiner weiteren Erörterung, daß die bloße polizeiliche Erlaubnis zum Vertreiben von Druckschriften auf der Straße (§ 43 RGewO.) nicht zur Einnahme eines bestimmten Standes auf dem Bürgersteig berechtigt. Aber auch die von den Beklagten behauptete polizeiliche Anweisung dieser Stände kann das auf Eigentum gestützte Recht der Klägerin nicht beseitigen.

Es kommt hiernach entscheidend darauf an, ob die Beklagten kraft des Gemeingebrauchs befugt sind, den festen Stand auf dem Bürgersteig einzunehmen. Das Berufungsgericht hat das im wesentlichen auf Grund der von ihm gegebenen — wie dargelegt, zu engen — Begriffsbestimmung des Gemeingebrauchs verneint. Die weiter von ihm angestellten Erwägungen, der Verkehr erfordere solche Verkaufsstände nicht, diese erschwerten auch den allgemeinen Verkehr, unterstützen nur den Hauptgedanken, daß die Errichtung der Stände nicht zu der allgemeinen Benutzung der Straße gehöre, und tragen die Entscheidung nicht selbständig. Die wesentliche Frage ist vielmehr, ob in W. sich tatsächlich die Verkehrsanschauung und -übung herausgebildet hat, daß die Zeitungen und Zeitschriften verkaufenden Straßenhändler auch einen festen Stand auf dem Bürgersteig an Stellen einnehmen, an denen das mit dem Verkehr noch vereinbar ist. Diese Frage ist nach den bisherigen Feststellungen nicht ohne weiteres zu verneinen; die Beklagten haben es ausdrücklich behauptet. Daß die tatsächlichen Verhältnisse anders liegen, ist nicht festgestellt; insbesondere ist das nicht aus der Verneinung eines Verkehrsbedürfnisses zu entnehmen. Falls, wie die Beklagten behaupten, die Verkehrspolizei, der in erster Reihe die Sorge für einen ordnungsmäßigen Straßenverkehr obliegt, nichts gegen das Einnehmen der festen Stände eingewendet, sondern sogar den Beklagten diese Plätze angewiesen hat, so würde das für die Behauptung der Beklagten sprechen. In der gleichen Richtung würde die Tatsache zu werten sein, daß die Klägerin jahrelang das Einnehmen des festen Standes durch den Beklagten E. geduldet hat. Ob sich aber tatsächlich in W. ein solcher Gemeingebrauch herausgebildet hat, muß der Tatrichter entscheiden.

Grundsätzlich kann noch die Frage aufgeworfen werden, ob das Betreiben eines Gewerbes auf der Straße mit einem festen Stand überhaupt noch in den Rahmen des Gemeingebrauchs fallen kann. Diese Frage ist zu bejahen. Dient das Gewerbe unmittelbar den Zwecken und Bedürfnissen des Straßenverkehrs (wenn dieser es auch nicht unbedingt erfordert), so wird sein Betrieb, wenn die allgemeine Verkehrsanschauung und Übung dahin geht, auch in den Gemeingebrauch der Straße fallen können. Die Klägerin gibt selbst zu, und das Berufungsurteil geht davon aus, daß den Beklagten kraft des Gemeingebrauchs das Recht zusteht, die Druckschriften in Behältnissen mit sich zu führen und sie auf den Straßen im Umherziehen oder auch von einem bestimmten Standort aus zu vertreiben. Dann ist aber nicht einzusehen, weshalb sich nicht auch der allgemeine Brauch herausbilden sollte, daß diese Händler ein den Verkehr nicht wesentlich hinderndes Behältnis an einer bestimmten Stelle der Straße niedersetzen und dort die Schriften verkaufen. Die Polizei scheint das, wenn die Behauptung der Beklagten zutrifft, zu begünstigen, also der Ansicht zu sein, daß diese Art des Vertriebs den Verkehr weniger hindert als die andere. Bei Prüfung der tatsächlichen Verhältnisse wird das Berufungsgericht unterstützend auch die Verhältnisse in anderen Städten ähnlicher Art heranziehen können.

---

24. 1. Unter welchen Umständen kann die Gesellschafterversammlung einer sog. Nebenleistungs-Gesellschaft mbH. noch nach Eintritt in die Liquidation die Einziehung des Geschäftsanteils eines Gesellschafters beschließen, der durch Kündigung aus der kartellmäßigen Bindung ausgeschieden ist?

2. Muß der Einziehungsbeschluß, um wirksam zu sein, zugleich die Höhe des dem Gesellschafter für seinen Geschäftsanteil zu gewährenden Entgelts festsetzen?

3. Nach welchem Zeitpunkt bestimmt sich der zu erstattende Wert eines eingezogenen Geschäftsanteils?

Kartellverordnung vom 2. November 1923 (RGBl. I S. 1067, 1090) § 8. GmbHG. §§ 3, 34, 60, 61, 69.

II. Zivilsenat. Urt. v. 17. Mai 1929 i. S. Pl. (Kl.) w. Hefeverband-GmbH. i. L. (Bekl.). II 541/28.

I. Landgericht I Berlin.
II. Kammergericht daselbst.

Der Kläger war als Alleininhaber einer Getreide-Preßhefefabrik und Dampf-Kornbrennerei seit der im Februar 1921 erfolgten Gründung der verklagten Gesellschaft mbH. deren Gesellschafter. Gegenstand des Unternehmens dieser Gesellschaft war die Verwertung der in den Fabriken der Gesellschafter in Deutschland hergestellten Hefe. Die Rechte und Pflichten der Gesellschafter, die sich auf die Ablieferung und den Vertrieb von Hefe beziehen, wurden in einer „Übereinkunft" niedergelegt, die nach dem Gesellschaftsvertrag einen Bestandteil dieses Vertrags bilden und deren Geltungsdauer die gleiche wie die des Gesellschaftsvertrags sein sollte. Mit Schreiben vom 17. November 1923 kündigte der Kläger seine Zugehörigkeit zum Hefeverband fristlos zum Tage des Inkrafttretens der Verordnung gegen Mißbrauch wirtschaftlicher Machtstellungen vom 2. November 1923 (sog. Kartellverordnung), also zum 20. jenes Monats. Dieses Schreiben ging am 19. November 1923 bei der Gesellschaft ein, welche die Kündigung als unberechtigt zurückwies. Der Kläger erwiderte hierauf am 21. November 1923, also am Tage nach dem Inkrafttreten der Kartellverordnung: er halte seinen Entschluß, aus dem Verband auszutreten, aufrecht. Durch Entscheidung vom 7. Januar 1924 sprach das Kartellgericht die Zulässigkeit der Kündigung mit Wirkung von diesem Tage aus. Daraufhin kündigten weitere 17 Mitglieder des Hefeverbandes, und das Kartellgericht erklärte durch Entscheidung vom 3. März 1924 diese Kündigungen für zulässig. Am 5. dess. Monats beschloß die Gesellschafterversammlung der Beklagten die Auflösung der Gesellschaft; dieser Beschluß wurde am 10. März 1924 in das Handelsregister eingetragen.

Ein weiterer wirksamer Kündigungsakt des Klägers wurde vom erkennenden Senat in dem RGZ. Bd. 114 S. 327 abgedruckten Urteil vom 28. September 1926 (in einem zuungunsten der jetzigen Beklagten, damaligen Klägerin, erledigten Rechtsstreit der Parteien, Vertragsstrafe betreffend) in dem genannten Schreiben des jetzigen Klägers vom 21. November 1923 gefunden, das dem Hefeverband am 22. November zugegangen war, in der Entscheidung des Kartellgerichts vom 7. Januar 1924 aber nicht erwähnt ist. In jenem Urteil ist darauf hingewiesen, daß gegenüber der Kündigung vom 21./22. November 1923 die Hefeverband-GmbH. keinen Antrag im Sinne des § 8 Abs. 3 Satz 2 KartVo. gestellt habe.

Die Beklagte war Inhaberin eines Patents zum Schutz eines besonderen Verfahrens zur Herstellung von Preßhefe. Nachdem der Kläger aus dem Hefeverband ausgeschieden war, erhob die jetzige Beklagte gegen den jetzigen Kläger Klage auf Unterlassung der Benutzung des Patents, die von der Hefeverband-GmbH. ihren Mitgliedern gestattet worden war. In jenem Rechtsstreit wurde der Beklagte, nunmehrige Kläger, in allen drei Instanzen nach dem Klagantrag verurteilt. Das damals ergangene reichsgerichtliche Urteil vom 2. Juli 1926 (RGZ. Bd. 114 S. 212) erkannte der Kündigung nach § 8 KartVo. in einem Falle wie dem vorliegenden zwar nicht die Wirkung unmittelbaren Ausscheidens des Kündigenden auch aus seinem Gesellschaftsverhältnis bei der Gesellschaft mbH. zu, erklärte diese aber für berechtigt, das Ausscheiden des Kündigenden aus der Gesellschaft durch entgeltliche Einziehung seines Geschäftsanteils herbeizuführen. Weiter wurde damals ausgesprochen, daß die gesellschaftlichen Rechte und Pflichten des Kündigenden bis zu dieser Einziehung ruhten.

In der Gesellschafterversammlung der seit 5. März 1924 in Liquidation befindlichen Beklagten vom 22. September 1926 wurde beschlossen: „Der Gesellschaftsanteil des Herrn Pl. wird eingezogen. Die Einziehung erfolgt entgeltlich". Gegen diesen Beschluß richtet sich die gegenwärtige, im Juni 1927 erhobene Klage. Mit ihr verlangt der Kläger Feststellung der Nichtigkeit des Beschlusses, in erster Linie deshalb, weil nach Beginn der Liquidation von einer Einziehung des Geschäftsanteils des Klägers — im Wege der rechtsähnlichen Anwendung des § 34 GmbHG. — nicht mehr die Rede sein könne. Weiter meint der Kläger, der Einziehungsbeschluß habe nicht gefaßt werden dürfen, solange nicht die Höhe des Entgelts durch Einigung mit ihm oder sonstwie festgesetzt sei. Und endlich stützt der Kläger sein Begehren darauf, daß er — was nicht bestritten wird — zur Gesellschafterversammlung vom 22. September 1926 nicht geladen worden sei. Die Beklagte hält keinen von diesen Gründen für durchschlagend.

Der erste Richter sprach die Klage zu, das Kammergericht dagegen wies sie ab. Die Revision des Klägers blieb ohne Erfolg.

Gründe:

Die Revision bezeichnet zunächst als rechtsirrig die Annahme des Berufungsgerichts, daß die Hefeverband-GmbH. durch ihren Eintritt in die Liquidation nicht gehindert worden sei, den Geschäftsanteil des durch seine Kündigung aus der kartellrechtlichen Bindung ausgeschiedenen Klägers einzuziehen. Der erkennende Senat hat im Vorprozeß-Urteil vom 2. Juli 1926 die Ansicht vertreten, daß bei einer sog. Nebenleistungs-GmbH., wie sie hier vorliegt, die durch § 8 Abs. 1 KartVo. zugelassene Kündigung zwar die kartellrechtlichen Beziehungen des Kündigenden beendige, aber am Bestand der Gesellschaft mbH. als solcher nichts ändere und auch die Mitgliedschaft des Kündigenden bei ihr nicht ohne weiteres aufhebe. Da jedoch bei der engen wirtschaftlichen Zusammengehörigkeit der gesellschaftlichen Organisation und des Kartells eine fernere unveränderte Zugehörigkeit des Kündigenden zur Gesellschaft (unter Fortdauer aller gesellschaftsrechtlichen Befugnisse und Verpflichtungen) eine Unmöglichkeit wäre, so bleibe mit Rücksicht auf den besonders gearteten Aufbau der Gesellschaft mbH. nichts anderes übrig, als daß man dieser das Recht einräume, den Geschäftsanteil des aus den kartellrechtlichen Beziehungen Ausgeschiedenen gegen Entgelt einzuziehen. Man würde sonst — so heißt es in jenem Urteil weiter — die Form über die Sache, über den Vertragsgedanken stellen und eine Gestaltung gutheißen, bei der zwei verschiedene Gruppen von Gesellschaftern, solche mit und solche ohne Kartellbindung, nebeneinander beständen, was zu empfindlichen Unzuträglichkeiten führen müßte. Aus diesen Erwägungen hat der Senat der in Liquidation befindlichen jetzigen Beklagten (damaligen Klägerin) das Recht zur Einziehung des Pl.schen Geschäftsanteils zugesprochen.

Für die im Urteil vom 2. Juli 1926 befürwortete Lösung der Zugehörigkeit des Klägers zur Hefeverband-GmbH. wäre natürlich dann kein Raum, wenn man mit Hachenburg GmbHG. 5. Aufl. Exkurs zu § 3 Anm. 11a anzunehmen hätte, daß die Kündigung der kartellrechtlichen Beziehungen nach § 8 Abs. 1 KartVo. ohne weiteres zur Auflösung der Gesellschaft mbH. führe. Der Senat vermag jedoch dieser von Hachenburg a. a. O. zum erstenmal aufgestellten Ansicht nicht beizutreten. Es ist schon vom Standpunkt der Zweckmäßigkeit aus nicht zu billigen, daß jede Kündigung eines Kartellmitglieds, wie sie das Gesetz für zulässig erklärt, dann, wenn das Kartell in der Form einer Gesellschaft mbH. errichtet ist, wegen der eigenartigen Gestaltung dieser gesellschaftlichen Organisation zu ihrer Auflösung führen soll. Die Auffassung Hachenburg's ist aber auch, abgesehen von den wirtschaftlichen Bedenken, die gegen sie bestehen, mit den §§ 60, 61 GmbHG. nicht vereinbar, die den Fall der Auflösung der Gesellschaft regeln. Auch damit läßt sie sich nicht rechtfertigen, daß man auf keinem andern Weg der Schwierigkeiten Herr werden könne, die sich auch nach Ansicht des erkennenden Senats aus dem Erlöschen der kartellrechtlichen Beziehungen einzelner Mitglieder für den Bestand der Gesellschaft mbH. ergeben. Zu einer Lösung zu gelangen, bei der die Gesellschaft fortbestehen kann, erscheint geradezu als wirtschaftliche Notwendigkeit; unüberwindlich sind die entgegenstehenden rechtlichen Bedenken nicht. Gewiß treffen die im § 34 GmbHG. geordneten Einziehungsmöglichkeiten hier nicht zu, jedenfalls nicht unmittelbar.

Allein der Gedanke, durch entgeltliche Amortisation ohne Beeinträchtigung des Bestands der Gesellschaft aus der durch die Kündigung eines Kartellmitglieds geschaffenen schwierigen Lage herauszukommen, lehnt sich immerhin an § 34 an. Dem Kündigenden, der — wie hier der Kläger — regelmäßig das Ausscheiden aus der ganzen Organisation, Kartell und Gesellschaft mbH., anstrebt, wird kein Nachteil zugefügt; denn die Einziehung geschieht entgeltlich, und zwar — wie noch zu erörtern sein wird — auf die Art, daß der Wert des Geschäftsanteils vom Tage der Einziehung zu erstatten ist. Eine andere Möglichkeit besteht nicht, um den Erfolg zu erzielen, der mit der Kündigung vernünftigerweise erreicht werden soll: Ausscheiden des Kündigenden auch aus der gesellschaftlichen Organisation, ohne daß diese der Auflösung verfällt.

Demnach hat der Senat keinen Anlaß, von seiner im Urteil vom 2. Juli 1926 niedergelegten, von Isay-Tschierschky und von Brodmann geteilten Stellungnahme zu der hier erörterten Frage abzugehen. Auch daran wird festgehalten, daß die Kündigung des Kartellverhältnisses das Ruhen der Mitgliedschaftsrechte und -verpflichtungen des Kündigenden bei der Gesellschaft mbH. bis zur Einziehung seines Geschäftsanteils, einschließlich der Fassung des hierauf gerichteten Beschlusses, zur Folge hat. Für den Regelfall wird angenommen werden können, daß die Gesellschaft in der Lage ist, diese Beschlußfassung in verhältnismäßig kurzer Zeit nach der Kündigung herbeizuführen. Der Kündigende hat auch einen Anspruch darauf, daß die Einziehung und damit seine Loslösung von der Gesellschaft nicht grundlos hinausgeschoben wird. Sollte die Einziehung über Gebühr verzögert werden, so muß er das Recht haben, durch Anstrengung der Auflösungsklage dem auf die Dauer unerträglichen Schwebezustand ein Ende zu machen.

Zu den Ausführungen des Urteils vom 2. Juli 1926 über die Notwendigkeit, nach dem Aufhören der kartellmäßigen Bindung des Klägers auch seine Mitgliedschaft bei der inzwischen in Liquidation getretenen Hefeverband-GmbH. auf die angegebene Weise zu beseitigen, hat Flechtheim zunächst in der Kartell-Rundschau 1927 S. 57flg. und dann in einer Anmerkung zum Abdruck jenes Urteils in JW. 1927 S. 123 Nr. 23 Stellung genommen. Er ist der Meinung: Einer der tragenden Gesichtspunkte des Reichsgerichts, daß es nämlich bei einer Gesellschaft mbH. keine zwei Gruppen von Gesellschaftern

— solche mit und solche ohne Kartellbindung — geben könne, habe nach der Gestaltung der Verhältnisse im vorliegenden Fall seine Berechtigung verloren. Denn da zur Zeit des Eintritts der Gesellschaft in die Liquidation die Einziehung noch nicht bewirkt gewesen sei, habe die Mitgliedschaft des kündigenden Gesellschafters damals noch nicht aufgehört gehabt; seine Mitgliedschaftspflichten und -rechte hätten sich nur im Zustand der Ruhe befunden. Mit der Auflösung der Gesellschaft hätten aber alle Nebenverpflichtungen im Sinne des § 3 Abs. 2 GmbHG., also insbesondere die Kartellpflichten und die ihnen entsprechenden Rechte, aufgehört. Die Liquidationsgesellschaft sei keine Nebenleistungsgesellschaft mehr. Das gelte für alle Mitglieder, auch für den Gesellschafter, der nach § 8 KartVo. gekündigt habe. Seine Kartellbindung ruhe jetzt nicht mehr, sondern sei endgültig erloschen; er befinde sich von nun an in der gleichen Rechtslage wie alle anderen Kartellmitglieder. Es liege jetzt kein Grund mehr vor, die Kündigung so zu gestalten, daß sie dem Austrittsrecht möglichst angenähert werde. Auch sei jetzt kein wirtschaftliches Bedürfnis und auch kein Billigkeitsgrund mehr dafür anzuerkennen, daß die Gesellschaft das Recht haben solle, den Geschäftsanteil gerade des Gesellschafters, der gekündigt habe, ohne die Voraussetzungen des § 34 einzuziehen. Die Rechtslage des kündigenden Gesellschafters sei also dann, wenn die Gesellschaft nach der Kündigung gemäß § 8 KartVo., aber vor Einziehung oder Erwerb des Geschäftsanteils jenes Gesellschafters aus irgendwelchen Gründen aufgelöst werde, keine andere als die der übrigen Gesellschafter.

Die Revision macht sich die Ausführungen Flechtheims, denen auch der erste Richter gefolgt ist, zu eigen. Sie meint im übrigen: Es komme nicht sowohl darauf an, ob durch die Liquidation als solche die Einziehung eines Geschäftsanteils ausgeschlossen werde, als vielmehr darauf, ob im vorliegenden Falle durch die Liquidation die Voraussetzungen weggefallen seien, von denen nach dem reichsgerichtlichen Urteil vom 2. Juli 1926 das Einziehungsrecht der Gesellschaft abhänge. Diese Frage habe das Berufungsgericht nicht erörtert; es habe weder die vom Kläger noch die von der Beklagten hierzu beigebrachten rechtlichen Gesichtspunkte geprüft.

Der erkennende Senat stimmt mit Flechtheim darin überein, daß mit dem am 5. März 1924 erfolgten Eintritt der Kartellgesellschaft in die Liquidation die kartellmäßige Bindung für alle Mitglieder, also auch für diejenigen, die nicht gekündigt hatten, ohne weiteres erloschen ist. Dies ergibt sich daraus, daß die Gesellschaft von nun an keine Kartellzwecke, sondern nur noch Abwicklungszwecke verfolgt. Für die Annahme des Vorhandenseins verschiedener Gruppen von Mitgliedern — solcher mit und solcher ohne Kartellbindung — ist daher nach Beginn der Liquidation im Regelfall kein Raum mehr. Der vorliegende Fall weist jedoch eine Abweichung von der Regel auf. Denn die Parteien sind darüber einig, daß der Liquidator, weil ihm das zur Erreichung einer angemessenen Abwicklung zweckmäßig erschien, mit einer Reihe von Mitgliedern, zu denen der Kläger nicht gehörte, einen neuen Vertrag dahin geschlossen hat, daß sie ihm, soweit dies zur Befriedigung der Gläubiger erforderlich war, die von ihnen erzeugte Hefe ausschließlich abliefern sollten. Für diesen neuen Zweck räumte er den genannten Lieferungspflichtigen, also nicht auch dem Kläger, die Befugnis zur Weiterbenutzung des Wohlschen Patents ein. Dadurch kam es, daß hier ausnahmsweise auch nach Beginn der Liquidation zwei Gruppen von Gesellschaftern vorhanden waren: einerseits die durch den neuen Vertrag gebundenen und anderseits der Kläger, der außerhalb des neuen Abkommens stand. Dieser Umstand rechtfertigt es, die Einziehung trotz der Liquidation zuzulassen.

Der Senat hält daher an der von Flechtheim angegriffenen Ausführung seines früheren Urteils fest. Zweck und Wesen der Liquidation stehen der Einziehung von Geschäftsanteilen nicht grundsätzlich entgegen. Dies wird auch von Hachenburg GmbHG. 5. Aufl. Anm. 13 zu § 69 und von anderen Erläuterern des genannten Gesetzes zugegeben, soweit es sich um Einziehung nach § 34 a. a. O. handelt; a. M. Feine in Ehrenbergs Handbuch 3. Bd. III. Abt. S. 360.

Weiterhin meint die Revision, das Berufungsgericht irre auch insofern, als es den Gesellschafterbeschluß vom 22. September 1926 für wirksam ansehe, obwohl er nichts über die Höhe des dem Kläger zu gewährenden Entgelts enthalte und obwohl der Kläger in ordnungswidriger Weise weder zu jener Gesellschafterversammlung geladen noch sonst vor der Beschlußfassung über die Frage der Einziehung seines Geschäftsanteils gehört worden sei. Auch diese Rüge kann keinen Erfolg haben.

Die entgeltliche Einziehung des Geschäftsanteils eines Gesellschafters, der durch Kündigung aus der Kartellbindung ausgeschieden ist, muß nicht notwendig auf die Art geschehen, daß im Einziehungsbeschluß auch gleich das Entgelt, das Abfindungsguthaben des betreffenden Gesellschafters, festgesetzt wird. Ein solches Verlangen käme in den vermutlich zahlreichen Fällen, wo die Beteiligten über die Höhe des Entgelts während längerer Zeit nicht einig werden oder gar einen Prozeß führen, auf eine nach der wirksamen Kündigung der Kartellbeziehungen ganz unnötige Verlängerung der Zugehörigkeit des Gesellschafters zur Gesellschaft mbH. hinaus. Dem Kläger ist dadurch kein Eintrag geschehen, daß zunächst nur die entgeltliche Einziehung seines Geschäftsanteils als solche, ohne gleichzeitige Festsetzung der Höhe des Entgelts, beschlossen wurde. Ihm bleibt der Klageweg offen, falls keine Einigung über den Betrag seines Guthabens zustandekommt.

Gerade deshalb, weil der Einziehungsbeschluß vom 22. September 1926, so wie er lautet, der Festsetzung der Höhe des Entgelts in keiner Weise vorgreift, kann der Kläger der Wirksamkeit des Beschlusses auch nicht entgegenhalten, daß er zur Gesellschafterversammlung nicht geladen oder vor der Beschlußfassung über ihren Gegenstand nicht irgendwie gehört worden sei. Es kommt hinzu, daß seine Gesellschafterrechte seit der Kündigung bis zur Einziehung, einschließlich der Beschlußfassung darüber, geruht haben. Dazu gehört aber auch das Recht, an Gesellschafterversammlungen teilzunehmen und dabei mitzustimmen oder vor gewissen Beschlußfassungen gehört zu werden.

Was den Zeitpunkt angeht, nach dem die Beklagte den Wert des Pl.schen Geschäftsanteils zu vergüten hat, so kommt entweder der Tag in Betracht, an dem die Kündigung wirksam geworden ist, oder der Zeitpunkt des Einziehungsbeschlusses. Für die Wahl des ersteren Zeitpunkts mag die Erwägung sprechen, daß mit ihm nach des Klägers Willen seine Mitwirkung bei der Erreichung des Gesellschaftszwecks aufgehört und daß seine Mitgliedschaft bei der Gesellschaft nur deshalb zunächst noch fortgedauert hat, weil nach dem Aufbau der Gesellschaft mbH. ein Ausscheiden aus ihr im Wege der Kündigung nicht möglich ist. Anderseits hat aber der Kläger trotz der Kündigung der Kartellbindung seine durch die Mitgliedschaft bei der Gesellschaft begründeten Rechte behalten, und zwar so lange, bis die Gesellschafterversammlung die Einziehung seines Geschäftsanteils beschloß. Die Ausübung dieser Gesellschafterrechte ruhte allerdings, wie ausgeführt wurde; das ändert jedoch nichts daran, daß die Rechte an sich dem Kläger noch zustanden. Eine gewisse Bedeutung hat ferner der Umstand, daß auch bei der Einziehung, die unmittelbar auf Grund des § 34 GmbHG. geschieht, für die Bestimmung des Wertes des Geschäftsanteils und damit der Höhe des Entgelts die Zeit der Einziehung maßgebend ist. Die Gesellschaft hat es, wenigstens in künftigen derartigen Fällen, in der Hand, die Einziehung des Geschäftsanteils eines Kündigenden nach Möglichkeit zu beschleunigen, wenn sie eine etwaige günstige Geschäftsentwicklung der Zwischenzeit ihm nicht zugute kommen lassen will. Der Umstand, daß im vorliegenden Falle die Beklagte erst durch das reichsgerichtliche Urteil vom 2. Juli 1926, also etwa $2^1/_2$ Jahre nach der Kündigung des Klägers, von ihrem Einziehungsrecht Kenntnis erhalten hat, kann aber nicht dazu führen, hier zu ihren Gunsten einen früheren Zeitpunkt als den des Einziehungsbeschlusses maßgebend sein zu lassen, falls die Voraussetzung der zwischenzeitlichen gedeihlichen Entwicklung bei ihr zutreffen sollte. Der Kündigende anderseits kann, wenn er bei ungünstigem Geschäftsgang der Gesellschaft von einem Hinausschieben der Einziehung Nachteile für sich befürchtet, bei grundlosem Zögern der Gesellschaft durch Erhebung der Auflösungsklage seine Interessen wahren. Ob die Beklagte in der Zeit von der Kündigung des Klägers bis zum Einziehungsbeschluß vom 22. September 1926 Gewinn erzielt oder Verluste erlitten hat, ist nicht bekannt. Es kommt jedoch für die hier zu beantwortende Frage darauf nicht an. Denn selbst im letzteren Falle müßte sich der Kläger — wie bei günstiger Geschäftsentwicklung die Beklagte — den 22. September 1926 als Stichtag gefallen lassen, obgleich er vor dem reichsgerichtlichen Urteil im Vorprozeß von einem Einziehungsrecht der Beklagten nichts wissen konnte.

Nach alledem hält der Senat für die Bestimmung des Wertes des Geschäftsanteils, den die Beklagte dem Kläger zu erstatten hat, schlechthin den Tag der Einziehung (22. September 1926) für maßgebend.

25. Tritt die Befugnis zur Ausübung des Vorpachtrechts ein, wenn der Verpflichtete sich einem Dritten gegenüber zur Bestellung eines Nießbrauchs am Gegenstand des Vorpachtrechts verbindet? Welche Bedingungen des Vertrags mit dem Dritten können die Ausübung des Vorpachtrechts hindern?

BGB. §§ 504flg., 581flg.

VIII. Zivilsenat. Urt. v. 17. Juni 1929 i. S. G. (Bekl.) w. B. (Kl.). VIII 170/29.

I. Landgericht Ulm.
II. Oberlandesgericht Stuttgart.

Der Kläger betreibt seit langen Jahren für sein Terrazzowerk in H. einen Steinbruch auf der von den Realberechtigten von W. erpachteten Parzelle 405/5. Im Jahre 1910 pachtete er von der Mutter des Beklagten die Nachbarparzelle Nr. 657 auf 5 Jahre dazu und beutete sie aus. Am 30. November 1915 schloß er mit der Mutter des Beklagten und dem Beklagten selbst einen erneuten Pachtvertrag für die Zeit bis zum 31. Dezember 1925 für 1200 M. Jahrespacht. In § 7 dieses Vertrags war bestimmt:

Dem Pächter B. und dessen Rechtsnachfolgern wird bei gleichen Angeboten Vorpachtungsrecht eingeräumt.

Nach Ablauf dieser weiteren Pachtzeit schloß der Beklagte, welcher Rechtsnachfolger seiner Mutter geworden war, zunächst mit Ba. einen Pachtvertrag auf die Dauer eines Jahres mit einmonatiger Kündigungsfrist, der nach kurzem von Ba. gekündigt wurde, danach am 4. Mai 1926 über einen Teil der Parzelle 657 einen Pachtvertrag mit F. Am 8. Juli 1926 kam dann zwischen dem Beklagten und der Firma H. GmbH. ein Vertrag zustande, durch den der Beklagte dieser Gesellschaft die Bestellung eines Nießbrauchs an der Parzelle 657 zur Ausbeutung als Steinbruch für die Zeit vom 1. Juli 1926 bis zum 1. Januar 1942 zusagte. Gleichzeitig erwarb diese Firma das Unternehmen von F. durch Kauf.

Daraufhin beantragte der Kläger mit der im April 1927 erhobenen Klage, den Beklagten zu verurteilen, 1. daß er die Parzelle 657 dem Kläger zur Ausbeutung gegen diejenigen Vergütungen überlasse, die der Beklagte für das von ihm der Firma H. eingeräumte Nießbrauchsrecht erhalte, und 2. daß er dem Kläger allen Schaden ersetze, den dieser durch die Einräumung des Nießbrauchsrechts an die Firma erlitten habe und erleiden werde. Das Landgericht wies die Klage ab; das Oberlandesgericht gab ihr statt. Die Revision des Beklagten hatte Erfolg.

Aus den Gründen:

Für das Ergebnis ist entscheidend, ob der Vertrag vom 8. Juli 1926, durch den der Beklagte der Firma H. ein Nießbrauchsrecht an der Parzelle 657 zugesagt (und danach auch bewilligt) hat, den Eintritt des Vorpachtrechts im Sinne des Vertrags vom 30. November 1915 auslösen konnte.

Was die Bedingungen des mit der Firma H. geschlossenen Vertrags angeht, so meint die Revision, der Kläger habe ihn nicht wirksam übernehmen können und habe ihn nicht übernommen, weil der Vertrag, durch den H. das F.sche Werk erwarb, Voraussetzung des Abschlusses mit H. gewesen sei, und weil der Kläger es vor dem Abschluß des Beklagten mit H. abgelehnt habe, die Beteiligung des F. an der Ausbeutung der Parzelle 657 zu dulden.

Es bedarf nicht der Entscheidung, ob die vor dem Abschluß des Vertrags mit dem Dritten erklärte Ablehnung einer berechtigten und dann in den Vertrag mit dem Dritten aufgenommenen Bedingung durch den Vorberechtigten der späteren Ausübung der Vorpachterklärung entgegengehalten werden kann. Denn weder ist die vom Beklagten abgelehnte Beteiligung des F. Bedingung des H.schen Vertrags geworden, noch durfte der Beklagte dem Kläger die Beteiligung des F. an der Ausbeutung als Pachtbedingung setzen. Der durch Vorpacht wie der durch Vorkauf Verpflichtete ist allerdings berechtigt, die Bedingungen des neuen Vertrags unter Berücksichtigung nur seiner eigenen Interessen aufzustellen; aber solche Bedingungen sind ihm verwehrt, die sich gerade gegen den Bestand des Vorzugsrechts wenden. Den F. an der Ausbeutung des Steinbruchs beteiligen, hieß das Vorpachtrecht zu einem Teil aufheben. Das gerade konnte nicht Gegenstand eines Vertrags sein, der dem in § 7 in Aussicht gestellten Nutzungsrecht entsprach. Daß der Kläger vor die Frage gestellt worden sei, ob er das F.sche Unternehmen, wie H. das getan hat, ankaufen wolle, hat der Beklagte nicht behauptet. Wenn die Firma H. diesen Ankauf vornahm, ohne daß die Pflicht dazu zum Inhalt des mit dem Beklagten abgeschlossenen Vertrags wurde, so geht es das Recht des Klägers nicht an, ob der Abschluß mit F., wie die Revision geltend macht, für den Beklagten Voraussetzung des Abschlusses mit H. war. Es ist deshalb mit dem Berufungsrichter abzulehnen, daß etwa in entsprechender Anwendung von § 507 BGB. die Aufwendung für den Ankauf des F.schen Werkes als Nebenleistung des vom Kläger zu erfüllenden Vertrags angesetzt wird.

Entscheidenden Bedenken unterliegt dagegen die Annahme des Berufungsgerichts, daß auch im übrigen der zwischen dem Beklagten und der Firma H. geschlossene Vertrag vom Kläger kraft seines Vorpachtungsrechts übernommen werden könne. Für das im Bürgerlichen Gesetzbuch allein unter den Vorzugsrechten geregelte Vorkaufsrecht hat die Rechtsprechung des Reichsgerichts (Bd. 88 S. 361; Urt. v. 13. Oktober 1920 V 170/20, v. 16. Juni 1923 V 565/22) im Anschluß an Motive Bd. 2 S. 345 den Einlösungsfall als nicht gegeben angesehen, wenn der Verpflichtete an Stelle eines Kaufs über die im Vorkaufsrecht befangene Sache einen Tauschvertrag abschließt. Das gleiche ist in RGZ. Bd. 101 S. 99 für den Fall ausgesprochen, daß der mit dem Dritten abgeschlossene Vertrag aus Kauf und Schenkung gemischt ist. Leitend ist für diese Stellungnahme nicht allein die Verschiedenheit der Rechtsbegriffe, sondern auch die verschiedene wirtschaftliche Bedeutung des für den Vorkauf ins Auge gefaßten und des zustande gekommenen Geschäfts. Es bedarf nicht der Entscheidung, ob von diesem Standpunkt aus grundsätzlich die Einräumung eines Nießbrauchsrechts gegenüber dem Dritten dem Pachtvertrag gleichgestellt werden kann, für welchen das Vorzugsrecht besteht.

Denn im vorliegenden Fall verbindet der vom Beklagten mit der Firma H. geschlossene Vertrag mit der Nießbrauchbestellung Vereinbarungen, die derart gestaltet sind, daß sie der Übernahme des Vertrags durch eine andere Hand widerstreben. Für die Überlassung der Ausbeute gewährt die Firma H. ihre Gegenleistung in dreierlei Gestalt: a) durch ein festes Monatsentgelt von 240 RM, b) durch Gewährung einer Anstellung mit 80 Pfg. Anfangsstundenlohn, c) durch Zahlung von 5 RM. für je 10 to, die in weißem Terrazzomaterial bestimmter Körnung versandt werden. Schon für den zu b) vorgesehenen Dienstvertrag, dessen Dauer und weitere Entwicklung weitgehend von den persönlichen Beziehungen der Vertragsparteien abhängig ist, macht es einen wesentlichen Unterschied, ob das Arbeitsverhältnis zwischen dem Beklagten und der Firma H. oder zwischen ihm und seinem langjährigen Prozeßgegner begründet wird. Das unter c vereinbarte, partiarisch gestaltete Entgelt endlich steht, wie die Parteiangaben entnehmen lassen, für die Höhe der Vergütung den anderen Teilen des Pachtzinses im Wert zum mindesten gleich.

Der Kläger macht geltend, daß auch er zur Gewährung der gleichen Abgabe je Waggon bereit sei, und der Beklagte entgegnet, daß der Kläger infolge der Kontingentierung seines Absatzes durch ein Syndikat nicht entfernt die Vorteile des H.schen Vertrags bieten könne. Das Oberlandesgericht glaubt den Einwand mit der Erwägung schlagen zu können, daß nach dem Vertrag mit der Firma H. der Beklagte keinen Anspruch auf die Abgabe von einem Mindestquantum habe.

Mit dieser Erwägung wird der Berufungsrichter weder der Bedeutung dieser Vertragsabrede noch den Zwecken der Vorpachtabrede gerecht. In der erwähnten Rechtsprechung des Reichsgerichts, insbesondere im Urteil V 565/22, wie auch in Bd. 118 S. 5, Bd. 121 S. 137, Bd. 123 S. 265 ist für das Vorkaufsrecht anerkannt, daß der Verpflichtete — vorbehaltlich der für sittenwidrige Umgehungsverträge geltenden Einschränkung — den Vertrag mit dem Dritten nach Maßgabe seiner eigenen Interessen frei gestalten kann und auch keine Rücksicht darauf zu nehmen braucht, ob die bedungenen Leistungen vom Standpunkt des Vorberechtigten vertretbar sind. Wenn der Beklagte zulässigerweise als Form des Entgelts die Versandbeteiligung statt einer festen Rente wählte, so war das ebensowenig zu beanstanden, wie es dem Kläger gegenüber unrecht gewesen wäre, statt der Überlassung des Steinbruchs zur Nutzung in ein Gesellschaftsverhältnis zu einem Unternehmen zu treten. Die Förderungsbeteiligung ist eine gesellschaftsähnliche Abmachung. Für sie ist die Leistungsfähigkeit des Unternehmers, mit dem die Abrede getroffen wird, von wesentlicher rechtlicher wie tatsächlicher Bedeutung. Dazu tritt im vorliegenden Fall die Besonderheit, daß die Firma H. ihren Absatz unbeschränkt nach Maßgabe der technischen Möglichkeiten und Aufträge steigern kann, während der Betrieb des Klägers einem Syndikat zugehört, das unstreitig seinen Absatz in Verhältnis zum Absatz anderer Syndikatsfirmen nach bestimmtem Schlüssel bringt und ihn dadurch beschränkt. Welches Kontingent dem Kläger gegenwärtig zugeteilt ist, ist zwischen den Parteien streitig. Für die hier zu treffende Entscheidung kommt es darauf nicht an. Jedenfalls ist auch diese Leistung, je nachdem die Firma H. oder der Kläger

Vertragsgegner ist, so verschieden, daß der Kläger, wie die Revision mit Recht annimmt, die von der Firma H. zugestandene Leistung dem Beklagten nicht erbringen kann.

Der Berufungsrichter hat zu diesem Punkt erwogen, daß es dem Sinne des § 507 Satz 1 BGB. entspräche, wenn der Kläger, anstatt den Beklagten am eigenen Absatz zu beteiligen, ihm einen Betrag zahlen würde, der nach Schätzung dem Wert der Leistungen des H.schen Vertrages gleichkommt.

Die Vorschrift in § 507 Satz 1 über Nebenleistungen trifft im vorliegenden Fall jedenfalls nicht unmittelbar zu. Sie ist auf den Kauf zugeschnitten, dessen Hauptleistung in Geld, also stets vertretbar, zu entrichten ist. Bei ihrer Anwendung auf dem Gebiet von Miete und Pacht, bei denen der Gegenwert durch jede Art von Leistung erbracht werden kann (Motive Bd. 2 S. 372), bedarf es vorsichtiger Prüfung, ob das Entgelt in Haupt- und Nebenleistung geschieden werden kann und ob die nicht erbringbare Leistung Nebenleistung ist. Im vorliegenden Fall ist — nach dem vorher erörterten Wertverhältnis der Teile der dem Beklagten von H. zugesagten Gegenleistung — die Beteiligung des Beklagten am Versand Bestandteil der Hauptleistung. Es wäre bedenklich, den Ausweg, der in § 507 Satz 2 BGB. auf dem Gebiete des Kaufs für Nebenleistungen gewählt ist, im Fall einer unerbringbaren Hauptleistung auf dem Gebiete der Pacht einzuschlagen. Es ist der Revision aber auch darin beizutreten, daß dieser Weg nicht einmal gangbar wäre. Denn die Leistung unter c des H.schen Vertrags entzieht sich von dem Standpunkt aus, daß der Kläger die Parzelle zur Ausbeutung erhält, der Schätzung, weil die künftige Entwicklung des bei dieser Annahme von dem Steinbruch verdrängten H.schen Betriebs nicht annähernd veranschlagt werden kann.

Kann danach das Vorpachtrecht des Klägers gegenüber dem H.schen Vertrag nicht wirken, so hat der Beklagte durch seinen Abschluß nicht vertragswidrig gehandelt und ist nicht zur Leistung von Schadensersatz verpflichtet.

26. Wird ein Mietverhältnis zu einem Pachtverhältnis, wenn der neue Inhaber der Räume unter Übernahme der Einrichtung von seinem Vorgänger in einen zwischen diesem und dem Eigentümer des Hauses bestehenden und bestehen bleibenden Mietvertrag eintritt? Ist es hierfür von Bedeutung, wenn der neue Inhaber bei Ablauf des bisherigen Vertrags selbst einen Raumüberlassungsvertrag mit dem Eigentümer abschließt?

BGB. §§ 535, 581.

VIII. Zivilsenat. Urt. v. 17. Juni 1929 i. S. G. (Bekl.) w. St. Beamtenverein (Kl.). VIII 208/29.

I. Landgericht Stettin.
II. Oberlandesgericht daselbst.

Am 1. August 1891 schloß der damalige Hauseigentümer S. mit K. einen Mietvertrag auf die Zeit vom 1. August 1891 bis 1. Oktober 1896 über die jetzt im Streit befindlichen Räume. Im Vertrag war vorgesehen, daß K. sein Geschäft während der Vertragszeit an andere verkaufen könne, er sollte aber den Vermieter schadlos halten müssen. Am 19. März 1894 verkaufte K. das Geschäft mit „Laden-, Bierstube-, Lager-, Keller- usw. Einrichtung" an G., der sich verpflichtete, in den Mietvertrag einzutreten.

Am 24. September 1895 vermietete der Rechtsnachfolger des S., L., die Räume an G. für die Zeit vom 1. Oktober 1895 bis 1. Oktober 1901; der Vertrag wurde am 18. Februar 1901 bis zum 1. Oktober 1906 verlängert. Für die Zeit nach dem letzteren Tage wurde ein neuer, bis zum 1. Oktober 1909 dauernder Vertrag geschlossen, der unterm 29. März 1909 bis zum 1. Oktober 1912 verlängert wurde. In dieser Zeit starb der Ehemann G. Dann wurde am 1. April 1912 eine weitere Verlängerung bis 1. Oktober 1914 mit seiner Witwe vereinbart. Von da ab galt jährliche Verlängerung des Mietverhältnisses mit halbjähriger Kündigung jeweils zum 1. Oktober.

In dieses Vertragsverhältnis ist an Stelle ihrer verstorbenen Mutter G. die Beklagte, an Stelle von L. der Kläger eingetreten. Die Beklagte betreibt nach wie vor das Kolonialwarengeschäft und die Schankwirtschaft.

Eine im Jahre 1927 vom Kläger erhobene Klage auf Aufhebung des Mietvertrags wurde durch Urteil vom 9. November 1927 rechtskräftig abgewiesen. Am 7. Januar 1928 kündigte der Kläger die Räume zum nächstzulässigen Termin und erhob kurz darauf die vorliegende Räumungsklage. Das Landgericht wies die Klage ab; das Oberlandesgericht verurteilte die Beklagte, die Geschäftsräume sofort, die Wohnräume bis zum 1. Juli 1929 zu räumen. Auf die Revision der Beklagten wurde das landgerichtliche Urteil wiederhergestellt.

Gründe:

Zu der Frage, ob Miete oder Pacht vorliege, ist die Auffassung des Berufungsgerichts nicht zu billigen, wonach G. mit dem Erwerb der zur Fruchtziehung ausreichenden Ausstattung in das Vertragsverhältnis zwischen S. u. K. eingetreten sei, das bis dahin ein Mietverhältnis gewesen, nunmehr aber zum Pachtverhältnis geworden sei. Richtig ist allerdings, daß die Rechtsprechung des Reichsgerichts dann ein Pachtverhältnis annimmt, wenn der Verfügungsberechtigte Räume überläßt, die baulich zum Betrieb eines bestimmten Gewerbes geeignet und mit der hierzu erforderlichen Einrichtung ausgestattet sind, so daß eine alsbaldige Fruchtziehung möglich ist. Ferner ist richtig, daß es nicht darauf ankommt, ob die Einrichtung vom Verfügungsberechtigten oder von einem Dritten überlassen wird. Das Berufungsgericht verkennt aber, daß es doch einen Unterschied bedeutet, ob der neue Inhaber der Räume in deren Besitz durch einen neuen selbständigen Vertrag mit dem Verfügungsberechtigten gelangt, der unmittelbare vertragliche Beziehungen zwischen diesem und ihm begründet, oder ob er lediglich auf Grund einer Vereinbarung mit dem bisherigen Inhaber unter Zustimmung des Verfügungsberechtigten in einen noch bestehenden und noch laufenden Vertrag eintritt. Haben im letzteren Falle der Verfügungsberechtigte und der bisherige Inhaber das Vertragsverhältnis fortbestehen lassen, haben sie ihren dahingehenden Willen vielleicht auch noch dadurch besonders kundgetan, daß der bisherige Inhaber für die weitere Erfüllung der Vertragspflichten die Haftung übernommen hat, so wird durch den Eintritt des neuen Inhabers an diesem Vertragsverhältnis nichts geändert. Ob er die vorhandene Einrichtung mit übernimmt oder nicht, spielt für das Verhältnis der Parteien des ursprünglichen Vertrags untereinander keine Rolle; es bleibt in seiner rechtlichen Natur vollkommen unberührt. Denn vertragliche Beziehungen zwischen dem Verfügungsberechtigten und dem neuen Inhaber werden nicht begründet, und die Zustimmung des ersteren zur Überlassung bedeutet nur, daß er gegen die Begründung eines Untermiet- oder Unterpachtverhältnisses zwischen dem bisherigen und dem neuen Inhaber nichts einzuwenden hat. Daß zwischen Hauptvermieter und Untermieter keine vertraglichen Beziehungen bestehen, solche auch nicht durch eine einfache Zustimmung des Hauptvermieters geschaffen werden, ist anerkanntes Recht.

So liegt es aber auch im vorliegenden Falle. Der Vertrag zwischen S. und K. war ein Mietvertrag. In ihm war bereits vorgesehen, daß K. das Geschäft während der Vertragszeit an andere Personen verkaufen dürfe und daß der Vermieter dagegen nichts einzuwenden habe, daß aber K. den Vermieter schadlos zu halten, also für die Erfüllung der vertraglichen Verpflichtungen einzustehen habe. Dieser Vertrag lief bis zum 1. Oktober 1896. Am 16. April 1894 ist G. mit Zustimmung des Vermieters unter käuflicher Übernahme der Einrichtung eingetreten, K. blieb dem Vermieter für die Erfüllung des Vertrags haftbar. Das Vertragsverhältnis zwischen den ursprünglichen Vertragsparteien wurde also nicht gelöst und nicht durch ein neues zwischen dem Vermieter und G. ersetzt; es blieb als das bestehen, was es bis dahin gewesen war, nämlich als Mietvertrag. Im Verhältnis zum Hauptvermieter wurde G. Untermieter des K.; er war aber Eigentümer der Einrichtung. Das Berufungsgericht geht also fehl, wenn es annimmt, durch den Eintritt G.s sei das Mietverhältnis zwischen S. u. K. in ein Pachtverhältnis zwischen S. u. G. umgewandelt worden. Zwischen den letzten beiden entstanden, wie schon bemerkt, überhaupt keine vertraglichen Beziehungen.

Dieser Zustand sollte bis zum Ablauf des Mietvertrags zwischen S. u. K. dem 1. Oktober 1896, dauern. Er wurde aber durch einen am 24. September 1895 zwischen G. und dem damaligen Eigentümer des Hauses abgeschlossenen Vertrag vorzeitig beendet, in dem der letztere, L., dem G. die Räume vom 1. Oktober 1895 ab „vermietete", so daß nunmehr unmittelbare Vertragsbeziehungen zwischen dem Eigentümer und dem Inhaber hergestellt waren. Da damals die Räume betriebsfertig eingerichtet waren, könnte sich die Frage erheben, ob nicht hiermit ein Pachtverhältnis begründet worden ist. Sie ist zu verneinen. Wenn auch die Bezeichnung des Vertrags als eines Mietvertrags nicht entscheidend sein kann, so war doch G. damals schon seit längerer Zeit Eigentümer der Einrichtung; es fehlte also an jedem Zusammenhang zwischen dem neuen Vertrag und dem Vertrag, durch den er seinerzeit die Einrichtung käuflich übernommen hatte. Aber nicht nur dies, es fehlt auch jeder Anhalt dafür, daß die Parteien des neuen Vertrags die Einrichtung in ihn einbeziehen, sie zu seinem Gegenstand haben machen wollen. Ihr Vertrag erfaßte nur die leeren Räume und hatte nur die rechtliche Wirkung, daß G. nunmehr aus einem Untermieter des K. zum Mieter des L. geworden war. Daß die späteren Verlängerungen des Vertragsverhältnisses an dem einmal bestehenden Rechtszustand nichts geändert haben, bedarf keiner Darlegung (vgl. hierzu RGZ. Bd. 109 S. 206; Urt. vom 17. Dezember 1928 VIII 302/28 und vom 27. März 1929 VIII 53/29).

---

27. Welche Bedeutung hat die Auflassungserklärung des Alleinberechtigten, der sie zusammen mit dem vermeintlichen Mitberechtigten abgibt, weil er glaubt, nur Mitberechtigter zu sein?

BGB. §§ 873, 925, 2040.

VI. Zivilsenat. Urt. v. 30. Mai i. S. B. (Kl.) w. C. (Bekl.). VI 543/28.

I. Landgericht Verden.
II. Oberlandesgericht Celle.

D. M. war eingetragener Eigentümer eines in die Hannöversche Höferolle eingetragenen Grundstücks in E. Kraft Anerbenrechts ging dieses Ende 1913 nach seinem Tode auf seinen Sohn D. H. M., nach dessen Tode auf die Witwe des D. M. und nach deren Tode im Januar 1924 auf ihren Enkel J. D. H. über. Das Grundbuch war nicht berichtigt worden. Die hinter D. M. und D. H. M. für die Miterben ausgestellten Erbscheine erwähnten nichts von der Sondernachfolge in den Hof. Die Miterben, darunter J. D. H., nahmen an, das Grundstück gehöre allen Miterben, und verkauften es in Teilen an verschiedene Personen, das Restgrundstück durch Vertrag vom Februar 1924 „als Erben und Erbeserben" des D. H. an den Beklagten. Da dieser seiner Verpflichtung, einen Teil des Kaufpreises noch vor der Auflassung zu zahlen, nicht nachkam, setzten sie ihm dazu gemäß § 326 BGB. eine Frist und verlangten nach deren fruchtlosem Ablauf Schadensersatz wegen Nichterfüllung, da sie das Grundstück anderweitig billiger verkauft hatten. Die Klägerin klagte als Miterbin unter anderem auf Zahlung eines entsprechenden Betrags an die Miterben. Der Beklagte wendete unter anderem ein, die Miterben könnten auf Grund des Kaufvertrags keinen Schadensersatz verlangen, da sie gar nicht in der Lage gewesen wären, eine rechtswirksame Auflassungserklärung abzugeben.

Im Grundbuchverfahren wegen der anderen aufgelassenen Grundstücksteile hat das Kammergericht als Gericht der weiteren Beschwerde die Rechtswirksamkeit der Auflassungen angenommen. Im Rechtsstreit hat das Landgericht der Klage stattgegeben, das Oberlandesgericht aber den Schadensersatzanspruch abgewiesen, weil es annahm, eine Auflassung, die J. D. H. als Miterbe erklärt hätte, wäre zur Eigentumsübertragung nicht geeignet gewesen. Die Revision der Klägerin führte zur Aufhebung des Berufungsurteils und zur Zurückverweisung.

Gründe:

Mit Recht geht das Berufungsgericht davon aus, daß die Erben M. dem Beklagten das Grundstück verkaufen konnten, auch wenn es nicht in ihrem Eigentum stand, daß sie, da der Beklagte seinen Vertragspflichten nicht nachkam, an sich den Weg des § 326 BGB. beschreiten konnten und daß die Klägerin als Miterbin berechtigt ist, den daraus sich ergebenden Schadensersatzanspruch zugunsten der Erben geltend zu machen. Richtig ist es auch, daß die Erben rechtswirksam eine Frist nur setzen konnten, wenn sie selbst erfüllungsfähig und -bereit waren. Das letztere verneint das Berufungsgericht. Es meint: Es hätten wohl alle Erben, darunter auch J. D. H., die Auflassung erklärt. Das Eigentum wäre aber trotzdem nicht auf den Beklagten übergegangen. Denn J. D. H. würde die Auflassungserklärung nur als Miterbe, nicht als Alleineigentümer abgegeben haben, und diese Erklärung würde nicht ausgereicht haben, um das ihm allein zustehende Eigentum auf den Beklagten zu übertragen. Das Berufungsgericht hat sich damit in bewußten Gegensatz zu der Entscheidung des Kammergerichts in der Grundbuchsache gesetzt. Dieser Standpunkt des Berufungsgerichts kann nicht als gerechtfertigt erachtet werden. Gemäß § 2040 BGB. können die Miterben über einen Nachlaßgegenstand nur gemeinschaftlich verfügen. Es ist also dazu zwar eine übereinstimmende Erklärung der Miterben erforderlich, aber jede einzelne Erklärung ist nicht auf einen Anteil am Gegenstand gerichtet, sondern betrifft den ganzen Gegenstand. Bei der Auflassung erklärt also jeder Miterbe sein Einverständnis mit der Rechtsänderung wegen des ganzen Grundstücks. Das Entscheidende ist, daß der Veräußerer sein Einverständnis mit der Eintragung des Erwerbers erklärt und daß er berechtigt ist, über das Grundstück zu verfügen. Bei der abstrakten Natur der Auflassung kommt es nicht entscheidend darauf an, daß der Auflassende sich der Art und des Umfanges seines Rechts bewußt ist. Er will jedenfalls die Rechte, die er am Grundstück hat, zugunsten des Erwerbers aufgeben. Und diese Erklärung ist rechtswirksam, auch wenn er glaubt, nur Mitberechtigter als Miterbe zu sein, tatsächlich aber der Alleinberechtigte ist, und wenn auch die anderen Miterben noch die gleiche Erklärung abgeben. Es kann dann höchstens in Frage kommen, ob er etwa seine Auflassungserklärung wegen Irrtums anfechten kann. Ob eine solche Anfechtung wirksam wäre, ob J. D. H. sie erklärt hätte und welche Bedeutung die Annahme, er würde im Falle der Auflassung eine solche Anfechtung vorgenommen haben, für die Frage der Fristsetzung und des Schadensersatzes hat, braucht hier nicht erörtert zu werden, da es bisher an jeder Klärung der dafür in Betracht kommenden Tatfragen fehlt. . . .

---

28. 1. Über die Geltendmachung der Löschungsvormerkung in der Zwangsversteigerung.

2. Über den Eintritt eines neuen Gläubigers in das durch eine Höchstbetragshypothek gesicherte laufende Kreditverhältnis.

BGB. §§ 883, 888, 1179, 1180, 1190, 1198. ZPO. § 878. ZVG. § 115.

V. Zivilsenat. Urt. v. 19. Juni 1929 i. S. L. & Co. (Bekl.) w. N. (Kl.). V 548/28.

I. Landgericht Plauen.
II. Oberlandesgericht Dresden.

Die Grundstücke P. Bl. 1622, 1674 gehörten seit vielen Jahren der offenen Handelsgesellschaft L. K. in P. Die Gesellschaft stand mit der Landesbank W. AG. in P. in Geschäftsverbindung. Am

19. August 1924 wurde auf den Grundstücken für die Landesbank eine Gesamtsicherungshypothek zum Höchstbetrag von 60000 GM. zur Sicherung aller gegenwärtigen und künftigen Ansprüche der Bank gegen die Firma L. K. eingetragen. Am 16. Februar 1925 wurde bei dieser Hypothek für den Kläger eine Vormerkung dahin eingetragen, daß er einen Löschungsanspruch habe, falls und soweit die Hypothek sich mit dem Eigentum in einer Person vereinige. Zugleich wurde auf den Grundstücken für den Kläger eine Vormerkung zur Sicherung des Anspruchs auf Eintragung einer Gesamtsicherungshypothek zum Höchstbetrag von 40000 RM. wegen seiner Ansprüche aus laufender Geschäftsverbindung mit der Firma L. K. eingetragen. Mit dem Range dieser Vormerkung wurde für den Kläger am 3. August 1926 eine Gesamtsicherungshypothek zum Höchstbetrag von 20000 RM. wegen seiner Forderungen aus laufender Geschäftsverbindung eingetragen. Der Kläger erlangte eine durch diese Hypothek gesicherte Forderung von 17415,53 RM.

Am 29. Juli 1925 hatte die Landesbank gegen die Firma L. K. Ansprüche in Höhe von 18890 RM. Außerdem hatte die Firma L. K. damals bei der Bank noch Wechsel eines gewissen Kn. über 120000 RM. diskontiert, die aber im August 1925 vom Akzeptanten Kn. eingelöst wurden, sodaß hieraus Ansprüche der Bank gegen die Firma L. K. in der Folgezeit nicht entstanden sind. Am 29. Juli 1925 zahlte die Beklagte an die Landesbank für Rechnung der Firma L. K. 18890 RM.; dabei erklärten in grundbuchmäßiger Form:

1. die Landesbank: sie trete, nachdem die Geschäftsverbindung beendet sei, ihre Gesamtsicherungshypothek von 60000 GM. mit den entstandenen und künftig noch entstehenden Ansprüchen aus laufender Geschäftsverbindung an die Beklagte ab und bewillige und beantrage die Eintragung der Abtretung im Grundbuch;

2. die Firma L. K.: sie nehme die Abtretungserklärung der Landesbank wegen der Ansprüche aus laufender Geschäftsverbindung, seien es entstandene oder künftig noch entstehende, an und beantrage gleichfalls die Eintragung im Grundbuch.

Am 6. August 1925 wurde die Abtretung der Gesamtsicherungshypothek der Landesbank an die Beklagte dahin eingetragen, daß die Hypothek mit den entstandenen und künftig noch entstehenden Ansprüchen aus laufender Geschäftsverbindung an die Beklagte abgetreten sei. Diese setzte die Geschäftsverbindung mit der

Firma L. K. fort und gewährte ihr über die 18890 RM. hinaus nach der Eintragung der Abtretung neue Wechselkredite, bis sich die Gesamtschuld der Firma L. K. bei ihr auf 56009,06 RM. belief.

Im August 1926 kamen die Grundstücke zur Zwangsversteigerung. Der Kläger und die Beklagte gehörten zu den betreibenden Gläubigern. Die Grundstücke wurden im Termin vom 23. Juni 1927 für ein bares Meistgebot von 95250 RM. einem Dritten zugeschlagen. Im Verteilungstermin vom 1. September 1927 wurden die aus dem Bargebot verfügbaren 95990,83 RM. derart belegt, daß die Beklagte aus der ihr abgetretenen Hypothek volle Befriedigung ihrer angemeldeten Forderung von 56009,06 RM. erhalten, der Kläger, dem noch andere Rechte vorgingen, mit seinen angemeldeten 17415,53 RM. ausfallen sollte.

Schon im Versteigerungstermin hatte der Kläger erklärt, er behalte sich vor, geltend zu machen, daß die für die Beklagte eingetragene Sicherungshypothek ihr nur in Höhe des am 29. Juli 1925 mit einer Forderung ausgefüllten Betrags von 18890 GM. zustehe. Im Verteilungstermin erhob der Kläger Widerspruch gegen die bevorrechtigte Zuweisung von mehr als 18890 RM. an die Beklagte. Diese erkannte die Berechtigung des Widerspruchs nicht an. Der Kläger erhob Ende September 1927 Klage auf Einwilligung, daß ihm aus dem hinterlegten Versteigerungserlös der von ihm begehrte Betrag von 17415,53 RM. nebst Zinsen ausgezahlt werde. Landgericht und Oberlandesgericht haben die Beklagte verurteilt. Ihre Revision ist ohne Erfolg geblieben.

Gründe:

(Es wird zunächst dargelegt, daß der Kläger, wenn sein Widerspruch berechtigt ist, Befriedigung aus dem Versteigerungserlös findet. Dann wird fortgefahren:)

Die Hypothek, aus der das vom Kläger angefochtene Liquidat der Beklagten stammt, war eine Höchstbetragshypthek (§ 1190 BGB.). Sie war schon vor der Abtretung an die Beklagte mit einem durch Vormerkung gesicherten Anspruch des Klägers belastet, wonach der Eigentümer dem Kläger gegenüber zur Löschung verpflichtet war, wenn und soweit die Hypothek sich mit dem Eigentum in einer Person vereinigte (§ 1179 BGB.). Daß auch der Fall der Nichtentstehung einer gesicherten Forderung nach dem Willen der Beteiligten die Bedingung der Vereinigung von Hypothek und Eigentum erfüllte (§ 1163 Abs. 1 Satz 1, § 1177 BGB.), ist außer Streit (vgl. Komm. v. RGR. Anm. 6 zu § 1179; Planck 4. Aufl. Bd. 3 S. 1041 Anm. 2a zu § 1179). Bei einer Höchstbetragshypothek zur Sicherung aller Ansprüche aus einer Geschäftsverbindung kann erst beim Abschluß der Geschäftsverbindung endgültig festgestellt werden, ob und inwieweit die Hypothek durch Forderungen des Gläubigers ausgefüllt ist. Bis zu dieser abschließenden Feststellung ist die Hypothek, wie nunmehr in Rechtsprechung und Wissenschaft geklärt ist (Komm. v. RGR. Anm. 1 zu § 1190; Wolff Sachenrecht 7. Aufl. S. 556 unter III; RGZ. Bd. 120 S. 110 und öfter), in ihrem jeweilig nicht ausgefüllten Teil als eine vorläufige, auflösend bedingte Eigentümergrundschuld anzusehen. Zur endgültigen, bedingungsfreien Eigentümergrundschuld wird der nicht ausgefüllte Teil erst mit jener abschließenden Feststellung. Erst in diesem Zeitpunkt kann der Grundstückseigentümer die Berichtigung des Grundbuchs verlangen. Damit ist auch der Augenblick gekommen, in dem eine Löschungsvormerkung aus § 1179 BGB. dem Vormerkungsberechtigten die Ausübung seines Rechts gestattet. Da nun aber bei einer Zwangsversteigerung des belasteten Grundstücks spätestens im Verteilungstermin die Möglichkeit aufhört, daß bei einer außerhalb des geringsten Gebots stehenden, durch den Zuschlag erlöschenden Höchstbetragshypothek noch neue Forderungen aus dem hypothekarisch gesicherten Rechtsverhältnis entstehen, so wird jedenfalls in diesem Zeitpunkt der dann nicht forderungsbekleidete Teil der Höchstbetragshypothek zur endgültigen Eigentümergrundschuld (Komm. v. RGR. Anm. 1 zu § 1190). Somit tritt unter diesen Umständen auch spätestens im Verteilungstermin die Löschungsvormerkung aus § 1179 BGB. in Wirksamkeit. Zwar wirkt sie nicht, wie das Berufungsgericht anzunehmen scheint, dahin, daß der zur endgültigen Eigentümergrundschuld gewordene Teil der Höchstbetragshypothek auf den Vormerkungsberechtigten „übergeht“. Hat dieser aber ein dingliches Recht, das der mit der Vormerkung belasteten Höchstbetragshypothek im Range nachsteht und einen Ausfall erleiden würde, wenn die Höchstbetragshypothek zu ihrem vollen Betrag bei der Verteilung des Versteigerungserlöses vor ihm berücksichtigt würde, so kann er der Zuteilung des Erlöses auf den zur endgültigen Eigentümergrundschuld gewordenen Teil der Hypothek, der an sich dem Eigentümer gebühren würde, widersprechen und verlangen, daß dieser Erlösteil auf die ihm vorgehenden Zwischenberechtigten und ihn selbst nach Maßgabe der zwischen ihnen bestehenden Rangverhältnisse verwendet werde (Komm. v. RGR. Anm. 7 zu § 1179 und Anm. 1 zu § 1190; Planck S. 1043 Anm. 2f und 4f zu § 1179; Jäckel-Güthe 5. Aufl. Anm. 4 zu § 48 und Anm. 3 zu §§ 50, 51 ZVG.). Dieses Recht folgt ohne weitere Voraussetzungen aus der Löschungsvormerkung und dem schlechteren Range des vom Ausfall bedrohten Rechts desjenigen, für den die Vormerkung eingetragen ist. Unzutreffend ist die Ansicht der Revision, daß der Vormerkungsberechtigte die geschilderte Rechtsstellung nur dann hätte, wenn er für seinen durch die Vormerkung gesicherten Löschungsanspruch bereits ein Urteil gegen den Grundstückseigentümer erstritten oder wenn sich der Eigentümer-Grundschuldgläubiger dem Anspruch des Vormerkungsberechtigten durch freiwillige Erklärung unterworfen hätte. Diese Ansicht findet auch in der von der Revision angezogenen Entscheidung des Bayerischen Obersten Landesgerichts vom 22. Februar 1915 (Recht 1915 Nr. 1096) keine Stütze. In dem dort behandelten Falle hatte der Vormerkungsberechtigte sich im Zwangsversteigerungsverfahren überhaupt nicht gerührt, und das Versteigerungsgericht hatte deshalb bei der Verteilung des Erlöses die Vormerkung nicht berücksichtigt. Mit Recht hat in diesem Falle auch das Oberste Landesgericht die Widerspruchsklage des Vormerkungsberechtigten abgewiesen, weil er „in der Zwangsversteigerung seinen Löschungsanspruch nicht geltend gemacht hatte". Der beiläufige Zusatz der Begründung „und weil der Eigentümer sich dem Löschungsanspruch nicht unterworfen hatte" war für die Entscheidung ohne maßgebliche Bedeutung. Sollte er aber im Sinne der Revision gemeint sein, so wäre er nicht zu billigen. Das Verlangen, daß der Vormerkungsberechtigte, der in der Zwangsversteigerung durch Widerspruch gegen den Teilungsplan seinen Löschungsanspruch geltend macht, zunächst ein Urteil oder eine Unterwerfungserklärung des Eigentümer-Grundschuldgläubigers beibringen müßte, um mit seinem Widerspruch Gehör zu finden, würde den Berechtigten ungebührlich belasten. Er würde sogar bei überraschend hereinbrechender Zwangsversteigerung einem unlauteren Eigentümer gegenüber im ausschlaggebenden Augenblick des bestimmungsmäßigen Werts der Vormerkung beraubt und gegen ungerechtfertigten Verlust schutzlos gemacht werden. Es muß daher zur Wahrung des Klagerechts des Vormerkungsberechtigten aus § 115 ZVG., §§ 876 flg. ZPO. genügen, wenn er die Rechte aus der Vormerkung im Zwangsversteigerungsverfahren überhaupt geltend gemacht, insbesondere im Verteilungstermin gegen die Zuweisung des Erlösteils an den Eigentümer Widerspruch erhoben hat (so auch Komm. v. RGR. Anm. 7 zu § 1179).

Ist hiernach der Kläger auf Grund seines im Verteilungstermin erhobenen Widerspruchs berechtigt, der Beklagten gegenüber die Rechte aus der Löschungsvormerkung vom 16. Februar 1925 zu verfolgen, so fragt sich weiterhin, ob dem Kläger ein Löschungsanspruch für einen Teil der am 29. Juli 1925 an die Beklagte abgetretenen Höchstbetragshypothek erwachsen ist. Bei dieser Prüfung ist zu erörtern:

1. ob am 29. Juli 1925 ein Teil der Hypothek bereits zur endgültigen Eigentümergrundschuld geworden war;

2. für den Fall der Verneinung der Frage zu 1: ob trotz des Weiterbestehens der Hypothek als solcher die Vormerkung zugunsten des Klägers dahin wirkte, daß er die dingliche Belastung des Grundstücks wegen derjenigen Forderungen, die erst nach dem 29. Juli 1925 entstanden sind, nicht gegen sich gelten zu lassen braucht.

Beide Vorinstanzen sind der Meinung, daß die an die Beklagte abgetretene, ursprünglich für die Landesbank eingetragene Höchstbetragshypothek nach dem Willen der Beteiligten auch nach dem 29. Juli 1925 nur zur Sicherung des bis zu diesem Tage für die abtretende Bank entstandenen, an die Beklagte abgetretenen Guthabens von insgesamt 18890 RM. bestimmt gewesen sei und gedient habe. Sie vermissen in den Urkunden vom 29. Juli 1925 eine Willensäußerung der Beteiligten dahin, daß künftig auch weitere von der Beklagten an die Firma L. K. zu gewährende Kredite von der dinglichen Sicherung durch die abgetretene Hypothek umfaßt werden sollten. Trifft diese Auslegung zu, so ergibt sich aus den vorangehenden Ausführungen ohne weiteres, daß die Klage gerechtfertigt ist. Denn es könnte dann kein Zweifel obwalten, daß eine endgültige Eigentümergrundschuld in Höhe von 41110 RM. seit dem 29. Juli 1925 bestand und daß deshalb die Löschungsvormerkung des Klägers zu diesem Betrag wirksam ist. Die Auslegung der Urkunden vom 29. Juli 1925 durch die Vorinstanzen ist aber nicht unbedenklich. Die von der Beklagten schon im zweiten Rechtszug vorgetragene, in der Revisionsinstanz wiederholte gegenteilige Auslegung hat manches für sich. Die Urkunden lassen mit

Sicherheit erkennen, daß die Beteiligten nicht nur mit dem bereits vorhandenen Guthaben der bisherigen Gläubigerin, sondern auch mit dem Entstehen künftiger Ansprüche aus dem durch die Hypothek zu sichernden Kreditverhältnis gerechnet haben. Die Ansicht des Berufungsgerichts, daß sie dabei nur an die Regreßansprüche der Landesbank gedacht hätten, die vielleicht noch aus den im August 1925 fälligen Wechseln über 120000 RM. entstehen würden, hat wenig Wahrscheinlichkeit für sich. Das Berufungsgericht scheint bei seiner Auslegung zu übersehen, daß durch sie ein offener Widerspruch in die Erklärungen der Beteiligten hineinkommt. Hätten sie wirklich bei dem Gedanken an künftige Ansprüche die im August 1925 fälligen Wechsel maßgebend berücksichtigt, so hätten sie schwerlich die Geschäftsverbindung zwischen der Landesbank und der Firma L. K. ohne weiteres für „beendet" erklärt. Angesichts dieses Ausgangspunkts und der unstreitigen Tatsache, daß die Beklagte nach der Abtretung der Hypothek der Firma L. K. weitere Kredite gewährt hat, liegt die Annahme erheblich näher, daß die Beteiligten bei der Abtretung an künftige Ansprüche der Abtretungsempfängerin aus einer zwischen ihr und der Firma L. K. fortzusetzenden laufenden Geschäftsverbindung gedacht haben. Auch bei dieser Auslegung mag die Fassung der Urkunden nicht sonderlich klar und glücklich sein; ein offener Widerspruch, wie er bei der gegenteiligen Auslegung nicht zu vermeiden ist, ergibt sich bei ihr indessen nicht.

Die Klage ist aber selbst dann begründet, wenn man mit der Beklagten davon ausgeht, daß die Beteiligten am 29. Juli 1925 dahin einig geworden sind, die Landesbank scheide aus der Geschäftsverbindung mit der Firma L. K. aus und die Beklagte trete in sie ein unter Übernahme des bisher entstandenen Guthabens der Landesbank und mit der Abrede, daß weitere Kredite der Beklagten an die Firma L. K. gleichfalls den dinglichen Schutz der in vollem Umfang abgetretenen Höchstbetragshypothek genießen sollten. Dabei können auch die Bedenken der Vorinstanzen über die Wirksamkeit der Einigung zwischen den Beteiligten vom 29. Juli 1925 und über die Fassung der grundbuchmäßigen Eintragung vom 6. August 1925 auf sich beruhen. Auch wenn zugunsten der Beklagten unterstellt wird, daß diese Bedenken dem Übergang der Höchstbetragshypothek auf sie nach Maßgabe der von ihr behaupteten Vereinbarung nicht im Wege stehen, braucht doch der Kläger als Vormerkungsberechtigter sich diesen Übergang nur insoweit gefallen zu lassen, als die Hypothek bereits am 29. Juli 1925 forderungsbekleidet war. Dabei ist unerheblich, ob an diesem Tage durch eine Abrechnung zwischen der Landesbank und der Firma L. K. die abschließende Feststellung des Endguthabens der bisherigen Gläubigerin aus der bis dahin laufenden Geschäftsverbindung stattgefunden hat oder nicht. Hat sie stattgefunden, so stand im Augenblick der Abtretung an die Beklagte fest, daß die Höchstbetragshypothek in dem das Endguthaben der Landesbank übersteigenden Betrage zur endgültigen, von der ihr bis dahin anhaftenden auflösenden Bedingung befreiten Eigentümergrundschuld geworden war und nur noch auf dem Wege der Umwandlung (§ 1198 BGB.) wieder zu einer Gläubiger-Höchstbetragshypothek für die Beklagte werden konnte. Diese Umwandlung hätte aber die Löschungsvormerkung des Klägers beeinträchtigt und wäre deshalb ihm gegenüber nach §§ 883, 888 BGB. unwirksam gewesen (Planck S. 1045 Anm. 4b, c zu § 1179). Sollte aber, wie die Beklagte offenbar geltend machen will, mangels einer Abrechnung am 29. Juli 1925 die Höchstbetragshypothek in ihrem bis dahin nicht forderungsbekleideten Teile noch nicht zur endgültigen Eigentümergrundschuld geworden und der Wille der Beteiligten dahin gegangen sein, daß die Hypothek auch künftig trotz der Umgestaltung des gesicherten Kreditverhältnisses durch den Eintritt eines neuen Gläubigers dinglich in ihrer alten rechtlichen Gestalt fortbestehen und abgetreten werden sollte, so ergibt sich keine für die Beklagte günstigere Rechtslage.

Grundsätzlich bestehen zwar keine Bedenken dagegen, daß auch eine nicht oder nicht voll valutierte Höchstbetragshypothek zum vollen Nennbetrag abgetreten werden kann, solange das gesicherte Kreditverhältnis fortbesteht. Die Abtretung hat dann aber zur Folge, daß der nicht valutierte Teil nach wie vor zur Sicherung für künftige Forderungen des alten Gläubigers aus seiner Geschäftsverbindung mit dem Schuldner dient. Die Abtretung hat nicht etwa eine Erweiterung des geschützten Kreditverhältnisses dahin zur Folge, daß nun auch künftige Ansprüche aus der Geschäftsverbindung des neuen Gläubigers mit dem Schuldner gesichert werden. Will man nicht — mit der strengsten Auslegung des Gesetzes — eine solche Erweiterung nur auf dem Wege der Umwandlung nach § 1198 BGB. zulassen (so Komm. v. RGR. Anm. 1 zu § 1180), so läßt sie sich doch, gleichviel ob das

Guthaben des alten Gläubigers durch Abtretung in den Kreis der neuen Geschäftsverbindung einbezogen wird oder nicht, bestenfalls nur auf dem Wege des Forderungswechsels nach § 1180 BGB. durchführen (RGU. v. 19. Februar 1916 V 370/15; Planck Anm. 3a zu § 1180 BGB. S. 1049, Anm. 5b zu § 1190 S. 1104 und S. 1110 oben; Staudinger 9. Aufl. Bd. III 2 S. 1335 Anm. 4d zu § 1190; Wolff S. 558 unter IV, V; Herold im ZBl. f. FG. und Not. Bd. 10 S. 197; Bollenbeck in Zeitschr. des deutschen Notarvereins 1915 S. 18; Biermann im Bankarchiv Bd. 7 S. 261). Die abweichende Ansicht von Jung (Zeitschrift für Notariat usw. in Bayern 1915 S. 401), der neben den Wegen über § 1198 und § 1180 BGB. noch einen dritten Weg für den Eintritt des neuen Gläubigers in das durch die Höchstbetragshypothek zu sichernde Kreditverhältnis für möglich zu halten scheint und vielleicht in einer Entscheidung des Bayerischen Obersten Landesgerichts vom 17. Februar 1905 (Bl. f. RA. Bd. 70 S. 298) einen Vorgang findet, entbehrt einer Stütze im Gesetz. Im Gebiete des Liegenschaftsrechts sind nur die gesetzlich vorgesehenen Wege zur Erlangung einer dinglich gesicherten Rechtsstellung gangbar. Mit Unrecht glaubt die Revision einen solchen Weg für die Einbeziehung der in der Person eines neuen Gläubigers entstehenden Ansprüche in das durch eine abgetretene Höchstbetragshypothek gesicherte Kreditverhältnis in den §§ 1153, 1190 BGB. zu finden. Soweit Ansprüche in der Person des abtretenden Gläubigers nicht entstanden sind — und so liegt es bei dem nicht valutierten Teil der Höchstbetragshypothek —, ist weder eine Forderung noch die Hypothek auf diesem Wege übertragbar. Auch auf die — im Komm. v. RGR. Anm. 5 zu § 1190 und bei Planck Anm. 5b zu § 1190 S. 1104 angezogene — Entscheidung des Oberlandesgerichts Dresden vom 16. Oktober 1908 (OLG. Bd. 18 S. 185) kann sich die Revision nicht berufen. Denn einerseits geht diese Entscheidung noch von der heute überholten Grundanschauung aus, daß die Höchstbetragshypothek auch ohne die Entstehung von Forderungen aus dem geschützten Rechtsverhältnis eine echte Gläubigerhypothek sei; anderseits betrifft sie nur einen Fall, wo nach der Abtretung keine Ansprüche des neuen Gläubigers entstehen und geschützt werden sollten, sondern solche des alten Gläubigers, und wo gerade deshalb von den Beteiligten vereinbart wurde, daß der Abtretungsempfänger als Vertreter des Abtretenden dem Schuldner neue Kredite geben und so die neuen Forderungen in der

Person des alten Gläubigers zur Entstehung gelangen sollten. Von einer solchen Vereinbarung kann aber im vorliegenden Falle auch bei Zugrundelegung des Sachvortrags der Beklagten und bei weitherziger Auslegung der Urkunden vom 29. Juli 1925 keine Rede sein. Wenn hiernach einerseits feststeht, daß Forderungen der Landesbank nach dem 29. Juli 1925 nicht mehr entstanden sind, und anderseits zugunsten der Beklagten der für sie günstigste Fall unterstellt wird, daß die von ihr der Firma L. K. gegebenen neuen Kredite als ihre Forderungen gemäß § 1180 BGB. in das durch die Höchstbetragshypothek gesicherte Kreditverhältnis einbezogen worden sind, so ist die Beklagte dennoch nicht gegen die Wirkungen der Vormerkung des Klägers geschützt, soweit diese neuen Kredite in Betracht kommen. Denn auch die Forderungsauswechslung nach § 1180 BGB. hat den durch die Vormerkung gesicherten Löschungsanspruch des Klägers beeinträchtigt. Ohne die Auswechslung hätte die Firma L. K. bei der Beendigung der Geschäftsverbindung mit der Landesbank von der früher eingetragenen Gläubigerin Verzicht (Löschungsbewilligung, Berichtigungsbewilligung) in Höhe des durch das Endguthaben aus der beendigten Verbindung nicht erschöpften Teils der Höchstbetragshypothek verlangen können. Damit wäre in dieser Höhe praktisch der Fall der Vereinigung von Hypothek und Eigentum eingetreten und der Löschungsanspruch des Klägers wirksam geworden. In der zur Auswechslung erforderlichen Einigungserklärung des Schuldner-Eigentümers lag also, soweit die Auswechslung sich auf den am 29. Juli 1925 noch nicht forderungsbekleideten Teil der Hypothek bezog, eine den vorgemerkten Löschungsanspruch schmälernde Verfügung über eine zwar äußerlich verdeckte, innerlich aber vorhandene Eigentümergrundschuld. Diese Verfügung braucht der Vormerkungsberechtigte sich nicht gefallen zu lassen (Planck Anm. 2d zu § 1180 S. 1049; KGE. v. 11. Juli 1911 in RJA. Bd. 11 S. 242; Huth im ZBl. f. FG. und Not. Bd. 6 S. 179). Die abweichende Auffassung von Goldschmit (in Bayer. NotarZ. 1908 S. 1 flg.) entbehrt der rechtlichen Begründung. Er betont, daß vom Standpunkt der herrschenden Meinung aus die beliebte und häufige Forderungsauswechslung nach § 1180 BGB. wegen der Folgen für den Eigentümer und den neuen Gläubiger im Falle der Geltendmachung des Löschungsanspruchs des Vormerkungsberechtigten aus § 1179 praktisch kaum durchführbar und § 1180 in einer großen Zahl von Fällen nahezu wertlos wäre. Er überschätzt dabei aber wohl auf der einen Seite die Häufigkeit von Löschungsvormerkungen nach § 1179 und von Auswechslungen nach § 1180 BGB. und unterschätzt auf der anderen Seite sowohl die Anforderungen des Grundbuchverkehrs an die Sorgfaltspflicht eines neuen Kreditgebers als auch das Schutzbedürfnis des Vormerkungsberechtigten, dessen ältere, aus dem Grundbuch ersichtliche Rechtsstellung auch der Eigentümer und der neue Gläubiger berücksichtigen müssen. Schützt nach alledem auch bei Zugrundelegung der Darstellung, welche die Beklagte von den Vorgängen am 29. Juli 1925 gibt, die bereits am 16. Februar 1925 bei der Hypothek der Beklagten eingetragene Vormerkung den Kläger vor einem Liquidat über 18890 RM. aus dieser Hypothek, so ist die Widerspruchsklage des Klägers gegen die Beklagte mit Recht in den Vorinstanzen durchgedrungen.

---

29. 1. Über Richtigkeit von Generalversammlungsbeschlüssen einer Genossenschaft mit beschränkter Haftpflicht.

2. Über die Bedeutung der Eintragung im Genossenschaftsregister.

GenG. §§ 29, 51, 97 flg. Zweite DurchfVo. z. GoldbilVo. §§ 47 flg.

II. Zivilsenat. Urt. v. 21. Juni 1929 i. S. St. als Verwalter im Konkurs über das Vermögen der Landwirtschaftlichen Kreisgenossenschaft des Kreises Zauch-Belzig eingetr. Gen. m. b. H. (Bekl.) w. T. (Kl.). II 550/1928.

I. Landgericht Potsdam.
II. Kammergericht Berlin.

Die Landwirtschaftliche Kreisgenossenschaft des Kreises Zauch-Belzig ist im Frühjahr 1922 gegründet und in das Genossenschaftsregister eingetragen worden. Gegenstand ihres Unternehmens war der gemeinschaftliche Ein- und Verkauf landwirtschaftlicher Bedarfsgegenstände und Erzeugnisse. Der Geschäftsanteil betrug ursprünglich 10 M., die Haftsumme 100 M.; die Höchstziffer der Geschäftsanteile, mit denen sich ein Genosse beteiligen konnte, war auf 10000 Stück festgesetzt. Es galt weiter Pflichtbeteiligung nach einem Staffeltarif, der sich für Landwirte auf der Morgenzahl der landwirtschaftlich genützten Fläche aufbaute. Durch Beschlüsse einer Generalversammlung vom 16. Dezember 1922 wurde der Geschäftsanteil auf 50 M., die Haftsumme auf 500 M. erhöht; Eintragung im Genossenschaftsregister erfolgte unter dem 16. Januar 1923. Der Kläger ist im Jahr 1923 der Genossenschaft beigetreten und hat 1000 Anteile übernommen, mit denen er in der gerichtlichen Liste der Genossen eingetragen wurde. Auf der Tagesordnung einer zum 13. März 1924 einberufenen Generalversammlung stand als Punkt 2 u. a. zur Beschlußfassung: „Umstellung der Geschäftsanteile und der Haftsumme auf Renten- bzw. Goldmark". Das Protokollbuch enthält als einstimmig gefaßten Beschluß hierzu den Eintrag:

„In § 14 Ziff. 4 der Satzung vom 30. Mai 1922 wird die Haftsumme für jeden erworbenen Anteil auf 5 Rentenmark und in § 37 der Satzung wird

a) in Abs. 1 der Geschäftsanteil auf 0,50 Rentenmark,
b) in Abs. 3 die Mindestbeteiligung auf 20 Geschäftsanteile festgesetzt."

Das Generalversammlungsprotokoll schließt mit dem Vermerk „v. g. u." und mit den Unterschriften des Vorsitzenden, des Schriftführers sowie zweier Mitglieder der Versammlung. Hiernach wäre also die Umstellung des Geschäftsanteils auf 0,50 Rentenmark, die der Haftsumme auf 5 Rentenmark beschlossen gewesen. So lauten auch die Anmeldung zur Eintragung und die Eintragung (vom 15. März 1924) im Genossenschaftsregister. Eine weitere Generalversammlung vom 3. Juli 1925 hatte sich zu Punkt 3 der Tagesordnung mit der Frage der Erhöhung des Geschäftsanteils zu beschäftigen. Der hierüber gefaßte Beschluß ging nach dem Protokollbuch dahin:

„§ 37 Abs. 2 erhält folgende Fassung: Der Betrag, bis zu welchem sich die einzelnen Mitglieder mit Einlagen beteiligen können, der Geschäftsanteil, wird auf 2 RM. festgesetzt."

Es folgen dann im Protokollbuch Bestimmungen über Verzinsung der „alten Anteile" und der Einzahlung, sowie über die Einzahlung der „Erhöhungen". Hierauf schließt das Protokoll ebenso ab wie das vom 13. März 1924. Dann kommt unmittelbar darauf ein als „Nachtrag zum umseitigen Protokoll" bezeichneter weiterer Eintrag des Inhalts:

„Die GV. hat noch beschlossen, daß die baren Einzahlungen bei allen Landwirten nur nach Maßgabe der landwirtschaftlich benützten Fläche erfolgen sollen."

Auch dieser Eintrag ist unterschrieben vom Vorsitzenden, Schriftführer und von zwei Versammlungsmitgliedern. Die Erhöhung des Geschäftsanteils und die entsprechende Satzungsänderung wurde auf Anmeldung durch den Vorstand unterm 14. Juli 1925 im Genossenschaftsregister eingetragen; der „Nachtragsbeschluß" wurde weder angemeldet noch eingetragen. In einer Generalversammlung vom 15. Januar 1926 endlich war Gegenstand der Tagesordnung unter Nr. 1 die „Beschlußfassung über die Abwicklung der Genossenschaft". Hierzu lagen zwei Anträge vor, nämlich ein vom Kläger als dem Vorsitzenden des Prüfungsausschusses gestellter Antrag und ein solcher aus der Mitte der Versammlung. Über beide Anträge wurde gleichzeitig durch „Hammelsprung" abgestimmt; für den ersten Antrag wurden 188, für den letzteren 191 Stimmen abgegeben.

Dieser Antrag — „Antrag R." — ging dahin:

„Der Beschluß der Generalversammlung vom Juli 1925 betreffend Erhöhung der Anteile wird gemäß § 48 der Satzung dahin richtiggestellt, daß die Erhöhung auf 2 Reichsmark je Anteil beschlossen ist und nicht je Morgen landwirtschaftlich genützter Fläche. Die Einzahlung erfolgt nach Anteilen und nicht nach Morgen."

Den Vorsitz in dieser Generalversammlung hatte der Vorsitzende des Vorstands geführt, der nach der Abstimmung und einer kurzen Zwischenpause bekannt gab, daß nun der Antrag R. „durchgeführt" werden müsse. Eintragung im Genossenschaftsregister ist hierzu nicht erfolgt. Der Kläger gab gegen den Beschluß sofort Widerspruch zu Protokoll. Er bemängelt die Rechtsgültigkeit der angeführten Generalversammlungsbeschlüsse vom 13. März 1924, 3. Juli 1925 und 15. Januar 1926 und hat mit der am 10. Februar 1926 an Vorstand und Vorsitzenden des Aufsichtsrats zugestellten Klage beantragt:

1. festzustellen, daß der Beschluß der Generalversammlung vom 13. März 1924 zu Punkt 2 unrichtig protokolliert und die Eintragung des Beschlusses im Genossenschaftsregister zu Unrecht erfolgt sei,
2. festzustellen, daß der Beschluß der Generalversammlung vom 3. Juli 1925 zu Punkt 3 der Tagesordnung nichtig sei,
3. den Beschluß der Generalversammlung vom 15. Januar 1926 zu Punkt 1 der Tagesordnung für nichtig zu erklären.

Der Kläger behauptet, der — nicht verkündete — Umstellungsbeschluß vom 13. März 1924 sei nicht so gefaßt, wie protokolliert;

er habe vielmehr dahin gelautet, daß nur die Pflichtanteile mit den dazu gehörigen Haftsummen in Rentenmark umzustellen seien. Zahlreiche Genossen hätten in der Papiermarkzeit freiwillig, d. h. über die Pflichtbeteiligung hinaus, bis zu 10000 Geschäftsanteilen übernommen gehabt; so hätte sich für viele Genossen bei Umstellung nach der Zahl der Papiermarkanteile eine unerträgliche Belastung ergeben; darüber sei ausführlich verhandelt und eben deshalb sei die Umstellung so, wie er behaupte, beschlossen worden. Den Nachtragsbeschluß vom 3. Juli 1925 über die Einzahlungsweise hält der Kläger wegen Verstoßes gegen § 7 Nr. 2 GenG. für nichtig, woraus auch die Nichtigkeit des Erhöhungsbeschlusses für den Geschäftsanteil folge. Den zu Punkt 1 der Tagesordnung vom 15. Januar 1926 gefaßten Beschluß ficht der Kläger an. In der Klage waren als Anfechtungsgründe aufgeführt: irreführende und ungenügende Ankündigung des Beschlußgegenstands, Leitung der Versammlung satzungswidrigerweise durch den Vorsitzenden des Vorstands statt durch den Vorsitzenden des Aufsichtsrats, Mängel des Abstimmungsverfahrens, da über zwei Anträge gleichzeitig, ferner durch „Hammelsprung" statt durch Handaufheben abgestimmt, außerdem unter solchem Tumult in die Abstimmung eingetreten worden sei, daß ein Teil der Genossen den Vorsitzenden nicht verstanden und sich völlig im unklaren darüber befunden habe, wie die Abstimmung durchgeführt werde; endlich hätte der Beschluß zu seiner Gültigkeit Dreiviertel-Mehrheit erfordert. In späteren, nach Ablauf der Monatsfrist zugestellten Schriftsätzen sind weitere Anfechtungsgründe, darunter Mitstimmen von Nichtgenossen, angeführt.

Das Landgericht hat der Klage in vollem Umfang stattgegeben. Kurz darauf ist über die Genossenschaft das Konkursverfahren eröffnet worden. Der Konkursverwalter hat das Verfahren aufgenommen, Berufung eingelegt und Klagabweisung beantragt. Der Kläger hat in der Berufungsinstanz den Antrag zu 1 der Klage dahin geändert, festzustellen, daß der Generalversammlungsbeschluß vom 13. März 1924 zu Nr. 2 der Tagesordnung nichtig sei, und hat hierzu noch verschiedene Hilfsanträge gestellt. Das Berufungsgericht hat die Berufung des Konkursverwalters mit der Maßgabe zurückgewiesen, daß es auf Feststellung der Nichtigkeit des Generalversammlungsbeschlusses vom 13. März 1924 erkannte. Die Revision des Konkursverwalters hatte keinen Erfolg.

Gründe:

Sachlich dreht sich der Streit der Parteien zunächst darum, wie der von der Generalversammlung vom 13. März 1924 über die Umstellung der Genossenschaft gefaßte Beschluß gelautet hat. Nach der Behauptung des Beklagten, die sich mit dem Eintrag im Protokollbuch, dem Inhalt der Anmeldung und dem Eintrag im Genossenschaftsregister deckt, wäre damals schlechthin die Umstellung des Geschäftsanteils auf je 0,50 Rentenmark und der Haftsumme auf je 5 Rentenmark beschlossen worden. Nach der Darstellung des Klägers dagegen wäre der Beschluß dahin gegangen, daß nur die nach dem Pflichtbeteiligungstarif sich für die einzelnen Genossen ergebende Anzahl von Geschäftsanteilen mit Haftsumme in der angegebenen Weise umgestellt werden sollten.

Gegen den Kläger sprechen Wortlaut und verkehrsüblicher Sinn des protokollierten Beschlusses. Denn im Protokollbuch der Genossenschaft ist als „einstimmiger" Beschluß niedergelegt, daß die „Haftsumme" für jeden erworbenen Geschäftsanteil auf 5 Rentenmark und „der Geschäftsanteil" auf 0,50 Rentenmark „anderweit" festgesetzt werde. Das kann an sich nur heißen, daß auf Grund der damals noch in Geltung befindlichen §§ 3 flg. der 2. Durchf.Best. zur RentenbankVo. vom 17. Dezember 1923 (RGBl. I S. 1243) die bisherigen Papiermark-Geschäftsanteile mit Haftsumme ohne Verringerung ihrer Zahl in der angegebenen Weise neu in Rentenmark festgesetzt seien. Von einer gleichzeitigen Zusammenlegung der Papiermark-Geschäftsanteile oder einer sonstigen Beschränkung der Umstellung dem Umfang nach enthält der protokollierte Beschluß kein Wort. Der äußerlich ordnungsmäßige, in der durch § 34 Abs. 4 der Satzung vorgeschriebenen Form beurkundete, in seiner Echtheit nicht bemängelte Eintrag im Protokollbuch erbringt an und für sich den Beweis für die Richtigkeit und Vollständigkeit des so Beurkundeten; vorbehalten bleibt aber der Beweis des Gegenteils (RGZ. Bd. 8 S. 7). Diesen Gegenbeweis hält das Kammergericht in Übereinstimmung mit dem Landgericht für erbracht. Das Kammergericht stützt sich dabei insbesondere auf die Zeugenaussagen, sowie auf gewisse Rundschreiben und auf die Einträge in den sogenannten „blauen Listen" der Genossenschaft. Dabei handelt es sich im wesentlichen um Beweiswürdigung, die einem Revisionsangriff nicht zugänglich ist. Zwar ist nicht zu verkennen, daß gewisse in diesem

Zusammenhang angestellte Erwägungen des Berufungsgerichts zu rechtlichen Bedenken Anlaß geben könnten. Das Kammergericht ist nämlich u. a. der Ansicht, es sei unerheblich, wenn in der Generalversammlung die Erörterung darauf abgezielt hätte, es sollten zwar zunächst alle Anteile umgestellt, hinterher aber Genossen mit einer großen Anzahl von Anteilen hiervon teilweise befreit werden. Denn man könne, so sagt das Kammergericht, von einer Generalversammlung, die sich größtenteils aus einfachen Leuten zusammengesetzt habe, nicht erwarten, daß sie einen so feinen Unterschied wie den zwischen der Umstellung an sich und ihrer tatsächlichen Durchführung verstanden hätte, zumal da beim Vorstand selbst darüber keine Klarheit geherrscht habe. Die Versammlungsteilnehmer hätten gehört, daß sie nur ihre Pflichtanteile behalten sollten, und hätten daraus folgern müssen, daß auch nur diese umgestellt werden sollten.

Allein, wenn die Generalversammlung der Meinung war, daß sich sonstwie Mittel und Wege finden würden, trotz Umstellung der bisherigen Papiermark-Geschäftsanteile ohne Zusammenlegung die Einzahlungs- und Haftpflicht der Genossen auf die Zahl der satzungsmäßigen Pflichtanteile der einzelnen Genossen zu beschränken, so würde dies an und für sich noch nichts daran ändern, daß nun eben einmal die Umstellung der bisherigen Geschäftsanteile ohne ihre zahlenmäßige Verringerung beschlossen wäre. Falls sich die Generalversammlung oder ihre Mehrheit über Inhalt und Tragweite des tatsächlich gefaßten Beschlusses im Irrtum befunden hätte, so würde daraus allein noch nicht die absolute Nichtigkeit des Beschlusses folgen; ein Sachverhalt dieser Art hätte vielmehr an sich zunächst nur Anlaß und Grund für eine Anfechtungsklage aus § 51 GenG. geben können. Eine solche ist aber nicht fristgerecht erhoben und könnte jetzt auch nicht mehr erhoben werden.

Aus den sonstigen Ausführungen des Kammergerichts ergibt sich jedoch zweifelsfrei, daß es nicht etwa darauf abstellt, was die Teilnehmer bei der Beschlußfassung geglaubt und gedacht haben, sondern daß erwiesenermaßen der wirklich gefaßte Beschluß der Generalversammlung nur auf Umstellung der Pflichtanteile mit zugehörigen Haftsummen gegangen, sowie daß nicht etwa ein anders lautender Beschluß vom Vorsitzenden der Generalversammlung als Abstimmungsergebnis verkündet worden ist. Von einer solchen Verkündung enthält auch das Protokoll nichts. Wäre sie erfolgt, dann müßte sich allerdings die rechtliche Beurteilung wesentlich anders gestalten. Denn dann wäre, wie der erkennende Senat schon wiederholt ausgesprochen hat, nicht der tatsächlich gefaßte, sondern der verkündete Beschluß maßgebend. Wich er von dem wirklich gefaßten Beschluß ab, dann lag allerdings insoweit eine Gesetzesverletzung vor, die jedoch für sich allein gemäß § 51 GenG. nur die Anfechtbarkeit des verkündeten Beschlusses, nicht aber seine rechtliche Bedeutungslosigkeit oder absolute Nichtigkeit nach sich gezogen hätte (RGZ. Bd. 122 S. 102 [106/107] und die dort angeführten weiteren Entscheidungen). Dabei mag bemerkt werden, daß sich diese Entscheidungen durchweg mit der Frage beschäftigen, welche rechtlichen Folgen sich aus der Abweichung zwischen dem verkündeten und dem tatsächlich gefaßten Beschluß ergeben; nicht aber stand dort zur Entscheidung, ob die Verkündung als solche überhaupt Voraussetzung eines rechtsgültigen Beschlusses ist. Letztere Frage ist in Übereinstimmung mit JW. 1926 S. 1813 Nr. 5 zu verneinen.

Demnach ist für die weitere rechtliche Beurteilung davon auszugehen, daß der tatsächlich gefaßte Beschluß nicht protokolliert, der protokollierte Beschluß aber nicht gefaßt ist. Daraus ergibt sich als notwendige Rechtsfolge, daß es in jedem Fall an einer wesentlichen Voraussetzung für das Zustandekommen eines gültigen Beschlusses fehlt, die Umstellungsbeschlüsse daher unheilbar nichtig sind. Es kann deshalb dahingestellt bleiben, ob etwa im Rahmen der Umstellung (vgl. § 5 S. 1 der 2. Durchf.Best. zur RentenbankVo. vom 17. Dezember 1923) eine Zusammenlegung in der Weise möglich gewesen wäre, daß als Maßstab für die Zusammenlegung der Staffeltarif der Pflichtbeteiligung gewählt wurde, und ob der tatsächlich gefaßte Beschluß in Anwendung des § 133 BGB. den Umständen nach in diesem Sinn auszulegen wäre. Diese beiden Fragen müßten übrigens bejaht werden, zumal da es sich um eine Genossenschaft handelt, deren ursprüngliches Statut (anders als im Urteil des erkennenden Senats vom 23. April 1929 RGZ. Bd. 124 S. 182) schon die Pflichtbeteiligung nach Staffeltarif und die weitere Bestimmung enthält, daß über deren Ausgestaltung die Generalversammlung beschließt. Bemerkt mag nur werden, daß ein solcher Zusammenlegungsbeschluß zu seiner Rechtswirksamkeit auch im Rahmen der Umstellung der Eintragung bedurft hätte (RGZ. Bd. 121

S. 246 [251]), und daß diese nach Konkursausbruch nicht mehr nachgeholt werden konnte. Die Eintragung, wie sie im Genossenschaftsregister verlautbart ist, würde dann ebenfalls der Rechtswirksamkeit entbehren, weil sie einen wesentlichen Teil der beschlossenen Umstellungsmaßnahmen, nämlich eben die Zusammenlegung, nicht enthielte.

Die Revision wirft die Frage auf, ob nicht wenigstens für den Fall der Konkurseröffnung dem Inhalt des Genossenschaftsregisters zugunsten der Gläubiger öffentlicher Glaube zukomme mit der Wirkung, daß die Feststellung der Nichtigkeit eingetragener Beschlüsse zum Nachteil der Gläubiger ausgeschlossen sei; vollends dann, wenn wie hier die Beschlüsse inhaltlich klar protokolliert, von der Versammlung genehmigt und demgemäß eingetragen seien; aller Erfahrung nach erhielten Genossenschaften Kredit auf Grund der Einträge im Genossenschaftsregister oder einer Auskunft des Registergerichts über die Höhe von Geschäftsanteil und Haftsummen. Die Auffassung der Revision ist jedoch nicht begründet.

Mit der Feststellungsklage will der Kläger offensichtlich auch gegenüber dem Konkursverwalter in dessen Eigenschaft als Sachwalter der Rechte der Genossenschaftsgläubiger klargestellt wissen, daß aus dem protokollierten und eingetragenen Umstellungsbeschluß keine Rechte gegen ihn (den Kläger) hergeleitet werden können. Insoweit handelt es sich darum, welche Bedeutung der Eintragung der Umstellungsbeschlüsse im Genossenschaftsregister und ihrer öffentlichen Verlautbarung zukommt, unabhängig davon, ob sie in Wirklichkeit gefaßt, unheilbar nichtig oder nur anfechtbar sind. Die Umstellungsbeschlüsse bedurften nach §§ 3, 4 der 2. DurchfVo. zur RentenbankVo. vom 17. Dezember 1923 in Verb. mit § 16 Abs. 4 GenG., der Eintragung in das Genossenschaftsregister; sie war Voraussetzung der körperschaftlichen Wirksamkeit dieser Beschlüsse. Der Eintragung kommt nun allerdings keine allgemein heilende Wirkung zu; sie konnte weder einen nicht gefaßten Beschluß ersetzen, noch etwaige Mängel eines solchen beheben. Damit ist aber noch nicht gesagt, daß der Eintragung und ihrer Verlautbarung nach außen schlechthin jede rechtliche Bedeutung abzusprechen wäre. Das Gesetz läßt insoweit eine allgemeine Regelung vermissen und befaßt sich ausdrücklich nur in den Fällen der §§ 29, 86 GenG. mit der hier aufgeworfenen Frage (vgl. übrigens auch § 125 Abs. 2 das.). Ob und inwieweit die in §§ 29, 86 ausgesprochenen Rechtssätze auf andere Eintragungen im Genossenschaftsregister entsprechend angewendet werden können, hängt von den Umständen des Falles ab. Hier handelt es sich darum, daß ein Beschluß, wie er im Genossenschaftsregister eingetragen worden ist, nach den tatsächlichen Feststellungen des Kammergerichts gar nicht gefaßt worden war. Der Fall liegt nicht etwa so, daß der eingetragene Beschluß inhaltlich unzulässig wäre und gegen zwingende Vorschriften des Gesetzes verstieße und daß seine Beseitigung im öffentlichen Interesse geboten erschiene (Fall des § 144 FrGG.), sondern es fehlt an einer mit dem Eintrag sich deckenden Willensäußerung der Generalversammlung selbst; im Genossenschaftsregister eingetragen und so nach außen verlautbart ist etwas ganz anderes, als was in Wahrheit beschlossen worden war. Der Registereintrag kann sich demnach nicht auf einen — sei es auch nur nichtigen — Beschluß gründen; es fehlt ihm vielmehr überhaupt an einer solchen Grundlage; er leidet damit selbst an einem so wesentlichen Mangel, daß er vor dem Recht nicht Bestand haben kann (Fall des § 142 FrGG.). Der Eintrag als solcher ist, wie die Dinge hier nach den getroffenen Feststellungen liegen, fehlerhaft; der Fehler haftet somit gerade dem Tatbestand an, an den das Gesetz die „Publizitätswirkung" knüpft. Dann können aber daraus gegen die Genossen auch von den Gläubigern der Genossenschaft keine Rechte hergeleitet werden (vgl. für die GmbH. RGZ. Bd. 85 S. 205; ferner Waldecker Die eingetragene Genossenschaft S. 89 Nr. 2a).

Auch eine entsprechende Anwendung des § 97 GenG. läßt sich jedenfalls hier nicht rechtfertigen. Dort wird für den Fall der Nichtigerklärung einer Genossenschaft nach §§ 94flg. bestimmt, daß zum Zweck der Abwicklung der Verhältnisse der Genossenschaft die für die Auflösung geltenden Vorschriften entsprechende Anwendung finden sollen, daß die Wirksamkeit der namens der Gesellschaft Dritten gegenüber vorgenommenen Rechtsgeschäfte durch die Nichtigkeit nicht berührt werde und daß die Genossen, soweit sie eine Haftung für die Verbindlichkeiten der Gesellschaft übernommen haben, verpflichtet seien, die zur Befriedigung der Gläubiger erforderlichen Beträge nach Maßgabe der Vorschriften der §§ 98flg. GenG. zu leisten. Das bedeutet, daß sich die Genossen dem Konkursverwalter gegenüber im Rahmen der von ihnen übernommenen Haftung für die Genossenschaftsverbindlichkeiten insoweit nicht auf die Nichtigkeit der Genossenschaft berufen können, als sich ihre Inanspruchnahme zur Befriedigung der Gläubiger als notwendig erweist.

Es erhebt sich nun die Frage, ob diese in § 97 für den Fall der Nichtigkeit der Genossenschaft selbst getroffene Regelung eine entsprechende Anwendung im Fall der Nichtigkeit gefaßter, im Genossenschaftsregister eingetragener Umstellungsbeschlüsse finden kann. Eine ähnliche Bestimmung, wie sie § 97 GenG. für die Genossenschaften aufstellt, enthalten § 311 HGB. für die Aktiengesellschaft und § 77 GmbHG. für die Gesellschaft mbH. Der erkennende Senat hat eine entsprechende Anwendung der Vorschrift des § 311 HGB. im Fall nichtiger Umstellung einer Aktiengesellschaft abgelehnt (RGZ. Bd. 120 S. 363 [369flg.]). Es ist nicht zu verkennen, daß die dort angestellten Erwägungen auf die Umstellung einer Genossenschaft, jedenfalls zum Teil, wegen ihres ganz anderen Charakters nicht zutreffen.

Die Umstellung bei der Aktiengesellschaft und ebenso bei der Gesellschaft mbH. läßt den Vermögensstand der Gesellschaft völlig unberührt und bedeutet nur eine Neubewertung des vorhandenen Vermögens in der neuen Rechnungseinheit unter gleichzeitiger Anpassung der gesellschaftlichen Beteiligungsrechte; die Umstellung bezweckt bei diesen Gesellschaften nicht die Zuführung neuen Gesellschaftskapitals und damit die Schaffung weiterer Kreditunterlage. Wesentlich anders liegt es bei der Umstellung der Genossenschaften. Sie ist von der Gesetzgebung (§§ 3flg. der 2. DurchfVo. zur RentenbankVo. und §§ 46flg. der 2. DurchfVo. zur GoldbilVo.) grundsätzlich anders gestaltet. Es handelt sich bei ihr nicht, wie bei der Aktiengesellschaft und der Gesellschaft mbH., um die Angleichung des Grund- oder Stammkapitals an das vorhandene Reinvermögen; die Umstellung des Geschäftsanteils und der Haftsumme ist vielmehr nach den gesetzlichen Vorschriften von dem etwa vorhandenen Vermögen grundsätzlich unabhängig (vgl. Quassowski-Susat Anm. I zu § 47 der 2. DurchfVo. zur GoldbilVo.). Die Umstellung ist auch nicht von einer Eröffnungsbilanz abhängig. Sie kann und wird vielfach eben durch die Neufestsetzung der Anteile und Haftsummen der Erschließung neuer Geldquellen dienen; man denke an die Schaffung weiterer Einzahlungspflichten auf die umgestellten Anteile und an die Erzielung weiterer Kredite infolge Ersetzung der entwerteten bisherigen Papiermark-Haftsummen durch die Haftsummen der Festwährung. Gerade dieser letztere Punkt ist um so wichtiger, als, wie der erkennende Senat im Urteil RGZ. Bd. 123 S. 246 ausgesprochen hat, eine Aufwertung oder anderweitige Umwertung der Papiermark-Haftsummen nicht stattfindet. So kann nicht zweifelhaft sein, daß gerade bei den Genossenschaften mit beschränkter Haftpflicht durch die Eintragung der Umstellungsbeschlüsse im Genossenschaftsregister und ihre Verlautbarung nach außen für den Verkehr der Anschein einer Verbreiterung des Haftsummen„kapitals", also des in aller Regel neben der Zahl der Genossen wichtigsten und wesentlichsten Kreditfaktors erweckt wird. Ganz unverkennbar nähert sich insofern bei der eingetragenen Genossenschaft mit beschränkter Haftpflicht die Bedeutung der Umstellung wirtschaftlich sehr der Neugründung, sofern sie eben an Stelle der durch die Geldentwertung im allgemeinen bedeutungslos gewordenen Papiermark-Haftsummen überhaupt erst wieder in den Haftsummen der neuen Währung eine für Kredit und Gläubiger greifbare Unterlage schafft. Allein trotzdem ist es nicht angängig, die Vorschrift des § 97 GenG. auf einen Tatbestand entsprechend anzuwenden, wo es an einem Umstellungsbeschluß, wie er eingetragen ist, überhaupt fehlt.

Die Revision kann daher, soweit sie auf den Eintrag der Beschlüsse im Genossenschaftsregister abstellt, keinen Erfolg haben.

Das Kammergericht hat im Anschluß an das Urteil des erkennenden Senats RGZ. Bd. 119 S. 339 die Ungültigkeit der Umstellungsbeschlüsse vom 13. März 1924 noch auf zwei weitere Gründe gestützt. Einmal darauf, daß Umstellungsbeschlüsse, wie sie der Beklagte behaupte, zu einer für viele Genossen unerträglichen Belastung führen müßten und deshalb sittenwidrig seien und außerhalb der Mehrheitsherrschaft lägen; ferner darauf, daß die Generalversammlung solche Beschlüsse nur unter der hier nicht zu verwirklichenden Bedingung gefaßt habe, daß die Genossen mit zahlreichen Geschäftsanteilen nicht davon betroffen würden. Ob dem Kammergericht unter den Umständen des vorliegenden Falles auch insoweit beizutreten wäre, kann dahingestellt bleiben, da schon sein erster Grund das Urteil trägt.

Die Nichtigkeit des gleichfalls im Genossenschaftsregister eingetragenen Beschlusses der Generalversammlung vom 3. Juli 1925, wonach der Geschäftsanteil auf 2 RM. erhöht worden ist, hat das Kammergericht um deswillen angenommen, weil der hierzu gefaßte sog. Nachtragsbeschluß, daß die baren Einzahlungen bei allen Landwirten nur nach Maßgabe der landwirtschaftlich genützten Fläche erfolgen sollten, gegen die zwingende Vorschrift des § 7 Abs. 2 GenG. verstoße und deshalb schlechthin nichtig sei; eine Nichtigkeit, die gemäß § 139 BGB. auch die Nichtigkeit des Erhöhungsbeschlusses nach sich ziehe, weil dieser mit jenem Beschluß eine Einheit bilde. Angesichts der schweren Belastung, welche die Erhöhung aller Geschäftsanteile, an die man schon damals gedacht habe, für die Genossen mit zahlreichen Geschäftsanteilen bedeute, sei — so erwägt der Berufungsrichter — nicht anzunehmen, daß sie der Erhöhung ohne die Erleichterung der Einzahlung durch den Nachtragsbeschluß zugestimmt hätten. Daß es sich, wie der Beklagte behaupte, bei dem Nachtragsbeschluß nur um eine „interne Anweisung" handle, gegen die Landwirte nicht so scharf vorzugehen, sei dem Beschluß nicht zu entnehmen; dies sei unwahrscheinlich, aber auch unerheblich.

Die Revision rügt einmal, es sei unverständlich, wenn diese Behauptung des Beklagten für unerheblich angesehen werde; die auf den Wortlaut des Beschlusses beschränkte Würdigung verletze die Auslegungsvorschrift des § 133 BGB. und sei ursächlich für die Annahme des Kammergerichts, daß die Behauptung des Beklagten unwahrscheinlich sei; soweit letzterer beweispflichtig sei, reiche die bloße Unwahrscheinlichkeit seines Vorbringens noch nicht aus, um dieses auszuräumen.

Der Revision ist zuzugeben, daß die Erwägung des Kammergerichts rechtlich nicht bedenkenfrei ist. Es kommt aber nicht darauf an, ebensowenig darauf, ob, was die Revision wiederum bestreitet, ohne den Nachtragsbeschluß der Erhöhungsbeschluß nicht gefaßt worden wäre. Dahingestellt bleiben kann ferner, ob man wirklich die „Erhöhung" aller Geschäftsanteile oder wiederum nur der sog. Pflichtanteile beschließen wollte und beschlossen hat. Ersteres behauptet der Beklagte, letzteres der Kläger. Das Kammergericht läßt eine klare Stellungnahme zu dieser Frage vermissen, wenn auch die Wendung, „man habe schon damals an eine Erhöhung aller Anteile gedacht", darauf hinzuweisen scheint, daß das Kammergericht insoweit die Sachdarstellung des Klägers für richtig hält. Denn der Erhöhungsbeschluß ist aus anderen Gründen nichtig. Er enthält eine unmittelbare Abänderung des Umstellungsbeschlusses vom 13. März 1924 hinsichtlich der Höhe der Geschäftsanteile, steht sonach mit diesem früheren Beschluß im engsten inneren Zusammenhang. Mit der Nichtigkeit jenes ersten Beschlusses ist er bei dieser Sachlage ohne weiteres ebenfalls nichtig (RGZ. Bd. 118 S. 218, Bd. 120 S. 28flg. [31]). Nun käme allerdings noch in Betracht, ob etwa der Beschluß vom 3. Juli 1925 selbst als Umstellungsbeschluß gelten und unter diesem Gesichtspunkt als rechtsgültig angesehen werden könnte. Allein dem steht entgegen, daß es dann immer noch an einer rechtsgültigen Umstellung auch der Haftsumme fehlen würde. Eine Umstellung des Geschäftsanteils für sich allein ist rechtlich unmöglich und mit den zwingenden Vorschriften des § 131 GenG. wie auch des § 47 der 2. DurchfVo. zur GoldbilVo. unvereinbar. Ein sich auf die Haftsumme und ihre Umstellung oder „Erhöhung" beziehender Beschluß ist aber seit dem nichtigen Generalversammlungsbeschluß vom 13. März 1924 überhaupt nicht mehr gefaßt worden. Daran muß die Revision auf alle Fälle scheitern.

Was den Beschluß der Generalversammlung vom 15. Januar 1926 betrifft, den der Kläger mit der Anfechtungsklage aus § 51 GenG. bekämpft, so hat das Kammergericht der Klage hier aus drei verschiedenen Gründen stattgegeben. Einmal deshalb, weil die Ankündigung der Tagesordnung irreführend gewesen sei. Zum andern, weil Nichtgenossen mitgestimmt hätten und dadurch — angesichts der Mehrheit von nur 3 Stimmen für den zum Beschluß erhobenen Antrag — das Abstimmungsergebnis wesentlich beeinflußt worden sein könne. Der dritte Grund geht dahin, daß der Beschluß nach § 34 Abs. 2 der Satzung einer Dreiviertel-Mehrheit bedurft hätte; denn der Beschluß vom 3. Juli 1925 über die Festsetzung des Geschäftsanteils auf 2 RM. sei nichtig gewesen und darum könnte erst der Beschluß vom 15. Januar 1926 als wirklicher Erhöhungsbeschluß angesehen werden. Die Revision rügt zunächst Verletzung des § 51 GenG. insofern, als der Anfechtungsgrund des Mitstimmens von Nichtgenossen nicht innerhalb der vorgeschriebenen Monatsfrist geltend gemacht, sondern erst nach ihrem Ablauf nachgeschoben worden sei. Das ist richtig. Die Klage enthält von diesem Anfechtungsgrund nichts; er tritt zum erstenmal im Schriftsatz vom 7. Dezember 1926 auf, also lange nach Ablauf der Monatsfrist. Die Frist des § 51 GenG. ist aber ebenso wie die des § 271 HGB. eine Ausschlußfrist, deren Einhaltung überdies in jeder Lage des Verfahrens von Amts wegen zu prüfen ist. Innerhalb der Frist muß nicht nur die Anfechtungsklage erhoben, sondern müssen auch die wesentlichen tatsächlichen Behauptungen in den Prozeß eingeführt sein, aus denen die einzelnen Anfechtungsgründe hergeleitet werden sollen (RGZ. Bd. 91 S. 316; JW. 1903 S. 390 Nr. 22, 1928 S. 1569 Nr. 14). Damit entfällt dieser Entscheidungsgrund des Kammergerichts.

Gegenüber dem weiteren Entscheidungsgrund, daß der angegriffene Beschluß, weil er eine Satzungsänderung enthalten habe, nur mit Dreiviertel-Mehrheit der abgegebenen Stimmen rechtsgültig hätte gefaßt werden können (einer Mehrheit, die nicht erzielt wurde), rügt die Revision Verletzung des § 47 Abs. 2 der 2. DurchfVo. zur GoldbilVo. Sie meint: weil nach Ansicht des Kammergerichts der Umstellungsbeschluß vom 13. März 1924 (wie auch der Beschluß vom 3. Juli 1925) nichtig gewesen sei, bilde der Beschluß vom 15. Januar 1926 in Wahrheit den ersten Umstellungsbeschluß; als solcher habe er aber nach § 47 Abs. 2 der 2. DurchfVo. zur GoldbilVo. mit einfacher Stimmenmehrheit gefaßt werden können. Hierbei wird übersehen, daß der Beschluß vom 15. Januar 1926 schon deshalb nicht als Umstellungsbeschluß Geltung haben könnte, weil es an der unerläßlichen Umstellung zugleich auch der Haftsumme fehlen würde. Schon daran scheitert die Revision.

---

30. Versteht das Genossenschaftsgesetz unter „schriftlicher Form" und „Unterzeichnung" des Statuts etwas anderes, als was das Bürgerliche Gesetzbuch hierüber vorschreibt?

GenG. § 5, § 11 Abs. 2 Nr. 1. BGB. § 126.

II. Zivilsenat. Urt. v. 21. Juni 1929 i. S. K. u. Gen. (Kl.) w. Hansabank e. Gen. m. b. H. u. Gen. (Bekl.). II 35/29.

I. Landgericht Hanau.

Die 152 Kläger sind Genossen der am 10. November 1920 in das Genossenschaftsregister eingetragenen, seit dem 29. Januar 1927 im Konkurs befindlichen Hansabank in H. Einige von den Klägern sind zugleich Mitglieder des Aufsichtsrats. Die Anmeldung der Genossen zum Register geschah am 22. Oktober 1920 durch den dreigliedrigen Vorstand. Die dem Registergericht mit der Anmeldung eingereichte Satzung trug die vom 3. Oktober 1920 datierten Unterschriften der drei Vorstandsmitglieder. Das gleichfalls eingereichte, von 17 Personen unterzeichnete Gründungsprotokoll vom 3. Oktober 1920 beginnt mit den Sätzen:

„Die laut beiliegender Anwesenheitsliste" (in der 22 Personen verzeichnet sind) „vertretenen Personen treten heute zusammen zur Gründung der Hansabank e. Gen. m. b. H. in H. Die Gründung wird unter Annahme der beiliegenden Statuten beschlossen als eine Genossenschaft m. b. H. mit einem Genossenschaftsanteil von mindestens 200 M. und der Haftsumme von gleicher Höhe und der Höchstzahl von 250 Anteilen .... Hierauf wurden in den Aufsichtsrat einstimmig gewählt .... (sieben Personen) ferner in den Vorstand" (folgen die Namen der drei Vorstandsmitglieder).

Die Kläger sind der Ansicht, die Satzung entbehre der in §§ 5, 11 Abs. 2 Nr. 1 GenG. vorgeschriebenen Schriftform, und verlangen deshalb Nichtigerklärung der Genossenschaft (der Erstbeklagten) sowie Feststellung, daß sie nicht verpflichtet seien, den Geschäftsanteil von 200 RM. zu bezahlen; außerdem beantragen sie Verurteilung des Konkursverwalters (Zweitbeklagten) zur Rückzahlung der von den Klägern auf den Geschäftsanteil gezahlten Beträge. Das Landgericht erklärte die verklagte Genossenschaft wegen des der Satzung anhaftenden Schriftformmangels für nichtig, wies dagegen die Kläger mit ihren weiteren Anträgen ab. Die unmittelbar eingelegte Revision der Kläger hatte keinen Erfolg. Auf die Revision der Beklagten wurde die Klage im ganzen Umfang abgewiesen.

Gründe:

Das Schicksal der Klage hängt davon ab, ob mit dem Landgericht gesagt werden muß, das Statut, wie es bei der Anmeldung der verklagten Genossenschaft dem Registergericht eingereicht worden ist, entbehre der durch § 5 und § 11 Abs. 2 Nr. 1 GenG. vorgeschriebenen Form. Das angefochtene Urteil führt zur Begründung seiner Ansicht folgendes aus: Das Statut müsse von den die Gründung vornehmenden Genossen eigenhändig unterzeichnet sein. Das sei hier nicht der Fall gewesen. Denn das eingereichte Statut habe die Unterschriften von nur drei Gründergenossen getragen, während es im ganzen

17 Gründer gewesen seien. Die vorgeschriebene Unterzeichnung durch sämtliche Gründer könne nicht dadurch ersetzt werden, daß ein von den Gründergenossen nicht unterzeichnetes, die Satzung enthaltendes Schriftstück in einem von den Genossen unterschriebenen Gründungsprotokoll in Bezug genommen werde. Das Statut sei daher wegen Fehlens der vorgeschriebenen Schriftform nichtig, und dieser Mangel sei auch nicht durch die Eintragung der Erstbeklagten ins Genossenschaftsregister geheilt worden. Demnach sei die Nichtigkeitsklage (§§ 94flg. GenG.) begründet. Denn die Voraussetzung für die Anwendung des § 94 liege auch dann vor, wenn es sich nicht um inhaltliche Nichtigkeit, sondern um eine durch Formmängel begründete Nichtigkeit der im § 95 Abs. 1 hervorgehobenen Bestimmungen des Statuts handle. Der Umstand, daß das Gesetz die Nichtigkeit des ganzen Statuts nicht ausdrücklich erwähne, könne nur darauf beruhen, daß auch nach Auffassung des Gesetzgebers infolge der Nichtigkeit des ganzen Statuts selbstverständlich jede seiner einzelnen Bestimmungen der Nichtigkeit verfallen sei.

Der erkennende Senat kann sich der Auffassung des Landgerichts nicht anschließen. Die grundlegende Vorschrift über die Form des Statuts enthält § 5 GenG., der nichts weiter als schriftliche Form verlangt. Diesem Erfordernis ist zweifellos genügt; denn die bei der Anmeldung überreichte Satzung ist mit Schreibmaschine geschrieben und überdies von den drei Anmeldern (den Mitgliedern des Vorstands) unterzeichnet. In dem mitvorgelegten Gründungsprotokoll, das von sämtlichen 17 Gründern unterzeichnet war, erklärten diese aber u. a., daß sie die beiliegenden Statuten annähmen. Es fragt sich, ob das denselben rechtlichen Erfolg hat, wie wenn entsprechend der Vorschrift des § 11 Abs. 2 Nr. 1 der Anmeldung ein „von den Genossen" unterzeichnetes Statut beigefügt worden wäre. Das Reichsgericht bejaht dies aus folgenden Erwägungen:

Die Frage, wann ein dem Registerrichter bei der Anmeldung einer Genossenschaft vorgelegtes Statut als von den Genossen (hier: den Gründern) unterzeichnet anzusehen ist, entscheidet sich durchaus nach bürgerlichrechtlichen Grundsätzen. Denn es fehlt an jedem Anhalt dafür, daß das Genossenschaftsgesetz unter „schriftlicher Form" und „Unterzeichnung" etwas anderes verstünde, als was das Bürgerliche Gesetzbuch hierüber vorschreibt. Dies führt zur Anwendung des § 126 BGB. Die Sache liegt, unter dem Gesichtspunkt dieser

Vorschrift betrachtet, so, daß das vorgelegte Statut, mit dem zugleich auch das Gründungsprotokoll überreicht wurde, diesem als dauernde Anlage unmittelbar beigefügt war und mit ihm eine Einheit bildete. In solchen Fällen ist, wie der VII. Zivilsenat des Reichsgerichts in RGZ. Bd. 107 S. 294 ausgesprochen hat und wie auch der erkennende Senat annimmt, davon auszugehen, daß die Unterschrift oder die Unterschriften unter der Haupturkunde (als solche ist hier das Gründerprotokoll anzusehen) auch den gesamten Inhalt der zugleich überreichten, dort in Bezug genommenen Anlage — der Satzung — decken. Diese ist daher gerade so zu behandeln, als wenn sie bei der Anmeldung der Genossenschaft die Unterschriften der sämtlichen 17 Gründer getragen hätte.

Dann sind aber die Vorschriften des § 5 und des § 11 Abs. 2 Nr. 1 GenG. gewahrt, und die auf Feststellung der Nichtigkeit der verklagten Genossenschaft gerichtete Klage, die sich auf § 94 GenG. stützt, jedoch die Anwendbarkeit des § 97 das. bestreitet, muß abgewiesen werden. Daraus folgt, daß die Kläger auch nicht Feststellung noch Verurteilung des Zweitbeklagten nach den weiteren Klaganträgen verlangen können. Denn die Kläger wollen die letzteren Ansprüche gerade aus der behaupteten Nichtigkeit der Genossenschaft herleiten.

---

31. Über Umfang und Grenzen der Rechtskraft eines Urteils, durch welches die auf § 1 UnlWG. gestützte Klage auf Löschung einer Firma abgewiesen wurde.

ZPO. § 322. UnlWG. § 1.

II. Zivilsenat. Urt. v. 25. Juni 1929 i. S. W. Sch. u. Gen. (Kl.) w. S. Sw. (Bekl.). II 566/28.

I. Landgericht I Berlin.
II. Kammergericht daselbst.

Zwischen der im Jahre 1898 als Gesellschaft mbH. gegründeten Rechtsvorgängerin der Klägerin zu 1, einer auf diese übergegangenen Weinbrennerei gleicher Firma in B., und der im September 1913 gegründeten verklagten Firma hat in den Jahren 1913/14 ein Rechtsstreit geschwebt, in dem die Klägerin zu 1 die Löschung des Wortes „Scharlachberg" in der Firma der Beklagten aus §§ 1, 16 UnlWG. verlangte. Das Landgericht erkannte nach dem Klagantrag, das Oberlandesgericht Darmstadt wies die Klage ab. Die Revision der Klägerin zu 1 wurde wegen mangelnden Beschwerdewertes als unzulässig verworfen.

Mit der im Januar 1928 anhängig gemachten jetzigen Klage haben die Klägerinnen beantragt, die Beklagte zur Unterlassung des Gebrauchs der Bezeichnung „Scharlachberg" für ihr Unternehmen und für ihre Waren, sowie zur Löschung ihrer Firma zu verurteilen und festzustellen, daß die Beklagte ihnen den durch Benutzung der Bezeichnung „Scharlachberg" seit Erhebung dieser Klage entstandenen Schaden zu ersetzen habe. Zur Begründung wurde ausgeführt, daß der Klägerin zu 1 das rechtskräftige oberlandesgerichtliche Urteil im Vorprozeß nicht entgegenstehe, da die Auffassung des Verkehrs über Verwechslungsgefahr und demgemäß die Rechtsprechung sich geändert habe. Außerdem sei seit 1914 durch Erweiterung des Geschäftsbetriebs sowohl der Klägerin zu 1 wie der Beklagten die Verwechslungsgefahr wesentlich verstärkt worden, zumal da die Beklagte alles getan habe, um sich der Bezeichnung der Klägerin zu 1 zu nähern und von dem guten Ruf Nutzen zu ziehen, den deren Erzeugnisse genössen. Bei dieser Sachlage würden durch das Verhalten der Beklagten aber auch die Klägerinnen zu 2 und 3 als Wettbewerber der Beklagten in sittenwidriger Weise geschädigt. Die Beklagte meint, sie sei nach dem Vorprozeß-Urteil berechtigt, das Wort „Scharlachberg" in ihrer Firma zu führen. Dieses Urteil aus der Welt zu schaffen, sei der einzige Zweck der Klage, die aber an der Rechtskraft des genannten Urteils scheitern müsse. Denn die Beklagte habe nichts getan, was nicht schon in jenem Urteil berücksichtigt sei. Die Klägerinnen gehörten sämtlich zum Asbach-Konzern; die Mitwirkung der Klägerinnen zu 2 und 3 geschehe daher nur im Interesse der Klägerin zu 1, jedenfalls ohne eigenes Interesse, da die Benutzung des Wortes „Scharlachberg" in der Firma die Klägerinnen zu 2 und 3 nicht berühre, ihnen gegenüber nicht sittenwidrig sein könne und da Verwechslungsgefahr völlig ausscheide.

Das Landgericht hat die Klage abgewiesen, das Kammergericht die Berufung der Klägerinnen zurückgewiesen. Ihre Revision war gleichfalls ohne Erfolg.

Gründe:

Das Kammergericht hat in Übereinstimmung mit dem Landgericht die von der Klägerin zu 1 geltend gemachten Ansprüche deshalb verneint, weil durch das rechtskräftige Urteil des Oberlandesgerichts Darmstadt die Löschungsklage der Rechtsvorgängerin dieser Klägerin abgewiesen und deshalb für eine abweichende Entscheidung über die Klaganträge, soweit die Tatbestände sich decken, kein Raum sei, neue Tatbestände aber nicht behauptet oder nicht erwiesen seien. Diesen Ausführungen kann trotz den Bemängelungen der Revision nur zugestimmt werden.

1. Durch die Rechtskraft nach § 322 ZPO. soll verhindert werden, daß aus demselben Tatbestand zwischen denselben Parteien (oder ihren Rechtsnachfolgern, § 325 ZPO.) über eine daraus abgeleitete Rechtsfolge durch ein neues Urteil anders entschieden wird, als vorher durch ein rechtskräftiges älteres Urteil schon entschieden war. Gegenstand der Bindung des zweiten Richters bildet also die ältere Entscheidung, daß ein bestimmter Tatbestand die im Vorprozeßurteil bejahte oder verneinte Rechtsfolge habe oder nicht habe. Das zieht auch die Revision nicht in Zweifel; ebensowenig bemängelt sie die Annahme des Berufungsgerichts, daß die Klägerin zu 1 — vorausgesetzt, daß eine Rechtskraft des Vorprozeßurteils überhaupt in Frage kommt — diese als Rechtsnachfolgerin der damaligen Klägerin gegen sich gelten lassen muß. Dagegen macht die Revision geltend, daß es sich um einen völlig veränderten Tatbestand handle und daß die beanspruchten Rechtsfolgen ganz verschieden seien. Ferner wird mit Nachdruck behauptet, die Rechtskraftwirkung des älteren Urteils müsse schon deshalb entfallen, weil bei einer seit Erlassung jenes Urteils verfeinerten Verkehrsauffassung und der demgemäß geänderten Rechtsprechung das ältere Urteil mit den neueren Anschauungen über Sittenwidrigkeit und über die sie begründende Verwechslungsgefahr unvereinbar wäre.

Diese Ansicht wird allerdings von Rosenthal Anm. 22a zu § 1 UnlWG. vertreten und auch in dem der Revisionsbegründung beigefügten Rechtsgutachten von Prof. Dr. Endemann (ohne Widerspruch gegen Rosenthal) dahin zum Ausdruck gebracht: Die Rechtskraft des ersten Urteils dürfe keine Ersitzung des Rechts auf Fortsetzung eines Tuns begründen, das zwar damals gestattet worden sei, das aber nach den geläuterten heutigen Anschauungen als sittenwidrig verworfen werden müsse. Wäre diese Ansicht richtig, so müßte die Rechtskraft überall da außer Betracht bleiben, wo bei unverändertem Tatbestand die rechtliche Bewertung der Tatsachen durch die Rechtsprechung sich gewandelt hat. Denn für eine Beschränkung jener Lehre auf Fälle der Beurteilung eines Tatbestands als Verstoß gegen die guten Sitten liegt kein Grund vor. Das würde aber bedeuten, daß im Falle einer Wandlung der Rechtsprechung in irgend einer grundsätzlichen Frage alle Urteile trotz Rechtskraft unbeachtlich wären, bei denen die Entscheidung auf der älteren, neuerdings aufgegebenen Gesetzesauslegung beruht. Das kann nicht der Sinn des Gesetzes sein. Die Ansicht von Rosenthal entbehrt in der Tat auch jeder rechtlichen Grundlage; sie ist, worauf Baumbach Wettbewerbsrecht S. 152 mit Recht hinweist, mit der durch die Rechtskraft zu schaffenden Rechtssicherheit unvereinbar, findet in dem von Rosenthal angeführten Urteil des Reichsgerichts (RGZ. Bd. 111 S. 71), das einen ganz anderen Fall behandelt, keine Stütze und wird auch sonst in Rechtslehre und Rechtsprechung (Stein-Jonas Bem. VIII 1 zu § 322 ZPO. S. 937 und die dort angef. Entsch.) allgemein abgelehnt.

Das Endemannsche Gutachten will sich offenbar der Ansicht von Rosenthal auch nicht unbedingt anschließen; es verlangt nur, daß das jetzt angerufene Gericht den durch die Entwicklung der tatsächlichen Verhältnisse veränderten Tatbestand nach den heute maßgeblichen Rechtsgrundsätzen beurteile. Das ist überhaupt der Grundgedanke des ganzen Gutachtens, der durchaus mit der Rechtsprechung in Einklang steht, auch von den Vorinstanzen nicht übersehen ist, aber mit der hier abgelehnten Lehre von Rosenthal nichts zu tun hat. Das Kammergericht verkennt nicht, daß bei Dauerzuständen, z. B. hier bei der Verwechslungsgefahr zwischen zwei Firmen, eine nach Abschluß der letzten Tatsacheninstanz des Vorprozesses vorgekommene Veränderung, insbesondere Handlungen der einen oder anderen Partei, den zur Beurteilung stehenden Tatbestand von Grund aus verändern, einen ganz neuen, anders gearteten Tatbestand schaffen kann. Es hat deshalb auch richtigerweise geprüft, welche Behauptungen darüber die Klägerin aufgestellt hat, und hat das Vorhandensein eines die Rechtskraft des Darmstädter Urteils ausschaltenden veränderten Tatbestands verneint. Ein Rechtsirrtum ist hierbei nirgends erkennbar.

Die Revision erblickt die behauptete völlig veränderte Sachlage im wesentlichen darin, daß beide Parteien zur Zeit des Vorprozeßurteils noch Betriebe von verhältnismäßig geringem Umfang gehabt hätten, inzwischen aber groß geworden seien und sich einen weitverzweigten, umfangreichen Abnehmerkreis erworben hätten, daß die Klägerin das Schlagwort „Scharlachberg" inzwischen zu Ansehen und zur Anerkennung als Kennzeichen ihres Unternehmens gebracht habe und daß die Beklagte davon in unzulässiger Weise Nutzen ziehe. Das wäre sicherlich beachtlich und würde trotz der Rechtskraft des Vorprozeßurteils zu einer erneuten Prüfung nötigen, wenn das damals entscheidende Gericht auf diese oder auf die davon angeblich verschiedene frühere Sachlage Gewicht gelegt hätte. Denn für die Grenzen der Rechtskraft kommt es darauf an, welche Bedeutung der Formel eines Urteils, erläutert durch die Entscheidungsgründe, zukommt. Haben sich tatsächliche Verhältnisse geändert, die für die Entscheidung im Vorprozeß nach der Begründung unerheblich waren und die an der rechtlichen Beurteilung auch nach der Veränderung nichts ändern könnten, so ist der später angerufene Richter an die Entscheidung des Vorprozesses gebunden. So aber liegen die Verhältnisse hier.

Das Oberlandesgericht Darmstadt hat sowohl den Tatbestand des § 16 wie den des § 1 UnlWG. verneint. Es führt aus, daß zwischen den beiden Firmen keine Verwechslungsgefahr bestehe, weil die vorhandenen Unterscheidungsmerkmale ausreichten, die Waren verschieden seien und deshalb auch kein Wettbewerb der Parteien stattfinde. Von einem sittenwidrigen Verhalten der Beklagten könne deshalb schon gar keine Rede sein, zumal da beide Parteien das Firmenschlagwort „Scharlachberg" zwar befugt benutzten, aber doch von dem wegen seiner vorzüglichen Weine bekannten Scharlachberg — unabhängig voneinander — ableiteten. Das Vorprozeßurteil hat also nicht etwa auf den geringen Umfang der beiderseitigen Unternehmen abgestellt, deren Verschiedenheit dem beschränkten Abnehmerkreis bekannt sei. Es hat auch den Verstoß gegen die guten Sitten nicht etwa deshalb verneint, weil die Erzeugnisse der Klägerin wenig bekannt seien. Es hat vielmehr die Verwechslungsgefahr zwischen den beiden Firmen wegen des Vorhandenseins ausreichender Unterschiede und wegen der Verschiedenartigkeit der Ware verneint, und deshalb auch in der Wahl und Benutzung der Firma der Beklagten keinen Verstoß gegen die guten Sitten gefunden. An diesen Grundlagen der Entscheidung des Vorprozesses hat sich auch nach der jetzigen Darstellung der Klägerin nichts geändert. Die behauptete tatsächliche Veränderung der Verhältnisse würde also, wenn sie dem Oberlandesgericht im Vorprozeß vorgetragen worden wäre, die Entscheidung nicht beeinflußt haben. Das muß auch, wie das Kammergericht mit Recht betont, von der angeblichen Nachahmung der einzelnen Markenbezeichnungen gelten, um so mehr, als das angefochtene Urteil tatsächlich feststellt, daß diese Bezeichnungen schon vor Erlaß des Darmstädter Urteils von der Beklagten geführt wurden. Es ist deshalb auch unerheblich, ob man heute die Fragen der Verwechslungsgefahr oder des Verstoßes gegen die guten Sitten auf Grund des im Vorprozeßurteil behandelten Sachverhalts vielleicht anders entscheiden würde.

Es ist aber auch nicht richtig, daß die Rechtskraft des Vorprozeßurteils deshalb nicht in Betracht komme, weil es sich um andere Klagansprüche handle als im Vorprozeß. Damals wurde die Löschung des Wortes „Scharlachberg" in der Firma der Beklagten verlangt. Wenn die Klägerin jetzt die Löschung der ganzen Firma der Beklagten beantragt, weil die Benutzung dieses Wortes unzulässig sei, so ist das nichts anderes, als was im Vorprozeß verlangt wurde. Die Rechtskraft jenes die Löschungsklage abweisenden Urteils greift aber auch gegenüber dem jetzt geltend gemachten Unterlassungsanspruch durch. Denn es ist nicht richtig, daß die Rechtskraftwirkung nur bei völliger Gleichheit der Klagansprüche im Vor- und Nachprozeß in Betracht komme (RGZ. Bd. 50 S. 419, Bd. 54 S. 50, Bd. 80 S. 323). Nun ist allerdings die Klage auf Löschung einer Firma aus § 16 UnlWG. nur gerechtfertigt, wenn dem Mißbrauch der Firma nicht auf andere Weise wirksam entgegengetreten werden kann (RGZ. Bd. 95 S. 294). Es ist deshalb denkbar, daß der Unterlassungsanspruch gerechtfertigt ist, die Löschungsklage aber abgewiesen werden muß. Hier handelt es sich jedoch im Vor- und Nachprozeß gleichmäßig um den aus einem Verstoß gegen die guten Sitten abgeleiteten Unterlassungsanspruch aus § 1 UnlWG. und § 826 BGB., der nach ständiger Rechtsprechung, wenn die zu unterlassende Handlung in der Führung einer eingetragenen Firma besteht, ohne weiteres das Recht auf Löschung der Firma in sich schließt. Es wäre mit dem Zweck der Vorschrift des § 322 ZPO. unvereinbar, wollte man ein Verbot der Benutzung des Firmenbestandteils „Scharlachberg" gegenüber der Beklagten für zulässig halten, nachdem — immer den gleichen Tatbestand vorausgesetzt — der Anspruch auf Löschung dieses Firmenbestandteils rechtskräftig abgewiesen ist, weil kein Unterlassungsanspruch besteht.

2. Aber auch der Schadensersatzanspruch der Klägerin ist mit Recht abgewiesen worden. Es kann dahingestellt bleiben, ob die Abweisung des Unterlassungsanspruchs für die Entscheidung über den Schadensersatzanspruch ganz allgemein Rechtskraftwirkung hinsichtlich der objektiven Rechtsverletzung schafft (vgl. RG. in JW. 1926 S. 812 und in MuW. XXVI S. 390). Denn jedenfalls kann von einem Verstoß der Beklagten gegen die guten Sitten keine Rede sein, solange sie nach Abweisung der Klage im Vorprozeß nichts weiter getan hat als das, wozu sie nach diesem Urteil berechtigt war. Durfte die Klägerin nach der Begründung des Darmstädter Urteils der Beklagten die Führung ihrer Firma nicht verbieten, so kann in der weiteren Führung der Firma trotz des neuerlichen privaten, auf keinen anderen Sachverhalt gegründeten Verbots keine zum Schadensersatz nach § 826 BGB. verpflichtende Handlung erblickt werden. Denn die Beklagte hat das Urteil nicht erschlichen, sie hat es auch nicht in einer über Sinn und Zweck der Entscheidung hinausgehenden Weise ausgebeutet. Allerdings verlangt die Klägerin den Schadensersatz erst seit Klagerhebung. Aber die Rechtshängigkeit des Unterlassungsanspruchs begründet an sich weder einen Schadensersatz- noch auch nur einen Bereicherungsanspruch. Auch kann die erneute Geltendmachung des Unterlassungsanspruchs trotz Rechtskraft des ihn verneinenden Vorprozeßurteils das Verhalten der Beklagten nicht zu einem sittenwidrigen machen.

3. Unbegründet ist auch die Revision der Klägerinnen zu 2 und 3. Das unlautere Verhalten der Beklagten gegenüber diesen Klägerinnen soll darin bestehen, daß die Beklagte mit ihnen unter Benutzung des Firmenschlagwortes „Scharlachberg" in Wettbewerb tritt, das nicht durch die Beklagte, sondern durch die Klägerin zu 1 berühmt geworden sei. Mit Recht sagt das Kammergericht demgegenüber, daß sich Personen wie die Klägerinnen zu 2 und 3 nicht auf einen solchen Tatbestand berufen können, weil sie das Schlagwort „Scharlachberg" nicht in ihren Firmen führen oder sonstwie benutzen. Wenn sogar die Klägerin zu 1 es dulden muß, daß die Beklagte ihre beanstandete Firma unverändert weiterführt, so können andere

Personen, mögen sie auch Wettbewerber der Beklagten sein, daraus weder Unterlassungs- noch Schadensersatzansprüche herleiten, weil ihnen gegenüber dann von einem sittenwidrigen Verhalten der Beklagten keine Rede sein kann. Das würde in gleicher Weise gelten, wenn die Klage vor dem nach § 24 UnlWG. zuständigen Gericht erhoben wäre. Die Revision irrt, wenn sie meint, daß dann die Ansprüche der Klägerinnen zu 2 und 3 ohne weiteres aus §§ 1, 13 UnlWG. gegeben wären. Denn materielle Grundlage der Klage könnte immer nur § 1 UnlWG. sein, und der Verstoß gegen die guten Sitten ist im Sinne dieser Vorschrift kein anderer als nach § 826 BGB. Aus § 13 UnlWG. ergibt sich nur die Klagebefugnis, nicht ein materieller Anspruch.

---

32. 1. Was ist unter Verträgen im Sinne der Kartellverordnung zu verstehen?

2. Fallen unter § 9 der KartVo. Sperren nur dann, wenn sie gegen Kartellmitglieder, oder auch dann, wenn sie gegen andere verhängt werden?

3. Kommt es für die Anwendung des § 9 KartVo. darauf an, ob die Sperre durch die satzungsgemäß zuständige Mitgliederversammlung beschlossen worden ist, oder genügt Verhängung durch den Vorstand?

4. In welchem Umfang macht die unzulässige Verhängung einer Sperre das Kartell schadensersatzpflichtig?

Verordnung gegen Mißbrauch wirtschaftlicher Machtstellungen vom 2. November 1923 (RGBl. I S. 1067, 1090) §§ 1, 9. BGB. § 31, § 823 Abs. 2.

VI. Zivilsenat. Urt. v. 27. Juni 1929 i. S. Verein der rein natürlichen Heilquellen e. V. (Bekl.) w. Min.-Vertriebs-AG. (Kl.). VI 679/28.

I. Landgericht I Berlin.
II. Kammergericht daselbst.

Die Klägerin ist Großhändlerin für den Vertrieb natürlicher und halbnatürlicher Mineralwässer. Sie gehört dem Verein der Mineralwasser-Großhändler Deutschlands e. V. in Leipzig an. Der Beklagte ist ein eingetragener Verein, der nach seiner Satzung den Zweck hat, die den rein natürlichen Heilquellen gemeinsamen Interessen zu vertreten. Ihm gehören 7 private und 6 staatliche, zum Teil verpachtete Mineralbrunnen an. In Verbindung mit ihm steht die Mineralquellenversand-GmbH. in Leipzig und Kassel, die für einen Teil der Vereinsmitglieder den Versand besorgt. Am 29. September 1926 fand in Bad Reichenhall eine Generalversammlung des verklagten Vereins statt. Am selben Tage wurde dort zwischen dem Beklagten und dem Verein der Mineralwasser-Großhändler Deutschlands ein Vertrag abgeschlossen, der u. a. Preise für den Wiederverkauf, Bezeichnung der Mineralwässer, Domizilschutz usw. betraf. In der Generalversammlung waren Beschwerden über die Klägerin vorgebracht worden, der einseitige Reklame für den Lauchstädter Brunnen vorgeworfen wurde; es wurde erwogen, den Brunnenvertrieb für Leipzig unter Ausschluß der Klägerin der Mineralquellenversand-GmbH. zu übertragen. In gemeinsamer Sitzung mit dem Verein der Mineralwasser-Großhändler wurde dieser Plan jedoch zurückgestellt und im Vertrag zwar bestimmt, daß der Platz Leipzig ausgeschlossen bleibe, im übrigen jedoch beschlossen, dem Hauptaktionär der Klägerin, Dr. L., zunächst einen Vermittlungsvorschlag zu machen. Über diesen Vorschlag wurde am 3. November 1926 zwischen Dr. L. und den Vorstandsmitgliedern des Beklagten, die zugleich Gesellschafter der Mineralquellenversand-GmbH. vertraten, verhandelt, jedoch ohne Ergebnis. Am 23. November 1926 richtete der Beklagte an den Vorsitzenden des Leipziger Drogistenvereins folgendes Schreiben:

„Wir teilen Ihnen hierdurch höfl. mit, daß wir, die dem Verein der rein natürlichen Heilquellen angeschlossenen Brunnenverwaltungen, die Leipziger Mineralwasserhandlungen Min.-Vertriebs-A.G. und S. R. (Besitzer Dr. L.) gesperrt haben und daß wir die künftige Belieferung Leipzigs ausschließlich der Mineralquellenversand-GmbH. Leipzig übertragen haben. . . . ."

Ebenso heißt es in dem Schreiben des Beklagten an den Verlag der Drogisten-Zeitung in Leipzig vom 6. Dezember 1926, daß es sich „bei der Min.-Vertriebs-A.G. und bei der S. R. GmbH. um Firmen handelt, die seit Anfang November d. J. von allen dem Verein der rein natürlichen Heilquellen angeschlossenen Brunnenverwaltungen gesperrt sind, d. h. nicht mehr beliefert werden." Ähnliche Mitteilungen enthielten das Rundschreiben der Mineralquellenversand GmbH. vom 30. November und in betreff der Wildunger Helenenquelle das vom 30. Dezember 1926, beide an die Apotheker und Drogisten Leipzigs gerichtet. Da die Klägerin auf Bestellungen bei Mitgliedern des Beklagten ablehnende Antworten erhielt, beantragte sie Anfang Dezember 1926 beim Landgericht I in Berlin eine einstweilige Verfügung auf Untersagung der ungenehmigten Sperre. Diesem Antrag wurde am 4. Januar 1927 stattgegeben, die Berufung des Beklagten wurde am 19. März 1927 vom Kammergericht zurückgewiesen. Inzwischen hatte sich am 29. Dezember 1926 der Beklagte an den Vorsitzenden des Kartellgerichts gewandt mit dem Antrag, festzustellen, daß gegenüber dem Beklagten kein Anlaß zu einer Genehmigung nach § 9 der Kartellverordnung vorliege, eventuell einen noch zu beschließenden Ausschluß der Klägerin von der Belieferung zu genehmigen. Der Vorsitzende versagte am 31. Dezember 1926 unter Abweisung des Feststellungsantrags die Einwilligung, und das Kartellgericht bestätigte am 15. März 1927 diese Entscheidung.

Die Klägerin behauptet, daß der Beklagte gegen sie eine unerlaubte Lieferungssperre verhängt und dadurch gegen § 9 der Kartellverordnung und § 823 Abs. 2 BGB., sowie gegen § 826 BGB. verstoßen habe, und beantragt, ihn zu verurteilen, daß er die Sperre aufhebe und seine Mitglieder sowie die Mineralquellenversand GmbH. anweise, die Klägerin im ordnungsmäßigen Geschäftsbetrieb zu beliefern, und daß er ihr den durch die Sperre und deren Mitteilung an ihre Kunden entstandenen und noch entstehenden Schaden ersetze. Der Beklagte leugnet die Anwendbarkeit der genannten gesetzlichen Vorschriften auf den vorliegenden Sachverhalt. Er will keine Sperre verhängt, sondern es seinen Mitgliedern überlassen haben, wie sie sich gegenüber der Klägerin verhalten wollten, und beruft sich dafür auf einen Beschluß vom 1. Februar 1927 und dessen Verbreitung durch Rundschreiben vom 10. Februar 1927, womit jedenfalls das Verlangen nach Aufhebung der Sperre hinfällig geworden sei. Auch macht er geltend, daß er nicht befugt sei, seine Mitglieder zur Belieferung der Klägerin anzuweisen.

Das Landgericht verurteilte den Beklagten nach dem Klagantrag. Das Berufungsgericht wies die Berufung des Beklagten zurück, trug jedoch seinem letzten Einwand durch eine Abänderung des ersten Teiles der Urteilsformel Rechnung, indem es ihn verurteilte, die Sperre für aufgehoben und die Belieferung der Klägerin für wieder gestattet zu erklären. Die Revision des Beklagten führte zur Aufhebung und Zurückverweisung.

Gründe:

Die Art der Rechtspersönlichkeit des Beklagten steht der Anwendung der Verordnung gegen Mißbrauch wirtschaftlicher Machtstellungen (Kartellverordnung) vom 2. November 1923 nicht entgegen. Daß der Ausdruck „Verträge" in der Kartellverordnung den Zusammenschluß zu privatrechtlichen Körperschaften mitumfaßt, wird im Schrifttum kaum in Zweifel gezogen (Isay-Tschierschky S. 127; Goldbaum 2. Aufl. S. 45; Haußmann-Hollaender S. 27; Staffel S. 15; abweichend Lehnich-Fischer S. 194), entspricht der Rechtsprechung des Kartellgerichts (Goldbaum S. 46, Kartellrundschau 1927 S. 398) sowie des Reichsgerichts (RGZ. Bd. 114 S. 212, 327) und wird auch von der Revision nicht in Abrede gestellt. Die Revision meint aber, der Beklagte sei nur ein loser Verein zur Förderung der gemeinsamen Interessen seiner Mitglieder; auf deren Erzeugung und Absatz habe er satzungsgemäß keinen Einfluß. Das möchte zutreffen, wenn er sich zur Erreichung seines Zweckes auf die in § 2 der Satzung angegebenen Mittel der Aufklärung, der Bekämpfung unlauteren Wettbewerbs usw. beschränkte. Aber in § 14 der Satzung ist die Verhängung von Sperren vorgesehen, also einer Maßnahme, welche die Handhabung des Absatzes betrifft oder doch betreffen kann und die, wenn sie von der Mitgliederversammlung beschlossen wird, die nicht fiskalischen Brunnen zur Teilnahme verpflichtet. Der „Vertrag" enthält also, wenn auch nur bedingt, „Verpflichtungen über die Handhabung des Absatzes" und fällt demgemäß unter die Kartellverordnung. Verlangt man zum Begriff des Kartells auch noch den Zweck, den Markt in bestimmter Weise wesentlich zu beeinflussen (RGU. vom 1. Dezember 1925 VI (VII) 336/25, abgedruckt in der Kartellrundschau 1926 S. 100; vgl. RGZ. Bd. 114 S. 265), so kann bei einem Verein, der satzungsgemäß die Möglichkeit von Sperren vorsieht, der überdies mit dem Verein der Mineralwasser-Großhändler Abkommen von der Art des in Reichenhall getroffenen abschließt, das Vorhandensein auch dieser Voraussetzung nicht zweifelhaft sein.

Die Vorinstanzen haben angenommen, daß unter § 9 KartVo. die von einem Kartell verhängte Sperre auch dann fällt, wenn sie gegen einen Abnehmer gerichtet ist. Die Revision greift diese Annahme nicht besonders an. Im Schrifttum ist die Frage streitig: Goldmann (JW. 1924 S. 116), Giehler (Kartellrundschau 1924 S. 9flg.) und Goldbaum (§ 9 Anm. I 2) nehmen an, daß § 9 KartVo. nur Maßnahmen des inneren Organisationszwangs betreffe, Sperren also nur dann, wenn sie gegen Kartellmitglieder verhängt würden. Das Reichsgericht hat die Frage in RGZ. Bd. 119 S. 371 und Bd. 122 S. 263 gestreift, damals jedoch keinen Anlaß gehabt, zu ihr Stellung zu nehmen. Überwiegende Gründe, nämlich der uneingeschränkte Wortlaut und das unzweifelhaft vorhandene Bedürfnis, sprechen für die herrschende, mit der Rechtsprechung des Kartellgerichts übereinstimmende Meinung, wonach § 9 Sperren gegen jedermann trifft, sofern sie auf Grund von Verträgen oder Beschlüssen der im § 1 bezeichneten Art verhängt werden. Daß Sperren anderer Art von § 9 nicht getroffen werden und insofern eine Lücke bestehen mag, ist kein ausreichender Gegengrund; ebensowenig die Stellung des § 9 innerhalb der Verordnung und die Vorschriften der §§ 4 und 10, die auch neben der weiten Auslegung der unter § 9 fallenden Sperre ihren guten Sinn behalten (vgl. hierzu die Erläuterungswerke von Isay-Tschierschky S. 297, Lehnich-Fischer S. 230flg., Haußmann-Hollaender S. 86, 88flg., Friedländer S. 155flg., ferner Tschierschky in der Kartellrundschau 1924 S. 73flg., Friedländer das. S. 369, Luley in der Kartellrundschau 1928 S. 199flg., die sämtlich für die weitere Auslegung eintreten). Hiernach bedurfte der Beklagte der Einwilligung des Vorsitzenden des Kartellgerichts, wenn er eine Lieferungssperre über die Klägerin verhängen wollte. Verhängte er die Sperre ohne diese Einwilligung, so verstieß er gegen § 9 KartVo. und damit gegen ein Schutzgesetz. Für den dadurch der Klägerin zugefügten Schaden ist er dann nach § 823 Abs. 2 BGB. verantwortlich.

In alledem bestehen gegen das Berufungsurteil keine Bedenken. Auch darin ist ihm beizutreten, daß eine Sperre nicht nur, wie es die Satzung vorsah, durch Beschluß der Mitgliederversammlung verhängt werden konnte. Ein solcher Beschluß wäre, wenn er ohne Einwilligung des Vorsitzenden des Kartellgerichts ergangen wäre, ohnehin nach § 134 BGB. nichtig gewesen und hätte keine verpflichtende Wirkung gehabt. Eine Sperre wäre vielmehr vom Beklagten schon dann verhängt gewesen, wenn Mitglieder oder die Mineralquellenversand-GmbH. auf Veranlassung des Vorstands des Beklagten die Belieferung der Klägerin eingestellt hätten. Nach der Annahme des Berufungsgerichts ist das hier geschehen. Hat der Vorstand derartige Weisungen erteilt und sind sie befolgt worden, so haftet dafür der beklagte Verein nach § 31 BGB. Denn der Vorstand handelte dabei in Ausführung der ihm zustehenden Verrichtungen. Er leitet nach § 7 der Satzung die Gesamtheit der Vereinsangelegenheiten, also auch die Durchführung einer Sperre. Ob seine Weisungen auf einen Beschluß der Mitgliederversammlung zurückgingen oder nicht, betraf nur die Frage seiner Verantwortlichkeit im Innenverhältnis gegenüber dem Beklagten, nicht aber die der Haftung des Beklagten nach außen für den vom Vorstand einem Dritten zugefügten Schaden. Die von der Revision betonte Zuständigkeit der Mitgliederversammlung für Beschlüsse über die Verhängung von Sperren ist daher für die Entscheidung des Rechtsstreits ohne Bedeutung.

Insoweit nun das Berufungsgericht festgestellt hat, daß der Vorstand Anordnungen zur Nichtbelieferung der Klägerin getroffen habe, ist das Urteil nach § 549 ZPO. in Verbindung mit dem Entlastungsgesetz Revisionsangriffen entzogen. Auf die von der Revision bemängelten Grundlagen der Feststellung kann daher nicht eingegangen werden. Dagegen unterliegt das Urteil rechtlichen Bedenken insofern, als es sich um die Folgen der Anordnungen des Vorstands handelt. Der Beklagte hat nur für den von ihm verursachten Schaden einzustehen. Insoweit seine Mitglieder den Geschäftsverkehr mit der Klägerin von sich aus, unbeeinflußt durch den Vorstand, abgebrochen haben sollten, etwa weil sie selbst das Vertrauen zur Klägerin wegen ihrer Reklame für den Lauchstädter Brunnen oder aus anderen Gründen verloren hätten, würde es sich nicht mehr um einen vom Beklagten verursachten Schaden handeln. Insoweit wären die Sperranordnungen des Vorstands überflüssig und wirkungslos gewesen, durch sie wäre der Klägerin kein Schaden zugefügt worden. Für den Schaden, den die Klägerin durch selbständiges Verhalten von Mitgliedern des Beklagten erlitten haben sollte, hätte dieser nicht aufzukommen. Das Berufungsurteil läßt nicht klar erkennen, ob dieser Unterschied beachtet worden ist. (Es wird ausgeführt, daß dieser Mangel zur Aufhebung und Zurückverweisung nötigt.)

33. Unter welchen Voraussetzungen kann eine Ehe wegen krankhafter geistiger oder seelischer Veranlagung eines Ehegatten angefochten werden?

BGB. § 1333.

VII. Zivilsenat. Urt. v. 28. Juni 1929 i. S. Ehem. M. (Kl.) w. Ehefr. M. (Bekl.). VII 14/29.

I. Landgericht Königsberg i. Pr.
II. Oberlandesgericht daselbst.

Die Streitteile haben am 23. August 1913 die Ehe geschlossen; sie standen damals beide im 30. Lebensjahr. Der Kläger rückte bei Kriegsausbruch ins Feld, besuchte später die Beklagte noch einige male bis 1916, hob aber dann die eheliche Gemeinschaft auf. Mit der im Januar 1926 eingereichten Klage verlangte er Scheidung der kinderlos gebliebenen Ehe nach § 1568 BGB. wegen Beleidigungen und Verleumdungen, deren sich die Beklagte ihm gegenüber schuldig gemacht habe. Das Landgericht gab seinem Antrag statt und sprach die Scheidung aus alleiniger Schuld der Beklagten aus. Diese legte Berufung ein mit dem Antrag auf Klagabweisung. Sie wandte nunmehr ein, daß sie wegen geistiger Erkrankung für ihre Handlungen nicht verantwortlich zu machen sei. Der Kläger bestritt dies und beantragte in erster Reihe Zurückweisung der Berufung; hilfsweise aber focht er, indem er sich der Berufung anschloß, die Ehe nach § 1333 BGB. wegen Irrtums über die geistige Gesundheit der Beklagten an und verlangte äußerstenfalls Scheidung nach § 1569 BGB. wegen mehr als dreijähriger Geisteskrankheit der Beklagten. Durch Beschluß des Amtsgerichts vom 27. Juni 1927 wurde die Beklagte wegen Geisteskrankheit entmündigt. Durch Urteil vom 16. November 1928 wies das Oberlandesgericht die Anfechtungsklage ab und erkannte auf Scheidung der Ehe wegen Geisteskrankheit der Beklagten, indem es das Scheidungsverlangen aus § 1568 BGB. für ungerechtfertigt erachtete.

Die Revision des Klägers führte zur Aufhebung und Zurückverweisung.

Gründe:

Zur Abweisung der Anfechtungsklage aus § 1333 BGB., die von der Revision allein angegriffen wird, ist der Berufungsrichter hauptsächlich auf Grund folgender Erwägungen gelangt: Von der bei der Beklagten seit dem Jahre 1925 ausgebrochenen Geisteskrankheit müsse nach den maßgebenden Gutachten der Sachverständigen angenommen werden, daß sie ihren Ursprung in der psychopathischen Veranlagung der Beklagten habe, die schon bei der Eheschließung im Jahre 1913 vorhanden gewesen sei. Es fehle jedoch an überzeugenden Anhaltspunkten dafür, daß jene Veranlagung mit Naturnotwendigkeit zu der ausgebrochenen Geisteskrankheit habe führen müssen. Deren Ursachen ließen sich nicht bestimmt feststellen; es könnten dabei auch andere Umstände mitgesprochen haben. Die psychopathische Veranlagung allein mit ihren Wirkungen in den ersten Ehejahren begründe ebenfalls nicht die Anfechtung der Ehe. Denn die Formen, in denen sie nach dem Ergebnis der Beweisaufnahme während der ersten Jahre der Ehe in die Erscheinung getreten sei, seien nicht solche, daß anzunehmen wäre, der Kläger würde die Ehe nicht geschlossen haben, wenn er die Anlage und ihre Erscheinungsform gekannt hätte.

Mit Recht beanstandet die Revision diese Ausführungen. Das Reichsgericht hat sich über Eheanfechtungen wegen krankhafter geistiger oder seelischer Veranlagung eines Ehegatten, die unbedenklich unter den Begriff der persönlichen Eigenschaft nach § 1333 BGB. einzureihen ist, wiederholt ausgesprochen (RGZ. Bd. 73 S. 134; WarnRspr. 1908 Nr. 323, 1911 Nr. 85, 1912 Nr. 310, 1927 Nr. 182; JW. 1920 S. 555 Nr. 7, 1922 S. 1199 Nr. 6; Gruch. Bd. 65 S. 95; Urteil vom 20. Januar 1927 VII 54/26). Im wesentlichen stimmen diese Erkenntnisse darin überein, daß es für die Anfechtung der Ehe darauf ankommt, ob der Ehegatte schon zur Zeit der Eheschließung mit Geisteskrankheit oder mit einer Veranlagung behaftet war, die nach der gewöhnlichen Entwicklung der Dinge notwendig zur Geisteskrankheit führen mußte, daß aber § 1333 BGB. nicht anwendbar ist, wenn nur bei Hinzutritt mißlicher und widriger Verhältnisse die Anlage eine Geisteskrankheit auslöst. Zwar soweit das Berufungsgericht verneint, daß die bald nach der Eheschließung bis zur Trennung der Parteien im Jahre 1916 hervorgetretenen Erscheinungen einer absonderlichen geistigen Veranlagung der Beklagten einen Anfechtungsgrund abgeben können, liegt kein Rechtsirrtum vor. Im übrigen tragen aber die Darlegungen des Vorderrichters den erwähnten reichsgerichtlichen Grundsätzen nicht ausreichend Rechnung. Hatte die später erkennbar ausgebrochene Geisteskrankheit — wie das Berufungsgericht feststellt — ihren Ursprung in einer Veranlagung der Beklagten, die schon bei der Eheschließung vorhanden war, so beruht ihr Ausbruch zweifellos auf natürlicher Notwendigkeit, es sei denn, daß anzunehmen wäre, es hätten besondere widrige Umstände den Krankheitsausbruch verursacht. Solche Umstände sind vom Berufungsrichter nicht festgestellt; es ist auch nicht ersichtlich, daß der Sachverhalt dafür besondere Anhaltspunkte geboten hätte. Die Frage, ob erhebliche, dem gewöhnlichen Verlauf der Dinge nicht entsprechende Schädigungen auf den Ehegatten eingewirkt und so den Ausbruch der Geisteskrankheit herbeigeführt haben, der sonst nicht notwendig erfolgt wäre, bedarf eingehender Erörterung durch den Tatrichter, wie namentlich der V. Zivilsenat in seinem erwähnten Urteil vom 14. Dezember 1921 (JW. 1922 S. 1199 Nr. 6) hervorgehoben hat. Eine besondere Beweispflicht des Anfechtungsklägers in dieser Richtung wäre jedoch nur dann anzuerkennen, wenn bestimmte Anhaltspunkte für derartige Schädigungen hervorträten. Beim Fehlen darauf hinweisender Umstände bedarf es aber nicht, wie das Oberlandesgericht meint, noch besonderer „überzeugender Anhaltspunkte dafür, daß die Veranlagung mit Naturnotwendigkeit zu der ausgebrochenen Geisteskrankheit habe führen müssen."

Hiernach ist wegen der unrichtigen rechtlichen Einstellung des Berufungsgerichts das angefochtene Urteil aufzuheben und die Sache in die Vorinstanz zurückzuverweisen. Unter Berücksichtigung der reichsgerichtlichen Rechtsprechung, auch über die sonstigen Erfordernisse einer Anfechtung nach § 1333 BGB., wird der Sachverhalt nochmals daraufhin zu prüfen sein, ob das Anfechtungsbegehren des Klägers berechtigt ist.

---

34. Darf der Verleger gegen den Willen des Verfassers (oder seiner Erben) eingreifende grundsätzliche Änderungen an der Ausdrucksform eines Schriftwerkes vornehmen und eine Auflage, weil sie unsachliche Ausdrücke enthalte, beschleunigt verkaufen?

VerlagsG. § 13.

I. Zivilsenat. Urt. v. 3. Juli 1929 i. S. D.-H. Gebr. L. (Kl.) w. Erben S. (Bekl.). I 39/29.

I. Landgericht III Berlin.
II. Kammergericht daselbst.

Der Rektor Otto Schmidt in Berlin ließ im Jahre 1922 im Verlage des Klägers das Werk „Im Geiste Sütterlins" erscheinen, eine Ergänzung zu Ludwig Sütterlins Neuem Leitfaden für den Schreibunterricht. Eine zweite Auflage kam als unveränderter Abdruck der ersten 1924, eine dritte, neu bearbeitete, 1925 heraus.

In allen drei Auflagen wies der Verfasser auf gewisse Schreibfedern hin, die er für den Unterricht als besonders geeignet befunden habe, namentlich auf Erzeugnisse von Heintze & Blanckertz in Berlin, To-, Ly- und kleine Redis-Feder. Während die dritte Auflage gedruckt wurde, trat auf Vorstellungen andrer Stahlfederfabrikanten der Verlag an den Verfasser heran mit dem Ersuchen, die Aufführung bestimmter Federn wegzulassen, weil dadurch Reklame für Heintze & Blanckertz gemacht werde. Daraufhin fügte Schmidt am Schlusse des Buches die Bemerkung an:

„. . . Wenn ich in dieser Schrift die Bezeichnungen To, Ly, Kleine Redis anwende, so geschieht es aus Gründen der klaren Bezeichnung heraus, nicht aus der Absicht, nur diese Federn zu empfehlen. Ich muß vielmehr aus guten Gründen es dem Leser überlassen, unter den Federn der wetteifernden Firmen sich das Material selbst zu wählen. Ich nenne als solche Firmen in alphabetischer Folge: Brause-Iserlohn, Heintze & Blanckertz-Berlin, Soennecken-Bonn. Dagegen halte ich es für eine Grenzüberschreitung, wenn Fabriken methodische Schriftchen herausgeben, die sachlich unhaltbar und unzureichend sind und nur als Reklame angesehen werden können. Diese „Firmenschriften", deren Verfasser sich im Dunkeln halten, können vom Standpunkt einer selbständigen Wissenschaft aus nur verurteilt werden. Dazu stellen sie eine Zumutung an den Lehrerstand dar, die schlechthin zurückgewiesen werden sollte."

Im Herbst 1926 starb Otto Schmidt; die Beklagten sind seine Erben. Der Preußische Minister für Wissenschaft, Kunst und Volksbildung hatte durch Erlaß vom 29. Februar 1924 den Schulen die Anschaffung des Schmidtschen Buches empfohlen, diese Empfehlung auch am 20. April 1926 wiederholt. Unterm 7. April 1927 forderte er den Verlag auf, nachzuprüfen, ob in einer Neuauflage nicht die Bezugnahme auf die Federn von Heintze & Blanckertz unterbleiben könne, weil zahlreiche Schreibfederfabrikanten in diesem Sinne vorstellig geworden seien.

Der Verlag machte der Anregung des Ministers entsprechend den Beklagten Vorschläge. Sie lehnten es aber ab, die vom Verfasser gebrauchten Bezeichnungen zu ändern. Ebenso verwarfen sie den Vorschlag des Verlags, den Rest der dritten Auflage, etwa 5000 Stück, zum Selbstkostenpreis an Soennecken zu verkaufen.

Mit der vorliegenden Klage begehrt der Verlag die Feststellung, daß er berechtigt sei

1. den Rest der dritten Auflage (etwa 5000 Stück) zum Selbstkostenpreis zu verkaufen und
2. an 25 Stellen des Buches die Bezeichnungen der dort erwähnten Schreibfedern in die näher angegebene Fassung abzuändern, die Schlußbemerkung der dritten Auflage aber zu streichen.

Das Landgericht hat die Klage abgewiesen, das Kammergericht die Berufung des Klägers zurückgewiesen. Seine Revision blieb erfolglos.

Gründe:

1. Mit Recht nimmt das Berufungsgericht an, dem ersten Klagantrag des Verlags — die etwa 5000 Stück der dritten Auflage zum Selbstkostenpreis verkaufen zu dürfen — fehle jede gesetzliche Grundlage. Das angegriffene Urteil betont, nach des Klägers eignem Vortrag komme gar nicht in Frage, daß etwa der Minister seine für die dritte Auflage erteilte Genehmigung (die unterm 20. April 1926 den Schulen verkündete Empfehlung, das Buch anzuschaffen) zurückziehe. Der Absatz der vorliegenden Auflage sei danach nicht gefährdet. Gewann so das Berufungsgericht aus Parteiangaben eine bestimmte Überzeugung und zog daraus fehlerfrei rechtliche Folgerungen, dann änderte sich an deren Berechtigung nichts durch den von der Revision geltend gemachten Umstand, daß der Minister unterm 11. Mai 1929, also lange nach dem Spruch des Berufungsgerichts, die Empfehlung des Schmidtschen Buches zurückgenommen hat.

Selbst wenn die Meinung des Klägers zu billigen wäre, daß sich für das Werk Otto Schmidts eine andre Bezeichnungsart der Schreibfedern empfehle, als der Verfasser angewandt und drei Auflagen hindurch im wesentlichen beibehalten hat, so wäre doch nicht ersichtlich, warum diese Änderung auf dem vom Kläger erstrebten

Wege ungewöhnlich beschleunigt werden soll. Daß es um der vorliegenden dritten Auflage willen nicht nötig ist, stellt schon das Berufungsgericht fest. Auch um künftiger Auflagen willen bedarf es keines Verkaufs der dritten zum Selbstkostenpreis. Denn für die Ansicht des Klägers, daß die jetzige Ausdrucksform des Werkes durch die Gestalt der beanstandeten fünfundzwanzig Stellen „unsachlich" sei, und zwar in einem Grade, daß so schnell wie möglich Wandel geschafft werden müsse, gebricht es an jeder Grundlage.

2. Auch die Anträge des Klägers, die sich auf künftige Auflagen des Werkes beziehen, hat das Berufungsgericht zutreffenderweise für ungerechtfertigt erachtet.

Es verneint allerdings ohne durchschlagenden Grund das Interesse des Klägers an alsbaldiger Feststellung (§ 256 ZPO.), indem es erwägt: Der Bedarf im Buchhandel sei durch die noch vorhandenen ungefähr 5000 Stück der dritten Auflage noch auf Jahre hinaus vollauf gedeckt. Denn seit das Werk im Jahre 1922 erschienen, habe der Verlag noch nicht die gleiche Anzahl von Stücken abgesetzt. Der Revision ist zuzugeben, daß dem Kläger schon jetzt daran gelegen sein könnte, durch Richterspruch festgestellt zu sehen, ob er zu den erstrebten Textänderungen befugt sei. Hierbei muß berücksichtigt werden, daß ein Rechtsstreit sich länger als erwartet hinziehen kann. Daher ist die Erhebung einer Feststellungsklage an sich begründet. Die Abweisung muß jedoch aufrecht erhalten werden, weil das Klagbegehren aus den vom Kammergericht zutreffend gewürdigten Gründen sachlich ungerechtfertigt ist.

Das Gesetz erklärt solche Änderungen an dem Werke für zulässig, für die der Verfasser seine Einwilligung nach Treu und Glauben nicht versagen kann (§ 13 Abs. 2 VerlagsG.). Diese Vorschrift bedeutet für den Verlagsvertrag eine Einzelanwendung des allgemeinen Grundsatzes, daß Verträge so auszulegen sind, wie Treu und Glauben mit Rücksicht auf die Verkehrssitte es erfordern (§ 157 BGB.).

Mit Recht hebt das Kammergericht hervor, daß grundsätzlich der Verleger an dem Werke selbst, an dessen Titel und an der Bezeichnung des Urhebers nach § 13 Abs. 1 VerlG. keine Zusätze, Kürzungen oder sonstigen Änderungen vornehmen darf. Dieser Regel des Abs. 1 folgt im Abs. 2 die Bestimmung, wonach der Verleger zu gewissen Änderungen befugt sein soll, als Ausnahme. Das Berufungsgericht hält deshalb enge Auslegung für angebracht. Sie entspricht dem Zwecke der Vorschrift (ganz ebenso wie bei dem gleichlautenden § 9 LitUrhG.), das Persönlichkeitsrecht des Urhebers an seinem Werke zu schützen. Auch steht sie mit der Tatsache in Einklang, daß es sich bei solchen Änderungen nach herrschender Verkehrssitte nur um geringfügige Eingriffe, namentlich um Beseitigung von Schreibfehlern oder andern offensichtlichen Versehen, zu handeln pflegt.

Allerdings erschöpfen sich die Beziehungen eines Verlegers zu den Werken, die er vervielfältigend und verbreitend betreut, durchaus nicht im rein Geschäftlichen. Deshalb kann er sich durch Sachkenntnis, Urteilsfähigkeit und einfühlendes Verständnis dem Werke verbunden und somit berufen fühlen, zu dessen Gunsten mit Änderungen einzugreifen, ein der besonderen Berufstätigkeit entsprechendes eigenes Persönlichkeitsrecht geltend zu machen. Für den Weg, auf dem das geschehen kann, und für den Umfang, in welchem es die vernünftig ausgelegte Verkehrssitte zuläßt, ist jedoch zu bedenken, daß der Verleger im Zweifel gegen den Schöpfer des Werkes zurückstehen muß. Stößt er auf dessen anders gerichteten Willen, so muß er ihm weichen. Das Berufungsurteil erwägt daher: „Ergibt sich aus dem Werke selbst oder aus anderen Vorgängen, daß der Verfasser einen bestimmten Ausdruck an einer bestimmten Stelle zu einem bestimmten Zwecke gebraucht, so ist ihm nach Treu und Glauben nicht zuzumuten, daß er diese Stellen ändre. Im vorliegenden Falle will der Verleger die Namen To, Ly und Redis aus dem Buch entfernen und an ihre Stelle technische Bezeichnungen, wie „rechtsgeschrägte, linksgeschrägte Feder, Schnurzugfeder u. dgl." setzen. Der Zweck des Werkes ist eine Anleitung zum Schreibunterricht. Da hierzu besondere Federn notwendig sind, will der Verfasser seine Leser gerade auf einzelne für die besondere Schreibweise geeignete Federn hinweisen. Dies aber kann er nur durch die namentliche Bezeichnung der Federn erreichen, da er nicht damit rechnen kann, daß die technischen Bezeichnungen jedem seiner Leser geläufig seien. Hinzu kommt, daß der Verfasser die Federn von Heintze & Blanckertz auch aus dem Grunde aufführen wollte, weil diese Firma als erste die zu der Schrift verwendbaren Federn (teilweise auf seine Anregungen) geschaffen hatte. Derartige Abänderungen würden daher dem aus dem Werk erkennbaren Willen des Verfassers stracks zuwiderlaufen."

Die Revision will einen Unterschied machen zwischen sachlichem Inhalt und Ausdrucksform des Werkes. Ihre Ausführungen kommen im wesentlichen darauf hinaus, daß jener zwar dem Verfasser allein überlassen bleibe, diese dagegen dem sachkundigen Einfluß des Verlegers offenstehen müsse. Das ist abzulehnen. Die Erfahrungstatsache, daß „der Stil der Mensch ist" und die Art, wie man redet oder schreibt, dem Wesen eines jeden zugehört, erheischt auch im Urheberrecht Anerkennung. Ein Verfasser von der Sachkunde und Bildung zumal, wie es Otto Schmidt war, darf Eingriffen des Verlegers in die Ausdrucksform wehren, und seine Erben dürfen bei dieser Abwehr beharren, auch wenn der Verleger sich für seine Ansicht auf die Stellungnahme eines Ministers beruft. Daß es sich auf der Seite der Beklagten etwa um Rechtsmißbrauch oder zweckwidrigen Eigensinn handelt, ist nicht ersichtlich.

Die Bedenken der Revision schlagen nicht durch. Wettbewerber mögen damit rechnen, daß die beanstandeten Ausdrücke des Schmidtschen Buches hier und da wie Anpreisungen bestimmter Federn wirken könnten. Der Verfasser hat jedoch in der Schlußbemerkung der 3. Auflage mit Ernst und Nachdruck versichert, daß er mit Reklame nichts zu schaffen habe. Daran durfte er sich im Vertrauen auf die geistige Reife, Besonnenheit und Urteilskraft der Leser, an die sein Buch zu gelangen pflegt und für die es bestimmt ist, genügen lassen; seine Erben können diesen Standpunkt beibehalten.

---

35. Kann nach den §§ 15, 17 der Aufwertungsnovelle vom 9. Juli 1927 höhere Aufwertung für eine Forderung beansprucht werden, der die Eigenschaft als Kaufgeldforderung schon vor dem Inkrafttreten des Gesetzes durch eine rechtskräftige Entscheidung der Aufwertungsstelle aberkannt worden war?

V. Zivilsenat. Beschl. v. 3. Juli 1929 i. S. T. (Antragst.) w. P. (Antragsgegn.). V B 17/29.

I. Amtsgericht (Aufwertungsstelle) Wohlau.

Der Sachverhalt und die Entscheidung ergeben sich aus den Gründen:

Durch Vertrag vom 15. Juni 1921 verkaufte der Antragsteller sein Rittergut Sch. für 2235000 M. an den damaligen Ehemann der Gegnerin, dessen Erbin diese geworden ist. In Anrechnung auf den

Kaufpreis übernahm der Käufer eine Darlehenshypothek von 150000 M.; der Verkäufer verpflichtete sich, diese Hypothek von der Gläubigerin zu erwerben und unter vereinbarten näheren Bedingungen stehen zu lassen. Am 16. August 1921 wurde die Hypothek an den Antragsteller abgetreten, am 10. Juli 1924 auf ihn umgeschrieben.

Nach Erlaß des Aufwertungsgesetzes entstand unter den Parteien Streit darüber, ob für die der Hypothek zugrunde liegende persönliche Forderung die höhere Aufwertung als Restkaufgeldforderung beansprucht werden könne. Die Aufwertungsstelle lehnte dies durch Beschluß vom 17. September 1926 ab, weil durch die Übernahme der Hypothek die Kaufgeldforderung insoweit getilgt sei. Der Beschluß wurde rechtskräftig.

Nach Erlaß der Aufwertungsnovelle erhob der Antragsteller von neuem Anspruch auf Aufwertung als Restkaufgeldforderung, indem er Festsetzung des Aufwerkungsbetrags auf 400 % des Goldmarkbetrags vom 15. Juni 1921 beantragte. Die Aufwertungsstelle beschied ihn durch Beschluß vom 19. November 1928 wiederum ablehnend, unter Hinweis auf die rechtskräftige Verneinung der Eigenschaft als Restkaufgeldforderung im früheren Beschluß. Der hiergegen vom Gläubiger eingelegten weiteren Beschwerde möchte das Kammergericht stattgeben, indem es aus § 17 AufwNov. entnimmt, daß die frühere Entscheidung der Aufwertungsstelle dem Anspruch nicht entgegenstehe. Es sieht sich aber an eigener Entscheidung gehindert durch die abweichende Stellungnahme des Oberlandesgerichts Hamburg in dessen Beschluß vom 24. Februar 1928 (AufwRspr. 1928 S. 237) und hat deshalb die Sache gemäß § 74 AufwG. dem Reichsgericht vorgelegt.

Die Vorlegung ist mit Recht erfolgt, führt aber zur Bestätigung der angefochtenen Entscheidung, weil der Ansicht des Oberlandesgerichts Hamburg vor der des Kammergerichts der Vorzug gebührt. Dem Kammergericht kann nicht gefolgt werden, wenn es die Frage, ob die aufzuwertende Forderung Restkaufgeldeigenschaft besaß, in den Bereich der §§ 15, 17 des Gesetzes vom 9. Juli 1927 einbeziehen will. Nach § 17 S. 2 daselbst stehen der Anwendung der Aufwertungsnovelle nicht entgegen rechtskräftige Entscheidungen, die auf Grund des Aufwertungsgesetzes ergangen sind. Wenn hier das „Nichtentgegenstehen" der früheren Entscheidung angeordnet wird, so ist dafür notwendige Voraussetzung, daß es sich um eine Entscheidung handelt, die ohne diese Bestimmung zu Vorschriften des neuen Gesetzes in Widerspruch stehen würde. Es muß, wie es das Oberlandesgericht Hamburg in Übereinstimmung mit Mügel AufwRecht 5. Aufl. § 17 Anm. 5 S. 985 ausdrückt, die frühere Entscheidung über einen in der Aufwertungsnovelle geregelten Tatbestand eine von deren Bestimmungen abweichende Regelung getroffen haben. Das ist aber, wie das Oberlandesgericht Hamburg zutreffend weiter ausführt, hier nicht der Fall, weil schon der Tatbestand, welcher der früheren Entscheidung zugrunde lag, inhaltlich von dem Tatbestand abweicht, den die Vorschrift des Art. III § 15 AufwNov. zur Voraussetzung hat. Für die Anwendung des § 15 AufwNov. ist, wie seine Eingangsworte durch die Bezugnahme auf § 10 Abs. 1 Nr. 5 des Aufwertungsgesetzes klar erkennen lassen, das Vorliegen einer hypothekarisch gesicherten Kaufgeldforderung notwendiges Tatbestandsmerkmal; Gegenstand der Neuregelung ist hier nur das Maß der beim Vorliegen dieser Voraussetzung zulässigen Aufwertung. Bei der früheren Entscheidung der Aufwertungsstelle stand dagegen der Streit über die zulässige Höhe der Aufwertung erst in zweiter Linie hinter dem Streit der Parteien darüber, ob überhaupt eine Kaufgeldhypothek vorlag. Der Tatbestand war demnach ein anderer, als ihn § 15 AufwNov. voraussetzt. Was für § 15 Voraussetzung der Anwendung ist, war dort Gegenstand des Streites. Wenn dort dieser Streit zuungunsten des Beschwerdeführers im Sinne der Verneinung jener Voraussetzung entschieden ist, so steht nicht eine Entscheidung in Frage, welche einen von der Aufwertungsnovelle betroffenen Tatbestand abweichend von deren Vorschriften geregelt hat. Demnach handelt es sich aber auch nicht um eine rechtskräftige Entscheidung, auf die § 17 S. 2 AufwNov. dahin zutreffen könnte, daß sie der Anwendung des § 15 das. nicht entgegenstände.

Durch jene frühere Entscheidung der Aufwertungsstelle ist, wie auch das Kammergericht nicht verkennt, dem Beschwerdeführer eine Aufwertung über 25% des Goldmarkbetrags hinaus rechtskräftig mit der Begründung abgesprochen, daß eine der höheren Aufwertung zugängliche Kaufgeldforderung nicht vorliege. Diese Entscheidung muß der Beschwerdeführer auch jetzt noch gegen sich gelten lassen, weil insoweit die Aufwertungsnovelle nicht rückwirkend eingreift; § 17 S. 2 das. steht ihm nicht zur Seite.

36. Weiterbenutzungsrecht amerikanischer Inhaber eines deutschen Patents, dem andere Angehörige der Vereinigten Staaten ein jüngeres deutsches Patent mit älterer amerikanischer Priorität entgegenhalten.

Gesetz zur Sicherung von gewerblichen Schutzrechten deutscher Reichsangehöriger im Auslande vom 6. Juli 1921 (RGBl. S. 828); Bek. betr. die Begründung, Erhaltung oder Wiederherstellung von gewerblichen Schutzrechten der Angehörigen der Vereinigten Staaten von Amerika vom 6. Juli 1921 (RGBl. S. 844).

I. Zivilsenat. Urt. v. 3. Juli 1929 i. S. T. M. C. u. Gen. (Bekl.) w. A. T. M. C. u. Gen. (Kl.). I 88/29.

I. Landgericht I Berlin.
II. Kammergericht daselbst.

Auf beiden Seiten steht als Partei je eine amerikanische Gesellschaft mit der ihr zugehörigen deutschen Tochtergesellschaft. Beide Teile haben deutsche Patente auf Tabelliervorrichtungen (Summenautomaten), bei denen mit Hilfe von Lochkarten Vorgänge geschäftlichen Großbetriebs verzeichnet werden. Und zwar arbeitet die Vorrichtung der Klägerinnen mechanisch, die der Beklagten elektrisch.

Die Erstklägerin ist eingetragene Inhaberin des DRP. 333413 (betreffend eine statistische Tabelliermaschine). James Powers in New York hat es am 5. April 1917 angemeldet und dabei die amerikanische Priorität vom 17. Dezember 1915 beansprucht; mit Wirkung vom 6. April 1917 an ist es ihm erteilt, am 15. November 1924 ist es auf die 1. Klägerin umgeschrieben worden.

Die Erstbeklagte ist eingetragene Inhaberin des DRP. 406744 (betreffend eine selbständige Tabelliervorrichtung für Zahlkarten). Sie hat es am 31. August 1921 angemeldet und dabei die amerikanische Priorität vom 11. März 1914 beansprucht; mit Wirkung vom 1. September 1921 ist es ihr erteilt worden.

Die Beklagten gründen auf das Patent 406744 unter Hinweis auf dessen ältere amerikanische Priorität das Verbot gegen die Klägerinnen, Tabelliermaschinen nach DRP. 333413 herzustellen und gewerblich zu verwerten. Die Klägerinnen halten dieses Verbot für unberechtigt, weil das Patent 333413 älter sei. Ihre Klage geht auf eine Feststellung in diesem Sinne. Das Landgericht hat ihr stattgegeben und das Kammergericht hat die Berufung der Beklagten zurückgewiesen. Die Revision blieb erfolglos.

Gründe:

... 1. Am Versailler Vertrag vom 28. Juni 1919 nahmen die Vereinigten Staaten von Amerika nicht teil. Erst unter dem 25. August 1921 kam der Deutsch-Amerikanische Friedensvertrag (Ges. vom 20. Oktober 1921, RGBl. S. 1317) zustande. Doch gingen ihm beiderseits Maßnahmen in bezug auf gewerbliche Schutzrechte voraus.

Unter dem 3. März 1921 erließen die Vereinigten Staaten ein Gesetz betr. Verlängerung der Fristen für die Einreichung von Patentanmeldungen, für die Vornahme darauf bezüglicher Handlungen, für das Wiederaufleben und die Wiederherstellung von Anmeldungen und für andere Zwecke, die Nolan-Akte (engl. Text bei Isay PatG. 4. Aufl. S. 711, deutsche Übersetzung im PMZBl. 1921 S. 97). Damit schufen sie — Gegenseitigkeit voraussetzend — auch für Ausländer Mittel und Wege, ungünstige Folgen zu beseitigen, die für ihre in den Vereinigten Staaten erteilten oder angemeldeten Patente entstanden waren.

Aus diesem Anlaß wurde im Deutschen Reich eine entsprechende Behandlung der Ausländer vorgesehen. Das Gesetz vom 6. Juli 1921 zur Sicherung von gewerblichen Schutzrechten deutscher Reichsangehöriger im Auslande (RGBl. S. 828) bot die Grundlage. Sein § 1 bestimmte:

„Den Angehörigen eines ausländischen Staates können hinsichtlich der Begründung, Erhaltung und Wiederherstellung gewerblicher Schutzrechte zur Behebung nachteiliger Folgen des Krieges Vergünstigungen, die über die Vorschriften der §§ 15 bis 17 des AusfGes. zum Friedensvertrag vom 31. August 1919 (RGBl. S. 1530) ... hinausgehen, gewährt werden, wenn und soweit es erforderlich ist, um den Deutschen Reichsangehörigen den Genuß gleichartiger Vergünstigungen in dem ausländischen Staate zu verschaffen. Die Bestimmung darüber wird von der Reichsregierung getroffen."

Das Nähere hinsichtlich jedes ausländischen Staates, der in Betracht kam, zu bestimmen, wurde der Reichsregierung überlassen, weil man die Möglichkeit sichern wollte, die erforderlichen Vorschriften unverzüglich der jeweiligen ausländischen Gesetzgebung und Rechtsprechung anzupassen, sie gegebenenfalls auch abzuändern. Die Reichsregierung sollte also freie Hand bekommen und, ihre Kenntnis der ausländischen Bestimmungen verwertend, die inländischen nach pflichtmäßigem Ermessen einrichten. Ihr blieb überlassen, welche Anordnungen sie für erforderlich hielt, um den Deutschen im Ausland gleichartige Vergünstigungen wie den Ausländern zu verschaffen. Es steht dem Gericht nicht zu, nachzuprüfen, ob die einzelnen Anordnungen erforderlich gewesen sind. Die Prüfung beschränkt sich darauf, ob die Grenze der Ermächtigung eingehalten worden ist (RGZ. Bd. 114 S. 254/55). Für eine Überschreitung liegt nichts vor; sie wird auch von der Revision nicht gerügt.

Auf Grund des § 17 des AusfGes. zum Friedensvertrag und des Ges. v. 6. Juli 1921 erging die Bekanntmachung betr. die Begründung, Erhaltung oder Wiederherstellung von gewerblichen Schutzrechten der Angehörigen der Vereinigten Staaten von Amerika vom 6. Juli 1921. Sie wurde am 14. Juli 1921 veröffentlicht. Ihre Einleitungsworte heben hervor:

> Die nachstehenden Vorschriften sind, nachdem in den Vereinigten Staaten von Amerika den deutschen Reichsangehörigen unter der Voraussetzung der Gegenseitigkeit gleichartige Vergünstigungen zugestanden sind, zugunsten der Angehörigen der Vereinigten Staaten von Amerika anzuwenden.

Im § 1 wurde bestimmt, daß die für die Anmeldung gewerblicher Schutzrechte vorgesehenen Prioritätsfristen (Art. 4 der revid. Pariser Verbandsübereinkunft zum Schutze des gewerblichen Eigentums vom 2. Juni 1911, RGBl. 1913 S. 209), soweit nicht schon am 1. August 1914 abgelaufen, bis zum 3. September 1921 verlängert würden; bis dahin konnte die Prioritätserklärung über Zeit und Land der Anmeldung nachgeholt werden. Der § 1 gab also Angehörigen der Vereinigten Staaten die Möglichkeit nachträglicher Anmeldung und somit rückwirkender Priorität. Das stimmte mit der Hauptvorschrift der Nolan-Akte überein.

Der § 2 der Bekanntmachung schränkte die aus § 1 erwachsende Vergünstigung ein:

> Die im Zeitpunkt der Veröffentlichung dieser Bekanntmachung gutgläubigen Dritten zustehenden Rechte, die mit den unter Beanspruchung der Priorität nachgesuchten Rechten (§ 1) im Widerspruche stehen, bleiben unberührt. Die gutgläubigen Dritten be-

halten den Genuß ihrer Rechte für ihre Person wie in der Person von Vertretern oder Lizenzinhabern, welche diese Rechte vor der Veröffentlichung dieser Bekanntmachung von ihnen erworben haben.

Nach § 2 sollte also die Vergünstigung des § 1 vor widersprechenden gutgläubig erlangten Rechten Halt machen. Auch das entsprach der Nolan-Akte. Nur war die wörtliche Fassung der Begrenzung in beiden Gesetzen verschieden. Das amerikanische beschäftigte sich bloß mit der Aufrechterhaltung der Rechte von Amerikanern und ließ die Rechte der Angehörigen anderer Länder unerwähnt. Das deutsche Gesetz nahm, da der § 2 gutgläubige Berechtigte ohne Rücksicht auf Staatsangehörigkeit schützt, auch auf Wahrung der Befugnisse Nichtdeutscher Bedacht. Der Ausdruck des Gesetzes unterliegt keinem Zweifel.

Wie schon Landgericht und Kammergericht näher darlegen, ist „das unter Beanspruchung der Priorität nachgesuchte Recht" hier die von den Beklagten wider die Feststellungsklage aus DRP. 333413 eingewandte Befugnis aus dem DRP. 406744; für ihren besseren Rang berufen sie sich auf die ältere amerikanische Priorität. Und die Klägerinnen beziehen sich im Gegensatz dazu auf jene Rechte, die Powers zufolge seiner Anmeldung vom 5. April 1917 im Deutschen Reiche durch Erteilung des DRP. 333413 gutgläubig erlangt, im Jahre 1924 dann an sie weiter veräußert habe.

Die Fassung der Bekanntmachung, ersichtlich angelehnt an den Abs. 2 des Versailler Art. 308, gibt keine Handhabe dafür, daß ihre Vorschriften entweder gar nicht oder nur mit Einschränkungen gelten sollten, wenn die beiden Parteien, deren Befugnisse aus deutschen Patenten zueinander in Widerstreit stehen, Bürger oder sonstige Angehörige der Vereinigten Staaten von Amerika sind. Auch Grund und Zweck der Bestimmungen bieten für solche Auslegung keinen Anhalt. Sollte, wie die Beklagten wollen, in derartigen Fällen lediglich die amerikanische Priorität entscheiden, so liefe das Ergebnis darauf hinaus, daß Alter und Rang der widereinander stehenden deutschen Patente völlig außer Betracht blieben. Wenn die Revision betont, daß es nur darauf ankomme, gutgläubige Deutsche und die ihnen kraft zwischenstaatlicher Verträge gleichstehenden Ausländer in Deutschland gegen Rechtsfolgen der den Amerikanern gewährten Prioritätsvergünstigung zu schützen, so erhebt sie vermeintliche gesetzgeberische Beweggründe, die keinen Ausdruck gefunden haben, zum Gesetzesinhalt. Mit Recht weist das Berufungsurteil auf den im Art. 2 des Unionsvertrags vom 20. März 1883 (RGBl. 1913 S. 209) ausgesprochenen Grundsatz hin, daß Angehörige jedes Vertragsstaates in den anderen Verbandsländern erfinderrechtlich wie Inländer behandelt werden sollen. Diesem Grundsatz entspricht — unbeschadet der in der Bekanntmachung vom 6. Juli 1921 sonst enthaltenen Vergünstigungen, die von ihm abweichen — deren § 2. Die dagegen vorgebrachten Bedenken der Revision sind nicht begründet.

2. Auch die von der Revision nicht ausdrücklich wiederholten Einwürfe der Beklagten erweisen keinen Verstoß des Berufungsurteils gegen Rechtsgrundsätze.

Die Ansicht, daß Benutzungshandlungen dargetan werden müßten, bloße Patentanmeldung aber nicht genüge, um Befugnisse wider die amerikanische Priorität durchzusetzen, muß abgelehnt werden. Das Kammergericht weist gegen diese Meinung zutreffend auf den Unterschied zwischen § 2 und § 6 der Bekanntmachung vom 6. Juli 1921 hin. Auch den guten Glauben des Patentanmelders Powers sehen die Vorinstanzen mit irrtumsfreier Begründung als gegeben an. Endlich ist mit Recht angenommen worden, daß die angewandten Vorschriften den Übergang eines durch Patentanmeldung erworbenen Rechts auf rechtsgeschäftliche Erwerber nicht ausschließen, sondern der Einzelrechtsnachfolger die von seinem Vorgänger überkommenen Befugnisse geltend machen kann. . . .

---

37. 1. Sind die auf einer rechtlichen Verpflichtung beruhenden Leistungen eines Kommunalverbands an eine Religionsgesellschaft mit dem Inkrafttreten der neuen Reichsverfassung fortgefallen?

2. Dürfen die Religionsgesellschaften öffentlichen Rechts die zur Befriedigung ihrer Bedürfnisse erforderlichen Mittel nur auf dem Wege der Besteuerung aufbringen?

RVerf. Art. 137, 138, 173.

IV. Zivilsenat. Urt. v. 4. Juli 1929 i. S. Gemeinde W. (Bekl.) w. Pfarrei W. (Kl.). IV 793/28.

I. Landgericht Weimar.
II. Oberlandesgericht Jena.

Die Klägerin verlangt von der Beklagten die Erstattung von Kosten, die sie für die Erneuerung des Pfarrhauses in W. aufgewendet hat. Sie gründet den Anspruch auf Herkommen und auf die Pfarrmatrikel. Das Landgericht hat die Klage abgewiesen. Das Oberlandesgericht hat den Anspruch dem Grunde nach für berechtigt erklärt. Die Revision der Beklagten wurde zurückgewiesen.

Gründe:

I. In der von der Großherzogl. Sächsischen Kirchenkommission am 12. April 1820 ausgefertigten, von der Landesregierung am 9. Januar 1824 bestätigten „Matricul der Pfarrey zu W. und E." heißt es unter A. I „Substantial-Besoldung":

„1. Die Pfarr-Wohnung müssen beyde Gemeinden, die zu W. und die zu E., bauen und erhalten, wozu die letztere den dritten Theil beyträgt."

Die Matrikel ist nach der Feststellung des Berufungsgerichts von dem damaligen Pfarrer in W. als dem Vertreter der Pfarrei und für die Gemeinde W. von zwei Gerichtsschöppen und vier Heimbürgen unterschrieben.

Im Jahre 1914 hat die Gemeinde W. mit Zustimmung des Bezirksausschusses die Verpflichtung der Gemeinde E. gegen Zahlung von 2000 M. übernommen. Das Berufungsgericht stellt ferner fest und erwägt:

a) Bei Feststellung der Matrikel hätten sich zwei Parteien gegenübergestanden, die zwischen sich eine Rechtswirkung hätten hervorrufen wollen und ihren dahingehenden Willen erklärt hätten. Auch wenn die Übernahme der Baulast durch die Gemeinden dem früheren Rechtszustand entsprochen haben würde, so hätten damals doch die Gemeinden W. und E. ihre Verpflichtung gegenüber der Pfarrei ausdrücklich anerkannt. Dadurch sei dem Willen der Beteiligten entsprechend ein privatrechtlicher Anspruch der Pfarrei auf die Leistungen der Gemeinden entstanden. Tatsächlich seien aber nach dem damals geltenden Kirchenrecht nicht die politischen Gemeinden zur Unterhaltung der kirchlichen Gebäude verpflichtet gewesen, sondern in erster Linie die Kirchenfabrik und hilfsweise die Parochianen.

b) Die politischen Gemeinden W. und E. hätten dann auch tatsächlich die Baulast getragen, und zwar hätten sie das in dem Bewußtsein getan, daß es sich dabei um die Erfüllung einer rechtlichen Verpflichtung, nicht etwa um freiwillige Leistungen handle. Wenn man also von der Matrikel ganz absehe, so würde doch durch diese langjährige Übung, die eine Anerkenunng der Gemeinden zum Ausdruck gebracht habe, ein bestimmtes Rechtsverhältnis dauernder Art zwischen den Parteien geregelt worden sein und diese Regelung würde eine vertragsmäßige Abmachung der Parteien ersetzen. Die Klägerin habe demnach (unter den beiden Gesichtspunkten a und b) einen vertraglichen Anspruch gegen die Beklagte auf Unterhaltung des Pfarrgebäudes.

Die Revision wendet zu a) ein, daß die Matrikel lediglich einen bereits bestehenden, aus dem „Prinzip" des Staatskirchentums fließenden Anspruch „deklariert" habe, der materiell durch die Matrikel überhaupt nicht berührt worden sei. Sie setzt sich damit einmal in unzulässigen Widerspruch mit der tatsächlichen Beurteilung des Falles durch das Berufungsgericht, die darauf hinauskommt, daß durch die Vollziehung der Matrikel zwischen der Pfarrei und den beiden Gemeinden die vertragsmäßige Verpflichtung der Gemeinden zum Bau und zur Unterhaltung der Pfarrerwohnung festgesetzt worden sei unabhängig davon, ob eine solche Verpflichtung (etwa aus der älteren Pfarrmatrikel von 1774 oder kraft Herkommens) schon bestanden habe oder nicht. Sodann trifft es auch nicht zu, daß Bau und Unterhaltung der Pfarrwohnung durch die Gemeinden als ein Ausfluß des zur Zeit der Aufstellung der Matrikel geltenden Staatskirchentums angesehen werden könnten. Diese Auffassung widerspricht dem, was das Berufungsgericht über die Verpflichtung zur Unterhaltung kirchlicher Gebäude als damals geltendes Kirchenrecht festgestellt hat. Da es ein gemeines evangelisches Kirchenrecht wegen Fehlens einer Gesamtkirche nicht gab, alles evangelische Kirchenrecht vielmehr partikulares Recht der einzelnen Landeskirche war, so handelt es sich bei jener Feststellung um eine Entscheidung über das Bestehen und den Inhalt des im damaligen Großherzogtum Sachsen geltenden Landeskirchenrechts. Diese Entscheidung ist nach § 562 ZPO. für das Revisionsgericht maßgebend.

Durch die Vereinbarung, welche die Pfarrei unter Mitwirkung der Kirchenkommission als einer Behörde des Kirchenregiments mit den beiden Gemeinden unter Bestätigung der Landesregierung über die Pfarrbaulast, ein kirchenrechtliches Verhältnis, abgeschlossen hat, ist zwar kein privatrechtlicher Anspruch im Sinne der heutigen Rechtsanschauung begründet worden, wohl aber ein rechtlicher Anspruch, der nach Art eines privatrechtlichen zu behandeln, insbesondere dem Rechtsweg zugänglich ist (vgl. RGZ. Bd. 111 S. 213; JW. 1922 S. 1580).

Da die Annahme einer vertragsmäßigen Regelung der Pfarrbaulast der Revision standhält, kommt es nicht mehr auf die oben zu b) wiedergegebene, vom Berufungsgericht im Anschluß an die Rechtsprechung des Reichsgerichts (RGZ. Bd. 11 S. 212, Bd. 102 S. 12; JW. 1927 S. 440 Nr. 6) getroffene Hilfsfeststellung an, wonach ein Herkommen, also eine ein bestimmtes dauerndes Rechtsverhältnis betreffende, die vertragsmäßige Regelung ersetzende Übung besteht.

II. Zu der vom Berufungsgericht (im Gegensatz zum Landgericht) bejahten Frage, ob die Verpflichtung der verklagten Gemeinde unter der Herrschaft der neuen Reichsverfassung fortbestehe, macht die Revision geltend: Infolge des in Art. 137 Abs. 1 RVerf. (mit den Worten: „Es besteht keine Staatskirche") scharf ausgesprochenen Grundsatzes der Trennung von Kirche und Staat kämen die sich aus dem bisherigen Bestehen einer Staatskirche ergebenden Leistungen an die Kirche in Wegfall, soweit sie nicht als auf Gesetz, Vertrag oder besonderem Rechtstitel beruhende Staatsleistungen gemäß Art. 138 Abs. 1 RVerf. der Ablösung unterlägen und bis dahin gemäß Art. 173 RVerf. fortzugewähren seien. Unter dem Schutze der Reichsverfassung ständen daher von Staatsleistungen nur die in Art. 138 Abs. 1, Art. 173 bezeichneten Leistungen, und überhaupt keine Leistungen der Gemeinden und sonstigen Kommunalverbände.

Daran ist richtig, daß die Artikel 138 Abs. 1 und 173 nur das vermögensrechtliche Verhältnis der Kirche zum Staat, nicht dasjenige der Kirche zu den Gemeinden und sonstigen Kommunalverbänden regeln (RGZ. Bd. 111 S. 146, Bd. 113 S. 397). Daraus, daß die auf einer rechtlichen Verpflichtung beruhenden Leistungen eines Kommunalverbands an eine Kirche (Kirchengemeinde oder Kirchenanstalt) nicht unter dem Schutze dieser Verfassungsbestimmungen stehen, folgt aber nicht, daß die rechtliche Verpflichtung mit dem Inkrafttreten der Reichsverfassung fortgefallen ist. Aus Art. 137 Abs. 1 ist dies schon deshalb nicht zu entnehmen, weil dort, wie sich aus den weiteren Vorschriften desselben Artikels und den folgenden Verfassungsartikeln ergibt, nur ein Grundsatz, eine Richtschnur für die Landesgesetzgebung, keine unmittelbar geltende Rechtsnorm aufgestellt ist. Das ist gemeine Meinung (vgl. Schoen, VerwA. Bd. 29 S. 4, und die Kommentare von Anschütz und Giese, je Anm. 1 zu Art. 137). Israel (Reich - Staat - Kirche S. 17flg.), auf den sich das Landgericht stützt, will zwar den Grundsatz der Trennung von Kirche und Staat auf vermögensrechtlichem Gebiet nach dem Zusammenhang der mehrerwähnten Verfassungsbestimmungen und nach ihrer Entstehungsgeschichte dahin verstanden wissen, daß — abgesehen von den in Art. 138 Abs. 1, Art. 173 vorgesehenen (von Israel näher umschriebenen) Ausnahmen — öffentliche Mittel für kirchliche Zwecke nicht mehr aufgewendet werden dürften. Aber auch er sagt (S. 22): „Positiven Inhalt hat nur der Rechtssatz, der ohne nähere Ausführungsbestimmungen Regel und Richtschnur sein kann. Diesen Inhalt hat obiger Grundsatz nun allerdings nicht, da er ohne Ausführungsbestimmungen für die Übergangszeit ... nicht angewandt werden kann. Aus diesem Grund ist ihm also der Charakter als positiver Rechtssatz abzusprechen.“ Ob der Grundsatz der Trennung von Kirche und Staat auf vermögensrechtlichem Gebiet in dem von Israel angenommenen Sinne zu verstehen und ob der von ihm gebrauchte Ausdruck „öffentliche Mittel“ nicht nur auf Staatsmittel, sondern auch auf die Mittel von Kommunalverbänden zu beziehen ist, kann hiernach auf sich beruhen.

Nach Art. 137 Abs. 6 RVerf. sind die Religionsgesellschaften, welche Körperschaften des öffentlichen Rechtes sind, berechtigt, auf Grund der bürgerlichen Steuerlisten nach Maßgabe der landesrechtlichen Bestimmungen Steuern zu erheben (vgl. dazu § 20 des Finanzausgleichsgesetzes in der Fassung vom 27. April 1926, RGBl. I S. 203). Damit ist das kirchliche Besteuerungsrecht in einem bestimmten Rahmen gewährleistet. Aber es ist damit nicht verordnet, daß die Kirchen die zu ihrer Erhaltung und zur Durchführung ihrer Aufgaben erforderlichen Mittel nur durch Kirchensteuern aufbringen dürften und daß die rechtlichen Verpflichtungen Dritter zu Leistungen für solche Zwecke aufgehoben seien. Dementsprechend bestimmt das im Berufungsurteil angezogene thüringische Gesetz über das Steuerrecht der Religionsgesellschaften vom 6. Juli 1926 (GS. S. 267) in § 1: „Die Religionsgesellschaften, die in Thüringen als Körperschaften des öffentlichen Rechts anerkannt sind, dürfen Steuern nach Maßgabe dieses Gesetzes erheben, soweit ihre sonstigen Einnahmen, insbesondere aus ihrem Vermögen und aus Leistungen Dritter, nicht ausreichen, ihre Ausgaben zu bestreiten."

Auch sonst enthält die Reichsverfassung keine Bestimmung, die der Fortdauer der streitigen Baulast entgegenstände.

---

38. Wann liegt eine die Zuständigkeit der Arbeitsgerichte begründende Nachwirkung des Arbeitsverhältnisses im Sinne von § 2 Abs. 1 Nr. 2 des Arbeitsgerichtsgesetzes vor?

III. Zivilsenat. Urt. v. 5. Juli 1929 i. S. Ruhegehaltskasse der A. B. O. AG. (Bekl.) w. R. (Kl.). III 517/28.

I. Landgericht I Berlin.

Die Allgemeine Berliner Omnibus-Aktiengesellschaft hat für ihre Angestellten eine Ruhegehaltskasse gegründet, der beizutreten diese verpflichtet sind; die Kasse hat selbständige Rechtspersönlichkeit. Der Kläger hat im Dienst der Aktiengesellschaft gestanden und ist Mitglied der verklagten Kasse geworden. Er verlangt von ihr Gewährung eines Ruhegehalts und hat Klage auf entsprechende Zahlung erhoben. Die Beklagte hat die Einrede der Unzuständigkeit des ordentlichen Gerichts vorgebracht, da die Zuständigkeit des Arbeitsgerichts gegeben sei. Die Einrede ist vom Landgericht verworfen worden. Die unmittelbar beim Reichsgericht eingelegte Revision der Beklagten blieb ohne Erfolg.

Gründe:

Wäre die Zuständigkeit des Arbeitsgerichts begründet, so wären allerdings gemäß § 2 Abs. 1 ArbGG. die ordentlichen Gerichte nicht zur Entscheidung über den vorliegenden Rechtsstreit berufen. Diese Zuständigkeit liegt aber nicht vor. Sie könnte — darüber sind auch die Parteien einig — nur aus Nr. 2 a. a. O. hergeleitet werden, wonach die Arbeitsgerichte ausschließlich zuständig sind:

„für bürgerliche Rechtsstreitigkeiten zwischen Arbeitgebern und Arbeitnehmern aus dem Arbeits- oder Lehrverhältnis . . . und aus dessen Nachwirkungen".

Hier soll nun allerdings ein bürgerlicher Rechtsstreit entschieden werden. Die Streitteile stehen sich aber nicht als Arbeitgeber und

Arbeitnehmer gegenüber. Vielmehr ist die Beklagte eine selbständige, von der Aktiengesellschaft, bei welcher der Kläger in Arbeit gestanden hat, verschiedene Rechtspersönlichkeit. Der Umstand, daß die Beklagte mit der Arbeitgeberin in den im angefochtenen Urteil dargelegten rechtlichen und wirtschaftlichen Beziehungen steht, beeinträchtigt die Selbständigkeit ihrer Rechtspersönlichkeit nicht, gestattet daher auch nicht, sie — sei es überhaupt, sei es hier — als wesensgleich mit der Aktiengesellschaft anzusehen. In einem Arbeitsverhältnis zu ihr hat der Kläger nicht gestanden; er ist nur ihr Mitglied geworden.

In seinem Verhältnis zur Beklagten ist rechtlich auch keine Nachwirkung seines Arbeitsverhältnisses zur vorgenannten Gesellschaft zu erblicken. Denn einerseits ist als Nachwirkung nur eine aus dem Arbeitsverhältnis nach seiner Beendigung erwachsende Wirkung anzusehen, während hier die Mitgliedschaft bei der Beklagten schon vorher bestand, und anderseits spricht das Gesetz nicht von Nachwirkungen schlechthin, sondern von „dessen" Nachwirkungen. Das bedeutet Nachwirkungen des Arbeitsverhältnisses, also der Beziehungen zwischen denjenigen Parteien, unter denen das Arbeitsverhältnis bestanden hat. Auch aus der Entstehungsgeschichte der fraglichen Gesetzesstelle läßt sich keine andere Auslegung herleiten. Die Worte „und aus dessen Nachwirkungen" waren im Gesetzentwurf nicht vorhanden. Sie sind erst in der zweiten Lesung des mit seiner Beratung befaßten 9. Ausschusses des Reichstags eingefügt worden (Drucks. Nr. 2795 der dritten Wahlperiode S. 5), und zwar nach dem Ausschußbericht an Stelle des Vorschlags, in das Gesetz folgende Erstreckung der Zuständigkeit aufzunehmen: „Ansprüche wegen Einholung, Erteilung, Verweigerung, Form und Inhalt der Auskunft des Arbeitgebers über den Arbeitnehmer". Dabei ist ausgesprochen und angenommen worden, „daß die Ansprüche aus Auskünften durch diese Fassung mit umfaßt würden" (Drucks. Nr. 3019 S. 28). Somit läßt sich auch aus dieser Gesetzesstelle eine Zuständigkeit des Arbeitsgerichts für die Entscheidung über die vorliegende Klage nicht herleiten.

Der Streitfall liegt anders als die Fälle, welche in RAG. Bd. 1 S. 61 und Bd. 2 S. 279 (vgl. hierzu RGZ. Bd. 124 S. 135) behandelt sind. Die Annahme des angefochtenen Urteils, daß hier die Zuständigkeit des ordentlichen Gerichts gegeben sei, ist daher rechtlich nicht zu beanstanden.

39. 1. Befreit die Versäumung der Anzeige über Veräußerung der gegen Schaden versicherten Sache den Versicherer auch dann, wenn die Anzeigepflicht dem Versicherungsnehmer aus Rechtsunkenntnis nicht bewußt und in den Versicherungsbedingungen nicht erwähnt war?

2. Welche Arten von Eigentumswechsel sind unter Veräußerung im Sinne der §§ 69 bis 71 VVG. zu verstehen? Gehören dazu insbesondere Gutsüberlassungsverträge und Vermögensübernahmen?

Gesetz über den Versicherungsvertrag §§ 6, 69 bis 71.

VII. Zivilsenat. Urt. v. 5. Juli 1929 i. S. A. Versicherungsgesellschaft (Bekl.) w. W. O. (Kl.). VII 567/28.

I. Landgericht Köln.
II. Oberlandesgericht daselbst.

Am 15. August 1925 wurde ein Kraftwagen, den der Kläger bei der Beklagten für die Zeit vom 23. März 1925 bis 23. März 1930 versichert hatte, durch Brand fast völlig vernichtet. Die Beklagte wandte gegen ihre Entschädigungspflicht unter anderem ein, der Kläger habe den Wagen am 5. Juni 1925 an seine Tochter veräußert und hierüber der Beklagten die gesetzlich vorgeschriebene Anzeige nicht erstattet. Der Kläger erhob Klage auf Feststellung, daß die Beklagte verpflichtet sei, ihm für den Brandschaden Versicherungsschutz zu gewähren, wurde aber vom Landgericht wegen Unterlassung der Veräußerungsanzeige abgewiesen. Auf seine Berufung erkannte das Oberlandesgericht nach seinem Antrag. Die Revision der Beklagten führte zur Wiederherstellung des landgerichtlichen Urteils.

Aus den Gründen:

... Von Rechtsirrtum beeinflußt sind die Ausführungen, mit denen das Berufungsgericht den Einwand der Versäumung der Veräußerungsanzeige zurückweist. Das Berufungsgericht ist zwar der Ansicht, daß der Vertrag vom 5. Juni 1925, der sich als ein dem bäuerlichen Gutsüberlassungsvertrag ähnlicher Eigentumsübertragungs- und Unterhaltsvertrag darstelle, als Veräußerung im Sinne des § 69 VVG. zu gelten habe, da er unbestrittenermaßen den versicherten Wagen umfasse und ernst gemeint sei. Trotz dieser Umstände und obgleich die Frist des § 71 VVG. beim Eintritt des Versicherungsfalls abgelaufen war, glaubt der Vorderrichter die Befreiung der Beklagten deshalb verneinen zu können, weil der Kläger, ebenso wie wohl die meisten Nicht-Juristen, sich gar nicht bewußt geworden sei, daß er eine Veräußerung des Wagens dem Versicherer anzuzeigen hatte, zumal da der Versicherungsschein und seine Anlagen keinen Hinweis auf diese gesetzliche Verpflichtung enthalten hätten. Diese Auffassung kommt darauf hinaus, daß gegenüber Nicht-Juristen, wenn sie nicht etwa im Versicherungswesen besonders bewandert sind, die im § 71 VVG. bestimmte Befreiung des Versicherers dann nicht eintrete, wenn im Versicherungsschein und in den Versicherungsbedingungen die Pflicht zur Anzeige von Veräußerungen nicht besonders ausgesprochen ist. Eine derartige Durchbrechung der gesetzlichen Befreiungsvorschrift zugunsten der Rechtsunkundigen würde in Widerspruch mit dem Grundsatz stehen, daß Rechtsunkenntnis im allgemeinen von jedem zu vertreten ist. Der erkennende Senat hat allerdings im Urteil RGZ. Bd. 117 S. 270 ausgesprochen, daß dem Versicherungsnehmer die Unterlassung der Anzeige über eine Sicherungsübereignung dann nicht zum Nachteil gereichen könne, wenn ihm die zweifelhafte Frage, ob eine Sicherungsübereignung die Veräußerungsanzeige erfordere, von einem auf diesem Gebiete besonders erfahrenen Rechtskundigen verneint worden wäre. Aber im vorliegenden Falle hat der Kläger rechtskundigen Rat weder über die nicht unzweifelhafte Frage eingeholt, ob Gutsüberlassungsverträge zu Veräußerungsanzeigen Anlaß geben, noch etwa über die allgemeine Frage, ob infolge Fehlens einer Bestimmung im Versicherungsschein eine Anzeigepflicht über Veräußerungen überhaupt nicht begründet sei. Man wird auch nicht etwa ein mitwirkendes oder gar ein überwiegendes Verschulden der Beklagten darin sehen können, daß sie in ihre dem Versicherungsschein beigehefteten allgemeinen Bedingungen keinen besonderen Hinweis auf die Anzeigepflicht über Veräußerungen aufgenommen hat, zumal da solche Hinweise von den in Rechts- und Versicherungsfragen nicht besonders bewanderten Versicherten ohnehin höchst selten bemerkt werden.

Der Kläger hat in dieser Instanz versucht, die angefochtene Entscheidung trotz ihrer bezeichneten rechtsirrtümlichen Begründung aus dem Gesichtspunkt zu rechtfertigen, daß der Vertrag vom 5. Juni 1925 entgegen der Annahme des Berufungsgerichts überhaupt nicht als Veräußerung im Sinne der §§ 69 bis 71 VVG. anzusehen, der Kläger daher zur Erstattung einer Anzeige gar nicht verpflichtet gewesen sei. Er führt hierzu aus, daß der Eigentumswechsel kraft

Erbfolge anerkanntermaßen nicht unter den Begriff der Veräußerung falle, Verträge wie der hier vorliegende aber vorgreifend gerade die Rechtslage zu schaffen bezweckten, die sich im Falle der Erbfolge ergeben würde. Diesen Erwägungen kann indessen nicht beigetreten werden. Die Vorschriften der §§ 69 flg. VVG. beruhen, wie sich aus der Begründung zur Regierungsvorlage ergibt, auf der Erwägung, daß die Veräußerung der versicherten Sache an sich die Beendigung des Versicherungsverhältnisses zur Folge haben müßte, daß jedoch die damit entstehende Lage weder für den Versicherer noch für den Erwerber befriedigend wäre. Deshalb wird der Eintritt des Erwerbers in die Rechte und Pflichten aus dem Versicherungsvertrag vorgeschrieben (§ 69), zugleich aber dem Erwerber wie dem Versicherer ein Kündigungsrecht gewährt (§ 70) und, um dem Versicherer die Ausübung dieses Rechtes zu ermöglichen, dem Versicherungsnehmer und dem Erwerber die Pflicht zur Anzeige auferlegt (§ 71). Aus diesem Grund und Zweck der Vorschriften folgt, daß sie nicht die Fälle treffen wollen, in denen die versicherte Sache und das Interesse an ihr auf Grund einer Rechtstatsache übergehen, die schon an und für sich, ohne jene Vorschriften, den Eintritt des Erwerbers in das Versicherungsverhältnis mit sich bringt, insbesondere also nicht die Fälle der Gesamtrechtsnachfolge. In diesen Fällen tritt der Erwerber ohne Beschränkung durch ein Kündigungsrecht und ohne Anzeigepflicht in das Versicherungsverhältnis ein; in allen anderen Fällen des Eigentumswechsels findet dagegen der Eintritt nur unter diesen Maßgaben statt. Eine Gesamtrechtsnachfolge oder irgendeine andere, den Eintritt des Erwerbers in die Rechte und Pflichten aus dem Versicherungsvertrag herbeiführende Tatsache liegt nun aber weder bei Gutsüberlassungsverträgen noch bei der Vermögensübernahme gemäß § 419 BGB. vor (ROHG. Bd. 23 S. 92; RGZ. Bd. 82 S. 277). Wenn das ehemalige Reichsoberhandelsgericht in der bezeichneten Entscheidung trotzdem angenommen hat, daß im damaligen Falle von Gutsüberlassung keine Anzeigepflicht bestanden habe, so war für seine Stellungnahme der Wortlaut der Versicherungsbedingungen maßgebend, nach dem die Anzeigepflicht bei „Eigentumswechsel außer in Erbschaftsfällen" bedungen war, so daß die Auslegung nahe lag, die für „Erbschaftsfälle" bestimmte Ausnahme solle auch die vorgreifende Erbfolge (successio anticipata der damaligen Rechtssprache) umfassen.

Diese aus dem Wortlaut jener Vertragsbestimmung entnommene Erwägung kann aber unter der Herrschaft des Gesetzes über den Versicherungsvertrag nicht durchschlagen, bei dem die Tragweite der Vorschrift des § 71 aus jenem andern Gesichtspunkt abzugrenzen ist. Gerhard-Manes (Bem. 4 zu §§ 69 bis 71) wollen Anzeigepflicht und Kündigungsrecht in allen Fällen ausschließen, in denen „nach dem Willen der Parteien die Rechtsverhältnisse geschaffen werden sollen, die im Falle einer Erbfolge eintreten würden"; aber eine solche Begrenzung muß, abgesehen von ihrer Unbestimmtheit, schon deshalb abgelehnt werden, weil die Rechtslage des Versicherers nicht von dem ihm unbekannten Inhalt des Veräußerungsvertrags abhängig gemacht werden darf. Zudem werden bei der bäuerlichen Gutsüberlassung, die bei Gerhard-Manes als Anwendungsfall für jenen Satz angeführt ist, die Rechtsverhältnisse gerade in der wesentlichen Beziehung anders als bei einer Erbfolge geordnet, nämlich dahin, daß keine Gesamtrechtsnachfolge eintritt.

Wenn jetzt der Kläger im Anschluß an diese Erörterungen ausführt, es dürfe ihm jedenfalls ein Irrtum darüber, ob der Vertrag vom 5. Juni 1925 eine Veräußerung im Sinne der §§ 69 bis 71 VVG. sei, nicht als Verschulden angerechnet werden, so muß dieser Versuch zur Stützung des Berufungsurteils schon daran scheitern, daß der Kläger selbst nicht behauptet hat, er habe geglaubt, wegen der Eigenart des Vertrags von der Anzeige entbunden zu sein. Eine solche Behauptung wäre auch unvereinbar mit der Feststellung des Berufungsgerichts, daß die Pflicht zur Anzeige von Veräußerungen dem Kläger wegen seiner Rechtsunkunde überhaupt unbekannt gewesen sei.

---

40. Besteht ein Schadensersatzanspruch von Genossenschaften mit beschränkter Haftpflicht gegen Genossen, die satzungsgemäß zum Erwerb weiterer Geschäftsanteile verpflichtet, aber mit der Erfüllung dieser Verpflichtung vor der später beschlossenen Auflösung der Genossenschaft in Verzug geraten waren?

GenG. §§ 91, 137. BGB. §§ 249, 286, 287.

II. Zivilsenat. Urt. v. 5. Juli 1929 i. S. Kreislandbund-Genossenschaft J.-L. Gen. m. b. H. (Kl.) w. v. L. (Bekl.). II 627/28.

I. Landgericht Potsdam.
II. Kammergericht Berlin.

Nach der Satzung der Klägerin, einer eingetragenen Genossenschaft mit beschränkter Haftpflicht zum gemeinschaftlichen Bezug und Absatz landwirtschaftlicher Bedarfsartikel und Erzeugnisse, galt für die Genossen Pflichtbeteiligung nach einem Staffeltarif und zwar so, daß mindestens ein Geschäftsanteil und bei einer landwirtschaftlich genützten Fläche über 25 Morgen für je angefangene weitere 25 Morgen ein weiterer Geschäftsanteil zu erwerben war. Die Höchstbeteiligungsziffer eines Genossen war auf 200 Geschäftsanteile festgesetzt. Der Geschäftsanteil hatte ursprünglich 2000 PM. betragen. Er wurde durch Generalversammlungs-Beschluß vom 5. April 1924 zunächst auf 10 Rentenmark, einzuzahlen bis spätestens 15. Oktober 1924, umgestellt und durch weitere Generalversammlungs-Beschlüsse vom 7. Januar, 22. Mai 1925 und 28. Mai 1926 auf 40, 140 und 240 RM. erhöht, letzteres mit der Maßgabe, daß hiervon sofort 220 RM., die restlichen 20 RM. aber auf Beschluß der Generalversammlung einzuzahlen waren. Die Haftsumme für jeden Anteil wurde auf 400 RM. festgesetzt. Die Beschlüsse wurden im Genossenschaftsregister eingetragen, der Beschluß vom 28. Mai 1926 am 7. Juni 1926. Eine Generalversammlung der Klägerin vom 28. Juni 1926 beschloß die Auflösung der Genossenschaft; Eintragung im Genossenschaftsregister erfolgte am 29. Juni 1926. Der Beklagte ist auf Grund seiner Beitritts- und Übernahmeerklärung vom 25. September 1922 am 1. Juni 1923 in der gerichtlichen Liste der Genossen mit 10 Geschäftsanteilen eingetragen worden; seiner Einzahlungspflicht hierauf hat er genügt. Weil sein landwirtschaftlich genützter Grundbesitz aber 2218 Morgen beträgt, forderte die Klägerin von ihm mit Schreiben vom 23. November 1925 die „Erstattung des Gegenwerts für weitere 79 Anteile zu je 140 RM. = 11060 RM.". Der Beklagte verweigerte die Zahlung, worauf ihm die Klägerin durch Schreiben vom 28. November 1925 die Beschlüsse über Festsetzung und Erhöhung der Geschäftsanteile, sowie den Inhalt des sich mit der Pflichtbeteiligung befassenden § 4 der Satzung mitteilte. Sie erhob dann im Dezember 1926 in einem Vorprozeß Klage auf Zahlung von 11060 RM., wurde aber in zweiter Instanz abgewiesen. Ihre Revision wurde durch Urteil des erkennenden Senats vom 20. Mai 1927 (RGZ. Bd. 117 S. 116) zurückgewiesen. Nunmehr verlangt sie vom Beklagten Schadensersatz wegen schuldhafter Verletzung der genossenschaftlichen Beteiligungspflicht. Sie bezifferte ihren Schaden in erster Instanz auf mindestens 17380 RM. und klagte hiervon einen Teilbetrag von 5000 RM. nebst Zinsen ein.

Das Landgericht verurteilte den Beklagten, unter Abweisung weitergehender Zinsansprüche der Klägerin, zur Zahlung von 5000 RM. nebst Zinsen. Das Kammergericht dagegen sprach der Klägerin auf die Berufung des Beklagten nur 700 RM. nebst Prozeßzinsen zu und wies im übrigen die Klage ab. Die Revision der Klägerin hatte keinen Erfolg.

Gründe:

Das Kammergericht hat der Klägerin darin Recht gegeben, daß der Beklagte nach der Satzung und nach der Größe seines landwirtschaftlichen Besitzes zum Erwerb weiterer 79 Geschäftsanteile verpflichtet gewesen und mit der Erfüllung dieser Verpflichtung in Verzug geraten sei. Hierdurch ist jedenfalls die Klägerin nicht beschwert. Hervorzuheben ist nur, daß hier die Pflichtbeteiligung nach der Morgenzahl schon im „Urstatut" vorgesehen war (vgl. RGZ. Bd. 124 S. 182). Das Kammergericht hat sich ferner im Anschluß an das Urteil des erkennenden Senats im Vorprozeß auf den Standpunkt gestellt, daß in der Folge der Anspruch der Klägerin durch den Auflösungsbeschluß vom 28. Juni 1926 erloschen sei. Bei der weiteren Erörterung der nunmehr streitigen Schadensersatzansprüche der Klägerin auf der Grundlage des Schuldnerverzugs lehnt der Vorderrichter die vom 30. Zivilsenat des Kammergerichts in einer gleichliegenden Sache (30 U 9687/27 = JW. 1928 S. 2643 Nr. 3) unter Bezugnahme auf §§ 287, 249, 252 BGB. vertretene Ansicht ab, daß der Verzugsschaden mindestens dem Betrag gleichkomme, den der Beklagte bei rechtzeitiger Übernahme der weiteren Geschäftsanteile auf diese hätte einzahlen müssen. Denn — so fährt das Kammergericht fort — eine Unmöglichkeit des Erwerbs weiterer Geschäftsanteile im Sinne des § 287 BGB. liege nicht vor, sondern insoweit sei die Leistungspflicht des Beklagten durch die Auflösung erloschen. Die Klägerin könne daher nur den Schaden ersetzt verlangen, der ihr durch das schuldhafte Verhalten des Beklagten bis zum Tag des Auflösungsbeschlusses erwachsen sei; was nachher mit der auf die weiteren Geschäftsanteile geschuldeten Summe hätte geschehen können, müsse außer Betracht bleiben. Die Klägerin habe mithin nur Schadensersatz wegen verzögerter Erfüllung (§ 286 Abs. 1 BGB.) bis zum Auflösungsbeschluß zu beanspruchen. Auf Grund dieser Erwägung hat das Kammergericht einen Schadensersatzbetrag von 663,60 RM. für entgangene Zinsen zu 12% aus der — im Fall rechtzeitiger Übernahme der weiteren 79 Geschäftsanteile — geschuldeten Einzahlungssumme von 11060 RM. berechnet, davon ausgehend, daß die Klägerin bei gehöriger Erfüllung Ende Dezember 1925 im Besitz dieser Summe hätte sein müssen und demnach in der Lage gewesen wäre, den Betrag bis zum 29. Juni 1926, also rund 6 Monate lang, auszunützen.

Weiter berechnet das Kammergericht auf die nach dem Erhöhungsbeschluß vom 28. Mai 1926 zu leistende weitere Einzahlung von 79 × 80 = 6320 RM. für die Zeit vom 15. bis 29. Juni 1926, also rund auf ½ Monat, wiederum unter Zugrundelegung eines Zinssatzes von 12% wegen entgangener Kapitalnutzung, einen Schaden von 31,60 RM. So gelangt es, indem es auch auf § 287 ZPO. Bezug nimmt, zu einem erstattungsfähigen Gesamtschaden von 700 RM., aus dem es noch 8% Prozeßzinsen zuspricht. Alle weitergehenden Ansprüche aber weist es ab.

Die Revision rügt Verletzung des § 249 BGB. Sie macht geltend, das Kammergericht verkenne den Rechtsbegriff des ursächlichen Zusammenhangs, wenn es den zu ersetzenden Schaden auf die Verluste beschränke, die der Klägerin durch Vorenthaltung der den weiteren Pflichtanteilen entsprechenden Einzahlungssumme erwachsen seien. Wenn der Beklagte seine genossenschaftlichen Verpflichtungen rechtzeitig erfüllt hätte, wären zur Zeit der Auflösung die auf die weiteren Pflichtanteile zu leistenden Einzahlungen längst der Klägerin zugeflossen gewesen. Der Beklagte hätte dann nicht Rückzahlung, sondern nur sein Liquidationsguthaben verlangen können. Der Auflösungsbeschluß bedeute für den Beklagten ein zufälliges Ereignis, das den Schadensersatzansprüchen der Klägerin nicht Abbruch tun könne. Die Klägerin müsse so gestellt werden, wie sie ohne das zum Ersatz verpflichtende Verhalten des Schuldners stehen würde. Dazu gehöre im vorliegenden Fall die vollständige Einzahlung des der Pflichtbeteiligung entsprechenden Geldbetrags.

Der Angriff ist nicht begründet. War der Beklagte je, wie das Kammergericht annimmt, mit der Erfüllung des Anspruchs der Klägerin auf Übernahme weiterer 79 Geschäftsanteile im Verzug, so käme zunächst nur in Betracht, ob neben den Erfüllungsanspruch ein Anspruch auf Ersatz des durch die nicht rechtzeitige Erfüllung erwachsenen Schadens getreten ist (§ 286 Abs. 1 BGB.); für einen Schadensersatzanspruch wegen Nichterfüllung würde es noch an der Rechtsgrundlage fehlen. Nun ist in der Folge allerdings der Erfüllungsanspruch durch den Auflösungsbeschluß der Klägerin erloschen. Rechtsgrund dieses Erlöschens war (was das Kammergericht zu Unrecht — übrigens auch ohne Anführung eines sonstigen Rechtsgrunds — verneint) die nunmehrige Unmöglichkeit der Erfüllung des Hauptanspruchs. Diese Unmöglichkeit war, wie im Urteil des erkennenden Senats im Vorprozeß dargelegt ist, eine rechtliche, weil eben im Auflösungsstadium eine Erweiterung der genossenschaftlichen Beteiligung, sei es durch Aufnahme neuer Mitglieder, sei es durch Erhöhung der Zahl der Geschäftsanteile der bisherigen Mitglieder, rechtlich nicht mehr möglich ist. Alleinige Ursache des Untergangs des Erfüllungsanspruchs der Klägerin im Rechtssinn war aber der Auflösungsbeschluß der Generalversammlung der Genossen, also eine freie Willensentschließung und Rechtshandlung ihres obersten Organs. Ist dem aber so, hat die Gläubigerin selbst in freier Betätigung der genossenschaftlichen Selbstverwaltung den Erfüllungsanspruch zum Untergang gebracht, dann kann sie nicht hinterher aus einem derartigen Erlöschen des Hauptanspruchs einen Schadensersatzanspruch wegen Nichterfüllung gegen den Beklagten herleiten. Dies verkennt die Revision.

Gewiß ist richtig, daß die Klägerin, wenn der Beklagte seine Pflichtbeteiligung gehörig erfüllt hätte, aller Wahrscheinlichkeit nach noch vor dem Auflösungsbeschluß die Eintragung der Beteiligungserweiterung im Genossenschaftsregister und die Zahlung der fälligen Einzahlungssumme hätte erwirken können. Allein das ändert daran nichts, daß die Klägerin, wenn sie durch eigene freie Rechtshandlung während des Verzugs des Beklagten ihren an sich begründeten genossenschaftlichen Pflichtbeteiligungsanspruch zum Erlöschen bringt, diese Folge einzig und allein sich selbst zuzuschreiben hat. Diese Art des Untergangs des Hauptanspruchs hat der Beklagte trotz seines Verzugs nicht zu vertreten. Im Verhältnis der Parteien zueinander beruht die Unmöglichkeit nicht auf Zufall, sondern auf einem von der Klägerin als Gläubigerin zu vertretenden Umstand (§§ 275 Abs. 1 verb. mit § 287 Satz 2 BGB.).

Die Verpflichtung des Beklagten ging im übrigen auf Übernahme weiterer Geschäftsanteile der Klägerin. Ihr Einzahlungsanspruch dafür stand und fiel mit der Erweiterung der genossenschaftlichen Beteiligung des Beklagten, die ihm aber keineswegs nur Pflichten, sondern auch Rechte brachte. Gewiß ist der Beitritt zu einer Genossenschaft und die Übernahme weiterer Geschäftsanteile kein gegenseitiger Vertrag. Aber das Mitgliedschaftsverhältnis selbst ist ein gegenseitiges, insofern als den Pflichten und Verbindlichkeiten Rechte der Genossen gegenüberstehen. Zwar ist mit dem Erwerb neuer Geschäftsanteile nicht auch eine Erhöhung des Stimmrechts in der Generalversammlung verbunden (§ 43 Abs. 2 GenG.). Wohl aber hätten für die weiteren Geschäftsanteile die Vorschriften des § 19 GenG. über die Bildung von Geschäftsguthaben und Zuschreibungen von Gewinn gegolten. Im Falle der Liquidation hätte grundsätzlich die Verteilung des nach Deckung der Genossenschaftsschulden noch vorhandenen Vermögens bis zum Gesamtbetrag der Geschäftsguthaben der Genossen nach deren Verhältnis erfolgen müssen (§ 91 Abs. 1 S. 1 GenG.). Ein dann noch verbleibender Überschuß wäre nach § 59 Abs. 3 der Satzung (vgl. mit § 91 Abs. 2, 3 GenG.) nach dem Verhältnis der übernommenen Geschäftsanteile zu verteilen gewesen. Die Einzahlung auf die weiteren Geschäftsanteile war eine Leistung auf erweiterte genossenschaftliche Beteiligung und hatte in ihr die eigentliche Rechtsgrundlage. Die Klägerin kann deshalb hier auch nicht eine Schadensersatzforderung in Höhe des Einzahlungsanspruchs erheben. Denn damit würde nicht der Zustand hergestellt, der bestünde, wenn der zum Ersatz verpflichtende Umstand — nämlich die Tatsache, daß der Beklagte vor Auflösung der Klägerin keine neuen Anteile erworben hat — nicht eingetreten wäre (§ 249 BGB.). Vielmehr würde so an Stelle der erweiterten genossenschaftlichen Beteiligung des Beklagten mit ihren Pflichten, aber auch Rechten, etwas ganz anderes, nämlich eine reine Geldforderung der Klägerin gesetzt. Hätte der Beklagte, sei es mit oder ohne Verzug in der Erfüllung der Pflichtbeteiligung, Zahlungen auf die zu erwerbenden Pflichtanteile gemacht, so hätte er, da es angesichts des Auflösungsbeschlusses nicht mehr zu einer solchen Erweiterung seiner genossenschaftlichen Beteiligung kommen konnte, diese Erweiterung aber den Rechtsgrund der Zahlungen bildete, nunmehr ohne Rechtsgrund geleistet. Der mit der Zahlung bezweckte

Erfolg, die Tilgung der endgültig mit dem Eintrag der Beteiligungserweiterung in die Liste der Genossen und durch ihn entstehenden Einzahlungspflicht (§ 40 Abs. 2 der Satzung), wäre nicht mehr zu erreichen (§ 812 Abs. 1 S. 2 BGB. zweiter Fall), und zwar, wie schon dargelegt, infolge eines von der Klägerin zu vertretenden Umstands. Daraus würde folgen, daß der Beklagte von der Klägerin die Rückerstattung der eingezahlten Beträge einschließlich der von ihr daraus gezogenen Nutzungen nach den Grundsätzen über die Herausgabe einer ungerechtfertigten Bereicherung (§ 818 BGB.) verlangen könnte (§§ 325, 323 BGB.). Dann kann aber die Klägerin ihrerseits nicht unter dem Gesichtspunkt des Zögerungsschadens den Ersatz solcher Kapitalnutzungen fordern. Doch braucht darauf nicht weiter eingegangen zu werden, da der Beklagte keine Revision eingelegt hat.

Es kann nicht zugegeben werden, daß der hier vertretene Standpunkt im Ergebnis zu einer Benachteiligung der genossenschaftstreuen Mitglieder gegenüber solchen Genossen führe, die sich der eingegangenen Verpflichtungen zu entledigen versuchen. Genossen, die sich weigern, ihre satzungsmäßige Pflicht zur Übernahme weiterer Geschäftsanteile zu erfüllen, können darauf, d. h. auf Abgabe der nach § 137 GenG. erforderlichen Willenserklärung, verklagt werden; mit der Rechtskraft des Urteils gilt diese Erklärung als abgegeben (§ 894 ZPO.). Aus der satzungsmäßigen Pflichtbeteiligung in Verbindung mit §§ 136, 137 Abs. 2 GenG. ergibt sich ferner eine — wiederum im Prozeßweg — erzwingbare Vorleistungspflicht zur Einzahlung. So wäre die Klägerin ohne den Auflösungsbeschluß sehr wohl in der Lage gewesen, die Eintragung der Beteiligungserweiterung in der gerichtlichen Liste auch gegenüber widerspenstigen Genossen durchzusetzen. Sie durfte sich nur diese Möglichkeit nicht selbst durch den Auflösungsbeschluß nehmen. Sie konnte überdies, wie sie es anscheinend hinterher auch getan hat, durch satzungsmäßige Festlegung von Vertragsstrafen gegen säumige Genossen ihre berechtigten Belange hinreichend sicherstellen.

41. 1. Zum Begriffe des Hauptverkehrswegs im Sinne des § 21 c der Kraftfahrzeugverordnung vom 28. Juli 1926.
2. Voraussetzungen der in § 21 c das. angeordneten Vorfahrt.

Kraftfahrzeuggesetz §§ 7, 9, 17.
Kraftfahrzeugverordnung §§ 17, 18, 21c.

VI. Zivilsenat. Urt. v. 8. Juli 1929 i. S. H (Kl.) w. B. (Bekl.).
VI 754/28.

I. Landgericht Bochum.
II. Oberlandesgericht Hamm.

Am 9. Juli 1927 befuhr ein von dem Führer B. gesteuerter Personenkraftwagen der Klägerin die H.straße in R. in der Richtung nach H. Um dieselbe Zeit fuhr ein von dem Führer K. gesteuerter Autobus der Beklagten durch die K.straße in der erstgenannten Ortschaft; er wollte die H.straße kreuzen und seine Fahrt durch die N.straße fortsetzen. Die Gegend in der Nähe der Kreuzungsstelle ist nur teilweise bebaut. An der K.straße und H.straße, und zwar rechts der Fahrtrichtung des Autobus, befindet sich die hohe Umfriedigungsmauer einer Zeche, die den Benutzern der ersteren Straße nach rechts und denen der letzteren Straße nach links den Einblick in die andere Straße verwehrt. Die K.straße fällt in der Richtung der H.straße etwas ab. Es herrschte feuchtes Wetter. In der Straßenkreuzung stießen die beiden Kraftfahrzeuge zusammen und wurden beschädigt.

Die Klägerin verlangte wegen ihr zugefügten Sachschadens in Höhe von 4386,40 RM., von der Beklagten Ersatz mit der Behauptung, ihr Wagen habe vor dem Autobus das Vorfahrtsrecht gehabt; das habe dieser nicht beachtet und habe in zu schneller Fahrt die H.straße überquert. Die Beklagte bestreitet das Vorfahrtsrecht, da der Wagen der Klägerin von der Straßenkreuzung noch weit entfernt gewesen sei; im übrigen sei ihr Autobus langsam, der Wagen der Klägerin dagegen übermäßig schnell gefahren. Das Landgericht erklärte den Klaganspruch dem Grunde nach zur Hälfte für gerechtfertigt. Das Oberlandesgericht wies die Klage in vollem Umfang ab. Die Revision der Klägerin führte zur Aufhebung und Zurückverweisung.

Gründe:

Das Berufungsgericht hat seine Entscheidung im wesentlichen wie folgt begründet.

Beide Führer hätten noch kurz vor der Kreuzung gehupt, es habe aber keiner das Zeichen des anderen gehört. Der Wagen der Klägerin habe an der Ecke eine Geschwindigkeit von etwa 30—35 km in der Stunde gehabt, während der Autobus wesentlich langsamer, vielleicht mit einer Geschwindigkeit von etwas mehr als 5 bis 6 km in der Stunde, in die Kreuzungsstelle gefahren sei und dort seine Schnelligkeit auf etwas über 8—9 km erhöht habe. B. habe seiner Aussage nach sein Augenmerk nicht so sehr auf die K.straße gerichtet, sondern in der Hauptsache auf den Weg geradeaus und rechts nach der N.straße. Infolgedessen habe er den Autobus erst verspätet bemerkt, sodaß ein Zusammenstoß unvermeidlich gewesen sei. Dieser sei in der Mitte der Kreuzung erfolgt. Der Autobus habe als erster die Kreuzung genommen, als der Wagen der Klägerin noch ein Stück entfernt gewesen sei. Letzterer habe infolge seiner größeren Geschwindigkeit die Kreuzungsmitte gleichzeitig mit dem Autobus erreicht.

Was die rechtliche Beurteilung anlange, so könne keine der beiden Straßen gegenüber der anderen als Hauptverkehrsweg im Sinn des § 21c der KFVo. vom 28. Juli 1926 gelten, da sie nach dem Beweisergebnis als gleichwertig anzusehen seien. Deshalb habe an sich das von rechts kommende Fahrzeug, also der Wagen der Klägerin, das Vorfahrtsrecht gehabt. Dieses Recht sei jedoch kein unbegrenztes. Sei das von links kommende Fahrzeug schon auf der Vorfahrt begriffen und das andere vom Kreuzungspunkt noch etwas entfernt, dann sei dem von links kommenden Fahrzeug die Vorfahrt zu gestatten und das von rechts kommende habe seine Fahrt zu verlangsamen und nötigenfalls zu halten. Der vorfahrtberechtigte Führer genüge seiner Pflicht nicht, wenn er nur geradeaus oder nach rechts beobachte und eine Beobachtung nach links wegen seines Vorfahrtsrechts unterlasse oder nur mangelhaft ausübe. Dies gelte besonders dann, wenn die Sicht nach rechts einem von links kommenden Fahrzeug, wie im vorliegenden Fall durch die Zechenmauer, versperrt sei, da dann die Frage der Vorfahrt erst im letzten Augenblick zu stellen und zu entscheiden sei. Gegen diese Pflichten habe B. verstoßen. Denn der Autobus habe als erster die Kreuzung genommen und der Wagen der Klägerin sei noch ein Stück entfernt gewesen. Deswegen habe B. diese Vorfahrt zulassen und seine Geschwindigkeit erheblich mindern oder halten müssen, was ihm nach der Behauptung der Klägerin unter Anwendung der vorhandenen Vierradbremse auf 1 m möglich gewesen wäre. Bei gehöriger Aufmerksamkeit nach links hätte er den Autobus rechtzeitig bemerken müssen. Überdies hätte er an der Straßenkreuzung und im Hinblick auf die durch die hohe Mauer erschwerte Sicht nach links gemäß § 18 Abs. 1 KFVo. besonders langsam fahren müssen, keinesfalls aber mit einer sonst vielleicht zulässigen Geschwindigkeit von 30 bis 35 km fahren dürfen. Im Gegensatz zu B. sei bei K. kein Verschulden dargetan. Insbesondere habe dieser die H.straße überqueren dürfen, da der Wagen der Klägerin sich erst in einiger Entfernung genähert habe und er daher habe vorfahren dürfen.

An sich zwar würde — sagt das Berufungsurteil — nach § 7 Abs. 1 KFG. die Haftung der Beklagten für die Beschädigung des Wagens der Klägerin gegeben sein. Da jedoch bei der Entstehung des Schadens ein Verschulden des B. mitgewirkt habe, so sei nach § 9 KFG. der § 254 BGB. anzuwenden. Die hiernach vorzunehmende Abwägung führe aber dazu, der Klägerin den Schaden ganz aufzubürden, auch wenn man die Betriebsgefahr des Autobus berücksichtige. Denn dem B. wäre es bei einiger Vorsicht möglich gewesen, durch Verlangsamung der Fahrt oder Anhalten einen Zusammenstoß zu vermeiden. Die in § 17 Abs. 1 S. 2 KFG. geordnete, dem § 254 BGB. nachgebildete Abwägung greife dann Platz, wenn der Schaden einem der beteiligten Halter (hier der Klägerin) entstanden sei, hinsichtlich der Haftung, die für den anderen (hier die Beklagte) eintrete. Bei § 17 Abs. 1 S. 2 KFG. sei demnach Voraussetzung eine Haftung der Beklagten kraft Gesetzes, also hier nach § 7 KFG. oder nach §§ 823, 831 BGB. Da sich jedoch die Beklagte zu ihrer gänzlichen Enthaftung auf § 9 KFG. berufen könne, so fehle es an einem Schadensersatzanspruch gegen die Beklagte. Demnach sei § 17 KFG. nicht anwendbar. Im übrigen aber würde der Senat auch bei Anwendung des § 17 zu dem Ergebnis gelangen, daß mit Rücksicht auf das erheblich überwiegende Verschulden des B. der gesamte Schaden der Klägerin aufzubürden sei.

Soweit sich die Revision dagegen wendet, daß der Berufungsrichter die Betriebsgefahr des Autobus bei der nach § 9 KFG. und § 254 BGB. vorgenommenen Abwägung wegen des dem B. zur Last fallenden erheblichen Verschuldens für nicht geeignet erklärt hat, die Belastung der Beklagten auch nur mit einem Teile des Schadens der Klägerin zu rechtfertigen, könnte die Revision dann keinen Erfolg haben, wenn den Ausführungen des angefochtenen Urteils im übrigen beizutreten wäre. Denn die Abwägung des Maßes der Verursachung einschließlich der Betriebsgefahr und des Verschuldens ist grundsätzlich Sache der tatrichterlichen Würdigung und kann daher im Wege der Revision nur dann mit Erfolg angefochten werden, wenn der Tatrichter aus rechtsirrtümlichen Erwägungen die Abwägung unrichtig vorgenommen hat oder wenn wenigstens mit der Möglichkeit eines Rechtsirrtums bei der Abwägung zu rechnen ist. An dieser Voraussetzung würde es aber dann fehlen, wenn die Auffassung des Oberlandesgerichts, daß dem K. kein Verschulden am Zusammenstoß nachzuweisen sei, rechtlich einwandfrei wäre. Sie begegnet jedoch deshalb rechtlichen Bedenken, weil der Vorderrichter, wie die Revision mit Recht weiter geltend macht, den Begriff des Vorfahrtsrechts verkannt und deshalb nach dem bisher festgestellten Sachverhalt eine Verletzung des § 21c KFVo. durch K. mit unzutreffender Begründung verneint hat.

Da die Beklagte nicht behauptet hat, daß die K.straße als Hauptverkehrsweg und im Verhältnis zu ihr die H.straße als Seitenweg anzusehen sei, so mag es auf sich beruhen, daß die Auffassung des Berufungsgerichts, beide Straßen seien als „gleichwertig" anzusehen, eine Nachprüfung nicht ermöglicht, ob das angefochtene Urteil den Begriff des Hauptverkehrswegs richtig erfaßt hat. Für diesen Begriff kommt es nicht auf den Zustand, insbesondere nicht auf die Breite der beiden zu vergleichenden Wege an, sondern ausschließlich auf ihre Verkehrsbedeutung, die daran zu erkennen ist, welcher Weg den stärkeren Verkehr aufweist und — bei gleicher Verkehrsstärke — welcher den Durchgangsverkehr zwischen den wichtigeren Verkehrspunkten vermittelt (Müller Automobilgesetz 4. Aufl. Anm. 4 zu § 24 KFVo. S. 591).

Ist also davon auszugehen, daß die K.straße nicht als Hauptverkehrsweg gegenüber der H.straße anzusehen ist, so stand nach § 21c KFVo. dem Wagen der Klägerin die Vorfahrt zu, da er das von rechts kommende Fahrzeug war. Zu der Frage, unter welchen näheren Voraussetzungen das Vorfahrtsrecht in Anspruch genommen werden kann (vgl. Müller a. a. O. Anm. 7 zu § 24 KFVo. S. 593), hat das Reichsgericht, soweit ermittelt, noch keine Stellung genommen[1]). Auszugehen ist hierbei von dem Zweck, den die Kraftfahrzeugverordnung vom 28. Juli 1926 mit der (vordem schon meist durch Polizeiverordnungen geregelten) Einräumung des Vorfahrtsrechts verfolgt hat (vgl. jetzt § 24 KFVo. vom 16. März 1928, RGBl. I S. 91). Dieser Zweck geht dahin, Zusammenstöße von Kraftfahrzeugen an Straßenkreuzungen und -einmündungen, an den Stellen, wo sie sich besonders häufig ereignen, nach Möglichkeit zu verhindern. Er erfordert keineswegs, daß das auf dem Seitenweg oder von links kommende Fahrzeug die Überquerung der Kreuzungsstelle etwa schon dann unterlassen müßte, wenn irgendwo auf dem Hauptverkehrsweg oder von rechts ein anderes Fahrzeug sichtbar wird; das würde sich schon deshalb verbieten, weil es dann für das erstere Fahrzeug kaum möglich wäre, über eine verkehrsreiche Kreuzungsstelle hinwegzukommen. Aber anderseits hängt das Vorfahrtsrecht auch nicht davon ab, daß die beiden Fahrzeuge gleichzeitig oder auch nur annähernd gleichzeitig am Kreuzungspunkt anlangen; denn sonst wäre es bei der Schnelligkeit, in der sich der Kraftfahrzeugverkehr abspielt, dem Zufall überlassen, ob es zu einem Zusammenstoß und dadurch zu dem Ereignis kommt, das der § 21c KFVo. gerade verhindern will. Der Zweck der Vorschrift erfordert vielmehr, daß der Führer des an sich zur Gestattung der Vorfahrt verpflichteten Fahrzeugs nur dann vorfahren darf, wenn er nach Lage der gesamten Umstände mit Gewißheit annehmen kann, daß er die Kreuzungsstelle bereits zu dem Zeitpunkt überquert haben wird, in dem das andere Fahrzeug den Schnittpunkt der Fahrtlinien erreicht hat. Als solche Umstände kommen beispielsweise die Schnelligkeit der beiden Fahrzeuge, ihre Länge, ihre Entfernung vom Kreuzungspunkt, die Beschaffenheit der Wagen in Betracht. Darauf, daß der vorfahrtberechtigte Führer seine etwa bis dahin eingehaltene unzulässig hohe Fahrtgeschwindigkeit noch im letzten Augenblick kurz vor der Kreuzungsstelle auf das nach § 17 Abs. 1, § 18 Abs. 1, 2 KFVo. zulässige Maß herabsetzen werde, darf der vorfahrtpflichtige Führer

---

[1]) Vgl. RGU. VI 562/28 v. 13. Mai 1929 Recht 1929 Nr. 1586. D. E.

bei der im Kraftfahrverkehr herrschenden Neigung, die gesetzlichen Vorschriften außer acht zu lassen, nicht rechnen. Damit soll indessen keineswegs gesagt sein, daß dem Vorfahrtberechtigten das Vorfahrtsrecht einen Freibrief gäbe, sich dem Vorfahrtpflichtigen gegenüber über jene Vorschriften hinwegzusetzen. Das Vorfahrtsrecht befreit nicht von der Pflicht zur Einhaltung der Vorschriften über die Mäßigung der Fahrtgeschwindigkeit insbesondere an Kreuzungsstellen, und der vorfahrtberechtigte Führer macht sich durch ihre Nichtbeobachtung ebenso schadensersatzpflichtig wie der vorfahrtpflichtige Führer, der das Vorfahrtsrecht verletzt hat; beide haben dann eine Ursache zu dem etwaigen Zusammenstoß gesetzt und diesen verschuldet. Die Ausgleichung der beiderseits erlittenen Schäden hängt von den Umständen ab (§ 17 Abs. 1 S. 2 KFG.).

Prüft man auf dieser Grundlage das angefochtene Urteil, so ist die Auffassung des Berufungsrichters rechtlich nicht zu beanstanden, daß den B. an dem Zusammenstoß ein erhebliches Verschulden trifft. Denn obwohl feuchtes Wetter herrschte, obwohl ihm nach links durch die hohe Zechenmauer der Einblick in die K.straße wie auch umgekehrt für K. nach rechts in die H.straße verwehrt war, ist B. unbekümmert um die aus seinem Verhalten sich ergebende Gefahr eines Zusammenstoßes mit etwaigen aus der K.straße kommenden Fahrzeugen mit einer Geschwindigkeit von 30—35 km in die Kreuzungsstelle hineingefahren. Und als er bis an diese Stelle gelangt war, hat er es nicht einmal für geboten erachtet, nach links zu schauen, obwohl er mit der Vierradbremse den Wagen auf 1 m hätte anhalten können. Aber anderseits reichen die bisherigen Feststellungen nicht aus, um die Ansicht des Berufungsrichters zu rechtfertigen, daß K. befugt gewesen sei, das an sich bestehende Vorfahrtsrecht des Wagens der Klägerin nicht zu beachten. Er befuhr bei feuchtem Wetter eine leicht abfallende Straße mit einem, wie mangels gegenteiliger Feststellung angenommen werden muß, langen, schweren und daher schwer bremsbaren Wagen; eine Vierradbremse stand ihm nicht zur Verfügung; Einsicht in die H.straße konnte er erst kurz vor der Kreuzung nehmen; er fuhr mit einer nicht näher aufgeklärten Geschwindigkeit von mehr als 5—6 (oder 8—9) km. Unter solchen Umständen mußte er scharf darauf achten, ob von rechts her ein vorfahrtberechtigtes Fahrzeug sich näherte; erst nach gewissenhafter Prüfung, mit dem Ergebnis, daß das nicht der Fall war, durfte er die Kreuzungsstelle überqueren. Daß er diese Pflicht erfüllt hätte, ist bisher nicht festgestellt; insbesondere gab ihm nach dem oben Ausgeführten der Umstand, daß er „als erster die Kreuzung genommen" hat, als der Wagen der Klägerin nach „ein Stück" entfernt gewesen ist, sich erst „in einiger Entfernung genaht" hat, nicht das Recht, das Vorfahrtsrecht dieses Wagens zu mißachten.

Hiernach unterlag das angefochtene Urteil wegen rechtsirrtümlicher Anwendung des § 21c KFVo. der Aufhebung. An diesem Ergebnis wird auch durch die Schlußbemerkung des Berufungsrichters nichts geändert, der Senat würde auch bei Anwendung des § 17 KFG. zu dem Ergebnis gelangt sein, daß der Klägerin der gesamte Schaden mit Rücksicht auf das erheblich überwiegende Verschulden des B. aufzubürden sei. Denn abgesehen davon, daß bei der nach § 17 KFG. vorzunehmenden Schadensausgleichung die gesamten Umstände zu berücksichtigen sind, insbesondere auch das Maß der Verursachung, und mithin nicht ausschließlich das Verschulden der beteiligten Führer abzuwägen ist, begegnet es auch rechtlichen Bedenken, das Verschulden des B. für erheblich überwiegend zu erklären, obwohl über das Verschulden des K. und insbesondere über das Maß dieses — vom Oberlandesgericht überhaupt verneinten — Verschuldens bisher keine Feststellungen getroffen sind.

---

42. Erstreckt sich die Nichtigkeit eines Schankpachtvertrags, der durch die Kastellanabrede gegen das Gesetz verstößt, auch auf eine Hilfsvereinbarung, durch welche die Beteiligten für den Fall der Aufdeckung des Verstoßes den Schankbetrieb des Pächters auf erlaubtem Weg zu ermöglichen suchen?

BGB. §§ 134, 139, 140.

VIII. Zivilsenat. Urt. v. 8. Juli 1929 i. S. R. u. Gen. (Bekl.) w. L. (Kl.). VIII 220/29.

I. Landgericht Köln.
II. Oberlandesgericht daselbst.

Die in einem Hause in Köln-Deutz befindliche Gastwirtschaft ist von der Klägerin durch Vertrag vom 22. Juni 1927 für die Zeit vom 1. Juli 1927 bis 31. Mai 1930 an die Beklagte zu 1, von dieser durch Vertrag vom 8. Juli 1927 für die gleiche Zeit und für den gleichen Pachtzins an den Beklagten zu 2 und seine Ehefrau verpachtet worden. Die klagende Verpächterin hatte Schankkonzession. Im Vertrag vom 22. Juni 1927 setzt § 6 das Recht der Pächterin zur Unterverpachtung an einwandfreie und tüchtige Geschäftsleute fest und bestimmt dann:

„Die Wirtschaftskonzession bleibt auf dem Namen der Verpächterin Frau L. Sollten die Behörden während der Dauer des Pachtvertrags den jeweiligen Vertreter der Anpächterin nicht mehr bestätigen, so verpflichtet sich Frau L., auf die Konzession zugunsten eines Inhabers der Pächterin oder zugunsten des von der Pächterin präsentierten Untermieters zu verzichten. In diesem Fall gilt die am 31. Mai 1930 ablaufende Pachtzeit schon hiermit als um zwei Jahre zu den Bedingungen dieses Vertrags verlängert. Der neue Konzessionsinhaber verpflichtet sich, beim Ende des Pachtvertrags bzw. des Unterpachtvertrags auf die Konzession zugunsten der Verpächterin .... zu verzichten."

Dieser Bestimmung entspricht im Unterpachtvertrag der Beklagten zu 1 und 2 die des § 6, in der auch die Unterpächter anerkennen, daß die Wirtschaftskonzession auf den Namen der Verpächterin Frau L. bleibt. Für den Fall, daß die Behörden keinen der Unterpächter als Vertreter „bestätigten" oder die „Bestätigung" widerriefen, solle es der Beklagten zu 1 freistehen, den Vertrag aufzuheben. Wenn aber die Unterpächter ihren Verpflichtungen nachgekommen seien, solle die Konzession für einen der Eheleute nachgesucht werden. Neben diesen Verträgen schloß nach Feststellung des Berufungsrichters die Klägerin mit dem Beklagten zu 2 „zum Schein" einen Vertretervertrag und legte ihn der Polizeibehörde als Grundlage der vorgeschützten Vertretung der Klägerin als Konzessionsinhaberin durch den Beklagten zu 2 vor.

Bis zum Mai 1928 wurde im Einverständnis der Parteien die Schankwirtschaft durch den Beklagten zu 2 (und seine Ehefrau) als Vertreter der Klägerin geführt. Dann kündigte die Klägerin den Beklagten den Pachtvertrag wegen angeblicher Überschreitungen der Polizeistunde, die sie in der Konzession schädigten; auf den Widerspruch der Beklagten eröffnete sie der Polizei, daß der Beklagte zu 2 nicht ihr Vertreter, sondern Pächter sei, und erhob, die Nichtigkeit der drei Verträge behauptend, Räumungsklage gegen die Beklagten. In beiden Vorinstanzen sind die Beklagten unterlegen. Auf ihre Revision wurde die Klage abgewiesen.

Gründe:

Das Berufungsgericht nimmt an, schon beim Abschluß der Verträge vom 22. Juni und 8. Juli 1927 sei der Klägerin und den Beklagten bekannt gewesen, daß die Vereinbarungen in § 6 beider Verträge über die Vertretung der Klägerin in der Konzession ebenso wie der Kastellanvertrag zwischen der Klägerin und dem Beklagten zu 2 wegen Verstoßes gegen die §§ 33, 147 der Gewerbeordnung nichtig seien.

Daß für die sonstigen Teile des Rechtsgeschäfts die Grundsätze des § 139 BGB. nicht Platz greifen können, verkennt der Berufungsrichter nicht. Unzutreffend ist seine Begründung, die sonstigen Abmachungen seien Hilfsabmachungen gewesen, hätten also zu der nichtigen Vereinbarung nicht im Verhältnis von Teilen eines Rechtsgeschäfts gestanden. Vielmehr ist mit der ständigen Rechtsprechung des Reichsgerichts (RGZ. Bd. 112 S. 138) Gewicht darauf zu legen, daß die bewußt nichtige Abrede überhaupt kein Rechtsgeschäft darstellt und daß die Parteien als rechtlich bindend nur das haben vereinbaren wollen, was der Berufungsrichter als Hilfsvereinbarung bezeichnet. Daß diese Abrede — die Vereinbarung eines Pachtvertrags, bei dem die Klägerin zugunsten des unmittelbaren Schankbesitzers auf die Konzession verzichten soll — gegen das Gesetz verstoße, nimmt der Berufungsrichter nicht an. Gleichwohl sieht er die Abrede als nichtig wegen Verstoßes gegen das Gesetz an, weil nach dem inneren Zusammenhang mit der Hauptbestimmung des Vertrags die „Hilfsabrede" nur dazu gedient habe, den Parteien Sicherheit zu geben, damit sie um so ruhiger und unbesorgter in erster Linie das Ungesetzliche wollen könnten, ohne daraus Rechtsnachteile befürchten zu müssen. Insofern sei auch die in zweiter Linie getroffene Abrede zur Umgehung der §§ 33, 147 GewO. bestimmt . . . . Sonst sei ein allzu einfaches Mittel gegeben, die Nichtigkeit der Kastellanverträge zu umgehen.

Es mag diesen Ausführungen nicht schlechthin entgegenstehen, daß nach dem oben Gesagten die bewußt verbotene Abrede außerhalb des Rechtsgeschäfts und deshalb nur in tatsächlichem Zusammenhang mit der streitigen Hilfsvereinbarung steht. Die Revision rügt aber zutreffend eine Verkennung des rechtlichen Zweckes der Vorschrift in § 134 BGB. Es soll zwar Parteiabreden nicht gelingen, gegen das gesetzliche Verbot Vertragsrecht zu schaffen; es liegt aber nicht im Sinn jener Vorschrift, erlaubte Parteizwecke zu vereiteln, damit um so stärker der dazu gesuchte verbotene Weg verpönt werde.

Sowohl § 139 BGB. wie § 140 BGB. umfassen die Fälle einer nach § 134 BGB. eintretenden Nichtigkeit und tragen doch dem Parteiwillen, soweit er mit dem Gesetz im Einklang steht, trotz der Verbindung in einem Rechtsgeschäft mit gesetzwidrigem Wollen Rechnung. So hat das Reichsgericht (SeuffArch. Bd. 80 S. 193 Nr. 110) bei einem Verstoß gegen die Devisenverordnung vom 2. Februar 1922 die Umdeutung des aus diesem Grunde nichtigen Geschäfts in ein erlaubtes in Erwägung gezogen, ebenso das Urteil RGZ. Bd. 121 S. 99 in dem Fall einer den § 215 HGB. verletzenden Abrede. In beiden Fällen ist von der Aufrechterhaltung der Geschäfte nur aus Gesichtspunkten des Parteiwillens abgesehen worden. Ist danach eine richterliche „Konversion" auch in Fällen der Anwendung von § 134 BGB. zulässig und geboten, so kann es den Parteien nicht verwehrt sein, den erlaubten wirtschaftlichen Zweck des verbotenen Geschäfts im Wege einer Hilfsabrede mit einem erlaubten Mittel zu suchen.

Der Berufungsrichter meint, es ermuntere zum Versuch der Gesetzesverletzung, wenn das zunächst unter Mißachtung des Gesetzes erstrebte Ziel hilfsweise im Einklang mit dem Gesetz wirksam erstrebt werden könnte. Ob diese Gefahr im allgemeinen und bei dem besonderen Fall der in Frage stehenden Gesetzesverletzung wirklich besteht, bedarf nicht der Erörterung. § 134 BGB. bedroht jedenfalls nur ein Rechtsgeschäft mit Nichtigkeit, das gegen das Gesetz verstößt. Die Revision hat mit Recht darauf hingewiesen, daß der Zusammenhang der an sich zulässigen Abrede mit der ersten, gesetzwidrigen, die Gültigkeit der zweiten nur auf Grund einer Beurteilung aus § 138 BGB. berühren könnte. Der Berufungsrichter hat aber zutreffend und in Übereinstimmung mit der neueren Rechtsprechung des Reichsgerichts (RGZ. Bd. 91 S. 238; JW. 1917 S. 658 Nr. 1; Urt. vom 18. Februar 1921 VII 456/20) angenommen, daß der Verstoß gegen die Vorschriften der §§ 33, 147 GewO. ohne Hinzukommen weiterer Umstände nicht zur Annahme des Tatbestands von § 138 BGB. genügt.

Die Vorinstanzen haben danach aus unzutreffenden Erwägungen die Rechtsgültigkeit der Pachtverträge vom 22. Juni 1927 und 8. Juli 1927 verneint.

---

43. Muß ein Darlehensschuldschein im Sinne der § 40 Abs. 3, § 30 Abs. 3 AnlAblG. nach den für Verpflichtungsurkunden der Gemeinden usw. geltenden Formvorschriften ausgestellt sein?

IV. Zivilsenat. Urt. v. 8. Juli 1929 i. S. S.-Genossenschaftsbank (Kl.) w. Stadtgemeinde S. (Bekl.) IV 815/28.

I. Landgericht Meseritz.
II. Oberlandesgericht Marienwerder.

Die Klägerin hat der Städtischen Sparkasse in S. am 20. August 1921 ein Darlehen von 1000000 M. gegeben. Über dieses Darlehen wurde vom Vorsitzenden des Sparkassenvorstands ein Sparkassenbuch ausgestellt, das auf Seite 3 einen mit zwei Unterschriften versehenen Vermerk dahin enthält, daß „das Darlehen" zu näher angegebenen Zins- und Rückzahlungsbedingungen „gegeben gilt". Auf den beiden folgenden Seiten befindet sich die Angabe des Darlehensbetrags und die Zeitangabe der Einzahlung mit einem Anerkenntnis des Kassenführers und des Gegenbuchführers.

Die Klägerin verlangt Aufwertung des Darlehens. Die beiden Vorderrichter haben die Klage abgewiesen. Die Revision führte zur Aufhebung und Zurückverweisung.

Gründe:

Die Beklagte hat dem Aufwertungsanspruch zwei Einwendungen entgegengehalten: Die Sparkasse sei ein Bankunternehmen im Sinne des § 66 AufwG. Die Aufwertung sei ferner deswegen ausgeschlossen, weil über die Verpflichtung aus dem Darlehen ein Schuldschein ausgestellt worden sei und auf Schuldscheindarlehen öffentlicher Sparkassen, für deren Verpflichtungen die Gemeinde hafte, nach § 16 Nr. 3 der zweiten Durchführungsverordnung zum Anleiheablösungsgesetz die Vorschriften des § 40 dieses Gesetzes Anwendung zu finden hätten.

Das Landgericht hat die erste Einwendung, das Berufungsgericht die zweite als begründet erachtet. Die Revision bemängelt die Annahme des Berufungsgerichts, daß in dem Sparkassenbuch ein Schuldschein im Sinne der § 30 Abs. 3, § 40 Abs. 3 AnlAblG. enthalten sei. Keine der im Sparkassenbuch vorgenommenen Beurkundungen entspreche der in der Satzung gegebenen Vorschrift, wonach alle Urkunden, welche die Kasse verpflichten sollen, vom Vorsitzenden oder seinem Stellvertreter und zwei Beisitzern vollzogen und mit dem Stempel der Kasse versehen sein müssen. Diese Vorschrift kommt jedoch hier nicht in Betracht.

Im Gegensatz zu den in § 30 Abs. 2 AnlAblG. in erster Reihe genannten Schuldverschreibungen, Buchschulden und Schatzanweisungen, welche die Schuldverpflichtung begründen, kann ein Darlehensschuldschein zur Bekundung einer bereits entstandenen Darlehensschuldverpflichtung ausgestellt sein. Er muß die Schuldverpflichtung nicht jetzt erst zur Entstehung bringen; es genügt, wenn er ihr Bestehen bescheinigt (RGZ. Bd. 117 S. 60). Dies kann auch in der Form eines Anerkenntnisses geschehen, muß dann aber kein selbständiges Anerkenntnis nach § 781 BGB. sein. Der Schuldschein braucht also nur eine Beweisurkunde zu sein, gegenüber welcher dem Schuldner der Gegenbeweis offen steht, daß keine Darlehensverpflichtung entstanden ist, insbesondere kein gültiger Darlehensvertrag abgeschlossen wurde. Als schlichte Beweisurkunde unterliegt daher der Schuldschein auch nicht den Vorschriften, welche Gemeinden, Gemeindeverbände, Sparkassen usw. nach Gesetz oder Satzung bei Ausstellung solcher Urkunden zu beobachten haben, durch die eine Verpflichtung für sie begründet werden soll.

Erforderlich ist aber, daß der Schuldschein vom Darlehensschuldner ausgestellt ist. Darlehensschuldner ist hier nach dem unstreitigen Sachverhalt die Sparkasse. Insofern liegt der Fall anders als bei den Entscheidungen in RGZ. Bd. 120 S. 85 und IV 19/28 vom 6. Dezember 1928, wo Sparkassenbücher behandelt werden, die für ein der Gemeinde gegebenes Darlehen ausgestellt worden sind. An sich stünde nichts im Wege, daß eine Sparkasse in einem von ihr ausgestellten Sparbuch, wenn dieses auch nach Aufdruck und Satzung nur für Sparer bestimmt ist, eine Darlehensschuldverpflichtung bescheinigt. Diese Bescheinigung muß dann aber von Personen ausgestellt sein, die zur Ausstellung solcher Bescheinigungen für die

Sparkasse befugt sind. An der Erfüllung dieses Erfordernisses gebricht es hier.

Der vom Vorsitzenden des Sparkassenvorstands auf der ersten Seite des Sparbuchs unterschriebene Vermerk besagt nur, daß das vorliegende Buch auf den Namen der Klägerin ausgestellt ist. Die unter diesen Vermerk gesetzte Unterschrift des Vorsitzenden deckt auch nicht den weiteren Inhalt des Buches. Die folgenden Eintragungen sind, wie dies dem § 9 der Satzung entspricht, selbständige Beurkundungen, die als solche mit besonderer Zeitangabe und Unterschrift vollzogen sind. Diese erst ergeben, daß es sich um ein Darlehen und nicht um eine Spareinlage handelt, und enthalten im ersten Eintrag die Angabe der Bestimmungen über Verzinsung, Kündigung und Rückzahlung, im zweiten die Angabe der Darlehenssumme und die Bescheinigung über ihren Empfang. Rechtlich unbedenklich ist, daß das Berufungsgericht diese beiden Beurkundungen nach ihrem Inhalt und äußeren Zusammenhang als eine einheitliche Gesamturkunde ansieht, die in dieser Zusammenfassung alle von einem Schuldschein im Sinne der §§ 30, 40 AnlAblG. zu fordernden Angaben enthält. Ausgestellt ist aber dieser Schuldschein nur von einem Kassenführer und einem Gegenbuchführer. Solche Angestellte der Sparkasse haben unter ihrer Amtsbezeichnung den Empfang des Darlehensbetrags bescheinigt. Sie sind es auch, welche die vorhergehende Beurkundung der Darlehensbedingungen unterschrieben haben. Nach § 9 der Satzung sind zwar die Eintragungen in die Sparbücher vom Kassenführer und Gegenbuchführer zu vollziehen. Dies gilt aber nur für solche Eintragungen, zu deren Aufnahme die Sparbücher nach der Satzung bestimmt sind. Dazu gehören jedenfalls nicht Beurkundungen irgendwelcher Art über eine Darlehensverpflichtung der Sparkasse. Zur Ausstellung eines Darlehensschuldscheins sind nach der Satzung Kassenführer und Gegenbuchführer nicht befugt. Dadurch, daß sie die Ausstellung in einem auf den Namen der Klägerin lautenden Sparbuch in den Formen bewirkt haben, die für die Beurkundung über Spareinlagen vorgesehen sind, konnten sie ihre Zuständigkeit nicht erweitern.

Danach schlägt der Entscheidungsgrund des Berufungsgerichts nicht durch. Da es auf den aus § 66 AufwG. hergeleiteten Einwand der Beklagten nicht eingegangen ist, war die Zurückverweisung an das Berufungsgericht nötig.

44. 1. Inwieweit ist im Verfahren nach § 42 des preußischen Gesetzes über die Eisenbahn-Unternehmungen vom 3. November 1838 (GS. S. 505) der ordentliche Rechtsweg zulässig?

2. Welche Erklärungen hat der Staat bei der Durchführung dieses Verfahrens abzugeben?

GVG. § 13.

VII. Zivilsenat. Urt. v. 9. Juli 1929 i. S. Deutsches Reich (Kl.) w. Z.-F.er Eisenbahngesellschaft Akt.-Ges. (Bekl.). VII 487/28.

I. Landgericht I Berlin.
II. Kammergericht daselbst.

Durch landesherrliche Konzessionsurkunde vom 16. Dezember 1885 wurde der damals gegründeten verklagten Gesellschaft das Recht zum Bau und Betrieb einer Eisenbahn von Z. nach F. verliehen. Durch eine weitere landesherrliche Konzessionsurkunde vom 28. Juni 1901 wurde ihr die Ausdehnung ihres Unternehmens auf den Bau und Betrieb einer Nebeneisenbahn von S. nach L. gestattet. Die Beklagte hat seitdem diese Eisenbahnstrecken betrieben.

Am 26. August 1924 richtete der Reichsverkehrsminister an die Beklagte folgendes Schreiben:

„Gemäß § 42 Ziffer 3 des Gesetzes über die Eisenbahnunternehmungen vom 3. November 1838 kündige ich hiermit an, daß ich beabsichtige, die Z.-F.er Eisenbahn-Gesellschaft zum 1. September 1925 für das Deutsche Reich zu erwerben. Wegen der Feststellung des Kaufpreises und der Übernahmebedingungen, die auf Grund des Gesetzes vom 3. November 1838 und der Konzessionsurkunden zu berechnen sind, sehe ich den Vorschlägen der Gesellschaft entgegen."

Auf ein Ersuchen des Reichsverkehrsministers richtete sodann der preußische Minister für Handel und Gewerbe an den Reichsverkehrsminister folgendes Schreiben vom 10. September 1924, eingegangen am 13. September 1924:

„Das durch die Konzessionsurkunde vom 16. Dezember 1885 und das Gesetz über die Eisenbahnunternehmungen vom 3. November 1838 der Preußischen Staatsregierung vorbehaltene Recht, das Eigentum der Z.-F.er Eisenbahn-Gesellschaft mit allem Zubehör zu erwerben, übertrage ich im Namen der Preußischen Staatsregierung entsprechend dem von dort gemäß Art. 89 Abs. 2 der Reichsverfassung ausgesprochenen Verlangen auf das Reich."

Nach dem Inkrafttreten des Gesetzes über die Deutsche Reichsbahn-Gesellschaft vom 30. August 1924 übertrug der Reichsverkehrsminister für das Deutsche Reich gemäß § 5 jenes Gesetzes das Recht zum Betrieb der Eisenbahnen der Beklagten auf die Deutsche Reichsbahn-Gesellschaft. Diese trat in Verhandlungen mit der Beklagten wegen der Übernahme ihres Eisenbahnunternehmens, insbesondere wegen der Höhe der zu zahlenden Entschädigung. Es fand in Berlin am 18. Dezember 1924 eine mündliche Verhandlung zwischen den Beteiligten statt, an die sich schriftliche Erörterungen anschlossen; eine Einigung kam nicht zustande. Am 1. Februar 1927 erklärte der Rechtsbeistand der Beklagten durch Schreiben an die Reichsbahn-Gesellschaft, daß die rechtliche Wirksamkeit des Ankündigungsschreibens vom 26. August 1924 und der darin enthaltenen Festsetzung des Übernahmetermins auf den 1. September 1925 aus näher angegebenen Gründen bestritten werde.

Mit der am 4. April 1927 eingereichten Klage verfolgt das klagende Deutsche Reich folgende Anträge:

1. festzustellen, daß die Beklagte auf Grund des ihr vom Reichsverkehrsminister unter dem 26. August 1924 übersandten Schreibens zur Übergabe der von ihr betriebenen Privateisenbahn verpflichtet ist, und daß als Übernahmetermin gemäß dem Gesetz über die Eisenbahnunternehmungen vom 3. November 1838 der 1. September 1925 anzunehmen ist;
2. festzustellen, daß der Entschädigung gemäß § 42 Nr. 4a des vorgenannten Gesetzes der Gesamtbetrag derjenigen Dividenden zugrunde zu legen ist, die für die Geschäftsjahre 1920/21, 1921/22, 1922/23, 1923/24, 1924/25 zur Ausschüttung gelangt sind;
3. festzustellen, daß die Umrechnung der in Papiermark gezahlten Dividendenbeträge der Geschäftsjahre 1920/21, 1921/22, 1922/23 gemäß der Tabelle des Aufwertungsgesetzes unter Zugrundelegung des Tages, an dem die Generalversammlung die Bilanz genehmigt und die Gewinnverteilung beschlossen hat, als Stichtages zu erfolgen hat;
4. hilfsweise: an Stelle des im Klagantrag zu 3 erwähnten Umrechnungsschlüssels zu bestimmen, auf welcher Grundlage die in Papiermark gezahlten Dividenden umzurechnen sind;

5. hilfsweise: die Beklagten zu verurteilen, die von ihr betriebene Eisenbahn dem Kläger zu überlassen, sobald die Beklagte gemäß den vorstehenden Grundsätzen entschädigt worden ist.

Die Beklagte hat den Antrag auf Klagabweisung gestellt, dem das Landgericht entsprach. Der Kläger legte Berufung ein und fügte nunmehr, bei sonstiger Wiederholung seiner Anträge, noch den Hilfsantrag hinzu:

den Klaganträgen mit der Maßgabe stattzugeben, daß als Übernahmetermin der 19. Dezember 1925 festgesetzt wird.

Das Kammergericht wies die Berufung mit der Maßgabe zurück, daß die Klagansprüche zu 1 und 5 wegen Unzulässigkeit des Rechtswegs abgewiesen werden.

Die Revision des Klägers blieb erfolglos.

Gründe:

I. Der Berufungsrichter verneint die Zulässigkeit des Rechtswegs für die Klaganträge zu 1 und 5. Er erwägt, die damit verfolgten Ansprüche stützten sich auf § 42 des preuß. Gesetzes über die Eisenbahn-Unternehmungen vom 3. November 1838 (EisG.) in Verbindung mit der — sei es durch Gesetz, sei es durch Vertrag — erfolgten Übertragung der hieraus für den Preußischen Staat herzuleitenden Rechte auf das klagende Deutsche Reich. Das dort geordnete gesetzliche Erwerbsrecht des Staates könne als ein besonderes Enteignungsrecht angesehen werden; mithin sei im Anschluß an die Vorschriften der §§ 30 flg. des preuß. Gesetzes über die Enteignung von Grundeigentum vom 11. Juni 1874 und der §§ 36, 37 des preuß. Gesetzes über Kleinbahnen und Privatanschlußbahnen vom 28. Juli 1892 anzunehmen, daß der ordentliche Richter weder zur Entscheidung der Frage berufen sei, ob das Enteignungsrecht gegeben sei und ob die für seine Ausübung getroffenen Gesetzesvorschriften beachtet seien, noch auch zur Vollziehung der Enteignung. Aber selbst wenn man in dem staatlichen Erwerbsrecht aus § 42 EisG. eine Art von Heimfallrecht oder Zwangskaufrecht sehen wollte, handle es sich doch in jedem Fall um einen Ausfluß der Hoheitsrechte des Staates. Die Ausübung des Rechts sei ein Hoheitsakt des Staates, ebenso wie die Erteilung der Konzession für das Eisenbahnunternehmen. Somit kämen bei den Klaganträgen zu 1 und 5 öffentlichrechtliche Ansprüche in Betracht, denen der Rechtsweg grundsätzlich verschlossen sei, sofern nicht ein im Gesetz besonders bestimmter Ausnahmefall vorliege. Das treffe hier nicht zu.

Die Revision bekämpft die Rechtsauffassung des Berufungsgerichts. Diese ist jedoch grundsätzlich zu billigen. Insbesondere ist der Ansicht beizustimmen, daß bei der Beurteilung der Frage von einem weiteren Begriff des Enteignungsrechts auszugehen ist, der die im § 1 des Enteignungsgesetzes vom 11. Juni 1874 gesetzte Grenze weit überschreitet. Im § 4 I 11 des Allgemeinen Landrechts, das zur Zeit der Erlassung des Eisenbahngesetzes vom 3. November 1838 und auch noch an dem für die Beurteilung der Zulässigkeit des Rechtswegs maßgebenden Zeitpunkte der Erlassung des Gerichtsverfassungsgesetzes in Geltung stand, war ganz allgemein verordnet:

> Auch der Staat ist Jemanden zum Verkaufe seiner Sache zu zwingen nur alsdann berechtigt, wenn es zum Wohl des gemeinen Wesens notwendig ist.

Nachdem dann dort in den folgenden Paragraphen eine Reihe von Einzelfällen erörtert sind, wird weiter vorgeschrieben:

> § 10. Ob der Fall einer Notwendigkeit des Verkaufs zum gemeinen Wohl vorhanden ist, bleibt der Beurteilung und Entscheidung des Oberhauptes des Staats vorbehalten.
>
> § 11. Über die Bestimmung des Preises aber soll dem bisherigen Eigentümer rechtliches Gehör nicht versagt werden.

Mit Recht bemerkt Stölzel (Rechtsweg und Kompetenzkonflikt in Preußen, Berlin 1901 S. 262), daß in den angeführten Vorschriften des Landrechts in großen Zügen ausgesprochen ist, was noch heute Rechtens ist: über die Tatsache der Enteignung ist der Rechtsweg unzulässig, über die zu gewährende Entschädigung ist er zulässig. Daß aber die dem Staate im § 42 EisG. offenbar zur Förderung des gemeinen Wohles beigelegte Befugnis ein Enteignungsrecht in dem weiten Sinn der §§ 4, 10, 11 ALR. I 11 darstellt, kann nicht mit Fug bezweifelt werden. Der erste Absatz des § 42 („Dem Staat bleibt vorbehalten, das Eigentum der Bahn mit allem Zubehör gegen vollständige Entschädigung anzukaufen") läßt dies mit Deutlichkeit erkennen. Daß hier und auch in den mitgeteilten landrechtlichen Vorschriften Ausdrücke gewählt sind, die auf einen Zwangskauf hindeuten, ist ohne Belang für die Frage der Zulässigkeit des Rechtswegs; um so mehr, als damals das Wort „enteignen" noch nicht gebräuchlich war. Es kann deshalb unerörtert bleiben, ob man das staatliche Recht aus § 42 EisG. theoretisch als Enteignungsrecht in dem engeren Sinne der neueren Enteignungsgesetze oder als ein besonderes Zwangskaufrecht aufzufassen hat. Entscheidend ist allein der Grundsatz der preußischen Gesetzgebung, daß in allen Fällen zwangsweiser Eigentumsentziehung durch den Staat der ordentliche Rechtsweg nur insoweit eröffnet ist, als es sich um die Bemessung der Entschädigung handelt. Damit stehen vollkommen im Einklang die Vorschriften der §§ 36, 37 der Verordnung wegen verbesserter Einrichtung der Provinzial-, Polizei- und Finanz-Behörden vom 26. Dezember 1808 (vgl. Stölzel a. a. O. 50 und S. 395) und in der Kabinettsorder betreffend die genauere Beobachtung der Grenzen zwischen landeshoheitlichen und fiskalischen Rechtsverhältnissen vom 4. Dezember 1831 (Stölzel a. a. O. S. 50flg. und S. 416flg.), auf welche der Vorderrichter hingewiesen hat. Bei den Klaganträgen zu 1 und 5 handelt es sich aber nicht um die Höhe der Entschädigung, sondern sie haben die Vollziehung der Enteignung (oder des Zwangskaufes) selbst zum Gegenstand, im Wege der Feststellungsklage und hilfsweise der Leistungsklage.

Was die Revision gegen dieses Ergebnis einwendet, ist nicht von durchschlagender Bedeutung. Zunächst stellt sie in den Vordergrund, daß die Ausübung der dem Staate in § 42 EisG. eingeräumten Befugnis einen Widerruf der Konzession darstelle, die der Eisenbahnunternehmung vordem erteilt war, und sucht daraus rechtliche Folgerungen abzuleiten, wobei sie dem Berufungsrichter vorwirft, er scheide nicht zwischen dem öffentlichrechtlichen Verwaltungsakt (der Entziehung der Konzession) und der privatrechtlichen Wirkung dieses Verwaltungsakts auf das Unternehmen der Beklagten; auch prüfe er nicht, ob und in welcher Weise der öffentlichrechtliche Verwaltungsakt auf die privatrechtliche Stellung der Beklagten wirke und privatrechtliche Vorgänge zur Durchführung der erstrebten Rechtsänderung erfordere.

Diesem Gedankengang ist nicht zu folgen. Die Entziehung der der Eisenbahnunternehmung erteilten Konzession ist im Text des § 42 EisG. nicht erwähnt und bildet auch nicht seinen wesentlichen Inhalt. Ein — hier nicht weiter in Frage kommender — Fall der Entziehung (Verwirkung) der erteilten Konzession ist vielmehr in § 47 EisG. geregelt; dort wird als rechtliche Folge keineswegs der Übergang der Bahn in das Eigentum des Staates aufgestellt, sondern öffentliche Versteigerung für Rechnung der Gesellschaft. So ist ja auch in sonstigen Fällen der Konzessionsentziehung, beispielsweise nach der Gewerbeordnung, niemals die Rechtsfolge festgesetzt, daß der Staat Eigentümer des konzessionspflichtigen Betriebes werden soll. Es muß daher als schiefe Betrachtungsweise bezeichnet werden, wenn die Revision den § 42 EisG. so auffassen will, daß darin der Widerruf der Konzession geregelt sei, woraus die Verpflichtung der Eisenbahngesellschaft entspringe, ihr Eigentum dem Staate zu übertragen. Vielmehr ist die Festsetzung dieser dem staatlichen Enteignungsrecht entsprechenden Verpflichtung der hauptsächliche Inhalt des § 42, und die Beendigung der Konzession erweist sich lediglich als eine nebensächliche Begleiterscheinung der Enteignung. Daß nach vollzogener Enteignung die Eisenbahngesellschaft von ihrer Konzession keinen Gebrauch mehr machen kann, ist derart selbstverständlich, daß der Gesetzgeber die Erwähnung dieser mehr tatsächlichen als rechtlichen Folge für unnötig erachtet hat. Es hieße aber dem Gesetz Gewalt antun, wenn man diesen offensichtlichen Zusammenhang von Ursache und Folgeerscheinung in sein Gegenteil umdeuten wollte. Damit erledigen sich diese Beanstandungen der Revision.

Die Revision vertritt weiterhin den Standpunkt, der — im § 42 EisG. sowie in der Konzessionsurkunde vorgesehene — Übergang der zur Unternehmung der Beklagten gehörenden Sachwerte in das Eigentum des Staates sei als die Folge der Ausübung eines Heimfallsrechts anzusehen. Die Bezeichnung als Ankaufsrecht und der ganze Aufbau des Gesetzes sowie die Denkweise zur Zeit seiner Entstehung sprächen dafür, daß der Gesetzgeber von 1838 in erster Linie an einen in den Formen des Privatrechts sich vollziehenden Erwerb des Bahnunternehmens durch den Staat gedacht habe. Deshalb müßten bei der Beurteilung die vom Berufungsrichter herangezogenen Vorschriften des Enteignungsgesetzes vom 11. Juni 1874 und des Kleinbahngesetzes vom 28. Juli 1892 ausscheiden. Die Ausübung des Heimfallsrechts durch den Staat als öffentlichrechtlicher Akt unterliege zwar nicht der Nachprüfung des Gerichts, und ebensowenig sei im Rechtsweg zu erörtern, ob die Konzession der Beklagten infolge der „Ankündigungserklärung" vom 26. August 1924 erloschen sei oder fortbestehe. Aber darauf sei das Klagebegehren nicht gerichtet, sondern die Klage verlange die Ausführung der Enteignung, indem sie die Folgen des Heimfalls des Bahnunternehmens durch richterliches Urteil anerkannt und ausgesprochen sehen wolle; diese Folgen, nämlich die Übertragung der Gegenstände und Einrichtungen des Betriebes seien rein privatrechtlicher Art. Für die Durchführung des Heimfalls des Unternehmens enthalte das Eisenbahngesetz keine Vorschriften, und solche seien auch aus sonstigen Gesetzen nicht zu entnehmen. Also bleibe nur der ordentliche Rechtsweg, um die Vermögensrechte der Gesellschaft zu schützen.

Auch diese Darlegungen können nicht für zutreffend erachtet werden. Der im Zwangsweg verfolgbare Erwerb privaten Eigentums durch den Staat gegen vollständige Entschädigung ist Enteignung und nicht Heimfall. Die auch von der Revision herangezogene Entstehungsgeschichte des preuß. Eisenbahngesetzes (mitgeteilt bei Lohse, Zur Auslegung des § 42 EisG., im Archiv für Eisenbahnwesen 1928 S. 186flg.) ergibt, daß eine Minderheit des Staatsministeriums, die sich indes schließlich nicht durchzusetzen vermochte, dafür eintrat, neben dem „Ankaufsrecht" des Staates noch eine Vorschrift in das Gesetz aufzunehmen, die „den unentgeltlichen Anheimfall der Eisenbahnen nach Verlauf von 90 Jahren in das Eigentum des Staates" ausspräch (Lohse a. a. O. S. 190, 191, 192). Der Gesetzgeber wußte also sehr wohl zwischen dem entgeltlichen Ankaufsrecht und dem unentgeltlichen Heimfall zu unterscheiden. Da der letztere keine Aufnahme in das Eisenbahngesetz gefunden hat, muß davon abgesehen werden, bei der Auslegung des § 42 EisG. den Begriff des Heimfallsrechts zu verwenden oder gar besondere rechtliche Schlüsse aus einem solchen Begriff zu ziehen. Durchschlagende Gründe gegen die Unterordnung der Normen des § 42 unter den Rechtsbegriff der Enteignung (im weiteren Sinne) hat die Revision nicht anzugeben vermocht, um so weniger, als sie bei der Kennzeichnung des Klagebegehrens selbst von Enteignung spricht. Deshalb ist es auch nur zu billigen, daß der Vorderrichter auf die Bestimmungen des Enteignungsgesetzes von 1874 und des Kleinbahngesetzes von 1892 hingewiesen hat, die sich auf die Zulassung des Rechtswegs beziehen. Deren unmittelbare Anwendung kommt allerdings nicht in Frage; das Kammergericht hat sie auch nur herangezogen, um die grundsätzliche Einstellung des preußischen Rechts zur Frage der Zulässigkeit des Rechtswegs darzutun. Wenn die Revision die Folgen der Enteignung als rein privatrechtliche bezeichnet, so schießt diese

Beweisführung weit über das Ziel hinaus. Nicht nur für jede Enteignung im engeren Sinne, sondern auch für sehr viele andere öffentlichrechtliche Verpflichtungen, z. B. für Zoll- und Steuerforderungen, ließe sich dasselbe behaupten, wenn man in jedem Anspruch auf Zahlung einer Geldsumme ein privatrechtliches Gebilde finden wollte. Aber eine derartige äußerliche Betrachtung wäre durchaus unstatthaft, wie das Reichsgericht schon oft grundsätzlich ausgesprochen hat (z. B. RGZ. Bd. 83 S. 306/07, Bd. 100 S. 144; WarnRspr. 1913 Nr. 453). Entscheidend ist nur der wahre Inhalt des Klagebegehrens, und in dieser Hinsicht kann hier kein Zweifel darüber bestehen, daß der Hauptantrag zu 1 und der Hilfsantrag zu 5 auf unmittelbare Durchsetzung des dem Staate durch § 42 EisG. verliehenen Zwangsverstaatlichungsrechts gerichtet sind, das öffentlichrechtlichen Charakter trägt.

Welche Mittel das Verwaltungsrecht dem Staate zur Durchsetzung jener Ansprüche gibt, ist hier nicht zu entscheiden. Immerhin ist auf Nr. 4c und 4d des § 42 Abs. 2 EisG. hinzuweisen, die den Staat erst nach Durchführung der Auseinandersetzung mit der Gesellschaft entsprechend den Entschädigungsgrundsätzen der Nummern 4a und 4b daselbst berechtigen, die Bahn nebst Inventar und Zubehör in Besitz zu nehmen. Sollte eine Gesellschaft zu dem danach in Betracht kommenden Zeitpunkt die Einräumung des Besitzes verweigern, so würden gegen die Anwendung öffentlichrechtlichen — polizeilichen — Zwanges wohl keine Bedenken bestehen. Wenn die Revision Zweifel über einen ausreichenden Schutz der Vermögensrechte der Eisenbahngesellschaft äußert, so ist ihr entgegenzuhalten, daß wegen der Bemessung der Entschädigung der Gesellschaft der ordentliche Rechtsweg offensteht, und daß sie gemäß den angeführten Absätzen des § 42 EisG. erst nach der Erledigung eines etwaigen Rechtsstreits über die Entschädigung und nach Empfangnahme der ihr dabei zuerkannten Geldsumme, sowie nach Berichtigung ihrer Schulden verpflichtet wäre, aus ihrem Besitztum zu weichen. Hiernach ist nicht anzunehmen, daß die Versagung des Rechtswegs für die Ansprüche auf Übergabe der Eisenbahn eine Rechtsunsicherheit hervorrufen könnte, die wesentliche Belange der Beteiligten gefährden würden.

Die Revision weist sodann auf den Grundsatz hin, daß der Begriff der bürgerlichen Rechtsstreitigkeit im Sinne des § 13 GVG. nach den Anschauungen zu bestimmen ist, die beim Inkrafttreten dieses Gesetzes bestanden, und daß hier insbesondere auf die zur Zeit des Erlasses des Eisenbahngesetzes von 1838 geltenden Rechtsanschauungen zurückzugreifen sei. Gerade diese Erwägung schlägt aber, wie oben schon hervorgehoben, zuungunsten des Klägers aus. Der sich aus den §§ 4, 10, 11 ALR. I 11, den §§ 35, 36, 37 der Verordnung vom 26. Dezember 1808 und aus der Kabinettsorder vom 4. Dezember 1831 ergebende Rechtszustand läßt die Unstatthaftigkeit der Verfolgung der hier streitigen Übergabeansprüche im ordentlichen Rechtsweg deutlich hervortreten. Inwiefern die Entstehungsgeschichte des § 42 EisG. eine andere Auffassung sollte begründen können, ist nicht ersichtlich. Die Heranziehung des einen wesentlich anderen Tatbestand behandelnden Urteils des V. Zivilsenats des Reichsgerichts vom 1. Juli 1912 (RGZ. Bd. 80 S. 19) hat das Kammergericht mit zutreffender Begründung abgelehnt.

Die Revision macht ferner geltend, der Klagantrag zu 1 fordere ein doppeltes, nämlich zunächst die Feststellung der Übergabeverpflichtung der Beklagten und sodann die Feststellung des Übernahmetermins zum 1. September 1925. Für den zweiten Teil des Antrags, über den sich der Berufungsrichter nicht ausgesprochen habe, sei aber der Rechtsweg in jedem Falle zulässig; denn der Übergabetermin sei die Grundlage für die Bemessung der Entschädigung. Ein solches Auseinanderreißen des Inhalts des Antrags zu 1 ist jedoch nicht statthaft. Durch dessen Fassung ist der Übernahmetermin mit der behaupteten Übergabeverpflichtung in engsten Zusammenhang gebracht; er wird nur als ein Element der letzteren, nicht aber als maßgebender Gesichtspunkt für die Bemessung der Entschädigung angeführt, von der im Antrag zu 1 nicht die Rede ist. Sonach ist der Inhalt jenes Antrags als ein einheitlicher aufzufassen: Feststellung, daß die Beklagte mit Wirkung seit dem 1. September 1925 verpflichtet sei, die von ihr betriebene Privateisenbahn dem Kläger zu übergeben. Allerdings war gemäß § 42 EisG. der Zeitpunkt der Übernahme von erheblicher Bedeutung für die Bemessung der Entschädigung, welche die Beklagte zu beanspruchen haben würde. Aber in dieser Hinsicht wird die Festsetzung des Termins im Antrag zu 1 nicht gefordert; vielmehr wird insofern die nötige zeitliche Begrenzung gemäß § 42 Abs. 2 Nr. 4a EisG. im Antrag zu 2 durch die Bezeichnung der einschlagenden Geschäftsjahre ausgedrückt.

Nach alledem sind keine rechtlichen Bedenken dagegen zu erheben, daß der Vorderrichter die Klaganträge zu 1 und 5 wegen Unzulässigkeit des Rechtswegs abgewiesen hat.

II. Die Klaganträge zu 2, 3 und 4 haben es mit der Feststellung der Grundsätze für die Höhe der Entschädigung zu tun, die der Beklagten bei Durchführung der Zwangsverstaatlichung gebühren würde. Für sie hat das Kammergericht mit Ausführungen, die durchweg Billigung verdienen, den Rechtsweg zugelassen. Es erachtet aber die hier verfolgten Ansprüche des Klägers für unbegründet und führt dazu aus: Zur Übernahme der Bahn habe es eines besonderen Staatsaktes bedurft, durch den die zunächst nur angekündigte und jederzeit frei widerrufliche Absicht der Übernahme verwirklicht und die Übernahme endgültig ausgesprochen würde. Die Ankündigung vom 26. August 1924, deren Rechtswirksamkeit dahingestellt bleiben könne, enthalte noch nicht die Ausübung des Erwerbsrechts selbst, sondern bereite sie nur vor. Eine Übernahmeerklärung der dafür zuständigen Staatsbehörde liege aber bisher nicht vor. Entsprechend den für Preußen bestehenden Vorschriften müsse nunmehr für den Kläger ein Beschluß der Reichsregierung gefordert werden; ein solcher sei jedoch bisher nicht ergangen. Außer dem Schreiben des Reichsverkehrsministers vom 26. August 1924 kämen nur mündliche Erklärungen der Vertreter der Deutschen Reichsbahn-Gesellschaft in Betracht, die keinesfalls genügen könnten, selbst wenn sie im Namen des Klägers abgegeben worden seien. Die Beklagte habe auch das Recht des Klägers, die Bahn zu einem bestimmten Termin zu übernehmen, niemals in bindender Form anerkannt, möge sie es auch früher nicht bestritten haben. Demnach fehle es an der Grundlage für die vom Kläger begehrten Feststellungen.

Die Revision vertritt demgegenüber die Ansicht, daß die Erklärung des Reichsverkehrsministers vom 26. August 1924 ausreiche. Der Heimfall des Bahnunternehmens und das Erlöschen der Konzession vollziehe sich kraft Gesetzes infolge der geschehenen Festlegung des Übernahmetermins und es bedürfe dazu keines weiteren Staatsaktes mehr. Deshalb sei auch weder ein Beschluß des Staatsministeriums noch früher die Genehmigung oder Ermächtigung des Landesherrn erforderlich gewesen. Ebensowenig sei unter dem jetzigen Recht ein Beschluß der Reichsregierung notwendig, denn die Befugnisse des preußischen Ministers der öffentlichen Arbeiten seien auf den Reichsverkehrsminister übergegangen.

Der Auffassung des Kammergerichts ist jedoch im Ergebnis beizustimmen. Die Auslegung der Vorschriften des § 42 EisG. in ihrem Zusammenhang ergibt, daß unter der im Abs. 2 Nr. 1 und 2 bezeichneten Forderung der Abtretung des Eigentums der Eisenbahngesellschaft und unter der in Nr. 3 das. erwähnten Ankündigung der auf Übernahme der Bahn gerichteten Absicht verschiedene Rechtshandlungen zu verstehen sind. Die Ankündigung einer Absicht und ihre Verwirklichung sind offensichtlich zwei verschiedene Dinge, die je eine selbständige Willensbildung und Willenserklärung des Berechtigten erfordern. Nur dann könnte die zweite Erklärung entbehrlich erscheinen, wenn schon die Ankündigung eine gegenseitige feste Bindung herbeiführen würde. Davon kann jedoch hier nicht die Rede sein. Nichts spricht dafür, daß der Staat, wenn er die im § 42 Abs. 2 Nr. 3 vorgesehene Ankündigung erlassen hat, verpflichtet wäre, nach Ablauf eines Jahres die Zwangsverstaatlichung durchzuführen. Vielmehr nimmt der Vorderrichter mit Recht an, daß die Ankündigung frei widerruflich ist; diese Auffassung vertritt auch die Revision im Anschluß an das Rechtsgutachten der Professoren Dr. Giese und Dr. Anschütz vom 5./6. Mai 1928, das der Kläger im zweiten Rechtsgang vorgelegt hat. In diesem Gutachten ist zutreffend ausgeführt, daß die Ankündigung keineswegs die Rechtsausübung selbst darstellt, sondern lediglich eine notwendige vorbereitende Handlung, eine von mehreren gesetzlichen Voraussetzungen bildet, die sämtlich erfüllt sein müssen, damit das Erwerbsrecht überhaupt ausübbar werde. Für die Notwendigkeit, vom Staate die Abgabe zweier einander zeitlich folgender Erklärungen zu erfordern, sprechen auch noch die verschiedenen Fristbestimmungen in Nr. 1 und Nr. 3 des § 42 Abs. 2 EisG. und ihr mögliches Ineinandergreifen. Beispielsweise wäre der Staat gegenüber einer Eisenbahngesellschaft, die am 1. April 1850 den Verkehr eröffnet hat, berechtigt gewesen, die Abtretung ihres Eigentums zum 1. April 1880 zu fordern; die Ankündigung seiner Übernahmeabsicht hätte er dann spätestens im März 1879 erlassen müssen und auch erlassen dürfen, während er zu diesem Zeitpunkt noch gar nicht befugt gewesen wäre, das Abtretungsverlangen zu erklären.

Sonach ist davon auszugehen, daß die Ausübung des staatlichen Erwerbsrechts (Enteignungsrechts) erst nach der vorangegangenen Ankündigung der Übernahmeabsicht stattfinden kann. Daraus ergibt sich die selbstverständliche Folge, daß dazu eine Erklärung des Staates gehört, die der Eisenbahngesellschaft mit voller Deutlichkeit kundgibt, daß er die Übernahme ihres Eigentums nach Maßgabe des § 42 EisG., insbesondere mit allen sich danach für ihn ergebenden Geldverpflichtungen, nunmehr beanspruche. So spricht auch das erwähnte Gutachten von dem „rechtsgeschäftlichen (rechtsgestaltenden) Staatsakt der Ausübung des staatlichen Erwerbsrechts hinsichtlich der zu übernehmenden Eisenbahn". Einen solchen staatlichen Hoheitsakt hat mithin das Kammergericht mit Recht gefordert. Daß er erfolgt wäre, vermag auch die Revision nicht darzutun. Die Erklärungen, die bei der Verhandlung vom 18. Dezember 1924 von Vertretern der Reichsbahn-Gesellschaft mündlich abgegeben worden sein sollen, kommen — von sonstigen Bedenken ganz abgesehen — schon deshalb nicht in Frage, weil unmöglich angenommen werden kann, der Reichsverkehrsminister habe damals Auftrag zur Abgabe einer Erklärung erteilt, die er noch im gegenwärtigen Zeitpunkt für unnötig erachtet, und weil man zudem am 18. Dezember 1924 nur über eine Einigung wegen der Höhe der der Beklagten gebührenden Entschädigung verhandelt hat. Derartige Güteverhandlungen hatten aber, wie überaus nahe liegt, vor der endgültigen Erklärung des Abtretungsverlangens stattzufinden, denn offenbar erledigte sich eine solche, wenn man vorher zu einer Verständigung gelangte. Wie anzunehmen, hat sich auch der Gesetzgeber des Eisenbahngesetzes von 1838 die Regelung im Abs. 2 Nr. 3 des § 42 so vorgestellt, daß innerhalb der vorgesehenen Jahresfrist das im Gesetzestext selbst erwähnte „gütliche Einvernehmen" beiderseits anzustreben wäre.

Welche öffentlichrechtlichen Vorgänge die Ausübung des Erwerbsrechts gegenüber der Beklagten zur Voraussetzung hätte, ob insbesondere, wie das Berufungsgericht meint, ein Beschluß der Reichsregierung notwendig wäre, kann unerörtert bleiben, da derjenige staatliche Hoheitsakt, der den Klaganträgen zu 2, 3, 4 als Grundlage dienen könnte, überhaupt nicht vorgenommen worden ist. Ebensowenig kommt es noch darauf an, ob das Ankündigungsschreiben des Reichsverkehrsministers vom 26. August 1924 der Beklagten gegenüber rechtswirksam war oder nicht . . . .

Wenn die Revision schließlich auf das angebliche Anerkenntnis der Beklagten zurückkommt, so ist ihr entgegenzuhalten, daß ein nicht vorgenommener staatlicher Hoheitsakt niemals durch eine „Anerkennung" von seiten der Privatperson ersetzt werden kann, gegen die er sich zu richten gehabt hätte, und daß zudem die Annahme des Berufungsgerichts, die Beklagte habe kein Anerkenntnis in bindender Form erklärt, auf tatsächlicher Würdigung beruht und somit jedem Revisionsangriff entzogen ist.

---

45. Können Einwendungen gegen die Gültigkeit einer Hypothekbestellung erhoben werden, wenn die Hypothek an dem Grundstück einer offenen Handelsgesellschaft von einer Person bestellt worden ist, die im Handelsregister als Gesellschafter eingetragen, aber in Wirklichkeit nicht Gesellschafter war?

BGB. § 891. HGB. §§ 15, 106, 107.

V. Zivilsenat. Urt. v. 10. Juli 1929 i. S. N. (Kl.) w. Girozentrale S. (Bekl.). V 514/28.

I. Landgericht Dresden.
II. Oberlandesgericht daselbst.

Die im Handelsregister eingetragene offene Handelsgesellschaft K. & S. war Eigentümerin der Grundstücke N. Blatt 508 und 578. Am 25. Juli 1924 wurde für die Beklagte auf den Grundstücken eine Gesamtsicherungshypothek eingetragen. Damals waren als Gesellschafter im Handelsregister die Kaufleute Sch. und Th. verzeichnet. Die Hypothek wurde von Sch. unter der Firma der Eigentümerin bestellt. In Wahrheit waren aber Sch. und Th. nicht Gesellschafter der Eigentümerin und nicht zu ihrer Vertretung berechtigt. Der Vertrag, auf den ihr Eintritt in die Gesellschaft und ihre Eintragung ins Handelsregister zurückging, war als Scheingeschäft nichtig. Die Gesellschaft wurde in Wirklichkeit von 4 anderen Personen, darunter H., gebildet. Im Jahre 1925 wurde sie aufgelöst. H. übernahm ihr Vermögen und wurde als Eigentümer der Grundstücke eingetragen. Er ging bald darauf in Konkurs. Aus der Masse hat der Kläger die Grundstücke erworben und ist am 29. April 1927 als Eigentümer eingetragen worden. Er ist der Meinung, daß die für die Beklagte eingetragene Hypothek mangels einer gültigen Einigung über ihre Entstehung nichtig sei, und klagt auf Einwilligung der Beklagten in die Löschung. Diese nimmt den Schutz des

§ 15 HGB. für sich in Anspruch. Das Landgericht hat die Beklagte verurteilt; das Oberlandesgericht hat die Klage abgewiesen. Die Revision des Klägers ist zurückgewiesen worden aus folgenden

Gründen:

Der Kläger müßte, um mit seiner Klage aus § 894 BGB. durchzudringen, die für die Beklagte streitende Vermutung des § 891 Abs. 1 BGB. widerlegen. Er greift diese Vermutung dadurch an, daß er die Gültigkeit der für die Entstehung der Hypothek erforderlichen Einigung zwischen der damaligen Grundstückseigentümerin und der Beklagten (§ 873 Abs. 1 BGB.) in Abrede stellt. Gelänge ihm der Beweis für dieses Vorbringen, so wäre die Klage begründet (Komm. v. RGR. Anm. 4 zu § 891 BGB.). Der Beweis ist ihm indessen nach den Feststellungen des Berufungsgerichts nicht gelungen. Zwar ist unstreitig, daß bei der Einigung zwischen der Beklagten und der offenen Handelsgesellschaft K. & S. über die Bestellung der Hypothek auf der Seite der Grundstückseigentümerin ein Scheingesellschafter aufgetreten ist, der in Wahrheit keine Befugnis hatte, für die Firma zu handeln. Dieser an sich einer wirksamen Einigung entgegenstehende Mangel ist indessen der Beklagten unschädlich, weil sie den Schutz des § 15 Abs. 1 HGB. genießt. Mit Unrecht bekämpft die Revision die Ansicht des Berufungsgerichts, daß diese Vorschrift der Beklagten zur Seite steht. Aus § 106 Abs. 2 Nr. 1, § 107 HGB. ergibt sich, daß die jeweiligen Gesellschafter einer offenen Handelsgesellschaft ins Handelsregister einzutragen sind. Die Bezeichnung ihrer Personen gehört also zu den „ins Handelsregister einzutragenden Tatsachen" im Sinne von § 15 Abs. 1 HGB. Solange nicht die wahren Gesellschafter, sondern andere Personen als Gesellschafter in das Register eingetragen sind, ist die eintragungspflichtige Tatsache des richtigen Gesellschafterbestands nicht ins Handelsregister eingetragen. Diese nicht eingetragene Tatsache kann die Gesellschaft, in deren Angelegenheiten die wahren Gesellschafter einzutragen waren, einem Dritten, der sich mit ihr durch einen fälschlich als Gesellschafter eingetragenen Nichtgesellschafter rechtsgeschäftlich einläßt, nicht entgegensetzen, wenn der Dritte den wahren Sachverhalt nicht kennt (RGZ. Bd. 66 S. 415, Bd. 70 S. 272; LZ. 1909 Sp. 858 Nr. 2; Staub 12/13. Aufl. Bd. 1 S. 125 Anm. 12; für das alte Handelsgesetzbuch, das in dieser Frage im Endziel mit dem neuen übereinstimmt [Staub S. 121 Einl. zu

§ 15]: RG. in JW. 1898 S. 163 Nr. 30). Dieser Dritte ist also gegen jeden Einwand der Gesellschaft aus der unrichtigen Eintragung des Gesellschafterbestandes im Handelsregister durch § 15 Abs. 1 geschützt. § 15 Abs. 2 kommt hier nicht in Frage, da er nur Fälle trifft, in denen der Dritte eingetragene Tatsachen nicht gegen sich gelten lassen will. Im vorliegenden Rechtsstreit verwahrt sich die Beklagte gegen die Berücksichtigung der bei Begründung der Hypothek aus dem Handelsregister nicht ersichtlichen Tatsache, daß nicht Sch. und Th., sondern andere Personen die Gesellschafter gewesen sind. Wie das Berufungsgericht feststellt, ist dem Kläger der Beweis nicht gelungen, daß die Beklagte bei der Einigung mit Sch. über die Begründung der Hypothek von jener Tatsache Kenntnis hatte. Die Gesellschaft als Grundstückseigentümerin konnte daher der Beklagten als der eingetragenen Hypothekengläubigerin keine Einwendungen aus der mangelnden Gesellschaftereigenschaft des Sch. entgegensetzen, sondern mußte die Einigungserklärung des Sch. als für sich verbindlich gelten lassen. Dann ist aber die Hypothek der Beklagten als ein auf Grund wirksamer Einigung mit der damaligen Grundstückseigentümerin bestelltes Grundstückspfandrecht zu behandeln. Demzufolge muß auch der Kläger als jetziger Eigentümer die von der Beklagten unanfechtbar erworbene Hypothek gegen sich gelten lassen. Die Klage ist daher vom Berufungsgericht ohne Rechtsirrtum abgewiesen worden.

---

46. Muß der Erstversicherer, wenn er als Rechtsnachfolger des geschädigten Erstversicherten eine Rückentschädigung (Provenue) erhält, hieran den Rückversicherer beteiligen?

I. Zivilsenat. Urt. v. 10. Juli 1929 i. S. D. L. Versicherungs-AG. (Bekl.) w. Skandinavia u. Gen. (Kl.). I 50/29.

I. Landgericht I Berlin, Kammer für Handelssachen.
II. Kammergericht daselbst.

Auf Grund des Versicherungsantrags der Beklagten vom 24. Januar 1920 nebst Nachtrag vom 23./28. April 1920 ist zwischen den Parteien ein Vertrag zustande gekommen über eine laufende Rückversicherung für die von der Beklagten übernommene Erstversicherung von Zuckersendungen mit Kahn von Böhmen nach Hamburg. Dabei hatte die Beklagte als Erstversicherer ihre Versicherungssumme auf 15000000 M. angegeben. Die Rückversicherungssumme für die Klägerinnen als Rückversicherer wurde auf 2½% bemessen, der Eigenbehalt der Beklagten mit 10% eingesetzt. Die Klägerinnen waren beim Abschluß des Vertrags durch ihren gemeinschaftlichen Hauptbevollmächtigten für Deutschland vertreten.

Auf Grund dieses Rückversicherungsvertrags machte die Beklagte den Klägerinnen die Rückversicherungsaufgabe vom 18. Juni 1920 über eine Sendung Zucker von Böhmen nach Hamburg mit dem Schiff D. Oe. D. 33. Die nicht sofort aufgegebene Erstversicherungssumme wurde in Nachtragsaufgaben nachgeholt und schließlich auf 7521556 M. beziffert.

Der Kahn D. Oe. D. 33 ist auf der Versicherungsreise bei Torgau auf ein Wrack aufgelaufen und gesunken, wobei der größte Teil der Ladung verloren ging. Den Anforderungen der Beklagten entsprechend zahlten ihr die Klägerinnen 2½% Rückversicherungsquoten in deutscher Währung. Als im Jahre 1921 die Beklagte den Erlös des verwertbaren Teils der Ladung in deutscher Währung erhalten hatte, beteiligte sie an dieser Rückentschädigung (Provenue) die Klägerinnen als Rückversicherer entsprechend dem Anteil von 2½%. Ferner führte die Beklagte einen Prozeß wegen der Schadensersatzansprüche, die der Erstversicherte auf Grund des Kahn-Unfalls gegen den Fiskus geltend gemacht und an die Beklagte abgetreten hatte. Zunächst machte sie vom Verlauf dieses Prozesses den Klägerinnen regelmäßig Mitteilung, zog auch anteilige Vorschüsse zu den Prozeßkosten von ihnen ein. Im Gegensatz hierzu stellte sie sich vom September 1924 ab auf den Standpunkt, daß die Klägerinnen an dem Prozeß und der zu erzielenden und später erzielten Rückentschädigung nicht beteiligt seien. Sie begründete dies damit, daß die Rückversicherung in deutscher Währung, die Erstversicherung aber in der damals festen französischen Währung abgeschlossen sei und daß die Beklagte im Verhältnis zu den Klägerinnen das Kursrisiko getragen habe.

Auf Grund eines im Jahre 1926 zwischen der Beklagten und dem Fiskus geschlossenen Vergleichs wurden den Erstversicherern als Rechtsnachfolgern des geschädigten Erstversicherten 500000 RM. zur Abgeltung des Ladungsschadens ausgezahlt, wovon der Beklagten 65% zuflossen. Die Klägerinnen verlangen von der so an die Beklagte gelangten Rückentschädigung entsprechend der von ihnen übernommenen und gezahlten Rückversicherungsquote einen Anteil von $2^1/_2$% nebst Zinsen.

Die Instanzgerichte haben der Klage stattgegeben. Die Revision hatte keinen Erfolg.

Gründe:

Das Berufungsgericht hat keine ausdrückliche Stellung zu der Frage genommen, nach welchem Recht das streitige Verhältnis zu beurteilen ist. Aus der Art der Begründung des Urteils ist aber die ausschließliche Anwendung deutschen Rechts zu entnehmen. Dies ist von den Parteien nicht gerügt worden und rechtlich nicht zu beanstanden. Denn es handelt sich um einen Vertrag, der in Deutschland auf Grund deutscher Antragsvordrucke geschlossen und in Deutschland sowohl durch die inländische Handelsniederlassung der Beklagten als auch durch den Hauptbevollmächtigten der Klägerinnen für Deutschland zu erfüllen ist.

Das Berufungsgericht hat mit näherer Begründung angenommen, die Klägerinnen oder ihr Bevollmächtigter hätten bei Abschluß des Rückversicherungsvertrags nicht gewußt, daß die Erstversicherung nicht in deutscher, sondern in einer fremden — französischen — Währung abgeschlossen war. Diese tatsächliche Feststellung des Berufungsgerichts unterliegt keinem rechtlichen Bedenken und ist auch von der Revision nicht ausdrücklich angegriffen worden. Somit ist davon auszugehen, daß die Klägerinnen bei Abschluß des Rückversicherungsvertrags angenommen haben und annehmen durften, daß — entsprechend dem von der Beklagten gestellten und von den Klägerinnen angenommenen Versicherungsantrag vom 24. Januar 1920 — die Erstversicherung in deutscher Währung abgeschlossen sei. Die Beklagte gibt zu, daß, wenn dies letztere tatsächlich der Fall gewesen wäre, die Klägerinnen einen Anspruch auf die streitige Rückentschädigung hätten. Es ist also nur zu prüfen, ob hieran etwas geändert wird durch die bloße, den Klägerinnen damals unbekannte Tatsache des Abschlusses der Erstversicherung in französischer Währung. Dabei ist zu beachten, daß die Klägerinnen — durch ihre Papiermark-Leistungen auf Grund des Rückversicherungsvertrags — der Beklagten anteilmäßig die vollen Werte zugeführt haben, die diese nach dem Erstversicherungsvertrag in französischen Franken an den Erstversicherten abführen mußte und abgeführt hat, daß ferner die Beklagte diese vollen Frankenbeträge mittels oder auf Grund jener Papiermark-Leistungen der Klägerin angeschafft hat. Die Beklagte hat also dadurch, daß die Erstversicherung in französischer und die Rückversicherung in deutscher Währung abgeschlossen worden ist, keinerlei Valutaschaden erlitten, sondern ist bei Abwicklung der Versicherungsverträge wirtschaftlich nicht anders gefahren, als wenn beide Verträge in französischer Währung abgeschlossen gewesen wären. Die Beklagte hat auch nicht etwa behauptet, daß sie wegen der Gefahr eines ihr zur Last fallenden Valutaschadens eine besondere Rückversicherung genommen oder sonst Aufwendungen gemacht habe. Sie vertritt aber den Standpunkt, daß sie die Gefahr eines Valutaschadens (das Kursrisiko) getragen habe, daß sie hierfür entschädigt werden müsse, auch wenn tatsächlich kein Valutaverlust eingetreten sei, und daß schon um deswillen die Klägerinnen keinen Anspruch auf die Rückentschädigung hätten.

Es entspricht, so sehr auch im übrigen die Rechtsnatur des Rückversicherungsvertrags bestritten ist, allgemein anerkannten versicherungsrechtlichen Grundsätzen, daß der Rückversicherte, der gemäß dem Rückversicherungsvertrag in dem darin vorgesehenen Umfang gegen die von ihm als Erstversicherer übernommene Gefahr (Versicherungsrisiko) gedeckt, also insoweit gegen Schaden geschützt wird, darüber hinaus keinen besonderen Gewinn aus dieser Versicherung erzielen soll. Nun hat im vorliegenden Fall die Beklagte den Erstversicherten wegen des zunächst berechneten Versicherungsschadens befriedigt und auf das so Geleistete die im Rückversicherungsvertrag vorgesehenen $2^1/_2\%$ vollwertig als Rückversicherungssumme von den Klägerinnen erhalten. Hierauf hat sie — sei es nach § 67 VVG., sei es, wie das Berufungsgericht festgestellt hat, auf Grund besonderer Abtretung der Forderung des Erstversicherten — auf Grund der Schadensersatzansprüche des Erstversicherten gegen einen Dritten aus dem Unfall die Auszahlung einer bestimmten Schadenssumme erlangt. Das bedeutet wirtschaftlich eine entsprechende Verringerung der Entschädigung, welche die Beklagte auf Grund des Hauptversicherungsvertrags geleistet hat, und demgemäß eine Minderung des Versicherungsschadens. Dies wirkt auf die Erstattungspflicht der Klägerinnen zurück, da diese als Quoten-Rückversicherer nur einen bestimmten Teil ($2^1/_2\%$) des der Beklagten als dem Erstversicherer zur Last fallenden Schadens zu tragen haben (Interessengemeinschaft zwischen Erst- und Rückversicherer). Da die Klägerinnen auf das zunächst von der Beklagten an den Erstversicherten Geleistete volle 2½% als Rückversicherungsquote gezahlt haben, steht ihnen grundsätzlich auch in Höhe dieser 2½% ein Anspruch auf die von der Beklagten erlangte Rückentschädigung zu. Es kann deshalb dahingestellt bleiben, wie die Rechtslage dann wäre, wenn infolge einer Valutaänderung die von den Klägerinnen in deutscher Währung gezahlte Rückversicherungsquote von 2½% einen geringeren Hundertsatz der von der Beklagten an den Erstversicherten abgeführten Gesamtleistung ausgemacht hätte. Im übrigen würden auch dann die Klägerinnen nicht ohne weiteres von jedem Anteil an der Rückentschädigung ausgeschlossen, sondern grundsätzlich daran mit einem Betrage beteiligt sein, der dem Verhältnis der Leistung der Klägerinnen an die Beklagte zu der Leistung der Beklagten an den Erstversicherten entspricht. Unter Umständen kann durch nachträgliche Leistungen von dritter Seite eine Abdeckung des ganzen Versicherungsschadens eintreten. Würde dann der Rückversicherer trotz Leistung seines Anteils auf den zuerst berechneten Schaden von der Rückentschädigung völlig ausgeschlossen werden, so hätte er dem Erstversicherer eine Leistung auf einen Schaden gemacht, der für diesen wirtschaftlich gar nicht eingetreten ist.

Es fragt sich, ob an dieser Sach- und Rechtslage im vorliegenden Falle aus besonderen Gründen etwas geändert wird. Richtig ist, daß die Beklagte, wenn ihre Auslegung des Rückversicherungsvertrags zutreffen sollte, ein gewisses Kursrisiko zu tragen hatte. Dies war aber den Klägerinnen bei Abschluß des Rückversicherungsvertrags nicht bekannt, da sie — wie hier zu unterstellen — angenommen haben und annehmen durften, daß auch der Hauptversicherungsvertrag in deutscher Währung abgeschlossen sei. Unter diesen Umständen wäre es Sache der Beklagten gewesen, wenn sie für die bloße Übernahme des Kursrisikos, auch ohne Eintritt eines der Beklagten zur Last fallenden Kursschadens, im Verhältnis der Parteien eine besondere Entschädigung haben wollte, dies den Klägerinnen gegenüber bei Abschluß des Rückversicherungsvertrags klar und eindeutig zum Ausdruck zu bringen. Dies um so mehr, wenn — entgegen dem Grundsatz einer zwischen dem Erstversicherer und dem Rückversicherer bestehenden Interessengemeinschaft und der partiarischen Natur der auf Teilung des Risikos angelegten Rückversicherung — diese Entschädigung in einem völligen Ausschluß der Klägerinnen von einer etwaigen Rückentschädigung bestehen sollte. Mangels einer solchen Klarstellung kann die Beklagte nicht wegen einer derartigen Gefahrtragung den Klägerinnen die ihnen an sich zustehende Rückentschädigung vorenthalten, weder ganz noch teilweise. So hat denn auch die Beklagte die Klägerinnen zunächst sowohl an den eingezogenen Provenuen als auch an den Kosten des von ihr zur Erlangung weiterer Provenuen geführten Prozesses beteiligt.

Auch im übrigen ist nicht ersichtlich, daß nach Art und Inhalt des zwischen den Parteien geschlossenen Rückversicherungsvertrags oder auf Grund seiner tatsächlichen Abwicklung der Rechtsstandpunkt der Beklagten begründet wäre. Die in dieser Beziehung vom Berufungsgericht im einzelnen angestellten Erwägungen sind nicht rechtsirrig. Die Revision legt besonderes Gewicht auf die Behauptung der Beklagten, daß diese die verhältnismäßig hohe Rückentschädigung von dritter Seite nur deshalb erhalten habe, weil der Erstversicherungsvertrag in ausländischer Währung mit einem ausländischen Versicherungsnehmer abgeschlossen gewesen sei. Aber wie das Berufungsgericht zutreffend betont, kommt für das Rechtsverhältnis der Parteien zwar die Tatsache in Betracht, daß wegen des Versicherungsfalls eine die Leistungen der Beklagten an den Erstversicherten mindernde Entschädigung von dritter Seite an die Beklagte gezahlt worden ist, nicht aber die Frage, welche Gründe den Dritten zu dieser Zahlung bewogen haben. Im übrigen ist aus dem Parteivorbringen nicht ersichtlich, inwiefern der Dritte zu seiner Zahlung durch die von der Beklagten angeführten Gründe veranlaßt worden sein könnte. Für das Verhältnis zwischen dem Dritten und dem Geschädigten kam die Höhe des dem letzteren erwachsenen Schadens und die Frage in Betracht, ob und in welchem Umfang der Dritte hierfür einzustehen hatte. Dagegen wurde die gegebenenfalls begründete Schadensersatzpflicht des Dritten grundsätzlich von der Frage nicht berührt, ob und in welchem Maße, in welcher Währung usw. der Geschädigte wegen des Schadens durch Versicherung gedeckt war.

47. Unter welchen Umständen entfällt die Abnahmepflicht einer Raffinerie bei gänzlicher Zerstörung ihrer Fabrik? Welchen Einfluß hat das auf die Lieferpflicht der Rohzuckerfabrik?

BGB. §§ 157, 242, 433.

II. Zivilsenat. Urt. v. 10. Juli 1929 i. S. Schw. (Bekl.) w. N. (Kl.). II 628/28.

I. Landgericht Breslau.
II. Oberlandesgericht daselbst.

Laut Schlußschein vom 22. Januar 1927 verkaufte die Klägerin, die eine Rohzuckerfabrik betreibt, an die Beklagte, Inhaberin einer Zuckerraffinerie, 3000 Zentner Rohzucker, Ersterzeugnis ihres Fabrikats aus der Betriebszeit 1927/28, Lieferung November 1928, zu den „Bedingungen für den Handel mit Rohzucker, gültig vom 15. September 1921 ab", die zwischen dem Verein der Deutschen Zuckerindustrie, dem Deutschen Zucker-Export-Verein zu Magdeburg und dem Verein der am Zuckerhandel beteiligten Firmen in Hamburg vereinbart worden sind. Am 1. Oktober 1927 wurde die Raffinerie der Beklagten durch Feuer zerstört. Die Beklagte teilte hierauf der Klägerin telegraphisch und schriftlich mit, daß sie wegen der Zerstörung ihrer Raffinerie den gekauften Zucker nicht abnehmen könne. Sie berief sich für ihre Stellungnahme auf die Bestimmungen der „Bedingungen" über höhere Gewalt. Mit der Klage beantragte die Klägerin festzustellen, daß die Beklagte verpflichtet sei, die gekaufte Zuckermenge abzunehmen. Die Beklagte beantragte widerklagend, festzustellen, daß sie so lange nicht zur Abnahme des Zuckers verpflichtet sei, als die durch den Brand ihrer Raffinerie verursachte Hinderung an eigener Verarbeitung der gekauften Rohzuckermenge bestehe; hilfsweise beantragte sie festzustellen, daß für beide Parteien keine Rechte und Pflichten aus dem Abschluß vom 22. Januar 1927 mehr beständen. Das Landgericht erkannte nach dem Klagantrag und wies die Widerklage ab. Die Berufung der Beklagten wurde zurückgewiesen. Auf ihre Revision wurde die Klage abgewiesen und nach dem Hauptantrag der Widerklage erkannt.

Gründe:

Der Berufungsrichter führt aus: Wenn auch im allgemeinen Raffinerien Rohzucker zur Verarbeitung in der eigenen Fabrik kauften, so folge daraus noch nicht, daß bei solchen Geschäften der Zweck des Kaufes Vertragsinhalt werde. Dazu bedürfe es einer besonderen Abrede, die freilich auch stillschweigend getroffen werden könne. Eine derartige Abrede bestehe hier aber nicht. Sie könne auch nicht auf Grund eines Handelsbrauchs angenommen werden, da ein solcher Handelsbrauch nicht nachgewiesen sei. Auch auf Grund der Bedingungen über den Handel mit Rohzucker sei die Beklagte nicht berechtigt, die Erfüllung des Vertrags einstweilen oder endgültig zu verweigern. Insbesondere folge dies nicht aus Absatz 5 des Abschnitts über höhere Gewalt, wo es heißt: „Verkäufer ist zur Lieferung, Käufer zur Abnahme des Rohzuckers solange nicht verpflichtet, wie er durch höhere Gewalt, Streik oder Aussperrung an der Lieferung bzw. Abnahme verhindert ist." Unter Berücksichtigung der vorhergehenden Bestimmungen, die von der Behinderung der Rohzuckerfabrikation durch höhere Gewalt handeln, und der Entstehungsgeschichte des genannten Abschnitts der Bedingungen legt der Berufungsrichter diesen dahin aus, daß die durch einen Brand der Raffinerie eingetretene Hinderung des Käufers nur so lange daure, bis der Käufer in der Lage sei, die gekaufte Zuckermenge anderweitig unterzubringen, etwa indem er sie verkaufe, auf Lager gebe oder in einer andern Fabrik veredeln lasse. Die bei der Beklagten durch den Brand etwa eingetretene Abnahmehinderung sei bereits Ende Oktober oder im November 1927 beendet gewesen, da die Beklagte bis dahin für die Unterbringung des Zuckers hätte sorgen können.

Die Revision richtet sich gegen diese Auslegung des Vertrags und insbesondere des Abschnitts der Verkaufsbedingungen über „höhere Gewalt". Da es sich um eine typische Klausel handelt, ist das Revisionsgericht bei deren Auslegung nicht an die Auffassung des Berufungsgerichts gebunden. Die Rüge ist auch begründet. Einer besonderen Abrede über den Verwendungszweck des von der Beklagten gekauften Rohzuckers bedurfte es auch dann nicht, wenn kein Handelsbrauch des erwähnten Inhalts bestand. Der Verwendungszweck kann sich auch aus den Umständen des Falles und aus der Person der Vertragschließenden ergeben. Im vorliegenden Fall sprechen diese Umstände und die Erfahrung des Lebens dafür, daß der Verwendungszweck, nämlich die Verarbeitung des Rohzuckers in der eigenen Raffinerie der Beklagten, Vertragsinhalt sein sollte. Die Fabrikbetriebe der Parteien ergänzen sich, da der eine der Bearbeitung des Rohstoffs, der andere der Weiterverarbeitung dient. Sie sind gegenseitig aufeinander angewiesen.

Es handelt sich um typische Verträge, wie sie nur unter derart voneinander abhängigen Fabriken üblich sind. Sie werden lange vor Fertigstellung der Ware (des Rohzuckers), sogar schon vor dem Anbau der Rüben abgeschlossen. Die Klägerin sicherte sich auf lange Sicht den Absatz, die Beklagte den Rohstoff für ihre Raffinerie. Derartige Verträge werden nicht von Händlern abgeschlossen. Sie werden von Vermittlern eingeleitet, die gerade im Verkehr zwischen Rohzucker-Fabrikanten und Raffinerien tätig sind. Dabei werden Bedingungen zugrunde gelegt, die von den Berufsverbänden auf längere Dauer festgelegt sind. Erfolgt der einzelne Abschluß zwischen Rohstofferzeuger und Weiterbearbeiter in den üblichen Formen, so muß, wenn nicht besondere Tatsachen eine andere Beurteilung rechtfertigen, angenommen werden, daß der Kauf zu dem beiden Teilen erkennbaren Zweck der Weiterverarbeitung im eignen Betrieb geschah. Unter Berücksichtigung des üblichen Vertragszwecks müssen auch die allgemeinen Bedingungen der beteiligten Fabrikantenkreise betrachtet werden. Geht man davon aus, daß der Inhaber einer Raffinerie den Rohzucker nur kauft, um durch die Weiterverarbeitung in der eignen Fabrik zu verdienen, so muß es als höhere Gewalt im Sinne der erwähnten Bedingungen angesehen werden, wenn und soweit er durch gänzliche Zerstörung der Fabrik an der eignen Verarbeitung verhindert ist. Wenn auch dem Wortlaut nach von der Behinderung der „Abnahme" die Rede ist, so kann darunter doch nicht nur die einfache Herübernahme aus dem Gewahrsam des Verkäufers in den des Käufers verstanden werden. Dazu hätte es keiner Änderung der ursprünglichen „Bedingungen" bedurft. Denn im Falle vollständiger Verhinderung der körperlichen Abnahme durch höhere Gewalt wäre keine besondere „Bedingung" nötig gewesen, um den Lieferungsverzug des Käufers auszuschließen. Da aber unbestritten der Absatz 5 des Abschnitts „höhere Gewalt" auf Betreiben der Raffinerie-Inhaber in die allgemeinen Bedingungen aufgenommen worden ist, um ihren besonderen Belangen Rechnung zu tragen, kann die Bestimmung nur dahin verstanden werden, daß die Abnahmeverpflichtung solange aufgeschoben sein soll, als der Käufer durch höhere Gewalt an der eignen Verarbeitung gehindert ist.

Wenn die Klägerin dieser Auslegung entgegenhält, die Vertragsbestimmung über „höhere Gewalt" sei als Freizeichnungsklausel eng und im Zweifel gegen denjenigen auszulegen, der sich auf sie beruft, so ist darauf hinzuweisen, daß eine derartige Auslegungsregel in der behaupteten Allgemeinheit nicht besteht. Jedenfalls bildet sie kein Hindernis für eine andere Auslegung, wenn sich aus den Umständen des Falles, insbesondere aus der Entstehungsgeschichte einer typischen Klausel ergibt, daß die behauptete enge Begrenzung der Befreiungsklausel nach dem zum Ausdruck gekommenen Parteiwillen nicht Vertragsinhalt sein sollte, wenn also eine Unklarheit im Vertrag in Wirklichkeit gar nicht besteht.

Unbegründet ist auch die Auffassung der Klägerin, durch die Auslegung der Klausel im Sinne der Beklagten werde die Verschiedenheit der Verhältnisse in den Betrieben der Rohzuckerfabriken und der Raffinerien nicht berücksichtigt. Sie meint: wenn die Rohzuckerfabrik zerstört werde, könne sie überhaupt nicht erzeugen und nicht liefern; der Inhaber der Raffinerie aber könne auch bei Zerstörung seiner Fabrik die Ware abnehmen und verwerten, indem er sie entweder unverarbeitet weiterveräußere oder in einer andern Fabrik weiterverarbeiten lasse. Aber auch der Rohzuckerfabrikant wäre an sich in der Lage, zum Zwecke der Vertragserfüllung Rohzucker bei Dritten, auch an der Börse, zu kaufen oder das Rohmaterial in einer fremden Fabrik zu Rohzucker verarbeiten zu lassen. Beide Vertragsteile haben das Gemeinsame, daß sie Fabriken betreiben und daß der Zweck des Vertragsschlusses der ist, sie gegen eine Haftung über die Grenzen des Fabrikbetriebs hinaus zu sichern. Ihr gemeinsames Interesse geht dahin, zur Vertragserfüllung nicht verpflichtet zu sein, wenn sie durch höhere Gewalt an der Verarbeitung des Materials verhindert sind. Durch die Einfügung des Absatzes 5 in die Bestimmungen über höhere Gewalt wurde gerade die gleichmäßige Berücksichtigung dieser Interessen erstrebt.

Der Auslegung der Beklagten steht auch nicht, wie die Klägerin glaubt, die Erwägung entgegen, daß durch das der Beklagten eingeräumte Recht, die Erfüllung bis zur Wiederherstellung der Fabrik zu verweigern, ein dauernder Schwebezustand geschaffen und die

Verkäuferin gezwungen werden könne, vielleicht noch nach Jahren zu liefern, auch wenn sie dadurch, etwa infolge erheblicher Preisänderung, Verluste erleiden würde. Denn das Recht der Käuferin auf zeitweilige Leistungsverweigerung schließt das Recht der Verkäuferin nicht aus, ihrerseits die Erfüllung zu verweigern, wenn ihr diese wegen veränderter Umstände nach den Grundsätzen von Treu und Glauben nicht mehr zugemutet werden kann.. . .

---

48. Wann macht eine Parteienverwechslung in der Berufungsschrift die Berufung unzulässig?

ZPO. § 518 Abs. 2.

IV. Zivilsenat. Beschl. v. 11. Juli 1929 i. S. W. (Kl.) w. Sch. (Bekl.). IV B 28/29.

I. Landgericht III Berlin.
II. Kammergericht daselbst.

Auf die Klage, mit der die Zahlung von 1083,65 RM. nebst Zinsen und die Lieferung von Roggenrentenbriefen verlangt wurde, hat das Landgericht den Beklagten verurteilt, an den Kläger 773,32 RM. nebst Zinsen zu zahlen; im übrigen hat es die Klage abgewiesen. Das Urteil wurde dem Kläger am 26. März 1929 zugestellt. Am 22. April 1929 ging beim Kammergericht eine Berufungsschrift des Rechtsanwalts N. ein, worin der Beklagte als Berufungskläger, der Kläger als Berufungsbeklagter bezeichnet, die Einlegung der Berufung gegen das Urteil erklärt und der Antrag angekündigt wird, unter Abänderung des landgerichtlichen Urteils die Klage abzuweisen, soweit Verurteilung des Beklagten erfolgt sei. Am 24. April reichte Rechtsanwalt L. eine Berufungsschrift ein, in der wiederum namens des Beklagten als Berufungsklägers die Einlegung der Berufung erklärt wird, hier mit dem Antrag, unter Abänderung des angefochtenen Urteils die Klage in Höhe weiterer 346,82 RM. nebst Zinsen abzuweisen. In einem beim Kammergericht am 3. Mai eingegangenen Schriftsatz vom 2. Mai erklärte Rechtsanwalt N., seine Berufungsschrift enthalte einen Irrtum. Er habe für den Kläger und nicht für den Beklagten Berufung einlegen sollen und wollen. Die Berufungsschrift habe also folgende Form:

(Es folgt die Wiedergabe einer Berufungsschrift, in welcher der Kläger als Berufungskläger, der Beklagte als Berufungsbeklagter bezeichnet, die Einlegung der Berufung gegen das landgerichtliche Urteil erklärt und der Antrag angekündigt wird, unter Abänderung dieses Urteils nach dem Klagantrag zu erkennen, soweit die Klage abgewiesen sei.)

Das Kammergericht hat die Berufung des Klägers durch Beschluß als wegen Verspätung unzulässig verworfen. Die sofortige Beschwerde des Klägers wurde zurückgewiesen.

Gründe:

Die nach § 518 Abs. 2 Nr. 2 ZPO. zum notwendigen Inhalt der Berufungsschrift gehörige Erklärung muß sich auch darauf erstrecken, für welche Person die Berufung eingelegt wird (RGZ. Bd. 96 S. 117). Die Bezeichnung dieser Person braucht nicht gerade ausdrücklich zu geschehen. Es genügt, wenn die Auslegung der Berufungsschrift zu einem bestimmten Ergebnis führt. Ist durch das anzufechtende Urteil schlechthin nach dem Antrag der einen Partei erkannt, so kommt regelmäßig nur die andere Partei als Rechtsmittelkläger in Betracht. In solchem Falle kann daher, auch wenn in der Rechtsmittelschrift die Angabe fehlt, für wen das Rechtsmittel eingelegt wird, mit genügender Sicherheit die unterlegene Partei als Rechtsmittelkläger erkannt werden. Selbst wenn die Berufungsschrift in einem derartigen Fall eine Verwechslung der Parteirollen enthält und die siegreiche Partei als Rechtsmittelkläger bezeichnet wird, kann darin eine unschädliche falsche Bezeichnung gefunden werden, die dem Gegner, der siegreichen Partei, ohne weiteres als solche erkennbar ist. So lagen die vom Beschwerdeführer aus der Rechtsprechung des Reichsgerichts (JW. 1913 S. 501 Nr. 25) und des Oberlandesgerichts in Königsberg (JW. 1916 S. 613 Nr. 12) angeführten Fälle. Im vorliegenden Fall ist dagegen die Klage teilweise zugesprochen und teilweise abgewiesen worden. Jede der beiden durch dieses Urteil beschwerten Parteien konnte es mit der Berufung anfechten. In der Berufungsschrift vom 22. April 1929 ist klar ausgesprochen, daß die Berufung namens des Beklagten eingelegt und mit ihr das erste Urteil insoweit angefochten werde, als auf Verurteilung des Beklagten erkannt ist. Diese Berufungsschrift kann im Zusammenhang mit dem ersten Urteil nicht dahin ausgelegt werden, daß die Berufung namens des Klägers eingelegt und mit ihr das erste Urteil insoweit angefochten werde, als auf Abweisung der Klage erkannt ist. Eine solche Umdeutung ist auch nicht dadurch möglich geworden, daß später innerhalb der Berufungsfrist noch eine zweite Berufungsschrift eingegangen ist, laut der von einem anderen Anwalt Berufung namens des Beklagten mit einem auf einen Teil des Gegenstands der Verurteilung beschränkten Antrag eingelegt wurde. Damit lag nicht mehr vor als eine namens derselben Partei zulässigerweise (RGZ. Bd. 102 S. 364) wiederholte Einlegung der Berufung, verbunden mit einer Einschränkung des zunächst angekündigten Berufungsantrags.

Die nach Ablauf der Berufungsfrist im Schriftsatz vom 2. Mai 1929 erklärte Berichtigung des Inhalts der ersten Berufungsschrift ist als solche wirkungslos. Der Schriftsatz enthält die erstmalige Erklärung einer Einlegung der Berufung namens des Klägers. Diese Berufungseinlegung ist verspätet; deshalb ist die Berufung des Klägers mit Recht als unzulässig verworfen worden.

---

49. 1. Zum Begriff der Unentgeltlichkeit einer Verfügung des Vorerben.

2. Über die Anfechtung eines Erfüllungsgeschäfts, wenn der befriedigte Anspruch schon vor dem Beginn der Anfechtungsfrist durch eine Vormerkung im Grundbuch gesichert war.

BGB. §§ 883, 888, 2113, 2136. AufwG. §§ 25, 67. Anfechtungsgesetz vom 21. Juli 1879/20. Mai 1898 §§ 3, 4.

V. Zivilsenat. Urt. v. 1. Juni 1929 i. S. Stadtgemeinde E. (Kl.) w. Dr. G. M. als Testamentsvollstrecker nach den Ehel. M. (Bekl.). V 189/28.

I. Landgericht Elbing.
II. Oberlandesgericht Marienwerder.

Als Eigentümer eines Grundstücks war seit 1863 eingetragen der Zimmermeister Johann M., der mit seiner Ehefrau Luise die Gemeinschaft der Güter und des Erwerbs ausgeschlossen hatte. Die Eheleute M. errichteten ein gemeinschaftliches Testament, wonach der überlebende Ehegatte befreiter Vorerbe, die 13 Kinder Nacherben werden sollten. Der Sohn Georg, der Beklagte, wurde zum Testamentsvollstrecker für die Nacherben eingesetzt. Johann M. starb am 7. Dezember 1920. Die Witwe verkaufte in ihrer Eigenschaft als befreite Vorerbin durch Vertrag vom 22. Februar 1922 das Grundstück an ihren zum Kreise der Nacherben gehörigen Sohn Erhard. Dabei räumte der Käufer seiner Mutter als Vorerbin und nach ihrem Tode den Nacherben des Vaters für bestimmte Fälle das Recht des Wiederkaufs ein und bewilligte, daß auf Antrag der Mutter eine Vormerkung für die Wiederkaufsberechtigten zur Sicherung ihres bedingten Anspruchs auf Wiedereinräumung des Eigentums eingetragen werde. Das Grundstück wurde ihm am 10. Mai 1922 aufgelassen. Er wurde — unter Vermerkung des Nacherbenrechts der Geschwister — am 1. Juni 1922 als Eigentümer eingetragen. Auf Antrag der Witwe wurde am 5. Februar 1923 für sie und die Nacherben eine Vormerkung zur Sicherung des Wiederkaufsrechts in Abt. II Nr. 6 des Grundbuchs eingetragen. Erhard M. geriet in Vermögensverfall und ging am 12. September 1924 in Konkurs. Der Konkursverwalter gab das mit Hypotheken überlastete Grundstück aus der Masse frei. Die Witwe Luise M. erklärte nunmehr, daß der Fall der Ausübung des Wiederkaufsrechts gegeben sei; Erhard M. fügte sich nach einigem Sträuben. Durch Vertrag vom 7. Januar 1925 veräußerte er das Grundstück an seine Mutter als Vorerbin nach Johann M. zurück; die Auflassung erfolgte gleichzeitig. Die Witwe wurde am 28. Februar 1925 als Eigentümerin eingetragen; nachträglich wurde im Grundbuch vermerkt, daß sie das Grundstück als befreite Vorerbin unter der Nacherbfolge der Nacherben des Johann M. zurückerworben habe.

Für die Klägerin sind u. a. auf dem Grundstück eingetragen:

1. In Abt. III Nr. 12: eine am 7. Dezember 1914 eingetragene Hypothek von 45000 M. für ein dem Johann M. gewährtes Darlehen; ihr Aufwertungsbetrag mit 10783,31 GM. ist am 14. September 1926 im Grundbuch vermerkt worden.

2. in Abt. III Nr. 17: eine am 29. Januar 1924 eingetragene Sicherungshypothek zum Höchstbetrag des Preises von 20 kg Feingold zur Sicherung für alle Ansprüche der Klägerin gegen Erhard M.

Die Klägerin hat die Witwe M. durch einen Schriftsatz vom 12. November 1925 von der Absicht in Kenntnis gesetzt, den Wiederkauf vom 7. Januar 1925 gemäß § 3 AnfG. anzufechten. Demnächst haben die Witwe und Erhard M. in einer notariellen Urkunde vom 10. Dezember 1925 erklärt, daß sie auf Grund einer Einigung mit der Klägerin sich wegen aller für die Klägerin eingetragenen Hypotheken und der zugrunde liegenden Forderungen der sofortigen Zwangsvollstreckung in das Grundstück unterwürfen; die Klägerin solle berechtigt sein, nach Vollziehung des bevorstehenden Vergleichs zwischen ihr und Erhard M. sich eine vollstreckbare Ausfertigung der Urkunde erteilen zu lassen. Zwischen der Klägerin und Erhard M. sind unter dem 22. Dezember 1925, 1. April und 4. November 1926 Verträge über die Regelung seiner Verbindlichkeiten geschlossen worden. Die Witwe Luise M. ist am 23. Februar 1926 gestorben. Die Klägerin hat sich vom Notar eine mit Vollstreckungsklausel gegen den Beklagten als Testamentsvollstrecker versehene Ausfertigung der Urkunde vom 10. Dezember 1925 geben lassen. Sie hat ferner ein rechtskräftiges Versäumnisurteil vom 25. Februar 1927 gegen Erhard M. als persönlichen Schuldner der Hypothek Abt. III Nr. 17 auf Zahlung von 4100 RM. erwirkt. Gestützt auf diese Urkunden hat sie versucht, die Zwangsversteigerung des Grundstücks zu betreiben. Diese Versuche sind an der ablehnenden Haltung des Vollstreckungsgerichts und der Beschwerde-Instanzen gescheitert. Die Klägerin begehrt nunmehr im Prozeßweg, daß der Beklagte als Testamentsvollstrecker zur Duldung der Zwangsvollstreckung in das Grundstück verurteilt werde wegen

a) eines Teilbetrags von 4100 GM. der Aufwertungshypothek Abt. III Nr. 12, die kraft der Urkunde vom 10. Dezember 1925 fällig sei,

b) wegen der gegen Erhard M. als persönlichen Schuldner der Hypothek Abt. III Nr. 17 ausgeklagten 4100 RM., deretwegen sich die Nacherben die Vollstreckung in das Grundstück sowohl im Hinblick auf die Anfechtung des Wiederkaufs als auch angesichts der Urkunde vom 10. Dezember 1925 gefallen lassen müßten. Der Beklagte hat die Urkunde vom 10. Dezember 1925 mit dem Hinweise bekämpft, sie stelle eine unentgeltliche Verfügung der befreiten Vorerbin über das Nachlaßgrundstück dar. Das Landgericht und das Oberlandesgericht haben die Klage abgewiesen. Die Revision der Klägerin hatte zum Teil Erfolg.

Gründe:

1. Soweit die Revision dagegen ankämpft, daß die dingliche Klage aus der Hypothek Abt. III Nr. 12 abgewiesen ist, muß ihr

der Erfolg versagt bleiben. Als Aufwertungshypothek ist das Recht der Klägerin nach § 25 Abs. 1 Satz 1 AufwG. nicht vor dem 1. Januar 1932 fällig. Nur dann würde sie mit ihrem Anspruch schon jetzt durchdringen können, wenn sie ein vorzeitiges Rückforderungsrecht aus § 25 Abs. 1 Satz 2 oder § 27 oder § 67 AufwG. herleiten könnte. Sie sucht ein solches Recht aus den in der Urkunde vom 10. Dezember 1925 niedergelegten Erklärungen abzuleiten. Es mag dahingestellt bleiben, ob in jenen Erklärungen eine Vereinbarung der sofortigen Fälligkeit der Hypothek Abt. III Nr. 12 gefunden werden kann und ob diese Vereinbarung auch ohne Eintragung in das Grundbuch wirksam sein kann (vgl. Mügel 5. Aufl. S. 979 Anm. 16). Denn selbst wenn man beide Fragen bejahen wollte, scheitert doch das Begehren der Klägerin daran, daß das Abkommen vom 10. Dezember 1925, wie die Vorinstanzen übereinstimmend und zutreffend ausgeführt haben, als unentgeltliche Verfügung der befreiten Vorerbin nach § 2113 Abs. 2, § 2136 BGB. den Nacherben und damit dem beklagten Testamentsvollstrecker gegenüber unwirksam ist. Nach der ständigen Rechtsprechung des Reichsgerichts liegt eine unentgeltliche Verfügung über einen Erbschaftsgegenstand vor, wenn der Vorerbe — objektiv betrachtet — ohne gleichwertige Gegenleistung ein Opfer aus der Erbschaftsmasse bringt und — subjektiv betrachtet — entweder weiß, daß diesem Opfer keine gleichwertige Gegenleistung an die Erbschaftsmasse gegenübersteht, oder doch bei ordnungsmäßiger Verwaltung der Masse unter Berücksichtigung seiner künftigen Pflicht, die Erbschaft an die Nacherben herauszugeben, das Fehlen oder die Unzulänglichkeit der Gegenleistung hätte erkennen müssen (RGZ. Bd. 81 S. 364, Bd. 105 S. 248, Bd. 117 S. 97). Diese Rechtsgrundlage hat das Berufungsgericht, wie seine Gründe zeigen, richtig erkannt. Von ihr ausgehend gelangt es mit einwandfreier Begründung zu dem Ergebnis, daß das in der Urkunde vom 10. Dezember 1925 verbriefte Abkommen eine unentgeltliche Verfügung der Witwe M. enthalte. Es stellt zunächst ohne Rechtsirrtum fest, daß in der Abrede, wonach die Aufwertungshypothek Abt. III Nr. 12 vorzeitig und ohne Abzug eines Zwischenzinses fällig gemacht werden sollte, eine Verfügung der Witwe über das zur Nacherbschaft gehörende Nachlaßgrundstück lag, weil dieses über das vorhandene Maß hinaus belastet wurde. Zu dieser Mehrbelastung bestand für die Vorerbin weder eine Rechtspflicht noch eine sittliche oder Anstandspflicht. Ein Gegenwert in

Gestalt einer Befreiung der Erbschaftsmasse von einer Verbindlichkeit kommt also nicht in Frage. Aber auch sonst ist nicht ersichtlich, daß die verfügende Vorerbin eine Gegenleistung zur Nachlaßmasse empfangen hätte. Das Berufungsgericht stellt nach eingehender Prüfung der Umstände fest, daß aus dem Abkommen vom 10. Dezember 1925, auch wenn es im Zusammenhang mit den späteren Verträgen betrachtet wird, nur für die Klägerin und für Erhard M. Vorteile entsprangen, daß aber die Erbschaftsmasse zum Nachteil der Gesamtheit der Nacherben ohne Gegenwert belastet wurde. Nun meint allerdings die Revision, daß auch bei einer solchen Verfügung der Vorerbin zugunsten des einzelnen Nacherben das Merkmal der Unentgeltlichkeit entfalle, weil die von der Klägerin im Vertrag vom 22. Dezember 1925 dem Erhard M. gegenüber eingegangenen Verbindlichkeiten als Gegenleistung für die Verfügung der Vorerbin anzusehen seien und das Gesetz nicht verlange, daß die Gegenleistung stets dem Vorerben und späterhin der Gesamtheit der Nacherben zufalle. Dieser Auffassung kann indessen nicht beigetreten werden. § 2113 Abs. 2 BGB. ist eine Schutzvorschrift, welche die Erbschaftsmasse als solche und damit die Gesamtheit der Nacherben gegen Verfügungen sichern soll, die der vom Vorerben betreuten Masse keinen entsprechenden Gegenwert bringen. Ein Gegenwert, der nicht der Masse zufließt, sondern ins freie Vermögen eines einzelnen Nacherben gelangt, ist daher bei der Entscheidung der Frage, ob die Verfügung des Vorerben unentgeltlich ist, nicht zu berücksichtigen. Im Ergebnis steht eine Verfügung des Vorerben, für die von dritter Seite ein Gegenwert nicht an die Masse, sondern an einen einzelnen Nacherben geleistet werden soll und geleistet wird, einer unentgeltlichen Zuwendung des Vorerben aus der Masse an den einzelnen Nacherben gleich. Daß eine solche Zuwendung nur in den Ausnahmefällen des § 2113 Abs. 2 Satz 2 BGB. der Gesamtheit der Nacherben gegenüber wirksam ist, wird in Wissenschaft und Rechtsprechung anerkannt (Planck 3. Aufl. Bd. 5 S. 429 Anm. 2 zu § 2113; RGUrt. v. 9. Januar 1922 IV 338/21 in LZ. 1922 Sp. 410). Können hiernach die Vorteile, die Erhard M. sich von der Klägerin hat versprechen lassen, im Sinne von § 2113 Abs. 2 BGB. nicht als Gegenleistung für die Verfügung der Witwe M. vom 10. Dezember 1925 berücksichtigt werden, so steht objektiv die Unentgeltlichkeit dieser Verfügung fest. Aber auch die subjektiven Voraussetzungen der Unentgeltlichkeit hat das Berufungsgericht hinreichend festgestellt, indem es ausführt, daß die Witwe in unsachlicher Weise und aus unsachlichen Erwägungen heraus der Klägerin Rechte eingeräumt hat, auf welche diese keinen Anspruch hatte und welche die Nachlaßmasse ohne Not beeinträchtigen. Darin liegt die Feststellung, daß die Vorerbin den Regeln einer ordnungsmäßigen Verwaltung zuwider und unter Verletzung ihrer künftigen Herausgabepflicht gegenüber den Nacherben in ihrer Gesamtheit verfügt hat. Die Klägerin kann sich somit den Nacherben und dem Testamentsvollstrecker gegenüber nicht auf diese unwirksame Verfügung berufen. Dann fehlt ihr aber eine Rechtsgrundlage, auf der sie die Rückzahlung der Hypothek Abt. III Nr. 12 schon vor dem 1. Januar 1932 verlangen könnte. Damit fällt die Klage in diesem Teil.

2. Soweit dagegen die Revision die Abweisung der Klage aus der Hypothek Abt. III Nr. 17 bekämpft, ist ihr der Erfolg nicht zu versagen.

Die persönliche Forderung der Klägerin gegen Erhard M., deretwegen sie dingliche Zahlung aus dem Grundstück verlangt, steht rechtskräftig fest. Der Beklagte macht indessen geltend, daß die Hypothek der Klägerin kraft der ihr im Range vorhergehenden Vormerkung in Abt. II Nr. 6 und kraft des ausgeübten Wiederkaufs vom 7. Januar 1925 in Verbindung mit der Eigentumseintragung der Witwe M. vom 28. Februar 1925 den Nacherben gegenüber unwirksam sei. Diese Verteidigung findet ihre rechtliche Stütze in § 883 Abs. 2 und 3, § 888 BGB. Daß der bedingte Anspruch auf Wiedereinräumung des Eigentums, der sich aus der Begründung eines Wiederkaufsrechts in einem gültigen Grundstückskaufvertrag ergibt, schon vor der Ausübung des Wiederkaufsrechts durch eine Vormerkung im Grundbuch gesichert werden kann, ist in der Rechtsprechung des Reichsgerichts anerkannt (RGZ. Bd. 67 S. 48, Bd. 69 S. 282, Bd. 72 S. 392, Bd. 104 S. 123; Komm. v. RGR. Anm. 10 zu § 883 S. 101). Gegen die Gültigkeit des Vertrags vom 22. Februar 1922 und gegen die Wirksamkeit der Eintragung der Vormerkung vom 5. Februar 1923 hat die Klägerin nichts erinnert. Sofern sie daher die Ausübung des Wiederkaufsrechts im Vertrag vom 7. Januar 1925 gegen sich gelten lassen muß, können sich Nacherben und Testamentsvollstrecker gemäß § 888 BGB. darauf berufen, daß ihnen gegenüber die Hypothek Abt. III Nr. 17 unwirksam sei, und können damit die Klage auch aus dieser Post zu Fall bringen. Die Klägerin greift nun aber die hierauf begründete

Verteidigung des Beklagten in doppelter Weise an. Sie beruft sich:

a) auf die Urkunde vom 10. Dezember 1925, in der die Witwe M. nach Ausübung des Wiederkaufs sich der Zwangsvollstreckung wegen der Hypothek unterworfen und damit die Rechte aus § 888 BGB. preisgegeben habe;

b) auf die Anfechtung des Wiederkaufs gemäß § 3 AnfG.

Der Angriff zu a scheitert ebenso wie die Klage aus der Hypothek Abt. III Nr. 12 daran, daß die Vereinbarung vom 10. Dezember 1925, auch soweit sie die Unterwerfung unter die Zwangsvollstreckung aus der Hypothek Abt. III Nr. 17 enthält, nach den tatsächlichen Feststellungen und der zutreffenden rechtlichen Würdigung des Berufungsgerichts als eine unentgeltliche Verfügung der Vorerbin über das Nachlaßgrundstück den Nacherben und damit dem Beklagten gegenüber unwirksam ist. Mit Recht hebt das Berufungsurteil hervor, daß der Verzicht der Vorerbin auf das Recht, nach Ausübung des Wiederkaufs die aus dem schlechteren Rang der Hypothek folgende Unwirksamkeit der Hypothek gegenüber dem durch die Vormerkung gesicherten Recht geltend zu machen, einer Neubelastung des Nachlaßgrundstücks gleichkomme und daß darin eine Verfügung liege, die mit Wirkung gegen die Nacherben von der Vorerbin nur entgeltlich hätte vorgenommen werden können. Ihre Unentgeltlichkeit ist aber bereits durch die Ausführungen zur Post Abt. III Nr. 12 dargetan. Mit der Berufung auf die Urkunde vom 10. Dezember 1925 kann die Klägerin daher die Verteidigung des Beklagten nicht entkräften.

Beim Angriff zu b dagegen reichen die Feststellungen des Berufungsgerichts nicht aus, um der Anfechtung der Klägerin den Boden zu entziehen.... Es weist die Anfechtung mit folgenden Erwägungen zurück:

Die im Vertrag vom 22. Februar 1922 vorgesehenen Voraussetzungen für die Ausübung des Wiederkaufs hätten am 7. Januar 1925 vorgelegen .... Daß damals die Klägerin gerade zur Zwangsversteigerung habe schreiten wollen und Erhard M. in Konkurs gewesen sei, habe der Ausübung des Wiederkaufsrechts nicht entgegengestanden und berechtige die Klägerin nicht zur Anfechtung. Eine Anfechtung sei vielmehr nur möglich, wenn die Eintragung der Vormerkung selbst in anfechtbarer Weise erfolgt sei. Denn nicht der Wiederkauf, sondern die Vormerkung stehe dem Befriedigungsrecht der Klägerin entgegen. Die Vormerkung sei aber unanfechtbar bestellt.

Nur dann käme noch eine Anfechtung in Frage, wenn der Wiederkauf unentgeltlich geschlossen oder der Kaufpreis in der Absicht der Gläubigerbenachteiligung zu gering bemessen worden wäre. Auch das sei nicht der Fall. Der Wiederkaufspreis sei der schon im Vertrag vom 22. Februar 1922 vorgesehene und auch unter Berücksichtigung der im Vertrag vom 7. Januar 1925 vereinbarten Verrechnung und der sonstigen Einzelheiten dieses Vertrags angemessen.

Soweit diese Ausführungen feststellen, daß die Witwe M. am 7. Januar 1925 wiederkaufsberechtigt war und das Grundstück zum vereinbarten und angemessenen Entgelt zurückerworben hat, bewegen sie sich auf dem Gebiete der Auslegung und Tatsachenwürdigung und enthalten keinen Rechtsirrtum. Sie rechtfertigen die Ablehnung eines Anfechtungsrechts der Klägerin aus § 3 Nr. 3 AnfG., übersehen aber die Voraussetzungen der Anfechtung aus § 3 Nr. 1 und 2, welche die Klägerin gleichfalls geltend gemacht hat.

Durch die Rückveräußerung des Grundstücks an die Witwe M., die in Ausnutzung des durch die Vormerkung Abt. II Nr. 6 geschützten Wiederkaufsanspruchs vorgenommen wurde, ist der Klägerin als Gläubigerin des Erhard M. der Zugriff auf das Grundstück wegen der durch die Sicherungshypothek Abt. III Nr. 17 geschützten Forderungen verschlossen worden. Dennoch wäre sie durch die Rückveräußerung nicht benachteiligt, wenn etwa die dieser Post im Range vorgehenden Hypotheken den Wert des Grundstücks bereits derart überschritten, daß eine Befriedigung der Klägerin aus Nr. 17 ausgeschlossen erscheinen müßte, oder wenn sich mit Sicherheit sagen ließe, daß bei einer Zwangsversteigerung, welche die Klägerin aus der Hypothek Nr. 17 betreiben und bei welcher die Vormerkung Abt. II Nr. 6 als Teil des geringsten Gebots bestehen bleiben würde, schon angesichts der Vormerkung kein zur Befriedigung der Klägerin dienendes Gebot abgegeben worden wäre. In keiner dieser Richtungen hat das Berufungsgericht Feststellungen getroffen. Mangels solcher Feststellungen muß aber einstweilen zugunsten der Klägerin unterstellt werden, daß der Versuch einer Befriedigung aus der Hypothek nicht von vornherein aussichtslos war und daß deshalb die Rückveräußerung einen die Klägerin als Gläubigerin des Erhard M. benachteiligenden entgeltlichen Vertrag des Erhard M. mit seiner Mutter darstellte. Ferner ist, mangels gegenteiliger Feststellungen, zugunsten der Klägerin zu unterstellen, daß ihre

Anfechtung noch innerhalb der in § 3 Nr. 2, § 4 AnfG. vorgeschriebenen Frist erfolgt ist. Das Berufungsgericht scheint nun aber anzunehmen, daß die Anfechtung dennoch versage, weil der Wiederkaufsanspruch der Witwe schon vor dem Beginn der einjährigen Frist des § 3 Nr. 2 unanfechtbar und dinglich gesichert begründet gewesen sei, der Wiederkauf also ein reines Erfüllungsgeschäft dargestellt habe.

Diese Ansicht ist nicht frei von Rechtsirrtum. In ständiger Rechtsprechung hat das Reichsgericht zur Anfechtung aus § 3 Nr. 2 — der der Klägerin günstigsten Bestimmung — folgende Rechtsgrundsätze entwickelt: Ein reines Erfüllungsgeschäft ist zwar nicht eine unentgeltliche Verfügung im Sinne von Nr. 3, wohl aber ein entgeltlicher Vertrag nach Nr. 2 des § 3 AnfG. Regelmäßig wird bei ihm auch unter Verwandten eine Benachteiligungsabsicht des erfüllenden Schuldners fehlen. Besondere Umstände können jedoch im Einzelfall auch das Gegenteil ergeben. Wohl mag im Regelfalle der Vertragspartner des Schuldners schon dann den Beweis erbracht haben, daß ihm eine Absicht des Schuldners, die Gläubiger zu benachteiligen, unbekannt war, wenn feststeht, daß er durch den angefochtenen Vertrag nur das erhalten hat, was er zu fordern hatte; aber das braucht nicht immer zuzutreffen. Jedenfalls kann die im allgemeinen zutreffende Annahme, daß auch unter Verwandten ein reines Erfüllungsgeschäft von einer Absicht der Gläubigerbenachteiligung beim Schuldner und von einer Kenntnis dieser Absicht bei seinem Vertragspartner frei sei, nur auf Erwägungen tatsächlicher Natur gestützt und nur als Erfahrungsgrundsatz, nicht als eine die Beweislast umkehrende Rechtsregel angesehen werden. Das gilt auch dann, wenn die Verpflichtung, die der Schuldner durch das anzufechtende Geschäft erfüllt hat, bereits vor dem letzten der Anfechtung vorangehenden Jahr begründet worden war. Auch hier kann dem Anfechtungsgegner der von ihm zu führende Beweis der Unkenntnis einer Benachteiligungsabsicht des Schuldners nur aus tatsächlichen Gründen nach den zu prüfenden Verhältnissen des Einzelfalls unter Umständen erleichtert oder sogar ganz erlassen werden (RGZ. Bd. 26 S. 1, Bd. 27 S. 130, Bd. 38 S. 102, Bd. 45 S. 23, Bd. 51 S. 76 und öfter).

Die Klägerin hat nun behauptet und unter Beweis gestellt, daß es dem Schuldner Erhard M. und der Witwe M. bei der Rückveräußerung des Grundstücks nicht sowohl auf die Erfüllung des Wiederkaufsanspruchs der Erwerberin angekommen sei, als vielmehr auf eine Benachteiligung der Gläubiger des Veräußerers, vor allem der Klägerin. Der Beklagte ist dieser Darstellung mit ausführlichen Gegendarlegungen entgegengetreten. Das Berufungsgericht hat hierzu aber keine Stellung genommen, sondern hat lediglich bei Erörterung der Unentgeltlichkeit des Abkommens vom 10. Dezember 1925 festgestellt, daß die Witwe sich damals der Anfechtung der Klägerin gefügt hat, und hat dabei die Frage gestreift, ob sie an der Berechtigung der Anfechtung der Klägerin Zweifel hegen konnte und gehegt hat. Es fehlt eine klare Entscheidung darüber, ob dem Beklagten der Nachweis gelungen oder erlassen sei, daß der Witwe am 7. Januar 1925 eine Absicht des Erhard M., die Gläubiger zu benachteiligen, unbekannt gewesen sei. Eine solche Entscheidung ist aber unerläßlich für eine abschließende rechtliche Beurteilung der Klage aus der Hypothek Abt. III Nr. 17. Zwar mag auf den ersten Blick der erwähnte Erfahrungsgrundsatz dagegen sprechen, daß bei der Rückveräußerung, die erst im Jahre 1925 zur Erfüllung des schon im Jahre 1922 begründeten Wiederkaufsanspruchs vorgenommen worden ist, die Erwerberin eine Benachteiligungsabsicht ihres Sohnes Erhard gegenüber seinen Gläubigern gekannt habe. Immerhin könnte sich bei näherer Prüfung doch aus den besonderen tatsächlichen Umständen des Falles ergeben, daß die Rückveräußerung nicht in Unkenntnis der Witwe von einer solchen Absicht des Sohnes erfolgt wäre und deshalb der Anfechtung der Klägerin weichen müßte. Dann könnte aber die Eintragung der Vormerkung für den Wiederkaufsanspruch für sich allein nicht die aus der erfolgreichen Anfechtung sich ergebende Wirkung beseitigen, daß der Beklagte die Zwangsversteigerung des Grundstücks wegen der durch die Hypothek Abt. III Nr. 17 gesicherten Forderungen der Klägerin dulden müßte. Solange nämlich eine der Klägerin gegenüber wirksame Rückveräußerung des Grundstücks an die Wiederkaufsberechtigten nicht vorgenommen, das Grundstück also ihr gegenüber noch als Vermögensstück des Erhard M. zu behandeln wäre, würde die Vormerkung nicht das Recht der Klägerin beeinträchtigen, wegen ihrer rangschlechteren Hypothek die Zwangsversteigerung des Grundstücks zu betreiben (RGUrt. v. 4. Mai 1917 III 8/17; JW. 1910 S. 489 Nr. 37; Komm. v. RGR. Anm. 12 zu § 883; Planck 4. Aufl. Bd. 3 S. 186f zu § 883 BGB.; Jäckel-Güthe Anm. 13 zu §§ 37, 38 und Anm. 5 zu § 48 ZVG.). Deshalb würde die Klage an der Tatsache der Eintragung der Vormerkung allein nicht scheitern. Hiernach war die Sache, soweit die Klage aus der Hypothek Abt. III Nr. 17 in Betracht kommt, nach § 565 Abs. 1 ZPO. an das Berufungsgericht zurückzuverweisen.

---

50. Kann der Schuldner einer abgetretenen Forderung dem neuen Gläubiger gegenüber Einwendungen aus dem ursprünglichen Schuldverhältnis erheben, wenn er die Abtretung der Forderung angenommen hat?

BGB. § 406.

VI. Zivilsenat. Urt. v. 13. Juni 1929 i. S. W. (Bekl.) w. B. u. Gen. (Kl.). VI 587/28.

I. Landgericht Göttingen.
II. Oberlandesgericht Celle.

Der Sägereibesitzer W. Sch. in C. verkaufte ein Grundstück in C. an die W. Sch. AG. Zwischen dieser Gesellschaft und der Tochter und Erbin des Verkäufers W. Sch., Frau B., entstand ein Rechtsstreit über die Bezahlung des Kaufpreises von 90000 M. Die Auflassung war noch nicht erfolgt. Die Gesellschaft verkaufte das Grundstück nebst Sägerei und Vorräten durch notariellen Vertrag vom 17. Februar 1924 an den Beklagten W. An diesem Vertrag beteiligte sich Frau B. Nach § 3 des Vertrags sollte die Auflassung gegen Zahlung der am 10. März 1924 fälligen Beträge erfolgen. Nach § 4 des Vertrags wurde der Kaufpreis folgendermaßen berichtigt:

> Der Käufer zahlt sofort zur Abdeckung der Schuld der Verkäuferin an die städtische Sparkasse deren Forderung aus Debetsaldo von 75000 M. Er zahlt ferner an Frau B. insgesamt 90000 M. und zwar 15000 GM. bis zum 25. Februar, 65000 GM. bis zum 10. März, 10000 GM. Zug um Zug gegen Räumung der Wohnung. Den Rest des Kaufgeldes zahlt der Käufer an die Verkäuferin. . . . .

In § 5 des Vertrags ist bestimmt:

> Die Verkäuferin tritt ihre Kaufpreisforderung gegen den Erwerber in Höhe der an die Sparkasse und Frau B. zu leistenden Zahlungen an diese beiden ab.

Mit der Zahlung ist der zwischen Frau B. und der W. Sch. AG. schwebende Rechtsstreit erledigt. Jede Partei trägt ihre außergerichtlichen Kosten, die Gerichtskosten werden halbiert ....

In § 5 verpflichtete sich Frau B. auch, die Auflassung unmittelbar an den Beklagten vorzunehmen. In § 7 verpflichtete sie sich, näher bestimmte Aktien am 10. März 1924 an die W. Sch. AG. herauszugeben; sie verzichtete auf Ansprüche daraus sowie auf bestimmte Aktien der W. Sch. AG. In § 9 verpflichtete sich Frau B. zugleich mit der Verkäuferin und zwei anderen Personen, in den Kreisen Z. und G. während der Dauer von 10 Jahren in der Sägewerksindustrie, Kisten- und Faßholzfabrikation weder ein Konkurrenzunternehmen zu gründen, noch sich an solchen zu beteiligen.

Frau B. starb am 13. März 1924. Am 28. März desselben Jahres schloß ihr Ehemann F. B., der Vater der Kläger, mit dem Beklagten einen notariellen Vertrag, worin sich der Beklagte verpflichtete, den Restbetrag von 75000 GM., den er auf Grund des Vertrags vom 17. Februar 1924 noch schulde, in 6 Teilen von je 10000 M. und in einem Schlußbetrag von 15000 M. zum Teil in bar, zum Teil in Wechseln zu leisten. Der Beklagte erklärte ferner, daß er zur Sicherung der genannten Ansprüche des F. B. mit dem oben bezeichneten Grundstück eine Feingoldhypothek als Sicherungshypothek bestellt habe. F. B. nahm die Erklärung an und erklärte sein Einverständnis mit dieser Regelung. Zugleich wurde der Grundbesitz an den Beklagten aufgelassen. In der Erbauseinandersetzung zwischen den Klägern und ihrem Vater wurde den ersteren ein Teil der Forderung gegen den Beklagten abgetreten. Sie verlangen von ihm Zahlung von 30000 RM. Der Beklagte macht geltend, daß ihm gegen die W. Sch. AG. wegen mangelhafter Erfüllung des Kaufvertrags eine die Klageforderung übersteigende Schadensersatzforderung zustehe, und rechnet mit dieser auf.

Das Landgericht gab der Klage statt; die Berufung des Beklagten blieb in der Hauptsache ohne Erfolg. Auch seine Revision wurde zurückgewiesen.

Aus den Gründen:

Das Berufungsgericht erörtert die Frage, ob die Erblasserin der Kläger Zessionarin der Klageforderung geworden sei, und meint, daß diese Frage trotz des Wortlauts des § 5 des Vertrags vom 17. Februar 1924 verneint werden müsse. Die Erklärungen in

§ 4 des Vertrags könnten nur dahin aufgefaßt werden, daß die Erblasserin der Kläger gegen Übernahme der eigenen Verpflichtung zur Auflassung auch einen Anspruch gegen den Beklagten auf Zahlung der 90000 ℳ aus eigenem Recht erwerben sollte; eine Abtretung sei nicht gewollt. Der Revision ist zuzugeben, daß diese Ausführungen rechtliche Bedenken erwecken. Der Wortlaut der Urkunde vom 17. Februar 1924 läßt erkennen, daß die in der Person der Verkäuferin entstandene Kaufpreisforderung auf die Erblasserin der Kläger übergehen sollte. Es wäre sonst auch die gleichmäßige Behandlung der städtischen Sparkasse und der Frau B. als künftiger Gläubiger der Kaufpreisforderung kaum zu erklären. Eine solche Überweisung von Kaufpreisforderungen ist auch nicht etwas gekünsteltes, wie das Berufungsgericht meint, sondern entspricht einer Erfahrung des täglichen Lebens. Damit ist aber die Frage noch nicht beantwortet, ob der Beklagte die Einwendungen, die er gegen die ursprüngliche Gläubigerin zu haben behauptet, auch gegen die neue Gläubigerin und ihre Rechtsnachfolger erheben kann. Der Beklagte hat die Abtretung angenommen, wie die vom Berufungsgericht hervorgehobene Übernahme von Verpflichtungen der neuen Gläubigerin dem Beklagten gegenüber ergibt. Über die Bedeutung einer solchen Abtretungsannahme ergibt das Bürgerliche Gesetzbuch nichts; es kommt auf die Auslegung des Vertragswillens der Parteien im einzelnen Falle an (RGZ. Bd. 77 S. 157, Bd. 83 S. 186). Wenn das Berufungsgericht sagt, daß nach der Absicht der Vertragsparteien die neue Gläubigerin die Forderung aus eigenem Recht und kein abgetretenes Recht erwerben sollte, so ließ es sich dabei offenbar von dem Gedanken leiten, daß die Rechtsbeziehungen zwischen der früheren Gläubigerin und dem Schuldner für die künftigen Rechtsbeziehungen zwischen dem Schuldner und der neuen Gläubigerin nicht mehr in vollem Umfang maßgebend sein, daß vielmehr diese Beziehungen auf eine neue Grundlage gestellt werden sollten in dem Sinne, daß die neue Gläubigerin, die auch ihrerseits Verpflichtungen gegenüber dem Schuldner übernahm, eine gesicherte Stellung erhalten sollte. Dann liegt die Annahme nahe, daß die Einwendungen aus den früheren Vertragsbeziehungen der neuen Gläubigerin gegenüber ausgeschlossen werden sollten, und daß darüber hinaus die Leistung des Beklagten an die neue Gläubigerin ihren eigenen Verpflichtungen vertraglich gegenübergestellt werden sollte. Die

Anwendbarkeit des § 406 BGB. ist damit ausgeschlossen. Wollte man wegen der Auslegung dieses Vertrags durch das Berufungsgericht in dem angegebenen Sinne noch Bedenken haben, so sind doch solche nicht möglich über das Abkommen vom 28. März 1924 zwischen dem Ehemann F. B. und dem Beklagten. Das Berufungsgericht nimmt an, daß F. B. dieses Abkommen im Namen aller Erben seiner Ehefrau abschließen wollte, und der Zusammenhang der Entscheidungsgründe läßt keinen Zweifel darüber, daß dies nach Meinung des Berufungsgerichts dem Beklagten erkennbar war. Die neue Vereinbarung des Beklagten mit den Rechtsnachfolgern der neuen Gläubigerin wich von der früheren insofern ab, als dem Beklagten das Grundstück nunmehr aufgelassen wurde, während für die Tilgung seiner Schuld Fristen bewilligt wurden. Nach der Feststellung des Berufungsgerichts wußte der Beklagte damals, daß die W. Sch. AG. schlecht stehe und daß ihr der Konkurs drohe; er hatte auch schon damals Streitigkeiten mit der Gesellschaft und wußte, daß ihm ein Teil der mitverkauften Gegenstände nicht geliefert werden würde, weil sie gepfändet waren, daß ein erheblicher Teil der verkauften Hölzer nicht vorhanden war und daß ihm aus diesem Grunde Verluste drohten. Der Beklagte hatte ferner vor Abschluß des Vertrags eingehende Berechnungen darüber angestellt, ob er die einzugehenden Verpflichtungen auch werde erfüllen können. Das Berufungsgericht nimmt an, daß F. B. die Auflassung an den Beklagten nicht bewilligt haben würde, wenn er mit der Möglichkeit gerechnet hätte, der Beklagte wolle die Zahlung seiner Schuld wegen seiner Schadensersatzansprüche gegen die W. Sch. AG. ablehnen, und daß der Beklagte die Auflassung entgegengenommen habe in dem Bewußtsein, seine etwaigen Schadensersatzansprüche gegen die Gesellschaft sollten nach dem Willen der Vertragschließenden nicht mit seiner Verpflichtung den B.schen Erben gegenüber verquickt werden. Daraus ergibt sich rechtlich einwandfrei, daß Einwendungen gegen die Forderung der neuen Gläubigerin aus dem ursprünglichen Schuldverhältnis nach dem Willen der Vertragschließenden ausgeschlossen sein sollten ...

51. 1. Über die Voraussetzungen der Pflicht zur Leistung des Offenbarungseides nach § 259 Abs. 2 BGB. Trifft die Eidespflicht auch die Vorstandsmitglieder größerer Unternehmungen für solche Angaben, die auf Schätzungen beruhen?

2. Kann schon das über die Eidespflicht entscheidende Gericht den Eid abweichend von der in § 259 Abs. 2 BGB. bestimmten Form fassen oder ist dies erst bei der Abnahme des Eides zulässig?

BGB. §§ 259, 261.

I. Zivilsenat. Urt. v. 22. Juni 1929 i. S. J. P. A.-G. (Kl.) w. G. (Bekl.) I 327/28.

I. Landgericht Stuttgart.
II. Oberlandesgericht daselbst.

Gegenüber der Klage auf Feststellung, daß die Klägerin mit den von ihr hergestellten Glühlampen die dem Beklagten erteilten Patente Nr. 189636 und 208441 nicht verletze, hat der Beklagte widerklagend ihre Verurteilung zu Rechnungslegung und Schadensersatz begehrt, weil sie durch Herstellung und Vertrieb ihrer Glühlampen (nach ihrem Gebrauchsmuster Nr. 322281) seine Patente verletze. Dem Antrag auf Verurteilung zur Rechnungslegung ist — mit zeitlicher Beschränkung — rechtskräftig entsprochen worden. Auf eine Aufforderung des Beklagten hat die Klägerin darauf in einer von einem Bücherrevisor Sch. angefertigten Ausarbeitung (die weiterhin noch vier Ergänzungen erhielt) und in einer an einen gerichtlichen Sachverständigen gerichteten Erklärung Rechnung gelegt. Der Beklagte bemängelt diese Rechnungslegung als unrichtig und unvollständig und hat beantragt, die vertretungsberechtigten Vorstandsmitglieder der Klägerin zur Ableistung des Offenbarungseids gemäß § 259 Abs. 2 BGB. zu verurteilen. Landgericht und Oberlandesgericht haben diesem Antrag entsprochen. Das Berufungsgericht hat den Eid, wie folgt, gefaßt:

„Ich schwöre usw., 1. daß von mir und nach meiner Überzeugung von allen andern Vorstandsmitgliedern alles, was für die gegenüber dem Beklagten zu legende Rechnung irgendwie an Angaben und Belegen in Frage kommen kann, nach unserem besten Wissen dem Sachverständigen Sch. zu seiner Rechnungslegung vorgelegt wurde; 2. daß die in der Rechnungslegung vom 20. August 1927 erwähnten Schätzungen und Angaben betr. Umfang und Dauer der Fabrikation von Lampen nach Gebrauchsmuster 322281 nach meiner Überzeugung jedenfalls nicht zuungunsten des Beklagten unrichtig sind; 3. daß weder von mir noch nach meiner Überzeugung von einem anderen jetzigen oder früheren Vorstandsmitglied der Klägerin an deren Angestellte ausdrückliche oder versteckte Weisung gegeben wurde zur Beseitigung oder Unterdrückung oder Nichtvorlage von materiell erheblichem Belegmaterial; 4. daß nach meiner Überzeugung die sämtlichen in der Rechnungslegung vom 20. August 1927 sowie in den Nachträgen vom 30. September 1927, vom 11. Oktober 1927, vom 10. November 1927 und vom 30. Mai 1928 und endlich in unserer an den Sachverständigen K. gerichteten Erklärung vom 30. März 1928 enthaltenen Angaben, soweit sie die Bruttoeinnahmen aus Fabrikation und Absatz von Lampen nach Gebrauchsmuster 322281 betreffen, richtig und vollständig sind."

Die Revision der Klägerin wurde mit der Einschränkung zurückgewiesen, daß Untersatz 1 und 3 aus der Eidesformel gestrichen wurden.

Gründe.

Die Klägerin hat die ihr auferlegte Verpflichtung zur Rechnungslegung, wie das Berufungsgericht feststellt, formell erfüllt, d. h. sie hat eine verständliche und übersichtliche Darlegung der in Betracht kommenden Geschäfte mit einer Zusammenstellung der Einnahmen und Ausgaben gegeben. Das Berufungsgericht erachtet aber als vom Beklagten dargetan, es bestehe begründeter Verdacht, daß die in der Rechnung enthaltenen Angaben über die Einnahmen nicht mit der erforderlichen Sorgfalt gemacht seien. Die Anhaltspunkte hierfür gewinnt es sowohl aus der Art der Rechnungslegung, wie aus dem vorausgegangenen Verhalten der Rechnungspflichtigen. Es geht davon aus, daß für eine sachgemäße Rechnungslegung letzten Endes die gesetzlichen Vertreter der Klägerin verantwortlich seien, und gelangt zu dem Ergebnis, daß aus den angeführten Gründen weder in objektiver noch in subjektiver Beziehung dieser Rechnungslegung volles Vertrauen entgegengebracht werden könne.

Die Revision bemängelt zunächst, daß das Berufungsgericht die Art des Zustandekommens der vorgelegten Rechnung nicht ausreichend berücksichtigt habe. Da die Klägerin von ihr unabhängige Dritte mit der Rechnungslegung betraut habe, denen die Dienststellen der Klägerin weisungsgemäß alle gewünschten Unterlagen zur Verfügung zu stellen gehabt hätten, so habe sie alles getan, was man von ihr im Interesse einer unparteiischen und sorgsamen Rechnungslegung billigerweise habe verlangen können. Der wesentliche Punkt der Rechnungslegung, die Aussonderung der nach dem Gebrauchsmuster hergestellten Lampen und des aus ihnen erzielten Gewinnes aus dem gesamten Betriebsergebnis, könne, wie das Berufungsgericht richtig erkannt habe, beim Fehlen von Unterlagen nur durch Schätzung gewonnen werden. Zur Befestigung der danach notwendigen schätzungsmäßigen Angaben von Angestellten sei aber der Offenbarungseid nach § 259 Abs. 2 BGB. nicht bestimmt.

Es kann keinem Zweifel unterliegen, daß die Aussonderung des Ergebnisses der Herstellung und des Absatzes von Lampen nach dem Gebrauchsmuster und die Feststellung der auf diese entfallenden Einnahmen und Ausgaben den Angelpunkt der gesamten Abrechnung bildet. Sind zu solcher Feststellung mangels besonderer buchmäßiger oder anderer Unterlagen Schätzungen notwendig, so bilden auch diese einen Punkt der Rechnungslegung. Dabei kann die für die Feststellung des Schadensbetrags notwendige Grundlage nur von Personen gegeben werden, die mit dem Betriebe der Verletzerin vertraut sind. Es ist daher, falls die sonstigen Voraussetzungen gegeben sind, kein Grund ersichtlich, nicht auch insoweit die Angaben der Rechnungspflichtigen mangels ausreichender Vertrauenswürdigkeit durch die Ableistung des in § 259 Abs. 2 BGB. vorgesehenen Eides erhärten zu lassen. Auf die Richtigkeit dieser Schätzungsangaben hatten die mit der rechnerischen Darlegung betrauten Büchersachverständigen keinen nennenswerten Einfluß, sondern sie waren auf die ihnen zufließenden Mitteilungen angewiesen. Insoweit ist somit für die Zuverlässigkeit der Rechnungslegung nicht die Persönlichkeit der mit ihr betrauten unabhängigen Dritten maßgebend. Die Klägerin kann sich daher nicht auf sie berufen. Entscheidend ist vielmehr, ob die hierzu gemachten Angaben der Angestellten zuverlässig sind und ob, falls dies (wie das Berufungsgericht ausführt) nicht ohne weiteres angenommen werden kann, die verantwortlichen Organe der Klägerin zum mindesten die gebotene Aufmerksamkeit und die pflichtmäßige Einflußnahme aufgewendet haben, damit diese Angaben nach Möglichkeit den tatsächlichen Verhältnissen gerecht würden. Die hier verlangte Rechnungslegung berührt Umstände, die von den gesetzlichen Vertretern einer größeren Gesellschaft nicht in allen Einzelheiten übersehen werden können. Die Vertrauenswürdigkeit der Rechnung hängt also von der Sorgfalt ab, welche die Organe der Rechnungspflichtigen ihr gewidmet haben, und steht insoweit voll unter deren Verantwortlichkeit. Auch wenn der Rechnungslegung im einzelnen keine Unrichtigkeiten nachgewiesen werden können, so kann doch schon der begründete Verdacht, daß in der erwähnten Hinsicht nicht genügende Sorgfalt aufgewandt sei, die Auferlegung des Offenbarungseides rechtfertigen (LZ. 1922 Sp. 406 Nr. 3).

Den Verdacht, daß die Organe der Klägerin in dieser Richtung die gebotene Mühewaltung und Sorgfalt nicht aufgewendet hätten, sieht das Berufungsgericht als gegeben an. Damit war eine ausreichende Grundlage für die Auferlegung des Offenbarungseids gegeben. Die Erwägungen, mit denen der Berufungsrichter zu dieser Annahme gelangt ist, sind im wesentlichen tatsächlicher Natur und in der Revisionsinstanz daher nicht nachprüfbar (WarnRspr. 1919 Nr. 117)

Allerdings würde es einen rechtlichen Verstoß enthalten, wenn der Vorderrichter die Auferlegung des Offenbarungseides allgemein auch zur Bekräftigung der Angaben Dritter angeordnet hätte, die zur Rechnungslegung herangezogen worden sind, sich aber als unzuverlässig erwiesen haben. Allein die Ausführungen des Urteils zur Frage der Eidespflicht lassen erkennen, daß die entscheidende Erwägung auch in diesem Punkt der Verdacht bildete, die Organe der Klägerin seien es, die es an der ihnen obliegenden Sorgfalt und der Überwachung der als Unterlage der Rechnungslegung gemachten tatsächlichen Angaben hätten fehlen lassen. Die Angriffe der Revision gegen die Auferlegung des Offenbarungseids an sich gehen daher fehl.

Gegen die vom Berufungsgericht gewählte Fassung der Eidesnorm sind allerdings in mehrfacher Hinsicht Bedenken zu erheben. Der Offenbarungseid des § 259 Abs. 2 BGB. soll lediglich zur Bekräftigung der in der Rechnungslegung über die Einnahmen gemachten Angaben dienen, nicht aber zu Erforschungszwecken zugunsten einer Beweisführung des Berechtigten für eine Unrichtigkeit der Rechnungslegung. Daher können in ihm nur solche Erklärungen des Rechnungspflichtigen Aufnahme finden, die geeignet sind, eine zahlenmäßige Grundlage für die Einnahmen zu schaffen, nicht aber Angaben, welche innere Vorgänge beim Rechnungspflichtigen aus Anlaß der Rechnungslegung betreffen oder welche nur die Erforschung der Richtigkeit der Abrechnung in dem eben erörterten Sinn zum Ziel haben. Ebensowenig hat sich die Eidesleistung nach der gesetzlichen Vorschrift auf die Vollständigkeit der vorgelegten Belege zu erstrecken.

Bei Anwendung dieser Grundsätze sind aus der Eidesnorm die Untersätze 1 und 3 auszuscheiden, die sich auf innere Vorgänge bei der Klägerin und auf die Vorlegung von Belegen beziehen und zum Teil nur Erkundungszwecken, nicht der Bestätigung gemachter Angaben dienlich sein können. Der verbleibende Eidesinhalt wird den Belangen des Rechnungsberechtigten ausreichend gerecht. Die Eidesnorm enthält danach im Rahmen ihrer gesetzlichen Grenzen lediglich eine Anpassung an die Umstände des Einzelfalles, die den Umfang der von der Eidespflicht umfaßten Erklärungen deutlich herauszustellen bestimmt ist (RGUrt. IV 243/13 vom 20. September 1913). Ihre Fassung weicht von der gesetzlichen ab, hält sich aber im Rahmen der dem Gericht in § 261 Abs. 2 BGB. gegebenen Ermächtigung zu einer den Umständen entsprechenden Änderung der gesetzlich vorgesehenen Norm. Diese Befugnis besteht nicht nur, wenn bereits über die Verpflichtung zur Eidesleistung entschieden ist, auf Grund später zutage getretener, eine Änderung der gesetzlichen Norm erfordernder Umstände, sondern schon bei der Fassung der Eidesnorm in jener Entscheidung. Aus der Einfügung der diese Befugnis hervorhebenden Vorschrift in § 261 Abs. 2 BGB. (im Anschluß an die Vorschriften über die Eidesabnahme) kann gegen diese Auffassung nichts hergeleitet werden. Es ist kein Grund ersichtlich, dem über die Eidesleistung erkennenden und zur Fassung der Eidesnorm in erster Linie berufenen Gericht eine Befugnis zu versagen, welche dem den Eid abnehmenden Gericht zusteht. Verständige Würdigung des mit dieser Vorschrift offensichtlich verfolgten Zweckes, die Anpassung der Eidesnorm an die nicht zu übersehende Mannigfaltigkeit der Erscheinungen des Rechtslebens zu ermöglichen, führt notwendig dazu, die Befugnis schon dem über die Eidesleistung erkennenden Gericht zu gewähren. Für die Zweckmäßigkeit solcher Regelung bietet gerade der vorliegende Fall ein Beispiel. Soweit aus einer früheren Entscheidung des erkennenden Senates (Urt. vom 31. Mai 1919 I 32/19) eine eingeschränktere Auffassung sollte entnommen werden können, kann diese nicht aufrechterhalten werden.

---

52. 1. Bedarf der Vertrag, durch den sich der Grundstückseigentümer zur Bestellung eines dinglichen Vorkaufsrechtes verpflichtet, der Form des § 313 BGB.?

2. Wird der Mangel dieser Form durch die Eintragung des Vorkaufsrechts in das Grundbuch geheilt?

BGB. §§ 313, 504flg., 1094flg.

VI. Zivilsenat. Urt. v. 11. Juli 1929 i. S. L. u. Gen. (Bekl.) w. H. (Kl.). VI 734/28.

I. Landgericht Elbing.
II. Oberlandesgericht Marienwerder.

Die Beklagten zu 1 und 2, Eheleute L., waren eingetragene Eigentümer eines Grundstücks in E. Am 19. April 1927 wurde auf Grund ihrer notariell beglaubigten Eintragungsbewilligung für den Kläger im Grundbuch ein Vorkaufsrecht für alle Fälle der Weiterveräußerung eingetragen. Durch die zu notariellem Protokoll abgegebenen Erklärungen vom 22. und 25. Juli 1927 boten die Beklagten L. das Grundstück der beklagten Stadtgemeinde für den bar zu zahlenden Preis von 15800 RM. zum Kauf an. Die Stadtgemeinde teilte diese Angebote dem Kläger am 24. September 1927 unter der Aufforderung mit, sich binnen 3 Tagen über die Ausübung seines Vorkaufsrechts zu erklären, und nahm, als der Kläger sich nicht meldete, am 30. September 1927 das Kaufangebot an. Am 3. Dezember 1927 wurde sie auf Grund Auflassung als Eigentümerin eingetragen. Dann erklärte der Kläger am 28. Januar 1928 den Beklagten L., daß er sein Vorkaufsrecht ausübe. Da die Beklagten ein solches Recht nicht anerkannten, verlangt der Kläger mit der Klage von den Beklagten L. Verschaffung des Eigentums am Grundstück und Auflassung, und von der Stadtgemeinde Zustimmung dazu und Herausgabe des Grundstücks.

Die Beklagten begehren mit Widerklage die Verurteilung des Klägers, in die Löschung des Vorkaufsrechts zu willigen. Hilfsweise machen sie ein Zurückbehaltungsrecht wegen des von ihnen angeblich gezahlten Kaufpreises geltend. Das Landgericht erkannte nach dem Klagantrag und wies die Widerklage ab. Das Oberlandesgericht wies die Berufung der Beklagten mit der Maßgabe zurück, daß die Verurteilung der verklagten Stadtgemeinde nur Zug um Zug gegen Zahlung von 14520,14 RM. erfolgte.

Die Revision der Beklagten wurde zurückgewiesen.

Gründe:

Die Annahme des Berufungsgerichts, daß der Kläger das Vorkaufsrecht, wenn ihm ein solches zustand, rechtzeitig ausgeübt habe, ist von der Revision nicht angefochten und unterliegt auch keinen rechtlichen Bedenken. Die Entscheidung hängt also davon ab, ob der Kläger ein Vorkaufsrecht hatte. Das Berufungsgericht hat das angenommen und dafür zwei selbständige Gründe gegeben: 1. Das dingliche Vorkaufsrecht sei durch die Einigung und die Eintragung in jedem Falle rechtswirksam entstanden. In Frage könne nur kommen, ob das ihm zugrunde liegende Geschäft rechtswirksam abgeschlossen und ob, wenn man das verneine, die Einräumung auf Grund der Vorschriften über die ungerechtfertigte Bereicherung rückgängig zu machen sei. Das Grundgeschäft sei aber rechtswirksam, obwohl es nur mündlich geschlossen sei, denn es bedürfe als Vertrag über die Einräumung einer dinglichen Belastung keiner Form. Zur Übertragung des Eigentums verpflichte sich der Besteller auch nicht in bedingter Form. 2. Aber selbst wenn man das Gegenteil annehme, sei jedenfalls der Mangel der Form dadurch geheilt, daß das Vorkaufsrecht kraft der Einigung eingetragen sei. Mindestens rechtsähnlich müsse die Vorschrift des § 313 Satz 2 BGB. angewendet werden.

Beide Gründe werden mit der Revision angefochten.

Die erste Erwägung des Berufungsgerichts kann nicht gebilligt werden. Richtig ist allerdings, daß das dingliche Vorkaufsrecht gemäß § 873 BGB. durch Einigung und Eintragung rechtswirksam entsteht. Insoweit herrscht in Rechtsprechung und Schrifttum fast Einhelligkeit. Nur Fuchs Grundbuchrecht Bd. 1 S. 342flg., § 1094

Anm. 3 erfordert auch für die Einigung die Form des § 313 BGB. mit der Begründung, sie enthalte zugleich die obligatorische, bedingte Verpflichtung zur Eigentumsübertragung. Das trifft aber nicht zu; der dingliche Vertrag ist nur auf die Entstehung des dinglichen Rechtsverhältnisses gerichtet. Anders liegt die Sache aber bei dem Grundgeschäft, das auf die Bestellung des dinglichen Vorkaufsrechtes gerichtet ist. In ihm ist kraft der eigenartigen Gestaltung, die das dingliche Vorkaufsrecht in den §§ 1094flg. BGB. gefunden hat, die bedingte Verpflichtung des Bestellers enthalten, in dem vorgesehenen Falle das Eigentum am Grundstück auf den Vertragsgegner zu übertragen. Zwar ist es unmittelbar nur auf die Verpflichtung zur Bestellung des dinglichen Vorkaufsrechts gerichtet; aber dadurch wird doch zugleich die Verpflichtung begründet, unter bestimmten Umständen das Grundstück zu übereignen. Das ergibt sich aus den Vorschriften der §§ 504flg. BGB., nach denen sich gemäß § 1098 Abs. 1 BGB. das Verhältnis zwischen den Berechtigten und Verpflichteten des dinglichen Vorkaufsrechts regelt. An dieser vom V. Zivilsenat bereits in RGZ. Bd. 110 S. 328 (333/334) vertretenen Ansicht ist auch nach erneuter Prüfung festzuhalten. Daß es in jener Entscheidung zweifelhaft gelassen sei, ob auch im Falle der Eintragung eines formlos begründeten dinglichen Vorkaufsrechts die Form des § 313 BGB. für das Grundgeschäft erfordert wird, kann der Revision nicht zugegeben werden; irgendeine Einschränkung ist dort für das Formerfordernis nicht aufgestellt. Ob etwa eine Heilung nach § 313 Satz 2 BGB. durch die Einräumung und Eintragung des Vorkaufsrechts eintritt, ist eine andere, unten zu erörternde Frage. Was das Berufungsgericht gegen diese Ansicht ausführt, kann nicht durchgreifen. Die Bedeutung der Bemerkung in den Protokollen Bd. 1 S. 463/464 ist im bezeichneten Urteil schon gewürdigt und für nicht durchschlagend erachtet worden. Dieser Würdigung ist beizutreten. Daß die Verpflichtung zur Bestellung des dinglichen Vorkaufsrechts nicht unmittelbar auf die Übertragung des Eigentums gerichtet ist, sondern darauf, eine Eintragung des jeden Eigentümer zur Übertragung verpflichtenden Inhalts herbeizuführen, wie das Berufungsgericht im Anschluß an RGRKomm. Anm. 3 zu § 1094 BGB. ausführt, ist zwar richtig, aber das ändert nichts daran, daß damit bereits die entscheidende Grundlage für die Verpflichtung zur Eigentumsübertragung auch des Bestellers gelegt wird. Daß damit für den schuldrechtlichen Vertrag eine strengere Form erfordert wird als für den dinglichen Vertrag, kann an diesem aus dem Gesetz gefundenen Ergebnis nichts ändern. Diese Ansicht wird auch weit überwiegend im Schrifttum vertreten.[1]) Da also die Abrede der Parteien über die Bestellung des dinglichen Vorkaufsrechts der Form des § 313 BGB. bedurfte, so könnten an sich die Beklagten L. diese Bestellung aus dem Gesichtspunkt der ungerechtfertigten Bereicherung wieder rückgängig machen, weil es an einem rechtswirksamen Grundgeschäft fehlen würde (§§ 812, 821 BGB.). Es könnte aber demgegenüber in Frage kommen, ob nicht die Beklagten L. gewußt haben, daß für sie keine Verpflichtung zur Bestellung des Vorkaufsrechts bestand. Wäre das zu bejahen, wofür die Umstände sprechen, so würde der Bereicherungsanspruch schon nach § 814 BGB. entfallen.

Es besteht aber auch kein rechtliches Bedenken gegen die Erwägungen des Berufungsgerichts zu seinem zweiten Entscheidungsgrund, daß durch die Einigung und Eintragung der Mangel der Form des Grundgeschäfts geheilt sei. § 313 S. 2 BGB. bestimmt, daß ein ohne Beobachtung der gerichtlichen oder notariellen Form geschlossener Grundstücks-Übereignungsvertrag seinem ganzen Inhalt nach gültig wird, wenn die Auflassung und die Eintragung in das Grundbuch erfolgen. Wenn man diese Vorschrift nach ihrem Wortlaut auch nicht unmittelbar auf die Bestellung des dinglichen Vorkaufsrechts anwenden wollte, so ist doch jedenfalls, wie der Berufungsrichter annimmt, eine entsprechende Anwendung geboten. In dieser Vorschrift kommt der Gedanke zum Ausdruck, daß, wenn eine Grundstücksübereignung in Frage steht, der dingliche Vertrag und die Eintragung die Mängel des schuldrechtlichen Übereignungsvertrags heilen und diesem Vertrag Rechtswirksamkeit verleihen. Eine solche Lage ist auch dann gegeben, wenn die Verpflichtung zur Bestellung des dinglichen Vorkaufsrechts formlos übernommen wird,

---

[1]) Vgl. Planck BGB. Vorbem. vor § 1094 Nr. 3; Biermann Sachenrecht § 1094 A. 3a; Sörgel BGB. § 1094 A. 2; Enneccerus-Kipp-Wolff BGB. 22—26. Aufl. Bd. II, 1 S. 429flg.; Immerwahr in Jherings Jahrb. Bd. 42 S. 279flg. (292/293); Staudinger BGB. § 1094 A. 2a; Warneyer BGB. § 1094 A. I.; Stillschweig in JW. 1925 S. 1113. Anderer Ansicht Oberneck Reichsgrundbuchrecht 4. Aufl. Bd. I S. 711flg.; Turnau-Förster Liegenschaftsrecht § 1094 A. 4; Lewandowski in Gruch. Bd. 53 S. 595flg. D. E.

dann aber die Einigung in einer nach § 873 Abs. 2 BGB. bindenden Weise erfolgt und daraufhin das Recht eingetragen wird. Einigung und Eintragung stellen auch hier die Erfüllung des Verpflichtungsvertrags in seinem wesentlichen Punkte dar, und diese unter bestimmte Formerfordernisse gestellte und vom Gericht zum Abschluß gebrachte Erfüllung gibt dem darauf gerichteten schuldrechtlichen Vertrag die Rechtswirksamkeit.[1]) Was die Revision dagegen vorbringt, kann gegenüber dem maßgebenden Grundgedanken nicht durchgreifen. Insbesondere läßt sich gegen eine entsprechende Anwendung des § 313 S. 2 BGB. nicht der Umstand entscheidend verwerten, daß die Auflassung vor dem Grundbuchamt oder Notar zu erklären ist, die Einigung über die Bestellung des Vorkaufsrechts aber, wenn sie bindend sein soll, nur der im § 873 Abs. 2 BGB. vorgesehenen Form bedarf. Denn auch diese Form bietet eine gewisse Sicherheit dafür, daß die Einigung dem Willen der Beteiligten entspricht, und bildet die gesetzmäßige Unterlage für die Eintragung im Grundbuch. Findet das Gesetz eine für die Rechtswirksamkeit hinreichende Billigung des gesamten schuldrechtlichen Übereignungsvertrags schon in der gleichfalls rein formalen Auflassung, so muß das mindestens in demselben Maße von dem (gewöhnlich, so auch hier) ganz einfach auf Bestellung des dinglichen Vorkaufsrechts gerichteten schuldrechtlichen Vertrag und vom dinglichen Vertrag in Verbindung mit der Eintragung gelten. Hier ist die Bewilligung der Eintragung, offenbar mit Wissen und Willen des Klägers, von den Beklagten L. unmittelbar dem Grundbuchamt erklärt worden. Darin ist nach Lage des Falls eine genügende bindende Einigung zu erblicken.

---

53. Bestimmt sich die Annahme eines ausländischen Kindes an Kindes Statt durch einen Deutschen insoweit nach den ausländischen Gesetzen, als es sich um die Einwilligung eines Dritten handelt, zu welchem das Kind in einem familienrechtlichen Verhältnis steht?

EG. z. BGB. Art. 7, 19, 20, 22. BGB. § 1748.

---

[1]) So auch Planck BGB. § 1094 A. 3; Biermann Sachenrecht § 1094 A. 3c; Enneccerus-Kipp-Wolff Lehrbuch Bd. II, 1 S. 429flg.; Stillschweig a. a. O.; Fuchs a. a. O. § 1094 A. 3a; Staudinger BGB. § 1094 A. 2a; Warneyer a. a. O.

IV. Zivilsenat. Urt. v. 11. Juli 1929 i. S. D. (Kl.) w. Eheleute St. (Bekl.). IV 854/28.

I. Landgericht Hamburg.
II. Oberlandesgericht daselbst.

Die Klägerin, eine am 5. Juni 1901 geborene schwedische Staatsangehörige, ist die Mutter eines am 18. August 1921 in Hamburg außerehelich geborenen Kindes. Durch einen vom Amtsgericht in Hamburg am 29. April 1924 bestätigten Vertrag haben die Erstbeklagte und ihr damaliger Ehemann J. in Hamburg, beides Deutsche, das Kind gemeinschaftlich an Kindes Statt angenommen. Die Klägerin hatte ihre Einwilligung zu dieser Annahme an Kindes Statt schon einige Tage nach der Geburt des Kindes erklärt. Die Ehe der Erstbeklagten mit J. ist geschieden. Das Kind ist bei der Erstbeklagten geblieben, auch nachdem sie sich mit dem Zweitbeklagten wiederverheiratet hat. Die Klägerin hat sich inzwischen mit dem natürlichen Vater des Kindes verheiratet. Mit Zustimmung ihres Mannes klagt sie gegen die beiden Beklagten auf Herausgabe des Kindes. Sie macht geltend, daß der Annahmevertrag ungültig sei, weil es zur Annahme an Kindes Statt nach dem Heimatrecht des Kindes, dem schwedischen Recht, der (nicht eingeholten) Zustimmung des Königs von Schweden bedurft habe und weil nach demselben Recht ihre Einwilligungserklärung wegen ihrer damaligen Minderjährigkeit unwirksam sei. Landgericht und Oberlandesgericht haben die Klage abgewiesen.

Die Revision der Klägerin wurde zurückgewiesen.

Gründe:

Der Herausgabeanspruch der natürlichen Mutter des Kindes setzt die Ungültigkeit des über das Kind geschlossenen Annahmevertrags voraus. Daß die beiden Vorderrichter sich für berechtigt gehalten haben, über diese Vorfrage selbständig zu entscheiden, die Zulassung der Herausgabeklage also nicht von einer vorherigen Feststellung des Familienstands des Kindes in einem Familienstandsprozeß (§§ 640, 643 ZPO.) abhängig gemacht haben, entspricht den in RGZ. Bd. 122 S. 24 dargelegten Grundsätzen.

Die Gültigkeit des Annahmevertrags wird in den Vorinstanzen bejaht, weil sich diese Annahme an Kindes Statt gemäß Art. 22 EG. z. BGB. schlechthin nach den deutschen Gesetzen bestimme und den

Erfordernissen der §§ 1741 flg. BGB. genügt sei. Das letztere ist unstreitig. Der Annahme der ausschließlichen Anwendbarkeit des deutschen Rechts setzt die Revision

unter Berufung auf Ritter (Zeitschr. f. Intern. Priv.- u. ÖffR. Bd. 14 S. 451 flg.); Niemeyer (Intern. PrivR. des BGB. S. 158); Walker (Intern. PrivR. S. 732 flg.); Niedner (EG. z. BGB. Art. 22 Anm. 3a); Staudinger (7/8. Aufl. Bd. 6 Anm. I 7b zu Art. 22 EG.); RGRKomm. (6. Aufl. Vorbem. 2 vor § 1741 BGB.) u. a.

die Meinung entgegen: Da zur Zeit der Annahme an Kindes Statt zwar die Annehmenden die deutsche Reichsangehörigkeit, das Kind dagegen die schwedische Staatsangehörigkeit besessen habe, bestimme sich entsprechend dem Art. 22 (Abs. 2) EG. die Annahme an Kindes Statt insoweit nach den schwedischen Gesetzen, als es sich um das Erfordernis der Einwilligung des Kindes oder eines Dritten handle, zu dem das Kind in einem familienrechtlichen Verhältnis gestanden habe.

Auch auf dem Boden dieser Rechtsauffassung wäre die Nichterfüllung des nach den schwedischen Gesetzen angeblich bestehenden Erfordernisses der Zustimmung des Königs von Schweden ohne rechtliche Bedeutung. Dagegen würde die Minderjährigkeit der Klägerin zur Zeit ihrer Einwilligungserklärung der Gültigkeit des Annahmevertrags entgegenstehen, wenn nach schwedischem Recht, entgegen dem § 1748 Abs. 2 BGB., die Einwilligung der minderjährigen Mutter nicht genügen sollte. Die Heranziehung des schwedischen Rechts ist indessen auch insoweit abzulehnen.

Die Kommission für die zweite Lesung des Entwurfs des Bürgerlichen Gesetzbuchs hatte allerdings in das damals geplante VI. Buch „Anwendung ausländischer Gesetze" als § 2253 Abs. 1 die folgende Vorschrift aufgenommen:

„Die Legitimation eines unehelichen Kindes wird nach den Gesetzen des Staates beurteilt, welchem der Vater zur Zeit der Legitimation angehört. Das Erfordernis der Einwilligung des Kindes oder der Einwilligung Dritter, zu denen das Kind in einem familienrechtlichen Verhältnisse steht, bestimmt sich nach den Gesetzen des Staates, welchem das Kind zur Zeit der Legitimation angehört."

Diese Vorschrift sollte nach § 2254 des Entwurfs auf die Annahme an Kindes Statt entsprechende Anwendung finden. Damit waren sog. vollkommene oder zweiseitige (den Anwendungsbereich des Inlands- und Auslandsrechts gleichmäßig regelnde) Kollisionsnormen solchen Inhalts aufgestellt, wie sie die Revision für das geltende Recht angenommen wissen will. Der Bundesrat hat aber den ihm vorgelegten, von ihm in das Einführungsgesetz verwiesenen Entwurf des VI. Buches einer durchgreifenden Änderung unterworfen. Er hat die §§ 2253, 2254 durch diejenigen Vorschriften ersetzt, die als Art. 22 EG. unverändert Gesetz geworden sind. Der Art. 22 enthält nur einseitige Kollisionsnormen; er bestimmt diejenigen Fälle, in denen die Annahme einer Person an Kindes Statt (wie die Legitimation eines unehelichen Kindes) nach deutschen Gesetzen zu beurteilen ist. In Abs. 1 wird der Fall, daß der Annehmende zur Zeit der Annahme an Kindes Statt die Reichsangehörigkeit besitzt, den deutschen Gesetzen unterstellt, während Abs. 2 einen Fall voraussetzt, in dem wegen der fremden Staatsangehörigkeit des Annehmenden grundsätzlich ausländische Gesetze maßgebend sind. Für diesen Fall wird, falls das Kind die Reichsangehörigkeit besitzt, die Annahme für unwirksam erklärt, wenn die nach den deutschen Gesetzen erforderliche Einwilligung des Kindes oder eines Dritten, zu dem das Kind in einem familienrechtlichen Verhältnis steht, nicht erfolgt ist.

Trotz der Umwandlung der vollkommenen Kollisionsnormen des Kommissionsentwurfs in einseitige Kollisionsnormen kann dem Art. 22 Abs. 1 mit der gemeinen, auch in der Rechtsprechung (KJG. Bd. 41 S. 27flg.; JFG. Bd. 1 S. 99, 140flg.; OLG. Bd. 3 S. 88, Bd. 46 S. 191) anerkannten Meinung der Grundsatz entnommen werden, daß sich die Annahme an Kindes Statt nach den Gesetzen desjenigen Staates bestimmt, dem der Annehmende zur Zeit der Annahme angehört. Dies sind die Gesetze, deren Anwendbarkeit Art. 22 Abs. 2 auch für den Fall voraussetzt, daß der Annehmende einem fremden Staate angehört, während das Kind die Reichsangehörigkeit besitzt. Es geht aber nicht an, auch aus dem Abs. 2 eine vollkommene, somit den Abs. 1 allgemein einschränkende Kollisionsnorm des Inhalts abzuleiten, daß sich das Erfordernis der Einwilligung des Kindes oder eines Angehörigen des Kindes nach den Gesetzen desjenigen Staates bestimme, dem das Kind zur Zeit der Annahme angehöre. Eine solche Ableitung könnte zulässig erscheinen, wenn sich der Bundesrat und der ihm folgende Reichstag, wie gegenüber dem § 2253 Abs. 1 Satz 1, so auch gegenüber dem § 2253 Abs. 1 Satz 2 (mit § 2254) des Kommissionsentwurfs darauf beschränkt hätten, die vorgeschlagene vollkommene Kollisionsnorm in eine einseitige umzuwandeln, also für die Annahme an Kindes Statt etwa vorzuschreiben: „Gehört der Annehmende einem fremden Staate an, während das Kind die Reichsangehörigkeit besitzt, so bestimmt sich das Erfordernis der Einwilligung des Kindes oder eines Dritten, zu dem das Kind in einem familienrechtlichen Verhältnis steht, nach den deutschen Gesetzen." Der Inhalt des Art. 22 Abs. 2 EG. ist aber ein ganz anderer. Es wird dort nichts darüber gesagt, nach welchem Rechte sich im Falle fremder Staatsangehörigkeit des Annehmenden bei Reichsangehörigkeit des Kindes das Erfordernis der Einwilligung des Kindes oder eines Angehörigen des Kindes richten soll. Vielmehr wird nur vorgeschrieben, in diesem Fall solle, gleichviel welches Recht auf die Annahme an Kindes Statt im allgemeinen und auf die in Rede stehende Einwilligung im besonderen anzuwenden sein möge, die Wirksamkeit der Annahme davon abhängen, daß in der mehrerwähnten Beziehung (auch) das nach den deutschen Gesetzen Erforderliche geschehen ist. Danach wird durch Art. 22 Abs. 2 der aus Abs. 1 zu entnehmende Grundsatz, daß für die Annahme an Kindes Statt das Heimatsrecht des Annehmenden maßgebend ist, nicht geändert, sondern nur für deutsche Kinder ein besonderer Schutz geschaffen. Eine solche Schutzvorschrift ist nicht zu einer ausdehnenden Anwendung auf den Fall der Annahme eines ausländischen Kindes durch einen Deutschen geeignet (Sternberg JW. 1913 S. 569).

Der vorstehenden Ausführung kann nicht entgegengehalten werden, daß in der Kommission für die zweite Lesung (Prot. Bd. 6 S. 65) die Meinung ausgesprochen worden ist, die Berücksichtigung des Heimatrechts des Kindes sei „zum Schutze der zu legitimierenden oder zu adoptierenden deutschen Kinder unentbehrlich und müsse dann der Gerechtigkeit halber auch auf die Ausländer ausgedehnt werden." Die sog. Materialien mögen im allgemeinen ein bedeutsames Mittel für die Erkenntnis dessen sein, was das Gesetzeswort sagen will. Diese Bedeutung kommt ihnen aber dann nicht zu, wenn wie hier der Gesetzesvorschlag, der durch die ausgesprochene Meinung begründet werden sollte (§ 2253 Abs. 1 Satz 2 mit § 2254 des Kommissionsentwurfs), nicht Gesetz geworden, sondern durch eine wesentlich andere Bestimmung ersetzt worden ist. Der Bundesrat, dessen Gründe für die von ihm vorgenommene Umgestaltung des Kommissionsentwurfs nicht veröffentlicht worden sind, mag sich, was die Annahme an Kindes Statt angeht, gesagt haben: Die Vorschriften des Bürgerlichen Gesetzbuchs über die Abschließung des Annahmevertrags auf seiten des Kindes (§§ 1750 bis 1752) und über die Einwilligung gewisser mit dem Kinde durch ein familienrechtliches Verhältnis verbundener Personen (§§ 1746 bis 1748) seien zur Wahrnehmung der berechtigten Interessen des Kindes erforderlich und deshalb bei der Annahme eines deutschen Kindes jedenfalls zu wahren; sie würden aber anderseits diesen Interessen auch in solchem Maße gerecht, daß auch bei einer grundsätzlich ohnehin dem deutschen Recht zu unterwerfenden Annahme eines ausländischen Kindes durch einen Deutschen nur diesen Vorschriften entsprochen zu werden brauche. Einer besonderen Schutzvorschrift zugunsten des ausländischen Kindes für den Fall, daß die Annahme eines solchen durch einen — einem anderen Staat als das Kind angehörigen — Ausländer von deutschen Gerichten zu beurteilen ist, mag sich der Bundesrat bewußt enthalten haben.

So rechtfertigt sich der Satz, daß für die Rechtswirksamkeit der Annahme eines ausländischen Kindes durch einen Deutschen ausschließlich das deutsche Recht maßgebend ist. Das Heimatrecht des Kindes bleibt außer Betracht, auch sofern es für die Einwilligung der auf seiten des Kindes Beteiligten oder sonst weitergehende Erfordernisse aufstellt oder die Annahme an Kindes Statt nicht kennt. Mit diesem Ergebnis stimmen überein Planck BGB. 3. Aufl. Anm. 7 zu Art. 22 EG.; Neumann bei Gruch. Bd. 46 S. 74flg. und BGB. 6. Aufl. Anm. I 1, II 2 zu Art. 22 EG.; Habicht Intern. PrivR. Anm. II 2a, IIIb zu Art. 22 EG.; Zitelmann Intern. PrivR. Bd. 2 S. 879, 883 Nr. 2.

Sternberg, der, wie bemerkt, den Art. 22 EG. in demselben Sinne auslegt, schränkt das gewonnene Ergebnis doch wieder durch die Ausführung (a. a. O. S. 569flg.) ein: Es sei nicht ausgeschlossen, daß das bei der Annahme eines ausländischen Kindes durch einen Deutschen auch für die fragliche Einwilligung anzuwendende deutsche Recht in dieser Hinsicht auf ein anderes Recht verweise. Soweit die Einwilligung der Eltern oder, falls das Kind unehelich sei, der Mutter des Kindes in Frage komme, sei dies durch die Art. 19,

20 EG. geschehen. Denn diese einseitigen Kollisionsnormen seien anerkanntermaßen dahin zu erweitern, daß für das Rechtsverhältnis zwischen den Eltern und einem ehelichen Kinde oder zwischen einem unehelichen Kinde und seiner Mutter immer das Heimatrecht der Eltern oder der Mutter maßgebend sei. Die Frage, ob eine Einwilligung der Eltern des ehelichen oder der Mutter des unehelichen Kindes erforderlich sei, betreffe das Rechtsverhältnis zwischen dem Kinde und seinen Eltern oder seiner Mutter. Demgegenüber kann zugegeben werden, daß unter dem „Rechtsverhältnis zwischen den Eltern und einem ehelichen Kinde" (Art. 19) und dem „Rechtsverhältnis zwischen einem unehelichen Kinde und dessen Mutter" (Art. 20) im allgemeinen nicht nur diejenigen Rechtsbeziehungen zu verstehen sein werden, die in den diesen Rechtsverhältnissen besonders gewidmeten Titeln des Bürgerlichen Gesetzbuchs (§§ 1616 flg., 1705 flg.), sondern auch diejenigen, welche an anderen Stellen geregelt sind. Aber die Annahme an Kindes Statt, die auch auf das Rechtsverhältnis des angenommenen Kindes zu seinen leiblichen Eltern oder seiner Mutter einwirkt (§ 1765 BGB.), hat, soweit das Einführungsgesetz zum Bürgerlichen Gesetzbuch die räumliche Herrschaft der einschlägigen Rechtsnormen überhaupt abgrenzt, diese Regelung nur in Art. 22 gefunden. Wenn sich auf Grund dieser Vorschrift wegen der Reichsangehörigkeit des Annehmenden die Annahme in ihren Voraussetzungen und Wirkungen „nach den deutschen Gesetzen" bestimmt, so gehören zu diesen Gesetzen auch die §§ 1746 bis 1748 BGB. Anders ausgedrückt, der Art. 22 EG. geht auf dem Gebiet der Annahme an Kindes Statt als eine Sondervorschrift den allgemeinen Vorschriften der Art. 19 und 20 EG. vor.

Das gleiche gilt von dem Verhältnis des Art. 22 zu dem von Sternberg (a. a. O. S. 570) sowie von der Revision angezogenen Art. 7 EG., laut dem sich die Geschäftsfähigkeit einer Person, insbesondere auch bei einem im Inland vorgenommenen familienrechtlichen Rechtsgeschäft (Abs. 3 das.), nach den Gesetzen ihres Heimatstaats bestimmt. Ob die Klägerin zur Zeit ihrer Einwilligung in die Annahme an Kindes Statt in der Geschäftsfähigkeit beschränkt, also wenigstens beschränkt geschäftsfähig war, bestimmt sich gemäß Art. 7 nach ihrem schwedischen Heimatrecht. Daß sie auch als Minderjährige die infolge der Anwendbarkeit des deutschen Heimatrechts der Annehmenden nach § 1747 BGB. erforderliche mütterliche Einwilligung selbständig erteilen konnte, folgt aus § 1748 Abs. 2 BGB. gemäß Art. 22 EG., der auf dem Sondergebiet der Annahme an Kindes Statt dem Art. 7 vorgeht.

Noch weniger kann eine der Klägerin günstige Schlußfolgerung aus dem von der Revision außerdem herangezogenen Art. 1 der Haager Konvention vom 12. Juni 1902 zur Regelung der Vormundschaft über Minderjährige (RGBl. 1904 S. 240) oder aus Art. 23 EG. z. BGB. oder aus § 47 FGG. gezogen werden.

---

54. Ist § 74 Abs. 1 Satz 4 AufwG. auch dann anwendbar, wenn es sich um die Beschwerde eines Zeugen gegen einen Beschluß handelt, durch den das Landgericht in einer Aufwertungssache die Verweigerung der von ihm angeordneten Aussage des Zeugen für unrechtmäßig erklärt hat?

ZPO. § 387 Abs. 3. AufwG. §§ 73, 74. FGG. § 28 Abs. 2, 3.

V. Zivilsenat. Beschl. v. 13. Juli 1929 in der Aufwertungssache der Stadt W. u. Gen. w. Erben R. V B 18/29.

I. Aufwertungsstelle Swinemünde.
II. Landgericht Stettin.

Der Sachverhalt und die Entscheidung ergeben sich aus den

Gründen:

Gegen einen Beschluß der Aufwertungsstelle, durch den die hypothekarisch gesichert gewesenen persönlichen Forderungen der Antragstellerinnen aufgewertet worden sind, haben die Schuldner sofortige Beschwerde zum Landgericht in Stettin eingelegt. Dieses hat beschlossen, den Hotelbesitzer S. als Zeugen zu vernehmen. Der Zeuge hat die Aussage verweigert. Das Landgericht hat darauf durch Beschluß ausgesprochen, dem Zeugen stehe kein Zeugnisverweigerungsrecht zu, und hat ihm die Kosten des Beschlusses auferlegt. Der Zeuge hat gegen diesen Beschluß das Rechtsmittel der, wie er sagt, „sofortigen weiteren Beschwerde" eingelegt. Das Kammergericht, dem die Sache zugeleitet worden ist, möchte dem Rechtsmittel stattgeben, glaubt aber, daran durch die Entscheidung des Reichsgerichts in RGZ. Bd. 32 S. 382 gehindert zu sein, und hat die „sofortige Beschwerde" dem Reichsgericht vorgelegt. Dieses ist aber zur Entscheidung im vorliegenden Fall nicht zuständig. In Aufwertungssachen kommt gemäß § 74 AufwG. i. Verb. mit § 28 Abs. 2 und 3 FGG. eine Vorlegung ans Reichsgericht nur dann in Frage, wenn dem Oberlandesgericht eine sofortige weitere Beschwerde gegen eine auf sofortige Beschwerde ergangene Entscheidung des Landgerichts unterbreitet ist. Dieser Fall ist hier nicht gegeben. Befaßt war das Landgericht, das den jetzt angefochtenen Beschluß erlassen hat, mit der Sache allerdings auf sofortige Beschwerde gegen eine Entscheidung der Aufwertungsstelle. Damit wird aber das jetzt zur Entscheidung stehende Rechtsmittel noch nicht zur sofortigen weiteren Beschwerde im Sinne des § 74 Abs. 1 Satz 2 AufwG. Hier hat sich ein Zeuge gegen einen Zwischenbeschluß des Landgerichts beschwert. Diese Beschwerde hat ihre besondere Grundlage in § 387 Abs. 3 ZPO. i. Verb. mit § 15 FGG. und § 73 AufwG. Es ist die erste Beschwerde des Zeugen, gegen den die angefochtene Entscheidung als erste ergangen ist. Für sie kommen zwar nicht die allgemeinen Vorschriften der Zivilprozeßordnung über Beschwerden zur Anwendung, sondern die besonderen Grundsätze des Gesetzes über die freiwillige Gerichtsbarkeit über Beschwerden. Aber auch nach diesen Grundsätzen ist der Fall der Vorlegung an das Reichsgericht hier nicht gegeben, weil es sich eben nicht um eine weitere, sondern um die erste Beschwerde des Zeugen handelt. Eine besondere Vorschrift, wonach auch in Fällen der vorliegenden Art das Oberlandesgericht die Entscheidung des Reichsgerichts anzurufen hätte, etwa wie in den Fällen des § 143 FGG., besteht nicht.

---

55. Ist die Reichsbank verpflichtet, ihre Banknoten mit Vorkriegsdatum in Gold einzulösen? Haftet das Reich den Inhabern dieser Banknoten auf Schadensersatz, weil der Reichskanzler schuldhaft die Inflation herbeigeführt habe?

BGB. §§ 733, 823, 826. RVerf. Art. 153. Gesetz vom 4. August 1914 betr. die Reichskassenscheine und Banknoten. Bankgesetz vom 30. August 1924.

IV. Zivilsenat. Urt. v. 20. Juni 1929 i. S. M. (Kl.) w. Reichsbank und Deutsches Reich (Bekl.). IV 510/28.

I. Landgericht I Berlin.
II. Kammergericht daselbst.

Der Kläger ist Inhaber von Reichsbanknoten im Nennbetrag von 6000 M., die nach seiner Behauptung vor dem Krieg ausgegeben sind; er will sie im Jahre 1916 gegen Goldwerte erworben haben. Er verlangt mit der Klage gegen die Reichsbank ihre Einlösung in Reichsmark im Verhältnis von 1 M. = 1 RM. und stützt die Klage auch auf unerlaubte Handlung, weil das Reichsbankdirektorium dabei mitgewirkt habe, den zur Deckung der Vorkriegsnoten bestimmten Goldschatz der alten Reichsbank dem unmittelbaren Zugriff der alten Notengläubiger zu entziehen. Daneben nimmt er auch das Reich auf Schadensersatz in Anspruch, weil der Reichskanzler zum mindesten fahrlässig die Inflation herbeigeführt habe; er habe unter Verletzung seiner Amtspflicht vor Inkrafttreten des Gesetzes vom 9. Mai 1921, durch welches die Dritteldeckung der Banknoten beseitigt worden sei, die Ausgabe ungedeckter Noten durch die Reichsbank nicht verhindert, auch nicht für die entsprechenden Goldrücklagen zur Sicherstellung der alten Notengläubiger gesorgt und zugelassen, daß das Publikum durch Ausgabe von Nachkriegsnoten mit Vorkriegsdatum getäuscht worden sei. Er beantragt, die Beklagten als Gesamtschuldner zur Zahlung von 6000 RM. zu verurteilen. Die Vorinstanzen haben die Klage abgewiesen. Die Revision wurde zurückgewiesen.

Gründe:

Der Kläger behauptet, daß ihm aus seinen Banknoten ein verbriefter Anspruch auf Einlösung in Gold im Verhältnis von 1 M. = 1 RM. gegen die Reichsbank zustehe.

Betrachtet man diesen Anspruch unter dem Gesichtspunkt der Aufwertung, so ist er, wenn die Noten reine Geldzeichen sind, ohne weiteres unbegründet. Denn sie lauten auf einen Betrag der früheren — inzwischen untergegangenen — Markwährung und sind daher der Entwertung anheimgefallen. Mit Aufwertungsgrundsätzen läßt sich aber die Geldentwertung als solche nicht rückgängig machen. Nur die Geldschuld, nicht das Geld als solches wird aufgewertet (vgl. Mügel Aufwertungsrecht S. 336). Sind die Banknoten dagegen zugleich als Schuldverschreibungen auf den Inhaber aufzufassen, weil sie den Aufdruck enthalten: „Eintausend Mark zahlt die Reichsbankhauptkasse in Berlin ohne Legitimationsprüfung dem Einlieferer dieser Banknote", so scheitert die Aufwertung, wie der erkennende Senat in RGZ. Bd. 114 S. 27 ausgesprochen hat, an der abstrakten Natur des Schuldversprechens. Es kommt jedoch auf diese Fragen nicht weiter an; denn der Kläger verlangt nicht Aufwertung, sondern steht auf dem Standpunkt, daß es sich um Goldobligationen handle und daß es sich angesichts der von ihm behaupteten Verfassungswidrigkeit des Bankgesetzes vom 30. August 1924 nur fragen könne, ob die grundsätzlich bestehende Verpflichtung der Reichsbank zur Einlösung ihrer Vorkriegsnoten in Gold sofort zu erfüllen sei oder erst nach Aufhebung des Gesetzes vom 4. August 1914, das die Einlösungspflicht bis auf weiteres aufgehoben habe, inzwischen aber nach seiner Auffassung ohne weiteres rechtsunwirksam geworden sei.

Das Kammergericht ist der Auffassung, daß, soweit im Ausdruck der Noten der Hinweis auf die öffentlichrechtliche Einlösungspflicht der Reichsbank nach § 18 des Bankgesetzes vom 14. März 1875 enthalten sei, ein im Rechtsweg verfolgbarer Anspruch des Klägers ohnehin ausscheide. Wolle man aber mit dem Kläger die alten Reichsbanknoten als Schuldverschreibungen auf den Inhaber ansehen, so lasse sich doch die Goldeinlösungspflicht, die für die Noten als Geldzeichen angeordnet und später aufgehoben worden sei, nicht ohne weiteres auf die Schuldverschreibung des bürgerlichen Rechts ausdehnen. Letztere sei vielmehr, wenn und soweit sie neben dem Geldzeichen anzunehmen sei, ein Zahlungsversprechen gewöhnlicher Art ohne Goldklausel. Überdies sei die Goldeinlösungspflicht der Reichsbank durch Gesetz vom 4. August 1914 bis auf weiteres aufgehoben worden. Dieses Gesetz sei bisher nicht außer Kraft getreten, seine Fortgeltung werde auch in § 52 des neuen Bankgesetzes erwähnt. Das Kammergericht verneint sodann im Anschluß an RGZ. Bd. 114 S. 32 die Aufwertbarkeit der Noten und legt dar, daß infolge ihrer schon vor dem 30. August 1924 eingetretenen Entwertung durch die in § 3 des neuen Bankgesetzes erfolgte Gleichstellung von 1 Billion M. mit 1 RM. dem Kläger keine Rechte entzogen seien; im übrigen bejaht es auch die Gültigkeit des neuen Bankgesetzes. Schließlich hält es für unerheblich, in welchem Zeitpunkt und gegen Hingabe welcher Werte der Kläger seine Banknoten erworben habe.

Insoweit hat die Revision keine bestimmte Rüge erhoben, sondern das Urteil nur zur Nachprüfung verstellt. Diese Nachprüfung konnte jedoch zu keinem anderen Ergebnis führen als dem des Kammergerichts.

Durch Art. 3 des Gesetzes vom 1. Juni 1909 (RGBl. S. 515) wurden die Reichsbanknoten als gesetzliches Zahlungsmittel erklärt; die Reichsbank war aber verpflichtet, ihre Noten dem Inhaber gegen deutsche Goldmünzen einzulösen (§ 18 des Bankgesetzes vom 14. März 1875, RGBl. S. 177, in der Fassung des Art. 4 des Gesetzes vom 1. Juni 1909). Unter dem 4. August 1914 erging sodann das Gesetz betr. die Reichskassenscheine und die Banknoten (RGBl. S. 347), das in § 1 auch die Reichskassenscheine bis auf weiteres als gesetzliches Zahlungsmittel erklärte und in § 2 bestimmte, daß bis auf weiteres die Reichshauptkasse zur Einlösung der Reichskassenscheine und die Reichsbank zur Einlösung ihrer Noten nicht verpflichtet seien, sowie in § 3, daß gleichfalls bis auf weiteres die Privatnotenbanken — die bisher zur Einlösung ihrer Noten in Gold verpflichtet waren — berechtigt sein sollten, zu dieser Einlösung Reichsbanknoten zu verwenden. Gleichzeitig wurde durch das Gesetz vom 4. August 1914 betr. die Abänderung des Münzgesetzes (RGBl. S. 326) bestimmt, daß die Reichs- und Staatskassen bei Umwechslung von Silber- und Kupfermünzen statt der Goldmünzen Reichskassenscheine und Reichsbanknoten verabfolgen konnten. Die Folge dieser Gesetzgebung war nach einer im Schrifttum vielfach vertretenen Meinung die, daß die Reichsbanknoten nach Beseitigung ihrer Einlösbarkeit reine Geldzeichen geworden seien (Michaelis Aufwertungsrecht Einleitung S. 4; Lobe im RGRKomm. BGB. § 793a 1; Nußbaum Das Geld S. 102; Knapp Staatliche Theorie des Geldes 3. Aufl. S. 119; Helfferich Das Geld 6. Aufl. S. 66; Walker Internationales Privatrecht S. 385; vgl. auch Mügel Aufwertungsrecht S. 336; RGZ. Bd. 103 S. 235). Auch Sontag vertritt in der DStZ. 1926 S. 184 den Standpunkt, daß die alten Reichsbanknoten in wirtschaftlichem Sinne nichts anderes als Geld seien und sich daher nicht über den Stand der Mark erheben könnten. Er sieht zwar die Goldeinlösungspflicht noch als vorhanden an, aber nicht im Verhältnis von 1 M. = 1 RM., sondern nur für den winzigen Goldwert, den die alte Mark darstelle, also nicht einmal zu einem in Goldpfennigen ausdrückbaren Betrag.

Folgt man dieser Meinung, so käme von vornherein weder eine Aufwertung der auf Mark alter Währung lautenden Banknoten in Frage, noch ein Recht auf ihre Einlösung, sei es zu dem Goldwert, den sie zur Zeit ihrer Ausgabe hatten, sei es in Reichsmark. Unbegründet wäre der Anspruch aber auch, wenn die Banknoten — neben ihrer Eigenschaft als Geldzeichen — sich auch als Schuldverschreibungen auf den Inhaber darstellten. Wie der erkennende Senat in RGZ. Bd. 114 S. 27 ausgesprochen hat (und es besteht kein Anlaß, davon abzugehen), enthält der Aufdruck auf den Noten keine Goldklausel und gewährt daher keinen anderen Anspruch als den auf Zahlung des Nennbetrags in der zur Zeit der Ausgabe geltenden, inzwischen untergegangenen Währung. Auch kann die öffentlichrechtlich begründete Goldeinlösungspflicht, selbst wenn sie noch bestände, nicht ohne weiteres auch für die bürgerlichrechtliche Schuldverschreibung gelten.

Nimmt man indessen an, daß die Reichsbank zugleich privatrechtlich aus der Schuldverschreibung verpflichtet sei, dem Einlieferer die Noten in Gold einzulösen — eine Ansicht, die von Neufeld in seinem Kommentar zum Bankgesetz S. 80 A. 1 jedenfalls für die Reichsmarkbanknote vertreten wird; vgl. auch für das alte Bankgesetz Breit Kommentar zum Bankgesetz 1911 S. 192 unter 2; Nußbaum Das Geld S. 32 —, so stünde doch, wie der öffentlichrechtlichen Einlösungspflicht, so auch einem solchen bürgerlichrechtlichen Anspruch — von dem neuen Bankgesetz ganz abgesehen — nach wie vor der § 2 des Gesetzes betr. die Reichskassenscheine und die Banknoten vom 4. August 1914 im Wege. Es wäre unrichtig, aus dem anfänglich provisorisch gedachten Charakter dieser Gesetzgebung schließen zu wollen, daß § 2 nur für die Zeit des Krieges oder für eine begrenzte Zeit nach Beendigung des Krieges (wirtschaftliche Demobilisation) Geltung beanspruchen könne und daher nunmehr ohne weiteres rechtsunwirksam geworden sei. Dieser Auffassung widerspricht das Gesetz selbst nachdrücklich, da in § 4 der Bundesrat ermächtigt worden ist, den Zeitpunkt zu bestimmen, zu dem die Vorschriften der §§ 1 bis 3 außer Kraft treten sollen. Die Gerichte sind daher weder befugt, das Gesetz nach ihrem Ermessen außer Anwendung zu lassen, noch die Zeit seiner Geltungsdauer zu bestimmen. Das Gesetz ist aber weder vom Bundesrat, noch von dem an dessen Stelle getretenen Staatenausschuß (vgl. §§ 2 bis 4 des Übergangsgesetzes vom 4. März 1919, RGBl. S. 285) noch von der Reichsregierung außer Kraft gesetzt worden, die nach Art. 179 Abs. 2 RVerf. an Stelle des Staatenausschusses zum Erlaß einer solchen Verordnung zuständig gewesen wäre. Es kommt daher gar nicht darauf an, daß § 52 des neuen Bankgesetzes, das der Kläger als verfassungswidrig ansieht, die Fortgeltung des § 2 des Gesetzes vom 4. August 1914 bis zum Inkrafttreten der neuen Goldeinlösungspflicht für Reichsmarkbanknoten anordnet, während nach § 3 das. die alten Noten nach Aufruf überhaupt kraftlos werden sollen. Für die erhobene Zahlungsklage macht es keinen Unterschied, ob man aus der Anordnung des Gesetzes, daß die Reichsbank bis auf weiteres nicht zur Einlösung ihrer Noten verpflichtet sei, zu folgern hat, es handle sich um eine Suspension, um eine vorläufige Maßregel unter Anerkennung des Gläubigerrechts (Nußbaum Das Geld S. 32 A. 1), oder ob man annimmt, das Recht des Gläubigers sei der Substanz nach beseitigt und die Worte „bis auf weiteres" fänden ihre Erklärung darin, daß damals an die Wiederherstellung des früheren Zustands gedacht war (so RGZ. Bd. 101 S. 145, 146). Denn sicher ist, daß heute eine Goldeinlösungspflicht nach § 18 des alten Bankgesetzes infolge der Kriegsgesetzgebung nicht besteht und daß daher wegen dieses fortbestehenden Rechtszustandes die Klage abgewiesen werden muß (so RGZ. Bd. 107 S. 123 unten).

Bei dieser Rechtslage käme es auf die Rechtsgültigkeit des neuen Bankgesetzes nicht einmal an. In RGZ. Bd. 114 S. 27 hat jedoch der erkennende Senat die Verfassungswidrigkeit des Bankgesetzes verneint. Er hat diesen Standpunkt im Urt. vom 25. November 1926 IV 370/26 erneut vertreten und sieht sich auch angesichts der inzwischen im Schrifttum erhobenen Bedenken nicht veranlaßt, ihn aufzugeben. Nach § 3 des neuen Bankgesetzes ist die Reichsbank verpflichtet, ihren gesamten bisherigen Notenumlauf aufzurufen und in Reichsmarknoten umzutauschen, wobei eine Billion Mark bisheriger Ausgabe durch eine Reichsmark zu ersetzen ist. Der Aufruf sämtlicher vor dem 11. Oktober 1924 ausgegebener, auf die alte Währung lautender Reichsbanknoten ist erfolgt durch Bekanntmachung des Reichsbankdirektoriums vom 5. März 1925 mit Frist bis zum 5. Juni 1925, nach deren Ablauf sie ihre Eigenschaft als gesetzliches Zahlungsmittel verloren haben. Zugleich ist in § 5 Abs. 2 des Münzgesetzes vom 30. August 1924 (RGBl. II S. 254) bestimmt, daß, sofern eine Schuld in bisheriger Währung gezahlt werden kann, der Schuldner berechtigt ist, die Zahlung in den neuen gesetzlichen Zahlungsmitteln in der Weise zu leisten, daß eine Billion Papiermark einer Reichsmark gleichgesetzt wird. Nicht in Frage kommt dabei eine unterschiedliche Behandlung der alten Noten je nach ihrem Ausgabedatum, worauf schon in RGZ. Bd. 114 S. 33 hingewiesen worden ist. Auch kommt es nicht darauf an, gegen welche Werte der Kläger seine Noten erworben hat.

Ist aber das neue Bankgesetz verfassungsmäßig, so hat es der Richter anzuwenden. Es liegt nicht in seiner Machtbefugnis, verfassungsmäßig zustande gekommene Gesetze daraufhin nachzuprüfen, ob sie mit Treu und Glauben oder mit den guten Sitten zu vereinbaren sind (vgl. RGZ. Bd. 107 S. 317). Die Zahlungsklage ist daher auch unter diesem Gesichtspunkt unbegründet.

In zweiter Linie hat der Kläger seinen Anspruch mit einer Schadensersatzpflicht des Reichs begründet, weil der Reichskanzler schuldhaft seine ihm dem Kläger gegenüber obliegenden Amtspflichten verletzt habe. Denn er habe — unter Vernachlässigung seiner Pflicht zur obersten Leitung und Beaufsichtigung der Reichsbank — vor Inkrafttreten des Gesetzes vom 9. Mai 1921 betr. die Änderung des Bankgesetzes die Ausgabe von Reichsbanknoten über das gesetzliche, goldgedeckte Kontingent hinaus durch die Reichsbank nicht verhindert und nicht dafür gesorgt, daß vor Erlaß des Gesetzes die Rechte der alten Notengläubiger durch entsprechende Goldrücklagen sichergestellt worden seien. Auch habe er zugelassen, daß durch Täuschungshandlungen, nämlich durch Ausgabe von Banknoten in der Ausstattung der Vorkriegsnoten, dem Publikum der Umfang der neuen Noten verschleiert und das Ansehen der Nachkriegsnoten in den Augen Unwissender erhöht worden sei. Durch alle diese Amtspflichtverletzungen soll nach Meinung des Klägers die Inflation, zum mindestens fahrlässig, herbeigeführt worden sein.

Für diesen Klagegrund erklärt das Kammergericht den Rechtsweg insoweit für ausgeschlossen, als der Kläger das Reich wegen angeblicher Amtspflichtverletzungen des Reichskanzlers bei Ausübung der Finanzhoheitsrechte des Reichs verantwortlich machen wolle. Hierfür sei ausschließlich der Weg des Art. 59 RVerf. gegeben. Mit Recht wird diese Auffassung von der Revision bekämpft. Denn sie trifft in dieser Allgemeinheit nicht zu. Der Art. 59 RVerf. regelt nur die verfassungsmäßige Verantwortlichkeit des Reichskanzlers und läßt, wie die Entstehungsgeschichte (Bericht und Protokolle des 8. Ausschusses über den Entwurf einer RVerf., Heymann'sche Ausgabe S. 305 flg., 461 flg.) klar ergibt, sowohl die Straf- wie die Schadensersatzklage vor den ordentlichen Gerichten unberührt, wenn die behauptete Verletzung der Reichsverfassung oder eines Reichsgesetzes zugleich eine strafbare oder eine zum Schadensersatz verpflichtende Handlung darstellt. Wird daher wie hier geltend gemacht, daß ein Reichsbeamter in Ausübung der ihm anvertrauten öffentlichen Gewalt die ihm einem Dritten gegenüber obliegende Amtspflicht verletzt habe, so darf für die hierdurch begründete Verantwortlichkeit des Reichs der ordentliche Rechtsweg nicht ausgeschlossen werden (Art. 131 Abs. 1 RVerf.). Daß aber eine solche Amtspflichtverletzung auch bei Ausübung staatlicher Hoheitsrechte, mithin auch der Finanzhoheit, vorliegen kann, ist anerkannten Rechts (RGZ. Bd. 103 S. 430, Bd. 106 S. 421, Bd. 111 S. 65, 66; JW. 1926 S. 2083). Daß es sich hier lediglich um innerdienstliche, auf dem Gebiet des pflichtmäßigen Ermessens liegende Verwaltungsakte gehandelt habe, die der Nachprüfung der ordentlichen Gerichte entzogen sein möchten, kann nicht angenommen werden angesichts der Behauptung, die dem Reichskanzler obliegenden Aufsichtspflichten seien schuldhaft vernachlässigt und die Täuschung des Publikums sei nicht verhindert worden (RGZ. Bd 118 S. 99, 327flg., Bd. 121 S. 232flg.).

Dieser Mangel führt jedoch nicht zur teilweisen Aufhebung des Urteils, weil das Kammergericht selbst sagt, daß der Rechtsweg insoweit zulässig sei, als die Klage auf §§ 823, 826, 839 BGB., Art. 131 RVerf. gestützt werde. So aber hat der Kläger seinen Schadensersatzanspruch begründet. Es ist daher unschädlich, wenn das Kammergericht seiner Meinung von der Zulässigkeit des Rechtswegs eine Einschränkung beifügt, welche die freie sachliche Nachprüfung des Klagevorbringens nicht beeinträchtigt.

Das Kammergericht hat denn auch den Anspruch unter den vom Kläger geltend gemachten Gesichtspunkten nachgeprüft, und insoweit hat sich die Revision darauf beschränkt, das Urteil zur Nachprüfung zu verstellen. Einen Rechtsirrtum enthalten die Ausführungen des Kammergerichts jedoch nicht. Es sagt mit Recht, der Kläger habe keine mit Tatsachen belegten Behauptungen in der Richtung vorgebracht, daß die Reichsbank vor Inkrafttreten des Gesetzes vom 9. Mai 1921 (RGBl. S. 508) — nur auf diese, nicht auf eine spätere Zeit erstrecken sich die Vorwürfe des Klägers — überhaupt unzureichend gedeckte Noten ausgegeben habe. Nach

§ 17 des Bankgesetzes vom 14. März 1875 in der Fassung des Art. 5 des Gesetzes vom 1. Juni 1909 war die Reichsbank verpflichtet, für den Betrag ihrer im Umlauf befindlichen Banknoten jederzeit in ihren Kassen als Deckung bereitzuhalten ein Drittel in kursfähigem deutschem Geld, Reichskassenscheinen oder Gold in Barren oder ausländischen Münzen, den Rest in diskontierten Wechseln mit einer Verfallzeit von höchstens drei Monaten oder in Schecks, beide mit mindestens zwei als zahlungsfähig bekannten Verpflichteten.

Im Gegensatz zu den Deckungsvorschriften in § 28 des neuen Bankgesetzes, der eine Deckung in Gold zu mindestens 30% vorschreibt, war in § 17 des alten Bankgesetzes nur die Drittel-Bardeckung vorgeschrieben, in der aber für den Umfang des effektiven Goldes kein bestimmter Bruchteil festgesetzt war.

Diese früheren Deckungsvorschriften wurden durch die Kriegsgesetzgebung sehr wesentlich abgeschwächt. In den Darlehenskassenscheinen wurde ein neues — wenn auch nicht gesetzliches — Zahlungsmittel geschaffen, das in bezug auf die Notendeckung den Reichskassenscheinen gleichgestellt und damit als Bardeckung für die Reichsbanknoten zugelassen wurde (§ 2 Abs. 2 des Darlehenskassengesetzes vom 4. August 1914, RGBl. S. 340), während der den Barvorrat in diesem Sinne übersteigende Notenumlauf auch durch kurzfristige Schatzanweisungen des Reichs gedeckt werden konnte (§§ 2, 3 des Gesetzes vom 4. August 1914 betr. Änderung des Bankgesetzes, RGBl. S. 327). Zugleich wurden die die Notenausgabe beschränkenden Vorschriften der Notensteuerpflicht, die sog. indirekte Kontingentierung der Notenausgabe der Reichsbank (§§ 9, 10 des Bankgesetzes vom 14. März 1875), durch § 1 des Gesetzes betr. die Änderung des Bankgesetzes vom 4. August 1914 außer Kraft gesetzt. Durch diese Gesetzgebung wurde eine nahezu unbegrenzte Erweiterung der Notenausgabe zur Deckung des für die Kriegsausgaben benötigten Geldbedarfs ermöglicht (vgl. Michaelis Aufwertungsrecht Einleitung S. 4 unten; Neufeld Bankgesetz 1925 S. X unten; Koch-Schacht Bankgesetz Einl. S. 1; Helfferich Das Geld S. 206). Nach Neufeld, S. XI seines Kommentars, soll der nicht mit Gold gedeckte Notenumlauf der Reichsbank am 30. Juni 1914 1,1 Milliarden Mark, dagegen am 31. Dezember 1918 19,9 Milliarden bei einem Goldbestand von 2,262 Milliarden betragen haben.

Für die hier zu entscheidende Frage kommt es sonach nur darauf an, ob bis zum Erlaß des Gesetzes vom 9. Mai 1921 die Vorschriften über die Notendeckung in ihrer durch die Gesetzgebung vom 4. August 1914 wesentlich gemilderten Fassung außer acht gelassen worden sind. Denn für diese Gesetzgebung selbst und ihre Folgen an sich ist das Reich gegenüber dem Kläger vor den ordentlichen Gerichten überhaupt nicht verantwortlich. Durch § 1 des Gesetzes vom 9. Mai 1921 betr. die Abänderung des Bankgesetzes (RGBl. S. 279) ist nun die Vorschrift des § 17 des Bankgesetzes vom 14. März 1875 über die Dritteldeckung der im Umlauf befindlichen Reichsbanknoten bis 31. Dezember 1923 außer Kraft gesetzt worden. Sie hatte, nachdem die Darlehenskassenscheine als Bardeckung zugelassen waren, ohnehin im wesentlichen nur noch formale Bedeutung gehabt (vgl. Neufeld S. XII). Die Geltungsdauer jenes Gesetzes ist später bis 31. Dezember 1925 verlängert worden (Art. III der Verordnung vom 1. November 1923, RGBl. II S. 407).

In der Begründung, mit der das Gesetz vom 9. Mai 1921 dem Reichstag vorgelegt worden ist (vgl. Verhandlungen des Reichstags I. Wahlperiode 1920 Bd. 366 Nr. 1822 S. 1521), wird auf das stetig steigende Mißverhältnis zwischen dem Notenumlauf und der Bardeckung hingewiesen, die schließlich nur mühsam auf der vorgeschriebenen Mindestgrenze habe gehalten werden können. Es heißt dann wörtlich: „Es ist daher unerläßlich, mit dem seitherigen Deckungssystem zu brechen, wenn nicht der Fall eintreten soll, daß die Reichsbank lediglich mit Rücksicht auf die formalen Deckungsvorschriften ihre weitere Notenausgabe einstellen muß."

In Übereinstimmung mit dieser amtlichen Begründung hat das Reich im Prozeß es als frei erfunden bezeichnet, wenn der Kläger behaupte, vor dem 9. Mai 1921 seien die Vorschriften über Notendeckung nicht eingehalten worden. Der Kläger hat diesen, zuerst in der Berufungsbegründung erhobenen Vorwurf jedenfalls nicht mit Angabe von Tatsachen begründet, da er sich auf die Behauptung beschränkt hat, das goldgedeckte Kontingent sei überschritten worden. Diese Behauptung läßt außer acht, daß seit 4. August 1914 die Darlehenskassenscheine für die Dritteldeckung dem Golde gleichgestellt waren, und daß schon hierdurch allein eine ungeheure Vermehrung des Notenumlaufs bewerkstelligt werden konnte.

In Ermanglung solcher bestimmter Behauptungen ist daher die

Schadensersatzklage gegen das Reich, soweit sie sich auf die Ausgabe von Banknoten ohne die vorgeschriebene Deckung gründet, von vornherein unbegründet, so daß die Frage eines Verschuldens des Reichskanzlers oder einer Amtspflichtverletzung, für die das Reich schadensersatzpflichtig gemacht werden könnte, insoweit überhaupt nicht untersucht zu werden braucht.

Unter diesen Umständen kommt es auch nicht darauf an, ob, wie das Kammergericht angenommen hat, der Reichstag aus Anlaß des Gesetzes vom 9. Mai 1921 das Verhalten des Reichskanzlers auf dem Gebiet der Währungspolitik ausdrücklich gebilligt hat und infolgedessen dem Reichskanzler die Unterlassung der Beseitigung eines Zustands, der demnächst durch Gesetz gebilligt wurde, nicht als schuldhafte Amtspflichtverletzung angerechnet werden könnte. Ebenso kann unerörtert bleiben, ob die vom Kläger als verletzt bezeichneten Vorschriften der §§ 12 bis 16, 25, 48, 50 des alten Bankgesetzes als Schutzgesetze im Sinne des § 823 Abs. 2 BGB. zu betrachten wären, oder ob es sich, wie das Kammergericht im Anschluß an RGZ. Bd. 118 S. 325 angenommen hat, insoweit nur um Vorschriften im Interesse des Reichs und der Allgemeinheit handelt. Endlich bedarf es auch keiner Erörterung darüber, ob es für diese Beurteilung erheblich wäre, daß es sich in RGZ. Bd. 118 S. 325 um die Rechte eines Hypothekengläubigers gehandelt hat, hier aber die Rechte der Banknotengläubiger in Frage stehen.

In zweiter Linie macht der Kläger geltend, der Reichskanzler habe vor Inkrafttreten des Gesetzes vom 9. Mai 1921 dafür sorgen müssen, daß die Rechte der alten Notengläubiger durch entsprechende Goldrücklagen sicher gestellt würden. Diesen Vorwurf, der sich mit dem schon besprochenen berührt, hat das Kammergericht nicht besonders erörtert. Seine Darlegungen ergeben aber ohne weiteres, daß es ihn für unbegründet hält. Nach der Rechtslage ist ihm denn auch die Berechtigung abzusprechen.

Ist infolge des Mangels an bestimmten Behauptungen des Klägers über unzureichende Notendeckung davon auszugehen, daß die Deckungsvorschriften nicht erweislich verletzt worden sind, so ist nicht zu ersehen, aus welchen Rechtsvorschriften der Kläger die angebliche Pflicht der Reichsbank zu Goldrücklagen zur Sicherung der vor dem 9. Mai 1921 entstandenen Rechte der Notengläubiger herleiten will. Eine solche Pflicht bestand auch nicht, geschweige denn eine Verpflichtung des Reichskanzlers, für Goldrücklagen zu sorgen. Denn die Vorschrift, wonach die Reichsbank von der im Bankgesetz vorgesehenen Dritteldeckung der Noten gesetzlich befreit wurde, bezog sich auf die im Umlauf befindlichen Noten, also nach dem klaren Wortlaut und Sinn des Gesetzes auf ihren gesamten Notenbestand, sowohl auf die damals schon ausgegebenen, wie auf die später in Umlauf gelangenden Noten. Es kommt daher auch insoweit eine Amtspflichtverletzung des Reichskanzlers nicht in Frage.

In letzter Linie hat das Kammergericht den Vorwurf für unbegründet erklärt, daß bis zur Schaffung der neuen Noten stets der alte aus der Vorkriegszeit stammende Aufdruck verwendet worden sei, um im Publikum den Eindruck hervorzurufen, es erwerbe vollwertige Vorkriegsnoten. Abgesehen davon, sagt das Kammergericht, daß in Wahrheit kein Wertunterschied zwischen den einzelnen Noten bestanden habe, sei auch nicht erkennbar, worin die arglistige Täuschung bestanden haben solle, durch die der Kläger nach seiner Auffassung geschädigt worden sei.

Auch diese Darlegungen sind rechtlich nicht zu beanstanden. Richtig ist vor allem, daß die vor, während und nach dem Krieg ausgegebenen, auf Mark alter Währung lautenden Noten nicht unter zweierlei Recht stehen. Sie alle sind, wie der erkennende Senat in RGZ. Bd. 114 S. 27 dargelegt hat, gleichmäßig der Entwertung anheimgefallen. Es ist daher in der Tat nicht ersichtlich, inwiefern der Kläger dadurch in Irrtum versetzt und geschädigt sein könnte, daß nach Kriegsausbruch Noten mit dem Vorkriegsdatum ausgegeben worden sind. Wenn er meint, das häufige Erscheinen der alten Tausender sei geeignet gewesen, im Publikum den Glauben hervorzurufen, als ob das Nachkriegsgeld wohl einmal dem Vorkriegsgeld gleichgestellt werden könnte, so ist dem entgegenzuhalten, daß im Jahre 1916, als der Kläger seine Noten erwarb, von Nachkriegsgeld noch keine Rede war und daß damals weder das Reich, noch sonst irgendwer im Verkehr anders als nach dem Grundsatz Mark = Mark gerechnet hat. Ob seine Noten, wie er behauptet, vor dem Krieg ausgegeben sind, oder im Krieg, macht sonach keinen Unterschied. In welchem Irrtum er sich bei ihrem Erwerb befunden haben könnte, ist daher mit Recht als nicht erkennbar bezeichnet worden. Ob aber andere Personen nach dem Krieg durch die Ausgabe von Noten mit Vorkriegsdatum getäuscht worden sein könnten und welche Folgen dies hätte, ist für seinen auf arglistige Täuschung gestützten Schadensersatzanspruch unerheblich. Hiernach ist der Schadensersatzanspruch gegen das Reich mit Recht abgewiesen.

Nicht anders liegt es mit dem Schadensersatzanspruch gegen die Reichsbank (§§ 826, 31, 89 BGB.).

Deren Verschulden erblickt der Kläger einzig und allein darin, daß das Reichsbankdirektorium pflichtwidrig dabei mitgewirkt habe, daß der zur Deckung der Vorkriegsnoten vorhandene und bestimmte Goldschatz in das Vermögen der neuen Reichsbank übergeführt und damit dem unmittelbaren Zugriff der alten Notengläubiger entzogen worden sei. Dem ist schon das Landgericht mit der Begründung entgegengetreten, daß ein Unterschied der Rechtspersönlichkeit zwischen der alten und der neuen Reichsbank nicht bestehe, da das neue Bankgesetz mit den Worten eingeleitet werde: „Für die Rechtsverhältnisse der durch das Bankgesetz vom 14. März 1875 errichteten Reichsbank gelten fortan die nachfolgenden Bestimmungen.“ Es sei daher nicht verständlich, inwiefern durch eine Überführung des Goldschatzes in das Vermögen der angeblich neuen Reichsbank dem Kläger ein Schaden zugefügt worden sein könnte.

Diese Begründung hat das Kammergericht gebilligt und folgendes hinzugefügt: Wären nicht die vorhandenen Goldbestände der Reichsbank zur Deckung der Reichsmarknoten verwendet worden, so wäre zur Deckung dieser Noten ein Goldbestand der Reichsbank überhaupt nicht vorhanden gewesen. Daher könne der Gesetzgeber, indem er in § 3 des neuen Bankgesetzes das Verhältnis der Währungen zueinander festgelegt habe, nur an den bereits aus früherer Zeit im Besitz der Reichsbank vorhandenen Goldschatz gedacht haben, als er in § 28 Bestimmungen über die Deckung der Reichsmarknoten getroffen habe. Die Verwendung des Goldschatzes beruhe daher unmittelbar auf dem Gesetz und damit entfalle eine zum Schadensersatz verpflichtende unerlaubte Handlung der Reichsbank.

Was an diesen Darlegungen rechtsirrtümlich sein könnte, hat die Revision nicht angegeben. Es liegt auch kein Rechtsirrtum vor. Insbesondere ist es rechtlich zutreffend, daß durch das neue Bankgesetz nicht eine neue Zentralnotenbank mit einer von der alten Reichsbank verschiedenen Rechtspersönlichkeit errichtet worden ist. Die Rechtslage ist also die, daß zwischen der alten und der reorganisierten neuen Reichsbank Identität besteht (Neufeld A. 1, 2 vor § 1).

Sofern der Kläger aber geltend machen will, daß der Goldschatz nicht zur Deckung der neuen Reichsmarknoten habe verwendet werden dürfen, so ist das irrig. Denn dem steht der § 28 des neuen Bankgesetzes entgegen, der von der Deckung der Reichsmarknoten handelt; danach kann die Deckung nicht anders als aus dem gesamten Vermögensbestand der Reichsbank erfolgen und ist daher — wegen der Einheitlichkeit zwischen alter und neuer Reichsbank — auch aus dem Goldschatz, soweit er schon vorhanden war, bereitzuhalten. Dieser Goldschatz dient nach § 49 in gleicher Weise zur Deckung der alten Banknoten, für die, solange die bisherigen Noten nicht zurückgezogen sind, die gleichen Deckungsvorschriften bestehen, also eine Billion Mark bisheriger Ausgabe 1 RM. gilt. Die Revision scheitert daher ohne weiteres daran, daß die Reichsbank gegen den erhobenen Vorwurf und demzufolge gegen den daraus hergeleiteten Schadensersatzanspruch durch die Gesetzgebung des Reiches geschützt ist.

---

56. Erlangt eine nach § 798 ZPO. zu früh vorgenommene Pfändung Wirksamkeit und begründet sie ein Absonderungsrecht des Gläubigers im Konkurs über das Vermögen des Schuldners, wenn die in der bezeichneten Vorschrift bestimmte Frist noch vor der Konkurseröffnung abläuft?

III. Zivilsenat. Urt. v. 25. Juni 1929 i. S. K. u. Co. (Kl.) w. Preuß. Staat (Bekl.). III 485/28.

I. Landgericht Frankfurt a. M.
II. Oberlandesgericht daselbst.

Der Klägerin stand gegen die Fr. V. A.G. in F. eine Forderung zu, über die eine vollstreckbare notarielle Urkunde vom 10. August 1925 aufgenommen war. Ihr Rechtsbeistand, der Rechtsanwalt H., ließ am 12. März 1926 der Schuldnerin eine vollstreckbare Ausfertigung der Urkunde zustellen und reichte am 19. März 1926 bei der Gerichtsvollzieher-Verteilungsstelle einen Antrag ein, auf Grund der Urkunde bei der Schuldnerin zu pfänden. Der Obergerichtsvollzieher M. hat daraufhin noch an demselben Tage bei der Schuldnerin Maschinen gepfändet. Nachdem am 21. Dezember 1926 über das Vermögen der Schuldnerin Konkurs eröffnet worden war, legte der Verwalter am 25. Januar 1927 Erinnerung wegen der Pfändung ein, die gemäß § 798 ZPO. frühestens am 20. März 1926 hätte vorgenommen werden dürfen. Die Entscheidung hierüber erübrigte sich durch einen Vergleich, den die Klägerin und der Konkursverwalter miteinander abschlossen und in dem die Klägerin auf ihre Rechte aus der Maschinenpfändung verzichtete. Sie trägt vor, sie habe sich zu der Eingehung des Vergleichs veranlaßt gesehen, weil die Pfändung infolge Nichtbeobachtung der Vorschrift in § 798 ZPO. nichtig gewesen sei, und habe durch den Vergleichsabschluß einen Schaden erlitten, der ihr bei rechtzeitiger Vornahme der Zwangsvollstreckung erspart geblieben wäre. In der vorzeitigen Pfändung erblickt sie eine fahrlässige Amtspflichtverletzung des Vollstreckungsbeamten, für deren nachteilige Folgen ihr der Beklagte einzustehen habe. Mit der Klage macht sie einen Teilbetrag des Schadens geltend. Das Landgericht hat die Klage abgewiesen; die Berufung und die Revision der Klägerin sind zurückgewiesen worden.

Gründe.

Nach § 750 Abs. 1 ZPO. darf die Zwangsvollstreckung nur beginnen, wenn das den Vollstreckungstitel bildende Urteil dem Schuldner bereits zugestellt ist oder gleichzeitig zugestellt wird. Dieses Erfordernis verschärft der § 798 für die Zwangsvollstreckung aus den nach § 794 Nr. 5 aufgenommenen Urkunden dahin, daß sie nur beginnen darf, wenn der Schuldtitel dem Schuldner mindestens eine Woche vorher zugestellt ist. Zwischen der Zustellung der vollstreckbaren Urkunde und dem Vollstreckungsbeginn muß also mindestens eine Woche liegen (§ 222 Abs. 1 ZPO., § 187 Abs. 1 BGB.). Diese Bestimmung hat der Gerichtsvollzieher im vorliegenden Falle entgegen der klaren Vorschrift in § 52 Abs. 2 der preußischen Geschäftsanweisung für die Gerichtsvollzieher unbeachtet gelassen und damit gegen die ihm der Klägerin gegenüber obliegende Amtspflicht verstoßen. Das Berufungsgericht lehnt es trotzdem ab, dem Beklagten die Haftung für den von der Klägerin geltend gemachten Schaden aufzubürden. Es verkennt zwar nicht, daß die verfrühte Pfändung wegen der zwingenden Natur des § 798 zunächst kein Pfandrecht für die Gläubigerin hat begründen können, ist aber der Ansicht, daß die Pfändung mit dem Ablauf der dort bestimmten Frist wirksam geworden sei, und leitet hieraus die Folgerung ab, daß für die Klägerin kein Anlaß bestanden habe, mit dem Konkursverwalter den sie schädigenden, mit einer Aufgabe der Rechte aus der Zwangsvollstreckung verbundenen Vergleich einzugehen. Es verneint demgemäß den ursächlichen Zusammenhang zwischen dem amtswidrigen Verhalten des Gerichtsvollziehers und dem Schaden der Klägerin.

Die Revision bekämpft diese Ausführungen als rechtsirrig und sucht darzulegen, daß sich an der Unwirksamkeit der Pfändung später nichts geändert habe und der Vergleichsabschluß deshalb geboten gewesen sei. Dieser Ansicht kann nicht beigepflichtet werden. Dem § 798 ZPO. liegt der Gedanke zugrunde, daß es eine Härte sei, die Zwangsvollstreckung aus vollstreckbaren Urkunden sofort nach der Zustellung des Schuldtitels zuzulassen; denn der Schuldner, der bei Urteilen durch das vorausgehende längere Verfahren Gelegenheit habe, sich über den für die Vollstreckung in Frage kommenden Betrag zu unterrichten, erfahre hier meist erst aus dem Titel, was er schulde; es gelte daher, ihn durch das Erfordernis einer Frist zwischen der Zustellung des Schuldtitels und der Pfändung vor Überraschungen zu schützen. Aus dieser Erwägung des Gesetzgebers wie auch aus der Fassung der Vorschrift erhellt, daß sie ein Verbotsgesetz darstellt und daß ihr zuwiderlaufende Pfändungen wirkungslos sind. Der Grund der Vorschrift nötigt jedoch nicht dazu, den in der vorzeitigen Vornahme der Zwangsvollstreckung bestehenden Mangel als unheilbar anzusehen. Der Gläubiger wäre sonst gezwungen, nach Ablauf der einwöchigen Schutzfrist die Pfändung wiederholen zu lassen, und diese erneute Vornahme der Zwangsvollstreckung würde eine leere Formalität bedeuten, die nicht in der Absicht des Gesetzgebers gelegen haben kann. Daraus ergibt sich die Berechtigung der Annahme, daß sich die zunächst unwirksame Pfändung durch den Ablauf der Frist in eine wirksame verwandelt. Im Verhältnis des Gläubigers zum Schuldner greift diese Erstarkung der Pfändung — wie der erkennende Senat bereits im Urteil vom 5. Juli 1911 III 479/10, abgedr. JW. 1911 S. 818 Nr. 35, ausgesprochen hat — bedingungslos Platz und nur Dritten gegenüber, die vor der Behebung des Mangels Rechte am Gegenstand der Pfändung erwerben, kann sie nicht zur Geltung kommen. Bei solchen Dritten wird die zur Zeit des noch fortbestehenden Mangels geschaffene Rechtslage und der dadurch begründete Vorrang ihrer Rechte durch den späteren Fristablauf nicht mehr berührt. In dieser Weise hat das Reichsgericht die verfrühte Pfändung in Fällen beurteilt, in denen es sich um die Arrestvollziehung vor Zustellung des Arrestbefehls oder um die Zwangsvollstreckung vor der Zustellung von Urkunden handelte (RGZ. Bd. 6 S. 388, Bd. 20 S. 433, Bd. 25 S. 368, Bd. 56 S. 212). Auch in diesen Fällen stand die Außerachtlassung wesentlicher Vorschriften in Frage, mit denen der § 798 gemein hat, daß sie auf den Schutz des Schuldners abzielen. Nicht entgegen steht das Urteil des erkennenden Senats RGZ. Bd. 83 S. 336, das die hier nicht zur Entscheidung stehende Frage behandelt, ob der Schuldner auf die Wohltat des § 798 verzichten kann. Aus dem Bisherigen folgt, daß ein Dritter, für den Rechte am Gegenstand der vorzeitigen Pfändung erst erwachsen, nachdem diese durch den Fristablauf Wirksamkeit erlangt hat, die Zwangsvollstreckung gegen sich gelten lassen muß. Das gleiche gilt daher auch vom Verwalter im Konkurs über das Schuldnervermögen, wenn der Fristablauf und damit der Eintritt der Erstarkung des Pfändungspfandrechts vor der Konkurseröffnung liegt. Das Reichsgericht hat dies für einen mit dem gegenwärtigen im wesentlichen gleichliegenden Fall in der Entscheidung RGZ. Bd. 25 S. 368 anerkannt. Wie das von vornherein gültig begründete Pfändungspfandrecht, wenn es nur vor Beginn des Konkurses über das Vermögen des Schuldners entstanden ist, ein Absonderungsrecht in diesem gewährt, so trifft das auch auf das zunächst ungültige, aber dann vor dem bezeichneten Zeitpunkt vollwirksam gewordene Recht gleicher Art zu (§ 49 Nr. 2, §§ 14, 15 KO.). Die Rechtsstellung der Klägerin war daher zur Zeit des Vergleichsabschlusses eine solche, daß die vom Konkursverwalter erhobene Erinnerung (§ 766 ZPO.) hätte zurückgewiesen werden müssen und daß für die Klägerin kein Anlaß bestand, sich der durch die Zwangsvollstreckung erlangten Rechte zu begeben.

---

57. 1. Schränkt § 2 Abs. 2 der preußischen Verordnung betr. das Verwaltungszwangsverfahren wegen Beitreibung von Geldbeträgen vom 15. November 1899 für das Gebiet des Verwaltungszwangsverfahrens den Rechtsweg für solche Ansprüche ein, die sich auf die Haftung öffentlicher Körperschaften für Amtspflichtverletzungen ihrer Beamten gründen?

2. Inwieweit haben die Vollstreckungsbehörden im Verwaltungszwangsverfahren die Belange des Schuldners wahrzunehmen, insbesondere in seinem Interesse dafür zu sorgen, daß bei der Versteigerung gepfändeter Sachen ein angemessener Erlös erzielt wird?

III. Zivilsenat. Urt. v. 25. Juni 1929 i. S. Stadt H.-W. (Bekl.) w. H. (Kl.). III 493/28.

I. Landgericht Stade.
II. Oberlandesgericht Celle.

Der Kläger betrieb in W. eine Schiffswerft auf einem Gelände, das er von der Stadt gemietet hatte. Im Jahre 1925 geriet er in Rückstand mit der Entrichtung von Staats- und Gemeindesteuern, von Schulgeld und von Beiträgen für die Ortskrankenkasse und für die Baugewerksgenossenschaft. Die Kämmereikasse der damaligen Stadt W., die seit dem 1. Juli 1927 mit der Stadt H. zu der Stadt H.-W., der jetzigen Beklagten, vereinigt ist, ließ zunächst am 30. September 1925 und später noch mehrfach durch ihren Vollziehungsbeamten Sch. beim Kläger pfänden. Die Pfändungen umfaßten schließlich seine gesamte Werfteinrichtung. Es wurden ihm mehrfach Stundungen gewährt; er leistete Abschlagszahlungen, während neue Rückstände hinzutraten. Schließlich belief sich seine Schuld an Abgaben und Beiträgen auf 2069,22 RM. Wegen dieses Betrags ließ die Kämmereikasse am 28. Januar 1926 die Pfandgegenstände durch Sch. versteigern. Die Versteigerung erbrachte einen Erlös von 1072 RM. Der Kläger mußte nunmehr seinen Betrieb stillegen und sein Arbeitspersonal entlassen.

Er wirft den leitenden Beamten der Kämmereikasse der Stadt W., dem Kämmereidirektor R. und dem Kassenobersekretär H., sowie dem Vollziehungsbeamten Sch. vor, daß sie im Zwangsvollstreckungsverfahren schuldhafte Amtspflichtverletzungen ihm gegenüber begangen hätten, für deren schädigende Folgen die Beklagte einstehen müsse. Die Zwangsversteigerung habe schon deshalb nicht erfolgen dürfen, weil die Pfandsachen zur Fortsetzung des handwerksmäßigen Gewerbebetriebs des Klägers unentbehrlich und deshalb unpfändbar gewesen seien. Die Gegenstände, deren Wert der Kläger auf 16150 RM. angibt, seien außerdem verschleudert worden. Schon ihre Pfändung habe gegen das Verbot der Überpfändung verstoßen. Jedenfalls hätte durch sachgemäße Verwertung, zu der die genannten Beamten auch im Interesse des Schuldners verpflichtet gewesen seien, ein weit höherer Preis erzielt werden können. Der Kläger hat seinen Schaden, dessen Berechnung er den Wert der Sachen abzüglich des Versteigerungserlöses zugrunde legt und den er demgemäß auf 15063,60 RM. beziffert, nebst Zinsen gegen die Beklagte eingeklagt.

Die Beklagte erhob zunächst die Einrede der Unzulässigkeit des Rechtswegs, da nach § 2 Abs. 2 der preußischen Verordnung betr. das Verwaltungszwangsverfahren wegen Beitreibung von Geldbeträgen vom 15. November 1899 (GS. S. 545) bei vermeintlichen Mängeln des Zwangsverfahrens nur die Beschwerde bei der vorgesetzten Dienstbehörde des Beamten zulässig sei. In sachlicher Hinsicht bestritt sie jede schuldhafte Amtspflichtverletzung der beteiligten städtischen Beamten, behauptete auch überwiegendes Mitverschulden des Klägers. Sie sieht dieses insbesondere darin, daß er es unterlassen habe, gegenüber den jetzt von ihm als unzulässig bezeichneten Maßnahmen vom Beschwerderecht Gebrauch zu machen.

Das Landgericht hat die Klage abgewiesen. Dagegen hat das Oberlandesgericht den Anspruch des Klägers auf Ersatz des ihm durch die Versteigerung vom 28. Januar 1926 entstandenen Schadens dem Grunde nach für gerechtfertigt erklärt. Auf die Revision der Beklagten wurde das Berufungsurteil aufgehoben und die Berufung des Klägers gegen das erstinstanzliche Urteil zurückgewiesen.

Gründe.

1. Die Einrede der Unzulässigkeit des Rechtswegs haben die Vorinstanzen mit Recht zurückgewiesen. Seine Zulässigkeit für den auf Art. 131 RVerf. gestützten Klaganspruch ergibt sich ohne weiteres aus Abs. 1 Satz 3 dieser Verfassungsvorschrift. Enthielte § 2 Abs. 2 der Verordnung vom 15. November 1899 für das Gebiet des Verwaltungszwangsverfahrens die von der Beklagten behauptete Einschränkung des Rechtswegs für Ansprüche, die sich auf die Haftung öffentlicher Körperschaften für Amtspflichtverletzungen ihrer Beamten gründen, so würde er insoweit mit der Reichsverfassung unvereinbar sein und deshalb der Rechtswirksamkeit entbehren (vgl. RGZ. Bd. 102 S. 392, Bd. 106 S. 34). Übrigens bezieht er sich, wie gegenüber den Ausführungen der Revision bemerkt werden

mag, überhaupt nicht auf Ansprüche der bezeichneten Art. Entscheidungen, welche die auf Grund von § 2 Abs. 2 a. a. O. angerufene vorgesetzte Dienstbehörde trifft, sollen nur für den Bereich des Verwaltungszwangsverfahrens maßgebend sein.

2. Mit Recht hat das Berufungsgericht angenommen, daß die dem Kläger abgepfändeten Sachen nicht zu den nach § 811 Nr. 5 ZPO. (in Verbindung mit § 25 Abs. 1 Vo. vom 15. November 1899) unpfändbaren gehört haben. Der Vorwurf einer schuldhaften Überpfändung und damit des Verstoßes gegen § 17 Abs. 1 Satz 2 der genannten Verordnung wird schon durch den geringen Erlös der Versteigerung widerlegt, sofern nicht die Beklagte gerade dafür einzustehen hat, daß hierbei nicht mehr erzielt worden ist. Solche Haftung der Beklagten hat das Oberlandesgericht angenommen und deshalb den Klaganspruch dem Grunde nach für gerechtfertigt erklärt. Es führt aus, daß zwar in der Beitreibung der rückständigen Abgaben und Beiträge an sich noch keine Amtspflichtverletzung der beteiligten Beamten zu erblicken sei; die Wahrung einer dem Schuldner gegenüber obliegenden Amtspflicht habe aber geboten, die Vollstreckung nach Möglichkeit so durchzuführen, daß ihre schlimmste Folge, die Stillegung des klägerischen Betriebs, vermieden oder daß jedenfalls die Gegenstände so verwertet worden wären, wie es das Interesse des Schuldners unter Wahrung der eigenen Interessen der Gläubiger erfordert habe. Die Beamten der Kämmereikasse hätten von sich aus die nötigen Maßnahmen ergreifen müssen, um eine unwirtschaftliche Verschleuderung der Vermögensstücke des Klägers zu verhüten, und zwar um so mehr, als sie von ihm auf diese Gefahr hingewiesen worden seien. Die Werfteinrichtungsgegenstände seien zum größten Teile verschleudert worden. Die Beamten hätten sich der völligen Unzulänglichkeit eines großen Teils der abgegebenen Gebote bewußt werden müssen und deshalb den zunächst noch vorbehaltenen Zuschlag nicht erteilen dürfen. Ihre Pflicht sei es gewesen, auf eine anderweitige Verwertung der Pfandgegenstände, etwa durch freihändigen Verkauf, Bedacht zu nehmen, wodurch sie ein besseres Ergebnis herbeigeführt haben würden.

Diese hier in ihrem wesentlichen Gedankengang wiedergegebene Begründung des Berufungsurteils läßt einen gewissen Zweifel darüber bestehen, ob das Gericht den Beamten der Stadt W. daraus einen Vorwurf machen will, daß sie durch die Durchführung der Zwangsvollstreckung gegen den Kläger seinen Betrieb stillgelegt haben. Klargestellt wird indessen dieser Punkt durch den Schluß der Urteilsgründe, wo gesagt wird, der dem Kläger erwachsene Schaden bestehe in dem Unterschied zwischen dem tatsächlich aus den Versteigerungssachen erzielten Erlös und dem, was ihm verblieben wäre, wenn die Pfandgegenstände sachgemäß (soweit nötig) verwertet worden wären. Daraus ergibt sich, daß der Berufungsrichter nur die schuldhafte Verschleuderung der Sachen des Klägers als ein Amtsversehen ansieht, für dessen Folgen die Beklagte Ersatz leisten müsse. Eine Amtspflicht der städtischen Beamten, die Zwangsvollstreckung so zu gestalten, daß der Betrieb des Klägers nicht zum Erlöschen kam, kann auch nicht anerkannt werden. Sie ist insbesondere aus den noch zu erörternden Ministerialerlassen nicht zu entnehmen.

Die Verurteilung der Beklagten beruht demnach auf der Annahme des Berufungsgerichts, die Beamten der Stadt W. seien dem Kläger gegenüber verpflichtet gewesen, dafür zu sorgen, daß die gepfändeten Sachen nicht verschleudert, d. h. nicht zu einem Preis verkauft würden, der hinter dem wahren Wert weit zurückblieb. Diese Rechtsauffassung kann nicht gebilligt werden. Weder die Zivilprozeßordnung noch die ihr nachgebildete preußische Verordnung über das Verwaltungszwangsverfahren schreiben vor, daß die Zuschlagserteilung bei der Versteigerung gepfändeter Sachen von der Erreichung eines Erlöses in gewisser Höhe abhängt (vgl. JW. 1909 S. 731 Nr. 31). Nur Gold- und Silbersachen dürfen nicht unter ihrem Gold- und Silberwert zugeschlagen werden (§ 820 ZPO., § 29 VO. vom 15. November 1899). Erst durch die Bundesrats-Verordnung über das Mindestgebot bei der Versteigerung gepfändeter Sachen vom 8 Oktober 1914 (RGBl. S. 427) ist, soweit eine Zwangsvollstreckung in körperliche Sachen nach den Vorschriften der Zivilprozeßordnung stattfindet, ein Mindestgebot vorgeschrieben worden. Diese Verordnung gilt aber nicht für das Verwaltungszwangsverfahren. Hier ist es vielmehr dabei geblieben, daß auf das in einer formell ordnungsmäßigen Zwangsversteigerung abgegebene Höchstgebot der Zuschlag erteilt werden kann, mag das Gebot dem wahren Werte der Pfandsache auch noch so wenig entsprechen.

Der Berufungsrichter legt dem von ihm angeführten § 33 der Verordnung vom 15. November 1899 eine zu weitgehende Bedeutung bei. Die dem § 825 ZPO. entsprechende Vorschrift ermächtigt die Vollstreckungsbehörde, auf Antrag des Schuldners oder aus besonderen Zweckmäßigkeitsgründen anzuordnen, daß die Verwertung der gepfändeten Sachen in anderer Weise stattzufinden habe, als durch die Verordnung bestimmt ist. Daß die Vollstreckungsbehörde verpflichtet sei, im Interesse des Schuldners von Amts wegen den regelmäßigen Weg der Vollstreckung zu verlassen und eine andere Art der Verwertung der Pfandsachen zu versuchen, sagt § 33 nicht. Die besonderen Zweckmäßigkeitsgründe hat die Vollstreckungsbehörde in dem Interesse des Gläubigers an möglichst vollständiger Befriedigung zu suchen. Denn seine Belange gehen denen des Schuldners vor. Ob im Interesse des letzteren die gepfändeten Sachen ohne Gefährdung des Vollstreckungszwecks anderweitig verwertet werden können, hat die Vollstreckungsbehörde — von hier nicht in Betracht kommenden Sonderfällen vielleicht abgesehen — erst zu prüfen, wenn der Schuldner selbst sie beantragt. Einen solchen Antrag hat der Kläger nicht gestellt, obgleich ihm dazu Gelegenheit geboten war. Mit Rücksicht auf ihn wurde am 28. Januar 1926 der Zuschlag nicht sofort erteilt, sondern in die Versteigerungsbedingungen aufgenommen, daß er schriftlich bis zum 30. d. M. 12 Uhr mittags erfolgen werde. Dem Kläger wurde anheim gegeben, am Nachmittag des Versteigerungstages auf der Kämmereikasse zu erscheinen und von den Geboten Kenntnis zu nehmen. Er ist aber nicht an diesem, sondern erst am folgenden Nachmittag zur Kasse gekommen. Mag das auch, wie das Berufungsgericht annimmt, auf einen entschuldbaren Irrtum seinerseits zurückzuführen sein, so hatten die Beamten der Kämmereikasse jedenfalls mangels eines Antrags des Klägers ihm gegenüber keine Verpflichtung, von § 33 der Verordnung Gebrauch zu machen.

Die Ministerialerlasse vom 27. August 1924 (Preuß. FinMinBl. S. 190) und 2. November 1925 (das. S. 155), die das Berufungsgericht sehr wesentlich zuungunsten der Beklagten ins Gewicht fallen läßt, können zu keiner anderen Beurteilung des Verhaltens ihrer Beamten führen. In diesen Erlassen werden im Hinblick auf die Notlage weiter Kreise der Wirtschaft Grundsätze für die Stundung von Staatssteuern aufgestellt, die eine umfassende Rücksichtnahme auf die Verhältnisse des Steuerschuldners gestatten. In dem ersten Erlaß wird besonders betont, daß die Aufrechterhaltung des Betriebs des Schuldners durch die Wegnahme von Gegenständen nicht gefährdet werden dürfe. Im zweiten wird darauf hingewiesen, daß Vollstreckungsmaßnahmen nicht zu einer unwirtschaftlichen Verschleuderung von Vermögensbestandteilen führen dürfen. Diese Anordnungen gelten aber bloß für die Einziehung von Staatssteuern, während die Erlasse nur der Erwartung Ausdruck geben, daß sie von den Gemeinden für die direkten Gemeindesteuern beachtet werden. Sie kommen demnach im vorliegenden Falle, in dem das Verwaltungszwangsverfahren nur zum geringsten Teile Staatssteuern zum Gegenstand hatte, für den weitaus größten Teil der beizutreibenden Abgaben und Beiträge überhaupt nicht in Betracht. Außerdem enthalten die Erlasse, wie sie selbst mehrfach sagen, nur Richtlinien, also allgemeine Grundsätze, deren Anwendung im Einzelfall vom pflichtmäßigen Ermessen der Vollstreckungsbehörde abhängt. Ermessenshandlungen der Verwaltungsbehörden unterliegen aber auch in Haftungsprozessen nur in Ausnahmefällen der Nachprüfung durch die Gerichte (RGZ. Bd. 121 S. 232/33). Das Vorliegen eines solchen Ausnahmefalls kann hier nicht anerkannt werden.

---

58. Sind Vereinbarungen des Staates mit einem Beamten über dessen vermögensrechtliche Ansprüche zulässig? Können sie dadurch getroffen werden, daß der Staat einem an vermögensrechtliche Vorbehalte geknüpften Antrag des Beamten stattgibt, ohne sich zu den Vorbehalten zu erklären?

Reichsbeamtengesetz § 1.

III. Zivilsenat. Urt. v. 2. Juli 1929 i. S. Deutsches Reich (Bekl.) w. Sch. (Kl.). III 498/28.

I. Landgericht I Berlin.

Der Kläger, der am 1. Oktober 1906 aus dem badischen Staatsdienst in den Kolonialdienst übergetreten war, kam Ende Juni 1907 nach Kamerun und wurde dort am 1. April 1911 planmäßiger Bezirksrichter. Während des Weltkriegs trat er bei der Räumung Kameruns Anfang 1916 mit dem Gouvernement von Kamerun auf spanisches Gebiet über, wurde interniert und kehrte Ende November 1919 in die Heimat zurück. Ende Januar 1920 erhielt er durch einen

Erlaß des Reichskolonialministers die Mitteilung, daß seine Weiterverwendung im Kolonialdienst nicht mehr möglich sein werde. Es wurde ihm aufgegeben, sich nach einer anderen Tätigkeit umzusehen und vom Ergebnis seiner Bemühungen Mitteilung zu machen. Auf eine vertrauliche Anfrage bei der badischen Justizverwaltung, ob seine Übernahme in den badischen Justizdienst möglich wäre erhielt er einen zusagenden Bescheid mit der Aufforderung, einen offiziellen Antrag zu stellen. Darauf reichte er der Kolonialzentralverwaltung im Reichsministerium für Wiederaufbau folgenden Antrag ein:

Berlin, den 5. Mai 1920.

Ich bitte gehorsamst um befürwortende Weitergabe des anliegenden Gesuchs um Übernahme in den badischen Staatsdienst. Ich gehe dabei von der Voraussetzung aus, daß mir mein Dienstalter, das Gehalt nach der neuen Besoldungsordnung (Gruppe 11?) und alle erworbenen Pensionierungsansprüche (Doppelrechnung der Tropenjahre, Tropenzulage usw.) gewahrt bleiben. Ich bitte dies mit der badischen Regierung zu vereinbaren und die gegebenenfalls das Reich treffenden Teilbeträge übernehmen zu wollen.

gez. Dr. Sch.
Bezirksrichter, Schutzgebiet Kamerun.

Auf seinen Antrag hin wurde er von Ende Mai 1920 in Baden als Vertreter einzelner Amtsrichter beschäftigt und Mitte Februar 1921 als planmäßiger Oberamtsrichter am Amtsgericht P. mit Wirkung vom 1. März 1921 angestellt. Er wurde dabei in die Gehaltsgruppe 11 eingereiht, in die er mit Erlaß des Reichsministers für Wiederaufbau vom 17. Dezember 1920 eingewiesen worden war. Sein Ausscheiden aus dem Kolonialdienst wurde durch Erlaß des Reichsministers für Wiederaufbau, Kolonialzentralverwaltung, vom 22. März 1921 verfügt. Die Besoldungsverhältnisse der Kolonialbeamten wurden dann erst 1921 durch die Besoldungsordnung für die Schutzgebietsbeamten endgültig geregelt. Der Kläger wurde durch Erlaß des Reichsministers für Wiederaufbau vom 23. Juli 1921 in die Gruppe 12 der Besoldungsordnung I für die Reichsbeamten mit Wirkung vom 1. April 1920 ab eingewiesen. Der Beklagte zahlte ihm das Gehalt aber nur bis zum 28. Februar 1921, d. h. bis zum Tage seiner endgültigen Anstellung im badischen

Justizdienst. Der Kläger verlangte Weiterzahlung des Unterschiedsbetrags zwischen seinem badischen Gehalt aus Gruppe 11 und dem ihm nach Reichsrecht zustehenden Gehalt aus Gruppe 12 und erhielt schließlich am 5. Oktober 1927 den endgültigen ablehnenden Bescheid des Reichsministers des Auswärtigen.

Er hat nunmehr Klage erhoben, mit der er Zahlung des Unterschieds zwischen seinem badischen Gehalt und den ihm nach der Reichsbesoldungsordnung zustehenden Bezügen der Gruppe 12, jetzt 2b verlangt. Er macht in erster Linie geltend: Er sei noch Kolonialbeamter, da seine Entlassung nicht von dem zuständigen Reichspräsidenten, sondern vom Reichsminister für Wiederaufbau verfügt und daher rechtsunwirksam sei; er könne hiernach schon als Reichskolonialbeamter vom Beklagten die Fortzahlung seines Gehalts verlangen. Ferner behauptet er: Der Beklagte habe sich dadurch, daß er auf sein Gesuch vom 5. Mai 1920 keine Erklärung abgegeben habe, stillschweigend mit den von ihm erklärten Vorbehalten einverstanden erklärt; der Beklagte habe ihm damit die Fortzahlung der ihm als Kolonialbeamten zustehenden Gebührnisse zugesagt und sei zur Zahlung der geforderten Unterschiedsbeträge vertraglich verpflichtet. Schließlich führte er aus: Sollte ein Vertrag nicht zustande gekommen und sollten die von ihm ausgesprochenen Vorbehalte übergangen worden sein, so läge eine Amtspflichtverletzung der mit der Bearbeitung seines Gesuchs befaßten Beamten der Kolonialverwaltung ihm gegenüber vor; der Beklagte sei daher zur Zahlung der Klagebeträge aus dem Gesichtspunkt des Schadensersatzes verpflichtet.

Der Beklagte bestritt die Ausführungen des Klägers.

Das Landgericht gab der Klage statt. Die unmittelbar eingelegte Revision des Beklagten blieb erfolglos.

Gründe:

Der Kläger ist durch seine Ernennung zum badischen Oberamtsrichter ohne weiteres aus dem Reichsdienst ausgeschieden. Einer besonderen Entlassung aus dem Reichsdienst bedurfte es nicht (vgl. Urteil des erkennenden Senats vom 8. November 1927 III 156/27, abgedr. JW. 1928 S. 1036 Nr. 2). Die Auffassung des Klägers, daß er noch Kolonialbeamter sei, ist daher unzutreffend. Die Ernennung zum badischen Oberamtsrichter ist mit seiner Zustimmung erfolgt. Allerdings ist der Kläger bei seinem Einverständnis mit der Ernennung von der Annahme ausgegangen, daß die in seinem Schreiben vom 5. Mai 1920 an den Reichsminister für Wiederaufbau ausgesprochenen Vorbehalte berücksichtigt worden seien. Wäre dies nicht der Fall gewesen, so käme möglicherweise eine Anfechtung der Anstellung wegen Irrtums oder Täuschung in Frage. Eine solche hat aber der Kläger gar nicht geltend gemacht. Die Klage ist indessen schon um deswillen begründet, weil dem Kläger ein vertraglicher Anspruch auf die von ihm erhobene Gehaltsforderung zusteht. In seinem Schreiben vom 5. Mai 1920 hebt er hervor, er gehe von der Voraussetzung aus, daß ihm alle seine Vermögensrechte als Kolonialbeamter erhalten blieben; er bittet, dies mit der badischen Regierung zu vereinbaren und die gegebenenfalls das Reich betreffenden Teilbeträge übernehmen zu wollen. Damit hat er hinreichend klar zum Ausdruck gebracht, er wolle seinen Übertritt in den badischen Justizdienst davon abhängig machen, daß er in seinen Vermögensrechten nicht schlechter gestellt würde, als wenn er Kolonialbeamter geblieben wäre. Wollte der Beklagte auf diese Bedingung nicht eingehen, so war er verpflichtet, die Ablehnung der Forderung dem Kläger mitzuteilen. Darüber, daß die Forderung des Klägers sehr wohl praktische Bedeutung gewinnen konnte, mußten sich die Beamten des Beklagten, die mit der Bearbeitung der Angelegenheit betraut waren, im klaren sein. Denn die Besoldungsregelung für die früheren Kolonialbeamten war im Frühjahr 1920 noch nicht erfolgt, sondern bildete, wie der Beklagte selbst vorgetragen hat, noch den Gegenstand langwieriger Verhandlungen mit dem Reichsminister der Finanzen und den Organisationen. Der Beklagte hatte demnach unter Berücksichtigung der besonderen Lage des Falles die Verpflichtung, sich auf die Forderungen des Klägers zu erklären. Tat er dies nicht, so ist nach den Grundsätzen von Treu und Glauben, die im öffentlichen Recht ebenso zu beachten sind wie im bürgerlichen Recht, anzunehmen, daß er den Forderungen des Klägers zugestimmt hat. Unzutreffend ist die Annahme der Revision, daß es sich nach der Natur des Beamtenverhältnisses, insbesondere der Anstellung als eines einseitigen Aktes der Staatsgewalt, bei den Vorbehalten nicht um ein Vertragsangebot habe handeln können, sondern nur um eine Bitte des Klägers, seine ihm im Rahmen des öffentlichen Rechts zustehenden Rechte nach Möglichkeit auch der badischen Regierung gegenüber zu wahren. Es besteht im Rahmen des öffentlichrechtlichen, durch einseitigen Staatshoheitsakt begründeten Beamtenverhältnisses sehr wohl die Möglichkeit, daß zwischen Staat und Beamten besondere Vereinbarungen getroffen werden, wenn diese Abreden nicht dem Wesen des Beamtenverhältnisses widersprechen. Das ist hier nicht der Fall. Auch der Umstand, daß der Kläger seine Forderungen nicht dem badischen Staat, sondern dem Reich vortrug, findet in der gegebenen Sachlage seine Rechtfertigung. Er wandte sich mit seinen Wünschen an das Reich, weil er damals noch Reichsbeamter war und nur mit Zustimmung des Reichs seinen Dienstherrn wechseln konnte. Er war wohl auch mit Recht der Auffassung, daß es geringere Schwierigkeiten bereiten würde, wenn das Reich, das durch den Übertritt des Klägers in den Landesdienst seiner Verpflichtung zur Zahlung von Gehalt oder Wartegeld für den überzähligen Beamten ledig wurde, die Zahlung etwaiger Unterschiedsbeträge zwischen dem Gehalt als Reichsbeamter und als Landesbeamter übernehmen würde, als wenn das Land ihm bei der Einordnung in seinen Beamtenkörper ein Sondergehalt hätte bewilligen sollen. Zutreffend hat der Kläger daher in seiner Eingabe gebeten, daß das Reich gegebenenfalls die betreffenden Teilbeträge übernehmen wolle. Diese „Bitte" ist nicht, wie die Revision will, dahin zu werten, daß der Kläger sich damit bedingungslos in die Hand seiner vorgesetzten Dienstbehörde geben wollte. Sie enthält vielmehr in der dem Verkehr mit dem Vorgesetzten angepaßten Form die Bedingung, unter welcher der Kläger — für den ein Zwang damals nicht bestand — bereit war, den Reichsdienst zu verlassen und in den Landesdienst überzutreten. Nach dem oben Ausgeführten hat der Beklagte diese Bedingung stillschweigend angenommen. Er ist daher verpflichtet, dem Kläger die Unterschiedsbeträge zwischen seinem badischen Gehalt als Oberamtsrichter und dem ihm als Kolonialbeamten zustehenden Gehalt zu zahlen.

---

59. 1. Unter welchen Voraussetzungen darf ein Zwangsversteigerungstermin vertagt werden? Enthält die sachlich ungerechtfertigte Vertagung eines solchen Termins stets ein Verschulden des Versteigerungsrichters?

2. An wen ist der Beschluß zuzustellen, durch den das höhere Gericht ein gemeinsames Vollstreckungsgericht bestellt? Welches Gericht hat für die Zustellung dieses Beschlusses zu sorgen?

ZVG. §§ 2, 16, 18, 43, 65. ZPO. § 37 Abs. 2, §§ 227, 329 Abs. 3.

III. Zivilsenat. Urt. v. 5. Juli 1929 i. S. Preuß. Staat (Bekl.) w. Sch. (Kl.). III 516/28.

I. Landgericht Kassel.
II. Oberlandesgericht daselbst.

Der Mühlenbesitzer A. in Sch.mühle bei R. (Oberhessen) schuldete der Klägerin erhebliche Beträge; sie waren zum Teil durch Sicherungshypotheken gedeckt, die auf den teils in Preußen, teils in Hessen gelegenen Grundstücken des Schuldners eingetragen waren. Auf Antrag der Klägerin wurde die Zwangsversteigerung dieser Grundstücke, auf denen der Schuldner eine Mühle betrieb, angeordnet, und zwar, soweit sie in Preußen lagen, durch Beschluß des preußischen Amtsgerichts Bergen (Kreis Hanau) vom 17. Juni 1925, soweit sie in Hessen lagen, durch Beschluß des hessischen Amtsgerichts Vilbel vom 23. dess. Mts. Der erstgenannte Beschluß wurde am 20., der zweitgenannte am 24. Juni der Klägerin und dem Schuldner zugestellt. Die Zwangsversteigerungsvermerke wurden im Grundbuch an den gleichen Tagen eingetragen. Im Antrag auf Zwangsversteigerung hatte die Klägerin bemerkt, daß sie gleichzeitig beim Reichsgericht beantragt habe, für das weitere Verfahren auch wegen der hessischen Grundstücke das Amtsgericht Bergen als Vollstreckungsgericht zu bestellen. Dem Antrag der Klägerin entsprechend bestimmte das Reichsgericht durch Beschluß vom 17. Juni 1925 das Amtsgericht Bergen gemäß §§ 2, 18 ZVG. zum gemeinsamen Vollstreckungsgericht. Der Beschluß wurde vom Reichsgericht nur der Klägerin zugestellt, welche die Beschlußausfertigung dem Amtsgericht Bergen einreichte.

Das Amtsgericht Bergen setzte, nachdem es vom Amtsgericht Vilbel dessen Zwangsversteigerungsakten eingefordert hatte, Versteigerungstermin auf den 20. Oktober 1925 an. Der Termin mußte aufgehoben werden, da eine der Bekanntmachungen nicht rechtzeitig erfolgt war. Neuer Versteigerungstermin wurde auf den 19. Januar 1926 angesetzt. In der Zwischenzeit wurde der Beitritt der Klägerin wegen verschiedener anderer Forderungen sowie der Beitritt noch weiterer Gläubiger des A. zugelassen. Im Termin vom 19. Januar 1926 blieb die Klägerin mit einem Bargebot von 2823,32 RM. für die hessischen und von 3000 RM. für die preußischen Grundstücke Meistbietende und erhielt dafür durch Beschluß vom 9. Februar 1926 die Grundstücke zugeschlagen. In das geringste Gebot war eine Lohnforderung des Obermüllers R. in Sch.mühle im Betrag von 150 RM. aufgenommen. In den Versteigerungsbedingungen hieß es, daß der Ersteher als persönlicher und als dinglicher Schuldner die Verpflichtung übernehme, drei nach dem 15. Juni 1922 zur Löschung gelangte Hypotheken insoweit aufzuwerten, als sie der Aufwertung nach dem Aufwertungsgesetz unterlägen. Der Zuschlagsbeschluß wurde auf die sofortige Beschwerde des Schuldners durch Beschluß des Landgerichts Hanau vom 27. Februar 1926 aufgehoben, weil die bezeichnete Lohnforderung nicht hätte berücksichtigt und die Übernahme der Aufwertungshypotheken nicht hätte zur Versteigerungsbedingung gemacht werden dürfen.

Im neuen Versteigerungstermin vom 6. Juli 1926 beantragte der Schuldner noch vor Feststellung des geringsten Gebots gemäß § 65 ZVG., die von ihm näher bezeichneten Zubehörstücke seiner Mühle (Maschinen, maschinelle Betriebseinrichtungen und Fuhrpark) durch einen Gerichtsvollzieher besonders versteigern zu lassen, weil hierdurch ein höherer Erlös zu erzielen sei. Das Amtsgericht beschloß trotz Widerspruchs der Klägerin, die Verhandlung zu vertagen, um einen Sachverständigen darüber zu hören, ob bei einer getrennten Versteigerung ein wesentlich höherer Preis erzielt werden könne, als wenn die Gebäude mit den Maschinen versteigert würden. Im nächsten Versteigerungstermin, am 17. September 1926, lehnte das Amtsgericht, nachdem inzwischen das Gutachten erstattet worden war, den Antrag des Schuldners auf besondere Versteigerung der fraglichen Zubehörteile ab. In diesem Termin blieb die Klägerin mit einem Bargebot von 8000 RM. erneut Meistbietende und erhielt durch Beschluß vom gleichen Tage den Zuschlag. Die dagegen vom Schuldner und von einer anderen Gläubigerin eingelegten sofortigen Beschwerden wurden vom Landgericht zurückgewiesen. Auf weitere Beschwerde hin hob aber das Oberlandesgericht durch Beschluß vom 10. Dezember 1926 den Zuschlagsbeschluß vom 17. September nebst dem ihm vorausgegangenen Verfahren auf, da der Beschluß des Reichsgerichts vom 17. Juni 1925, durch den das Amtsgericht Bergen zum gemeinsamen Vollstreckungsgericht bestellt worden war, dem Schuldner hätte zugestellt werden müssen, was nicht geschehen sei.

Die Klägerin wandte sich nunmehr nochmals an das Reichsgericht mit dem Antrag, zur Behebung aller Zweifel das Amtsgericht Bergen erneut zum gemeinsamen Vollstreckungsgericht zu bestellen, und zwar wegen ihrer sämtlichen Forderungen, wegen der Forderungen der Beitrittsgläubiger und wegen der Forderungen anderer etwa beigetretener oder noch beitretender Gläubiger. Das Reichsgericht bestimmte daraufhin durch Beschluß vom 22. Dezember 1926 zum Zwecke der Zwangsvollstreckung wegen der von der Klägerin bezeichneten Forderungen in die Grundstücke des Schuldners, sowie zum Zwecke der Zwangsvollstreckung wegen der Forderungen der dem Zwangsversteigerungsverfahren beigetretenen Gläubiger in diese Grundstücke wiederum das Amtsgericht Bergen zum gemeinsamen Vollstreckungsgericht mit dem Bemerken, ein besonderer Ausspruch dahin, daß dieses Gericht auch für die Zwangsvollstreckung der Klägerin und der beigetretenen oder etwa noch beitretenden Gläubiger wegen etwaiger weiterer Forderungen als gemeinsames Vollstreckungsgericht bestimmt werde, erscheine überflüssig. Der Beschluß wurde vom Reichsgericht der Klägerin, dem Schuldner und sämtlichen beigetretenen Gläubigern zugestellt. Sodann erklärte das Landgericht Hanau durch Beschluß vom 31. Dezember 1926 den einzigen Richter des Amtsgerichts Bergen — nachdem er von einem Verhältnis Anzeige gemacht hatte, das seine Ablehnung rechtfertigen könnte — für befangen und bestimmte durch Beschluß vom 15. Januar 1927 das Amtsgericht Hanau als zuständiges Gericht. Dieses ließ sämtliche vom Amtsgericht Bergen erlassenen Beitrittsbeschlüsse den Beteiligten mit Ausnahme der betreibenden Gläubigerin (der Klägerin) und des Schuldners nochmals zustellen. Am 23. März 1927 fand vor ihm ein Zwangsversteigerungstermin statt, der mit dem Zuschlag der Grundstücke wiederum an die Klägerin zum Bargebot von 8000 RM. endete. Diesen Zuschlagsbeschluß hob das Landgericht Hanau durch Beschluß vom 20. April 1927 auf, weil die Beitrittsbeschlüsse des Amtsgerichts Bergen durch den Beschluß des Oberlandesgerichts Kassel vom 10. Dezember 1926 mitaufgehoben worden seien; das Amtsgericht Hanau habe sie also, statt sich mit der Wiederholung ihrer Zustellung zu begnügen, von neuem erlassen müssen. Das Oberlandesgericht

Kassel wies durch Beschluß vom 23. Mai 1927 die weitere Beschwerde der Klägerin zurück, indem es sich den Gründen des Landgerichts anschloß und außerdem darauf hinwies, daß sich aus den Akten nicht habe feststellen lassen, ob der landgerichtliche Beschluß vom 31. Dezember 1926, durch den der Richter des Amtsgerichts Bergen für befangen erklärt worden war, zugestellt worden sei. Der letzte Versteigerungstermin fand am 24. August 1927 statt. Auch diesmal erhielt die Klägerin den Zuschlag, aber erst für ein Bargebot von 11000 RM. Dieser Zuschlagsbeschluß ist rechtskräftig geworden.

Die Klägerin ist der Auffassung, daß die lange Dauer des von ihr betriebenen Zwangsversteigerungsverfahrens auf schuldhafte Amtspflichtverletzungen der beteiligten Justizbeamten zurückzuführen sei. Die Fehler, die mehrfach zur Aufhebung der Zuschlagsbeschlüsse geführt hätten, seien bei Anwendung der erforderlichen Sorgfalt sämtlich zu vermeiden gewesen. Ungesetzlich oder zum mindesten unangebracht sei auch die Vertagung des Versteigerungstermins vom 6. Juli 1926 gewesen. Sie behauptet, durch die Hinauszögerung des Termins erheblichen Schaden erlitten zu haben. Sie habe höhere Beträge an Gerichts- und Anwaltskosten sowie an Reisekosten und sonstigen Auslagen aufwenden müssen. Bei früherer Aufhebung der neben dem Zwangsversteigerungsverfahren einherlaufenden Zwangsverwaltung wären ihr erhebliche Zuschüsse erspart geblieben, die sie zu letzterer habe leisten müssen. Die ihr vom Schuldner gezahlten Beträge hätten lange Zeit zinslos brach gelegen, während sie dafür teuere Kredite habe aufnehmen müssen. Wäre es ihr gelungen, die Mühle früher zu ersteigern, so hätte sie nicht im letzten Versteigerungstermin einen höheren Betrag bieten müssen als in den ersten. Außerdem hätte sie dann die Mühle früher in Betrieb nehmen und gewinnbringend ausnutzen können. Unter Vorbehalt weiterer Ansprüche hat sie zunächst einen Teilbetrag von 10000 RM. nebst Zinsen eingeklagt.

Der Beklagte bestreitet, daß die im Zwangsversteigerungsverfahren tätig gewesenen Beamten schuldhaft gehandelt hätten.

Das Landgericht hat die Klage abgewiesen. Das Oberlandesgericht hat dagegen den Anspruch der Klägerin mit der Maßgabe dem Grunde nach für gerechtfertigt erklärt, daß der Beklagte der Klägerin den Schaden zu ersetzen habe, der ihr dadurch entstanden sei, daß im Zwangsversteigerungsverfahren der Versteigerungstermin am 6. Juli 1926 nicht durchgeführt und der Klägerin nicht auf Grund dieses

Termins der Zuschlag endgültig erteilt worden sei. Die Revision des Beklagten führte zur Aufhebung und Zurückverweisung.

Gründe:

Das Berufungsgericht erblickt eine den Beklagten gegenüber der Klägerin zum Schadensersatz verpflichtende schuldhafte Amtspflichtverletzung des Versteigerungsrichters in der Vertagung des Versteigerungstermins vom 6. Juli 1926. Ihm ist darin beizustimmen, daß diese Vertagung nicht hätte erfolgen dürfen. Rechtlich gründet sich die an sich nicht zu leugnende Zulässigkeit einer solchen Vertagung auf den auch im Bereich des Zwangsversteigerungsgesetzes geltenden § 227 ZPO., der eine Vertagung beim Vorliegen erheblicher Gründe gestattet. Diese Gründe müssen aber im Zwangsversteigerungsverfahren besonders zwingender Natur sein. Der erkennende Senat hat das zunächst in seinem Urteil vom 25. April 1911 III 330/10 (abgedr. JW. 1911 S. 599 Nr. 54, Recht 1911 Nr. 2459, Bayr. Z. f. Rpfl. 1911 S. 280) für die Vertagung eines Termins zur Verkündung des Zuschlagsbeschlusses, dann in seinem Urteil vom 27. Februar 1914 III 522/13 (abgedr. WarnRspr. 1914 Nr. 188, Recht 1914 Nr. 1191) auch für die Vertagung eines Zwangsversteigerungstermins ausgesprochen. In der letztgenannten Entscheidung hat er hervorgehoben, daß solche Vertagung mit Rücksicht auf die Vorschrift in § 43 Abs. 1 ZVG. eine erhebliche Verzögerung des Verfahrens zur Folge habe, durch welche die laufenden Beträge der wiederkehrenden Leistungen anwüchsen und die Befriedigung der nachfolgenden Gläubiger gefährdet werde. Zudem könne durch sie der Kreis der Bietungslustigen verringert werden. Mit Rücksicht auf diese und etwaige sonstige Nachteile sei die Vertagung eines Versteigerungstermins, wenn auch nicht völlig unzulässig, so doch nur in ganz außergewöhnlichen Fällen gerechtfertigt. Ein solcher Fall lag, wie der Vorderrichter zutreffend dargelegt hat, hier nicht vor.

Im Termin vom 6. Juli 1926 stellte zunächst der Schuldner auf Grund von § 65 ZVG. den Antrag, die in einer von ihm überreichten „Taxation" aufgeführten Maschinen und maschinellen Betriebseinrichtungen sowie den Fuhrpark der Mühle durch einen Gerichtsvollzieher besonders versteigern zu lassen. Nunmehr beantragte der Vertreter der Deutschen Bank, einer beteiligten Gläubigerin, Vertagung und Anhörung eines Sachverständigen darüber, ob ein höherer Erlös erzielt werden könne, wenn Gebäude und Maschinen gesondert versteigert würden. Die Klägerin widersprach mit der Begründung, daß bei der Einzelversteigerung kein höherer Erlös zu erwarten sei. Gleichwohl beschloß das Amtsgericht die Vertagung zur Anhörung eines Sachverständigen. Für diese einschneidende Maßnahme bot der Antrag des Schuldners, mochte ihn auch eine Gläubigerin bis zu einem gewissen Grade unterstützen, keine hinreichende Grundlage. Der Schuldner berief sich lediglich auf die von ihm überreichte „Taxation", eine am 31. März 1925 von einem Zivilingenieur aufgestellte Schätzung der Sch.mühle. Dieses Privatgutachten deutete in keiner Weise an, daß die Gebäude und die Maschinen im Fall einer Trennung voneinander wertvoller würden, hob vielmehr im Eingang hervor, daß die Abschätzung erfolgt sei in Ansehung des Alters, des Zustands und des Verwendungszwecks der einzelnen Gebäude und Maschinen „unter Berücksichtigung des Umstands, daß sich die Mühle in Betrieb befinde." Nach allgemeiner Erfahrung ist ja überhaupt ein gewerblicher Betrieb regelmäßig besser zu verwerten, wenn er zu einer Einheit zusammengefaßt bleibt, als wenn er in seine Bestandteile zerlegt wird. Bei mangelnder Ertragsfähigkeit eines Unternehmens mag geboten sein, Gebäude und Maschinen auseinanderzureißen und je für sich zu verwerten. Für das Vorliegen eines solchen oder eines anderen Ausnahmefalls fehlte es hier aber dem Versteigerungsrichter an jedem Anhalt. War danach bei Anordnung der vom Schuldner beantragten Maßnahme kein höherer Erlös zu erwarten, so mußte sein nur für diesen Fall gerechtfertigter Antrag abgelehnt werden. Durch die Vertagung des Termins und die gleichzeitige Anordnung einer Begutachtung durch einen Sachverständigen eröffnete ihm zwar das Gericht die Möglichkeit, doch noch zum Ziel zu kommen und die getrennte Verwertung von Mühlengebäuden und Mühlenzubehör zu erreichen. Das geschah aber auf Gefahr der sonstigen Beteiligten, insbesondere der betreibenden Gläubigerin, der Klägerin, und war deshalb ein nicht zu rechtfertigendes Entgegenkommen gegenüber dem Schuldner, der rechtzeitig für eine hinreichende Begründung seines Antrags hätte sorgen sollen. Das Vollstreckungsgericht konnte seinen Beschluß, einen Sachverständigen zu hören, nur auf § 144 ZPO. stützen, da die Vernehmung eines solchen nicht vom Schuldner (dem Antragsteller für gesonderte Verwertung), sondern von einem Dritten, einer beteiligten Gläubigerin, beantragt, d. h. in Wirklichkeit nur angeregt worden war. Es mag dahingestellt bleiben, inwieweit im

Zwangsversteigerungsverfahren für eine Beweisaufnahme von Amts wegen überhaupt Raum ist. Hier hätte sie jedenfalls deshalb unterbleiben müssen, weil sie keine oder doch nur äußerst geringe Aussicht auf ein Ergebnis bot, das zu der vom Schuldner gewünschten Anwendung des § 65 ZVG. hätte führen können, während sie andererseits mit der Möglichkeit erheblicher Schädigung der übrigen Beteiligten erkauft wurde. Ein zureichender Grund für die nur in seltenen Ausnahmefällen zulässige Vertagung eines Versteigerungstermins stand also dem Amtsgericht bei seiner Beschlußfassung nicht zur Seite.

Die danach sachlich zweifellos unrichtige Maßnahme hat das Berufungsgericht dem Versteigerungsrichter auch als Verschulden zugerechnet. Das ist indessen nicht zu billigen. Nicht schon jedes sachliche Fehlgreifen eines Beamten kann als fahrlässig angesehen werden. Vielmehr müssen die Umstände des Falles die weitere Feststellung rechtfertigen, daß der Beamte nicht die im Verkehr erforderliche Sorgfalt beobachtet hat. An solchen Umständen mangelt es hier.

Wie vorweg zu bemerken, kann dem Versteigerungsrichter nicht schon daraus ein Vorwurf gemacht werden, daß er die obengenannten beiden Urteile des Senats nicht beachtet hat. In der amtlichen Sammlung der reichsgerichtlichen Entscheidungen sind sie nicht abgedruckt worden. Das in Preußen gebräuchlichste Erläuterungsbuch von Jäckel-Güthe weist zwar an zwei Stellen (5. Aufl. 1915 § 43 Anm. 1 a. E. S. 200 oben und § 85 Anm. 1 S. 375) darauf hin, daß eine Vertagung des Versteigerungstermins nur in außergewöhnlichen Fällen gerechtfertigt sei, führt aber lediglich an der ersten Stelle das diese Frage behandelnde Urteil vom 27. Februar 1914 an. Außerdem sind beide Bemerkungen im Wortverzeichnis des Buches unter „Versteigerungstermin — Verlegung des VT. (Vertagung)" nicht angeführt, können also nicht ohne weiteres gefunden werden. Wie wenig das genannte Urteil bekannt geworden ist, zeigt auch die vielbenutzte Textausgabe mit Anmerkungen von Krech-Fischer (Zwangsvollstreckung in das unbewegliche Vermögen, Sammlung Guttentag), die in der damals neuesten 9. Auflage (1922) in Anmerkung 2 zu § 43 (S. 71) einfach sagt: „Vertagung aus sonstigen Gründen ist zulässig", bei diesem Satz auch allein die Entscheidung des Senats vom 25. April 1911 nennt. Der Vollstreckungsrichter konnte also nur vom Gesetz ausgehen, von dem schon erwähnten § 227 ZPO., der die Zulässigkeit einer Terminsvertagung vom Vorliegen erheblicher

Gründe abhängig macht und damit dem richterlichen Ermessen weiten Spielraum läßt. In der Rechtsprechung des Senats steht fest, daß bei Ermessensentscheidungen ein Verschulden des Beamten nur in seltenen Fällen angenommen werden kann, etwa bei Willkür oder wenn die Handlung so fehlsam ist, daß sie sich schlechterdings nicht erklären oder rechtfertigen läßt (RGZ. Bd. 121 S. 232/233). Das ist allerdings bisher nur für Maßnahmen von Verwaltungsbeamten ausgesprochen worden, muß aber auch für prozeßleitende Verfügungen von Richtern gelten. Von Willkür kann hier keine Rede sein. Falsch war die Vertagung allerdings. Aber es bleibt doch zu erwägen, daß der Antrag aus § 65 ZVG. erst im Termin gestellt wurde und daß er sofort beschieden werden mußte. Hinzu kam die Anregung von dritter Seite, vom Vertreter einer Gläubigerin, durch Anhörung eines Sachverständigen zu klären, ob die Voraussetzungen für die beantragte Anordnung gegeben seien. Wenn der Richter dann diesen Ausweg trotz des Widerspruchs der interessierten und daher als einseitig eingestellt anzusehenden Klägerin wählte, so kann man nach der ganzen Sachlage doch noch nicht von einem schuldhaften Ermessensmißbrauch sprechen.

Das Oberlandesgericht macht in diesem Zusammenhang dem Versteigerungsrichter freilich noch weiter zum Vorwurf, daß er den Versteigerungstermin vor Feststellung des geringsten Gebots abgebrochen hat. Es führt aus, § 65 Abs. 2 ZVG. lasse die besondere Versteigerung einzelner Gegenstände nur zu, wenn das geringste Gebot erreicht sei. Der Richter habe deshalb im Termin vom 6. Juli 1926 zunächst durch ein Ausgebot der Grundstücke ohne Zubehör feststellen müssen, ob denn das geringste Gebot erreicht werde. Es sei anzunehmen, daß es nicht erreicht worden wäre, da schon am 19. Januar 1926 wenig mehr als das geringste Gebot erzielt worden sei. Wenn es gleichwohl am 6. Juli 1926 auf diese Weise nur für die Grundstücke erzielt worden wäre, so hätte die Grundstücksversteigerung zu Ende geführt werden können. Andernfalls hätte sich sofort die Unzulässigkeit der gesonderten Versteigerung des Zubehörs herausgestellt. Äußerstenfalls hätte sich der Richter die Entscheidung über den Antrag aus § 65 ZVG. bis zur Erteilung des Zuschlags vorbehalten und dann bis zu dessen Verkündung die nötigen Ermittlungen anstellen sollen. Ob diesen Erwägungen in allen Punkten beigestimmt werden kann, bedarf keiner Erörterung. Denn jedenfalls kann es dem Vollstreckungsrichter nicht als Fahrlässigkeit angerechnet werden, daß er in der kurzen, ihm für seine Entschließung zur Verfügung stehenden Zeit nicht darauf verfallen ist, diese Wege zu beschreiten. Dabei ist gegenüber den Ausführungen der Revision zu betonen, daß nach § 65 Abs. 2 ZVG. die Anordnung der besonderen Versteigerung zulässig ist, ehe feststeht, ob das geringste Gebot erreicht wird. Nur ihre Ausführung hat bei dessen Nichterreichung zu unterbleiben. So durfte der Richter über den Antrag des Schuldners entscheiden, ohne schon die Vorschrift des Abs. 2 zu berücksichtigen. Daß damals bereits objektiv festgestanden hätte und auch für den Richter zweifelsfrei erkennbar gewesen wäre, bei getrennter Verwertung der Maschinen usw. werde das geringste Gebot nicht erzielt werden, ist vom Berufungsgericht nicht festgestellt worden; es sagt nur, ein solches Ergebnis sei mit Sicherheit anzunehmen, konnte auch bei der ganzen Sachlage begreiflicherweise nicht mehr sagen. Bemerkt mag nur noch werden, daß der vom Berufungsgericht für zulässig erachtete Weg, die Grundstücke ohne das Zubehör auszubieten und dann, falls das geringste Gebot erreicht worden wäre, ihre Zwangsversteigerung zu Ende zu führen, sachlich darauf hinausgelaufen wäre, dem Antrag des Schuldners stattzugeben. Es wäre damit eine erhebliche Gefährdung der Belange der übrigen Beteiligten verbunden gewesen, da die einheitliche Verwertung nach der eigenen Annahme des Vorderrichters ein besseres Ergebnis erwarten ließ als die getrennte.

Der erste Vorwurf, den das Berufungsgericht gegen den Versteigerungsrichter erhebt, ist danach wenigstens für den inneren Tatbestand unbegründet. Damit entfällt die Annahme einer durch die Vertagung des Versteigerungstermins vom 6. Juli 1926 begangenen schuldhaften Amtspflichtverletzung. Ebenso ungerechtfertigt ist aber die Annahme, die beteiligten Versteigerungsrichter hätten weiter ein Amtsversehen dadurch begangen, daß sie nicht für die ordnungsmäßige Zustellung des Beschlusses des Reichsgerichts vom 17. Juni 1925 gesorgt und dadurch ebenfalls die verspätete Zuschlagerteilung an die Klägerin verschuldet hätten. Das Oberlandesgericht hat diesen Standpunkt in seinem Urteil unter gleichzeitiger Bezugnahme auf seinen im Zwangsversteigerungs-Beschwerdeverfahren ergangenen Beschluß vom 10. Dezember 1926 ausführlich begründet. Es kann ihm jedoch weder in sachlicher noch in persönlicher Richtung beigepflichtet werden.

Der Beschluß des Reichsgerichts vom 17. Juni 1925, durch den das Amtsgericht Bergen zum gemeinsamen Vollstreckungsgericht bestimmt worden ist, wurde vom Reichsgericht nur der Klägerin als Antragstellerin zugestellt. Dieses Verfahren wird anscheinend vom Berufungsgericht gebilligt; es sagt wenigstens, daß das der herrschenden Meinung entsprochen habe. Dann fährt es aber fort, eine ganz andere Frage sei es, ob das Amtsgericht Bergen den reichsgerichtlichen Beschluß, als dieser ihm von der Klägerin vorgelegt worden sei, im Rahmen des schwebenden Zwangsversteigerungsverfahrens habe zustellen müssen. Diese Frage sei zu bejahen. Denn der ein Gericht für zuständig erklärende Beschluß erlange nicht schon dadurch Wirksamkeit, daß er vom bestimmenden Gericht dem Gesuchsteller ausgehändigt werde, sondern erst dadurch, daß er dem bestimmten Gericht von jenem vorgelegt werde und daß seine Zustellung an den Gegner oder sonst Beteiligten erfolge. Diese Zustellung sei im Zwangsversteigerungsverfahren von Amts wegen, also vom Gericht, zu bewirken. Das gelte hier um so mehr, als durch den Beschluß des Reichsgerichts die bei den Amtsgerichten Bergen und Vilbel schwebenden Einzelverfahren in das neu eröffnete gemeinschaftliche Verfahren vor ersterem übergeleitet worden seien. Bei dieser Sachlage könne kein Zweifel bestehen, daß der Beschluß des Reichsgerichts vom Amtsgericht Bergen dem Grundstückseigentümer zuzustellen gewesen sei. Das Unterbleiben der Zustellung mache das vom Amtsgericht Bergen als gemeinsamem Vollstreckungsgericht betriebene Verfahren unzulässig. Der Mangel der Zustellung sei durch die Bekanntgabe des reichsgerichtlichen Beschlusses im Versteigerungstermin trotz Anwesenheit des Schuldners nicht geheilt worden. Der Versteigerungsrichter habe, als ihm der fragliche Beschluß von der Klägerin vorgelegt worden sei, mit besonderer Sorgfalt seine ordnungsmäßige Zustellung prüfen müssen, da sich auf ihm das ganze Verfahren aufgebaut habe. Dann hätte er die Notwendigkeit der Zustellung erkennen müssen. Zweifel in der Richtung, ob die Zustellung dem Reichsgericht oder dem Amtsgericht obliege, habe er klären müssen. Mit der Zustellung durch ersteres habe er beim Fehlen jedes Nachweises nicht rechnen können, zumal da derartige Beschlüsse nach herrschender Meinung nur dem Gesuchsteller mitgeteilt würden. Mindestens sei daher eine Anfrage beim Reichsgericht geboten gewesen.

An diesen Ausführungen ist zunächst unrichtig die Annahme, daß der Beschluß des Reichsgerichts durch das Amtsgericht hätte zugestellt werden müssen. Das Berufungsgericht bewegt sich in einem Widerspruch, wenn es einerseits das Verfahren des Reichsgerichts, Zustellung nur an die Antragstellerin, billigt, auf der anderen Seite aber für die Wirksamkeit des Beschlusses seine Zustellung an den Gegner, den Grundstückseigentümer und Schuldner, fordert. Wäre letzteres richtig, so würde diese Zustellung noch Aufgabe des Reichsgerichts gewesen sein. Denn ebensowenig, wie ein Gericht die Entscheidungen eines anderen Gerichts wirksam verkünden kann, kann es dessen nichtverkündeten Beschlüssen dadurch Wirksamkeit verleihen, daß es sie zustellt. Die Formen zu wahren, in denen nach dem Gesetz gerichtliche Entscheidungen kundzutun sind, ist ausschließlich Sache des entscheidenden Gerichts selbst. Eine vom Amtsgericht bewirkte Zustellung des reichsgerichtlichen Beschlusses würde diesem also nicht zu einer ihm etwa bis dahin fehlenden Rechtswirkung verholfen haben. Sie hätte nur seine weitere tatsächliche Bekanntgabe bedeutet, wäre rechtlich also auf dieselbe Stufe zu stellen mit der vom Berufungsgericht für bedeutungslos erklärten Verlesung des Beschlusses, die in jedem Versteigerungstermin geschehen ist.

Kann danach keine Amtspflichtverletzung der beteiligten Vollstreckungsrichter daraus hergeleitet werden, daß sie nicht ihrerseits die Zustellung des reichsgerichtlichen Beschlusses durch die Geschäftsstelle des Amtsgerichts veranlaßt haben, so könnte ihnen nur dann ein Vorwurf gemacht werden, wenn das Reichsgericht verpflichtet gewesen wäre, seinen Beschluß auch dem Antragsgegner zuzustellen, und wenn ferner die Versteigerungsrichter hätten prüfen müssen, ob das geschehen sei. Schon das erstere ist zu verneinen. Das Verfahren zur Bestimmung eines gemeinsamen Vollstreckungsgerichts nach § 2 ZVG. gehört zwar nicht der Justizverwaltung an, sondern fällt in das Gebiet der Rechtspflege. Indessen ist es kein Teil des eigentlichen Zwangsversteigerungsverfahrens. Es dient nur dessen Zwecken, indem es zur Bestimmung des für die Zwangsversteigerung zuständigen Gerichts führen soll. Seine verfahrensrechtliche Selbständigkeit gegenüber dem Vollstreckungsverfahren liegt darin begründet, daß es bei einem anderen, höheren Gericht anhängig ist. Für dieses kommt eine Rücksichtnahme auf den Stand des Verfahrens beim Vollstreckungsgericht nicht in Betracht. Deshalb ist es für die Frage, an wen das bestimmende Gericht seinen Beschluß zustellen muß, unerheblich, ob zur Zeit des Ergehens des Beschlusses das Zwangsversteigerungsverfahren schon durch den Erlaß des Anordnungsbeschlusses eingeleitet worden ist oder nicht. Der Standpunkt, daß nur im ersten, nicht auch im letzten Falle der Beschluß außer dem Gläubiger auch dem Schuldner zuzustellen sei, läßt sich zudem praktisch gar nicht durchführen, wie gerade der vorliegende Sachverhalt beweist. Der Beschluß des Reichsgerichts datiert vom 17. Juni 1925, vom gleichen Tage datiert aber auch der Anordnungsbeschluß des Amtsgerichts Bergen, während der Beschluß des Amtsgerichts Vilbel erst am 23. Juni ergangen ist. Ob der Beschluß des Amtsgerichts Bergen dem des Reichsgerichts vorausgegangen ist, läßt sich demnach nicht feststellen. Man muß freilich den Beschluß des Reichsgerichts, der als nicht verkündeter Beschluß erst mit der Zustellung wirksam wurde, bis dahin als nicht vorhanden betrachten. Er ist der Antragstellerin, der jetzigen Klägerin, am 24. Juni zugestellt worden. Damals schwebten beide Zwangsversteigerungsverfahren bereits, da die Anordnungsbeschlüsse gegen die Regel ohne Zustellung wirksam werden. Der reichsgerichtliche Beschluß hätte also von der gekennzeichneten — abzulehnenden — Rechtsauffassung aus auch an den Schuldner zugestellt werden müssen. Von diesen sich bei den unteren Gerichten abspielenden Vorgängen hat aber die Geschäftsstelle des höheren Gerichts, welche die Zustellung zu bewirken hätte (§ 209 ZPO.), keine Kenntnis. So kann ihnen auch keine Bedeutung für die Vornahme der Zustellung beigemessen werden.

Maßgebend für die Zustellung eines nach § 2 ZVG. ergehenden Beschlusses ist der auch für den Bereich des Zwangsversteigerungsgesetzes geltende § 329 Abs. 3 ZPO., wonach nicht verkündete Beschlüsse des Gerichts den Parteien von Amts wegen zuzustellen sind. Es kommt deshalb darauf an, wer in dem vor dem höheren Gericht anhängigen Verfahren zur Bestimmung eines gemeinsamen Gerichts Partei ist. Da dieses Verfahren, wie dargelegt, gegenüber dem eigentlichen Zwangsversteigerungsverfahren selbständig ist, so müssen die an ihm beteiligten Personen aus seinem eigentlichen Wesen heraus bestimmt werden. Und da ist entscheidend, daß das Verfahren ein einseitiges ist. Nur der Antragsteller ist an ihm beteiligt. Von ihm wird es veranlaßt, ohne daß er übrigens den weiteren Verlauf des Verfahrens und dessen Ergebnis entscheidend zu beeinflussen vermag.

Denn das höhere Gericht ist bei der von ihm zu treffenden Bestimmung des zuständigen Gerichts weder an den Antrag noch an die Behauptungen des Antragstellers gebunden. Es ist ein Verfahren von Amts wegen, das keine eigentlichen Parteien kennt. Es dient ja auch nicht der Verwirklichung von Ansprüchen. Nur die Stelle soll gefunden werden, der diese Aufgabe demnächst obliegt. Daß nur der Gläubiger als Antragsteller, nicht auch der Schuldner in dem Verfahren eine Rolle spielt, kommt im Gesetz selbst dadurch zum Ausdruck, daß zwar der Gläubiger einen seinen Antrag ablehnenden Beschluß anfechten kann, daß aber der Schuldner sich nicht gegen einen dem Antrag stattgebenden Beschluß wehren kann (§ 2 Abs. 1 letzter Halbsatz ZVG., § 37 Abs. 2 ZPO.). Der Schuldner steht mithin völlig außerhalb des Verfahrens und zählt deshalb nicht zu den Personen, die bei Anwendung des § 329 Abs. 3 ZPO. als Partei angesehen werden müssen. Eine Zustellung an ihn ist nicht geboten. Vielmehr genügt, was übrigens auch langjähriger Übung des Reichsgerichts entspricht, die Zustellung des nach § 2 ZVG. ergehenden Beschlusses an den Gesuchsteller.

Damit wird der Beschluß nach dem oben Gesagten wirksam. Es bedarf nicht etwa später noch seiner Zustellung an den Schuldner. Vielmehr ist nur seine Bekanntgabe geboten. Zunächst muß ihn der Antragsteller dem Vollstreckungsgericht vorlegen, das ja seine Zuständigkeit von Amts wegen prüfen muß. Der Beschluß gehört insofern zu den für den Beginn der Zwangsversteigerung erforderlichen Urkunden im Sinne von § 16 Abs. 2 ZVG. Das zum Vollstreckungsgericht bestellte Gericht soll ferner von der Anordnung die übrigen Gerichte in Kenntnis setzen (§ 2 Abs. 2 Satz 2 ZVG.). Endlich folgt aus der Natur der Dinge die Notwendigkeit einer Mitteilung des Beschlusses an die sonst Beteiligten. Diesem Erfordernis ist hier dadurch völlig genügt worden, daß in jedem Versteigerungstermin der Beschluß des Reichsgerichts verlesen worden ist.

Die Behandlung des reichsgerichtlichen Beschlusses durch die Versteigerungsrichter ist also vom Oberlandesgericht sowohl in seinem Beschluß vom 10. Dezember 1926 als auch in dem jetzt angefochtenen Urteil unrichtig beurteilt worden. Das Unterbleiben der Zustellung an den Schuldner bot keinen Grund, das Zwangsversteigerungsverfahren für unzulässig zu erklären und den ergangenen Zuschlagsbeschluß aufzuheben. Eine solche Stellungnahme der höheren Instanz konnten die Vollstreckungsrichter auch nicht voraussehen und sie waren daher auch nicht etwa verpflichtet, dieser Möglichkeit im Voraus Rechnung zu tragen und den fraglichen Beschluß zustellen zu lassen. Sie haben in dieser Hinsicht keine Amtspflicht verletzt.

Die wesentlichen Grundlagen der vom Berufungsgericht ausgesprochenen Bejahung des Klaganspruchs haben sich sonach als haltlos herausgestellt. Daraus folgt die Notwendigkeit, das angefochtene Urteil aufzuheben und die Sache an die Berufungsinstanz zurückzuverweisen, das die weiter noch von der Klägerin gegen die beteiligten Vollstreckungsrichter erhobenen Vorwürfe zu prüfen haben wird. . . .

---

60. Gelten die Vorschriften über die Begründung der Berufung und über die Frist zum Nachweis der Zahlung der Prozeßgebühr für die Konsulargerichtsbarkeit in Ägypten?

ZPO. § 519. Verordnung vom 31. Juli 1925 über die Ausübung der Konsulargerichtsbarkeit in Ägypten (RGBl. II S. 735). Gesetz über die Konsulargerichtsbarkeit vom 7. April 1900 (RGBl. S. 213).

VI. Zivilsenat. Urt. v. 11. Juli 1929 i. S. H. u. L. (Kl.) w. D. O. AG. (Bekl.). VI 89/29.

I. Deutsches Konsulargericht in Kairo.

Die Frage wurde verneint aus folgenden

Gründen:

Die Klägerin hat die Berufung nicht in der nach § 519 ZPO. vorgeschriebenen Frist von einem Monat seit Einlegung der Berufung begründet und hat die Wiedereinsetzung in den vorigen Stand gegen die Versäumung dieser Frist beantragt. Dieser Antrag ist gegenstandslos, da die Prüfung der Rechtslage ergibt, daß die Vorschriften des § 519 ZPO. über den Begründungszwang und die Setzung einer Frist zur Zahlung der Prozeßgebühr auf Rechtsstreitigkeiten nicht anzuwenden sind, für welche die Verordnung vom 31. Juli 1925 über die Ausübung der Konsulargerichtsbarkeit in Ägypten in Verbindung mit dem Gesetz über die Konsulargerichtsbarkeit vom 7. April 1900 gilt. Am 24. Juli 1925 erging das Gesetz über die Konsulargerichtsbarkeit in Ägypten, durch das die Reichsregierung ermächtigt wurde, bis zum Inkrafttreten eines mit Ägypten geschlossenen Vertrags die zur einstweiligen Ausübung der Konsulargerichtsbarkeit in Ägypten erforderlichen Maßnahmen zu treffen (RGBl. II S. 735). Eine solche Verordnung erging am 31. Juli 1925 (ebenda). Nach Art. 1 dieser Verordnung gilt das Gesetz über die Konsulargerichtsbarkeit vom 7. April 1900 mit der Maßgabe, daß an Stelle bestimmter Paragraphen näher angegebene Bestimmungen treten. Unter diesen befindet sich auch § 14, wonach das Reichsgericht zuständig ist für die Verhandlung und endgültige Entscheidung über das Rechtsmittel der Berufung in den vor dem Konsulargericht verhandelten bürgerlichen Rechtsstreitigkeiten. Über das Verfahren selbst ist zu dem hier in Rede stehenden Punkt in der Verordnung nichts bestimmt. Es gelten nach § 19 des Gesetzes vom 7. April 1900 grundsätzlich die Vorschriften der Zivilprozeßordnung. Für den Zeitpunkt des Inkrafttretens neuer gesetzlicher Bestimmungen ist in § 30 Vorsorge dahin getroffen, daß das Inkrafttreten im Verhältnis zu der für das Deutsche Reich maßgebenden Zeit weit hinausgeschoben ist; das ist offensichtlich mit Rücksicht auf die großen Entfernungen zwischen den Konsulargerichtsbezirken und dem Deutschen Reich geschehen. Durch die neue Verordnung ist § 45 des Gesetzes vom 7. April 1900 in vollem Umfang in der alten Fassung aufrechterhalten worden. Danach wird das Rechtsmittel der Berufung nach wie vor beim Konsul eingelegt und zwar durch Einreichung der Berufungsschrift; es besteht kein Anwaltszwang; das Reichsgericht hat den Termin zur mündlichen Verhandlung von Amts wegen zu bestimmen und den Parteien bekannt zu machen. Das hiernach zu beobachtende Verfahren ist genau umschrieben. Es ist nicht anzunehmen, daß bei Erlaß der Verordnung vom 31. Juli 1925 in dieses, nach dem Konsulargerichtsbarkeitsgesetz sich in einem bestimmten Rahmen abspielende, Verfahren die Vorschrifte nder Zivilprozeßordnung über den Zwang zur Begründung der Berufung und über die Setzung einer Frist zur Zahlung der Prozeßgebühr eingeschaltet werden sollten. Die Vorschrift über die Berufungsbegründung in § 519 ZPO. hat den Zweck der Beschleunigung des Verfahrens. Sie eignet sich ihrem Sinne nach nicht ohne weiteres für die Konsularsachen. Das Verfahren vor dem Konsulargericht ist mit der Einlegung der Berufung abgeschlossen, für die kein Anwaltszwang besteht. Die Begründung müßte von dem beim Reichsgericht zugelassenen Anwalt bei diesem Gericht eingereicht werden. Bei dieser Sachlage würde von der — nach der Zivilprozeßordnung für die Begründung der Berufung zur Verfügung stehenden — Frist von einem Monat für eine in Ägypten wohnende Partei ein erheblicher Teil durch die auf den Schriftwechsel zu verwendende Zeit verloren gehen. Die in einem Verfahren vor dem Konsulargericht in Ägypten beteiligten Parteien würden daher hinsichtlich der Begründungsfrist schlechter gestellt sein als Parteien, die im Deutschen Reich einen Rechtsstreit im Rahmen der Zivilprozeßordnung führen. Das wäre auch mit dem in § 30 erwähnten Grundsatz nicht zu vereinigen, wonach der Entfernung zwischen dem Konsulargerichtsbezirk und dem Deutschen Reiche beim Inkrafttreten neuer Gesetze Rechnung getragen ist. Hiernach ist für die Anwendung der Vorschriften der Zivilprozeßordnung über den Begründungszwang in dem durch § 45 des Konsulargerichtsbarkeitsgesetzes abschließend geregelten Verfahren kein Raum. Das gleiche muß auch für die Setzung einer Frist zum Nachweis der Zahlung der Prozeßgebühr gelten.

---

61. 1. Verliert ein preußischer nichtrichterlicher Beamter bei unerlaubter Entfernung vom Amte seinen Gehaltsanspruch ohne weiteres kraft Gesetzes oder nur kraft besonderer Entziehung?
2. Kann der Staat gegenüber dem Gehaltsanspruch eines Beamten die Einrede der Arglist erheben?

Preuß. Disziplinargesetz vom 21. Juli 1852 §§ 8, 10. BGB. § 242.

III. Zivilsenat. Urt. v. 12. Juli 1929 i. S. Preuß. Staat (Bekl.) w. F. (Kl.). III 98/29.

I. Landgericht I Berlin.
II. Kammergericht daselbst.

Der Kläger war Landrat eines preußischen Kreises; er beantragte am 29. Dezember 1920 auf Grund der Verordnung vom 26. Februar 1919 (GS. S. 33) seine Versetzung in den Ruhestand. Das Pensionierungsverfahren wurde aber vorläufig eingestellt, nachdem der Kläger gegen sich selbst im Februar 1921 zur Klärung gegen ihn erhobener Vorwürfe die Einleitung eines Disziplinarverfahrens beantragt hatte; dieses wurde am 25. April 1922 durch Einstellungsbeschluß beendigt. Zugleich wurde der Kläger, der inzwischen als Regierungsrat an eine Regierung versetzt worden war, auf seinen Antrag bis zum 7. August 1922 ohne Gehalt beurlaubt. Am 17. Mai 1922 beantragte er die Fortsetzung des Pensionierungsverfahrens. Durch Bescheid vom 24. Juli 1922, der ihm am 11. August 1922 zugestellt wurde, wurde sein Gesuch endgültig wegen Fehlens der Voraussetzungen der Verordnung vom 26. Februar 1919 abgelehnt. Er klagte nunmehr auf Feststellung, daß er als Landrat zum 1. März 1921 verabschiedet worden sei, und auf Zahlung von Ruhegehalt für die Zeit vom 1. Juli 1922 bis 15. Mai 1924, wurde aber mit dieser Klage rechtskräftig abgewiesen (Urteil des erkennenden Senats vom 28. September 1926 III 259/25). Ein Gesuch um Verlängerung des ihm bis zum 7. August 1922 erteilten Urlaubs war am 26. August 1922 abgelehnt worden. Am 17. März 1923 verfügte der Minister des Innern die Sperrung seines Gehaltes und am 4. Juni 1923 erging folgender Bescheid des Ministers des Innern und des Finanzministers:

„Der Regierungsrat F., welcher seinen Dienst bei der Regierung in A. aus eigenem Verschulden nicht antritt und sich dadurch der unerlaubten Entfernung vom Amte schuldig macht, wird für die Zeit dieser unerlaubten Entfernung vom Amte und zwar vom Tage der Zustellung dieses Beschlusses an seines Diensteinkommens für verlustig erklärt."

Der Beschluß wurde dem Kläger am 30. Juni 1923 zugestellt.

Er verlangt mit der am 11. Juli 1927 erhobenen Klage sein Gehalt für die Zeit vom 7. August 1922 bis zum 30. Juni 1923, und zwar aufgewertet nach den jetzt gezahlten Gehaltsbeträgen mit insgesamt 6235 RM. Der Beklagte hat geltend gemacht, der Kläger sei seines Gehaltes gemäß § 8 des preußischen Disziplinargesetzes vom 21. Juli 1852 (GS. S. 465) verlustig gegangen; auch stehe ihm die Einrede der Arglist entgegen. Das Landgericht hat durch Teilurteil vom 9. Juli 1928 die Klage in Höhe von 4140,97 RM. abgewiesen. Es lehnt den Klaganspruch ab, soweit nicht der Kläger infolge eines Sturzes vom 1. Januar bis 31. März 1923 dienstunfähig gewesen sei. Die Entscheidung über den Anspruch für die bezeichnete Zeit hat es dem Schlußurteil vorbehalten. Auf die Berufung des Klägers hat das Kammergericht den Anspruch dem Grunde nach für gerechtfertigt erklärt. Die Revision des Beklagten blieb ohne Erfolg.

Gründe:

Der Beklagte verweigert, wie erwähnt, dem Kläger die Zahlung des Gehalts für die Zeit vom 7. August 1922 bis 30. Juni 1923, weil der Kläger auf Grund des § 8 DiszG. seines Diensteinkommens verlustig gegangen sei. Dieser § 8 enthält, wie das Berufungsgericht im Anschluß an RGZ. Bd. 52 S. 20 zutreffend feststellt, eine Disziplinarmaßnahme. Beizupflichten ist danach auch der Auffassung des Berufungsgerichts, daß diese Maßnahme, der Gehaltsverlust, „nicht eo ipso kraft Gesetzes mit der unentschuldigten Entfernung vom Amte, sondern als Disziplinarstrafe nur kraft besonderer Entziehung (§ 10 DiszG.)" eintritt. Die gleiche Rechtsansicht hat der erkennende Senat schon in den Urteilen vom 2. und 8. Juli 1918 (III 61 und 193/18) vertreten. Da es sich um eine Disziplinarmaßnahme handelt, muß sie in einer für den Beamten klar erkenntlichen Form ihm gegenüber ausdrücklich angeordnet werden. Wenn § 10 DiszG. bestimmt, daß die Entziehung des Diensteinkommens von derjenigen Behörde verhängt wird, die den Urlaub zu erteilen hat, so beschränkt sich die Bedeutung dieser Verfügung nicht darauf, die Entziehung des Diensteinkommens nach außen hin erkennbar zu machen und jede Möglichkeit eines späteren Zweifels auszuschließen. Denn die Verfügung der Behörde stellt nicht etwa eine zweifelsfrei bestehende Rechtslage fest. Sie muß vielmehr notwendigerweise erlassen werden, da dem Beamten gegen die Verfügung ein Widerspruchsrecht zusteht. Der Widerspruch bildet die Voraussetzung für das auf Entziehung des Diensteinkommens gerichtete Disziplinarverfahren. In diesem Verfahren hat der Beamte dann die Möglichkeit, die Aufhebung der Verfügung und damit der Gehaltsentziehung herbeizuführen, wenn er den Nachweis erbringt, daß seinem Fernbleiben vom Dienste „besondere Entschuldigungsgründe" zur Seite standen (§ 8 DiszG.). Die vorgesetzte Dienstbehörde des Klägers, der preußische Minister des Innern und der preußische Finanzminister, sind, wie sich aus dem gemeinsamen Bescheid vom 4. Juni 1923 ergibt, offenbar selbst nicht davon ausgegangen, daß die Vorschrift des § 8 DiszG. für den hier in Frage kommenden Zeitraum auf den Kläger ohne besondere Verfügung anzuwenden gewesen wäre. Wenn die Minister in dem Bescheid ausdrücklich sagen, daß der Kläger für die Zeit der unerlaubten Entfernung vom Amte, und zwar vom Tage der Zustellung dieses Beschlusses an, seines Diensteinkommens für verlustig erklärt werde, so ergibt sich aus dieser Fassung des Bescheides zwingend, daß der Kläger bis zum genannten Tage, d. h. dem 30. Juni 1923, seinen Gehaltsanspruch behalten sollte. Die vom zuständigen Minister dem Kläger gegenüber abgegebene Erklärung ist für den Staat bindend.

Die Revision kann auch nicht mit Erfolg geltend machen, daß das Verlangen des Klägers auf nachträgliche Gehaltszahlung für die in Rede stehende Zeit arglistig sei und gegen § 242 BGB. verstoße. Die Revision führt hierzu aus: Der Kläger habe unstreitig für die fragliche Zeit, für die er jetzt Gehalt verlange, selbst Urlaub unter Verzicht auf Gehalt nachgesucht. Nach Ablehnung des Gesuches sei er trotzdem und trotz wiederholter Aufforderung zum Dienstantritt dem Dienst ferngeblieben. Es widerspreche Treu und Glauben und sei mit dem Rechtsgefühl unvereinbar, daß der Kläger nunmehr gerade für diese Zeit seiner willkürlichen und unerlaubten Entfernung vom Amte Gehalt fordere, auf das er bei seinen Urlaubsanträgen ausdrücklich verzichtet habe. Aber die Berufung auf die Grundsätze von Treu und Glauben, die sonst im öffentlichen Recht ebensowohl Geltung haben wie im bürgerlichen Recht, muß hier daran scheitern, daß für die Beamten die Einwirkung von Straftaten und disziplinarischen Vergehen auf ihre Gehaltsansprüche durch die Gesetze erschöpfend geregelt ist. Aus allgemeinen Erwägungen können über die bestehenden gesetzlichen Vorschriften hinaus weitere Gründe für die Verwirkung eines Gehaltsanspruchs um so weniger geschaffen werden, als die Besoldung des Beamten keine Entlohnung für die einzelnen von ihm geleisteten Dienste bildet, sondern eine ihm für die Dauer des Dienstverhältnisses zugebilligte, für den standesgemäßen Unterhalt bestimmte Rente ist. Einem solchen Unterhaltsanspruch kann nicht mit der auf Pflichtwidrigkeit gestützten Einrede der Arglist begegnet werden (vgl. Urt. des erkennenden Senats vom 23. März 1928 III 178/27, abgedr. JW. 1928 S. 1503 Nr. 19).

Die Revision hat weiter noch geltend gemacht, daß der Kläger mit der erst im Jahre 1927 erhobenen Klage keine Aufwertung des Gehalts für 1922/23 mehr beanspruchen könne. Auch diese Rüge greift nicht durch. Der Kläger hat zunächst, von seinem Standpunkt folgerichtig, seinen Pensionsanspruch bis zum Reichsgericht — Urteil vom 28. September 1926 — durchgefochten. Er hat sich dann unverzüglich mit seinen Gehaltsansprüchen an den zuständigen preußischen Minister des Innern gewandt, der ihm den vom 11. April 1927 datierten ablehnenden Bescheid zugehen ließ. Er hat nunmehr noch das Einverständnis seiner Behörde zur Geltendmachung des Gehaltsanspruchs vor den Berliner Gerichten herbeigeführt — Erklärung des Regierungspräsidenten in A. vom 18. Juni 1927 — und am 11. Juli 1927 die vorliegende Klage eingereicht. Die Gehaltsklage ist danach ordnungsmäßig erhoben. Eine „Verwirkung" der Aufwertung kommt bei dieser Sachlage nicht in Frage, da der Kläger die Klage auf Zahlung der in der Inflation fällig gewordenen Gehaltsbeträge, die er nach der Stabilisierung in der jetzt gültigen Währung verlangen kann, nicht früher erheben konnte.

---

62. Geht eine Aufwertungshypothek auch einer in der Zeit vom 14. Februar 1924 bis zum 1. Oktober 1924 erworbenen, noch in der Hand des Eigentümers befindlichen Eigentümergrundschuld insoweit im Range nach, als sich nach den Vorschriften des Aufwertungsgesetzes ein höherer Aufwertungsbetrag als nach den Vorschriften der Dritten Steuernotverordnung ergibt?

AufwG. § 6 Abs. 2.

V. Zivilsenat. Beschl. v. 13. Juli 1929 in der Grundbuchsache v. K. V B 24/29.

I. Amtsgericht Karlsruhe.
II. Landgericht daselbst.

Der Sachverhalt und die Entscheidung ergeben sich aus den Gründen:

Für die Fr. Pfandbriefbank stand im Grundbuch von K. seit 1912 eine Darlehenshypothek von 110000 M. als erste Hypothek eingetragen. Sie wurde, nach Rückzahlung in Papiermark in der Rückwirkungszeit, am 15. Dezember 1922 gelöscht. Am 22. Mai 1924 ließ der Grundstückseigentümer in Abt. III unter Nr. 9 für sich eine Grundschuld von 60000 GM. eintragen, der damals keine im Grundbuch eingetragenen Lasten vorgingen. Am 6. Mai 1926 wurde unter Nr. 11 für die Fr. Pfandbriefbank eine Aufwertungshypothek von

27412,60 GM. eingetragen „an Stelle der unter Ziff. 5 eingetragenen 110000 M.". Am 22. November 1928 trug das Grundbuchamt in Spalte „Veränderungen" zu den Eintragungen Nr. 9 und 11 von Amts wegen ein: „Die Hypothek Nr. 11 hat Rang vor der Grundschuld Nr. 9; jedoch hat die Grundschuld Nr. 9 gemäß § 6 Abs. 2 AufwG. Rang vor einem Teilbetrag von 10965,04 GM. der Hypothek Nr. 11".

Die Eintragung vom 22. November 1928 gründet sich in ihrem ersten Teil darauf, daß der vor der Aufwertungshypothek der Pfandbriefbank eingetragenen Grundschuld nicht der öffentliche Glaube des Grundbuchs zugute komme (§ 20 AufwG., § 892 BGB.). Dieser Teil der Rangeintragung ist von keiner Seite bemängelt worden. Aber gegen den Rangvermerk, daß die Grundschuld Nr. 9 gemäß § 6 Abs. 2 AufwG. den Rang vor einem Teilbetrag von 10965,04 GM. der Hypothek Nr. 11 habe, hat die Pfandbriefbank Beschwerde eingelegt mit dem Ziel, daß ein Widerspruch gegen die Richtigkeit des Grundbuchs eingetragen werde. Die Beschwerde gründet sich darauf, daß die Vergünstigung des § 6 Abs. 2 AufwG. einer zwar in der Schutzfrist eingetragenen, aber in ihr nicht weiterbegebenen Eigentümergrundschuld nicht zugute komme. Das Landgericht wies die Beschwerde als unbegründet zurück. Es will in Anlehnung an eine Entscheidung des Kammergerichts vom 17. November 1927 (AufwRspr. 1928 S. 22, JW. 1928 S. 187) den Schutz des § 6 Abs. 2 AufwG. auch einer innerhalb der Schutzfrist eingetragenen Eigentümergrundschuld zuteil werden lassen. Die gegen diesen Beschluß eingelegte weitere Beschwerde der Pfandbriefbank wurde vom Oberlandesgericht Karlsruhe gemäß § 28 Abs. 2 FGG., § 79 GBO. dem Reichsgericht zur Entscheidung vorgelegt. Das Oberlandesgericht möchte dem Antrag der Pfandbriefbank entsprechen, weil es den § 6 Abs. 2 auf Eigentümergrundschulden nicht für anwendbar hält; es sieht sich daran aber gehindert durch den erwähnten Beschluß des Kammergerichts, sowie durch dessen Beschluß vom 19. Mai 1927 (AufwRspr. 1927 S. 577, JW. 1927 S. 2142).

Die Zuständigkeit des Reichsgerichts ist nach § 79 GBO. begründet. Unzweifelhaft liegt die eine Voraussetzung für die Eintragung eines Widerspruchs nach § 54 GBO. insofern vor, als die Eintragung des Rangverhältnisses am 22. November 1928 „unter Verletzung gesetzlicher Vorschriften" geschehen ist; denn die Eintragung durfte nach § 13 Abs. 1 Satz 1 GBO. nicht von Amts wegen, sondern nur auf Antrag eines Beteiligten geschehen. Die weitere, hier zweifelhafte Frage ist aber, ob auch die zweite Voraussetzung vorliegt, daß durch die Eintragung das Grundbuch unrichtig geworden ist.

Die Beantwortung dieser Frage hängt davon ab, ob die am 22. Mai 1924 eingetragene Eigentümergrundschuld den Schutz des § 6 Abs. 2 AufwG. genießt gegenüber der am 15. Dezember 1922 unrichtigerweise gelöschten und dann als Aufwertungshypothek unter Nr. 11 wiedereingetragenen Hypothek der Beschwerdeführerin. Dabei ist wieder unzweifelhaft, daß die Rangteilungsvorschrift des § 6 Abs. 2 auch dann anwendbar ist, wenn das aufgewertete Recht ein früher gelöschtes und wiedereingetragenes ist; denn auf die Rangvorschrift des § 6 insgesamt verweist § 20, wo über den Rang wiedereinzutragender Hypotheken Bestimmung getroffen ist.

Zweifelhaft und hier zu entscheiden ist die Frage, ob der Schutz des § 6 Abs. 2 — teilweises Zurücktreten der Aufwertungshypothek — auch einer in der Schutzzeit gemäß § 1196 BGB. eingetragenen, nicht weiterbegebenen Eigentümergrundschuld zukommt.

Das Kammergericht bejaht diese Frage. Das Oberlandesgericht Karlsruhe will sie verneinen. Aus den oben erwähnten Beschlüssen des Kammergerichts, sowie aus dessen Beschlüssen vom 1. Dezember 1927 (1 X 905/27 in JW. 1928 S. 728) und vom 9. Juni 1927 (1 X 407/27 in AufwRspr. 1927 S. 485, JW. 1928 S. 1408) ergibt sich dessen Stellung zu § 6 Abs. 2 wie folgt: Die Vergünstigung kommt jedenfalls allen in der Schutzzeit durch Rechtsgeschäft erworbenen Rechten zugute. Zu diesen gehört auch die nach § 1196 BGB. eingetragene Eigentümergrundschuld. Ein „anderer" muß nur eine vom Gläubiger der Aufwertungshypothek verschiedene Person sein, braucht aber nicht ein „Dritter" neben Eigentümer und Aufwertungsgläubiger zu sein. Auch einer Arresthypothek kommt der Schutz zugute; nicht aber einem rein kraft Gesetzes entstandenen Recht, das ohne Rücksicht auf die Vorstellungen und Beweggründe des Erwerbers eintritt, wie eine kraft Gesetzes (§ 1163 BGB.) entstandene Eigentümergrundschuld.

Überwiegende Rechtsgründe sprechen jedoch für die Verneinung der Frage. Rein wörtlich mag die Auslegung des Kammergerichts nicht unvereinbar mit dem Gesetz sein: Der Eigentümer und Grundschuldinhaber ist ein anderer als der Aufwertungsgläubiger, und das

Grundschuldrecht ist in der Schutzzeit für ihn begründet worden. Aber dem wahren Inhalt und dem Zweck des § 6 Abs. 2, wie er sich auch aus der Entstehungsgeschichte ergibt, wird diese Auslegung nicht gerecht. Wer im Vertrauen auf die durch die Dritte Steuernotverordnung geschaffene Rechtslage und auf die Richtigkeit des Grundbuchs ein Recht erworben hat, soll dagegen geschützt werden, daß er durch die Einführung einer höheren Aufwertung Schaden erleidet (RGZ. Bd. 121 S. 129). „Vertraut" hat aber nicht derjenige, der nur formal eine rechtliche Umbenennung des nach wie vor unverändert in seiner Hand bleibenden Werts vornimmt, wie es der Fall ist beim Eigentümer, der für sich selbst eine Grundschuld eintragen läßt. Wenn das im Jahre 1924 geschehen ist, so ist damit entweder der Zweck späterer Verwertung verbunden gewesen; dann hat erst der vertraut, dem die Grundschuld abgetreten oder verpfändet worden ist. Oder es ist geschehen, um dem Eigentümer mittels der Grundschuld den Grundstückswert auf jeden Fall gegenüber etwaigen späteren, möglicherweise noch höheren Aufwertungsansprüchen zu sichern; in letzterem Fall hat der Eigentümer wohl die vorhandene Rechtslage ausnutzen wollen, aber er hat nicht vertraut. Wenn auch § 892 BGB. und die hierzu in Schrifttum und Rechtsprechung entwickelten Auslegungsergebnisse bei Anwendung des § 6 Abs. 2 an sich nicht verwertbar sind, so bietet die Lage doch starke Berührungspunkte; man kann für § 6 Abs. 2 aus der Rechtslehre über § 892 wohl Anhaltspunkte dafür gewinnen, welche Rechtsvorgänge hier nach der Meinung des Gesetzes schutzwürdig sind. Dazu gehört nicht eine nach § 1196 BGB. eingetragene und nicht in der Schutzzeit weitergegebene Grundschuld.

Für solche Auslegung ist im Wortlaut des Gesetzes ausreichender Anhalt gegeben. Der im ersten Entwurf enthaltene Wortlaut der entsprechenden Vorschrift (Regierungsentwurf S. 9: Art. II § 1, dazu Begründung S. 16) stellt ausdrücklich ab auf den Schutz der in der kritischen Zeit „von einem Dritten erworbenen Rechte". Hieraus ist in der endgültigen Fassung der jetzige Gesetzeswortlaut „von einem anderen erworbenen Rechte" geworden, ohne daß ersichtlich wäre, daß damit eine sachliche Änderung beabsichtigt gewesen sei. Bei den Ausschußverhandlungen (Bericht des 18. Ausschusses, Drucks. Nr. 1125 S. 28) ist über die Berechtigung der Vorschrift überhaupt und über die Erstreckung der Schutzfrist gesprochen worden, nicht aber über die hier in Betracht kommende Fassungsänderung. Es liegt danach die

Annahme nahe, daß mit den Gesetzesworten „von einem anderen erworben" nichts anderes hat gesagt werden sollen als mit den Worten „von einem Dritten erworben". Dann ist klar, daß geschützt ist nur eine andere Person als der Eigentümer und der Aufwertungsgläubiger. Man kann auch bei der Eintragung einer Eigentümergrundschuld nicht wohl von einem „erwerben" reden. Wohl ist ein neues Rechtsgebilde entstanden; aber der Eigentümer hat keinen Vermögenswert hinzubekommen, sondern nur dem bei ihm unverändert gebliebenen Vermögensstand eine andere rechtliche Gestaltung gegeben. Er hat damit sachlich nichts Neues erworben. Der Vertrauensschutz darf nicht zum Schaden der Aufwertungsgläubiger einer rein formalen Gestaltung zuteil werden. Zutreffend ist darauf hingewiesen worden (Meyerowitz in JW. 1927 S. 2142), daß dann die Aufwertung in Höhe von 10% leicht illusorisch sein könnte.

Somit ist in der streitigen Frage der im Vorlegungsbeschluß geäußerten Ansicht des Oberlandesgerichts Karlsruhe der Vorzug vor der des Kammergerichts zu geben.

---

63. Zur Frage der Gültigkeit von Vereinbarungen über die Vergütung von Sacheinbringen in eine Gesellschaft mit beschränkter Haftung.

GmbHG. §§ 2, 3, 5, 53.

II. Zivilsenat. Urt. v. 28. Juni 1929 i. S. B. (Bekl.) w. Dr. H. als Verwalter im Konkurs der Vereinigten Schleswig-Holsteinischen Meiereiverbände GmbH. (Kl.). II 531/28.

I. Landgericht Kiel.
II. Oberlandesgericht daselbst.

Auf Grund der Bekanntmachung vom 20. Juli 1916 über Speisefette (RGBl. S. 755) und der dazu ergangenen Ausführungsvorschriften war u. a. auch für die Provinz Schleswig-Holstein eine Provinzialfettstelle zu errichten, die sich in eine Geschäfts- und eine Verwaltungsabteilung zu gliedern hatte. Aufgabe der Geschäftsstelle war hauptsächlich die Abnahme, Bezahlung und Unterbringung der zwangsbewirtschafteten Speisefette. In der bezeichneten Bekanntmachung war für die Geschäftsabteilung der Reichsfettstelle die Rechtsform der Gesellschaft mbH. vorgesehen; die Verwaltungsabteilung war als öffentliche Behörde organisiert. In Schleswig-

Holstein ergaben sich bei der Errichtung der Provinzialfettstelle insofern Schwierigkeiten, als dem damit betrauten Oberpräsidenten für die Geschäftsabteilung keine öffentlichen Mittel zur Verfügung standen und gestellt wurden und Landwirtschaftskammer, Städte und Gemeinden die Rechtsträgerschaft für diese Abteilung des geldlichen Risikos wegen ablehnten. Schließlich erklärte sich der Beklagte zur Übernahme und Führung der Geschäftsabteilung der Provinzialfettstelle bereit. Er hat sie mit eigenen Mitteln und eigenem Kredit finanziert und die Geschäfte selbst und mit Hilfe seiner Angestellten erledigt. Abgesehen von Aufbringungszuschüssen der Reichsfettstelle für Juni, Juli und August 1920 in Höhe von 3538316,80 M., 2245684,10 M. und 1826430,10 M. hat er von dritter Seite, insbesondere vom Reich, vom Land oder von der Provinz, nichts erhalten. Im Jahr 1920 regte er, weil ihm der fortschreitenden Geldentwertung wegen das Risiko zu groß schien, die Gründung einer Gesellschaft mbH. an, die mit ihrem Vermögen und für ihre Rechnung die Geschäftsabteilung der Provinzialfettstelle weiterführen sollte. Daraufhin kam es am 13. Oktober 1920 zur Gründung der jetzt im Konkurs befindlichen Gesellschaft. Gründer waren der Beklagte, die Landwirtschaftskammer für die Provinz Schleswig-Holstein und die Meiereiverbände e. V. Schleswig, Westholstein und Ostholstein. Das Stammkapital wurde auf 300000 M., die Stammeinlage des Beklagten auf 160000 M. festgesetzt, die er in der Weise deckte, daß er „mit Zustimmung des Oberpräsidenten der Provinz Schleswig-Holstein die Geschäftsabteilung der Provinzialfettstelle, insbesondere die sämtlichen dazu gehörigen Forderungen, Immobilien und Mobilien nebst Schulden" einbrachte. Die Gesellschaft sollte vom 30. September 1941 an und, falls der Beklagte früher sterben würde, nach Ablauf des auf seinen Tod folgenden Geschäftsjahrs seinen Geschäftsanteil gegen Zahlung von 160000 M. einziehen dürfen. Als Geschäftsführer war der Beklagte vorgesehen; seine Vergütung sollte vom Aufsichtsrat festgesetzt werden. Letzteres ist durch besonderen privatschriftlichen Vertrag vom 13. Oktober 1920 geschehen; danach war die Vergütung auf 25% des jährlichen „Rohgewinns" bemessen. Dieses Abkommen ist von 6 der nach dem Gesellschaftsvertrag berufenen 8 Aufsichtsratsmitglieder und vom Beklagten unterzeichnet.

Am gleichen Tag wurde ein weiteres, von denselben Personen unterzeichnetes privatschriftliches Abkommen getroffen (im folgenden

Nachmittagsabkommen genannt), wonach die Gesellschaft sich verpflichtete, dem Beklagten zu zahlen:

a) für seine in den Jahren 1916 bis 1920 in der Verwaltung und der Geschäftsabteilung der Provinzialfettstelle geleistete Arbeitstätigkeit 60000 M. für das Jahr, insgesamt also 240000 M;

b) ferner als Aufwandsersatz für die in seinem eigenen Geschäftsbetrieb infolge der Inanspruchnahme durch die Fettstelle-Geschäfte nötig gewordene Einstellung von zwei kaufmännischen Kräften während dieser Zeit jährlich 15000 M., insgesamt also 60000 M.;

c) weiter eine Prämie von $1/2\%$ aus dem bisherigen Umsatz, letzteres deshalb, weil der Beklagte in den Jahren 1916 bis 1920 keinen Gewinn aus dem Betrieb der Geschäftsabteilung der Fettstelle bezogen, in dieser Zeit jedes Risiko restlos persönlich getragen habe, seine eigenen kaufmännischen Interessen zugunsten der Provinzialfettstelle habe vernachlässigen müssen, auch die Verzinsung seines in die Geschäftsabteilung eingebrachten Kapitals nur zum Normalzinssatz erfolgt sei. Ferner verpflichtete sich damals die Gesellschaft im Hinblick auf die seit 1916 eingetretene Geldentwertung, dem Beklagten auf sein Verlangen die — zum Fettstelle-Vermögen gehörigen — Grundstücke „Haus Germania" in Kiel und „Haus Tanneck" in Wyk auf Föhr zum Ankaufspreis von 400000 M. und 150000 M. in Anrechnung auf die bezeichneten Ansprüche zu überlassen. Die Ansprüche sollten in vier gleichen Jahresraten fällig und in ihrer „Entstehung" jeweils dadurch bedingt sein, daß in dem betreffenden Jahr nicht der Konkurs über die Gesellschaft eröffnet werde.

Am 10. Januar 1925 traf der Aufsichtsrat der Gesellschaft mit dem Beklagten eine weitere Abmachung. Es wurde dabei berechnet, daß sich der Goldwert der unter a) und b) des Abkommens vom

13. Oktober 1920 ausgeworfenen Beträge auf . .	18750	GM.
der Umsatz der Geschäftsabteilung der Provinzialfettstelle von 1916 bis zum 13. Oktober 1920 auf 130801425,74 GM., die Risikoprämie des Beklagten von $1/2\%$ auf	654007	„
beliefen, Beklagter demnach insgesamt	672757	„
zu fordern und darauf erhalten habe	102947,83	„
so daß restlich zu seinen Gunsten noch	569809,17	GM.

verblieben. Sodann ist in dem Abkommen ausgeführt, daß der Beklagte aus seinem Privatgeschäft der Provinzialfettstelle in den Jahren 1916 bis 1920 und später der Gesellschaft im gegenseitigen Kontokorrentverkehr fortlaufend Kredite zur Verfügung gestellt habe, die

in Goldmark umgerechnet insgesamt	2150948,80 GM.
betrügen, während der Goldwert der zurückgezahlten Beträge nur	1803766,31 „
ausmache, so daß sich zum 31. Dezember 1923 zugunsten des Beklagten ein Saldo von	347182,49 RM.
ergebe, dessen Gesamtansprüche zuzüglich der .	569809,17 „
insgesamt	916991,66 RM.

ausmachten. Dann fährt das Abkommen fort:

„Der Aufsichtsrat beschließt in Übereinstimmung mit Herrn B., von diesem Gesamtbetrage jährlich an ihn ein Zwölftel d. i. 76416 GM. als Gehalt zu zahlen. Scheidet Herr B. während der nächsten 12 Jahre aus dem Geschäft aus, so steht ihm der jährliche Betrag von 76416 GM. als Ruhegehalt zu. Sollte Herr B. in diesem Zeitraum sterben, so wird der Betrag von 76416 GM. alljährlich an seine Frau ... bzw. Erben ausbezahlt ..."

Dieses Abkommen ist von 5 Aufsichtsratsmitgliedern der Gemeinschuldnerin unterschrieben. Unstreitig ist, daß ihr der Beklagte keine Kredite zur Verfügung gestellt hat, daß die im Vertrag vom 10. Januar 1925 genannten Summen vielmehr aus der Zeit vor Gründung der Gesellschaft stammen. Bei der Goldmarkumstellung sind Stammkapital- und Stammeinlageziffern unverändert beibehalten worden. Nachdem der Beklagte am 31. März 1927 als Geschäftsführer der Gesellschaft mbH. ausgeschieden war, ist über diese am 4. Mai 1927 die Geschäftsaufsicht und am 30. Juli 1927 der Konkurs angeordnet worden. Entnommen hat der Beklagte einschließlich der im Abkommen vom 10. Januar 1925 genannten 102947,83 RM. bei der Gesellschaft über Geheimkonto insgesamt 489663,06 RM.; darunter befindet sich als Gewinnanteil für 1924 der Betrag von 20000 RM. Der Kläger verlangt nun vom Beklagten die Rückzahlung von 469663,06 RM., sowie Erstattung weiterer 434,17 RM., welche die Gesellschaft für den Beklagten verauslagt habe; der letztere Anspruch ist nicht bestritten. Im übrigen stützt der Kläger das Klagebegehren u. a. darauf, daß die Abmachungen vom 13. Oktober 1920 und 10. Januar 1925 wegen Verstoßes gegen § 5, § 2 GmbHG. nichtig seien.

Das Landgericht hat nach dem Klagantrag erkannt; das Oberlandesgericht hat die Berufung des Beklagten zurückgewiesen. Die Revision des Beklagten blieb erfolglos, soweit sie sich gegen die von den Vorinstanzen bejahte Nichtigkeit des zweiten Abkommens vom 13. Oktober 1920 und des Abkommens vom 10. Januar 1925 richtete.

Aus den Gründen:

Das Berufungsgericht ist der Auffassung, daß die Verpflichtungen, die in dem Nachmittagsabkommen vom 13. Oktober 1920 und in der Abmachung vom 10. Januar 1925 der Aufsichtsrat namens der Gemeinschuldnerin dem Beklagten gegenüber eingegangen ist, ein „weiteres Entgelt" für die Einbringung des Vermögens der Fettstelle-Geschäftsabteilung bildeten, daß die Vereinbarungen deshalb nach § 2, § 5 Abs. 4, § 53 GmbHG. im Gesellschaftsvertrag in gerichtlicher oder notarieller Form zu treffen oder in rechtsförmlicher Abänderung des Gesellschaftsvertrags von den Gesellschaftern zu beschließen gewesen wären; beim Fehlen dieser Erfordernisse seien sie der Gesellschaft gegenüber ungültig, und das habe zur Folge, daß der Beklagte die daraufhin geleisteten Zahlungen ohne Rechtsgrund erlangt habe und sie an und für sich nach Bereicherungsgrundsätzen herausgeben müsse.

Die Revision wendet sich zunächst dagegen, daß das Berufungsgericht die im Nachmittagsabkommen vom 13. Oktober 1920 festgestellten Forderungen des Beklagten nicht zu den von der Gemeinschuldnerin übernommenen Schulden der Fettstelle-Geschäftsabteilung rechne, sondern sie als weitere Vergütung für die Sacheinlage des Beklagten behandelt wissen wolle. Dieser Auffassung des Berufungsgerichts liege, so meint die Revision, eine unrichtige rechtliche Würdigung des Tatbestands zugrunde, insofern nämlich, als das Berufungsgericht verkenne, daß der Beklagte in Wirklichkeit für das Vermögen der Fettstelle-Geschäftsabteilung von vornherein doch nur Treuhänder des Landes Preußen gewesen sei. Das zwischen ihm und dem Land Preußen begründete Rechtsverhältnis könne rechtlich von Anfang an nur als Auftrag zur Geschäftsbesorgung im Sinne des § 675 BGB. angesehen werden. Nach außen sei der Beklagte allerdings Inhaber der Geschäftsabteilung, im Innenverhältnis aber nur Beauftragter des Landes Preußen gewesen; was er erworben habe,

habe er für seinen Auftraggeber erworben, diesem habe er auch die Gelder vorgestreckt und die Arbeit geleistet. Daraus folge, daß im Innenverhältnis zwischen dem Beklagten und dem Land Preußen allerdings Ansprüche des Beklagten gegen letzteres erwachsen seien, nämlich auf Vergütung seiner und seiner Angestellten Arbeit, auf Zahlung einer Risikoprämie und auf Rückzahlung der geliehenen Summen. Der Beklagte sei wohl im eigenen Namen, aber für Rechnung des Staates tätig gewesen. Auch die übrigen Gründer der Gesellschaft hätten gewußt, daß der Beklagte nur Rechtsträger für den Staat gewesen sei. Das ergebe sich aus dem in den Verträgen enthaltenen Hinweis auf die Zustimmung des Oberpräsidenten. Der Beklagte habe demnach nur ein auf seinen Namen lautendes, aber einem Dritten gehöriges „Unternehmen" in die Gesellschaft eingebracht und habe auch hierbei nur als Treuhänder für den Staat gehandelt. Wenn daher das Geschäft unter der Bezeichnung als „Provinzial-Fettstelle" vom Beklagten mit allen „Aktiven und Passiven" eingebracht worden sei, so hätten dazu auch Ansprüche des Beklagten selbst gegen seinen Auftraggeber, den wirtschaftlichen Eigentümer des Unternehmens gehört. Das Berufungsgericht habe verkannt, daß auf diesem Vermögen eben die Ansprüche des Beklagten als Treuhänder hafteten. Auch bei Auslegung des Gesellschaftsvertrags müsse die wirtschaftliche Seite berücksichtigt werden; bei der Einbringung sei von Verpflichtungen gesprochen worden, die auf dem eingebrachten Vermögen ruhten; was dazu gehöre, sei nach der Verkehrssitte und nach Treu und Glauben durch Auslegung festzustellen. Wenn ein Treuhänder als letzte Rechtshandlung im Treuverhältnis das ihm anvertraute Vermögen in eine Gesellschaft mbH. einbringe, so gehörten seine Ansprüche an das verwaltete Vermögen zu dessen „Passiven". ... Das Berufungsgericht hätte ferner prüfen müssen, ob sich nicht jedenfalls für den Zeitpunkt der Gründung der Gesellschaft die Umwandlung der Rechtsbeziehungen des Beklagten zum Staat in die eines Treuhänders ergebe. Er habe das ganze Vermögen abgeliefert, sein Geschäftsanteil habe zum Nennbetrag von 160000 M. amortisiert werden können, und diese 160000 M. seien auf seine Ansprüche an die Gesellschaft für seine Arbeit anzurechnen gewesen.

Der Revisionsangriff ist nicht begründet. Dem Berufungsgericht ist jedenfalls darin beizutreten, daß das sog. Nachmittagsabkommen vom 13. Oktober 1920 dann unwirksam ist, wenn sich die dem Beklagten gegenüber übernommenen Verpflichtungen als Entgelt für das Einbringen des Vermögens der Fettstelle-Geschäftsabteilung (oder als sog. Gründervergütung) darstellen (§ 5 Abs. 4 GmbHG.). Dies verkennt auch die Revision nicht. Mit Recht stellt sich ferner das Berufungsgericht auf den Standpunkt, daß eine solche Möglichkeit hier nicht schon um deswillen rechtlich ausgeschlossen ist, weil die „Gegenleistungen" in einem erst nach Abschluß des rechtsförmlichen Gesellschaftsvertrags unzweifelhaft zwischen dem Aufsichtsrat und dem Beklagten geschlossenen Abkommen enthalten sind. Diese formelle Trennung in zwei gesonderte Verträge — Gründungsvertrag einerseits, Abkommen mit dem Aufsichtsrat anderseits — kann nicht ausschlaggebend sein; sonst wäre der Umgehung des § 5 Abs. 4 GmbHG., der den Verkehr und die Gläubiger schützen soll, Tür und Tor geöffnet. Entscheidend kann es vielmehr nur darauf ankommen, ob es sich bei den Leistungen im Nachmittagsabkommen wirklich um eine von der Gesellschaft zu gewährende weitere Vergütung für das Sacheinbringen handelte oder nicht. Wäre es der Fall, dann hätte sich der Beklagte als Gründer für sein Sacheinbringen neben dem Geschäftsanteil, wenn auch nur in bedingter Form (kein Gesellschaftskonkurs in den folgenden 4 Jahren), von der Gesellschaft noch die Zahlung einer Geldsumme ausbedungen. Es würde daher in Wahrheit ein sog. gemischtes Rechtsgeschäft vorliegen (teils Sacheinlage, teils Sachübernahme), eben mit der Rechtsfolge, daß die Gegenleistung in Geld im rechtsförmlichen Gründungsvertrag selbst (§ 5 Abs. 4 GmbHG.) festzusetzen gewesen wäre. Beweispflichtig für einen solchen Sachverhalt ist der Kläger, der als Grundlage seines Bereicherungsanspruchs die Ungültigkeit der fraglichen Abmachungen darzutun hat. ...

Daß zwischen dem Gründungsvertrag und dem Nachmittagsabkommen vom 13. Oktober 1920 nicht nur engster zeitlicher und wirtschaftlicher, sondern auch rechtlicher Zusammenhang besteht, läßt sich füglich nicht bestreiten. Das Nachmittagsabkommen knüpft ausdrücklich an den Gründungsvertrag an und hebt hervor, daß der Beklagte hiernach das Vermögen der Fettstelle-Geschäftsabteilung in die Gesellschaft eingebracht habe. Es bestimmt, daß auf die von der Gesellschaft dem Beklagten gegenüber übernommenen Geldverbindlichkeiten der Nennbetrag seines Geschäftsanteils anzurechnen sei; weiter ist darin festgesetzt, daß die Gesellschaft von den nach dem

Gründungsvertrag einzubringenden Liegenschaften wegen eingetretener Geldentwertung zwei wertvolle Gebäude dem Beklagten auf Verlangen für eine bestimmte Summe zu überlassen habe. Es sollte also, wenn auch nur bedingungsweise, eine Verpflichtung der Gesellschaft dahin begründet werden, daß dem Beklagten Grundstücke verbleiben oder wieder zu überlassen sind, zu deren Einbringung in die Gesellschaft er nach dem kaum geschlossenen Gründungsvertrag verpflichtet war. Ferner waren alle diese Leistungen für eine abgeschlossene, in der Vergangenheit liegende Tätigkeit des Beklagten zugesagt, die der Schaffung, Erhaltung und Vermehrung des Vermögens der Fettstelle-Geschäftsabteilung gegolten hatte. Das finanzielle Ergebnis dieser Tätigkeit verkörperte sich aber in diesem Vermögen. Gehörte dieses dem Beklagten frei zu eigen, so stellte eine Vergütung, die ihm anschließend an die Übereignung gewährt wurde, wirtschaftlich zweifellos eine Vergütung für die Vermögensüberlassung dar. Daß die Vergütung so bemessen wurde, wie wenn der Beklagte die Fettstelle-Geschäftsabteilung als „fremdes" Unternehmen geführt hätte, ändert daran nichts. Im Abkommen vom 10. Januar 1925 ist die dem Beklagten für die Zeit bis zum 13. Oktober 1920 zugesicherte Umsatzvergütung auf 654007 GM. beziffert; dies ergibt auf den 13. Oktober 1920, über den Dollar in Papiermark umgerechnet (Dollarkurs vom 13. Oktober 1920 = 67 PM.), rund 10464000 PM. Demnach hätte der Beklagte nach dem Nachmittagsabkommen vom 13. Oktober 1920 insgesamt rund 10700000 PM. zu beanspruchen gehabt, vorausgesetzt nur, daß die Gesellschaft in den nächsten vier Jahren nicht in Konkurs geriet. Prüft man daher den Gründungsvertrag und das Nachmittagsabkommen nach ihrer finanziellen Bedeutung, so ist ganz unverkennbar, daß das Nachmittagsabkommen für den Beklagten das eigentlich finanziell Wesentliche enthält. Seine Stammeinlage betrug nur 160000 PM., der Anteil der Gesellschafter am Jahresgewinn (der später überhaupt wegfiel) war auf 6% beschränkt und die Gesellschaft war nach Ablauf einer gewissen Zeit zur Amortisation des Geschäftsanteils des Beklagten gegen Zahlung von 160000 PM. befugt. Im Falle der Auflösung hatten die Gesellschafter nur Anspruch auf den Nennbetrag der Stammeinlage; der Beklagte hatte also an einem Stammvermögens-Zuwachs der Gesellschaft keinen Anteil; in Goldmark umgerechnet betrug sein Beteiligungsrecht im Höchstmaß rund 10000 GM., eine verhältnismäßig ganz unbedeutende Summe. Demgegenüber brachte ihm das Nachmittagsabkommen, wenn auch durch den Nichtzusammenbruch der Gesellschaft während der nächsten vier Jahre bedingt, Ansprüche im Gesamtwert von rund 670000 GM., also rund das 67fache. Das finanzielle Schwergewicht lag demnach für den Beklagten offensichtlich nicht in seinen Gesellschafterrechten und ihrer Ausgestaltung, sondern in seinen Gläubigeransprüchen aus dem Nachmittagsabkommen. Sie und nicht der Gesellschaftsvertrag enthielten also in geldlicher Beziehung das, was als „Entgelt" für die Vermögenshingabe bezeichnet werden könnte. Nicht anders verhielt es sich auf seiten der Gesellschaft. Für diese konnte es gleichgültig sein, wie die Gesellschafterrechte des Beklagten gestaltet und bemessen waren; für sie hatte Bedeutung der Wert und die Bewertung des eingebrachten Vermögens, anderseits die Höhe der sich aus dem Nachmittagsabkommen für sie ergebenden Schulden. Diese Schulden zehrten aber einen erheblichen Teil des eingebrachten Vermögens vorweg wieder auf. Auch für die Gesellschaft enthielt demnach zur Frage der Abfindung des Beklagten nicht der Gründungsvertrag das eigentlich Wesentliche, sondern das Nachmittagsabkommen.

Trotzdem ist der Revision ohne weiteres zuzugeben, daß es für die rechtliche Beurteilung der Abmachungen von ausschlaggebender Bedeutung sein müßte, wenn die Verbindlichkeiten, mit denen sich das Nachmittagsabkommen befaßte, ohnehin schon nach dem Gesellschaftsvertrag, wenn auch nicht der Höhe, so doch wenigstens dem Grunde nach, der Gesellschaft mbH. zur Last fielen. Entscheidend kommt es dabei darauf an, ob diese Ansprüche zu den Schulden der Geschäftsabteilung der Fettstelle gehören, die nach § 3 Abs. 2 des Gründungsvertrags auf die Gesellschaft mit übergehen sollten. Diese Frage hat aber das Berufungsgericht nicht übersehen; es hat sie vielmehr nach eingehender Prüfung verneint, weil es den Beklagten — unter Ablehnung der Annahme einer Vermögenstreuhänderschaft für das Land Preußen — als vollen und freien Eigentümer des eingebrachten Fettstelle-Vermögens ansieht. Dagegen richten sich die Hauptangriffe der Revision. Nun kann, im Gegensatz zu ihrer Auffassung, nicht zweifelhaft sein, daß die Geschäftsabteilung der Provinzialfettstelle rechtlich unbedenklich in der Weise aufgebaut werden konnte, daß Rechtsträger eine Einzelperson war, der das Geschäftsvermögen in jeder Richtung frei zugehörte. Für die Organisation dieser Stellen war durch die Bekanntmachung des Bundesrats über Speisefette vom 20. Juli 1916 (RGBl. S. 755) den Landesbehörden Spielraum gelassen. Die hierzu für Preußen ergangene Ausführungsanweisung vom 22. Juli 1916 Nr. I Abs. 5 (Ministerialamtsblatt für Landwirtschaft, Domänen und Forsten S. 197) gab den Oberpräsidenten insoweit gleichfalls völlig freie Hand; sie beschränkte sich auf die Bestimmung, daß für jede Provinz eine unter der Aufsicht des Oberpräsidenten stehende Provinzialfettstelle einzurichten sei. Die Geschäftsabteilung der Reichsfettstelle war als Gesellschaft mbH., mithin als juristische Person des Privatrechts, organisiert; andere solche kriegswirtschaftliche Organisationen mit ähnlichen Aufgaben hatten die Rechtsform der Aktiengesellschaft, waren also gleichfalls Rechtssubjekte des Privatrechts. Das Vermögen, das diesen Gesellschaften in ihrem Geschäftsbetrieb anfiel, war Gesellschaftsvermögen so gut wie bei rein privatwirtschaftlichen Unternehmen. Es fiel in Ermanglung anderer Satzungsbestimmungen im Fall der Auflösung den Gesellschaftern zu, welche Privatpersonen sein konnten. Eine Änderung brachten insoweit erst die Vorschriften (§§ 7, 11) des Gesetzes vom 15. Juli 1921 über die Abwicklung von Kriegsgesellschaften und ähnlichen Organisationen (RGBl. S. 942). Aber gerade aus diesen Vorschriften ergibt sich die Richtigkeit der vorstehend vertretenen Auffassung über die Zugehörigkeit der Vermögen dieser Gesellschaften und die Anfallberechtigten im Fall ihrer Auflösung.

Konnten so grundsätzlich juristische Personen des Privatrechts Rechtsträger dieser Geschäftsabteilungen und ihrer Vermögen sein, dann ist nicht einzusehen, weshalb nicht auch eine Einzelperson als solche diese Rechtsträgerschaft hätte übernehmen können, und zwar mit der Maßgabe, daß das finanzielle Ergebnis dieses Geschäftskreises ganz zu ihren Lasten, aber auch zu ihrem Nutzen ging. Die öffentlichen Interessen konnten insoweit auch bei finanziellen Geschäftsgebarungen nach den einschlägigen Verwaltungsvorschriften immer noch zur Genüge gewahrt werden. Einmal hatte es die Verwaltungsbehörde, unter deren Aufsicht die Geschäftsabteilung stand, schließlich immer in der Hand, die Führung der Geschäftsabteilung dem mit ihr Betrauten wieder abzunehmen, zum andern waren deren Geschäfte ohnehin nach den Anweisungen der behördlich organisierten Verwaltungsabteilung zu erledigen. Es standen also Mittel und Wege genug zur Verfügung, um den öffentlichen Interessen gerade auch bei der finanziellen Geschäftsgebarung nachdrücklich Geltung zu verschaffen. Nach alledem ist dem Berufungsgericht darin beizupflichten, daß rechtsgrundsätzlich der Aufbau der Geschäftsabteilung durch den damit betrauten Oberpräsidenten sehr wohl in der Weise erfolgen konnte, daß der Beklagte freier Eigentümer des aus dem Geschäftsbetrieb anfallenden Vermögens wurde. Gewiß bestand kein rechtliches Hindernis dagegen, daß statt dessen der Beklagte zwar nach außen Rechtsträger der Geschäftsabteilung, im Innenverhältnis zum Land aber nur dessen Treuhänder sein sollte mit der Verpflichtung zur Herausgabe des im Betrieb anfallenden Vermögens an das Land, anderseits aber auch mit dem Recht auf Entlohnung und Aufwendungsersatz. Dann ging aber die Geschäftsabteilung im Innenverhältnis in Wahrheit auf Rechnung und Gefahr des Landes.

Das Berufungsgericht hat beide Möglichkeiten geprüft und die erstere bejaht. Es kann der Revision nicht zugegeben werden, daß ihm hierbei ein Rechtsirrtum unterlaufen wäre. Insoweit bewegen sich vielmehr die Revisionsangriffe im wesentlichen auf dem Gebiet der tatsächlichen Würdigung. Das Berufungsurteil erwägt hierzu: der Kläger selbst habe für seine gegenteilige Ansicht irgendwelche bestimmte Behauptungen tatsächlicher Art nicht aufzustellen vermocht, der Beklagte dagegen mache unter Beweisantritt geltend, es sei ihm bei der seinerzeitigen Gründung der Fettstelle vom damaligen Oberpräsidenten, also von der maßgeblichen Verwaltungsstelle, ausdrücklich erklärt worden, daß er die Fettstelle „auf eigene Mittel und eigenes Risiko" zu übernehmen habe. Das Berufungsgericht ist auf diesen Beweisantritt nicht eingegangen; aus der Tatsache, daß beim Oberpräsidium keinerlei Akten über ein Treuhandverhältnis des Beklagten und seine Verpflichtung zur Ablieferung des Ertrags und des Vermögens der Fettstelle an das Land erwachsen seien, und aus dem Verhalten des Beklagten, der mit diesem Vermögen unbestrittenermaßen zahlreiche, zum Teil sehr große Schenkungen für öffentliche, insbesondere Wohlfahrtszwecke gemacht habe, zieht es den Schluß, daß der Beklagte unmöglich in einem Treuhandverhältnis zum Land gestanden haben könne, sondern bis zuletzt freier Eigentümer dieses Vermögens gewesen sei. Diese Auffassung, die der Beklagte in den Tatsacheninstanzen selbst vertreten hatte, ist auch keineswegs mit dem Inhalt des Gründungsvertrags und des Nachmittagsabkommens unvereinbar, wie die Revision meint. Der Beklagte war als Volleigentümer des Fettstelle-Vermögens sehr wohl in der Lage, dieses so, wie geschehen, in die neu zu gründende Gesellschaft mbH. einzubringen. Er konnte dies ganz oder zum Teil schenkweise tun und sich in finanzieller Hinsicht in der Hauptsache mit dem Ersatz seiner Aufwendungen und mit einer angemessenen Entschädigung für Arbeitsleistungen und geldliches Risiko begnügen, oder endlich sich finanzielle Gesellschafter- und Gläubigerrechte ausbedingen, die dem Wert des hingegebenen Vermögens mehr oder weniger gleichkamen.

Wenn sodann im Gründungsvertrag hervorgehoben ist, die Einbringung des Vermögens der Fettstelle-Geschäftsabteilung geschehe mit Zustimmung des Oberpräsidenten, so folgt auch daraus noch keineswegs, daß der Beklagte nun deshalb, sei es von vornherein, sei es nachträglich, hinsichtlich des einzubringenden Vermögens Treuhänder des Landes gewesen ist. Dadurch wurde nur klargestellt (was im Hinblick auf die Art des eingebrachten Unternehmens zweckmäßig war), daß von staatlicher Seite gegen das Verfügungsrecht und die Verfügungsbefugnis des Beklagten keine Anstände erhoben würden und daß ihm, wie das Berufungsgericht in anderem Zusammenhang ausführt, das Eigentum, d. h. das freie Eigentum, nicht mehr streitig gemacht werde. Es bedeutete aber weiter, daß der Beklagte für die Zustimmung, wenn sie erforderlich sein und fehlen sollte, einzustehen und insoweit etwaige Rechtsmängel zu vertreten habe. Daß der Inhalt des Nachmittagsabkommens selbst mit der Auffassung des Berufungsgerichts über die Rechtsstellung des Beklagten hinsichtlich des Vermögens der Fettstelle-Geschäftsabteilung nicht im Widerspruch steht, ist schon dargelegt. In dem Abkommen ist im Gegenteil ausdrücklich hervorgehoben, daß der Beklagte bisher während Bestehens der Geschäftsabteilung jedes Risiko restlos persönlich zu tragen gehabt habe. Wäre er bloßer Treuhänder des Landes Preußen gewesen, so wäre im Verhältnis nach innen das geschäftliche Risiko nicht zu seinen, sondern zu des Landes Lasten gegangen.

Hiernach hat das Berufungsgericht mit Recht die Auffassung abgelehnt, daß die Verpflichtungen des Nachmittagsabkommens schon unter die von der Gesellschaft nach § 3 des Gründungsvertrags übernommenen Schulden der Fettstelle-Geschäftsabteilung fallen. Mit dieser Auslegung völlig unverträglich wäre übrigens auch die eigene Behauptung des Beklagten, daß der Aufsichtsrat bei Abschluß des Nachmittagsabkommens vom 13. Oktober 1920 völlig freie Hand gehabt habe. Es könnte daher unerörtert bleiben, ob, selbst wenn der Beklagte in einem „Treuhandverhältnis zum Land Preußen" wegen des Vermögens der Fettstelle-Geschäftsabteilung gestanden hätte, seine Aufwendungs- und Vergütungsansprüche wirklich zu den Passiven des eingebrachten Vermögens der Fettstelle-Geschäftsabteilung gehört hätten. Allein auch dies müßte verneint werden. Gewiß hätte der Beklagte dann nach §§ 612, 670, 675 BGB. Ansprüche auf Vergütung und Aufwendungsersatz gehabt, aber doch nur gegen das Land Preußen, nicht gegen „das ihm anvertraute Vermögen". Die gegenteilige Meinung der Revision ist unmöglich, denn Herr des Vermögens war unter allen Umständen — auch wenn eine schuldrechtliche Bindung durch Treuhandvertrag vorläge — der Beklagte selbst. Es ist deshalb ausgeschlossen, seine Vergütungs- und Ersatzansprüche unter den Begriff der Schulden im Sinne des § 3 Abs. 3 des Gesellschaftsvertrags zu bringen. Tatsächlich bestanden aber zur Zeit des Abschlusses des Gründungsvertrags gar keine Ersatzansprüche des Beklagten; damit scheidet auch der Gesichtspunkt der Schuldübernahme in jeder Form aus. Als Schuldentstehungsgrund kann dann nur das Nachmittagsabkommen vom 13. Oktober 1920 selbst in Betracht kommen. Wenn nun das Berufungsgericht in Würdigung aller Umstände zu der Überzeugung gelangt ist, daß die hiernach von der Gesellschaft dem Beklagten gegenüber eingegangenen Verpflichtungen in Wirklichkeit ein weiteres teilweises Entgelt für die Vermögenseinbringung sein sollten und sind, so liegt dies wiederum im wesentlichen auf dem Gebiet der tatsächlichen Würdigung. Zeit und Umstände sowie Inhalt dieses Abkommens sprechen, wie schon ausgeführt, durchaus für diese Annahme. Dann hätten aber diese Verpflichtungen, um der Gesellschaft gegenüber rechtswirksam zu sein, allerdings im Gründungsvertrag selbst festgesetzt sein müssen. Als Gründerlohn können die im Nachmittagsabkommen behandelten Ansprüche des Beklagten nicht angesehen werden. Im übrigen hätte auch die Festsetzung eines Gründerlohns zugunsten des Beklagten der Aufnahme in den Gesellschaftsvertrag bedurft, um der Gesellschaft gegenüber Rechtsverbindlichkeit zu erlangen (Brodmann Anm. 8 a. E. zu § 5 GmbHG.; RGZ. Bd. 113 S. 241; für das Aktienrecht JW. 1909 S. 167 Nr. 18).

Demnach ist es rechtlich nicht zu beanstanden, wenn das Berufungsgericht unter Berufung auf §§ 2, 5 Abs. 4 GmbHG. die Rechtsgültigkeit des Nachmittagsabkommens vom 13. Oktober 1920 verneint hat. Es kann deshalb dahingestellt bleiben, ob dieses Abkommen nicht auch um deswillen nichtig wäre, weil es auf Rückzahlung der Stammeinlage oder eines Teils von ihr abzielte (Urt. d. erk. Senats vom 28. Januar 1929 II 354/28).

Die Revision wendet sich ferner gegen die Beurteilung, die das Berufungsgericht dem Abkommen vom 10. Januar 1925 hat angedeihen lassen. Sie führt aus, eine nachträgliche Erhöhung der Gegenleistung für die Einlage des Beklagten, wie der Vorderrichter meine, könne schon nach dem Wortlaut der Abmachung nicht in Frage kommen. Rechtsirrig sei aber auch die Annahme, daß es sich bei der Umwandlung der Ansprüche in Gehaltsforderungen um einen Scheinvertrag handle. Das Abkommen habe Vergleichscharakter; es fuße einmal auf der Übernahme der Schulden der Fettstelle an den Beklagten, zum andern darauf, daß dieser bis dahin keine angemessene Vergütung für seine Arbeit zum Besten der Gesellschaft erhalten habe. Das Berufungsgericht führe in anderem Zusammenhang selbst aus, daß der Beklagte außer einem Gewinnanteil für 1924 mit 20000 RM. nichts bekommen habe, da keine Gewinne erzielt worden seien. Daraus, so meint die Revision, erhelle ein Gehaltsanspruch des Beklagten, auf den er verzichtet habe.

Auch dieser Revisionsangriff versagt. Soweit sich das Abkommen vom 10. Januar 1925 mit der Aufwertung der im Nachmittagsvertrag vom 13. Oktober 1920 dem Beklagten ausgeworfenen Beträge befaßt, handelte es sich um eine durch die Geldentwertung und Goldmarkumstellung veranlaßte Neufestsetzung jener Bezüge, und damit rechtlich nach wie vor um Abmachungen über das Entgelt für die Sacheinlage des Beklagten. Die Gesellschaft war inzwischen allerdings zur Entstehung gelangt. Es handelte sich deshalb um eine nachträgliche Abänderung des Gesellschaftsvertrags, die rechtswirksam nur auf dem Weg des § 53 GmbHG. erfolgen konnte. Diese Form ist aber unstreitig nicht beobachtet worden und damit ist das Abkommen von 10. Januar 1925 zu diesem Teil wiederum nichtig. Nicht anders verhält es sich mit der Abrede, daß die Gesellschaft dem Beklagten weitere 347182,49 GM. zahlen solle. Gestützt hat er sein dahingehendes Ansinnen nach der Vertragsurkunde vom

10. Januar 1925 auf Geldentwertungsverluste im Betrieb der Fettstelle-Geschäftsabteilung aus der Zeit bis zur Gründung der Gesellschaft, sowie auf die nachmalige Überlassung des Vermögens der Fettstelle-Geschäftsabteilung, das bis dahin ihm gehört hatte, an die Gemeinschuldnerin. Demnach wurzelt auch dieses Begehren in der Rechtsstellung des Beklagten als Gründers und Gesellschafters der Gesellschaft mbH. Wenn sich der Aufsichtsrat auf dieses Begehren einließ, so hat er damit in Wirklichkeit, wie das Berufungsgericht zutreffend annimmt, dem Beklagten nachträglich eine weitere Gegenleistung für das Sacheinbringen bewilligt. Dazu war der Aufsichtsrat rechtlich nicht in der Lage; auch insoweit hätte es, weil es sich in Wahrheit um eine nachträgliche Änderung des Gesellschaftsvertrags handelte, wiederum auf alle Fälle der Einhaltung der Vorschriften des § 53 GmbHG. bedurft. Wirtschaftlich und rechtlich sind die Vergütung für die vom Beklagten in der Fettstelle-Geschäftsabteilung geleistete Arbeit und der Ersatz seiner dabei gemachten Aufwendungen sowie der hierbei erlittenen Geldentwertungsverluste gleichmäßig zu behandeln, wie es im Abkommen vom 10. Januar 1925 auch tatsächlich geschehen ist. Der Revision mag zugegeben werden, daß bei Bemessung der Verpflichtungen, welche die Gesellschaft in der Abmachung vom 10. Januar 1925 gegenüber dem Beklagten übernommen hat, ersichtlich auch von Bedeutung gewesen ist, daß seine bisherigen Bezüge als Geschäftsführer unzulänglich geworden waren und daß sie bei Aufrechterhaltung der seitherigen Regelung das voraussichtlich auch in Zukunft bleiben würden. Es mag also sein, daß insofern die vom Aufsichtsrat am 10. Januar 1925 für die Gesellschaft eingegangenen Verpflichtungen zugleich ein weiteres Entgelt für die im Dienst der Gesellschaft geleistete und noch zu leistende Geschäftsführertätigkeit sein sollten. Allein eine Trennung und Ausscheidung der ausgeworfenen Beträge nach der einen oder anderen Richtung ist unmöglich. Wohl aber führt dieser Gesichtspunkt dazu, daß das ganze Abkommen vom 10. Januar 1925 gemäß § 139 BGB. nichtig ist und zwar auch in seinem letzten Teil, der bestimmt, daß für die Vergütung des Beklagten als Geschäftsführer der § 9 Abs. 1 des Gesellschaftsvertrags und das Gehaltsabkommen vom 13. Oktober 1920 weitergelten sollen. Dann fehlt es für die Zeit vom Januar 1925 bis zum Ausscheiden des Beklagten aus seiner Stellung als Geschäftsführer, Ende März 1927, an einer vertraglichen Regelung

der Höhe seiner Gehaltsbezüge. Da er die Dienste nicht unentgeltlich leisten sollte und wollte, hätte er für den genannten Zeitraum allerdings noch die angemessene Entlohnung zu fordern. Alles dies ändert aber nichts daran, daß auch das Januar-Abkommen von 1925 wegen Verstoßes gegen § 53 GmbHG. nichtig ist und nichtig geblieben ist, trotz der — insoweit rechtlich belanglosen — damaligen „Umwandlung" der „Vergütungs- und Ersatzansprüche" des Beklagten in „Gehaltsansprüche". Der Hinweis der Revision auf den angeblichen Vergleichscharakter dieser Vereinbarungen geht fehl. Hiernach erweist sich aber der Klaganspruch aus §§ 812flg. BGB. nach Grund und Betrag als gerechtfertigt. Weder in der einen noch in der andern Richtung sind insoweit gegen die Ausführungen des Berufungsgerichts rechtliche Bedenken zu erheben. Dem Berufungsgericht ist insbesondere auch darin beizutreten, daß durch die Nichtigkeit des Nachmittagsabkommens vom 13. Oktober 1920 und des Abkommens vom 10. Januar 1925 die Gültigkeit des Gesellschafts- und des Gründungsvertrags im allgemeinen und die Gültigkeit der Sacheinlagepflicht des Beklagten im besonderen nicht berührt worden ist. . . .

---

64. Ist ein Verein befugt, gegen seine Mitglieder Strafen festzusetzen, die in der Satzung nicht vorgesehen sind? Kann er ein Mitglied wegen einer Handlung bestrafen, die zur Zeit ihrer Begehung noch nicht durch die Satzung unter Strafe gestellt war? Wie ist zu verfahren, wenn sich die Handlung in die Zeit der Geltung einer neuen Satzung fortsetzt, die ihre Strafbarkeit ausspricht?

BGB. § 25.

IV. Zivilsenat. Urt. v. 1. Juli 1929 i. S. Berl. Apothekerverein e. V. u. Gen. (Bekl.) w. Dr. C. (Kl.). IV 662/28.

I. Landgericht I Berlin.
II. Kammergericht daselbst.

Der Kläger, Inhaber einer Apotheke, ist seit 1905 Mitglied des (zweitbeklagten) Deutschen Apothekervereins, dem im Jahre 1869 die Rechte einer juristischen Person verliehen worden sind und der nach

§ 1 seiner Satzung Schutz, Pflege und Förderung der Wohlfahrt des deutschen Apothekerstandes bezweckt. Mit der Aufnahme in diesen Verein hat er zugleich die Mitgliedschaft beim Beklagten zu 1, dem Berliner Apothekerverein e. V., erworben, der einen Gau des Deutschen Apothekervereins bildet (§§ 1 und 4 der Satzung des Berliner Apothekervereins). Der Kläger hat Insulin zu Preisen verkauft, die mit einem Beschluß des Beklagten zu 1 vom 28. Januar 1925 nicht in Einklang stehen sollen. Wegen dieses Verhaltens und wegen einer Anzeige des Klägers in der Zeitschrift „Die Komplex-Biochemie" wurde der Gau B. des Deutschen Apothekervereins beim Beklagten zu 1 vorstellig, und dessen Ehrenrat faßte am 29. Mai 1926 folgenden Beschluß: Der Kläger wird aufgefordert: 1. die Anzeige (in einem bestimmt angegebenen Sinne) abzuändern, 2. künftig den nach Nr. 2 der Arzneitaxe unter Zugrundelegung des gewöhnlichen Apothekeneinkaufspreises errechneten Verkaufspreis für Insulin einzuhalten, 3. in allen Anpreisungen, Preislisten usw. nur den so errechneten Verkaufspreis bekanntzugeben. Zur Durchführung dieses Beschlusses wurde ihm eine Frist bis 15. Juni 1926 gesetzt. Gegen diesen Beschluß legte der Kläger die nach der Satzung zulässige Berufung an den Ehrengerichtshof des Beklagten zu 2 ein. Der Gau B. beanstandete seinerseits den Beschluß als zu milde. Der Ehrengerichtshof setzte am 15. September 1926 unter Aufhebung des Beschlusses des Ehrenrats eine Geldstrafe von 1000 M. gegen den Kläger fest, gab ihm auf, in den öffentlichen Anzeigen über Biochemie das Wort „Sonderniederlage" durch „Niederlage" zu ersetzen und sich dem bindenden Gaubeschluß vom 28. Januar 1925 bedingungslos zu unterwerfen, sowie zur Sicherheit für die Einhaltung dieser Auflage während einer Bewährungsfrist von fünf Jahren 500 M. zu hinterlegen. Die Begründung dieser Entscheidung ist weiter unten mitgeteilt. Das Landgericht hat die auf Aufhebung der beiden Beschlüsse gerichtete Klage abgewiesen. Auf die Berufung des Klägers hat das Kammergericht die Sprüche des Ehrenrats und des Ehrengerichtshofs für ungültig erklärt. Die Revision der Beklagten wurde zurückgewiesen.

Aus den Gründen:

Das ehrengerichtliche Verfahren gegen den Kläger ist eingeleitet worden durch das Schreiben des Beklagten zu 1 an ihn vom 14. Mai 1926. Da damals die Satzung des Beklagten zu 2 vom

15. September 1923 in der Fassung des Nachtrags vom 24. Februar 1926 bereits in Geltung war — der Nachtrag ist am 1. Mai 1926 in Kraft getreten —, so hatte sich das Verfahren vor dem Ehrenrat und dem Ehrengerichtshof nach der neuen Satzung zu richten. Es bedarf nicht der Erörterung, ob die vom Berufungsgericht gegen das eingeschlagene Verfahren im einzelnen erhobenen Bedenken und die sich hiergegen richtenden Revisionsangriffe begründet sind. Denn die Aufhebung der Beschlüsse des Ehrenrats und des Ehrengerichtshofs ist jedenfalls im Ergebnis um deswillen zu billigen, weil nicht die richtigen sachlichen Strafvorschriften angewendet worden sind.

Nach ständiger Rechtsprechung des Reichsgerichts bildet die Verhängung von Strafen durch die Vereinsorgane gegen Vereinsmitglieder einen Akt der Selbstverwaltung des Vereins. Dieser unterwirft sich das Mitglied durch seinen Eintritt in den Verein nur in den aus der Satzung ersichtlichen Grenzen. Daraus folgt nicht nur, daß ausschließlich solche Straf- oder Disziplinarmaßregeln verhängt werden dürfen, die in der Satzung vorgesehen sind (JW. 1915 S. 1424 Nr. 1, 1928 S. 2208 Nr. 3 und S. 2209 Nr. 4, 1929 S. 847 Nr. 4), sondern auch, daß ein Mitglied nur wegen solcher Handlungen bestraft werden kann, die bereits zur Zeit ihrer Ausführung von der Satzung mit Strafe bedroht waren. Aus der satzungsmäßigen Begrenzung der Selbstverwaltung des Vereins ergibt sich also, daß ein Mitglied nicht wegen einer Handlung bestraft werden kann, die es bei der Ausführung als mit der geltenden Satzung im Einklang stehend ansehen durfte. Diese Erwägungen rechtfertigen es, auf dem Gebiete des Vereinsrechtes denselben Grundsatz anzuwenden, der in den Vorschriften des § 2 Abs. 1 StGB. und jetzt des Art. 116 RVerf. Ausdruck gefunden hat, nämlich daß eine Handlung nur dann mit einer Strafe belegt werden kann, wenn die Strafbarkeit gesetzlich bestimmt war, bevor die Handlung begangen wurde.

Hiernach und weil die den Gegenstand des ehrengerichtlichen Verfahrens bildenden Handlungen des Klägers vor der vom Gau B. gegen ihn erstatteten Anzeige vom 28. April 1926 liegen, hätte die Bestrafung des Klägers nur aus der damals geltenden Satzung des Beklagten zu 2 vom 15. September 1923 erfolgen können (vgl. § 25 der Satzung des Beklagten zu 1 vom 6. Mai 1924). Das ist aber nicht geschehen. Nach § 45 Abs. 1 der Satzung vom 15. September 1923 unterlagen der Beurteilung des Ehrenrats „Handlungen der Vereinsmitglieder, die die Ehre des Standes, des Vereins oder eines Vereinsmitgliedes verletzen können". Die Begründung des Beschlusses des Ehrenrats vom 29. Mai/1. Juni 1926 enthält jedoch keine Feststellung, daß der Kläger durch die ihm nachgewiesenen Handlungen Ehrverletzungen im Sinne dieser Vorschrift begangen habe, und die Strafe ist, wie die Begründung ausdrücklich besagt, aus der erst am 1. Mai 1926 in Kraft getretenen abgeänderten Satzung entnommen (§ 47 Abs. c daselbst). Die erforderliche Feststellung einer Zuwiderhandlung gegen § 45 Abs. 1 der alten Satzung fehlt auch in der Entscheidung des Ehrengerichtshofs vom 15. September 1926. Die Strafe wird vielmehr verhängt „wegen bewußter Zuwiderhandlung gegen die Satzung sowie gegen einen bindenden Gaubeschluß, verbunden mit der bewußten Schädigung wirtschaftlicher Interessen eines Teiles seiner Standes- und Vereinsgenossen durch Preisunterbietungen sowie durch Bekanntgabe einer für einen größeren Kreis von Personen bestimmten Anzeige, in welcher unzutreffende, irreführende Angaben enthalten sind, die den Anschein eines besonders günstigen Angebots hervorzurufen geeignet erscheinen." Ein solches Verhalten ist keineswegs notwendigerweise als ehrverletzend im Sinne des § 45 Abs. 1 der alten Satzung anzusehen und die Begründung der Entscheidung bietet keinen Anhalt dafür, daß der Ehrengerichtshof es als ehrverletzend in diesem Sinne angesehen hätte. Auf die gegenteilige Auffassung des Ehrengerichtshofs ist nicht nur aus der wiedergegebenen Fassung zu schließen, die sich wenigstens teilweise an die neue Strafvorschrift des § 42 Nr. 2 der geänderten Satzung anlehnt, sondern auch aus den Ausführungen der Begründung, wonach die Möglichkeit eines Schutzes der wirtschaftlichen Interessen der Vereinsmitglieder und eines Einschreitens der Vereinsorgane gegen unlauteres Geschäftsgebaren eines Mitgliedes „durch die Schaffung der neuen Vereinsgerichtsbarkeit gegeben" sein soll. Die Begründung der Entscheidung läßt jedenfalls auch nicht mit einiger Sicherheit erkennen, daß der Ehrengerichtshof die festgestellten Handlungen des Klägers als nach der maßgebenden alten Satzung strafwürdig angesehen hätte.

Nun hält der Ehrengerichtshof allerdings für bewiesen, daß der Kläger noch nach dem 15. Juni 1926 die gegen einen Gaubeschluß verstoßenden Unterbietungen sich hat zuschulden kommen lassen. Durch die Satzung war der Ehrengerichtshof nicht gehindert, den

Kläger auch wegen der nach dem 1. Mai 1926, dem Inkrafttreten der geänderten Satzung, fortgesetzten Satzungsverletzungen und Zuwiderhandlungen gegen einen bindenden Gaubeschluß zur Rechenschaft zu ziehen und insoweit die Strafbestimmungen dieser geänderten Satzung anzuwenden. Wenn es aber in der Begründung der Entscheidung heißt, daß die vom Kläger durch diese Fortsetzung seines Verhaltens und auch sonst bewiesene ostentative Nichtachtung der vereinsgerichtlichen Einrichtungen bei der Festsetzung des Strafmaßes nicht habe außer Betracht bleiben dürfen, so erhellt daraus, daß der Ehrengerichtshof als den hauptsächlichen Gegenstand des ehrengerichtlichen Verfahrens diejenigen Handlungen des Klägers angesehen hat, die vor der Anzeige des Gaues B. lagen und deren Strafbarkeit, wie dargelegt, nach der alten Satzung zu beurteilen war. In der Hauptsache beruht hiernach die Straffestsetzung auch des Ehrengerichtshofs erkennbar auf der irrtümlichen Anwendung der neuen — erweiterten — Strafvorschriften und das rechtfertigt ihre Aufhebung.

Durch die Aufhebung der Beschlüsse des Ehrenrats und des Ehrengerichtshofs wird nicht die Straflosigkeit des Klägers ausgesprochen. Die Beklagten sind nicht gehindert, dem ehrengerichtlichen Verfahren gegen den Kläger Fortgang zu geben. Aus dem Gesagten ergibt sich bereits, daß die Anwendung der am 1. Mai 1926 in Kraft getretenen Satzung unbedenklich ist, soweit die Handlungen des Klägers nach diesem Zeitpunkt liegen. Wegen der früheren Handlungen kann der Kläger nur bestraft werden, wenn die zuständigen Vereinsorgane bei Anwendung pflichtmäßigen Ermessens glauben, sie als ehrverletzend im Sinne des § 45 Abs. 1 der alten Satzung ansehen zu können. . . .

---

65. Ist eine Sicherungsabtretung auch dann nach Tarifstelle 1 des preuß. Stempelsteuergesetzes zu verstempeln, wenn in der Urkunde besonders darauf hingewiesen ist, daß die Abtretung zur Sicherung einer Forderung erfolgt?

Preuß. Stempelsteuergesetz vom 27. Oktober 1924, Tarifstellen 1, 15.

VII. Zivilsenat. Urt. v. 20. September 1929 i. S. Disk.-Ges. (Kl.) w. Preuß. Staat (Bekl.). VII 88/29.

I. Landgericht I Berlin.

Die Firma W. & G. in Berlin hat der Klägerin am 18. Juni 1928 eine Urkunde folgenden Inhalts ausgestellt:

„Wir treten Ihnen hierdurch die uns gegen die Firma R. & S., München, aus Warenlieferung vom 1. Mai 1928 zustehende Forderung von 5375,90 RM. ab.

Die Abtretung erfolgt zur Sicherung Ihrer Forderung aus dem uns gewährten Kredit bis zum Höchstbetrag von 5375,90 RM."

Die Klägerin hat diese Abtretungserklärung auf Grund der Tarifstelle 1 des preußischen Stempelsteuergesetzes vom 27. Oktober 1924 mit 5,50 RM. versteuert. Sie fordert vom Beklagten den Betrag von 2,50 RM. zurück, indem sie behauptet, daß eine lediglich zur Sicherung erfolgte Übertragung von Rechten nicht nach Tarifstelle 1, sondern nach Tarifstelle 15 zu verstempeln sei und daß sie deshalb nur einen Stempel von 3 RM. zu entrichten habe. Das Landgericht wies die Klage ab. Die von der Klägerin unmittelbar eingelegte Revision hatte keinen Erfolg.

Gründe:

Der Inhalt der Urkunde vom 18. Juni 1928 ergibt zwar, daß es sich um eine Sicherungsabtretung handelt. Aber damit allein ist nicht entschieden, daß die Sicherungsabtretung ein Sicherungsgeschäft ist, das nach der Tarifstelle 15 StStG. zu versteuern ist.

Bei einer Abtretung, die zur Sicherung einer Schuldverpflichtung erfolgt, geht nur der wirtschaftliche Zweck auf Sicherung. Entscheidend ist aber der rechtliche Inhalt des Geschäfts, und dieser geht auf Übereignung des abgetretenen Rechts, wenn auch mit der schuldrechtlichen Pflicht, die abgetretene Forderung nach Tilgung der Schuld wieder auf den Abtretenden zurückzuübertragen. Die Übereignung überträgt dann mehr, als die Sicherung erfordert; aber sie ist als Mittel zu dieser gewählt, und darum müssen die Beteiligten für die Verstempelung ihrer Beurkundung auch die Folgen dieser Wahl tragen. Denn nicht nach dem Zweck ihrer Vornahme, sondern nach ihrem Inhalt ist die Abtretung zu beurteilen. Der Zweck der Abtretung gehört nicht ihrem Inhalt an, weil er lediglich das Schuldgeschäft betrifft und die Abtretung selbst ein abstraktes Geschäft ist (WarnRspr. 1916 Nr. 12). Dies übersieht Wolff in seinen Aufsätzen im Bankarchiv Bd. 27 S. 241, Bd. 28 S. 86, worauf auch schon Markiewitz im Bankarchiv Bd. 28 S. 14 zutreffend hingewiesen hat. Es verschlägt darum nichts, daß in der Abtretungsurkunde ausdrücklich hervorgehoben ist, die Abtretung erfolge zur Sicherung einer Forderung. Denn da dies den Inhalt der Abtretung nicht berührt, so kann dadurch auch die Anwendung der Tarifstelle 1 StStG. nicht ausgeschlossen werden. Es mochte beabsichtigt sein, die Verstempelung der Urkunde nach Tarifstelle 15 zu erreichen. Aber wenn dies mit dem fraglichen Zusatz nicht zu erreichen war, so blieb es ein Versuch mit untauglichem Mittel. Die Entscheidung RGZ. Bd. 117 S. 398 berührt die strittige Frage nicht, und ebensowenig ist die Entscheidung des Reichsfinanzhofs Bd. 19 S. 126 für die hier zu entscheidende Stempelfrage anwendbar. Die Revision kann deshalb beide Entscheidungen nicht zu ihrer Stütze heranziehen.

66. Sind die Härtevorschriften des § 15 Satz 2 AufwG. auch gegenüber einem auf § 78 dieses Gesetzes gestützten Aufwertungsbegehren anwendbar?

V. Zivilsenat. Beschl. v. 28. September 1929 i. S. B. (Antragst.) w. K. (Antragsg.). VB 9/29.

I. Aufwertungsstelle Königsberg i. Pr.
II. Landgericht daselbst.

Der Sachverhalt und die Entscheidung ergeben sich aus den

Gründen:

Für den Antragsteller ist auf einem Grundstück in K. seit dem Jahre 1895 eine Darlehenshypothek von 30000 M. eingetragen. Der Antragsgegner war seit dem 9. Dezember 1920 Eigentümer des Grundstücks. Er verkaufte es durch notariellen Vertrag vom 27. Februar 1924 an die Eheleute H. und ließ es ihnen am 2. Mai 1927 auf; sie wurden am 15. September 1927 als Eigentümer eingetragen.

Der Antragsgegner zahlte am 1. März 1924 die Hypothek mit 3500 GM. zurück. Am 29. Dezember 1925 meldete der Antragsteller sie gemäß §§ 78, 16 AufwG. zur weiteren Aufwertung bei der Aufwertungsstelle an. Der Antragsgegner widersprach der Anmeldung mit der Begründung, er könne infolge der wirtschaftlichen

Lage, in die er durch den Verkauf des Grundstücks geraten sei, keine weitere Aufwertung tragen. In der Verhandlung vor der Aufwertungsstelle am 12. Juli 1927 beantragte der Antragsteller, die persönliche Forderung auf 25% aufzuwerten; der Antragsgegner beantragte, die Aufwertung der persönlichen Forderung auf 15% festzusetzen. Beide Teile waren damit einverstanden, daß die Zahlung vom 1. März 1924 mit 4250 GM. angerechnet werde. Die Aufwertungsstelle sprach dem Antragsteller die von ihm begehrte Zusatzaufwertung von noch 3250 GM. zu; das Landgericht wies die Beschwerde des Antragsgegners zurück. Beide Instanzen versagten ihm den Schutz des § 8 AufwG. Er legte sofortige weitere Beschwerde ein. Das Kammergericht hat die Beschwerde dem Reichsgericht zur Entscheidung vorgelegt. Zwar will es der Anwendung, die der § 8 AufwG. in den Vorinstanzen gefunden hat, nicht entgegentreten, möchte aber den angefochtenen Beschluß deshalb aufheben, weil er eine Prüfung des Abwertungsverlangens des Antragsgegners unter dem Gesichtspunkt der Härtevorschriften des § 15 Satz 2 AufwG. vermissen lasse. An dieser — in der Linie seines früheren Beschlusses vom 29. September 1927 (AufwRspr. 1927 S. 734) liegenden — Entscheidung sieht es sich indessen gehindert durch den Beschluß des Bayerischen Obersten Landesgerichts vom 27. März 1928 (AufwRspr. 1928 S. 366) und hat daher gemäß § 74 Abs. 1 Satz 5 AufwG., § 28 Abs. 2, 3 RFGG. die Sache dem Reichsgericht unterbreitet. Das Reichsgericht ist aus folgenden Gründen dem Kammergericht nicht beigetreten, sondern zur Zurückweisung der weiteren Beschwerde gelangt:

Es liegt ein Fall vor, in dem die Vorlegung der weiteren Beschwerde an das Reichsgericht durch § 74 Abs. 1 Satz 5 AufwG. in Verbindung mit § 28 Abs. 2 RFGG. geboten ist. Das Bayerische Oberste Landesgericht hat als Gericht der sofortigen weiteren Beschwerde nach § 74 Abs. 1 Satz 3 AufwG. in dem erwähnten Beschluß vom 27. März 1928 den Grundsatz aufgestellt, daß die Härtevorschriften des § 15 Satz 2 AufwG. gegenüber einem Aufwertungsbegehren nach § 78 AufwG. nicht Platz greifen. Diesem Grundsatz will das Kammergericht als Gericht der sofortigen weiteren Beschwerde im vorliegenden Falle ebenso entgegentreten, wie in seiner früheren Entscheidung vom 29. September 1927, die schon dem Bayerischen Obersten Landesgericht Anlaß zur Vorlegung an das

Reichsgericht hätte geben sollen. Es durfte daher nicht selbst entscheiden, sondern mußte das Reichsgericht anrufen.

Sachlich ist die weitere Beschwerde nicht begründet.

Die Frage, ob das Landgericht dem Antragsgegner den Schutz des § 8 AufwG. mit Recht versagt hat, kann nach § 74 Abs. 1 Satz 4 AufwG. nicht mehr mit der weiteren Beschwerde zur Nachprüfung gestellt werden. Dagegen läge eine nach § 74 Abs. 1 Satz 3 mit der sofortigen Beschwerde angreifbare Rechtsverletzung vor, wenn das Landgericht die Härtevorschriften des § 15 Satz 2 AufwG. zu Unrecht außer acht gelassen hätte. Wäre der angefochtene Beschluß insoweit rechtsirrig, so stände § 74 Abs. 1 Satz 4, der nur die unrichtige Anwendung des § 15, nicht seine völlige Außerachtlassung einer Rüge durch weitere Beschwerde entziehen würde, dem eingelegten Rechtsmittel nicht entgegen (vgl. Quassowski 5. Aufl. S. 572).

Die Meinung des Kammergerichts, daß die Härtevorschriften des § 15 Satz 2 auch gegenüber einem Aufwertungsbegehren des Gläubigers im Falle des § 78 AufwG. anwendbar seien, verdient indessen keine Zustimmung. Sie hat, soweit ersichtlich, nur bei Nadler (3. Aufl. S. 189) Unterstützung gefunden. Das übrige Schrifttum lehnt sie in Übereinstimmung mit dem Bayerischen Obersten Landesgericht ab (Emmerich S. 395; v. Karger S. 172; Lehmann-Bösebeck S. 370; Michaelis 2. Aufl. S. 232; Mügel 5. Aufl. S. 1016flg. — anders frühere Auflage —; Neukirch S. 559; Quassowski 5. Aufl. S. 588; Rademacher-Philipp S. 42; Schlegelberger-Harmening 5. Aufl. S. 509; Wagemann 3. Aufl. S. 133). Für diese ablehnende Ansicht spricht, wie die herrschende Meinung insbesondere durch ihre mit der Entstehungsgeschichte des Gesetzes vertrauten Vertreter hervorhebt, nicht nur die Fassung des § 78, der im Satz 4 den § 15 unerwähnt läßt, sondern vor allem auch der Grundgedanke des § 78. Durch diese Vorschrift sollte sichergestellt werden, daß ein Gläubiger, der nach dem Inkrafttreten der Dritten Steuernotverordnung vom 14. Februar 1924 im Vertrauen auf die dort getroffene Regelung eine Leistung des Schuldners angenommen hat, nicht schlechter dasteht als ein Gläubiger, der in der Hoffnung auf eine günstigere Regelung in der künftigen Gesetzgebung die Annahme der Leistung bis zum Inkrafttreten des Aufwertungsgesetzes hinausgezögert hat. Da nun nach dem Aufwertungsgesetz ein Gläubiger, der mit der Annahme der Leistung bis zum Inkrafttreten des Gesetzes gewartet hat, nur einem Herabsetzungsantrag des Schuldners aus § 8, nicht der Anwendung der Härtevorschriften des § 15 Satz 2 ausgesetzt ist, würde die Heranziehung des § 15 Satz 2 gegenüber dem Aufwertungsbegehren aus § 78 für diesen Fall auf eine Benachteiligung des Gläubigers hinauslaufen, die mit dem Grundgedanken des § 78 nicht vereinbar wäre. Nach Wortlaut und Zweck des Gesetzes braucht nur derjenige Gläubiger sich die Härtevorschriften des § 15 Satz 2 entgegenhalten zu lassen, der die Leistung in der Zeit vom 15. Juni 1922 bis 14. Februar 1924 angenommen hat. Eine erweiternde Auslegung zuungunsten des Gläubigers, der erst nach dem 14. Februar 1924 eine Leistung des Schuldners angenommen hat, findet eine hinreichende Stütze weder im § 78 Satz 4, der nur den § 16, nicht den § 15 anzieht, noch im § 70 Abs. 1 Nr. 2 AufwG. Denn wenn auch ein gewisser Zusammenhang zwischen § 15 und § 16 besteht, so genügt er doch nicht, um entgegen dem Wortlaut und Zweck des § 78 hier neben dem § 16 auch dem § 15 Eingang zu verschaffen. Die Erwägung des Kammergerichts, daß die Lage des Gläubigers und des Schuldners im Falle des § 78 derjenigen im Falle des § 15 nicht unähnlich sei, kann nicht durchgreifen, weil das Aufwertungsgesetz gerade den Unterschied beider Fälle festgelegt hat, indem es den Gläubiger, der nach dem 14. Februar 1924 eine Leistung angenommen hat (§ 78), nicht einem solchen gleichgestellt hat, der schon vorher etwas empfing (§§ 14, 15), sondern einem solchen, der bis zum Aufwertungsgesetz wartete (§§ 4, 9).

Da hiernach § 15 Satz 2 AufwG. gegenüber dem Antragsteller nicht in Betracht kommt, war die weitere Beschwerde zurückzuweisen.

---

67. Gehört der Anteil des Abkömmlings am Gesamtgut einer beendigten, aber noch nicht auseinandergesetzten fortgesetzten Gütergemeinschaft zum Sondergut des Abkömmlings in der allgemeinen Gütergemeinschaft mit seinem Ehegatten?

BGB. §§ 1438 flg., 1445, 1483 flg.

V. Zivilsenat. Beschl. v. 28. September 1929 in der Grundbuchsache V B 5/29.

I. Amtsgericht Schlitz.
II. Landgericht Gießen.

Der Sachverhalt und die Entscheidung ergeben sich aus den

Gründen:

Grundbuchmäßig eingetragene Eigentümer gewisser Grundstücke sind der Landwirt Konrad Sch. und seine Ehefrau Elisabeth geb. R. als Miteigentümer kraft allgemeiner Gütergemeinschaft. Aus der Ehe stammen zwei Kinder, Konrad Valentin und Elisabeth. Der Sohn ist mit Berta geb. R. verheiratet; für die Ehe bestand bis zum 27. Oktober 1928 die allgemeine Gütergemeinschaft; seitdem ist Gütertrennung vereinbart; eine Auseinandersetzung hat noch nicht stattgefunden. Die Tochter ist mit Karl L. im Güterstande der allgemeinen Gütergemeinschaft verheiratet.

Die Miteigentümerin Elisabeth Sch. ist 1921 verstorben. Der Witwer hat zunächst die Gütergemeinschaft mit den beiden Kindern fortgesetzt. Erst am 3. August 1928 haben die drei an der fortgesetzten Gütergemeinschaft Beteiligten unter Zuziehung des Ehemanns L., aber ohne die Ehefrau Berta Sch. einen notariellen „Übergabsvertrag" dahin beurkunden lassen, daß sie „zum Zweck der Auseinandersetzung der zwischen den Beteiligten bisher bestandenen fortgesetzten Gütergemeinschaft" einen Teil der Grundstücke und der beweglichen Habe gegen entsprechende Gegenleistungen den Eheleuten L. überließen. Im Vertrag wurde gleichzeitig die Auflassung erklärt und die erforderlichen Eintragungsanträge gestellt. Die Ehefrau Berta Sch. verweigerte ihre Zustimmung zu dem Vertrag.

Der beurkundende Notar reichte den Vertrag dem Grundbuchamt ein mit dem Antrag auf Eintragung der Rechtsänderungen in das Grundbuch. Das Amtsgericht wies den Antrag zurück. Die Beschwerde des Notars wurde vom Landgericht zurückgewiesen. Beide Gerichte verlangen die Zustimmung der Ehefrau Berta Sch. mit der Begründung: Der Anteil ihres Ehemanns am Gesamtgut der nach dem Tode seiner Mutter mit Vater und Schwester fortgesetzten Gütergemeinschaft gehöre zum Gesamtgut der allgemeinen Gütergemeinschaft zwischen ihm und seiner Ehefrau; er könne daher über die von diesem Anteil ergriffenen Grundstücke nicht ohne die Einwilligung seiner Frau verfügen; daran ändere auch die seit dem 27. Oktober 1928 eingeführte Gütertrennung nichts. Das Oberlandesgericht Darmstadt möchte der weiteren Beschwerde des Notars stattgeben, sieht sich aber daran gehindert durch die Beschlüsse des Bayerischen Obersten Landesgerichts vom 11. November 1920 (OLG. Bd. 41 S. 54) und 28. April 1923 (OLG. Bd. 43 S. 356 = JFG. Bd. 1 S. 344) und hat die Sache daher nach § 79 Abs. 2 GBO. dem Reichsgericht vorgelegt. Dieses ist aus folgenden Erwägungen zur Zurückweisung der weiteren Beschwerde gelangt:

1. Ein Vorlegungsfall nach § 79 Abs. 2, 3 GBO. ist gegeben. Zu entscheiden ist die Frage, ob die Verfügung eines Ehemanns über ein ihm und anderen in fortgesetzter Gütergemeinschaft gehöriges Grundstück der Zustimmung seiner Ehefrau bedarf, mit der er in allgemeiner Gütergemeinschaft lebt. Die Vorschriften, welche diese Frage regeln, stehen zwar nicht in der Grundbuchordnung, sondern im Bürgerlichen Gesetzbuch. Ihrem Inhalt nach gehören sie aber nicht nur dem Familienrecht, sondern auch dem Grundbuchrecht an (vgl. § 29 GBO.). Das wegen einer weiteren Grundbuchbeschwerde mit ihrer Auslegung befaßte Oberlandesgericht muß daher, wenn es von einer auf weitere Beschwerde ergangenen Entscheidung eines anderen Oberlandesgerichts abweichen will, die Sache dem Reichsgericht unterbreiten (Güthe-Triebel 5. Aufl. Bd. 2 S. 1282 Anm. 11). Das Oberlandesgericht Darmstadt durfte also, da es im vorliegenden Falle entgegen den erwähnten Beschlüssen des Bayerischen Obersten Landesgerichts die Zustimmung der Ehefrau Berta Sch. für entbehrlich erklären und der weiteren Beschwerde stattgeben wollte, nicht selbst entscheiden, sondern mußte die Entscheidung des Reichsgerichts herbeiführen.

2. Der beurkundende Notar, der den Eintragungsantrag namens der Beteiligten gemäß § 15 GBO. gestellt hat, ist zu der weiteren Beschwerde nach § 80 Abs. 1 Satz 3 GBO. berechtigt. Formelle Bedenken gegen die weitere Beschwerde bestehen nicht (Güthe-Triebel Bd. 1 S. 339 Anm. 22 zu § 15 und Bd. 2 S. 1288 Anm. 5 zu § 80).

3. Sachlich ist die weitere Beschwerde nicht begründet:

Mit dem Tode der Ehefrau Elisabeth Sch. im Jahre 1921 ist zwischen dem hinterbliebenen Ehemann und den beiden Abkömmlingen die fortgesetzte Gütergemeinschaft der §§ 1483flg. BGB. eingetreten. Die im Grundbuch noch für die Eheleute eingetragenen

Grundstücke gehörten also fortan zum Gesamtgut der fortgesetzten Gütergemeinschaft (§ 1485 BGB.). Es fragt sich nun, ob der Anteil des Sohnes Konrad Valentin Sch. an der fortgesetzten Gütergemeinschaft innerhalb der allgemeinen Gütergemeinschaft mit seiner Ehefrau Berta Sch. zum Gesamtgut (§ 1438 BGB.) oder zu seinem Sondergut (§ 1439 BGB.) gehörte. Ersterenfalls konnte der Ehemann nur mit Einwilligung seiner Frau (§ 1445 BGB.), letzterenfalls durfte er ohne sie über die Grundstücke verfügen (§ 1439 Satz 2, § 1525 BGB.; Komm. v. RGR. 6. Aufl. Anm. 4 zu § 1525). Die Frage ist streitig.

Das Bayerische Oberste Landesgericht hat — entgegen seiner früheren Rechtsprechung (vgl. z. B. die Beschlüsse vom 1. März und 18. Juni 1904 in Samml. von Entscheid. Bd. 5 S. 107 und S. 287) — in den erwähnten Beschlüssen vom 11. November 1920 und 28. April 1923 die Sondergutseigenschaft des Anteils an der fortgesetzten Gütergemeinschaft mit folgender Begründung verneint: Der Anteil gehöre nicht zu den Gegenständen, die nicht durch Rechtsgeschäft übertragen werden könnten. § 1439 BGB. sei als Ausnahmevorschrift eng auszulegen und weder rechtlich noch wirtschaftlich für den Anteil an der fortgesetzten Gütergemeinschaft berechnet. Er beziehe sich nur auf solche selbständige Vermögensrechte, die infolge ihrer unlösbaren Beziehung zu einer bestimmten Person oder zu einer gebundenen Vermögensmasse der freien Übertragung durch Rechtsgeschäft entzogen und deshalb auch entweder überhaupt unvererblich oder doch einer besonderen Rechtsnachfolge unterworfen seien. Er passe aber nicht für Rechte, die nur deshalb eine Verfügungsbeschränkung in sich schlössen, weil sie als unlösbare Bestandteile eines umfassenden Rechts dessen Schicksale notwendig teilten. Rechtlich ergebe sich überdies aus § 1491 BGB., daß der anteilsberechtigte Abkömmling wenigstens mittelbar durch Verzicht über den Anteil verfügen könne. Wirtschaftlich würde durch die Behandlung des Anteils als Sondergut nach § 1439 BGB. der oberste Grundsatz der allgemeinen Gütergemeinschaft, § 1438 BGB., vereitelt werden. Denn praktisch bilde der Anteil in der Regel das einzige oder doch das hauptsächlichste Vermögensstück des Ehegatten. Mit dem Sinn eines von ihm geschlossenen Ehevertrags auf Einführung der allgemeinen Gütergemeinschaft sei die Herausnahme des Anteils aus dem Gesamtgut nicht vereinbar.

Dieser Ansicht hat sich der Kommentar von RGR. angeschlossen (Bd. 4 S. 168 Anm. 2 zu § 1439). Auch Unzner bei Planck 4. Aufl. Bd. 4 Teil I Anm. 10 zu § 1439 will nicht verkennen, daß die Sondervorschrift des § 1491 und der Zweck des § 1438 BGB. für die Einordnung des Anteils in das Gesamtgut sprechen könnten, tritt aber im Ergebnis doch der herrschenden Gegenmeinung bei, die den Anteil als Sondergut nach § 1439 BGB. behandelt (Staudinger 9. Aufl. Bd. 4 Teil I S. 424 Anm. 2a Abs. 2; Kipp-Wolff Familienrecht 6. Bearbeitung S. 236 § 60 IV; Dennler in Bl. f. Rechtsanw. Bd. 67 S. 401; Meikel ebenda Bd. 67 S. 471flg.; Weißbart ebenda Bd. 68 S. 349flg.; Jung in Zeitschr. f. Not. usw. in Bayern 1909 S. 440; Steinbach in Zeitschr. f. Rechtspfl. 1923 S. 207 und in Mitteilungen des Bayr. Notarv. 1924 S. 132; Bourier in Mitteilungen des Bayr. Notarv. 1924 S. 91 und S. 137). Diese Meinung wird wie folgt begründet: Die fortgesetzte Gütergemeinschaft des Bürgerlichen Gesetzbuchs beruhe ihrer Natur nach auf engster Blutsverwandtschaft. Sie sei der deutschrechtlichen Verfangenschaft des fränkischen Rechts nachgebildet, die eine hausgenossenschaftliche Gemeinschaft auf Gedeih und Verderb vorausgesetzt habe. Teilhaber einer solchen Gemeinschaft könnten nur der überlebende Ehegatte und die Abkömmlinge selbst sein. Mit ihrem Wesen sei es unvereinbar, daß ein Abkömmling durch Rechtsgeschäft (Ehevertrag) seinen Ehegatten zum Mitberechtigten an der Gemeinschaft mache. Die Anteilsberechtigung des Abkömmlings an der fortgesetzten Gütergemeinschaft beruhe ausschließlich auf persönlicher Zugehörigkeit zu dem durch die Bande des Bluts gebildeten Familienkreis und stelle somit ein höchstpersönliches, unübertragbares Individualrecht dar, das bei gütergemeinschaftlicher Ehe des Abkömmlings unter § 1439 BGB. falle, ohne daß darin ein Widerspruch gegen das Wesen der allgemeinen Gütergemeinschaft zwischen den Ehegatten gefunden werden könne, die ihrer Natur nach vor Individualrechten Halt machen müsse. Für diese Behandlung des Anteils sprächen auch die positiven Gesetzesvorschriften der §§ 1487, 1442 BGB., nach denen der Anteil des Abkömmlings am Gesamtgut der fortgesetzten Gütergemeinschaft und an den dazu gehörenden einzelnen Gegenständen grundsätzlich seiner Verfügung entzogen sei, ferner des § 1490, der die Vererblichkeit des Anteils ausschließe, und des § 1491, der bei Verzicht des Abkömmlings auf den Anteil die Anwachsung an die übrigen Beteiligten vorsehe.

Der ersterwähnten Meinung wird zuzugeben sein, daß der Gesetzgeber bei Aufstellung der Vorschrift des § 1439 BGB. nicht an den Anteil am Gesamtgut einer Gütergemeinschaft gedacht zu haben scheint. Die Motive zum Bürgerlichen Gesetzbuch (Bd. 4 S. 344flg.) führen als Beispiele unübertragbarer Gegenstände nur die Lehen, Stammgüter, Fideikommisse, gewisse Bauerngüter und sonstige höchstpersönliche Rechte an, bei denen sich eigentlich schon an Hand der allgemeinen Grundsätze von selbst ergebe, daß sie der Substanz nach nicht Bestandteil des Gesamtguts werden könnten; die Aufnahme einer besonderen Vorschrift in das Bürgerliche Gesetzbuch beruhe nur auf dem Gedanken, daß beim Schweigen des Gesetzes sich vielleicht doch Bedenken und Schwierigkeiten ergeben könnten. Diese enge Umgrenzung des Begriffs in den Gesetzesmaterialien würde indessen nicht ausschließen, daß nach der Gestaltung, die der Anteil am Gesamtgut im Gesetz selbst gefunden hat, mit der zweiterwähnten Ansicht auch er dem § 1439 BGB. unterstellt werden könnte. Die Frage braucht aber hier nicht allgemein entschieden zu werden. Es kann dahingestellt bleiben, ob bei noch bestehender fortgesetzter Gütergemeinschaft der Anteil des Abkömmlings Sondergut in der allgemeinen Gütergemeinschaft mit seinem Ehegatten ist. Zu entscheiden ist nur, welche Rechtsstellung der Anteil in dieser Gütergemeinschaft einnimmt, wenn die fortgesetzte Gütergemeinschaft bereits durch Vertrag zwischen dem überlebenden Ehegatten und den anteilsberechtigten Abkömmlingen aufgehoben (§ 1492 Abs. 2 BGB.), die Auseinandersetzung (§§ 1497flg. BGB.) aber noch nicht beendet ist. Denn so liegt die Sache hier. Der in der Form des § 1492 Abs. 2 geschlossene Vertrag vom 3. August 1928 läßt klar erkennen, daß mit ihm die fortgesetzte Gütergemeinschaft zwischen dem Vater Konrad Sch. und seinen beiden Kindern beendet und der Auseinandersetzung zugeführt werden sollte. Es fragt sich daher, ob nicht spätestens damit der Anteil des Sohnes Konrad Valentin Sch., selbst wenn er bis dahin Sondergut gewesen sein sollte, in das Gesamtgut der allgemeinen Gütergemeinschaft mit Berta Sch. gefallen ist. Auch diese Frage ist streitig.

Das Bayerische Oberste Landesgericht hat sie, ohne für diesen Sonderfall seinen in den früheren umfassenderen Beschlüssen vertretenen allgemeinen Standpunkt ausdrücklich aufrecht zu erhalten, ohne ihn aber auch preiszugeben, in einem Beschluß vom 12. April 1924 (JFG. Bd. 2 S. 289) bejaht bei der Beendigung der fortgesetzten Gütergemeinschaft durch die Wiederverheiratung des überlebenden Ehegatten (§ 1493 BGB.), und hat zur Begründung ausgeführt: Mit der neuen Ehe werde das Band der fortgesetzten Gütergemeinschaft endgültig gelöst und damit falle die familienrechtliche Grundlage der fortgesetzten Gütergemeinschaft fort; aus der Rechtsidee dieser Gemeinschaft könnten daher fortan keine Stützpunkte mehr für die Annahme gewonnen werden, daß der Anteil eines Abkömmlings Sondergutscharakter habe. Außer beim Komm. v. RGR. (a. a. O.), der durch Wiedergabe der Entscheidung sich dem Bayerischen Obersten Landesgericht anschließt, hat dessen Meinung insoweit auch bei einer Reihe derjenigen Schriftsteller Billigung gefunden, die für die Zeit der noch nicht beendigten fortgesetzten Gütergemeinschaft die Sondergutseigenschaft des Anteils bejahten. Insbesondere ist Unzner (a. a. O. Anm. 11) ihr beigetreten. Er weist darauf hin, daß der Anteil am Liquidationsgesamtgut der fortgesetzten Gütergemeinschaft zwar auch noch nicht unbeschränkt übertragbar, aber bereits vererblich und pfändbar geworden sei (§§ 1497, 1442 BGB., § 860 ZPO.), und bemerkt im Anschluß daran, es dürfe dem in allgemeiner Gütergemeinschaft verheirateten Abkömmling nicht freistehen, über seinen Auseinandersetzungsanteil letztwillig zu verfügen und damit sein Hauptvermögen der allgemeinen Gütergemeinschaft zu entziehen; mit der Beendigung der fortgesetzten Gütergemeinschaft verliere daher der Anteil seine Sondergutseigenschaft. Den gleichen Standpunkt nimmt Weißbart a. a. O. S. 354 ein. Steinbach a. a. O. meint, daß zwar der Anspruch auf das Auseinandersetzungsguthaben aus der beendigten fortgesetzten Gütergemeinschaft schon mit der Beendigung in das Gesamtgut der allgemeinen Gütergemeinschaft des Abkömmlings mit seinem Ehegatten falle, daß aber der Liquidationsanteil als solcher regelmäßig noch Sondergut bleibe (§§ 1497, 1442 BGB.); nur wenn der Abkömmling während des Auseinandersetzungsverfahrens sterbe, verliere der Anteil sogleich die Sondergutseigenschaft und falle damit in das Gesamtgut der fortgesetzten Gütergemeinschaft nach dem verstorbenen Abkömmling. Bourier a. a. O. hält auch für die Zeit der Auseinandersetzung ausnahmslos an der Sondergutseigenschaft des Anteils fest. Er führt zur Begründung aus, daß durch § 1497 Abs. 2, § 1442 BGB. die Fortdauer der Unübertragbarkeit des Anteils und damit seine Unterordnung unter § 1439 BGB. festgelegt sei. Weder § 860 ZPO. noch die allgemeine Erwägung, daß mit der Beendigung der fortgesetzten Gütergemeinschaft ein zwingender Grund für die Beibehaltung der Sondergutseigenschaft des Anteils eigentlich fehle, dürfe dazu führen, die nun einmal getroffene gesetzliche Regelung auszuschalten. Das Billigkeitsgefühl möge verlangen, daß nach beendigter fortgesetzter Gütergemeinschaft der Anteil in die allgemeine Gütergemeinschaft falle. Der Gesetzgeber aber habe, wenn er die Wirkungen seiner Regelung auch wohl nicht überschaut habe, durch seine nach Wortlaut und Sinn klaren Vorschriften die Frage in entgegengesetztem Sinne entschieden. Die Auslegung nach dem Billigkeitsgefühl sei angesichts der getroffenen Gesetzesregelung keine Anwendung, sondern eine Berichtigung oder Verbesserung des geltenden Gesetzes.

Der erkennende Senat ist der Ansicht derer, die auch noch nach beendigter fortgesetzter Gütergemeinschaft an der Sondergutseigenschaft des Anteils festhalten, nicht gefolgt, sondern hat sich der herrschenden Meinung angeschlossen, die den Anteil während des Auseinandersetzungsverfahrens zum Gesamtgut der allgemeinen Gütergemeinschaft zwischen dem Abkömmling und seinem Ehegatten rechnet. Zwar ist richtig, daß nach § 1497 Abs. 2, § 1442 BGB. dem Abkömmling auch während der Auseinandersetzung die Verfügung über seinen Anteil noch entzogen bleibt. Das allein genügt aber nicht, um auch jetzt noch dem Anteil die Sondergutseigenschaft des § 1439 BGB. zuzusprechen. Schon bei bestehender fortgesetzter Gütergemeinschaft kann den aus den Gesetzesmaterialien auftauchenden Zweifeln, ob der Gesetzgeber den Anteil als einen der im § 1439 genannten Gegenstände betrachtet hat, begegnet werden, nicht allein durch die Einzelvorschrift des § 1442, sondern nur durch die Gesamtregelung, die der Anteil im Gesetz gefunden hat, insbesondere also durch die Mitberücksichtigung der §§ 1490, 1491 BGB. und vor allem durch die Entstehungsgeschichte und den gesetzgeberischen Grundgedanken der Rechtseinrichtung. Dieses Gesamtbild hat sich aber im Augenblick der Beendigung der fortgesetzten Gütergemeinschaft grundlegend geändert. Die §§ 1490, 1491 gelten nun nicht mehr (§ 1497 Abs. 2); der Anteil ist vererblich geworden; der

Anteilsberechtigte kann also letztwillig über ihn verfügen. Auch für Verfügungen unter Lebenden ist der Anteil trotz der §§ 1497, 1442 BGB. nicht mehr ganz unzugänglich. Denn durch § 860 Abs. 2 ZPO. ist er der Pfändung durch die Gläubiger des Anteilsberechtigten unterworfen. Die frühere Gemeinschaft auf Gedeih und Verderb, die gegen das Eindringen Dritter nach allen Richtungen hin geschützt war, ist somit nunmehr zugunsten der testamentarisch eingesetzten Erben und der Gläubiger des Abkömmlings durchbrochen. Was aber den gewillkürten Erben und den Gläubigern recht ist, das ist dem Ehegatten, der mit dem Abkömmling in allgemeiner Gütergemeinschaft lebt, billig. Wenn ihm früher die Beteiligung an der durch die Blutsverwandten gebildeten Gemeinschaft verschlossen sein mochte, so fällt diese Schranke jedenfalls fort mit der Beendigung der Gemeinschaft selbst, namentlich dann, wenn die Verwandten sie freiwillig vertraglich lösen (§ 1492 Abs. 2 BGB.). Die Erwägung, daß das Gesetz zur Sicherstellung der Auseinandersetzung durch eine Sondervorschrift einstweilen noch dem Abkömmling die freie Verfügung über seinen Anteil untersagt, genügt für sich allein nicht mehr, um den Anteil an der Liquidationsmasse zuungunsten des Ehegatten vom Gesamtgut des § 1438 BGB. auszuschließen und als Sondergut nach § 1439 BGB. zu behandeln. Vielmehr ist nunmehr seine Einbeziehung in das Gesamtgut mit dem Grundgedanken und dem Zweck der beendigten fortgesetzten Gütergemeinschaft zwischen den Verwandten vereinbar und durch den Grundgedanken und den Zweck der allgemeinen Gütergemeinschaft zwischen den Eheleuten geboten.

Ist hiernach mindestens seit dem Aufhebungsvertrag vom 3. August 1928 der Anteil des Konrad Valentin Sch. an der fortgesetzten Gütergemeinschaft mit seinem Vater und seiner Schwester als Bestandteil des Gesamtguts der allgemeinen Gütergemeinschaft mit seiner Ehefrau zu betrachten, so bedarf der Ehemann gemäß §§ 1438, 1445 BGB. zu der für die Durchführung der Auseinandersetzung vorgesehenen Überlassung der Grundstücke an die Eheleute L. der Einwilligung der Ehefrau Berta Sch. Daran hat sich auch noch nichts durch den Ehevertrag vom 27. Oktober 1928 geändert, durch den zwischen den Eheleuten nachträglich die Gütertrennung vereinbart worden ist. Denn bis zur beendigten Auseinandersetzung über das Gesamtgut, die bisher nicht stattgefunden hat, ist das Mitverwaltungsrecht der Ehefrau, kraft dessen ihre Zustimmung zu einer Grundstücksveräußerung unentbehrlich ist, durch § 1472 BGB. sichergestellt (Komm. v. RGR. Anm. 2 zu § 1472). Die Beschlüsse des Amtsgerichts und des Landgerichts, die den Nachweis der Zustimmung der Ehefrau verlangt haben, sind somit zu Recht ergangen.

---

68. Was versteht § 275 Abs. 1 HGB. unter einer Mehrheit von mindestens drei Vierteilen des bei der Beschlußfassung vertretenen Grundkapitals? Stimmrecht von Vorzugsaktien bei Satzungsänderungen.

II. Zivilsenat. Urt. v. 24. September 1929 i. S. Dr. L. (Kl.) w. Preußische Zentralbodenkredit-Aktiengesellschaft (Bekl.). II 26/29.

I. Landgericht I Berlin.
II. Kammergericht daselbst.

Das Grundkapital der verklagten Aktiengesellschaft von 18200000 RM. verteilt sich auf zwei Aktiengattungen, nämlich 18000000 RM. Inhaber-Stammaktien im Nennwert von 60, 120, 300 und 1200 RM., und 200000 RM. Namensvorzugsaktien, nämlich 5000 Stück im Nennwert von 20 RM. und 100 Stück im Nennwert von 1000 RM. Die Übertragung der Vorzugsaktien ist an die Zustimmung des Aufsichtsrats geknüpft; ihr Anrecht am Reingewinn ist auf 8% mit Nachzahlungsberechtigung beschränkt; im Liquidationsfall kommen sie, und zwar vor den Stammaktien, mit 120% ihres Nennwerts zum Zug (Art. 10 Abs. 1b der Satzung). Nach Art. 43 der Satzung entfallen bei den Stammaktien auf je 60 RM. eine Stimme, bei den Vorzugsaktien auf je 20 RM. zwei Stimmen, und bei Satzungsänderungen, Aufsichtsratswahlen und Auflösung der Gesellschaft je 24 Stimmen. Die Stammaktionäre verfügen demnach über 300000 Stimmen, die Vorzugsaktionäre im allgemeinen über 20000 Stimmen, in den genannten Sonderfällen aber über 240000 Stimmen. Bezüglich der Beschlußfassung in der Generalversammlung bestimmte der Art. 50 der Satzung:

„Die Beschlüsse der Generalversammlung werden in der Regel mit einfacher Stimmenmehrheit gefaßt. Eine Mehrheit von drei Vierteln des bei der Beschlußfassung vertretenen Grundkapitals ist erforderlich zu Beschlüssen über Aktien-Emissionen, Abänderung des Gegenstands des Unternehmens der Gesellschaft, Statutenänderungen, Auflösung der Gesellschaft, beziehentlich die Vereinigung mit anderen Gesellschaften (Interessengemeinschaft), Verschmelzung mit solchen, sowie zu Beschlüssen über die Auflösung eines mit Zustimmung der Generalversammlung geschlossenen Interessengemeinschaftsvertrags."

Auf der Tagesordnung der ordentlichen Generalversammlung vom 29. März 1928 waren unter Punkt 6 als Gegenstand der Beschlußfassung „Statutenänderungen" angekündigt, und zwar unter 6c Änderung des Art. 50 dahin:

„Einfache Stimmenmehrheit bei der Abstimmung, soweit nicht gesetzlich zwingend eine größere Mehrheit vorgeschrieben."

In der Generalversammlung waren 13413480 RM. Stammaktien mit 223558 Stimmen, darunter der Kläger mit 50 Aktien zu je 60 RM., also mit 50 Stimmen, sowie das ganze Vorzugsaktienkapital von 200000 RM. mit 20000 und 240000 Stimmen vertreten. Vor der Abstimmung über den von der Verwaltung ausgehenden Antrag auf Änderung des Art. 50 der Satzung verlangten der Kläger und zwei weitere Aktionäre die Zurücknahme dieses Antrags. Der Vorsitzende lehnte dies ab. Die Abstimmung, bei der Stamm- und Vorzugsaktien gemeinschaftlich stimmten und die Vorzugsaktien mit je 2 Stimmen für 20 RM. gezählt wurden, ergab 187611 Stimmen für und 55947 Stimmen — letztere nur Stimmen von Stammaktionären — gegen die beantragte Änderung des Art. 50 der Satzung; bei Bewertung der Vorzugsaktien mit je 24 Stimmen für je 20 RM. war das Stimmenverhältnis 407611 für und 55947 Stimmen gegen den Antrag. Auf Grund dieses im Protokoll festgelegten Stimmenverhältnisses stellte der Vorsitzende fest, daß bei beiden Berechnungsarten die Änderung der Satzung mit Dreiviertelmehrheit beschlossen sei. Der Kläger gab sofort Widerspruch zu Protokoll und verlangt jetzt in erster Linie Feststellung, daß der Generalversammlungsbeschluß vom 29. März 1928 über die Änderung des Art. 50 nichtig sei; in zweiter Linie beantragt er dessen Ungültigerklärung. Er ist der Meinung, daß der angegriffene Beschluß gegen § 275 Abs. 3 HGB. verstoße und deshalb unwirksam sei; es hätte neben der Gesamtabstimmung noch eine Sonderabstimmung der benachteiligten Aktionäre stattfinden müssen, und diese Sonderabstimmung hätte unter den

Zwecken der Generalversammlung rechtzeitig ausdrücklich angekündigt werden müssen. Bisher sei eine Satzungsänderung nur möglich gewesen, wenn außer den Vorzugsaktionären von den Stammaktionären mindestens 165001 Stimmen dafür gewesen seien, während jetzt zu den Stimmen der Vorzugsaktionäre nur noch 30001 Stimmen von Stammaktionären erforderlich seien. Damit sei das Verhältnis der Vorzugs- und der Stammaktien zueinander unmittelbar zum Nachteil der letzteren geändert. Wäre getrennt abgestimmt worden, so wäre in der Gruppe der Stammaktien die erforderliche Dreiviertel-Mehrheit nicht vorhanden gewesen, da die gegen den Antrag abgegebenen 55947 Stimmen mehr als ein Viertel der vertretenen 223558 Stimmen der Stammaktien ausmachten. Der Kläger hat u. a. noch weiter geltend gemacht, der angegriffene Beschluß sei auch sittenwidrig, da er der Verwaltung einen als Mißbrauch aufzufassenden dauernden Machtzuwachs bringe und den Einfluß der Stammaktionäre so gut wie ganz beseitige. Diese Benachteiligung der Stammaktionäre sei von der Beklagten und von der Verwaltung auch beabsichtigt worden.

Die nach § 1 des Hypothekenbankgesetzes erforderliche Genehmigung des Reichsrats zu den beschlossenen Satzungsänderungen ist während des ersten Rechtszugs erteilt worden.

Das Landgericht wies die Klage ab. Die Berufung des Klägers war erfolglos. Auf seine Revision wurde der Klage stattgegeben.

Aus den Gründen:

... Die Revision rügt mit Recht Verletzung des § 275 Abs. 3 HGB. Das Kammergericht stellt seine Entscheidung im wesentlichen darauf ab, daß durch den angegriffenen Beschluß die Art. 10, 43 der bisherigen Satzung, die sich mit dem Stimmrecht und dem Gewinn- und Liquidationsrecht beider Aktiengattungen befassen, nicht geändert worden seien und daß deshalb auch das bisherige Verhältnis der Stamm- und Vorzugsaktien zueinander keine unmittelbare Abwandlung erfahren habe. Was sich geändert habe, seien nur die Mehrheitsverhältnisse; eine solche Änderung falle jedoch nicht unter § 275 Abs. 3 HGB. Das Kammergericht hat hierbei nicht beachtet, daß Art. 50 S. 2 der bisherigen Satzung allerdings eine das Verhältnis der beiden Aktiengattungen zueinander unmittelbar berührende Bestimmung enthielt, die eben der angegriffene Beschluß beseitigt hat, wobei das Verhältnis der Aktiengattungen zueinander zum Nachteil der Stammaktien sehr erheblich unmittelbar verschoben wurde. Art. 50 Satz 1 der Satzung a. F. gab den wesentlichen Inhalt des § 251 Abs. 1 HGB. wieder, während sich Satz 2 mit dem Erfordernis einer Mehrheit von drei Vierteln des bei der Beschlußfassung vertretenen Grundkapitals an § 275 Abs. 1 HGB. anschloß. Unter einer Mehrheit von „drei Vierteilen" des Grundkapitals (dieselbe Wendung findet sich in § 207 Abs. 3, § 243 Abs. 4, § 292 Abs. 1 Nr. 2, § 303 Abs. 1 das.) ist aber nicht einfach die Mehrheit von drei Vierteln der abgegebenen Stimmen zu verstehen, sondern — wie schon der Wortlaut besagt — eine solche von drei Vierteln des vertretenen Grundkapitals.[1]) Sind keine Aktiengattungen mit verschieden hohem Stimmrecht vorhanden, so fällt allerdings regelmäßig die Dreiviertel-Mehrheit der abgegebenen Stimmen mit der Dreiviertel-Mehrheit des bei der Beschlußfassung vertretenen Grundkapitals zusammen. Ganz anders können sich die Verhältnisse aber dann gestalten, wenn wie hier Vorzugsaktien mit hohem Stimmrecht und geringer Kapitalbeteiligung neben den Stammaktien bestehen. In solchem Falle ist es sehr leicht möglich, daß die Stimmenmehrheit nur eine Minderheit des vertretenen Kapitals hinter sich hat. Diese Möglichkeit ist offensichtlich gegeben. Dem muß bei der Auslegung der Vorschrift Rechnung getragen werden. Sollte Dreiviertel-Stimmenmehrheit genügen, so konnte dies ohne weiteres durch entsprechende Fassung des Gesetzes klargestellt werden. Dazu wäre bei der Schaffung des neuen Handelsgesetzbuchs um so eher Anlaß und Gelegenheit gewesen, als damals ohnehin der Wortlaut des inhaltlich dem § 275 Abs. 1 HGB. entsprechenden Art. 215 Abs. 2 des alten HGB. geändert wurde und durch Hinzufügung des Satzes 4 in § 252 Abs. 1 HGB. Aktien mit mehrfachem Stimmrecht zugelassen wurden. Gewiß genügt anderseits die bloße Kapitalmehrheit nicht; es bedarf vielmehr gemäß § 251 auch der Stimmenmehrheit. Daraus folgt aber nichts gegen die Richtigkeit des hier eingenommenen Standpunkts. Ebensowenig läßt sich dagegen ein

[1]) Brodmann Anm. 1b zu § 275 HGB.; Makower ebenda Anm. Ia und b; Brand ebenda Anm. 2a und b; ebenso Horrwitz, Recht der Generalversammlungen S. 405/6; Fischer bei Ehrenberg Bd. III S. 317; Ring-Schachian Praxis der Aktiengesellschaft S. 45 Buchst. b; Hueck Vorzugsaktien S. 57; a. M. Staub-Pinner Anm. 4 zu § 251 HGB.; Frank-Fahle Stimmrechtsaktie S. 50; Gierke Handelsrecht S. 244c. D. E.

schlüssiger Beweisgrund aus der Fassung derjenigen Vorschriften des Gesetzes herleiten, bei denen neben der Stimmenmehrheit als weiteres Erfordernis eines rechtsgültigen Beschlusses die Zustimmung eines bestimmten Bruchteils des Gesamtkapitals verlangt wird (z. B. § 196 Abs. 4, § 207 Abs. 3 HGB.). Im Gegenteil ergibt sich daraus ganz unzweifelhaft, daß dem Gesetz die Verbindung von Stimmen- und Kapitalmacht auch sonst nichts Fremdes ist. Die Ansicht, daß beim Vorhandensein von Aktien mit mehrfachem Stimmrecht in die Rechnung der Nennbetrag der Stimmrechtsaktie und ebenso des Grundkapitals entsprechend dem Mehrstimmrecht vervielfacht einzustellen sei, entbehrt der gesetzlichen Grundlage. Die hier vertretene Auslegung hat, gerade nachdem Vorzugsaktien mit mehrfachem Stimmrecht ohne Rücksicht auf die durch sie verkörperte Kapitalbeteiligung zugelassen worden sind, ihren guten Sinn und ihre innere, sachliche Berechtigung. Denn sie wahrt den Kapitalaktien im Rahmen der grundsätzlich kapitalistisch organisierten Gesellschaft ihren maßgebenden Einfluß insoweit und so lange, als nicht im Gesellschaftsvertrag von Anfang an oder hinterher etwas anderes rechtswirksam bestimmt werden konnte und bestimmt worden ist. Ganz ebenso muß auch der Art. 50 Satz 2 der bisherigen Satzung ausgelegt werden, der sich offensichtlich an die Vorschrift des § 275 Abs. 1 HGB. anlehnt und sie nahezu wörtlich wiedergibt.

Demnach war bisher die Rechtslage die, daß zu Satzungsänderungen und zu den übrigen in Art. 50 aufgeführten Beschlußfassungen weder einfache noch bloße Dreiviertel-Stimmenmehrheit genügte, sondern weiterhin erforderlich war, daß hinter den zustimmenden Aktionären mindestens drei Viertel des vertretenen Grundkapitals standen. Die Stimmen wurden insofern also nicht bloß gezählt, sondern gewogen. Nun verkörperten die Stammaktien 18000000 RM. Grundkapital, die Vorzugsaktien nur 200000 RM., also nur den 90sten Teil der Kapitalsumme der Stammaktien. Wenn insoweit nach Kapital abgestimmt wurde und abgestimmt werden mußte, war also der Einfluß der Vorzugsaktien angesichts ihrer verschwindend kleinen Kapitalziffer von ganz untergeordneter Bedeutung. Ihre Stimmenmacht war daher bei Beschlüssen über die in Art. 50 Satz 2 der Satzung aufgezählten Gegenstände durch die überragende Kapitalmacht der Stammaktien mehr als ausgeglichen. Bei allen diesen Beschlüssen war daher den Stamm- und damit den

Kapitalaktien die ausschlaggebende Bedeutung gewahrt. Durch den angefochtenen Beschluß sollte nun aber in Zukunft, soweit das Gesetz nicht zwingend etwas anderes vorschreibt (vgl. § 275 Abs. 2, § 288 Abs. 1, § 292 Nr. 2 HGB.), grundsätzlich die bloße einfache Stimmenmehrheit genügen, insoweit also bei der Beschlußfassung die vertretene Kapitalmacht als mitbestimmender Umstand für die Bildung des gesellschaftlichen Willens überhaupt ausscheiden. Für die Vorzugsaktien mit ihrem kleinen Kapitalanteil und ihrem großen Stimmrecht bedeutete dies unzweifelhaft eine außerordentliche Steigerung ihres Einflusses; jetzt erst kam ihre Stimmenmacht völlig zur Wirkung. Anderseits nahm der angegriffene Beschluß den Stammaktien die Möglichkeit, in Zukunft bei der Abstimmung über Beschlüsse der in Art. 50 a. F. aufgezählten Art ihre überragende Kapitalmacht mit in die Wagschale zu werfen, soweit nicht zwingendes Recht das Gegenteil bestimmte. Diese Unterlage der Beschlußfassung sollte vielmehr in Zukunft in dem bezeichneten Umfang wegfallen; damit fiel aber ein wesentliches Machtmittel der Stammaktien selbst.

So gesehen, brachte der angegriffene Beschluß allerdings eine unmittelbare Änderung der Verhältnisse der beiden Aktiengattungen zueinander, und zwar unzweifelhaft eine Änderung zum Nachteil der Stammaktien. Dann war aber nach § 275 Abs. 3 HGB. eine Sonderabstimmung der Stammaktien erforderlich, die zudem rechtzeitig und gehörig hätte angekündigt werden müssen. An beidem fehlt es hier, ganz abgesehen davon, daß bei solcher Sonderabstimmung nach dem Ergebnis der Gesamtabstimmung in der Gruppe der Stammaktien keine Dreiviertel-Mehrheit vorhanden gewesen wäre. Hiernach verstößt der angegriffene Beschluß gegen § 275 Abs. 3 HGB., insofern unter Verletzung dieser Vorschrift die bloße Gesamtabstimmung die körperschaftliche Willensentschließung und die Grundlage der Satzungsänderung bilden sollte. Es fehlt zur Wirksamkeit des Beschlusses an der weiter erforderlichen, in der Sonderabstimmung zu erteilenden Zustimmung der benachteiligten Gattung der Stammaktionäre. Ein solcher Mangel des Beschlusses kann auch im Weg der Anfechtungsklage geltend gemacht werden, sofern nur wie hier deren sonstige Voraussetzungen gewahrt sind (RGZ. Bd. 79 S. 112 [115]).

69. 1. Können die gesetzlichen Grenzen der Haftung des Grundstückszubehörs für eine Grundschuld vertraglich eingeschränkt werden?

2. Wie wird das Recht aus einer Grundschuld übertragen, das am Grundstück durch den Zuschlag in der Zwangsversteigerung erloschen, an einem von der Versteigerung ausgeschlossenen Zubehörstück aber bestehen geblieben ist?

BGB. §§ 1113, 1120 bis 1122, 1147, 1181, 1191, 1192, 1196, 1197.
ZVG. §§ 91, 118, 127, 128, 130.

V. Zivilsenat. Urt. v. 3. Oktober 1929 i. S. Sch. (Bekl.) w. W. (Kl.).
V 258/28.

I. Landgericht Münster i. W.
II. Oberlandesgericht Hamm.

Die offene Handelsgesellschaft Ber. & Bee. — Gesellschafter: die Kaufleute Carl Ber. und Franz Bee. — betrieb eine Spinnerei und Weberei. Zum Gesellschaftsvermögen gehörten Grundstücke, die im Grundbuch auf den Namen der Gesellschaft eingetragen waren. Die Gesellschaft ließ am 29. November 1924 auf ihnen eine Eigentümergrundschuld von 100000 GM. für sich eintragen. Die beiden Gesellschafter setzten sich durch Vertrag vom 28. März 1925 dahin auseinander, daß Bee. als offener Gesellschafter ausschied und stiller Gesellschafter wurde, Ber. das Geschäft unter der alten Firma allein fortführte. In Ausführung des Vertrags wurden die Gesellschaftsgrundstücke im November 1925 dem Ber. übereignet und die Eigentümergrundschuld an Bee. abgetreten.

Ber. geriet in Vermögensverfall. Im Juli 1926 wurde die Zwangsversteigerung seiner Grundstücke angeordnet. Im August 1926 trat Bee. von seiner Grundschuld ab:

a) 40000 GM. mit dem Vorrang vor dem Rest an die Firma H.,

b) 25000 GM. mit dem Range hinter den zu a erwähnten 40000 GM., aber vor dem Rest von 35000 GM. an die Firma M.

Die Abtretungen wurden in das Grundbuch eingetragen; die gebildeten Teilgrundschuldbriefe über 40000 und 25000 GM. wurden den neuen Gläubigerinnen ausgehändigt. Die Grundstücke wurden im November 1926 versteigert. Die ganze Grundschuld von 100000 GM. stand außerhalb des geringsten Gebots. Bee. blieb Meistbietender mit einem Bargebot von 204500 RM. und erhielt dafür den Zuschlag. Im Verteilungstermin vom 18. Januar 1927 wurden der Firma H. auf die Teilgrundschuld aus dem Bargebot 9234,73 RM. zugeteilt; mit dem Rest fiel sie aus. Da Bee. auf sein Bargebot nur 20450 RM. zahlte und dieser Betrag auf vorgehende Berechtigte entfiel, wurde der Firma H. eine Forderung von 9234,73 RM. gegen Bee. übertragen und dafür eine Sicherungshypothek in das Grundbuch eingetragen. Auf den Teilgrundschuldbrief wurde ein entsprechender Vermerk gesetzt; der Brief wurde an H. zurückgegeben. Die Firma M. fiel mit ihrer Teilgrundschuld gänzlich aus. Ihr Teilgrundschuldbrief wurde unbrauchbar gemacht und zu den Zwangsversteigerungsakten genommen. Die ganze Grundschuld von 100000 GM. wurde auf Ersuchen des Versteigerungsgerichts am 7. März 1927 gelöscht. Demnächst traten M. durch privatschriftliche, H. durch notariell beglaubigte Erklärung ihre Grundschuldrechte an die Beklagte ab. Ob dabei der Teilgrundschuldbrief von H. an die Beklagte übergeben wurde, ist streitig. Bee. hat die ersteigerten Grundstücke an die Beklagte übereignet.

Die offene Handelsgesellschaft Ber. & Bee. hatte mit der Klägerin am 5. März 1925 folgenden Vertrag geschlossen: Die Klägerin erteilte der Gesellschaft einen Spinn- und Webauftrag, zu dessen Ausführung die Gesellschaft eine größere Mangelmaschine anschaffen mußte; die Klägerin gab dazu der Gesellschaft ein Darlehen von 60000 RM.; die Empfängerin verpflichtete sich, alsbald nach der Lieferung der Mangel mit der Klägerin einen Sicherungsübereignungs-Vertrag dahin zu schließen, daß dieser das Eigentum an der gelieferten Mangel bis zur Rückzahlung des Darlehens übertragen, bis dahin der Besitz leihweise der Gesellschaft überlassen werden sollte. Die Gesellschaft bezog die Mangel von einer Firma G.; die Lieferung erfolgte im Juni 1925; mit der Aufstellung auf dem Fabrikgelände der Gesellschaft wurde Anfang August begonnen; Ende November 1925 war die Mangel betriebsfertig aufgestellt. Am 31. August 1925 wurde die vorgesehene Sicherungsübereignung auf die Klägerin vorgenommen. Im oben erwähnten Zwangsversteigerungsverfahren machte die Klägerin ihr Eigentum an der Mangel geltend. Da alle betreibenden Gläubiger die Maschine freigegeben hatten, verkündete das Versteigerungsgericht im Versteigerungstermin einen Beschluß dahin, daß auf Antrag der Klägerin das Verfahren hinsichtlich der Mangel aufgehoben werde.

Die Klägerin verlangt mit der Klage kraft ihres Eigentums die Herausgabe der Mangel, die auf dem von der Beklagten erworbenen Fabrikgelände steht. Die Beklagte leitet aus den ihr abgetretenen Teilgrundschulden ein Recht darauf her, die Herausgabe zu verweigern und zu verlangen, daß die Klägerin wegen des in der Zwangsversteigerung ausgefallenen Teils der ehemals H.'schen Grundschuld die Zwangsvollstreckung in die Mangel dulde. Dieses Verlangen verfolgt sie im vorliegenden Rechtsstreit mit der Widerklage, nachdem sie früher durch einen vom Versteigerungsgericht beanstandeten und dann nicht weiter verfolgten Antrag die Fortsetzung des Zwangsversteigerungsverfahrens in die Mangel herbeizuführen versucht hatte.

Das Landgericht hat die Klage abgewiesen und der Widerklage stattgegeben. Das Oberlandesgericht hat umgekehrt erkannt. Die Revision der Beklagten hatte Erfolg aus folgenden

Gründen:

Das Berufungsgericht geht zutreffend davon aus, daß die Klägerin durch die Sicherungsübereignung vom 31. August 1925 Eigentümerin der Mangel geworden ist (§ 930 BGB.). Der Besitz der Beklagten an der Mangel steht fest. Die Voraussetzungen des § 985 BGB. sind also für die Klage gegeben. Die Entscheidung des Rechtsstreits hängt ausschließlich davon ab, ob die Beklagte ein dem Eigentum der Klägerin entgegenstehendes Recht hat, das die Klage zu Fall bringt und die Widerklage stützt.

Daß die Mangel bereits mit ihrer Lieferung im Juni 1925 Zubehör des Fabrikgrundstücks der offenen Handelsgesellschaft Ver. & Bee. geworden ist (§§ 97, 98 Nr. 1 BGB.), hat schon das Landgericht mit einwandfreier Begründung dargelegt. Nach den §§ 1120, 1192, 1196 BGB. erstreckte sich daher die am 29. November 1924 begründete Eigentümergrundschuld auch auf die Maschine, die mit der Lieferung im Juni 1925 (§ 929 BGB.) in das Eigentum der Gesellschaft gelangt war. Am 31. August 1925 unterlag also die Mangel der Haftung für die Grundschuld. Daß diese Haftung damals gemäß § 1197 BGB. nicht im Wege der Zwangsvollstreckung zum Zwecke der Befriedigung des Gläubigers geltend gemacht werden konnte, weil die Grundschuld dem Grundstückseigentümer zustand, steht der Haftung selbst nicht entgegen. Eine Enthaftung nach den §§ 1121, 1122 Abs. 2 BGB. ist nicht eingetreten, da die Mangel auf dem Grundstück geblieben und ihre Zubehöreigenschaft innerhalb der Grenzen einer ordnungsmäßigen Wirtschaft nicht aufgehoben worden ist. Auch durch die Sicherungsübereignung vom 31. August 1925 ist die Maschine von der Haftung für die Grundschuld nicht frei geworden. Die gegenteilige Ansicht des Berufungsgerichts wird von der Revision mit Recht angegriffen.

Das Berufungsgericht nimmt an, daß die Mangel durch einen in der Sicherungsübereignung liegenden stillschweigenden Freigabevertrag zwischen der offenen Handelsgesellschaft Ver. & Bee. und der Klägerin von der Haftung für die Grundschuld mit dinglicher Wirkung gegen alle späteren Erwerber der Grundschuld freigeworden sei. Diese Annahme ist rechtsirrig. Es kann dahingestellt bleiben, ob der festgestellte Sachverhalt genügenden Anhalt dafür bietet, daß die an der Sicherungsübereignung beteiligten Vertragsparteien einen Freigabevertrag dieser Art schließen wollten, und welche Rechtswirkungen ein solcher Vertrag, wenn er geschlossen ist, unter ihnen hervorgerufen hat. Denn keinesfalls konnte er eine Enthaftung der Mangel mit dinglicher Wirkung gegen Dritte erreichen. Wie das Reichsgericht einer vertragsmäßigen Erweiterung des Umfangs der Haftungserstreckung im § 1120 BGB. die dingliche Wirkung versagt hat (RGZ. Bd. 63 S. 373; Komm. v. RGR. Bd. 3 S. 516 Anm. 1 zu § 1120), so muß auch einer vertragsmäßigen Einschränkung der in den §§ 1120 bis 1122 BGB. aufgestellten Grundsätze über die Hypothekenerstreckung auf Zubehör eine über den Kreis der Vertragschließenden hinausgehende Bedeutung versagt bleiben. Selbst wenn also die Klägerin mit Ver. & Bee. ein Enthaftungsabkommen geschlossen haben sollte, wie es das Berufungsgericht in der Veräußerung der Mangel am 31. August 1925 erblickt, würde daraus bestenfalls eine persönliche Einrede der Klägerin hergeleitet werden können für den Fall, daß die ursprüngliche Eigentümergrundschuld-Gläubigerin die Haftung des Zubehörs für die Grundschuld geltend macht. Einem an dem Abkommen nicht beteiligten späteren Grundschuldgläubiger gegenüber bestimmen aber die §§ 1120 bis 1122 BGB. den Umfang der Haftung. Inwieweit bei dem gegebenen Sachverhalt noch dem ehemaligen Mitgesellschafter und ersten Abtretungsempfänger Bee. die persönliche Einrede hätte entgegengehalten werden können, mag dahinstehen. Den späteren Abtretungsgläubigern H. und M., von denen erst die Beklagte ihre Rechte herleitet, steht jedenfalls ein vertragsmäßiges Enthaftungsabkommen zwischen der Klägerin und der ursprünglichen Eigentümer-Grundschuldgläubigerin nicht mehr entgegen. Mit der Begründung des Berufungsgerichts läßt sich also die Entscheidung nicht halten. Es fragt sich aber, ob sie etwa aus anderen Rechtsgründen zutrifft (§ 563 ZPO.). Bei dieser Prüfung bedürfen einer Erörterung namentlich die Ereignisse in der Zwangsversteigerung und ihr Einfluß auf die Grundschuld, aus der die Beklagte ihre Rechte herleitet.

Während des Zwangsversteigerungsverfahrens bis zum Zuschlag an Bee. waren H. und M. Teilgrundschuldgläubiger. Ihre Rechte erstreckten sich auf die Mangel als Zubehör des belasteten Grundstücks. Mit dem Zuschlag erloschen zwar ihre außerhalb des geringsten Gebots stehenden Grundschulden an dem versteigerten Grundstück sowohl soweit sie zur Hebung gelangten, als auch soweit sie ausfielen (§ 1181 BGB., §§ 91, 118, 128, 130, 130 flg. ZVG.). Die Haftung des von der Zwangsversteigerung ausgeschlossenen Zubehörs für den Ausfall der Grundschulden blieb aber bestehen. An diesem vom erkennenden Senat in ständiger Rechtsprechung aufgestellten, auch sonst im Schrifttum nunmehr herrschenden Rechtsgrundsatz ist festzuhalten (RGZ. Bd. 55 S. 414; Gruch. Bd. 48 S. 1064; LZ. 1915 Sp. 287 Nr. 10; Komm. v. RGR. 6. Aufl. Bd. 3 S. 570 Anm. 3 zu § 1147; Planck 4. Aufl. Bd. 3 S. 904 Anm. 1c zu § 1147; Staudinger 9. Aufl. Bd. III 2 S. 1291 Anm. II 6e zu § 1181; Wolff Sachenrecht 8. Bearb. S. 491 unter VII). Es fragt sich nun aber, ob H. und M. ihre Grundschuldgläubigerrechte, die an der Mangel trotz des Wegfalls der Grundstückshaftung fortbestanden, noch mit der Wirkung auf die Beklagte übertragen konnten und übertragen haben, daß diese der Entfernung der Mangel vom Grundstück widersprechen und wegen der ihr übertragenen Rechte Befriedigung aus der Maschine suchen darf. Diese Frage ist zu bejahen.

Es kann dahingestellt bleiben, ob das Recht, kraft dessen dem in der Zwangsversteigerung ausgefallenen Grundschuldgläubiger nach dem Erlöschen der Grundstückshaftung das von der Versteigerung ausgenommene Zubehör weiter haftet, begrifflich noch als eine echte Grundschuld oder als ein anders geartetes Recht anzusehen ist. Diese Frage berührt sich mit jener anderen, ob das Recht des außerhalb des geringsten Gebots stehenden Grundstücksberechtigten auf den an die Stelle des Grundstücks tretenden Versteigerungserlös ein dem alten Grundstückspfandrecht wesensgleiches dingliches Recht darstellt oder ob das ehemals dingliche Recht am Grundstück sich in ein schuldrechtliches Forderungsrecht auf den Erlös verwandelt. Die Meinungen hierüber gehen auseinander. Für die Verwandlung in ein Forderungsrecht sprechen sich z. B. aus der Komm. v. RGR. (Bd. 3 S. 492 Anm. 6 zu § 1113 a. E.) und Hirsch (Übertragung der Rechtsausübung S. 375flg., namentlich S. 381). Andere wollen dem trotz Wegfalls der Grundstückshaftung fortbestehenden Gläubigerrecht grundsätzlich seine alte Rechtsnatur belassen (so z. B. RGZ. Bd. 88 S. 304; Jaeckel-Güthe 6. Aufl. S. 427flg. Anm. 1 zu § 92 ZVG.). Alle aber stimmen darin überein, daß die für das alte Recht gegebenen gesetzlichen Vorschriften nur insoweit anwendbar bleiben, als nicht ihre Anwendung gerade dadurch ausgeschlossen wird, daß nicht mehr das Grundstück, sondern etwas anderes (Erlös, Zubehör) fortan den alleinigen Gegenstand der Haftung bildet. Demgemäß wird insbesondere allgemein angenommen, daß bei Verfügungen über das bestehen gebliebene Recht nicht mehr die Form erforderlich ist, in der zur Zeit der Grundstückshaftung über das Recht verfügt werden mußte, sondern daß das Recht nunmehr formlos übertragen werden kann (vgl. neben Planck, Jaeckel-Güthe und Hirsch a. a. O. weiterhin auch Predari GBO. 2. Aufl. S. 453; Güthe in Zeitschr. des D. Notarv. 1911 S. 733; Nottebohm im ZBl. f. FG. Bd. 12 S. 365). Dieser Ansicht ist beizupflichten. Wollte man ihr nicht folgen und an der alten Form der Übertragung festhalten, so würde sich ergeben, daß das Recht nach der Durchführung des Zwangsversteigerungsverfahrens überhaupt nicht mehr übertragbar wäre. Denn das Erlöschen der Grundstückshaftung nach dem Ausfall des Rechts (§ 91 Abs. 1 ZVG.) führt nach § 130 das. zur Löschung des Rechts im Grundbuch und nach § 127 Abs. 1 Satz 1 das. zur Unbrauchbarmachung des Briefs. Eine Übertragung durch Einigung und Eintragung im Grundbuch (§ 873 BGB.) oder durch schriftliche Abtretung und Briefübergabe (§§ 1154, 1192 das.) ist also nach ordnungsmäßiger Abwicklung des Verfahrens nicht mehr möglich. Die Unübertragbarkeit des Rechts würde weiterhin seine Unpfändbarkeit zur Folge haben (§§ 851, 857 Abs. 6 ZPO.). Im

Gesetz fehlt aber jeder Anhalt dafür, daß das am Erlös oder am Zubehör sich fortsetzende Gläubigerrecht dem Rechtsverkehr durch Ausschluß seiner Übertragung und Pfändung entzogen sein sollte. Das Ergebnis würde auch praktisch nicht befriedigen. Somit muß die formfreie Übertragung zugelassen werden. Bei der Seltenheit der Fälle kann darin keine zu Bedenken Anlaß gebende Gefährdung der Sicherheit des Rechtsverkehrs gefunden werden. Für die wissenschaftliche Betrachtung mögen durch diese Behandlung des fortbestehenden Gläubigerrechts die Grundsätze des Liegenschaftsrechts über die Übertragung dinglicher Rechte in gewisser Weise durchbrochen und mag das Recht einer Mobiliarhypothek genähert erscheinen. Diese Folge ergibt sich aber zwingend aus dem Ausnahmecharakter eines ohne Grundstückshaftung sich fortsetzenden Grundstückspfandrechts und muß gegenüber dem praktischen Bedürfnis in Kauf genommen werden. Hiernach hat die Beklagte durch die Abtretungen der Firmen H. und M., gleichviel in welcher Form sie vorgenommen worden sind, deren an der Mangel fortbestehende Grundschuldgläubigerrechte in Höhe des Ausfalls in der Zwangsversteigerung erworben. Ob bei der Abtretung der Firma H. ihr vom Versteigerungsgericht zu Unrecht nach Satz 2 statt nach Satz 1 des § 127 Abs. 1 ZVG. behandelter Grundschuldbrief der Beklagten übergeben worden ist, kann dahingestellt bleiben, da der Brief nach den entwickelten Rechtsgrundsätzen beim Übergang der Rechte auf die Beklagte keine Rolle mehr spielte.

Nun hat freilich die Beklagte kraft der ihr übertragenen Grundschuldrechte kein eigentliches Recht zum Besitze der Mangel (Planck a. a. O.), da ja auch bei noch bestehender Haftung des Grundstücks der Grundschuldgläubiger kein Recht auf den Besitz des ihm mit dem Grundstück haftenden Zubehörs hat. Eine unmittelbare Einwendung aus § 986 BGB. kann daher die Beklagte auf Grund der ihr übertragenen Rechte gegen die Eigentumsklage aus § 985 BGB. nicht erheben. Dennoch kann sie der von der Klägerin begehrten Herausgabe der Mangel aus einem anderen Rechtsgrunde widersprechen. Die Herausgabe würde zur Entfernung der Mangel vom Grundstück und damit nach §§ 1121, 1192 BGB. zu ihrer Befreiung von der Haftung für das Recht der Beklagten führen. Einer solchen Zerstörung ihres eigenen, das Eigentum der Klägerin belastenden Rechts braucht sich die Beklagte aber nicht zu unterwerfen. Sie kann vielmehr zur Wahrung ihres Rechts die Herausgabe verweigern und ihrerseits zur Befriedigung ihres Rechts von der Klägerin die Duldung der Zwangsvollstreckung in die Mangel verlangen (RGZ. Bd. 55 S. 417 flg.; OLG. Bd. 33 S. 166). Daran ist sie auch dadurch nicht gehindert, daß die ihr abgetretenen Grundschuld-Gläubigerrechte sich mit dem Eigentum am Grundstück in ihrer Hand vereinigt haben. § 1197 BGB. steht ihren Anträgen nicht entgegen. Zwar genügt zur Begründung dieser Ansicht nicht allein der Hinweis auf die Tatsache, daß die Mangel, die für die abgetretenen Grundschuldrechte haftet, nicht Eigentum der Beklagten ist, sondern Eigentum der Klägerin. Denn würde das Grundstück selbst noch für ihre Rechte haften, so wäre die Beklagte durch § 1197 BGB., § 865 ZPO. auch an der Vollstreckung in solche Zubehörstücke gehindert, die nicht in ihrem eigenen Eigentum ständen. Anders liegt aber die Sache, nachdem die Grundstückshaftung erloschen ist. § 1197 BGB. verbietet seiner Zweckbestimmung nach dem Eigentümergrundschuld-Gläubiger nur die Zwangsvollstreckung in das eigene Grundstück, scheidet also aus, wenn die Grundstückshaftung nicht mehr besteht, sondern nach ihrem Erlöschen nur noch die Befriedigung aus einem verhaftet gebliebenen Zubehörstück in Betracht kommt.

Nach alledem wäre die Klage abzuweisen und der Widerklage stattzugeben, wenn nicht etwa die Bereicherungseinrede, mit der die Klägerin in letzter Linie die Rechtsstellung der Beklagten bekämpft, begründet ist und zu einer abweichenden Entscheidung führt. Insoweit ist der Rechtsstreit noch nicht zur Entscheidung reif. . . .

70. Verstößt die Vorschrift in § 7 Abs. 1 des preuß. Besoldungsgesetzes vom 17. Dezember 1927, wonach ledige Beamte an Stelle des für ihre Gehaltsgruppe aus § 6 das. zu errechnenden Wohnungsgeldzuschusses den der nächstniedrigeren Tarifklasse erhalten, gegen die Reichsverfassung?

RVerf. Art. 109 Abs. 1, Art. 129 Abs. 1 Satz 3.

III. Zivilsenat. Urt. v. 17. September 1929 i. S. G. (Kl.) w. Preuß. Staat (Bekl.). III 515/28.

I. Landgericht I Berlin.
II. Kammergericht daselbst.

Der Kläger, der als Amtsgerichtsrat in Berlin aus Gruppe 2b der preußischen Besoldungsordnung vom 17. Dezember 1927 besoldet wird, ist ledig. Auf Grund des § 7 Abs. 1 des preußischen Besoldungsgesetzes vom 17. Dezember 1927 (GS. S. 223) erhält er an Stelle des für seine Gehaltsgruppe nach § 6 das. berechneten Wohnungsgeldzuschusses den der nächstniedrigeren Tarifklasse. Er hat als Diensteinkommen vor Inkrafttreten des Besoldungsgesetzes monatlich insgesamt 733,43 RM., nachher 817 RM. ausgezahlt erhalten. Nachdem der preußische Justizminister durch Bescheid vom 23. Januar 1928 den Anspruch des Klägers auf Zahlung des Wohnungsgeldzuschusses für verheiratete Beamte abgelehnt hatte, erhob dieser Klage auf Zahlung des Unterschiedsbetrags zwischen dem ihm gezahlten und dem einem verheirateten Beamten zustehenden Wohnungsgeldzuschuß für einen Monat mit 36 RM.

Die Vorinstanzen haben die Klage abgewiesen. Die Revision des Klägers blieb erfolglos.

Gründe:

Die Revision rügt, daß die Vorschrift in § 7 Abs. 1 des preußischen Besoldungsgesetzes gegen Art. 129 RVerf. (wohlerworbene Rechte) und gegen Art. 109 RVerf. (Gleichheit vor dem Gesetze) verstoße. Aus zutreffenden Erwägungen hat indessen das Berufungsgericht das Bestehen eines wohlerworbenen Rechtes in dem Sinne, daß der Beamte einen Anspruch darauf hat, den Wohnungsgeldzuschuß immer in der einmal durch die Gesetzgebung festgesetzten Höhe zu erhalten, abgelehnt. Der Beamte kann nicht verlangen, daß die einzelnen Teile seines Diensteinkommens stets in gleicher Höhe bestehen bleiben. Das Diensteinkommen in seiner Gesamtheit stellt den Unterhalt dar, den der Staat dem Beamten zur Führung eines standesgemäßen Lebens zu gewähren hat. In welcher Weise der Staat dieses Diensteinkommen im einzelnen gliedern will (Grundgehalt, Wohnungsgeldzuschuß, Kinderbeihilfen), liegt in seiner Hand. Daß der Kläger durch die Neuregelung der Besoldung vom 1. Oktober 1927 ab in der Gesamtheit seines Diensteinkommens gegenüber dem bisherigen Zustand verkürzt worden wäre, ist unstreitig nicht der Fall. Wenn die Revision zu diesem Punkt ausführt, daß es hierauf nicht ankommen könne, weil dann in Zeiten der durch wirtschaftlichen Niedergang hervorgerufenen Geldentwertung die wohlerworbenen Rechte der Beamten schutzlos seien, so ist diese

Erwägung für die Entscheidung des vorliegenden Falles ohne Bedeutung. Daß die wohlerworbenen Vermögensrechte der Beamten in Zeiten der Geldentwertung wenig praktische Bedeutung haben, trifft zu. Für den Gehaltsanspruch des Klägers fällt indessen entscheidend ins Gewicht, daß seit der Festigung der deutschen Währung die Zahlung der Beamtenbezüge wieder in wertbeständiger Form möglich und daß das wertbeständige Diensteinkommen des Klägers durch das Besoldungsgesetz nicht verkürzt worden ist. Der Kläger erblickt eine Verletzung seiner wohlerworbenen Rechte auch darin, daß durch die bisher dem Beamtenrecht fremde unterschiedliche Behandlung der verheirateten und der unverheirateten Beamten eine Verschlechterung seiner Bezüge eingetreten sei, zwar nicht im Verhältnis zu seinem bisherigen Gehalt, aber im Verhältnis zu dem der Mehrzahl der Beamten seiner Gehaltsgruppe, ohne daß sich eine Änderung der von diesen geleisteten Arbeit, der Schwierigkeit ihrer Obliegenheiten oder des Maßes ihrer Verantwortung ergeben hätte. Auf die vom Kläger hervorgehobenen Umstände kommt es hier nicht an. Der Beamte muß sich gefallen lassen, daß die Gesetzgebung eine Regelung trifft, durch die aus sachlichen Erwägungen, insbesondere bei Berücksichtigung der Natur des Diensteinkommens als einer Unterhaltsrente, bestimmte Gruppen von Beamten besoldungsrechtlich anders behandelt werden als die übrigen Angehörigen der betroffenen Beamtenklasse, soweit nicht eine Kürzung des bis dahin gezahlten Gesamteinkommens eintritt. Der Staat ist in der Lage, die dienstälteren Beamten höher zu besolden als die dienstjüngeren. Er kann den Beamten mit Kindern Kinderbeihilfen gewähren. Er konnte den verheirateten Beamten Frauenzulagen zubilligen und konnte sie ihnen, da ihr Gesamteinkommen durch die neue Regelung nicht vermindert wurde, auch wieder entziehen. So muß dem Staat auch das Recht eingeräumt werden, den ledigen Beamten einen geringeren Wohnungsgeldzuschuß zu zahlen als den verheirateten. Ausschlaggebend ist allein, daß der Kläger durch die Neuordnung der Besoldung nicht schlechter gestellt worden ist als vorher. Die Verletzung eines wohlerworbenen Rechts liegt danach nicht vor.

Die in § 7 Abs. 1 preuß. BesG. getroffene Regelung enthält aber auch keinen Verstoß gegen Art. 109 Abs. 1 RVerf. Es ist zwar davon auszugehen, daß der Grundsatz „alle Deutschen sind vor dem Gesetze gleich" sich nicht auf Persönlichkeitsrechte beschränkt, sondern auch auf Vermögensrechte erstreckt. Die Revision verkennt aber die Bedeutung der Vorschrift, wenn sie behauptet, daß eine unterschiedliche Behandlung von Verheirateten und Ledigen unzulässig sei. Selbst wenn man annehmen wollte, daß die Vorschrift des Art. 109 Abs. 1 RVerf. auch den Gesetzgeber bindet, so verbietet der Satz der Verfassung doch nur die willkürliche unterschiedliche Behandlung der einzelnen Staatsbürger bei gleichliegenden Tatbeständen. Von einer Willkür kann hier aber keine Rede sein, denn die Einführung eines Unterschieds in der Gewährung des Wohnungsgeldzuschusses zwischen verheirateten und ledigen Beamten beruht auf beachtlichen sozialen Erwägungen. Auch darin, daß von der für Ledige getroffenen Regelung — wie die Revision hervorhebt — wiederum die ledigen Geistlichen ausgenommen sind, ist kein Willkürakt zu erblicken. Es ist anzuerkennen, daß der Geistliche unter Berücksichtigung der ihm zufallenden Aufgaben seinen Haushalt in anderer Form gestalten muß als sonstige ledige Beamte.

Wenn die Revision schließlich geltend macht, daß die Verfassung die Fälle erschöpfend geregelt hat, in denen der einzelne Staatsbürger mit Rücksicht auf seine persönlichen Verhältnisse bei gleicher Sachlage anders als seine Mitbürger behandelt werden dürfe, und insbesondere auf Art. 119 Abs. 2 Satz 2 RVerf. (kinderreiche Familien haben Anspruch auf ausgleichende Fürsorge) hinweist, so geht diese Behauptung schon um deswillen fehl, weil die angezogene Verfassungsvorschrift kein unmittelbar anwendbares Recht enthält, sondern nur eine Richtlinie für die Gesetzgebung bedeutet.

---

71. Zum Begriff des Beteiligungsverhältnisses im Sinne des § 63 Abs. 2 Nr. 1 AufwG.

AufwG. §§ 63, 65.

II. Zivilsenat. Urt. v. 27. September 1929 i. S. C. (Bekl.) w. Mühlen-Ein- u. Verkaufsgenossenschaft e. Gen. mbH. (Kl.). II 20/29.

I. Landgericht Hannover.
II. Oberlandesgericht Celle.

Der Beklagte war Geschäftsführer, Vorstandsmitglied und Genosse der klagenden Genossenschaft, mit der er im Kontokorrentverkehr stand. Er hat in der Zeit der Geldentwertung seinen Geschäftsanteil voll eingezahlt und auch sonst damals seinen genossenschaftlichen Zahlungspflichten genügt. Abgesehen davon hat er bei der Klägerin Geldeinlagen gemacht. Deren Aufwertung verlangt er einredeweise im gegenwärtigen Rechtsstreit. Beide Vordergerichte verneinten die Aufwertungsbefugnis. Die Revision des Beklagten führte zur Aufhebung und Zurückverweisung.

Aus den Gründen:

... Gegenüber der Begründung, mit der das Berufungsgericht die Aufwertungsansprüche des Beklagten wegen des Kontokorrentverhältnisses der Parteien abgewiesen hat, bestehen Bedenken. Allerdings hat der Beklagte sein Aufwertungsbegehren rechtlich nicht ausdrücklich mit dem Hinweis darauf begründet, daß es sich auf seiner Seite um Arbeitnehmer-Einlagen handle. Allein darauf kann es nicht ankommen. Die insoweit erforderlichen tatsächlichen Behauptungen sind alle Prozeßstoff; die rechtliche Würdigung ist Sache des Gerichts. Der Beklagte war bei der Klägerin unbestrittenermaßen auf Dienstvertrag angestellt. Daß er späterhin unter Fortdauer dieses Rechtsverhältnisses in den Vorstand der Klägerin gewählt wurde, ändert daran nichts. Auch die Vorstandsmitglieder einer rechtsfähigen Gesellschaft oder Genossenschaft gehören, falls ihrer Anstellung ein Dienstvertrag zugrunde liegt, zu den Arbeitnehmern im Sinne des § 65 AufwG. Arbeitgeberin ist die Gesellschaft, hier die Genossenschaft (RGZ. Bd. 123 S. 351 und die dort angeführten weiteren Urteile und Nachweise aus dem Schrifttum).

Nach dem für diesen Rechtszug zu unterstellenden Vorbringen des Beklagten würde es sich auch um Einlagen im Sinne des § 65 AufwG. handeln; ob und inwieweit Vermögensanlagen im Sinne der §§ 62, 63 Abs. 1 das. vorlägen, ist eine andere Frage. Jedenfalls hat das Berufungsgericht den Gesichtspunkt der Arbeitnehmer-Einlage bisher überhaupt nicht in Betracht gezogen. Nicht stichhaltig sind ferner die Gründe, aus denen es ein Beteiligungsverhältnis des Beklagten bei der Klägerin insoweit verneint, als es sich um Geldleistungen handelt, abgesehen von den genossenschaftlichen Einzahlungspflichten und sonstigen Einlagen auf Geschäftsguthaben im technischen Sinne (§§ 19 flg. GenG.). Für das genossenschaftliche Beteiligungsverhältnis als solches sind die sich aus der Geldentwertung ergebenden Fragen im Weg des Sondergesetzes (§ 1 Abs. 2 AufwG.) durch die Umstellungsvorschriften, insbesondere durch die §§ 46 flg. der 2. DurchfVo. zur GoldbilVo. geregelt. Der Begriff des Beteiligungsverhältnisses im Sinne des § 63 Abs. 2 Nr. 1 AufwG. reicht aber weiter. Der Beklagte war und ist Genosse der Klägerin. Ihr gesetzlicher (§ 1 Abs. 1 GenG.) und satzungsmäßiger Zweck (§ 1 der Satzung) ist die Förderung des Erwerbs und der Wirtschaft der Mitglieder. Gewinn und Verluste treffen diese; im Fall der Auflösung ist das vorhandene Reinvermögen unter die Genossen aufzuteilen. Gelder, die von den Genossen der Genossenschaft zur Erreichung ihrer Zwecke vorgeschossen werden, stärken die finanziellen Grundlagen der juristischen Person und setzen sich um oder können sich umsetzen in eine Steigerung des Gewinns und des Vermögens oder wenigstens in eine Verringerung der Verluste. Sie beeinflussen das genossenschaftliche Beteiligungsverhältnis im engeren Sinne und schaffen damit zwischen dem geldgebenden Genossen und der Genossenschaft, eben auf der Grundlage des genossenschaftlichen Bandes, besonders enge Beziehungen, die weit über das gewöhnliche Rechtsverhältnis zwischen Geldgeber und Darlehensempfänger hinausgehen.

Auf Grund des Genossenverhältnisses und der damit verbundenen Rechte, insbesondere des Stimmrechts und der daraus fließenden weiteren genossenschaftlichen Befugnisse, standen dem Beklagten auch gewisse Mitverwaltungs- und Kontrollrechte gerade in Hinsicht auf die Finanzgebarung der Klägerin zu, von denen er zur Wahrung nicht nur seiner genossenschaftlichen Belange, sondern auch seiner Belange als Geldgeber Gebrauch zu machen in der Lage war. Rechtsbeziehungen dieser Art können aber sehr wohl noch unter den Begriff des Beteiligungsverhältnisses im Sinne des § 63 Abs. 2 Nr. 1 AufwG. gebracht werden (JW. 1928 S. 2830; RGZ. Bd. 122 S. 387 [391]). Diesen Gesichtspunkten wird, soweit es auf den Aufrechnungseinwand des Beklagten ankommt, bei der erneuten Verhandlung und Entscheidung Rechnung zu tragen sein.

---

72. Zur Frage der Sorgfaltspflicht des Arztes beim Niederschreiben eines Rezeptes.

BGB. § 844 Abs. 2, § 823 Abs. 1, § 276 Abs. 1.

III. Zivilsenat. Urt. v. 27. September 1929 i. S. W. u. Gen. (Kl.) w. B. (Bekl.). III 543/28.

I. Landgericht Bautzen.
II. Oberlandesgericht Dresden.

Die Kläger sind die Witwe und die Kinder des am 7. Dezember 1926 verstorbenen Steinarbeiters W. Der Tod des letzteren ist infolge der Einspritzung eines Medikaments eingetreten, die der verklagte Arzt vorgenommen hat, um die zur operativen Entfernung einer Halsgeschwulst notwendige örtliche Betäubung herbeizuführen. Das Medikament war vom Beklagten am Tage vorher verschrieben und der Verstorbene war von ihm beauftragt worden, es in einer Apotheke anfertigen zu lassen und zur Operation mitzubringen. W. hatte das Rezept in der Sternapotheke zu K. abgegeben; dort war das Betäubungsmittel von dem Provisor G. hergestellt worden. Die tödliche Wirkung des Mittels beruhte auf seinem zu hohen Gehalt an Suprarenin. Die Kläger behaupten, daß der Beklagte durch ungenügende und undeutliche Angaben im Rezept diesen Gehalt verschuldet und daß er hierdurch, sowie durch sein sonstiges Verhalten, namentlich durch die unterlassene Prüfung des Mittels vor der Anwendung, den Tod ihres Ernährers verursacht habe. Sie begehren deshalb Schadensersatz. Das Landgericht erklärte die Ansprüche der Kläger dem Grunde nach für gerechtfertigt, das Oberlandesgericht wies die Klage ab. Die Revision der Kläger führte zur Aufhebung und Zurückverweisung.

Gründe:

Nach den Feststellungen des Berufungsgerichts liegt folgender Sachverhalt vor:

Der Beklagte wollte sich als örtliches Betäubungsmittel für die beabsichtigte Operation eine Lösung von 0,1 g Novocain unter Zusatz von 2—4 Tropfen Suprareninlösung 1:1000 in 20 ccm Wasser verschaffen. Diese Zusammensetzung des Medikaments, die zur sachgemäßen Betäubung geeignet gewesen wäre, hätte in vollständiger Weise auf dem Rezept dahin zum Ausdruck gebracht werden müssen:

„Novocain 0,1
Sol. Suprarenin 1:1000 guttae 4
Aqua dest. ad 20,0.
Sol. sterilisata.
D. S. Für Infiltrationsanästhesie."

Der Beklagte wählte jedoch auf dem Rezept, das er ausschrieb und das ausführen zu lassen er seinen Patienten beauftragte, die abgekürzte Bezeichnung

$^1/_2$% Novocain —
Suprareninlösung

20,0.

Der Provisor G. stellte auf Grund des Rezeptes die Lösung so her, daß er 0,1 g Novocain in 20 g Suprareninlösung 1 : 1000 ohne Zusatz von Wasser auflöste. Ohne diese Verdünnung war das Medikament unbedingt tödlich.

Der erste Richter hat angenommen, daß der Beklagte durch die Wahl der abgekürzten Form des Rezeptes die verhängnisvoll gewordene Zusammensetzung des Betäubungsmittels veranlaßt und sich dadurch eines fahrlässigen Verhaltens schuldig gemacht habe. Ein solches Verfahren möge zwar zulässig sein, wenn der Arzt — z. B. durch die Weisung des Patienten an eine bestimmte Apotheke — sich versichert halten dürfe, daß sein Rezept richtig verstanden und ausgeführt werde, oder wenn es sich um eine Abkürzung handle, deren Kenntnis auch von dem jüngsten, unerfahrensten und unbegabtesten Apotheker verlangt werden könne. Ein solcher Fall liege jedoch hier nicht vor. Der Beklagte hätte das Rezept in vollständiger, jedes Mißverständnis ausschließender Weise niederschreiben und so fassen müssen, daß auch ein mäßig begabter, den an ihn zu stellenden Anforderungen gerade noch genügender Apotheker es richtig habe deuten können. Diese Pflicht liege dem Arzt insbesondere bei Mitteln ob, bei denen, wie bei Suprarenin, die Gefahr der Herstellung einer tödlichen Mischung nicht ausgeschlossen sei.

Das Berufungsgericht führt dagegen aus: Das Landgericht lasse unbeachtet, daß in dem Rezept zwischen den Worten Novocain und Suprareninlösung ein Bindestrich stehe, daß die Zahl 20 nicht neben das Wort Suprareninlösung, sondern in einem gewissen Abstand darunter geschrieben sei. Daraus gehe deutlich hervor, daß der Beklagte eine aus Novocain und Suprarenin bestehende Lösung hätte haben wollen und daß die Zahl 20 nicht die zu verwendende Menge Suprarenin, sondern die Menge Wasser habe bezeichnen sollen, in der die beiden Mittel aufzulösen seien. Aus der Tatsache, daß die Menge des zuzusetzenden Suprarenins im Rezept nicht genannt und daß als Verwendungszweck für das Medikament ausdrücklich „Infiltrationsanästhesie" angegeben sei, habe auch deutlich entnommen werden können, daß der Beklagte die für jenen Zweck übliche und geeignete $^1/_2$%ige Novocain-Suprareninlösung gewünscht habe. Daraus folgert der Berufungsrichter, daß lediglich der Apotheker G., der das Rezept nicht aufmerksam gelesen und deshalb die auch vom Laien zu ersehende Bedeutung der Zahl 20 nicht erkannt habe, das schadenbringende Ereignis verursacht habe, daß dagegen die Fassung des Rezeptes nicht als Ursache im Rechtssinn in Frage komme und daß diese Fassung dem Beklagten auch nicht zum Verschulden gereiche.

Diese Ausführungen greift die Revision mit Recht an. Zwar ist ihr darin nicht beizupflichten, daß der Apotheker als Gehilfe des Arztes für die diesem seinem Patienten gegenüber obliegenden Vertragspflichten in Betracht komme und daß daher den Beklagten schon gemäß § 278 BGB. die Verantwortung für den Schaden treffe. Die Kläger machen den Schaden geltend, der ihnen dadurch erwachsen ist, daß ihnen infolge des angeblich vom Beklagten verschuldeten Todes ihres Ehemanns und Vaters das gegen diesen zustehende Recht auf den Unterhalt entzogen wurde. Dieser Anspruch ist aber nicht ein solcher, der aus dem vertragswidrigen Verhalten des Beklagten gegenüber seinem Patienten entstanden und auf die Kläger als dessen Erben übergegangen ist. Vielmehr kann er nur aus § 823 Abs. 1 in Verb. mit § 844 BGB. abgeleitet werden (JW. 1907 S. 710 Nr. 18, 1908 S. 9 Nr. 9).

Dagegen bemängelt die Revision mit gutem Grund die Schlüssigkeit der Darlegungen des Vorderrichters. Zunächst ist nicht ersichtlich, wie der ursächliche Zusammenhang zwischen der abgekürzten Form des Rezeptes und dem schadenbringenden Erfolg durch die vom Berufungsgericht hervorgehobenen Umstände ausgeschlossen worden sein soll. G. ist dadurch, daß der Beklagte die Tropfenzahl der beizufügenden Suprareninlösung nicht angegeben, auch nicht kenntlich gemacht hatte, daß sich die Zahl 20 auf die Menge des der Lösung beizufügenden Wassers beziehen solle, zur Anfertigung des Medikaments in unverdünnter Gestalt verleitet worden. Dieser Sachverlauf widersprach nicht der allgemeinen Erfahrung. Daß ein minder erfahrener und sachkundiger Apotheker das Rezept falsch deuten und beim Fehlen einer Anordnung über den Zusatz von Wasser die

Zahl 20 mit dem Worte Suprareninlösung in Verbindung bringen würde, lag nicht außerhalb des Bereichs der Wahrscheinlichkeit; hieran wurde auch durch die Beifügung der Worte „zur Infiltrationsanästhesie" nichts geändert. Denn durch sie wurde der Apotheker nicht zwingend darauf hingewiesen, daß der Arzt die Lösung des Novocains in 20 g Suprareninlösung nicht im Auge gehabt haben könne. Die Möglichkeit, daß der Apotheker damit rechnen würde, der Arzt werde das Medikament zu mehrfachem Gebrauch verwenden und deshalb die im Einzelfall gebotene Verdünnung selbst vornehmen, war nicht ausgeschlossen. Die vom Beklagten im Rezept gewählte Abkürzung barg somit nach dem regelmäßigen Gang der Ereignisse die Gefahr in sich, daß der Apotheker durch sie zur Herstellung des Medikaments in einer Stärke bestimmt wurde, die bei Verwendung in einem einzigen Falle eine tödliche Wirkung auslöste. Es ist daher nicht zweifelhaft, daß der abgekürzten Bezeichnung für die Zusammensetzung des Betäubungsmittels eine ursächliche Bedeutung für den Schaden der Kläger im Rechtssinne beizumessen, der ursächliche Zusammenhang also ein „adäquater" ist. Eine Unterbrechung dieses Zusammenhangs ergibt sich nicht daraus, daß die Art und Weise der Zubereitung des Mittels durch den Apotheker als eine mitwirkende Ursache des Schadens anzusehen ist.

Bei Prüfung der Frage des Verschuldens des Beklagten geht zwar das Berufungsgericht von richtiger Auffassung aus, wenn es darauf abstellt, ob für den Beklagten die tödliche Wirkung der Anwendung des Medikaments bei Anwendung der verkehrserforderlichen Sorgfalt voraussehbar war. Allein die Verneinung dieser Frage entbehrt ausreichender Begründung. Es ist nicht ersichtlich, wie das Vorhandensein des Bindestrichs zwischen den Worten Novocain und Suprareninlösung auf dem Rezept als eine Vorkehrung zu betrachten sein soll, die den Beklagten zu der Annahme berechtigt habe, daß die abgekürzte Form seiner Verordnung nicht einer falschen Auslegung des Rezeptes durch den Apotheker Vorschub leisten werde. Das Berufungsgericht sieht in der Anwendung des Bindestrichs selbst nur den Ausdruck des Willens, daß der Beklagte eine aus Novocain und Suprarenin bestehende Lösung haben wollte. Hierum handelt es sich aber nicht, sondern es steht nur in Frage, ob der Beklagte bei der nötigen Vorsicht annehmen durfte, er habe in einer Zweifel ausschließenden Weise kundgegeben, daß das

Medikament nur 2—4 Tropfen Suprareninlösung 1:1000 mit einem Zusatz von 20 ccm Wasser enthalten solle. Nicht stichhaltig ist auch die weitere Erwägung, der Beklagte habe bei dem Abstand, in dem sich die Zahl 20 unter dem Worte Suprareninlösung befand, für unmöglich erachten dürfen, daß der Apotheker die Zahl auf jene Lösung beziehen werde. Da es an einer Angabe fehlte, daß die Zahl die Menge des beizufügenden Wassers bezeichnen sollte, so konnte der Beklagte gerade nicht der Meinung sein, daß der Abstand der Zahl den Apotheker hindern werde, diese mit dem Worte Suprareninlösung in Verbindung zu bringen. Auch von den Worten „Zur Infiltrationsanästhesie" hätte der Beklagte eine solche Wirkung auf den Apotheker nur erwarten können, wenn dieser damit in unmißverständlicher Weise darauf hingewiesen worden wäre, daß der Arzt das Medikament ohne weitere von ihm vorzunehmende Verdünnung und nur zur Betäubung eines einzigen Patienten benutzen wolle. Endlich reicht für die Verneinung der Fahrlässigkeit auch die Erwägung nicht aus, in dem Rezept sei der Wille des Beklagten zur Genüge zum Ausdruck gelangt, daß er die für die Infiltrationsanästhesie übliche $^1/_2$%ige Novocain-Suprareninlösung haben wolle, wie sie unter der gleichen Bezeichnung von den Farbwerken in Höchst fertig in den Handel gebracht werde. Nur wenn der Beklagte es als gewiß hätte ansehen dürfen, daß die von ihm angewendete abgekürzte Form den Apothekern als die Bezeichnung der von ihm gewünschten ungefährlichen Zusammensetzung allgemein bekannt und geläufig sei, wenn er also auch bei einem minderbegabten und minder sachkundigen Apotheker richtiges Verständnis hätte voraussetzen können, hätte er sich bei der Gefährlichkeit eines zu hohen Gehalts an Suprareninlösung der Abkürzung ohne Verletzung der von ihm zu beobachtenden Vorsicht bedienen dürfen. Daß er zu einer solchen Annahme berechtigt gewesen sei, stellt aber das Berufungsgericht nicht fest. Mit Recht führt das Landgericht aus, daß es hierauf um so mehr ankomme, als der Beklagte seinem Patienten die Besorgung des Medikaments und die Auswahl der Apotheke überließ und ihn nicht an eine bestimmte Stelle wies, von der er mit ausreichender Sicherheit der Ausführung des Rezepts in dem von ihm gewollten Sinne erwarten konnte.

73. 1. Kann eine offene Handelsgesellschaft, zu deren Gesellschaftern ein Minderjähriger gehört, durch die vertretungsberechtigten Gesellschafter auch Schenkungen machen, die der Vormund des Minderjährigen für diesen nicht hätte vornehmen können?

2. Wird das Vorliegen eines Schenkungsversprechens ausgeschlossen durch das Bewußtsein eines der beiden oder beider Vertragsteile, daß durch die versprochene Zuwendung einer sittlichen Pflicht oder einer auf den Anstand zu nehmenden Rücksicht entsprochen werde?

BGB. §§ 516, 518, 534, 1804. HGB. § 126.

IV. Zivilsenat. Urt. v. 30. September 1929 i. S. Firma Magnus K. (Bekl.) w. P. u. Gen. (Kl.). IV 800/28.

I. Landgericht Weimar.
II. Oberlandesgericht Jena.

Die beiden Kläger sind außereheliche Kinder von Magnus K. Dieser starb am 10. Februar 1924 als Inhaber einer unter der Firma „Magnus K.“ betriebenen Holzgroßhandlung. Er hinterließ seine Witwe Pauline K. und einen minderjährigen ehelichen Sohn Horst K. als gesetzliche Erben. Das Geschäft wurde von den beiden Erben und dem Bruder des Erblassers, Otto K., unter der bisherigen Firma als Unternehmen einer offenen Handelsgesellschaft weitergeführt. Zur Vertretung der Gesellschaft waren Otto und Pauline K. gemeinschaftlich oder je in Gemeinschaft mit einem Prokuristen berechtigt.

Am 27. August 1924 erklärten zu Protokoll eines Urkundsbeamten der Geschäftsstelle (damaligen Gerichtsschreibers) des für die Kläger zuständigen Vormundschaftsgerichts Otto und Pauline K. „als zur Vertretung berechtigte Gesellschafter der Firma“: „Den beiden von Herrn P. bevormundeten Kindern meines verstorbenen Bruders bzw. Ehemanns Magnus K. soll von der Firma Magnus K. ohne Rücksicht auf den seinerzeit abgeschlossenen Abfindungsvertrag je eine weitere Abfindungssumme von 4000 GM., im ganzen also 8000 GM. gezahlt werden. Über die Bezahlung werden wir spätestens am 1. April 1925 Erklärungen abgeben.“ Der miterschienene Vormund P. erklärte sich damit einverstanden. Das Vormundschaftsgericht hat dieses „Abkommen" in Hinsicht auf die Kläger genehmigt.

Die Klage richtet sich auf Zahlung der am 27. August 1924 versprochenen 8000 RM. nebst Zinsen. Die verklagte Firma, deren alleiniger Inhaber nach Auflösung der offenen Handelsgesellschaft der frühere Mitgesellschafter Otto K. unter Übernahme der sämtlichen Aktiven und Passiven geworden ist, verweigert die Zahlung wegen Ungültigkeit des Zahlungsversprechens. Das Landgericht und das Oberlandesgericht haben der Klage stattgegeben. Auf die Revision der Beklagten wurde die Klage abgewiesen.

Gründe:

Bei der Verhandlung vom 27. August 1924, auf die sich die Klage gründet, sind Otto und Pauline K. nach dem unzweideutigen Inhalt des Protokolls als die gemäß § 125 Abs. 2 HGB. zur Gesamtvertretung der offenen Handelsgesellschaft Magnus K. berechtigten Gesellschafter aufgetreten. Ihre Vertretungsmacht erstreckte sich nach § 126 (zu vgl. mit § 49) HGB. auf alle gerichtlichen und außergerichtlichen Geschäfte, auch solche außerhalb des Handelsgewerbes der Gesellschaft, nicht ausgenommen auch Nichthandelsgeschäfte, Schenkungen und Übernahme fremder Verbindlichkeiten. Daß neben ihnen an der offenen Handelsgesellschaft ein gemäß § 125 Abs. 1 HGB. von der Vertretung ausgeschlossener minderjähriger Gesellschafter beteiligt war, ist unerheblich. Die offene Handelsgesellschaft konnte durch ihre vertretungsberechtigten Gesellschafter auch solche Geschäfte abschließen, die der Vormund oder Pfleger des minderjährigen Horst K. für diesen überhaupt nicht (§ 1804 BGB.) oder nur mit vormundschaftsgerichtlicher Genehmigung (§ 1822 Nr. 10 BGB.) hätte vornehmen können. Die von der Revision zur Nachprüfung gestellte Frage, ob nicht der Vertrag vom 27. August 1924 wegen der Beteiligung von Horst K. an der offenen Handelsgesellschaft der Zuziehung des gesetzlichen Vertreters dieses Minderjährigen und einer vormundschaftsgerichtlichen Genehmigung bedurft habe, ist deshalb mit dem Berufungsgericht zu verneinen.

Dagegen greift die Revision das Berufungsurteil mit Recht insoweit an, als es den gegen die Formgültigkeit des Vertrags aus den §§ 516, 518 BGB. erhobenen Einwand verwirft. Das Berufungsgericht führt hierzu aus: Ein rechtlicher Anspruch der Kläger gegen die offene Handelsgesellschaft habe nicht bestanden, selbst dann nicht, wenn die Erben von Magnus K. noch zur Zahlung von Unterhaltsbeiträgen verpflichtet gewesen sein sollten; denn das Gesellschaftsvermögen hafte nicht für die persönlichen Schulden der Gesellschafter. Die Beklagte behaupte auch, beide Teile seien bei Abschluß des Vertrags vom 27. August 1924 darüber einig gewesen, daß den Klägern keine Rechtsansprüche mehr zuständen. Das genüge aber nicht, um die versprochene Leistung zu einer Schenkung zu machen. Vielmehr stehe (nach der ständigen Rechtsprechung des Reichsgerichts, RGZ. Bd. 94 S. 325; JW. 1913 S. 855 Nr. 2) das Bewußtsein auch nur eines der beiden Vertragschließenden, daß der versprochenen Leistung eine sittliche oder Anstandsverpflichtung zugrunde liege, der Annahme einer Schenkung entgegen. Es möge sein, daß Magnus K. seiner rechtlichen Verpflichtung durch Zahlung von Abfindungssummen Genüge getan habe; sittlich sei er zu weiteren Leistungen verpflichtet gewesen, nachdem die gezahlten Beträge so gut wie völlig entwertet gewesen seien und dem vorausgesetzten Zweck nicht mehr hätten dienen können. Diese sittliche Verpflichtung sei nach seinem Tode auf seine Erben übergegangen. Von diesem Gedanken sei auch der Vormund der Kläger ausgegangen. Wenn er auch vom Vormundschaftsgericht erfahren habe, daß seine Mündel keine Rechtsansprüche mehr erheben könnten, so habe er doch gemeint, sie müßten aus Billigkeitsrücksichten noch etwas erhalten. Dafür habe er auch Verständnis auf der Gegenseite gefunden. Die Gesellschafter der offenen Handelsgesellschaft Magnus K. hätten sich moralisch verpflichtet gefühlt, den Klägern aus dem Nachlaß des außerehelichen Vaters noch etwas zukommen zu lassen. Daß die Verpflichtung zur Zahlung nicht von den Erben persönlich, sondern von der Firma übernommen worden sei, erkläre sich daraus, daß der gesamte Nachlaß von Magnus K. in dem damals von der offenen Handelsgesellschaft betriebenen Geschäft gesteckt habe, so daß die moralische Verpflichtung, den Klägern den weiteren Unterhalt sicherzustellen, nach Ansicht der Beteiligten aus dem Gesellschaftsvermögen zu erfüllen gewesen sei. So sei der Vertrag vom 27. August 1924 zustande gekommen. Es sei demnach zu verneinen, daß er wegen Verstoßes gegen die Formvorschrift des § 518 BGB. nichtig sei.

Dieses Ergebnis steht und fällt mit dem Satz, schon das Bewußtsein einer Vertragspartei, daß der versprochenen Leistung eine sittliche oder Anstandsverpflichtung zugrunde liege, hindere die Annahme des Vorliegens einer Schenkung. Daß ein solcher Satz in der Rechtsprechung des Reichsgerichts feststehe, trifft nicht zu. In den Urteilen vom 3. Mai 1913 VI 51/13 (JW. 1913 S. 855 Nr. 2) und vom 21. April 1917 V 384/16 (JW. 1917 S. 710 Nr. 7) finden sich allerdings Bemerkungen solchen Sinnes. In beiden Fällen beruht aber die Entscheidung nicht auf jener Auffassung. Im Urteil VII 329/18 vom 7. Februar 1919 ist ihre Richtigkeit dahingestellt gelassen (RGZ. Bd. 94 S. 325 Abs. 2) und im Urteil IV 200/22 vom 22. Februar 1923 (RGRKomm. 6. Aufl. § 516 Anm. 4 S. 124) ist im Gegenteil ausgeführt: Seien die Vertragsparteien darüber einig gewesen, daß das Leistungsversprechen einer sittlichen oder Anstandspflicht entsprochen habe, so schließe das die Einigung über seine Unentgeltlichkeit in sich. Die aus einem solchen Grunde gemachten Zuwendungen seien als unentgeltliche gewollt, weil sie nicht um einer Gegenleistung willen gemacht seien. Ihr Schenkungscharakter sei in § 534 BGB. anerkannt. An diesem Standpunkt ist festzuhalten. Der § 516 BGB. erfordert zum Begriff der Schenkung außer einer Zuwendung, durch die jemand aus seinem Vermögen einen anderen bereichert, die Einigung beider Teile darüber, daß die Zuwendung unentgeltlich erfolge. Unentgeltlich ist eine Zuwendung, der nach dem Inhalt des Rechtsgeschäfts keine Gegenleistung gegenübersteht. Eine Zuwendung, die durch Erfüllung einer Schuld oder durch Hingabe an Erfüllungsstatt geschieht, ist entgeltlich, weil die Befreiung von der Schuld einen Vermögensvorteil für den Schuldner bedeutet. Die Einigung über die Unentgeltlichkeit fehlt daher, wenn auch nur eine Partei als ihre Meinung zu erkennen gibt, daß auf die Zuwendung ein rechtlicher Anspruch bestehe. Sind beide Teile darüber einig, daß der Zuwendung zwar keine rechtliche, wohl aber eine sittliche oder Anstandsverpflichtung zugrunde liege, so besteht Einigkeit nicht über die Entgeltlichkeit, sondern über die Unentgeltlichkeit der Zuwendung. Das wird vom Bürgerlichen Gesetzbuch dadurch anerkannt, daß es für Schenkungen und unentgeltliche Verfügungen, durch die einer sittlichen Pflicht oder einer auf den Anstand zu nehmenden Rücksicht entsprochen wird, gewisse Sondervorschriftenaufstellt. Es schützt Schenkungen dieser Art in § 534 gegen die Rückforderung wegen Notbedarfs (§ 528) und gegen den Widerruf wegen Undanks (§ 530), zeichnet sie auch auf dem

Gebiete des Familienrechts vor Schenkungen anderer Art aus (§ 1446 Abs. 2, § 1519 Abs. 2, §§ 1549, 1641, 1804) und tut das gleiche auf dem Gebiete des Erbrechts mit Bezug auf Schenkungen (§ 2113 Abs. 2, §§ 2207, 2330) und sonstige unentgeltliche Verfügungen der in Rede stehenden Art (§ 2205). Dadurch wird bestätigt, daß Zuwendungen, durch die nur einer sittlichen Pflicht oder einer auf den Anstand zu nehmenden Rücksicht entsprochen wird, im Rechtssinne unentgeltlich und deshalb bei vorhandener Einigung über eine solche Zweckbestimmung Schenkungen sind und daß sie als solche, soweit nicht die Sondervorschriften eingreifen, den für Schenkungen im allgemeinen geltenden Vorschriften und demgemäß, wenn es sich um ein Schenkungsversprechen handelt, auch der Formvorschrift des § 518 unterliegen.

Für den vorliegenden Fall geht das Berufungsgericht ohne Rechtsirrtum davon aus, daß ein rechtlicher Anspruch der Kläger gegen die offene Handelsgesellschaft Magnus K. auch dann nicht bestanden habe, wenn die Erben des früheren Firmeninhabers trotz der von diesem auf Grund von Abfindungsvergleichen (§ 1714 Abs. 1 BGB.) bewirkten Kapitalzahlungen noch zur Zahlung von Unterhaltsbeiträgen verpflichtet gewesen sein sollten. Daß die am Abkommen vom 27. August 1924 Beteiligten oder auch nur einer von ihnen an das Bestehen eines Rechtsanspruchs in der Richtung gegen die offene Handelsgesellschaft oder auch nur gegen die Erben von Magnus K. geglaubt habe, stellt das Berufungsgericht nicht fest. Es nimmt vielmehr an, daß die Gesellschafter der offenen Handelsgesellschaft sich im Einverständnis mit dem Vormund der Kläger nur moralisch verpflichtet gefühlt hätten, den Klägern aus dem den Nachlaß ihres außerehelichen Vaters umfassenden Gesellschaftsvermögen noch etwas zuzuwenden, und daß sie zur Erfüllung dieser moralischen Verpflichtung das Zahlungsversprechen abgegeben hätten. Diese tatsächliche Beurteilung des Falles ist für das Revisionsgericht maßgebend. Sie läßt, wie oben dargelegt, das Abkommen vom 27. August 1924 als einen Vertrag erscheinen, durch den eine Leistung schenkweise versprochen worden ist. Die für einen solchen Vertrag nach § 518 BGB. erforderliche Form gerichtlicher oder notarieller Beurkundung ist nicht gewahrt. Die daraus folgende Nichtigkeit des Vertrags nötigt zur Aberkennung des auf ihn gegründeten Klaganspruchs.

74. Enthält ein Schreiben, durch das eine Firma unter Bezugnahme auf die Allgemeinen Geschäftsbedingungen zweier Spediteurvereinigungen einen Spediteur ständig mit der Abrollung aller für sie ankommenden Güter beauftragt, die Erteilung einer Vollmacht an den Spediteur?

Preuß. Stempelsteuergesetz vom 27. Oktober 1924 Tarifstelle 19. HGB. §§ 407, 412.

VII. Zivilsenat. Urt. v. 4. Oktober 1929 i. S. W. (Kl.) w. Preuß. Staat (Bekl.). VII 115/29.

I. Landgericht I Berlin.
II. Kammergericht daselbst.

Am 4. Juli 1927 stellte die Firma P. L. in Sch. der Klägerin folgendes Schriftstück aus:

Auftrag.

Die Firma P. L. überträgt der Firma H. W. gemäß § 78 Abs. 2 der EVO. vom 1. Juli ab die Abrollung aller für sie mit der Eisenbahn (oder Schiff) ankommenden Fracht-, Eil-, Expreßgüter, und zwar sowohl Stückgüter wie Wagenladungen.

Für das Rechtsverhältnis der Parteien gelten die Allg. Gesch.-Bedingungen der V.V.S. (= Vereinigung der Vollmachtspediteure) und des V.D.Sp. (= Verein Deutscher Spediteure).

Der Vertrag läuft zunächst auf die Dauer eines Jahres. Wird er nicht 1/4 Jahr vor Ablauf eines Jahres gekündigt, so läuft er auf die gleiche Zeit weiter.

Die Klägerin reichte diese Urkunde der Bahnverwaltung ein. Auf Verlangen des Zollamts Sch. entrichtete sie dafür einen Vollmachtstempel von 1,50 RM. nach Tarifstelle 19 Abs. 1, 3 des preuß. Stempelsteuergesetzes vom 27. Oktober 1924 (Feststempel bei nicht schätzbarem Werte des Gegenstands der Vollmacht). Sie fordert Rückzahlung des Betrags, weil eine Stempelsteuerpflicht nicht bestehe. Die Vorinstanzen haben die Klage abgewiesen. Auf die Revision der Klägerin hat das Reichsgericht der Klage stattgegeben.

Gründe:

Die zur Beurteilung stehende Urkunde bezeichnet sich als „Auftrag", gibt Vorschriften für „das Rechtsverhältnis der Parteien" und spricht von einem „Vertrag", dessen Dauer sie regelt. Mithin liegt zunächst die Prüfung nahe, ob sie einem Vertragsstempel unterliegt, wobei an Tarifstelle 18 Nr. 2 StStG. zu denken wäre. Das Schriftstück kann jedoch, da nur die Erklärung der Firma L., nicht aber die zum Vertragsschluß erforderliche Gegenerklärung der Klägerin beurkundet ist, nach dem für das Stempelsteuerrecht maßgebenden Grundsatze des § 3 Abs. 1 StStG. nicht als Vertrag, sondern nur als Vertragsantrag beurteilt werden, der als solcher nicht stempelpflichtig ist (RGZ. Bd. 46 S. 291/292, Bd. 73 S. 183). Immerhin kann ein derartiges Schreiben das einseitige, empfangsbedürftige Rechtsgeschäft der Vollmachterteilung in sich schließen; denn das Schreiben ist der Klägerin, wie sie selbst vorträgt, zugegangen (RGZ. Bd. 105 S. 290). Dann wäre die Anwendung der Tarifstelle 19 Abs. 1 (mit Abs. 3) StStG. gerechtfertigt. Die Auffassung der Vorinstanzen, daß in dem Schriftstück eine Vollmacht enthalten sei, ist aber abzulehnen.

Da der erste und der dritte Absatz der Urkunde von einer Bevollmächtigung der Klägerin nichts enthalten, könnte eine solche nur aus dem zweiten Absatz entnommen werden. Insofern kommt es, wie das Kammergericht zutreffend angenommen hat, auf den Inhalt der dort angezogenen Allgemeinen Geschäftsbedingungen der beiden Vereinigungen von Spediteuren an; denn in Bezug genommene Urkunden bilden einen Teil des Inhalts der Haupturkunde (RGZ. Bd. 105 S. 292). Das Berufungsgericht meint, der § 16c

> „Zur Abgabe der eisenbahnseitig verlangten, auf das Fehlen oder die Mängel der Verpackung bezüglichen Erklärung gegenüber der Eisenbahn gilt der Spediteur ohne weiteres als ermächtigt"

und der § 29

> „Der Auftrag, ankommende Güter in Empfang zu nehmen, schließt die Ermächtigung ein, auf dem Gute etwa ruhende Frachten, Zölle und Spesen zu verauslagen. Wertnachnahmen hat der Spediteur nur zu verauslagen, wenn er hierzu besonders schriftlich ermächtigt ist"

der Allg. Geschäftsbedingungen des Vereins Deutscher Spediteure enthielten die Ermächtigung der Klägerin zur Vornahme von Rechtshandlungen und legten ihr somit eine Vertretungsmacht bei. Dem ist nicht zu folgen. Wie die Revision mit Recht hervorhebt, dienen die Geschäftsbedingungen dazu, das innere Verhältnis des

Spediteurs zum Auftraggeber zu regeln. Dieses Verhältnis wird von dem Grundsatz beherrscht, daß der Spediteur für Rechnung des Auftraggebers in eigenem Namen zu handeln hat (§ 407 Abs. 1 HGB.). Nichts spricht dafür, daß man gerade bei den vom Kammergericht herangezogenen beiden Vertragsbestimmungen diesen Grundsatz hätte verlassen und eine Befugnis des Spediteurs, im Namen des Auftraggebers als sein Vertreter zu handeln, hätte aufstellen wollen. Der Vorderrichter will dieser Erwägung mit der Annahme ausweichen, es liege hier kein Speditionsgeschäft im Sinne des § 407 HGB. vor, weil die Klägerin lediglich die Abrollung der Güter bewerkstelligen sollte, während das Wesen des Speditionsgeschäfts sei, daß der Spediteur die Beförderung durch Frachtführer oder durch Verfrachter von Seeschiffen vorzunehmen habe. Indes ist hierbei § 412 HGB. übersehen, der dem Spediteur die Befugnis beilegt, die Beförderung des Gutes selbst auszuführen, und für diesen Fall bestimmt, daß er zugleich die Rechte und Pflichten eines Frachtführers oder Verfrachters hat, aber diejenigen des Spediteurs beibehält. Aus der Anführung des § 425 HGB. im § 1 der B.B.S.-Geschäftsbedingungen ist sonach nichts zugunsten der Ansicht des Kammergerichts zu folgern. Dieser steht aber namentlich auch entgegen, daß nach der streitigen Urkunde das Rechtsverhältnis zwischen der Firma L. und der Klägerin, einer Speditionsfirma, sich gerade nach den Geschäftsbedingungen der beiden Spediteurvereinigungen bestimmen sollte, die zweifellos vom Speditionsgeschäft ausgehen. Endlich besteht kein Bedenken dagegen, daß auch die Empfangnahme und Abrollung von Gütern Gegenstand eines Speditionsvertrags sein kann; darauf deutet die mit Hinweis auf § 388 HGB. erfolgte Erwähnung der Empfangnahme im § 407 Abs. 2 das. hin, und auch in der reichsgerichtlichen Rechtsprechung ist dies nicht bezweifelt worden (RGZ. Bd. 114 S. 310, Bd. 124 S. 383).

Hiernach kann aus der Urkunde vom 4. Juli 1927 keine Vollmachterteilung entnommen werden. Es bedarf mithin keiner Erörterung des weiteren Einwands der Revision, daß § 16c der Allgemeinen Geschäftsbedingungen des Vereins Deutscher Spediteure für den Empfangsspediteur ohnehin bedeutungslos sei.

Da nach alledem eine Stempelpflichtigkeit der streitigen Urkunde nicht dargetan ist, war der Rückzahlungsklage stattzugeben.

---

75. Inwieweit hat die Aufwertungsstelle ausschließlich darüber zu entscheiden, ob die Aufwertung einer persönlichen Forderung abweichend vom regelmäßigen Höchstsatz zulässig ist?

AufwG. §§ 10, 69, 77.

VI. Zivilsenat. Urt. v. 7. Oktober 1929 i. S. Sp. (Bekl.) w. A. (Kl.). VI 825/28.

I. Landgericht I Berlin.
II. Kammergericht daselbst.

Der Kläger verkaufte durch Vertrag vom 21. Oktober 1917 seine Grundstücke in K. an den Beklagten, wobei eine — später auf 340000 M. ermäßigte — Restkaufgeldhypothek für den Kläger eingetragen wurde. Am 18. Oktober 1921 bekannte der Beklagte in notarieller Urkunde, dem Kläger ein Darlehen von 340000 M. (unter Angabe der Zinsen und Rückzahlungsbedingungen) zu schulden, und bestellte dafür an andern Grundstücken in B. und N. bei Berlin eine Gesamthypothek für den Kläger; dessen Restkaufgeldhypothek auf den K.'er Grundstücken des Beklagten wurde gelöscht.

Im Dezember 1925 meldete der Kläger die Hypothek und die persönliche Forderung, und zwar diese als Restkaufgeldforderung, gegen den Beklagten an. Die Aufwertungsstelle setzte am 31. Mai 1926 das Verfahren über die Aufwertung der persönlichen Forderung aus, weil über den Rechtscharakter des Anspruchs nicht sie, sondern das Prozeßgericht zu entscheiden habe. Auf Beschwerde des Klägers hob das Landgericht den Aussetzungsbeschluß mit der Begründung auf, daß es sich wesentlich um einen Streit über die Höhe des Aufwertungsanspruchs handle, dessen Entscheidung zur Zuständigkeit der Aufwertungsstelle gehöre. Das Kammergericht wies die weitere Beschwerde des Beklagten zurück. Später setzte die Aufwertungsstelle das Verfahren erneut aus, da nunmehr der Beklagte geltend machte, nicht er, sondern die Sp.'schen Erben seien persönliche und dingliche Schuldner der Aufwertungsforderung, er habe als deren Treuhänder gehandelt. Darauf erhob der Kläger die gegenwärtige Klage mit dem Antrag festzustellen, daß der Beklagte alleiniger persönlicher Schuldner der eingetragenen Gesamthypothek von 340000 M. sei. Der Beklagte beantragte neben Abweisung der Klage im Wege der Widerklage die Feststellung, daß die durch den

Kaufvertrag vom 21. Oktober 1917 begründete Restkaufgeldforderung erloschen sei und daß die in der notariellen Verhandlung vom 18. Oktober 1921 bestellte Darlehenshypothek auf einem neu begründeten Schuldverhältnis beruhe.

Das Landgericht wies Klage und Widerklage ab. Auf beiderseitige Berufung gab das Kammergericht durch Urteil vom 18. Oktober 1928 der Klage statt und wies durch Urteil vom 15. November 1928 die Berufung des Beklagten gegen die Abweisung der Widerklage zurück.

Die Revision des Beklagten gegen beide Urteile blieb erfolglos.

Aus den Gründen:

(Es wird zunächst ausgeführt, daß der Klage mit Recht stattgegeben sei.)

Durch die Entscheidung über die Klage wurde die Aufwertungsstelle in den Stand gesetzt, nunmehr über die Höhe der Aufwertung zu entscheiden. Der Meinung der Revision, daß das Prozeßgericht in diesem Falle über das Erlöschen oder das Fortbestehen einer Kaufgeldforderung entscheiden müsse, ist nicht beizupflichten. Zutreffend nimmt das Kammergericht zunächst an, daß aus dem in RGZ. Bd. 121 S. 169 abgedruckten Urteil des Senats nichts über die Zuständigkeitsgrenzen der Aufwertungsstelle zu entnehmen ist. Damals begehrten beide Teile die Entscheidung des ordentlichen Gerichts, ohne sich auf § 69 oder § 77 AufwG. zu berufen. Bei solcher Verfahrenslage ist nach der ständigen Rechtsprechung des Reichsgerichts die Frage der Zulässigkeit des Rechtswegs nicht von Amts wegen zu prüfen (RGZ. Bd. 122 S. 100), und der Senat hat sich deshalb in jenem Urteil darüber nicht ausgesprochen. Im gegenwärtigen Rechtsstreit hat dagegen der Kläger gegenüber der Widerklage die Einrede der Unzulässigkeit des Rechtswegs erhoben.

Über die Tragweite des § 69 AufwG. ergibt die Entstehungsgeschichte folgendes. Im ersten Entwurf war im § 3 schon die Aufwertung einer Kaufgeldforderung abweichend vom regelmäßigen Höchstsatz zugelassen, hierzu jedoch im § 9, der den Streit über die Höhe der Aufwertung der ausschließlichen Entscheidung der Aufwertungsstelle zuwies, nichts ausdrücklich gesagt (Reichstag III. Wahlperiode 1924/25 Drucks. Nr. 804). Nach dem Bericht über die erste Lesung im Reichstagsausschuß (Drucks. Nr. 1125) fand eine lebhafte Aussprache zu § 9 statt, doch wurde schließlich der Gedanke nicht gebilligt, daß die Zuständigkeit der Aufwertungsstelle auf alle sachlichrechtlichen Fragen (z. B. die Fragen der Vermögensanlage, der Tilgung und Aufrechnung) auszudehnen sei. Zwischen der ersten und zweiten Lesung des Reichstagsausschusses wurde der Entwurf neu gestaltet unter Hineinarbeitung der Anträge der Kompromißparteien. Hierbei erhielt der § 69 die in das Gesetz übergegangene Fassung. Bei der zweiten Lesung des Reichstagsausschusses wurde ein Antrag des Abgeordneten Dr. Best abgelehnt, der dahin ging, den zweiten Satz des § 69 zu streichen, um die Zuständigkeit der ordentlichen Gerichte in weiterem Umfang sicherzustellen. Die Frage eines andern Mitglieds, ob die Aufwertungsstelle nicht nur über die Höhe entscheiden solle, sondern auch darüber, ob ein privilegierter Aufwertungsfall vorliege, wurde bejaht. Daraus ist als Meinung des Ausschusses zu entnehmen, daß § 69 nicht eng auszulegen ist und daß die Aufwertungsstelle selbständig und ausschließlich über die Vorfragen entscheiden soll, von denen die Festsetzung der Höhe des Aufwertungsanspruchs abhängt. Diese Auffassung hat im Gesetz einen genügenden Ausdruck gefunden. Wie sich insbesondere aus Satz 2 des § 69 AufwG. deutlich ergibt, liegt der Aufwertungsstelle die Lösung aller im § 10 AufwG. behandelten Fragen ob. Nach § 10 Nr. 5 Halbsatz 2 ist die Aufwertungsstelle demnach auch zur Entscheidung darüber berufen, inwieweit die Aufwertung eines Anspruchs als Kaufgeldforderung trotz ihrer Umwandlung in ein Darlehen noch zulässig ist. Nach allgemeinen Rechtsgrundsätzen könnte zwar zweifelhaft sein, ob die Umgestaltung der Forderung oder überhaupt die Frage nach ihren rechtlichen Eigenschaften nicht zum Grunde der Forderung gehört. Dies bedarf indessen keiner Erörterung, weil jedenfalls kraft der Sonderregelung im Aufwertungsgesetz alle Fragen, die mit der Einordnung von Ansprüchen der in §§ 4 bis 54 bezeichneten Art unter die verschiedenen einschlägigen Bestimmungen notwendig zusammenhängen, zur Höhe des Anspruchs gerechnet werden und der Entscheidung der Aufwertungsstelle unterliegen. Nur soweit das Bestehen des zur Aufwertung stehenden Papiermarkanspruchs bestritten ist — z. B. hinsichtlich der Personen des Gläubigers oder des Schuldners —, haben die ordentlichen Gerichte zu entscheiden, falls die Parteien nicht die Zuständigkeit der Aufwertungsstelle vereinbaren (§ 71 AufwG.). Im vorliegenden Falle ist durch die Entscheidung über die Klage festgestellt, daß der Beklagte persönlicher Schuldner einer für den Kläger auf den Berliner Grundstücken eingetragenen Hypothek von 340000 M. ist. Auch der Abschluß des Kaufvertrags vom 21. Oktober 1917 sowie die Ausstellung der Darlehensurkunde vom 18. Oktober 1921 sind außer Streit. Stehen danach aber alle rechtserheblichen Tatsachen fest, die für die Bemessung des Aufwertungsbetrags von Bedeutung sein können, so kann an der Zuständigkeit der Aufwertungsstelle zu der noch erforderlichen Entscheidung über die Höhe des Anspruchs kein Zweifel bestehen (Bayer. ObLG. in AufwRechtspr. 1927 S. 504; Hamburg daselbst S. 623, Karlsruhe S. 753; Kammergericht JW. 1927 S. 1004 Nr. 26; Mügel Bem. 3, Schlegelberger-Harmening Bem. 2, Quassowski Bem. 3b zu § 69 AufwG.; Nadler D. SteuerZ. 1928 S. 1039). Der Aufwertungsstelle ist daher die Entscheidung zu überlassen, ob unter den gegebenen Umständen die Forderung als Kaufgeldforderung aufgewertet werden kann, und ferner, welcher Erwerbstag für die Goldmarkberechnung maßgebend ist.

---

76. 1. Voraussetzungen und Inhalt des Unterlassungsanspruchs bei Patentverletzung. Genügt zur Annahme der Wiederholungsgefahr schon die Gefahr irgendeiner künftig zu besorgenden Patentverletzung oder muß die Gefahr bestehen, daß gerade die bereits begangene Patentverletzung wiederholt wird? Zur Frage der Beweislast hierbei.

2. Zum Begriff der groben Fahrlässigkeit bei Patentverletzungen.

PatG. § 4. BGB. § 1004.

I. Zivilsenat. Urt. v. 9. Oktober 1929 i. S. D. (Bekl.) w. S. und Gen. (Kl.). I 63/29.

I. Landgericht Görlitz.
II. Oberlandesgericht Breslau.

Die Kläger sind Inhaber des seit dem 3. März 1920 geschützten deutschen Reichspatents Nr. 413435, das eine teilweise beaufschlagte Umlaufpumpe mit dichtender, kreisender Hilfsflüssigkeit betrifft. Sie behaupten, daß die Beklagte durch Bau und Vertrieb einer mit dem Namen „Regina" bezeichneten Pumpe dieses Patent verletzt habe, und haben auf Verurteilung der Beklagten zur Unterlassung weiterer Patentverletzung und Rechnungslegung, sowie auf Feststellung ihrer Schadensersatzpflicht Klage erhoben. Nachdem Beweiserhebung beschlossen worden war, hat die Beklagte die behauptete Patentverletzung nicht mehr bestritten, ihre Kostenpflicht anerkannt und beantragt, die Sache für erledigt zu erklären, hilfsweise die Klage abzuweisen; das Landgericht hat sie jedoch zur Unterlassung und Rechnungslegung verurteilt. Ihre Berufung wurde zurückgewiesen. Dagegen hatte ihre Revision Erfolg.

Gründe:

Mit Rücksicht auf die unstreitig erfolgte Patentverletzung hält das Berufungsgericht die Beklagte für beweispflichtig dafür, daß sie sich neue Eingriffe in das Patent der Kläger nicht zu schulden kommen lassen werde. Diesen Beweis sieht es nicht als geführt an. Es sagt, selbst wenn die Beklagte Zeichnungen, Gußformen und alle sonstigen Vorrichtungen zur Herstellung der Pumpe Regina vernichtet haben sollte, würde nichts sie hindern, die Erzeugung der Pumpe jederzeit von neuem in Angriff zu nehmen. Die Wiederholungsgefahr werde auch nicht dadurch ausgeschlossen, daß die Beklagte, wie sie behaupte, neuerdings ein in das Patent der Kläger nicht eingreifendes Pumpenmodell mit einem um 30% besseren Wirkungsgrad hergestellt habe. Sie habe in kurzer Zeit drei Modelle von Kreiselpumpen herausgebracht, das Modell a, nämlich die Regina-Pumpe, die das Klagepatent verletze, Modell b, über das die Parteien in einer anderen Streitsache einen die Beklagte zu gewissen Konstruktionsänderungen verpflichtenden Vergleich gegeschlossen hätten, schließlich das Modell c. Ob auch bei letzterem von dem Patent der Kläger Gebrauch gemacht werde, sei unter den Parteien streitig. Jede habe für ihre Auffassung Sachverständigengutachten beigebracht. Wer Recht habe, brauche nicht entschieden zu werden. Denn die Beklagte erzeuge auch weiterhin Kreiselpumpen, die sich mehr oder weniger der den Klägern geschützten Bauart näherten. Selbst wenn das Modell c nicht in das Patent der Kläger eingreife, so bestehe doch keine Gewähr dafür, daß die Beklagte bei diesem stehen bleibe und nicht wieder ein neues, das Klagepatent verletzendes Modell in den Verkehr bringe.

Daß hierbei die Beweislast verkannt worden sei, behauptet die Revision nicht; eine solche Rüge wäre auch nicht gerechtfertigt. Das Berufungsgericht geht offenbar davon aus, daß der erfolgte

Eingriff in das Patentrecht der Kläger durch die mit ihnen im gewerblichen Wettbewerb stehende Beklagte an und für sich hinreiche, um die Besorgnis der Wiederholung zu rechtfertigen, und daß es demgegenüber Sache der Beklagten sei, diese tatsächliche Vermutung zu widerlegen. Das entspricht der vom erkennenden Senat ständig vertretenen Auffassung und auch der Ansicht des II. Zivilsenats des Reichsgerichts insbesondere auf dem Gebiet des Warenzeichenrechts und des Gesetzes gegen den unlauteren Wettbewerb (vgl. z. B. RGZ. Bd. 108 S. 10, Bd. 96 S. 244).

Ob die Beklagte den ihr hiernach obliegenden Beweis geführt hat, ist im wesentlichen Sache tatsächlicher Beurteilung. Aus Rechtsgründen ist es nicht zu beanstanden, wenn das Berufungsgericht hierfür die Tatsache als unzureichend ansieht, daß die Beklagte, wie sie behauptet, Zeichnungen, Gußformen und alle sonstigen Vorrichtungen zur Herstellung der Pumpe Regina vernichtet hat, weil es die Überzeugung gewonnen hat, daß die Erzeugung der Pumpe gleichwohl jederzeit von neuem in Angriff genommen werden könne. Regelmäßig mag ferner allerdings die Wiederholung einer Patentverletzung nicht zu befürchten sein, wenn der Verletzer ein neues Modell des geschützten Gegenstandes gebaut hat, bei dem die Erfindung nicht benutzt wird und das eine erheblich bessere Wirkung als das Modell des Patentinhabers zeigt. Allein das gilt nicht ausnahmslos, und jedenfalls enthält es keinen Rechtsirrtum, wenn das Berufungsgericht unter den besonderen Umständen des vorliegenden Falles eine solche Ausnahme für gegeben hält, indem es sagt, es bestehe trotzdem keine Gewähr dafür, daß die Beklagte bei ihrem jetzigen Modell stehen bleibe und nicht wieder ein neues in den Verkehr bringe und dadurch das Patent der Kläger verletze ...

Der Revision kann auch darin nicht beigepflichtet werden, daß im angefochtenen Urteil der Rechtsbegriff der groben Fahrlässigkeit verkannt worden sei. Das Berufungsgericht stellt fest, daß die Beklagte eine Pumpe der Kläger nachgebildet hat, an deren Gehäuse die Bezeichnung „Sihi D. R. P." angegossen war. Mit Rücksicht hierauf hält es die Beklagte nicht für ausreichend entschuldigt, wenn sie mangels eigener ausreichender Kenntnisse und Erfahrung ihren ständigen Berater, einen Patentanwalt, befragt hat, bevor sie das Patent der Kläger in Benutzung nahm, und sieht es als grobe Fahrlässigkeit an, daß sie sich nicht mit den Klägern selbst in Verbindung gesetzt oder mehrere bewährte Fachleute zu Rate gezogen hat. Es läßt sich nicht sagen, daß diese Anforderungen an die Sorgfaltspflicht der Beklagten zu weit gehen. Es mag sein, daß eine andere Beurteilung gerechtfertigt wäre, wenn die Beklagte bei der Befragung des Patentanwalts mit der erforderlichen Sorgfalt verfahren wäre. Das ist aber, wenn man ihre eigenen Behauptungen zugrunde legt, nicht der Fall gewesen. Denn danach hat sie dem Patentanwalt nicht die hier in Rede stehende Patentschrift 413435 — anscheinend auch nicht die Pumpe „Sihi", nach der sie ihre Regina-Pumpe gebaut hat —, sondern nur die Patentschrift der Kläger Nr. 407062 vorgelegt und ihn gefragt, ob ihre Bauart das Patent der Kläger, d. h. dieses Patent, verletze. Das war unzureichend. Bei Anwendung gewöhnlicher Sorgfalt hätte die Beklagte durch Anfrage bei den Klägern deren sämtliche Patente ermitteln können oder, wenn sie die Patentschrift 413435 nicht kannte, doch mit der Möglichkeit eines andern Patents der Klägerin rechnen und den Auftrag an den Patentanwalt dementsprechend weiter fassen müssen.

Dagegen bestehen, wie die Revision zutreffend geltend macht, in anderer Beziehung rechtliche Bedenken.

Die Ausführungen des Berufungsgerichts lassen nicht mit hinreichender Deutlichkeit erkennen, ob die Gefahr als bestehend angenommen worden ist, daß die Beklagte künftig das Patent der Kläger durch Benutzung der Regina-Pumpe oder durch Benutzung einer anderen Pumpe verletzen werde. Denn die Erörterungen, die das Berufungsgericht an die Behauptung der Beklagten knüpft, daß sie ein neues Modell mit einem um 30% besseren Wirkungsgrad gebaut habe, beziehen sich anscheinend nicht auf die Regina-Pumpe. In der Klage ist der Anspruch auf Unterlassung ausschließlich darauf gestützt worden, daß die Beklagte die Regina-Pumpe gebaut und in den Handel gebracht habe, wenngleich der Klagantrag im Anschluß an die Patentschrift allgemeiner lautet, und es ist nicht ersichtlich, daß hierin im Laufe des Verfahrens eine Änderung eingetreten ist. In diesem Sinne sollen deshalb auch wohl die beiden Vorderurteile verstanden werden. Aus ihnen geht insbesondere nicht hervor, daß die Kläger auch den Antrag gestellt haben, der Beklagten Bau und Vertrieb ihres Pumpenmodells c zu untersagen. Dies um so weniger, als sich der Antrag auf Unterlassung dem zu befürchtenden Eingriff anpassen muß und aus den Akten nicht entnommen werden kann, jedenfalls aber nicht festgestellt ist, daß das Modell c die im Klagantrag und in der Formel des landgerichtlichen Urteils aufgeführten Merkmale zeigt. Immerhin bestehen in dieser Beziehung Zweifel, die zur Aufhebung des Berufungsurteils führen müssen, weil dieses mit Rücksicht auf die Zwangsvollstreckung Klarheit darüber zu schaffen hat, welche genau zu bezeichnenden Handlungen der Beklagten verwehrt sein sollen. Beziehen sich diese aber lediglich auf die Regina-Pumpe, so ist auch die Frage der Wiederholungsgefahr allein darauf abzustellen, ob zu besorgen ist, daß die Beklagte diese Pumpe erneut herstellen, in Verkehr bringen oder feilhalten werde. Denn nach dem in RGZ. Bd. 48 S. 241 niedergelegten Grundsatz, an dem der Senat seitdem in ständiger Rechtsprechung festgehalten hat, kann der Beklagten — von dem hier nicht vorliegenden Fall einer noch nicht erfolgten, sondern erst künftig zu besorgenden Patentverletzung (vgl. RGZ. Bd. 101 S. 135) abgesehen — nur das zu tun verboten werden, was sie schon getan hat und dessen Wiederholung zu befürchten ist. Es muß die Fortsetzung eines der Vergangenheit angehörenden Tuns der Beklagten auch in Zukunft zu erwarten sein. Dazu genügt nicht irgendeine künftig zu besorgende Verletzung des Klagepatents durch die Beklagte, sondern es muß die bereits früher durch Herstellung und Vertrieb der Regina-Pumpe begangene Verletzung sein. Damit ist natürlich nicht gesagt, daß jede noch so geringfügige Abweichung davon die Wiederholungsgefahr ausschlösse, wenn das Modell, dessen Benutzung in der Zukunft zu befürchten steht, im wesentlichen, insbesondere in Ansehung der die Patentverletzung begründenden Merkmale, mit der Regina-Pumpe übereinstimmt. Insoweit fehlt es aber an ausreichenden Feststellungen, und auch aus diesem Grunde ist die Aufhebung des Berufungsurteils in seinem den Unterlassungsanspruch betreffenden Teil geboten.

Da es ferner nach dem oben Gesagten nicht völlig zweifelfrei ist, ob sich die ausgesprochene Verurteilung zur Unterlassung nicht auch auf andere Formen als die Regina-Pumpe erstrecken soll, in dieser Richtung aber eine bereits erfolgte Patentverletzung nicht festgestellt ist, unterliegt das angefochtene Urteil auch im übrigen der Aufhebung.

77. Ist der Rechtsweg zulässig für die Klage einer Stadtgemeinde gegen die Reichsbahn-Gesellschaft auf Ausführung von Wegeanlagen, die in einem Beihilfevertrag der Stadt mit dem ehemaligen preußischen Eisenbahnfiskus beim Planfeststellungs-Verfahren über den Umbau einer Eisenbahnstrecke vereinbart worden sind?

Preuß. Ges. über die Eisenbahnunternehmungen v. 3. November 1838 § 4; GVG. § 13; Staatsvertrag v. 31. März 1920 (RGBl. S. 773) § 1 Abs. 2, §§ 17, 18; Reichsbahngesetz v. 30. August 1924 (RGBl. II S. 272) § 5 Abs. 4, §§ 43 bis 45.

VII. Zivilsenat. Urt. v. 11. Oktober 1929 i. S. Stadtgemeinde F. (Kl.) w. Deutsche Reichsbahn-Gesellschaft (Bekl.). VII 75/29.

I. Landgericht Frankfurt a. M.
II. Oberlandesgericht daselbst.

Die preußische Eisenbahndirektion Frankfurt a. M. hatte einen Plan zur selbständigen Einführung der Homburger Eisenbahnlinie in den Frankfurter Hauptbahnhof eingereicht, und bei seiner landespolizeilichen Prüfung hatte die Klägerin Einspruch erhoben, weil die beabsichtigte Art der Ausführung die Gestaltung der Zufuhrstraßen zu einem für die Stadterweiterung in Betracht kommenden Gelände erschwere. Da im Termin vom 12. September 1911 dem Einspruch nur zum Teil stattgegeben wurde, stellte die Landespolizeibehörde den Parteien anheim, sich über die übrigen Anstände im Wege der Aufstellung eines neuen Planes zu einigen. Nachdem diese Einigung erzielt und auch über den von der Klägerin wegen der Mehrkosten zu leistenden Zuschuß Einverständnis erreicht worden war, wurde der neue Plan von der Landespolizeibehörde am 2. Februar 1913 mit Prüfungsvermerk versehen und die getroffene Vereinbarung in einem schriftlichen Vertrag vom 23. Juli/30. August 1913 zwischen der Klägerin und der Eisenbahndirektion niedergelegt. Dieser Vertrag wurde vom Minister der öffentlichen Arbeiten am 8. Juni 1914 zugleich mit der Feststellung des Planes genehmigt. Laut §§ 2 und 3 des Vertrags verpflichtete sich die Eisenbahnverwaltung, den neuen Entwurf gemäß der — dem Vertrag angehefteten — Nachweisung der Bauwerke auszuführen. Dagegen verpflichtete sich die Stadt, die auf 748000 M. festgestellten Mehrkosten in drei Teilzahlungen, und zwar die erste beim Baubeginn, die zweite und dritte ein und zwei Jahre danach, zu zahlen. Die Bauausführung ist begonnen und der Zuschuß gezahlt worden; die Herstellung eines großen Teiles der in der Nachweisung bezeichneten Bauwerke, insbesondere die Unterführung des Biegwegs unter der alten Homburger Strecke ist aber bisher unterblieben.

Da eine Mitte 1926 an die Beklagte gerichtete Aufforderung der Klägerin zur Herstellung des letzterwähnten Bauwerks erfolglos blieb, verlangte die Klägerin mit der im Februar 1928 erhobenen Klage Verurteilung zur Herstellung des Weges. Die Beklagte machte in erster Linie die Unzulässigkeit des Rechtswegs, in zweiter Linie sachliche Einwendungen geltend. Das Landgericht erklärte durch Zwischenurteil den Rechtsweg für zulässig. Dagegen erkannte das Oberlandesgericht auf Abweisung der Klage wegen Unzulässigkeit des Rechtswegs. Die Revision der Klägerin führte zur Wiederherstellung des landgerichtlichen Urteils.

Gründe:

Das Berufungsgericht nimmt an, daß das Eisenbahnunternehmungsrecht seiner Natur nach dem öffentlichen Rechte angehöre, daß insbesondere das Verfahren zur Feststellung des Planes einer Eisenbahnanlage eine öffentlichrechtliche Angelegenheit sei und daß daher auch der Vertrag vom 23. Juli/30. August 1913 zunächst als eine solche gewertet werden müsse, weil er innerhalb eines Planfeststellungsverfahrens zur Beseitigung eines Widerstreits zwischen öffentlichrechtlichen Interessen der Parteien geschlossen worden sei und die Grundlage der Planfeststellung bilde. Umstände, welche geeignet wären, die hiernach für den öffentlichrechtlichen Charakter des Klaganspruchs sprechende Vermutung zu entkräften, seien von der Klägerin nicht dargetan. Die jetzt streitige Vereinbarung beruhe auf einer gemeinschaftlichen Unterordnung der Parteien unter die gemeinschaftliche Obergewalt des Staates, und ihre Form und Fassung sprächen ebensowenig gegen ihre öffentlichrechtliche Natur, wie die Aufnahme von Bestimmungen über die Ausführung von Arbeiten für die Klägerin durch die Beklagte oder über die Zuschußverpflichtung der Klägerin. Bürgerlichrechtliche Verpflichtungen, wie die zur Ausführung von Arbeiten für den Vertragsgegner, könnten mit öffentlichrechtlichen in demselben Vertrage bedungen werden, und die Zuschußverpflichtung sei ihrem Grunde nach als öffentlichrechtlich anzusehen; ihre Einklagbarkeit vor den ordentlichen Gerichten sei damit wohl vereinbar. Es spreche auch nichts dafür, daß die Beklagte die streitige Verpflichtung zweimal, einmal als öffentlichrechtliche und dann als privatrechtliche Verpflichtung, habe übernehmen wollen; denn der Vertrag sei nur der Niederschlag der Verhandlungen, auf Grund deren der Entwurf aufgestellt worden sei, wie denn auch Plan und Vertrag gleichzeitig genehmigt worden seien.

Diese Ausführungen werden von der Revision mit Recht in mehrfacher Hinsicht angegriffen. Wohl bedarf der Eisenbahnunternehmer zur Anlage und zum Betrieb der Bahn öffentlichrechtlicher Befugnisse, er muß aber doch täglich auch zahlreiche Privatrechtsgeschäfte vornehmen; und wenn auch das Planfeststellungs-Verfahren die Vorbereitung des öffentlichrechtlichen Aktes der Erlaubnis zur Anlage der Eisenbahn bezweckt, so schließt dies keineswegs aus, daß zur Beseitigung von Einwendungen Dritter gegen das Unternehmen privatrechtliche Verträge mit jenen Dritten geschlossen werden. Das Reichsgericht hat zwar wiederholt entschieden, daß, wenn die Eisenbahnverwaltung bei der landespolizeilichen Erörterung ihres Planes die Berücksichtigung eines Einspruchs zusagt oder sich zur Herstellung gewisser Einrichtungen bereit erklärt, hierdurch keine privatrechtlichen Ansprüche begründet werden, weil eine solche Erklärung lediglich das Einverständnis damit bekundet, daß in den Feststellungsbeschluß jene Verpflichtungen aufgenommen werden. Dabei wurde aber stets hervorgehoben, daß ein privates Recht angenommen werden müßte, wenn die Erklärung den Willen ausgedrückt hätte, sich auch gegenüber dem Dritten privatrechtlich zu binden, ihm ein dingliches oder schuldrechtliches Recht einzuräumen (s. bes. RGZ. Bd. 72 S. 230, Bd. 84 S. 118). Diese Entscheidungen betreffen allerdings nicht ein Planfeststellungs-Verfahren, wie es im Eisenbahngesetz von 1838 vorgesehen ist, sondern solche nach dem Enteignungsgesetz von 1874. Dieses letztere Verfahren bewegt sich aber ebenso wie jenes auf öffentlichrechtlichem Boden. Wenn in ihm privatrechtliche Abmachungen getroffen werden können, so muß dasselbe auch für das Verfahren nach dem Eisenbahngesetz gelten. Im Sinne jener Rechtsprechung kann also, gleichviel ob es sich um ein eisenbahngesetzliches oder um ein enteignungsrechtliches Planfeststellungs-Verfahren handelt, der Annahme eines privaten Rechtes nicht entgegengehalten werden, daß der mit dem Dritten geschlossene Vertrag zugleich dem Beschluß über die Feststellung des Planes zur

Grundlage dient, durch welchen die im Vertrag bezeichneten Leistungen dem Unternehmer auch von seiten der Staatsbehörde als öffentlichrechtliche Pflichten auferlegt werden.

Wenn der Berufungsrichter nun meint, daß die Klägerin nichts dargetan habe, was die für die öffentlichrechtliche Natur des Verhältnisses streitende Vermutung entkräften könnte, so verkennt er, daß es für die Entscheidung über die Zulässigkeit des Rechtswegs überhaupt nicht auf den Beweis von Tatsachen ankommt, sondern ausschließlich auf die rechtliche Würdigung der Klagebehauptungen und des Klagebegehrens. Denn für die Zulässigkeit einer Klage ist, wie das Reichsgericht in ständiger Rechtsprechung anerkennt (RGZ. Bd. 93 S. 258, Bd. 96 S. 75, Bd. 103 S. 55), der Klaganspruch so, wie er erhoben ist, ausschlaggebend, nicht aber die erst für die Entscheidung über die Begründetheit der Klage wesentliche Frage, ob die Klagebehauptungen als richtig anzunehmen sind. Aus diesem Grunde ist es für die zur Zeit allein zur Entscheidung stehende Frage der Zulässigkeit des Rechtswegs auch belanglos, wenn das Berufungsgericht den streitigen Vertrag dahin auslegen zu müssen glaubt, daß die Beklagte die Verpflichtung zur Errichtung bestimmter Bauwerke nur einmal, als öffentlichrechtliche Verpflichtung, nicht auch ein zweites Mal privatrechtlich übernommen habe. Die Klägerin behauptet, daß die Verpflichtung ihr gegenüber als privatrechtliche Verpflichtung übernommen worden sei. Diese Behauptung, die nach den vorstehenden grundsätzlichen Darlegungen richtig sein kann, kennzeichnet mit dem daraus hergeleiteten Antrag auf Verurteilung den Anspruch als einen privatrechtlichen und zur Geltendmachung vor den ordentlichen Gerichten geeigneten, gleichviel ob außerdem auch eine öffentlichrechtliche Pflicht der Eisenbahnverwaltung zu entsprechender Ausführung der Anlage bestand. Ob der Vertrag nach Fassung und Inhalt die Klagebehauptung bestätigt und den Klaganspruch sachlich rechtfertigt, ob er insbesondere eine unbedingte, von Änderungen der Verhältnisse unabhängige Verpflichtung zur Ausführung des Projekts begründet oder etwa nur eine Verpflichtung, im Falle der Ausführung des Projekts diese nach Maßgabe des Vertrags zu bewirken, wird erst den Gegenstand der künftigen Entscheidung in der Sache selbst zu bilden haben.

Auch die Auffassung des Berufungsrichters, daß der Vertrag auf beiderseitiger Unterwerfung der Parteien unter die gemeinschaftliche

Obergewalt des Staates beruhe, ist unrichtig, wenn man, wie nach dem Vorstehenden geboten, von dem von der Klägerin behaupteten Vertragsinhalt ausgeht. Es ist nicht abzusehen, inwiefern sich die Klägerin der Obergewalt der schon kraft Gesetzes zur Entscheidung über die Feststellung des Planes berufenen Staatsregierung damit rechtsgeschäftlich unterworfen haben sollte, daß sie die Eisenbahnverwaltung zu bestimmten Änderungen der geplanten Anlage verpflichtete und ihr dagegen einen Zuschuß zu den Kosten versprach. Unrichtig ist es auch, wenn die so übernommene Zuschußpflicht als eine ihrem Wesen nach öffentlichrechtliche Verpflichtung bezeichnet wird, obgleich sie nicht — wie die Geldverpflichtungen, die in den für diese Auffassung angeführten Entscheidungen (RGZ. Bd. 99 S. 45, Bd. 116 S. 370) behandelt werden — auf irgendeiner öffentlichrechtlichen Vorschrift beruht, sondern lediglich die rein freiwillige Gegenleistung für die den Interessen der Klägerin entsprechende Änderung des Bauplans darstellt. Jedenfalls konnte nach der für die Handhabung des § 13 GVG. maßgebenden Rechtsanschauung und Rechtsübung zur Zeit der Entstehung der Reichsjustizgesetze an der privatrechtlichen Natur solcher Geldverpflichtungen kein Zweifel sein (RGZ. Bd. 92 S. 313, Bd. 106 S. 179). Aber auch die nach dem Vortrag der Klägerin von der Beklagten übernommenen Bauverpflichtungen stellen sich nicht als öffentlichrechtliche Verpflichtungen dar. Sie lassen sich nicht aus gesetzlichen Vorschriften herleiten, sondern sind von der Beklagten freiwillig gegen die Zusage der Zuschußleistung übernommen worden, nachdem der Gang der landespolizeilichen Prüfungsverhandlungen ergeben hatte, daß ein staatlicher Zwang zur Vornahme dieser Planänderungen nicht ausgeübt werden würde. Gerade wenn die Interessen der Beteiligten auf dem Boden des öffentlichen Rechts nicht in Übereinstimmung gebracht werden können, wird häufig zu dem Aushilfsmittel eines privatrechtlichen Vertrags gegriffen (vgl. RGZ. Bd. 105 S. 35, Bd. 118 S. 109). Auch beim Abschluß des jetzt streitigen Vertrags standen die Parteien einander als gleichberechtigte Vertragsgegner gegenüber und handelten beiderseits freiwillig und ohne Unterwerfung unter einen staatlichen Zwang. Auch dieser Vertrag ist somit auf Grund des Klagevortrags als privatrechtlich anzusehen (vgl. auch RGZ. Bd. 93 S. 258, Bd. 102 S. 251, Bd. 105 S. 35).

Aus der Aufnahme der Stempelklausel in den Vertrag ist nicht, wie die Beklagte meint, auf Bedenken der Vertragsteile zu schließen, inwieweit öffentlichrechtliche und inwieweit privatrechtliche Verpflichtungen übernommen wurden; sie erklärt sich zwanglos aus § 5 Abs. 1a des preuß. Stempelsteuergesetzes, wonach der preußische Staat von der Entrichtung der Stempelsteuer befreit ist.

Ist hiernach im Sinne des § 13 GVG. der bürgerlichrechtliche Charakter des Rechtsstreits und die Zulässigkeit des Rechtswegs zu bejahen, so kann dieser Weg der Klägerin auch nicht auf Grund der Vorschriften des Reichsbahngesetzes vom 30. August 1924 (RGBl. II S. 272) versagt werden. Allerdings ist dem Berufungsrichter nicht beizutreten, wenn er glaubt, daß aus den §§ 43 bis 45 dieses Gesetzes, ihre Anwendbarkeit vorausgesetzt, nur Bedenken gegen die Passivlegitimation der Beklagten, nicht gegen die Zulässigkeit des Rechtswegs herzuleiten wären. Aus § 43 Abs. 2 ergibt sich, daß, soweit es sich um Streitigkeiten über die Übernahme der für das Reich durch den Staatsvertrag vom 31. März 1920 begründeten Verpflichtungen durch die Reichsbahn-Gesellschaft handelt, ausschließlich die in den §§ 44 und 45 bezeichneten Stellen zu entscheiden haben. Aber für die Übernahme der hier in Rede stehenden Verpflichtungen durch die Reichsbahn-Gesellschaft kommen überhaupt nicht die — nur auf deren Rechtsbeziehungen zu den ehemaligen Eisenbahnländern, dem Reich und den Reparationsgläubigern bezüglichen — §§ 43 bis 45 des Reichsbahngesetzes in Betracht, sondern sein § 5 Abs. 4 in Verbindung mit § 1 Abs. 2 des Staatsvertrags vom 31. März 1920. Aus diesen Bestimmungen läßt sich kein Anhalt zu Zweifeln über die Zulässigkeit des Rechtswegs wegen jener Verpflichtungen entnehmen.

Das den Rechtsweg zulassende landgerichtliche Urteil ist hiernach wiederherzustellen.

---

78. 1. Welchem Ehegatten gegenüber sind beim gesetzlichen Güterrecht einseitige Rechtsgeschäfte Dritter vorzunehmen, die den Aktiv- und den Passivbestand des eingebrachten Gutes zugleich berühren?
2. Zum Kaduzierungsverfahren bei der Gesellschaft mbH. in bezug auf den Geschäftsanteil einer Ehefrau.

BGB. § 1403. GmbHG. § 21.

II. Zivilsenat. Urt. v. 15. Oktober 1929 i. S. Pelzhandelsgesellschaft mbH. u. Gen. (Bekl.) w. Frau L. (Kl.). II 69/29.

I. Landgericht I Berlin.
II. Kammergericht daselbst.

Die Klägerin hat am 28. März 1924 in notariellem Vertrag unter Mitwirkung und Genehmigung ihres Ehemanns, der hierbei ebenso wie sie selbst erklärte, daß sie im gesetzlichen Güterstand lebten, zusammen mit dem Kaufmann Sch. (Beklagten zu 2) und dem Kaufmann A. R. die verklagte Gesellschaft mbH. errichtet. Wegen Nichteinzahlung einer restlichen Bareinlage von 1650 RM. hat die Gesellschaft im Jahre 1925 die Klägerin ihres Geschäftsanteils und ihrer Teileinzahlung für verlustig erklärt und hat ihren Geschäftsanteil versteigern lassen. Der Beklagte zu 2, Geschäftsführer der Gesellschaft, hat ihn ersteigert.

Im Jahre 1928 hat die Klägerin, die ihre Bareinzahlungspflicht und die Wahrung der Erfordernisse des Ausschlußverfahrens bestreitet, Klage erhoben mit dem Antrag festzustellen, daß ihr Ausschluß aus der beklagten Gesellschaft unwirksam sei und daß ihr Geschäftsanteil nach wie vor ihr zustehe, ferner die Beklagten zu verurteilen, ihr die Bilanzen der Gesellschaft über die Jahre 1924 bis 1927 vorzulegen und ihr Auskunft zu erteilen, welcher Gewinn in diesen Jahren auf ihren Geschäftsanteil entfallen sei.

Mit dieser Klage ist sie vom Landgericht abgewiesen worden, beim Kammergericht aber durchgedrungen. Die Revision der Beklagten führte zur Aufhebung des Urteils und zur Zurückverweisung.

Aus den Gründen:

Das angefochtene Urteil, das im Gegensatz zum landgerichtlichen Erkenntnis die gesetzlichen Erfordernisse des Ausschlußverfahrens nicht als gewahrt erachtet und darum alle übrigen Streitpunkte als unerheblich bezeichnet, geht vom Bestehen des gesetzlichen Güterstands zwischen der Klägerin und ihrem Ehemann als einer feststehenden Tatsache aus. In diesem Falle gehört der im Streit befangene Geschäftsanteil zum eingebrachten Gut. Die Klagebefugnis der Klägerin wird gemäß § 1400 Abs. 2 BGB. mit Recht daraus abgeleitet, daß sie unbestritten vorgebracht hat, ihr Ehemann habe ihr zur gegenwärtigen Klage seine Zustimmung erteilt. Die behauptete Ungültigkeit des Ausschlußverfahrens wird auf die Nichtbeobachtung der für den gesetzlichen Güterstand geltenden Vorschrift des § 1403 Abs. 1 BGB. gestützt.

Die Frage, an wen bei Bestehen dieses Güterstands die zum Ausschluß der Klägerin nach § 21 Abs. 1 und 2 GmbHG. erforderlichen Erklärungen zu richten waren, ob an die Ehefrau als Einlageschuldnerin, an die sie allein gerichtet worden sind, oder an den verwaltungsberechtigten Ehemann, ist — entgegen der Meinung der Revision, die sich auf Hachenburg GmbHG. § 15 Anh. I Anm. 24 stützt — mit dem Vorderrichter in letzterem Sinn zu entscheiden. Bei der Einlageschuld, wie sie die Beklagten annehmen, handelt es sich freilich um eine Verbindlichkeit der Frau, die weder der Gesellschaft noch der Frau gegenüber — etwa gemäß § 1385 Nr. 2 BGB. — der Ehemann zu tragen verpflichtet war. Aber diejenigen einseitigen Erklärungen der Gesellschaft, die nach § 21 Abs. 1 und 2 GmbHG. unter Androhung des Ausschlusses mit dem Geschäftsanteil zu ergehen hatten oder diesen Ausschluß verfügten, haben sich nicht bloß auf die Einzahlungsverbindlichkeit, sondern teils nebenher, teils allein auf den Geschäftsanteil als Stück des eingebrachten Gutes „bezogen". Eine solche Beziehung ist nicht nur dann anzunehmen, wenn das Rechtsgeschäft das Stück des aktiven Bestands dieses Gutes bereits erfaßt, wie es die Ausschlußerklärung tut, sondern auch dann, wenn dadurch das Vermögen in seinem aktiven Bestand eine Änderung erleiden kann, Motive z. BGB. Bd. 2 S. 235 (zu § 1304, dem jetzigen § 1403). Hierauf zielt aber die Aufforderung unter Androhung des Ausschlusses gerade ab.

Nun lehren allerdings die Erläuterungswerke zum Bürgerlichen Gesetzbuch (Komm. v. RGR., Planck, Staudinger, Warneyer) zu § 1403 übereinstimmend — und entsprechendes findet sich auch im Urteil des Oberlandesgerichts Stuttgart Recht 1912 Nr. 441 und im Urteil des Reichsgerichts vom 18. November 1922 V 275/22, überall indessen ohne nähere Begründung, ausgesprochen —, daß einseitige Rechtsgeschäfte, die zugleich den aktiven und den passiven Bestand des eingebrachten Gutes berühren, der Regel des § 1403 Abs. 2 BGB. folgen. Sie seien also der Frau gegenüber vorzunehmen und müßten nur dann auch dem Manne gegenüber vorgenommen werden, wenn sie in Ansehung des eingebrachten Gutes „ihm gegenüber" wirksam sein sollten. Der Vornahme dem Manne gegenüber spricht das angeführte Stuttgarter Urteil „akzessorischen Charakter" derart zu, daß sie überhaupt wirkungslos bleibe, wenn nicht die Vornahme der Frau gegenüber erfolgt sei. Aus der Anwendung dieser Regel ergäbe sich für den vorliegenden Fall die Wirkung, daß zwar „dem Ehemann gegenüber", weil ihm gegenüber keine der vorgeschriebenen Rechtshandlungen vorgenommen wurde, eine Wirkung auf das eingebrachte Gut nicht eingetreten wäre, ihm gegenüber also der Geschäftsanteil nach wie vor der Ehefrau zustünde, und daß alle Rechte aus ihm (wie das Stimmrecht, vgl. Hachenburg a. a. O. § 15 Anh. I Anm. 24, Brodmann Aktienrecht § 252 Anm. 1h, und der Gewinnbezug) durch den Mann als den Verwalter und Nutznießer ausgeübt werden könnten, und daß auch wegen des Ausfalls an dem eingeforderten Betrag der Stammeinlage nach § 21 Abs. 3 GmbHG. kein Zugriff auf das übrige eingebrachte Gut der Frau stattfinden dürfte. Der Frau gegenüber wäre dagegen alles Geschehene wirksam; der Geschäftsanteil samt der erfolgten Leistung wäre ihr verloren und der Ausfall könnte ihr gegenüber zum Zweck der Beitreibung aus ihrem Sondergut verfolgt werden. Ein derartiges Verhältnis wäre praktisch unmöglich; der Ehemann der Klägerin und der Beklagte zu 2 als Ersteigerer können nicht gleichzeitig die Rechte aus dem Geschäftsanteil haben. Hachenburg, der sich von den Erläuterern des Gesetzes über die Gesellschaften mbH. allein näher mit der Einwirkung des ehemännlichen Verwaltungs- und Nutznießungsrechts auf den Geschäftsanteil befaßt, vertritt die Ansicht, daß diese einseitigen Rechtsgeschäfte im Kaduzierungsverfahren der Frau gegenüber vorzunehmen seien, weil es sich um ihre Verbindlichkeit handle. Er gelangt zu dem Ergebnis, daß auf Grund der der Frau gegenüber vorgenommenen Handlungen der Ausschluß zu Recht erfolge und daß mit ihm alle Rechte des Ehemanns erlöschen. So könnten durch nachlässiges oder böswilliges Verhalten der Frau, z. B. im Ehestreit, dem Ehemann wichtige Rechte unversehens entzogen werden, deren er für sich und zur Tragung der ehelichen Lasten bedarf. Das kann nicht der Wille des Gesetzgebers gewesen sein.

Die Motive zu § 1304 BGB., der zwar nicht im Wortlaut, wohl aber nach seinem Inhalt mit dem geltenden § 1403 übereinstimmt, sagen deutlich etwas anderes, was folgerichtig und annehmbar ist. Nach Anführung von Beispielen solcher einseitiger Rechtsgeschäfte Dritter, die das Vermögen der Ehefrau nur in seinem aktiven Bestand, solcher, die es nur in seinem passiven, und solcher, die es in seinem aktiven und passiven Bestand zugleich (wie die Aufrechnungserklärung) „berühren oder doch berühren können", wird erklärt: einseitige Rechtsgeschäfte dieser Art müßten, wenn sie lediglich das Vorbehaltsgut beträfen, unzweifelhaft der Frau gegenüber vorgenommen werden und in Ermanglung einer besonderen Bestimmung verbleibe es bei dieser Regel auch in Ansehung solcher Geschäfte, die sich auf das Ehegut in seinem aktiven und passiven Bestand bezögen, da die Ehefrau in der Geschäftsfähigkeit nicht beschränkt sei. Dieses aus allgemeinen Grundsätzen abgeleitete Ergebnis werde jedoch den Anforderungen des praktischen Lebens und einer zweckmäßigen, dem Interesse des Ehemanns wie der Ehefrau entsprechenden Verwaltung des Eheguts nicht gerecht. Da der Ehemann kraft der ehelichen Nutznießung und Verwaltung das Vermögen der Ehefrau in Händen habe und sich vorzugsweise um dessen Verwaltung kümmere, so sei es am zweckmäßigsten, wenn die hier fraglichen Rechtsgeschäfte, sofern sie sich auf Ehegutsrechte bezögen, vorbehaltlich der in § 1307 Abs. 1 (jetzt § 1405) bestimmten Ausnahme nur dem Ehemann gegenüber wirksam vorgenommen werden könnten. Der entgegengesetzte Standpunkt könne unter Umständen zu einer erheblichen Gefährdung der Rechte des Ehemanns führen, wenn die Ehefrau es unterlasse, ihn von der ihr gegenüber erfolgten Vornahme derartiger Rechtsgeschäfte rechtzeitig in Kenntnis zu setzen. Die Vorschrift, daß solche Rechtsgeschäfte, wenn sie sich auf Ehegutsrechte bezögen, nur gegenüber dem Ehemann wirksam vorgenommen werden könnten, müsse auf alle Rechtsgeschäfte der hier in Rede stehenden Art Anwendung finden, ohne Unterschied, ob dadurch nur der aktive oder zugleich der passive Bestand des Ehegutes berührt werde. „Wollte man vorschreiben, daß im letzteren Falle das Rechtsgeschäft, wenn es gegenüber der Frau vorgenommen ist, nur in Ansehung des Eheguts gegenüber dem Mann keine Wirksamkeit habe, so würden aus einer solchen Relativität die größten Verwicklungen entstehen." Anderseits müsse — so heißt es in den Motiven weiter — die Analogie des § 1301 (jetzt § 1399 BGB.) dahin führen, in Ansehung solcher einseitigen Rechtsgeschäfte, die sich auf Ehegutsverbindlichkeiten bezögen, jene Relativität zuzulassen, zumal da sich daraus hier ebensowenig wie im Falle des § 1301 praktische Schwierigkeiten ergeben könnten und da auch das Interesse Dritter, die der Ehefrau vielleicht gerade mit Rücksicht auf ihr Vorbehaltsgut Kredit gewährt hätten, dringend erheische, daß das ihr gegenüber vorgenommene einseitige Rechtsgeschäft in Ansehung des Vorbehaltsgutes wirksam sei.

Aus diesen Ausführungen, die den Anforderungen des praktischen

Lebens Rechnung tragen und dem Rechte des Ehemanns Schutz angedeihen lassen wollen und die sich daher klar gegen das von Hachenburg befürwortete Ergebnis aussprechen, ergibt sich mit aller Deutlichkeit, daß einseitige Rechtsgeschäfte des Dritten, die zugleich den aktiven und den passiven Bestand des Frauenvermögens berühren, der für die Ehegutsrechte aufgestellten Regel folgen, folgen müssen, weil sonst die größten Verwicklungen entstehen würden. Die Vorschrift, daß in diesem Falle das Rechtsgeschäft gegenüber dem Ehemann nur in Ansehung des Ehegutes keine Wirksamkeit habe, wird dieser Verwicklungen halber abgelehnt, der Vornahme gegenüber der Ehefrau wird also jede Wirkung abgesprochen. Der Rechtsähnlichkeit des § 1301 (§ 1399 BGB.), wonach zu Verpflichtungsgeschäften der Frau die Zustimmung des Mannes nicht erforderlich, aber ohne seine Zustimmung das Rechtsgeschäft in Ansehung des eingebrachten Gutes ihm gegenüber nur im Umfang einer ungerechtfertigten Bereicherung dieses Gutes wirksam ist, steht bei Rechtsgeschäften, die den aktiven Bestand des Frauenvermögens, sei es allein, sei es neben dem passiven berühren, die Rechtsähnlichkeit des § 1398 BGB. (§ 1300 des Entwurfs) zur Seite, wonach die Frau durch einseitige Rechtsgeschäfte über eingebrachtes Gut nicht ohne Einwilligung des Mannes verfügen kann. Die Ähnlichkeit der Sachlage führt dazu, daß der Frau gegenüber einseitige Rechtsgeschäfte auch Dritter nicht zulässig sein können, deren Wirkungen auf eine Verfügung über Stücke des eingebrachten Gutes hinauslaufen. Wie die Kommissionsprotokolle Bd. 4 S. 133, 146, 153, 160, 181, 198 ergeben, ist im Wechsel aller Fassungen des erwähnten Paragraphen, dessen jetziger Wortlaut in allem wesentlichen mit dem Gegenentwurf der Unterkommission für das eheliche Güterrecht übereinstimmt, keine sachliche Änderung gegenüber dem ersten Entwurf beabsichtigt gewesen. In Anlage III zum Protokoll der Subkommission, Antrag III S. 160, wird im Gegenteil gesagt: „§ 1304 sachlich wie der Entwurf", und auf S. 198 unter X wird bemerkt: „Der § c 1" (des Gegenentwurfs) „entspricht dem § 1304" (des Entwurfs).

Der Gang der Gesetzgebungsarbeiten wie das sachliche Bedürfnis rechtfertigen daher die Auslegung des § 1403 BGB. entsprechend den Motiven, im Gegensatz zu den Kommentaren, dahin, daß bei einseitigen Rechtsgeschäften, die den aktiven und den passiven Bestand des eingebrachten Gutes berühren, die erstere Seite ausschlaggebend ist und die für sie gültige Regel, also Abs. 1 des § 1403, anzuwenden ist. Das angeführte Urteil des Reichsgerichts V 275/22 bildet kein Hindernis, dies auszusprechen. Denn jenes Urteil beruht nicht auf der — offenbar aus den Kommentaren entnommenen — Ausführung über den § 1403; mit dieser sollte nur gezeigt werden, daß der Senat auch unter dem Gesichtspunkt des § 1403 zum gleichen Ergebnis gekommen wäre. Im Ergebnis richtig hat daher das Oberlandesgericht Kiel in seinem Urteil vom 14. April 1921 (Schl. Holst. Anz. 1921 S. 177) im Falle des Ankaufs eines Grundstücks für das eingebrachte Gut beim Rücktritt des Verkäufers gemäß § 326 BGB. den nur gegenüber der Ehefrau erklärten Rücktritt für unwirksam gegenüber dem auf Auflassung klagenden Ehemann erklärt und hat zur Auflassung verurteilt, wenn es auch hierzu in Anwendung der Regel des Abs. 2 gelangt ist. Auch in solchem Falle tritt die Unmöglichkeit der Rechtsauffassung zutage, daß im Verhältnis zum Manne die Übertragung des Eigentums auf die Frau geschuldet werde, im Verhältnis zur Frau aber nicht, so daß beim etwaigen späteren Wegfall des ehemännlichen Verwaltungs- und Nutznießungsrechts die Rückübertragung aus dem Gesichtspunkt der ungerechtfertigten Bereicherung zu erfolgen hätte.

Der Umstand, daß die Ehefrau bei solchem Verfahren vom Vorgehen der Gesellschaft nicht unmittelbar Kenntnis erhält, ist, wie bei allen unter Abs. 1 des § 1403 fallenden Rechtsgeschäften, eine Folge der gesetzlichen Anordnung und vermag eine andere Entscheidung nicht zu begründen. Der Frau bleibt der Ehemann nach § 1374 BGB. für die ordnungsmäßige Verwaltung des Geschäftsanteils verantwortlich, und er hat ihr nach Umständen auf Verlangen Auskunft zu erteilen, wie sie auch bei der Gesellschaft sich um ihr Gut kümmern kann. Die getroffene Entscheidung fordert zwar auch von der Gesellschaft, daß sie sich nach dem Güterstand ihrer verheirateten weiblichen Gesellschafter umsehe. Aber diese Anforderung hat nichts besonders Belastendes für sie. Meist wird, wie hier, schon durch den Errichtungsakt, in anderen Fällen durch den notariellen Erwerbsakt die Frage klargestellt, und im übrigen wird die Ausübung der Gesellschafterrechte den nötigen Aufschluß bringen oder doch Gelegenheit geben, diesen Punkt aufzuklären. Auch nach § 1404 BGB. muß sich die Gesellschaft darum kümmern, ob ihre Gesellschafterin eine Ehefrau ist. . . .

79. 1. Kann sich bei Abtretung einer Saldoforderung aus einem Kontokorrent der neue Gläubiger zu seinen Gunsten auf eine Vereinbarung berufen, die der frühere Gläubiger nach der Abtretung mit dem Schuldner über die Fortführung des Kontokorrentverhältnisses getroffen hat?

2. Inwieweit muß der neue Gläubiger einer abgetretenen Forderung einen Zwangsvergleich außerhalb des Konkurses gegen sich gelten lassen?

3. Über stillschweigenden Erlaß der während des Verfahrens aufgelaufenen Zinsen durch den Zwangsvergleich.

Geschäftsaufsichtsverordnung in der Fassung vom 14. Juni 1924 §§ 33, 60, 62. HGB. § 355. BGB. § 407.

I. Zivilsenat. Urt. v. 28. September 1929 i. S. D.er H.-Bank A.G. (Kl.) w. U. (Bekl.). I 115/29.

I. Landgericht Bautzen.
II. Oberlandesgericht Dresden.

Der Beklagte hat mit der E. und H.-Bank in bankmäßiger Geschäftsverbindung gestanden. Nach Behauptung der Klägerin hat sein Konto nach dem Stande vom 1. Oktober 1925 ein Guthaben der Bank in Höhe von 14780 RM. ausgewiesen. Durch eine am 17. März 1925 ausgestellte Urkunde hat die E. und H.-Bank ihre Forderung in Höhe von 12930 RM. an die Klägerin abgetreten. Wann der Beklagte von der Abtretung benachrichtigt wurde, ist streitig; nach seiner Behauptung ist es erst Ende 1925 geschehen.

In der Zeit vom 25. Mai 1925 bis zum 20. Oktober 1925 hat der Beklagte unter Geschäftsaufsicht gestanden. Das Verfahren ist durch einen am letztgenannten Tage rechtskräftig gewordenen Zwangsvergleich beendet worden. Am Vergleichsverfahren hat sich die E. und H.-Bank, nicht aber die Klägerin beteiligt.

Mit der Klage wird Verurteilung des Beklagten begehrt zur Zahlung des Saldos per 1. Oktober 1925 unter Abzug von 8151,42 RM., welche die E.- und H.-Bank bereits eingeklagt hat. Die Parteien streiten darüber, ob die Klägerin die Bestimmungen des Zwangsvergleichs gegen sich gelten lassen muß. Ferner ist streitig, ob die während des Vergleichsverfahrens aufgelaufenen Zinsen erlassen sind, und endlich, ob nach der Abtretung weiter kontokorrentmäßige Zinsen berechnet werden durften.

Das Landgericht hat den Beklagten nur zur Zahlung von 315,46 RM. verurteilt. Das Oberlandesgericht hat auf Zahlung von 7759,78 RM. nebst Zinsen „abzüglich des bereits in einem anderen Rechtsstreit eingeklagten Betrages" erkannt. Die Revision der Klägerin hatte teilweise Erfolg.

Aus den Gründen:

Bei richtiger Rechnung ergibt sich auf dem Boden der Begründung des angefochtenen Urteils folgendes: Der Klägerin stehen an sich 7759,78 RM. nebst Zinsen seit dem 21. Oktober 1925 zu. Von dem Kapital ist die Summe abzuziehen, über die im Nebenrechtsstreit entschieden ist, also 8000 RM., aber nur zu 60% = 4800 RM. Es bleiben 2959,78 RM. Nach dem Vergleich sollte ein Sechstel der Quote unverzinslich bleiben. Zinsen können daher nur von 2959,78 — 493,29 = 2466,49 RM. gefordert werden.

Im übrigen sind die Angriffe der Revision unbegründet.

... Die Klägerin bemängelt zunächst, daß das Oberlandesgericht von der mit 13259,66 RM. auf 10. Oktober 1925 berechneten Gesamtforderung 326,68 RM. mit der Begründung abgesetzt hat, die E. und H.-Bank habe die Forderung bereits am 17. und 18. März 1925 abgetreten und daher von da an keine Saldoanerkenntnisse mit dem Beklagten abschließen können, vom 1. Januar 1925 ab könnten deshalb nur noch einfache Zinsen gefordert werden. Sie meint, das Berufungsgericht setze sich dadurch in Widerspruch zu seiner übrigen Auffassung, daß nämlich die E. und H.-Bank bis zur Anzeige von der Abtretung, die das Berufungsgericht als in der Zeit nach dem 10. Oktober 1925 gemacht annehme, als Gläubigerin zu gelten habe. Dabei ist aber verkannt, daß das Berufungsgericht nicht schlechthin die Gläubigereigenschaft der E. und H.-Bank als fortbestehend annimmt, sondern nur im Rahmen des § 407 BGB. Diese Bestimmung will den Schuldner, der von der Abtretung der Forderung keine Kenntnis hat, gegen die Nachteile schützen, die für ihn erwachsen könnten aus der Unwirksamkeit solcher Rechtsgeschäfte mit dem früheren Gläubiger, die seine Lage verbessern. Er findet keine Anwendung auf solche Rechtsgeschäfte zwischen dem früheren Gläubiger und dem Schuldner, welche die Lage des Schuldners verschlechtern würden. Diese sind schlechthin wirkungslos, weil dem früheren Gläubiger nach der Abtretung jede

Beziehung zur Forderung fehlt (RGZ. Bd. 52 S. 184; WarnRspr. 1912 Nr. 202). Durch die Abtretung schied der Saldo notwendig aus dem zwischen dem Beklagten und der E.- und H.-Bank bestehenden Kontokorrentverhältnis aus; daß er bei der Klägerin ins Kontokorrent eingestellt worden sei, ist nicht behauptet; es hätte dazu auch der Zustimmung des Beklagten bedurft. Wenn daher der Beklagte in Unkenntnis der Abtretung mit der E.- und H.-Bank die Fortsetzung des Kontokorrentverhältnisses in Ansehung des Saldos vereinbart hat, kann sich die Klägerin darauf jedenfalls insoweit nicht berufen, als der Beklagte dadurch schlechter gestellt worden ist. Das ist für das Mehr an Zinsen der Fall, die durch die Art der Kontokorrentrechnung, nämlich durch die vierteljährliche Saldierung, entstanden sind.

Die Revision meint ferner, die Klägerin sei durch den Zwangsvergleich im Geschäftsaufsichtsverfahren nicht betroffen. Sie habe nicht am Verfahren teilgenommen, obwohl sie schon vor der Eröffnung des Verfahrens Gläubigerin geworden sei. Das letztere ist unzweifelhaft richtig. Hier greift aber § 407 BGB. zugunsten des Beklagten ein. Der Zwangsvergleich ist nach der in der Rechtsprechung anerkannten und auch im Schrifttum überwiegend vertretenen Meinung ein bürgerliches Rechtsgeschäft, dessen Abschluß nur in besonderen öffentlichrechtlichen Formen erfolgt. (Vgl. für den Zwangsvergleich im Konkurs: RGZ. Bd. 77 S. 404, Bd. 92 S. 187; Warn. Rspr. 1911 Nr. 353; für den Zwangsvergleich nach der GeschäftsaufsichtVo.: RGZ. Bd. 119 S. 391; ferner: Jaeger Geschäftsaufsicht S. 86; Bendix Geschäftsaufsichtsverordnung Anm. 3 zu § 33.) Nach den Feststellungen des Berufungsgerichts ist die E.- und H.-Bank von dem Zwangsvergleich berührt worden. Sie ist als Gläubigerin der Forderung sowohl in dem Gläubigerverzeichnis aufgeführt gewesen, das der Beklagte mit dem Antrag auf Einleitung des Vergleichsverfahrens eingereicht hat, als auch in einem Verzeichnis, das die Grundlage für die Abstimmung über den Vergleichsvorschlag des Beklagten gebildet hat und das in der Verhandlung über den Vergleich vom Schuldner nicht beanstandet worden ist. Auch das letztere Verzeichnis war rechtlich als ein vom Beklagten überreichtes anzusehen (RGU. III 218/25 vom 16. April 1926; Bendix a. a. O. Anm. 1 Abs. 2 zu § 60). Es ist auch nicht behauptet worden, daß die E.- und H.-Bank gemäß § 13 der Verordnung vom Verfahren nicht betroffen worden sei. Gleichgültig ist, ob § 13 Nr. 4 auf die Klägerin zugetroffen hätte; im übrigen hat das Oberlandesgericht dies in eingehender tatsächlicher, rechtlich einwandfreier Begründung verneint. Die Forderung ist in ihrem ganzen Bestand von dem Vergleich ergriffen worden (JW. 1928 S. 1142 Nr. 15). Danach ist es nicht zu beanstanden, wenn das Berufungsgericht ausspricht, daß die Klägerin den zwischen der E.- und H.-Bank und dem Beklagten geschlossenen Zwangsvergleich gemäß § 407 BGB. gegen sich gelten lassen muß. . . .

Daß die seit Eröffnung des Vergleichsverfahrens aufgelaufenen Zinsen durch den Zwangsvergleich erlassen sind, ist mit Recht angenommen worden. Allerdings erwähnt § 62 Vo. vom 14. Dezember 1916 nicht die in § 33 Abs. 2 Nr. 4 aufgeführten, seit Eröffnung des Vergleichsverfahrens aufgelaufenen Zinsen. Gleichwohl sind sie als erlassen anzusehen, wenn dies im Vergleich bestimmt ist oder wenn die Auslegung des Parteiwillens ergibt, daß sie als erlassen gelten sollen. Das ist im Zweifel anzunehmen. Denn es entspricht der Verkehrsauffassung, daß diese Zinsen, die bloße Nebenansprüche bilden würden und der Allgemeinheit der Gläubiger gleichmäßig zuständen, nicht noch außer der Rate für den Hauptanspruch geschuldet werden sollen (Bendix Anm. zu § 62; Jaeger a. a. O. S. 116). Im übrigen spricht auch der Schlußabsatz des Vergleichs deutlich für den Erlaß der Verfahrenszinsen. (Wird ausgeführt.)

---

80. Steht das Bestehen eines Kontokorrents zwischen einer Aktiengesellschaft und einer Bank der Durchführung eines Schadensersatzanspruchs der ersteren aus einer unerlaubten Handlung entgegen, die von den Vertretern der Aktiengesellschaft und der Bank gemeinsam begangen ist?

HGB. §§ 312, 355. BGB. §§ 826, 393.

VI. Zivilsenat. Urt. v. 3. Oktober 1929 i. S. A. als Verwalter im Konkurs über das Vermögen der AG. Gebr. H. (Kl.) w. U. & Co. (Bekl.). VI 14/29.

I. Landgericht Nürnberg.
II. Oberlandesgericht daselbst.

Die Beklagte, das Bankhaus U. & Co., erhob im Mai 1924 eine Klage gegen die AG. Gebrüder H. und deren Vorstandsmitglieder Josef und Siegmund H. Sie verlangte Zahlung von Bankschulden: von der Gesellschaft mit 11160 M., von Josef H. mit 4760 M. und von Siegmund H. mit 1033 M. Die Aktiengesellschaft und ihre beiden Vorstandsmitglieder befanden sich in ungünstigen Vermögensverhältnissen und wollten das Ergehen eines Urteils vermeiden. Sie schlossen deshalb am 26. Mai 1924 mit der Beklagten einen Vertrag, wonach die Gesellschaft ihre in einer Liste aufgeführten Außenstände zur Sicherung für die der Bank geschuldeten Beträge an diese abtrat; die eingehenden Beträge sollten auf das Konto der Gesellschaft bei der Bank eingezahlt werden; die Bank durfte 50% der eingehenden Beträge abheben. Unter Nr. II dieses Vertrags wurde vereinbart, daß vier — mit den Namen der anscheinend besonders vertrauenswürdigen Schuldner bezeichnete — Außenstände mit zusammen 5688,67 M. in erster Linie zur Deckung der Privatschulden der Gebrüder H. dienen sollten; es wurde hinzugefügt, daß über diese Beträge eine Sonderabtretung unter Mitteilung an die Schuldner erfolge. Das Verfahren in dem anhängig gemachten Rechtsstreit sollte ruhen. Bei Abschluß dieses Vertrags waren zugegen außer Josef und Siegmund H. und dem Mitinhaber der Beklagten U. für letztere Rechtsanwalt B., ferner die Aufsichtsratsmitglieder der Aktiengesellschaft, Rechtsanwalt F. und Justizrat S. Von den beiden letztgenannten Personen wurde gegen die Übernahme der Schuld der Gebrüder H. auf die Gesellschaft und gegen die Tilgung dieser Schuld durch Verwendung von Außenständen der Gesellschaft Widerspruch erhoben. Der Widerspruch hatte jedoch keinen Erfolg. Im Juni 1924 gingen von den angegebenen Außenständen der Aktiengesellschaft insgesamt 5425,22 M. bei der Beklagten ein. Sie wurden dort nicht dem Konto der beiden Brüder H. gutgeschrieben, sondern auf dem Konto der Aktiengesellschaft gebucht. Ein weiterer kleiner Betrag ging auf jene Außenstände am 26. August 1924 ein und wurde zusammen mit anderen eingegangenen Außenständen der Aktiengesellschaft auf einem „Sonderzessions-Konto" gebucht. Die beiden Privatkonten der Brüder Josef und Siegmund H. wurden bei der Beklagten am 28. August 1924 in der damaligen Höhe von 6221 und 1301 M. auf das Konto der Aktiengesellschaft umgebucht. Die Beklagte gewährte der Gesellschaft nach dem 26. Mai 1924 weiteren Kredit.

Am 29. Mai 1925 wurde über das Vermögen der Aktiengesellschaft das Konkursverfahren eröffnet. Die angemeldete Forderung der Beklagten betrug 33717,37 M.

Der Konkursverwalter verlangt im vorliegenden Rechtsstreit von der Beklagten Zahlung von 5688,67 M. Er führt zur Begründung an, daß das Abkommen vom 26. Mai 1924 nur unter Ausnutzung der Notlage der Gebrüder H. und der Aktiengesellschaft durch die Beklagte zustande gekommen sei; die Gesellschaft hätte, falls sie nicht auf das Abkommen eingegangen wäre, den Konkurs anmelden müssen. Die beiden Vorstandsmitglieder Josef und Siegmund H. hätten sich mit der Abtretung der Forderungen der Gesellschaft an die Beklagte zur Deckung ihrer Privatschulden des Vergehens der Untreue und die Beklagte selbst habe sich der Beihilfe hierzu schuldig gemacht. Die Beklagte hafte für den der Gesellschaft durch die Abtretung entstandenen Schaden von 5688,67 M. auf Grund unerlaubter Handlung und aus ungerechtfertigter Bereicherung.

Das Landgericht hielt den Klaganspruch für begründet. Es nahm an, daß die Umbuchung der Privatkonten der Brüder H. auf das Konto der Gesellschaft durch die Beklagte nur den endgültigen Vollzug der am 26. Mai 1924 getroffenen Vereinbarung bedeute. Insoweit lägen auch die Voraussetzungen des § 826 BGB. vor. Jedoch hielt das Landgericht ein Mitverschulden der Aktiengesellschaft bei der Schädigung für gegeben und kam zu dem Ergebnis, daß der Gesamtschaden von beiden Teilen je zur Hälfte zu tragen sei. Das Berufungsgericht wies die Klage in vollem Umfang ab. Die Revision des Klägers führte zur Aufhebung und Zurückverweisung.

Gründe:

Das Berufungsgericht unterstellt die Richtigkeit des Vorbringens des Klägers und nimmt an, daß bei Zugrundelegung dieses Sachverhalts der Abschluß des Vertrags vom 26. Mai 1924 in Nr. II auf seiten der Direktoren (Vorstandsmitglieder) der Aktiengesellschaft den Tatbestand je eines Vergehens nach § 312 HGB. und bei Rechtsanwalt B. Beihilfe zu diesem Vergehen darstelle. Die wirtschaftlichen Folgen des Vertrags seien dadurch beseitigt worden, daß der Vertrag zu Nr. II nicht vollzogen, die vier Außenstände vielmehr der Gesellschaft gutgebracht worden seien. Eine Schädigung der Gesellschaft sei wieder eingetreten, als die Debetsalden von den Privatkonten der

Direktoren auf das Konto der Gesellschaft von der Beklagten übertragen worden seien. Dadurch habe sich die eigene Schuld der Gesellschaft gegenüber der Beklagten um 6221 und 1301 = 7522 M. erhöht. Dem Kläger stehe aber von seinem Standpunkt aus ein Schadensersatzanspruch nach §§ 249 flg. BGB. zu. Die Abweisung der Klage trotz dieses unterstellten Sachverhaltes wird vom Berufungsgericht mit dem Wesen des Kontokorrents begründet. Die Zahlungen der Schuldner der Gesellschaft seien dieser auf ihrem Konto von der Beklagten gutgebracht worden. Diese Zahlungen hätten lediglich Kreditposten dargestellt, die erst bei der künftigen Gesamtabrechnung und der Saldoziehung ihre Wirkung hätten äußern können. Die Rechtsbeziehungen bei der Umbuchung vom 28. August 1924 seien in gleicher Weise zu beurteilen. Der Kläger sei zwar der Meinung, daß durch diese Umbuchung wirtschaftlich und rechtlich der gleiche Erfolg erreicht worden sei, wie wenn die Konten der Direktoren getrennt geblieben und ihnen auf ihrem Privatkonto die zur Deckung ihrer Schuld bestimmten Beträge gutgebracht worden wären. Daran sei so viel richtig, daß für die Direktoren, wenn man den schließlichen Erfolg, die Befreiung von ihrer Schuld gegenüber der Beklagten, ins Auge fasse, wirtschaftlich allerdings das gleiche Ergebnis erzielt worden sei. Allein dies sei rechtlich für sie und wirtschaftlich und rechtlich auch für die Gesellschaft nicht der Fall, da zunächst nur die Zuschreibung der eingegangenen vier Posten und viel später erst die Umschreibung der Debetsalden der Direktoren auf das Konto der Gesellschaft erfolgt sei. Die vier Beträge hätten also eine andere Verwendung und Bedeutung erhalten, als ursprünglich beabsichtigt gewesen sei. Jede Buchungseintragung eines Kaufmanns sei zwar zunächst ein innerer Vorgang seines Betriebs. Dies sei aber nicht mehr der Fall, sobald der Eintrag in irgendeiner Weise einem Beteiligten mit dem Willen, Rechtsfolgen an den Eintrag zu knüpfen, bekanntgegeben werde. Dieser Fall sei spätestens mit der Forderungsanmeldung der Beklagten im Konkurs der Gesellschaft eingetreten. Die Unselbständigkeit der einzelnen Posten ergebe auch, daß die Klage nicht auf Bereicherung gestützt werden könne.

Die Revision ist begründet. Der Streit der Parteien dreht sich darum, ob die Zahlungen von Schuldnern der Aktiengesellschaft in Wirklichkeit dazu verwendet worden sind, Verbindlichkeiten dritter Personen, der Direktoren der Gesellschaft, zu tilgen, indem zwar die Zahlungen der Gesellschaft gutgeschrieben wurden, aber im Zusammenhang hiermit ihr Konto mit Schuldposten belastet wurde, welche Verbindlichkeiten ihrer Direktoren betrafen. Der Kläger bejaht diese Frage. Er behauptet die Nichtigkeit des ganzen Vertrags vom 26. Mai 1924 und verlangt deshalb Zahlung der in Rede stehenden Beträge Er führt sodann die Zahlungen auf den Vertrag vom 26 Mai 1924 in Nr I zurück, dessen Inhalt in seinem zweiten Abschnitt das Berufungsgericht als strafbare Handlung unterstellt. Das Berufungsgericht nimmt an, daß die von den Schuldnern der Aktiengesellschaft gezahlten Beträge „eine andere Verwendung und Bedeutung" erhalten hätten, als ursprünglich beabsichtigt gewesen sei Soweit ersichtlich, wird diese Annahme einmal auf den Umstand gestützt, daß die Umbuchung der Schuld der Direktoren auf das Konto der Gesellschaft erst später erfolgt ist, und sodann auf die Tatsache, daß die Zahlungen der erwähnten Schuldner der Gesellschaft nicht auf den Privatkonten der Direktoren verbucht sind. Diese Annahme enthält keine erschöpfende rechtliche Würdigung des unterstellten Sachverhalts. Enthielt die Bestimmung des Vertrags, daß die vier in Rede stehenden Beträge in erster Linie zur Deckung der Privatschulden der Direktoren verwendet werden sollten, eine unerlaubte Handlung, so war es sehr wohl möglich, daß diese Beträge zwar dem Konto der Gesellschaft zugeführt, die Privatkonten der Direktoren aber dem äußeren Anschein nach dadurch zum Erlöschen gebracht wurden, daß die Schulden der Direktoren auf das Konto der Gesellschaft umgebucht wurden Es mag — eine strafbare Handlung der Beteiligten unterstellt — dann die Beklagte mit Absicht unterlassen haben, die Zahlungen den Privatkonten der Direktoren unmittelbar zuzuführen. Das hinderte die Beklagte nicht, in Wirklichkeit zur Ausführung des Vertrags die Absicht der Direktoren, die Gesellschaft zu benachteiligen, auch beim Empfang der Geldbeträge zu unterstützen und schon jetzt die Verbindlichkeiten der Direktoren zum Erlöschen zu bringen, während die Buchungsart zur Verschleierung des Sachverhalts gewählt wurde. Dann war der mit dem Abschnitt II des Abkommens vom 26. Mai 1924 verfolgte Zweck erreicht. Das Berufungsgericht stellt nicht etwa fest, daß durch nachträgliche Vereinbarung der Beteiligten der Zweck, die Schulden der Direktoren abzudecken, beseitigt worden sei; die erwähnte Umbuchung wäre damit nach dem bisher zu unterstellenden Sachverhalt kaum zu vereinigen. Ob ein Sachverhalt in der angegebenen Richtung festzustellen ist, wird Sache der tatsächlichen Würdigung sein.

Die aus der unerlaubten Handlung folgende Verpflichtung zum Schadensersatz würde die Wirkung haben, daß der frühere Zustand wieder herzustellen ist. Das Berufungsgericht meint, daß im vorliegenden Falle das Wesen des Kontokorrents der Wiederherstellung des früheren Zustands in dem vom Kläger vertretenen Sinne entgegenstehe. Diese Annahme ist abzulehnen. Die Vereinbarung eines Kontokorrents hat zur Folge, daß die einzelnen Leistungen mit der Eintragung in das Kontokorrent und der Saldo-Ziehung durch Verrechnung im Gesamtergebnis als Einzelforderungen untergehen sollen; die einzelnen Forderungen gelten bis dahin als gestundet (RGZ. Bd. 56 S. 24, Bd. 59 S. 194, Bd. 76 S. 333, Bd. 87 S. 437; Staub-Könige Bd. 3 Anm. 2, 5 und 6 zu § 355 HGB.). Daß im vorliegenden Fall eine Saldoziehung und Verrechnung erfolgt ist, hat das Berufungsgericht nicht festgestellt. Das Kontokorrent ist mit der Konkurseröffnung erloschen (§ 65 KO.; RGZ. Bd. 22 S. 149; Staub-Könige Anm. 41 zu § 355). Selbst die Anerkennung des Kontokorrents hindert aber nicht die Feststellung, daß ein Schuldposten aus einem bestimmten Geschäft nicht in das Kontokorrent gehöre, weil das Geschäft unverbindlich sei (RGU. vom 23. Januar 1904 I 382/03). Keinesfalls kann die durch das Gesetz vorgeschriebene Wiederherstellung des früheren Zustands auf Grund unerlaubter Handlung in Ansehung eines Postens des Kontokorrents durch das Bestehen des Kontokorrents beeinträchtigt werden.

Der Kläger vertritt in erster Linie den Standpunkt, daß der Vertrag vom 26. Mai 1924 im vollen Umfang nichtig sei, weil er unter Ausbeutung einer Notlage der Aktiengesellschaft abgeschlossen sei, und gründet hierauf das Zahlungsverlangen. Diese Behauptung ist vom Berufungsgericht noch nicht geprüft. Falls der Vertrag im vollen Umfang nichtig ist, würde die Beklagte zur Rückgängigmachung der Abtretung der Forderungen gegen die vier in Betracht kommenden Gläubiger und demzufolge zur Zahlung des auf Grund der Abtretung empfangenen Betrags an die Aktiengesellschaft zu Händen des Klägers verpflichtet sein; Aufrechnung wäre gemäß § 393 BGB. nicht zulässig. Falls nur die Vereinbarung in Abschnitt II des Vertrags von der Sittenwidrigkeit betroffen wird, würde es sich fragen, ob die Annahme der hierauf bezüglichen vier Zahlungen der Schuldner der Aktiengesellschaft in der Absicht erfolgt ist, die Schulden der Direktoren damit zu decken. Dann würde die Wiederherstellung des früheren Zustandes gleichfalls darin bestehen, daß die Zahlungsakte rückgängig gemacht werden. Andernfalls würde der Kläger zu prüfen haben, ob der Antrag auf die Feststellung zu beschränken ist, daß das Konto der Gesellschaft nicht mehr mit den Verbindlichkeiten der Direktoren belastet ist. Für diesen Antrag würde auch der Klagegrund der ungerechtfertigten Bereicherung in Betracht kommen, wenn die Umbuchung ohne Beziehung zu vorher erfolgten Zahlungen der vier Gläubiger auf Grund der Abtretung erfolgt ist.

---

81. Kann der ausgeschiedene Gesellschafter einer offenen Handelsgesellschaft auf Rückgabe von Wertpapieren in Anspruch genommen werden, die der Gesellschaft während seiner Zugehörigkeit zu ihr in Verwahrung gegeben worden sind?

HGB. §§ 128, 159.

I. Zivilsenat. Urt. v. 9. Oktober 1929 i. S. La. (Bekl.) w. B. u. Gen. (Kl.). I 140/29.

I. Landgericht I Berlin.
II. Kammergericht daselbst.

Der Beklagte La. und der frühere Mitbeklagte S. hatten sich am 10. Februar 1919 zu der offenen Handelsgesellschaft in Firma S. & La. zusammengetan; die Gesellschaft betrieb Bankgeschäfte. Am 8. August 1925 trat der Bankbeamte Le. als weiterer persönlich haftender Gesellschafter ein. Im Herbst 1925 trat S., im Frühjahr 1926 La. aus der Firma aus; Le. führte das Geschäft unter der bisherigen Firma allein weiter. Alle Veränderungen wurden alsbald ordnungsmäßig in das Handelsregister eingetragen. Anfang 1927 stellte sich heraus, daß Le., der ins Ausland geflüchtet war, umfangreiche Depotunterschlagungen begangen hatte. Die Eröffnung des Konkurses wurde mangels Masse abgelehnt.

Die beiden Kläger und ihre damals noch lebende Mutter haben am 24. November 1924 der offenen Handelsgesellschaft die im Bestätigungsschreiben von diesem Tage aufgeführten Wertpapiere in Verwahrung gegeben. Von den Papieren der Mutter ist ein Teil später durch Erbgang Eigentum der Kläger geworden.

Die Kläger behaupten, daß Le. diese Papiere mit wenigen Ausnahmen unterschlagen habe. Für den entstandenen Verlust, einschließlich entgangener Dividenden, haben die Kläger die Beklagten als frühere Gesellschafter der offenen Handelsgesellschaft in Anspruch genommen.

Die Beklagten haben bestritten, daß sie für den Verlust aufzukommen hätten. Ihr Ausscheiden sei den Klägern durch besonderes Rundschreiben mitgeteilt worden. Damals hätten jene die in Verwahrung gegebenen Papiere zurückfordern können, dies aber nicht getan, auch mit Le. als Alleininhaber noch andere Geschäfte gemacht und die ihnen über die Kontoauszüge übersandten Papiere anerkannt. Aus diesen Tatsachen und dem Umstand, daß Le. von vornherein ihr Vertrauensmann gewesen sei, folge, daß sie die Beklagten aus ihrer Mithaft hätten entlassen wollen.

Die Beklagten unterlagen in beiden Vorinstanzen. Die Revision des Beklagten La. war erfolglos.

Aus den Gründen:

Die Klage ist auf § 128 HGB. gestützt. Nach dieser Vorschrift haftet der Gesellschafter einer offenen Handelsgesellschaft ihren Gläubigern als Gesamtschuldner persönlich. Aus § 128 in Verb. mit § 159 HGB. ergibt sich, daß der ausgeschiedene Gesellschafter für die während seiner Zugehörigkeit zur Gesellschaft entstandenen Verbindlichkeiten während der Verjährungsfrist einstehen muß; nicht dagegen für solche, die nach seinem Ausscheiden entstanden sind, mag es sich dabei auch nur um Verlängerung solcher Rechtsverhältnisse handeln, die während seiner Zugehörigkeit begründet wurden. (Vgl. JW. 1900 S. 663 Nr. 17, 1902 S. 445 Nr. 10 [Wechselprolongation]; RGZ. Bd. 86 S. 60 [stillschweigende Verlängerung eines abgelaufenen Mietvertrags]). Die Unterscheidung zwischen solchen Rechtsverhältnissen, die schon während der Zugehörigkeit des Gesellschafters begründet worden sind, und solchen, die auf einer späteren Verlängerung beruhen, kann unter Umständen schwierig sein. Im vorliegenden Fall besteht aber kein Zweifel, daß die

Verpflichtung zur Rückgabe der Papiere sich auf Vorgänge gründet, die sich während der Zugehörigkeit des Beklagten La. zur Gesellschaft abgespielt haben.

Das Berufungsgericht geht bei der Beurteilung der Sachlage davon aus, daß zwischen den Klägern und ihrer Mutter einerseits und der Firma S. & La. anderseits im November 1924 ein uneigentlicher Verwahrungsvertrag über die eingelieferten Papiere geschlossen worden, d. h. daß vereinbart worden ist, die eingelieferten Stücke sollten in das Eigentum der Firma übergehen und diese nur verpflichtet sein, Stücke gleicher Art und Menge zurückzugeben. Die Revision bekämpft diesen Ausgangspunkt als rechtsirrig, kann aber damit keinen Erfolg haben. . . . (Wird ausgeführt.)

War somit über die Papiere ein uneigentlicher Verwahrungsvertrag geschlossen, so ist unbedenklich die Verpflichtung zur Rückgabe gleichartiger Stücke als auf diesem Vertrag beruhend anzusehen. Abzulehnen ist der Gedanke, daß die Verpflichtung, weil jederzeit die Befugnis der Kläger zur Rückforderung bestand, sich täglich erneuert habe. Ob etwas anderes gelten müßte, wenn die Kläger Eigentümer der Wertpapiere geblieben wären, ob dies aus ROHG. Bd. 19 S. 17 zu entnehmen und gegebenenfalls zu billigen wäre, kann dahingestellt bleiben. Allerdings behaupten Staub-Pinner Anm. 10 zu § 143 HGB. unter Berufung auf dieses Urteil des Reichsoberhandelsgerichts, daß der Hinterleger von Wertpapieren, der nach dem ihm bekannt gewordenen Ausscheiden eines Gesellschafters den übrigen das Depot beläßt, sich wegen einer späteren Veruntreuung nicht an den Ausgeschiedenen halten könne. Das kann jedoch in dieser Allgemeinheit nicht für richtig erachtet werden. Nur auf Grund der Beurteilung des Einzelfalls kann entschieden werden, ob in solchem Verhalten das Einverständnis des Hinterlegers damit erblickt werden kann, daß die übrig bleibenden Gesellschafter allein als Verwahrer zu betrachten sind.

Daß die Kläger nicht auf die Forthaftung der Beklagten verzichtet haben, hat das Berufungsgericht rechtlich einwandfrei begründet; insoweit hat die Revision keine Angriffe erhoben. . . .

Mit Unrecht behauptet ferner die Revision, die Verpflichtung der Bank, die Aktien-Dividenden für 1926 herauszugeben, beruhe auf einem Auftrag, der erst mit der Festsetzung der Dividende durch die

Generalversammlung zustandekomme oder wenigstens durch diese Festsetzung bedingt sei. Tatsächlich hatte die Bank, soweit sie die Dividenden nicht bereits zugeschrieben hatte, die betreffenden Dividendenscheine zusammen mit den Mänteln herauszugeben. Dabei handelt es sich um eine Verpflichtung, die genau so auf dem ursprünglichen Vertrag beruht wie die entsprechende wegen der Mäntel.

---

82. Erlangen Angestellte preußischer Gemeinden schon durch die Übertragung obrigkeitlicher Befugnisse auf sie Beamteneigenschaft trotz der Vorschrift in § 1 Satz 2 des Kommunalbeamtengesetzes vom 30. Juli 1899?

III. Zivilsenat. Urt. v. 11. Oktober 1929 i. S. Stadtgemeinde Fr. (Bekl.) w. M. (Kl.). III 10/29.

I. Landgericht Frankfurt a. M.

Der Kläger wurde von der verklagten Stadtgemeinde vom 1. April 1920 an auf 5 Jahre mit der Maßgabe angestellt, daß das Dienstverhältnis nach Ablauf dieser Zeit einer dreimonatigen Kündigung unterliegen sollte. Eine Anstellungsurkunde wurde ihm nicht ausgehändigt. Er war bis zum 17. Dezember 1923 Leiter der Kohlenstelle der Beklagten, wurde sodann zur Preisprüfungsstelle versetzt, zu deren stellvertretendem Vorsitzenden er am 14. April 1924 ernannt wurde, und endlich wurde ihm am 16. März 1925 auf Grund eines Magistratsbeschlusses die Leitung des städtischen Wohnungsamts übertragen. Seit dem 1. April 1922 war er der Gehaltsgruppe XII der früheren Besoldungsordnung zugeteilt. Durch Schreiben vom 1. Oktober 1928 hat ihm die Beklagte für den 31. März 1929 gekündigt. Der Kläger erachtet die Kündigung für unwirksam. Er ist der Meinung, daß er als Leiter der Kohlenstelle und später des Wohnungsamtes eine obrigkeitliche Tätigkeit habe entfalten müssen und hierdurch Beamter der Beklagten auf Lebenszeit geworden sei. Dagegen vertritt die Beklagte die Ansicht, daß die Anstellung des Klägers durch kündbaren privatrechtlichen Dienstvertrag erfolgt sei. Der vom Kläger angerufene Bezirksausschuß hat seinen Anspruch auf Weiterzahlung des Gehalts abgewiesen. Mit der Klage erstrebt der Kläger die Verurteilung der Beklagten zur Zahlung des auf die Zeit vom 1. April bis 30. September 1929 entfallenden Gehalts. Das Landgericht hat der Klage stattgegeben. Die unmittelbar eingelegte Revision der Beklagten blieb ohne Erfolg.

Gründe:

Es unterliegt keinem Zweifel, daß der Kläger, wenn nicht schon durch seine Beauftragung mit der Leitung der Kohlenstelle und mit Geschäften der Preisprüfungsstelle, so doch spätestens durch die Übertragung der Leitung des Wohnungsamts eine Tätigkeit anvertraut erhalten hat, die ihrer Natur nach nur kraft einer amtlichen Stellung ausgeübt werden kann. Es erhellt dies ohne weiteres daraus, daß einen hauptsächlichen Teil des Aufgabenkreises der Wohnungsämter unbestreitbar die hoheitsrechtlichen Maßnahmen bilden, die sich nach den §§ 2, 4, 5, 8 des Wohnungsmangelgesetzes vom 26. Juli 1923 (RGBl. I S. 754) und nach den auf Grund von § 6 das. erlassenen landesrechtlichen Vorschriften notwendig machen. Nach dieser Richtung ist denn auch kein Widerspruch von der Beklagten erhoben worden. Sie bekämpft lediglich den vom Kläger eingenommenen und vom Landgericht geteilten Standpunkt, daß auch unter der Herrschaft des preußischen Kommunalbeamtengesetzes vom 30. Juli 1899 (GS. S. 141) die Beamteneigenschaft durch die Übertragung einer mit obrigkeitlichen Akten verbundenen Tätigkeit begründet werden könne, obgleich dort in § 1 Satz 2 bestimmt ist: „Die Anstellung (als Kommunalbeamter) erfolgt durch Aushändigung einer Anstellungsurkunde". Die Annahme des Landgerichts steht jedoch im Einklang mit der ständigen Rechtsprechung des erkennenden Senats, die durch die Angriffe der Revision nicht erschüttert wird. Die Befugnis zur Ausübung von Hoheitsrechten kann der Natur der Sache nach nur im Rahmen eines öffentlichrechtlichen Beamtenverhältnisses eingeräumt werden und nicht der Gegenstand eines privatrechtlichen Dienstvertrags sein. Sie setzt daher die Anstellung als Beamter notwendig voraus. Wer sie übertragen erhält, wird aus dem inneren Wesen der Sache heraus Beamter (RGZ. Bd. 84 S. 368, Bd. 89

S. 297, Bd. 90 S. 260, Bd. 113 S. 221; JW. 1916 S. 1020 Nr. 8, 1920 S. 556 Nr. 9). Von diesen grundsätzlichen Erwägungen ist das Reichsgericht insbesondere auch bei der Prüfung der Beamteneigenschaft von Angestellten preußischer Kommunalverbände ausgegangen und es hat sich hieran auch durch die obenbezeichnete Vorschrift nicht behindert gesehen (RGZ. Bd. 99 S. 267; SeuffArch. Bd. 82 S. 242). Der Gesetzgeber würde, wenn er mit jener Vorschrift die Kundgebung des Anstellungswillens durch Übertragung von Dienstverrichtungen öffentlichrechtlicher Art hätte ausschließen wollen, etwas geradezu rechtlich Unmögliches und Undurchführbares angeordnet haben. Eine solche Vorschrift würde sich über die Schranken hinwegsetzen, die dem Gesetzgeber durch den mit innerer Notwendigkeit gegebenen Zusammenhang zwischen der Betätigung von Hoheitsakten und der amtlichen Stellung gezogen sind, und würde deshalb keine Beachtung verdienen. Möglich bleibt es allerdings, die Rechtsstellung von Beamten solchen Personen zu versagen, denen nur nebenher obrigkeitliche Befugnisse zugeteilt sind, deren Haupttätigkeit aber nicht mit einer Ausübung der öffentlichen Gewalt verbunden ist, wie dies in der Rechtsprechung des Reichsgerichts z. B. gegenüber den Lokomotivhilfsheizern der vormaligen preußischen Eisenbahnverwaltung angenommen wurde (RGZ. Bd. 106 S. 17). Allein der Stellung des Klägers wurde durch die Ernennung zum Leiter des Wohnungsamts wegen der damit ganz wesentlich verknüpften obrigkeitlichen Dienstgeschäfte der Charakter einer Beamtenstellung aufgeprägt. Da die Kommunalbeamten nach § 8 KBG. grundsätzlich auf Lebenszeit anzustellen sind und das Vorliegen einer der Ausnahmen des § 9 Abs. 1 nicht behauptet ist, so ist die Bestimmung über die Kündbarkeit des Klägers als hinfällig und die von der Beklagten ausgesprochene Kündigung als unwirksam zu betrachten (RGZ. Bd. 114 S. 129).

---

83. 1. Muß bei der Schadensfeststellung nach § 61 Abs. 1 BinnenschiffG. der Frachtführer zugezogen werden?

2. Zur Auslegung von Ladeschein-Klauseln (Freizeichnung von der Haftung für Fahruntüchtigkeit des Schiffes).

Binnenschiffahrtsgesetz §§ 7, 8, 58, 61.

I. Zivilsenat. Urt. v. 16. Oktober 1929 i. S. M. (Bekl.) w. Westdeutsche M. H. W. (Kl.) I 55/29.

I. Landgericht Duisburg, Kammer für Handelssachen.
II. Oberlandesgericht Düsseldorf.

Gegen Ende August 1926 wurden mit dem der Beklagten gehörenden Flußdampfer „Sultan" 639 Ballen Weizenmehl nach Duisburg und Düsseldorf verschifft. Ein größerer Teil der Ladung wurde mit Wasserbeschädigung ausgeliefert. Die Klägerin als Ladescheininhaberin macht die Beklagte für den Schaden verantwortlich; sie führt ihn auf die schlechte Beschaffenheit des Schiffes zurück. Die Beklagte bestreitet, daß sich ihr Schiff in schlechter Beschaffenheit befunden habe, und macht ferner geltend, sie habe sich von der Haftung für den etwaigen Schaden in den Bedingungen des Ladescheins frei gezeichnet; endlich hafte sie deshalb nicht, weil die Klägerin den § 61 BinnenschiffG. nicht beobachtet habe.

Das Landgericht wies die Klage ab, das Oberlandesgericht erklärte den Klaganspruch dem Grunde nach für gerechtfertigt. Die Revision der Beklagten blieb erfolglos.

Aus den Gründen:

... Nach den tatsächlichen Feststellungen ist der am Ladungsgut festgestellte Wasserschaden auf Fahruntüchtigkeit des Dampfers, insbesondere auf Durchrostung der Außenhaut, zurückzuführen. Dieser Mangel war nach weiterer Feststellung ohne weiteres erkennbar. Die Ausführungen des Berufungsgerichts ergeben im Zusammenhalt ferner, daß es die Fahruntüchtigkeit des Schiffs als bereits vor Antritt der Reise vorhanden und erkennbar gewesen annimmt. Nicht ausdrücklich ausgesprochen, aber unabweisbar ist danach die Schlußfolgerung, daß die Beklagte ihrer Pflicht zur Überwachung und zur Sorge für Verwendung eines fahrtüchtigen Schiffs nicht nachgekommen ist.

Auf Grund des festgestellten Sachverhalts leitet das Berufungsgericht die Haftung der Beklagten aus § 58 Abs. 1 und 2 BinnenschiffG. ab. Es nimmt dabei an, die Beweislast für den ursächlichen Zusammenhang des Schadens mit dem Mangel des Schiffs sei in § 1 der Ladescheinbedingungen:

Jeder Wasser- und Feuerschaden wird als von unwiderstehlicher Gewalt herrührend angesehen, wofür die Reederei nicht verantwortlich ist

auf den aus dem Ladeschein Berechtigten übergewälzt, betrachtet aber den der Klägerin danach obliegenden Beweis als geführt. Eine Freizeichnung der Beklagten von solcher Haftung verneint es.

Die Beklagte als Frachtführerin und Schiffseignerin haftet der Klägerin als Empfängerin in dem nach den Feststellungen des Berufungsgerichts anzunehmenden Fall persönlichen Verschuldens sowohl gemäß § 8 Abs. 4, § 7 Abs. 2 wie aus § 58 Abs. 1 und 2, § 4 Abs. 2 Satz 1 BinnenschiffG. für fahrtüchtigen Zustand des Schiffs bei Antritt der Reise. Im ersteren Fall trifft die Klägerin die Beweislast für den verschuldet mangelhaften Zustand des Schiffs, sie erwirbt dafür aber auch den Anspruch gegen die Schiffseignerin auf vollen Schadensersatz. Im letzteren Falle legt das Gesetz der Beklagten den Entlastungsbeweis auf, beschränkt aber ihre Haftung gemäß § 26 BinnenschiffG., § 430 HGB. auf den gemeinen Wert des beschädigten Guts (vgl. RGZ. Bd. 60 S. 377).

Da das Berufungsurteil ohne Rechtsirrtum ein eigenes Verschulden der Beklagten an der Fahruntüchtigkeit des Schiffs feststellt, ist die Schadensersatzpflicht der Beklagten aus beiden Rechtsgründen gegeben. Es erübrigt sich daher auch eine Nachprüfung, ob der erwähnte Satz in § 1 der Ladescheinbedingungen für die Frage der Beweislast die ihm im Berufungsurteil zugesprochene Bedeutung hat.

Daß eine Verwirkung der Schadensersatzansprüche gemäß § 61 BinnenschiffG. nicht eingetreten sei, ist ausreichend begründet. Eine Zuziehung der Beklagten war nicht erforderlich. Daß eine solche Zuziehung in der entsprechenden Bestimmung des § 608 HGB. vorgeschrieben ist, gibt keine Veranlassung, die gleiche Forderung zu erheben für § 61 BinnenschiffG., wo eine solche Bestimmung nicht eingeführt ist.

Für eine Freizeichnung der Beklagten von der Haftung für die Fahrtüchtigkeit des Schiffs kommen außer der erwähnten Bestimmung des Ladescheins zunächst weiter in Betracht, die Klauseln aus § 1:

Frei von jeder Beschädigung, welcher Art sie auch sei .... Leckage, Rost. Unverantwortlich für Beschädigungen ...., welche die Güter .... durch Zufall erleiden, sie mögen Namen haben, welche sie wollen, als verursacht durch das Wasser ....

Diese beiden Klauseln sind in ihrer allgemeinen Fassung nicht geeignet, die Beklagte von den Folgen eigenen Verschuldens zu entlasten (Hans. GZ. Hauptbl. 1889 Nr. 37 S. 99; RGZ. Bd. 110 S. 224, Bd. 120 S. 42). Auch die zuerst erwähnte Klausel läßt, wenn ihr überhaupt eine Bedeutung im Sinne einer Freizeichnung beizulegen ist, zum mindesten die erforderliche Klarheit und Unzweideutigkeit vermissen, die es erlaubte, eine Befreiung der Beklagten von der sie in ihrer Eigenschaft als Schiffseignerin treffenden gesetzlichen Verpflichtung der Fürsorge für die Fahrtüchtigkeit des Schiffs anzunehmen.

Nach der von der Beklagten weiter zu ihren Gunsten in Anspruch genommenen Bestimmung in § 21 Abs. 3 des Ladescheins beschränkt sich die Haftung der Reederei „in allen Transportübernahmefällen, Frachtverträgen und Speditionsverträgen zu Wasser, zu Lande, Schleppen, Lagern, Ein- und Ausladen, Überschlagen" auf die von ihr selbst mit ihren eigenen Schiffen ausgeführten Beförderungsstrecken und Beförderungshandlungen; sie will in diesen Fällen nur für vorsätzliche Handlungen ihrer ständigen Angestellten haften, von weiterer Haftung aber vertraglich gemäß § 276 BGB. entbunden sein. Der § 21 der Konnossementsbedingungen trägt die Überschrift „Durchkonnossement". Er beschäftigt sich zunächst im Absatz 1 mit der Begriffsbestimmung eines Durchkonnossements im Rahmen der Bedingungen, im Absatz 2 mit der Haftung im Falle der Ausstellung eines solchen Konnossements. Im Absatz 3 folgt dann zunächst die in Rede stehende Bestimmung, worauf weitere Vorschriften über die Haftung für andere als die in ihr bezeichneten Beförderungsstrecken und Beförderungshandlungen folgen. Aus der Einfügung der Bestimmung von Absatz 3 in die Vorschriften über das Durchkonnossement im Zusammenhang mit der Gegenüberstellung der Haftung für die mit eigenen Schiffen ausgeführten Beförderungsstrecken und der Haftung für Vorkommnisse auf Beförderungsstrecken anderer Art schließt das Berufungsgericht, daß diese Freizeichnung nur auf den hier nicht gegebenen Fall der Ausstellung eines Durchkonnossements bezogen werden könne.

Der Auffassung des Berufungsgerichts ist beizutreten. Bei der gekennzeichneten Art der Einfügung der Klausel in die Bestimmungen über die Regelung der Rechtsbeziehungen im Fall der Ausstellung eines Durchkonnossements läßt sich aus ihr nicht entnehmen, daß sie auch über diesen Fall hinaus Geltung haben soll. Der bereits hervorgehobenen grundsätzlichen Forderung, daß eine Freizeichnung klar und unmißverständlich zu geschehen habe, wird sie keinesfalls gerecht. Eine unzweideutige Erklärung war im vorliegenden Fall um so mehr geboten, als es sich um die vertragliche Beschränkung einer für die Ausführung des Beförderungsvertrags grundlegenden, in § 8 Abs. 4 BinnenschiffG. dem Schiffseigner ausdrücklich von Gesetzes wegen auferlegten Verpflichtung handelt.

Anhang:

Entscheidung des Staatsgerichtshofs.

In der verfassungsrechtlichen Streitsache

1. **der preußischen Landtagsfraktion der Reichspartei des Deutschen Mittelstandes (Wirtschaftspartei),**
2. **der Fraktion der Deutschnationalen Volkspartei im preußischen Landtage,**

Antragsteller,

gegen

das Preußische Staatsministerium,

Antragsgegner,

wegen Feststellung der Ungültigkeit der Notverordnung vom 8. Mai 1929 (Pr. GS. S. 47), (StGH. 7 u. 5/29),

hat der Staatsgerichtshof für das Deutsche Reich in der öffentlichen Sitzung vom 13. Juli 1929 für Recht erkannt:

Die Anträge auf Ungültigkeitserklärung der preußischen Notverordnung vom 8. Mai 1929 über die Regelung der Gewerbesteuer für das Rechnungsjahr 1929 werden abgewiesen.

Gründe:

I.

Die von den preußischen Gemeinden erhobene Gewerbesteuer hatte bis zum Schlusse des Rechnungsjahres 1928 ihre Rechtsgrundlage in der Verordnung zur vorläufigen Regelung der Gewerbesteuer vom 23. November 1923 (GS. S. 519), deren Geltung mehrfach, und zwar zuletzt in der Fassung der Bekanntmachung vom 15. März 1927 (GS. S. 21) durch das Gesetz vom 13. März 1928 (GS. S. 16) um ein Jahr, verlängert worden war. Die Versuche der Landesregierung, für das Rechnungsjahr 1929 wiederum eine Verlängerung der Geltungsdauer auf dem Wege der ordentlichen Gesetzgebung zu erwirken, scheiterten.

Zunächst hat das Staatsministerium am 4. Februar 1929 dem Landtag einen Gesetzesentwurf (Drucksache Nr. 1302) vorgelegt, der die unveränderte Verlängerung der bisherigen Regelung auf ein Jahr vorsah, weil es mit Rücksicht auf die schwebenden Verhandlungen über ein Steuervereinheitlichungsgesetz des Reichs sachliche Änderungen nicht für angebracht hielt. Dieser Entwurf wurde vom Landtag in seiner Sitzung vom 22. März 1929 nur mit der weittragenden Änderung angenommen, daß die Steuer auf die freien Berufe erstreckt wurde (Sitzungsber. Sp. 5280). Diese Änderung veranlaßte den Staatsrat, der gegen die Regierungsvorlage kein Bedenken erhoben hatte, gegen das „Gewerbe- und Berufssteuergesetz" laut Beschluß vom 23. März 1929 Einspruch einzulegen, weil ihm die Einbeziehung der freien Berufe angesichts der im Reiche schwebenden gesetzgeberischen Verhandlungen nicht angezeigt erschien. Bei der erneuten Beratung im Landtag am 16. April 1929 fand sich für den früheren Beschluß nur eine Mehrheit von 232 gegen 167 Stimmen (Sitzungsber. Sp. 5832), so daß er gemäß Art. 42 Pr. Verf. hinfällig wurde. Die Landesregierung brachte alsbald am 17. April 1929 eine neue Vorlage ein, in der von der Besteuerung der freien Berufe abgesehen und nur eine andere vom Landtag beschlossene Änderung übernommen war, durch welche der Überweisung des Ertrags eines Unternehmens an ein anderes mit ihm in Verbindung stehendes entgegengetreten werden sollte (Drucks. Nr. 2255). Auch an diesem Entwurf nahm der Landtag eine Anzahl von Änderungen vor (Drucks.

Nr. 2303 und 2329). Er beschränkte bei den Gesellschaften mit eigener Rechtspersönlichkeit die Abzugsfähigkeit der Vergütungen an Gesellschafter für Arbeits- und Dienstleistungen, ordnete die Veranlagung und Zahlung der Lohnsummensteuer anderweit und führte für kleine und mittlere Betriebe gewisse Erleichterungen der Steuerbemessung ein (Ausdehnung des Steuersatzes von $1/2\%$ auf Gewerbeerträge bis zu 1500 statt bisher 1200 M. und Abzug von 6000 M. bei Betrieben bis zu 18000 M. Lohnsumme). Bei der namentlichen Abstimmung über den so abgeänderten Entwurf ergab sich aber in der Sitzung vom 27. April 1929 Beschlußunfähigkeit des Hauses (Sitzungsber. S. 6831, 6853—6862).

Vor der nächsten, auf den 13. Mai 1929 anberaumten Sitzung des Landtags erließ das Staatsministerium am 8. Mai 1929 (GS. S. 47) eine Notverordnung, laut der die Gewerbesteuerverordnung bis zum 31. März 1930 verlängert und an ihr die den letzten Beschlüssen des Landtags entsprechenden Änderungen vorgenommen wurden. Die Notverordnung hatte am 2. Mai die Zustimmung des Ständigen Ausschusses gefunden. Sie wurde auch mit Schreiben vom 8. eingegangen am 10. Mai dem Landtag zur Genehmigung, dem Staatsrat zur Kenntnisnahme mitgeteilt (Landtagsdrucks. Nr. 2465, Staatsratsdrucks. Nr. 99). Der Staatsrat nahm sie in seiner Sitzung vom 14. Mai (Berichte S. 208) ohne Beanstandung zur Kenntnis. Die Beschlußfassung des Landtags steht noch aus.

II.

Die Landtagsfraktion der Deutschnationalen Volkspartei und der Reichspartei des Deutschen Mittelstandes (Wirtschaftspartei) haben beim Staatsgerichtshof den Antrag eingereicht, diese Notverordnung für verfassungswidrig bzw. für ungültig zu erklären. Sie führen aus, daß, da der erste Gesetzesbeschluß des Landtags die zur Überwindung des Einspruchs des Staatsrats erforderliche Zweidrittelmehrheit nicht erreicht habe, nach Art. 62 Pr. Verf. die zweite Gesetzesvorlage über die Verlängerung der Gewerbesteuer nicht habe eingebracht, noch weniger die Verlängerung im Wege der Notverordnung habe verfügt werden dürfen; daß der Staatsrat den Einspruch hauptsächlich wegen der Einbeziehung der freien Berufe eingelegt habe und diese Änderung in der Notverordnung aufgegeben

1*

worden sei, vermöge jenes Bedenken nicht zu beseitigen, weil der Einspruch sich gegen das Gesetz im ganzen gerichtet habe. Die Antragsteller bestreiten ferner, daß der Erlaß einer Notverordnung zur Aufrechterhaltung der öffentlichen Sicherheit oder zur Beseitigung eines öffentlichen Notstandes dringend erforderlich gewesen sei, und stellen auf, daß jedenfalls eine Verlängerung der Geltungsdauer der Gewerbesteuerverordnung um ein Vierteljahr (Deutschnationale Volkspartei) oder sogar um nur zwei Monate (Wirtschaftspartei) zur Behebung der für die Gemeinden aus dem Ablauf der Geltungsdauer zu befürchtenden Schwierigkeiten ausgereicht haben würde. Die Wirtschaftspartei insbesondere führt aus, das häufige Versagen des Weges der Gesetzgebung in Preußen finde seine Ursache lediglich darin, daß die gegenwärtige preußische Regierung die Bildung einer tragfähigen Koalitionsmehrheit — nötigenfalls durch Auflösung des Landtags — versäumt habe und sich auf eine Mehrheit von nur drei Stimmen stütze, ein solcher von der Regierung geduldeter Notstand der Gesetzgebung aber nicht als außergewöhnlich angesehen werden und der Regierung nicht als Anlaß dienen dürfe, den Weg der ordentlichen Gesetzgebung beliebig mit dem der Notverordnung zu vertauschen.

Die Wirtschaftspartei beantragt ferner, durch einstweilige Verfügung auszusprechen, daß der Vollzug der Notverordnung nicht über den 1. Juni 1929 ausgedehnt werden dürfe, weil es innerhalb zweier Monate möglich sein müsse, die ordentliche Gesetzgebungsmaschine, äußerstenfalls durch Auflösung des Landtags, in Gang zu bringen.

Das Preußische Staatsministerium beantragt Abweisung der Anträge. Die Gewerbesteuer bilde mit einem Ertrag von über 500 Millionen RM. fast die Hälfte aller Einnahmen der Gemeinden aus eigenen Steuern. Ihr plötzlicher Ausfall würde daher zu einer völligen Verwirrung des Haushalts der Gemeinden geführt oder diese zu übermäßiger Anspannung ihrer Einnahmen aus der Grundsteuer oder aus Werktarifen oder zur Aufnahme hochverzinslicher Schulden genötigt haben. Dem hiernach aus dem Ablauf der Gewerbesteuerverordnung drohenden finanziellen Notstand habe durch eine Verlängerung auf kürzere Zeit als ein Jahr nicht vorgebeugt werden können, weil die Gemeinden für ihre jährlichen Haushaltspläne einer auf ein Jahr hinaus sicheren Grundlage bedürften. Der weitere

Inhalt der Notverordnung sei im Vergleich dazu nicht von wesentlicher Bedeutung; er betreffe in der Hauptsache die Gewährung steuerlicher Erleichterungen und habe eine, wenn auch geringfügige, Kürzung des Steueraufkommens zur Folge. Daß die Regierung diese Bestimmungen in die Notverordnung aufgenommen habe, weil sie die weitere Erhebung der Gewerbesteuer in der bisherigen vollen Höhe nicht für erforderlich hielt, beweise, wie streng sie sich an die verfassungsmäßigen Voraussetzungen für den Erlaß von Notverordnungen gehalten habe. Diese Bestimmungen entsprächen im übrigen einmütigen Beschlüssen des Landtags bei der Beratung der zweiten Regierungsvorlage und seien auch im Ständigen Ausschuß von keiner Seite beanstandet worden. Soweit sie nicht geradezu Erleichterungen der Steuerlast bedeuteten, beseitigten sie wenigstens Unbilligkeiten ihrer Verteilung oder Unbequemlichkeiten des Veranlagungsverfahrens und seien insofern geeignet, den Fortbestand der drückenden, aber unentbehrlichen Steuer den Betroffenen annehmbarer zu machen. — Der Art. 62 Pr. Verf. beziehe sich nicht auf Notverordnungen, sondern auf die Einbringung von Gesetzentwürfen, welcher die Vorlegung von Notverordnungen zur parlamentarischen Genehmigung keineswegs gleichzustellen sei, und er setze einen ablehnenden Beschluß des Landtags voraus, während im Streitfall ein zustimmender Beschluß des Landtags vorliege, der nur nicht durch die gegenüber dem Einspruche des Staatsrats erforderliche Zweidrittelmehrheit bestätigt worden sei. Ferner stehe die Vorschrift nicht der Wiedereinbringung einer in wesentlichen Punkten abgeänderten Gesetzesvorlage entgegen, und das praktische Bedürfnis erfordere geradezu, daß eine am Einspruch des Staatsrats gescheiterte Gesetzesvorlage in einer dessen Bedenken Rechnung tragenden Fassung noch innerhalb desselben Sitzungsabschnitts müsse wiedereingebracht werden können. Der Staatsrat aber habe tatsächlich gegen den ersten Gesetzesbeschluß nur wegen der Einbeziehung der freien Berufe Einspruch eingelegt und demgemäß gegen die zweite Vorlage keine Einwendungen erhoben. Sein Hauptausschuß habe übrigens hierbei auch die Frage der verfassungsmäßigen Zulässigkeit der erneuten Vorlage mit Bezug auf den Art. 62 erörtert und sie bejahend beantwortet.

Den Ausführungen der Wirtschaftspartei über die parlamentarische Grundlage der gegenwärtigen preußischen Regierung tritt das Staatsministerium mit der Angabe entgegen, daß es im Landtag immerhin über 229 von 450 Stimmen, also über eine im Hinblick auf Art. 57 der Pr. Verf. ausreichende Mehrheit verfüge. Wenn infolge einer im Wege der Obstruktion herbeigeführten Beschlußunfähigkeit des Landtags oder infolge des Scheiterns eines Gesetzes am Einspruch des Staatsrats eine zur Verhütung eines Notstands erforderliche Maßnahme nicht im Wege der ordentlichen Gesetzgebung getroffen werden könne, so widerstreite die Benutzung des Weges der Notverordnung zur Verwirklichung dieser Maßnahme dem Geiste der Verfassung nicht.

Auf Grund dieser Ausführungen widerspricht das Staatsministerium auch dem Erlaß der beantragten einstweiligen Verfügung, weil die Beschränkung des Vollzugs der Notverordnung auf wenige Monate den Haushalt der Gemeinden in volle Verwirrung stürzen würde. Es hebt ferner hervor, daß für die Gewerbetreibenden mit der Forterhebung der Gewerbesteuer keine wesentlichen Nachteile verbunden seien, weil sie sich von vornherein darauf eingestellt hätten, und daß auch jeder Gewerbetreibende die Verfassungsmäßigkeit der Notverordnung mit den gegen die Veranlagung gegebenen Rechtsmitteln in Zweifel ziehen könne. Sodann macht es geltend, daß nach einem das gesamte Steuerrecht beherrschenden Grundsatz durch die Einlegung eines Rechtsmittels die Erhebung der Steuer nicht aufgehalten werden dürfe.

In der mündlichen Verhandlung haben die Antragsteller erklärt, daß ihr Antrag auf Ungültigerklärung nur die auf Verlängerung der Geltungsdauer bezüglichen §§ 8—10 der Notverordnung betreffe und daß sie nicht wünschten, etwa die anderen, Änderungen der Gewerbesteuer betreffenden Bestimmungen (§§ 1—7) für ungültig erklärt zu sehen, wenn die Verlängerung als verfassungsmäßig anerkannt werde. Sie geben zu, daß die §§ 1—7, soweit sie nicht eigentliche Herabsetzungen der Steuer zur Folge hätten, doch immerhin geeignet seien, diese der großen Mehrzahl der Steuerpflichtigen annehmbarer zu machen, weil sie Unbilligkeiten der Verteilung und Härten des Verfahrens behöben.

III.

Die formellen Erfordernisse für den Erlaß einer Notverordnung sind erfüllt, da der Landtag zur Zeit des Erlasses nicht versammelt war, vielmehr vom 27. April bis 13. Mai keine Sitzung abhielt, sein

Ständiger Ausschuß dem Erlaß der Notverordnung zugestimmt hat und diese auch alsbald dem Landtag selbst zur Genehmigung mitgeteilt worden ist.

Auch die sachliche Voraussetzung, von welcher der Artikel 55 Pr. Verf. die Berechtigung des Staatsministeriums, mittels einer Notverordnung einzugreifen, abhängig macht, das Vorhandensein eines ungewöhnlichen, eine solche Maßnahme dringend erfordernden Notstandes, war gegeben. Wie der Staatsgerichtshof in seiner Entscheidung vom 21. November 1925 (RGZ. Bd. 112 Anh. S. 10) ausgesprochen hat, sind als Notstände, die den Erlaß von Notverordnungen rechtfertigen können, auch dringende und ungewöhnliche Notstände finanzieller Art beim Staate oder bei Selbstverwaltungsverbänden anzusehen. Daß aber ein solcher Notstand bei den preußischen Gemeinden eingetreten wäre, wenn die Geltungsdauer der am 31. März 1929 abgelaufenen Gewerbesteuerverordnung nicht spätestens vor dem vierteljährlichen Steuerfälligkeitstermin vom 15. Mai verlängert worden wäre, ergibt sich ohne weiteres aus der vom Antragsgegner angegebenen und von den Antragstellern nicht bestrittenen Höhe der den Gemeinden aus der Gewerbesteuer zufließenden Steuererträge. Der Einwand der Antragsteller, daß das Staatsministerium den Notstand ohne Notverordnung hätte verhüten können, wenn es auf Vorverlegung der auf den 13. Mai anberaumten nächsten Landtagssitzung hingewirkt hätte, ist nicht stichhaltig. Wie der Staatsgerichtshof gleichfalls schon in der eben erwähnten Entscheidung (a. a. O. S. 11/12) dargelegt hat, stehen die Geschäftsordnung des Landtags und dessen Geschäftsführung einerseits, die verfassungsmäßigen Befugnisse der Landesregierung und deren Handhabung anderseits durchaus selbständig nebeneinander und besteht für die Landesregierung kein Recht, bei Anberaumung der Sitzungen des Landtags mitzuwirken. Zudem aber durfte die Regierung, nachdem das Zustandekommen des von ihr eingebrachten Verlängerungsgesetzes am 27. April durch Beschlußunfähigkeit des Landtags und zwar, wie die Antragsteller zugeben, im Wege der Obstruktion verhindert worden war, die ernstesten Zweifel darüber hegen, ob eine nochmalige Vorlage, selbst wenn sie mit Rücksicht auf Artikel 62 Pr. Verf. zulässig gewesen wäre, in der kurzen bis Mitte Mai verbleibenden Zeit hätte zum Gesetz erhoben werden können.

Vergeblich ist auch der Versuch der Antragsteller, die Notwendigkeit des Eingreifens mittels einer Notverordnung aus dem Grunde zu bestreiten, daß die Landesregierung selbst den Notstand herbeigeführt habe, indem sie es versäumt habe, sich eine tragfähigere parlamentarische Mehrheit, sei es durch Heranziehung weiterer Parteien, sei es durch Auflösung des Landtags zu schaffen. Das Staatsministerium ist mit Rücksicht auf die oben dargelegte Trennung seiner Geschäftsführung von der des Landtags für die Bildung einer regierungsfähigen Mehrheit im Landtag nicht verantwortlich, es hängt aber auch von dessen Mehrheitsverhältnissen nur insofern ab, als ihm durch eine mindestens die Hälfte der jeweiligen Abgeordneten umfassende Mehrheit das Vertrauen des Landtags entzogen und damit sein Rücktritt erzwungen werden kann (Art. 57 Abs. 5, 6 Pr. Verf.). Ein solcher Landtagsbeschluß ist bisher nicht ergangen und nach den Angaben der Antragsteller selbst über die Mehrheitsverhältnisse auch nicht in Aussicht. Wenn eine Minderheit des Landtags die Betätigung einer nur über eine schwache Mehrheit verfügenden Regierung auf dem Gebiete der Gesetzgebung unter Ausnutzung der durch die Geschäftsordnung und Verfassung gebotenen Möglichkeiten in weitem Umfange lahmlegt, so ist eine solche Obstruktion, solange sie die Grenzen der Geschäftsordnung und Verfassung einhält, nicht rechtswidrig. Es entspricht aber auch nur der Verfassung, wenn die Regierung, falls durch eine solche Obstruktion ein ungewöhnlicher Notstand hervorgerufen wird, zu dessen Beseitigung ihrerseits das dringend Erforderliche unter Beobachtung der Formvorschriften der Verfassung im Wege der Notverordnung vorkehrt.

Mit Unrecht glauben die Antragsteller sodann in dem Erlaß der Notverordnung einen Verstoß gegen den Artikel 62 Pr. Verf. finden zu können, nach dem „Gesetzesvorlagen, die der Landtag abgelehnt hat, in demselben Sitzungsabschnitte nicht wieder vorgebracht werden können, es sei denn daß ein rechtswirksames Volksbegehren vorliegt". Dieser Vorschrift, die der gesetzgeberischen Tätigkeit von Regierung und Landtag eine überwiegend aus den Verhältnissen der früheren Verfassung zu erklärende Beschränkung auferlegt, darf nicht eine über ihren Wortlaut hinausgehende Auslegung gegeben werden. Es geht deshalb nicht an, den „Gesetzesvorlagen", d. h. den dem Landtag zur Beschlußfassung über den Erlaß eines entsprechenden

Gesetzes unterbreiteten Gesetzentwürfen, die Vorlage der bereits erlassenen Notverordnungen zur nachträglichen Genehmigung oder die Vorlage des Entwurfs einer Notverordnung an den Ständigen Ausschuß zur Zustimmung gleichzustellen, zumal da Notverordnung und Gesetz ihrer formellen Wirkung und Bedeutung nach verschieden sind und der Weg ihrer Entstehung verschieden geregelt ist. Ebensowenig darf der „Ablehnung" einer Gesetzesvorlage der hier vorliegende Fall gleichgestellt werden, daß eine Gesetzesvorlage vom Landtag angenommen, aber sein Gesetzesbeschluß gegenüber dem Einspruch des Staatsrats nicht mit der nach Art. 42 Pr. Verf. erforderlichen Zweidrittelmehrheit bestätigt worden und deshalb im Sinne dieser Vorschrift „hinfällig" geworden ist, oder daß die Beschlußfassung über eine Vorlage an der Beschlußunfähigkeit des Hauses scheitert.

Endlich ist auch die Einwendung der Antragsteller unbegründet, daß der Inhalt der Notverordnung über das Bedürfnis hinausgehe, das zu ihr Anlaß gegeben habe, da diesem Bedürfnis durch eine Verlängerung der Geltungsdauer der Gewerbesteuerverordnung um wenige Monate habe genügt werden können. Eine Verlängerung auf kürzere Zeit als ein Jahr hätte die Einhaltung der nach gesetzlicher Vorschrift für ein Jahr aufgestellten Haushaltspläne der Gemeinden in Frage gestellt und ihre ganze Finanzgebarung Monate hindurch aufs Ungewisse gestellt. Durch viertel- oder halbjährige Notetats, auf welche die Antragsteller als Mittel zur Abhilfe hinweisen, wäre diese Unsicherheit der Geschäftsführung nicht beseitigt, sondern nur formell anerkannt worden. Im übrigen ist aber auch aus den Ausführungen der Antragsteller nicht zu entnehmen, inwiefern für die Landesregierung eine Aussicht bestanden habe, daß sie die erwünschte Regelung im Wege der ordentlichen Gesetzgebung vor Ablauf des Rechnungsjahres würde erreichen können. Für die §§ 1—7 der Notverordnung treffen diese Erwägungen allerdings nicht zu, da nicht ersichtlich ist, daß ihre mit der Verlängerung der Geltungsdauer der Gewerbesteuerverordnung nicht in notwendigem Zusammenhang stehenden Bestimmungen zur Beseitigung eines ungewöhnlichen Notstandes an sich dringend erforderlich gewesen wären. Es handelt sich aber hier zum Teil (siehe §§ 3, 4) um offensichtliche Milderungen der Steuer, zum Teil (siehe §§ 1, 2, 5—7), wie beide Parteien erklären, um die Beseitigung von Unbilligkeiten und Unebenheiten der bisherigen Steuervorschriften, und es kann der Landesregierung nicht verwehrt werden, daß sie bei der an sich durch ein dringendes Bedürfnis gebotenen Verlängerung einer Einrichtung im Wege der Notverordnung zugleich Änderungen vornimmt, die sie nach allgemeinem Urteil für die große Mehrzahl der Betroffenen weniger drückend oder doch weniger mißliebig machen.

Die Anträge auf Ungültigerklärung der Notverordnung sind hiernach in jeder Richtung unbegründet. Mit ihrer demgemäß gebotenen Abweisung erledigt sich auch der Antrag auf Aussetzung des Vollzugs der Notverordnung durch einstweilige Verfügung.

Register.

Die Zahlen bedeuten die Seiten.

A. Sachregister.

A

B

K

L

M

N

O

T

U

V

W

Z

B. Gesetzesregister.

1. Reichsrecht.

o. Einzelne Gesetze und Verordnungen.

2. Landesrecht.

Preußen.

a. Allgemeines Landrecht.

b. Einzelne Gesetze und Verordnungen.

Thüringen.

3. Ausländisches Recht.

Vereinigte Staaten von Amerika.

C. Zusammenstellung der Entscheidungen nach der Zeitfolge.

Entscheidung des Staatsgerichtshofs.

Zusammenstellung der im 125. Bande mitgeteilten Entscheidungen nach Oberlandesgerichtsbezirken.

(Die Zahlen bezeichnen die Nummern der Entscheidungen.)

Berlin	1. 2. 3. 5. 9. 11. 18. 24. 29. 31. 32. 34. 36. 40. 44. 46. 48. 55. 61. 64. 68. 70. 74. 75. 78. 81.
Breslau	47. 76.
Celle	27. 50. 57. 71.
Dresden	28. 45. 72. 79.
Düsseldorf	15. 19. 83.
Frankfurt a. M.	7. 23. 56. 77.
Hamburg	13. 53.
Hamm	17. 22. 41. 69.
Jena	37. 73.
Kassel	59.
Kiel	63.
Köln	39. 42.
Königsberg	4. 21. 33.
Marienwerder	43. 49. 52.
München	10.
Naumburg a. S.	8. 14. 20.
Nürnberg	80.
Stettin	26.
Stuttgart	25. 51.

Aufwertungsstelle Wohlau	35.
Landgericht I Berlin	38. 58. 65
Landgericht Frankfurt a. M.	82.
Landgericht Gießen	67.
Landgericht Hamburg	16.
Landgericht Hanau	30.
Landgericht Karlsruhe	62.
Landgericht Königsberg	6. 66.
Landgericht Stettin	54.
Deutsches Konsulargericht in Kairo	60.
Reichspatentamt	12.
Staatsgerichtshof. Anhang	1.

Berichtigungen.

Hundertvierundzwanzigster Band.

S. 335 Z. 7 v. o. statt „der Gläubiger der Meinung gewesen sei" lies: „vom Gläubiger angenommen worden sei".

Hundertfünfundzwanzigster Band.

S. 70 Z. 20 v. o. statt „554a Abs. 2" lies: „554a Abs. 3".
S. 131 Z. 18 v. u. statt „30. Mai" lies: „30. Mai 1929".
S. 268 Z. 15 v. u. statt „KJG" lies: „KGJ."

FSC
www.fsc.org
MIX
Papier | Fördert gute Waldnutzung
FSC® C083411

Kolibri 360 GmbH
Ferdinand-Jühlke-Straße 7
99095 Erfurt, Deutschland
produktsicherheit@kolibri360.de